# 中国包装年鉴

# (2015)

CHINA PACKAGING YEARBOOK

中国包装联合会 编

中国财富出版社

图书在版编目(CIP)数据
中国包装年鉴. 2015 / 中国包装联合会编. —北京:中国财富出版社,2016. 10
ISBN 978-7-5047-6270-2

Ⅰ. ①中… Ⅱ. ①中… Ⅲ. ①包装—中国—2015—年鉴 Ⅳ. ①F426. 89-54

中国版本图书馆 CIP 数据核字(2016)第219570号

策划编辑 张 茜　　责任编辑 禹 冰
责任印制 何崇杭　　责任校对 梁 凡 张营营　　责任发行 敬 东

出版发行 中国财富出版社
社 址 北京市丰台区南四环西路 188 号 5 区 20 楼　　邮政编码 100070
电 话 010-52227568(发行部)　　010-52227588 转 307(总编室)
010-68589540(读者服务部)　　010-52227588 转 305(质检部)
网 址 http://www.cfpress.com.cn
经 销 新华书店
印 刷 廊坊市鸿煊印刷有限公司
书 号 ISBN 978-7-5047-6270-2 / F·2660
开 本 889mm×1194mm 1/16　　版 次 2016 年10月第 1 版
印 张 26.25 彩色 5　　印 次 2016 年10月第 1 次印刷
字 数 1012千字　　定 价 480.00元

# 《中国包装年鉴》（2015）

## 编 委 会

# 前　言

《中国包装年鉴》（以下简称《年鉴》）是由中国包装联合会主办，《年鉴》编辑部承办的大型文献性工具书，自1981年创刊以来，在国家经贸委、工业和信息化部和国家统计局等部门及相关行业协会、专家学者、企业的大力支持下，已连续出版了 34 年。多年来，《年鉴》以翔实的资料和数据全面、系统地记载了包装产业发展的历程，并以其权威性、指导性、实用性、资料性深受业界的好评。

2015版《年鉴》为综合反映包装产业的发展情况，共设13个专栏，收编的主要内容为2014—2015年包装产业的发展资料。

在编辑本卷《年鉴》的过程中，得到中国包联领导、各地方包装组织、各专业委员会、专家学者与相关企业的大力支持，在此，谨致谢忱。

面对我国包装行业不断发展变化的新形势，《年鉴》将继续以求真务实、严谨的态度做好文献的收录，使数据更翔实，资料更准确。同时，真诚地希望业界同人为《年鉴》续编提出宝贵意见。

编者

2016年9月

# 目　录

## 领导讲话



## 产业规划与统计



## 部分省市地方包装行业现状及发展前景



## 包装与相关行业现状及发展前景

## 包装及相关行业政策、法规、标准

## 专著论文



## 技术交流

## 最新包装国家标准选登

# 领 导 讲 话

# 在中国包装联合会成立35周年庆祝大会上的讲话

中国包装联合会会长　徐斌

（2015年12月20日）

各位领导，各位同人，同志们，朋友们：

今天是中国包装联合会成立35周年的纪念日。我们在这里召开庆祝大会，认真学习贯彻党的十八大，十八届三中、四中、五中全会精神，共同回顾中国包联改革发展的光辉历程，重温包装人艰苦创业的难忘岁月，深入分析面临的新形势、新任务，团结动员广大包装同人，进一步解放思想、真抓实干，齐心协力把包装事业办得更好。

在这样一个特殊的时刻，请到各位尊敬的老领导、老同志，与我们欢聚一堂，重温辉煌岁月，共叙创业历程，我们感到非常高兴。在这里，我谨代表中国包联全体干部职工，对大家的到来表示欢迎和感谢，向35年来为中国包装的发展呕心沥血、无私奉献，对联合会始终关怀、做出巨大贡献的各位老领导、老同志致以衷心的感谢和崇高的敬意!

在回顾历史、展望未来之际，每一位包联人都备感振奋和自豪，也备感使命光荣、责任重大。抚今追昔，展望未来，深为我国包装行业所取得的成绩感到高兴和鼓舞，对这项事业的光明前景充满信心。

包装是人类社会发展和科学技术进步的结晶，包装的发展也反映了时代的变迁。我国现代包装工业发端于新中国成立之初，蓬勃发展于改革开放之后。作为我国工业体系的重要组成部分，包装工业始终得到中央领导同志的亲切关怀和高度重视。特别是改革开放以来，中国包装工业经历了从无到有、从小到大的发展历程，呈现出迅猛发展的势头，走过了波澜壮阔的35年风雨历程。目前，中国包装工业已经成为一个拥有包装原辅材料生产、包装装备制造、包装制品生产、包装物流、包装设计、包装教育、包装科研等较为完整的工业体系。伴随着中国国民经济的快速、健康发展，中国包装工业已成为一个极具发展潜力的产业，必将有着更为广阔的市场前景。

35年前，随着我国经济发展和改革开放新形势的需要，迫切要求创新建立我国包装工业体系和管理机构。1980年7月，在邱纯甫等一批工业经济领域的官员、专家、学者的倡议下，国家经委向国务院建议设立中国包装技术协会，得到了邓小平等老一辈党和国家领导人的大力支持。1980年12月19日，经国务院批准，中国包装技术协会在重庆召开成立大会，时任国家经委副主任的邱纯甫担任会长。自此，我国工业领域的第一个行业协会诞生了，我国包装行业管理体制的改革试点正式开始了，包装行业由此成为一个独立的行业，进入了一个全新的时代。

35年来，包装工业总量大幅提高，产业地位不断凸显。包装工业年收入从1980年的78亿元增加到2014年的接近1.7万亿元，位列38个主要工业门类的第14位。国家“十二五”规划纲要首次将包装列入“重点产业”，明确了“加快发展先进包装装备、包装新材料和高端包装制品”的产业发展重点。“十二五”期间，财政部支持包装行业单列了高新技术研发专项资金，支持创新项目专项资金累计4.2亿元。包装产业规模稳步扩大，对国民经济的支撑能力显著提升，2014年，全国包装企业已发展到25万多家，其中规模以上企业3万多家。

35年来，包装产业格局逐步优化。形成了以纸、塑料、金属、玻璃、机械、印刷等为主要构成，涵盖包装设计、材料、装备、制品、物流等领域的产业格局。长江三角洲、珠江三角洲、环渤海湾地区的包装产业得到快速发展，产值占全国包装工业总产值的60%以上。中部地区、西部地区、东北地区包装产值占全国包装工业总产值的比重逐步扩大，分别提高到20%、13%、6%左右。小微企业活力不断增强，规模以上企业实力日益壮大，具有较强国际竞争力的优势企业茁壮成长，逐步形成了以龙头企业（企业集团）为引领，大、中、小、微型企业互生共长的组织格局。

35年来，包装工业科技水平明显提升。近年来，全行业承担了一批国家“863”计划、国家科技支撑计划、国家火炬计划、国家发改委战略性新兴产业计划、财政部重大科技成果转化、国家重点新产品等重大科研项目，建立了一批国家、省部及行业的工程技术中心、科技研发中心、产业孵化中心，科技创新和成果转化能力不断增强。通过自主创新攻克了一批包装材料、装备、工艺、制品等领域的重大关键技术，自主知识产权拥有率和国际、国家专利授权数量较“十一五”期间有较大增长，培育了上百个“中国包装优秀品牌”。包装人才培养体系不断完善，全国开展包装人才培养的高校发展到近300所，建立了一批博士点、博士后科研流动站（工作站）、2011 协同创新中心、省部级重点实验室等创新团队与平台，为产业技术水平的提升提供了有力支撑。

35 年来，包装工业循环发展初见成效。陆续修订并实施了《包装与包装废弃物》《限制商品过度包装要求》等一系列促进包装循环经济发展的国家标准及法规。全行业绿色发展理念不断增强，环保型材料使用范围日益扩大，清洁生产、节能减排以及资源循环利用新技术得到逐步推广，包装行业单位工业增加值综合能耗以及主要污染物排放量均有不同程度下降。以清洁生产为目标的企业“小循环”，以淘汰落后产能为目标的产业“中循环”，以再生资源回收利用体系建设为目标的区域“大循环”发展模式正在逐步形成。

35 年来，包装工业贡献能力显著增强。仅在“十二五”期间，包装工业配套服务能力不断增强，累计为 110 万亿元国内商品和 9.98 万亿美元出口商品提供了配套服务，配套商品附加值达 10%以上。在国民经济中的贡献能力不断提升，以 2014 年为例，全国包装行业完成利税总额 3407 亿元，上缴税收1180 亿元，完成进出口总额 498 亿美元。原辅材料与包装装备的国产化率、节能降耗水平、就业消化能力、生态文明贡献度等较“十二五”均有不同幅度的提高，包装工业在推动社会发展中的作用越来越显著。

35 年来，包装标准化建设成绩斐然。近年来，中国包装联合会紧密围绕工信部及国家标准委的要求和部署，加强与企业的沟通与联系，初步形成了政府推动、市场引导、产学研结合、市场主体和各相关方共同参与的工作机制，标准制、修订步伐明显加快，包装标准体系基本形成，标准老化和缺失问题正逐步解决。目前，已制、修订国家标准 153 项，行业标准 67 项，为提高我国包装制品的质量，促进对外贸易发挥了重要作用。

35 年来，包装企业综合竞争能力和抗风险能力不断强化。金融服务在企业发展过程中的巨大作用不言而喻。截至 2015 年上半年，已有近 100 家包装生产企业成功挂牌上市，一大批企业登上“百强榜”，成为行业的骨干和中坚力量。

35 年来，国际交流与合作硕果累累，国际话语权不断提高。2006 年以来，我国成功举办了两次世界包装大会、一次亚洲包装大会和两届北京国际包装博览会，在全世界包装业界产生巨大影响，大大提升了中国包装行业的国际地位；世界包装组织把世界包装中心和亚洲包装中心设在杭州，把“世界包装组织包装设计与技术大会永久承办权”也授予了世界包装中心，这将为各国政府、企业、行业组织及专家学者，提供一个共商行业发展战略、产业政策、环境政策、全球合作及其他共同关心问题的开放式高层对话平台。

35 年来，行业组织管理功能不断强化，服务效能不断提升。中国包联成立以来，始终贯彻落实“自觉为企业服务，努力为行业服务，积极为政府服务”的宗旨，不断发扬“团结、协作、创新、求实”的会风，用创新的精神、发展的眼光做好包装行业的服务工作，不断拓宽服务领域，提高层次，提升效果，进一步增强了中国包联在行业中的影响力和凝聚力。同时，修炼内功，根据业务分类组建了纸制品、塑料制品、金属包装、包装印刷、包装机械及科技、标准、规划、教育等 26 个专业委员会，加强对行业发展的指导，还创办了《中国包装》杂志和中国包装联合会网站，逐渐形成了行业管理和服务的网络。

35 年的艰苦奋斗走过了一段极不平凡的光辉历程，取得了辉煌的成就。这来之不易的成就值得我们每位包装工作者自豪，也应该倍加珍惜。这种珍惜，必须充分体现在锲而不舍、继续努力上；必须充分体现在总结经验、承前启后上。

包装工业的快速发展，中国包联各项事业的长足进步，是党中央、国务院高度重视的结果，是包装战线奋力拼搏的结果，也是全社会共同努力参与的结果。邓小平、江泽民、李鹏、朱镕基、吴邦国、李岚清、万里、荣毅仁、邹家华、谷牧、王忠禹、张劲夫、曾培炎等党和国家领导人多次做出重要指示，并亲自出席重大活动，给予亲切关怀和有力指导。各有关部委在政策、经费等方面予以大力支持。广大包装工作者肩负使命、不懈探索、锐意创新，奉献了智慧和心血，做出了重要贡献。此时此刻，我们更加怀念邱纯甫等为协会的成立和发展付出心血的老领导，没有他们就没有今天的中国包联；同时，也更加钦佩石万鹏、韩家增等为联合会的提档升级做出巨大贡献的老领导、老同志，没有他们就没有中国包联的今天。借此机会，我向在座各位，并通过你们向所有从事和参与包装工作的同志们表示崇高的敬意！向关心和支持包装事业的各部门、各地方和社会各界表示衷心的感谢！

当前，我国已经站在从包装大国向包装强国迈进的历史新起点上。国内外形势正在发生前所未有的深刻复杂变化，对包装工业的转型发展提出了新的要求。在世界经济增长总体放缓、主要经济体走势分化背景下，中国面临的来自世界经济复苏乏力的外部压力和自身转型发展的内在挑战均前所未有。党的十八大以来，以习近平同志为总书记的党中央紧紧围绕发展这个治国理政第一要务，用改革的方法和开放的举措把握机遇、破解难题、凝聚动力、激发活力，开创经济社会发展新局面，实现人民生活水平和综合国力新提升。正如习近平总书记所说，“我们要准确把握战略机遇期内涵的深刻变化，更加有效地应对各种风险和挑战，在改革开放以来打下的坚实基础上，坚定信心，锐意进取，奋发有为，继续集中力量把自己的事情办好”。在持续不断的改革开放中适应新常态、把握新常态、引领新常态，实现经济中高速增长，迈向中高端水平，这也就是李克强总理提出的“双中高”。“双中高”是两位一体、互促共进的。只有保持中高速增长，才能为转方式、调结构留下空间，为迈向中高端水平创造好的条件；只有迈向中高端水平，才能既扩大需求、又创造供给，培育发展新动能，实现可持续的中高速增长。包装是为经济发展配套的生产性服务业，是以包装功能需求满足客户要求的特定行业。因此，在中国包装工业转型发展的关键时刻，向上，要紧紧抓住包装创意设计的源头，以“供给侧”的需求紧贴市场，围绕产品的包装，既要为产品“保驾护航”，又要为产品“锦上添花”，提升中国产品的附加值和竞争能力；向下，要深耕、挖掘、延伸包装的产业链，紧紧围绕“一带一路”，开拓新的包装服务发展路径，培育新的包装业态。包装行业自身要在转型中改革创新，以包装功能特殊需求，调整产业结构，加强人才培养，提高为产品包装的服务能力，努力促进包装企业从包装制造向包装创造，包装生产向包装服务，包装经营向经营包装方向发展。在包装整个生命周期中，始终坚持绿色包装、循环包装、低碳包装、安全包装的原则，迈向可持续发展的中国包装工业，实现具有中国特色的包装强国。

“历尽天华成此景，人间万事出艰辛。”“十二五”即将收官，“十三五”大幕将启，世界经济在深度调整中曲折复苏，新一轮科技革命和产业变革蓄势待发；我国经济发展方式加快转变，新的增长动力正在孕育形成，经济长期向好基本面没有改变。因此，“十三五”期间，我国仍将处于大有作为的重要战略机遇期，也是我国包装行业发展的关键时期。行业发展面临诸多新的机遇和挑战，转型升级将在艰难中前行。要实现包装行业的“双中高”，要充分挖掘内需潜力，激发和释放发展新动能，也要实施创新驱动发展战略，深入推进大众创业、万众创新，打造增长新引擎。要把创新贯穿到包装产业发展的各个领域和全过程。加快实施“中国制造 2025”“互联网+”行动计划，进一步提高两化融合发展水平，推动先进制造业加快发展，推动大中小企业变革生产经营方式、提升效率，促进传统产业改造升级和新产业、新业态、新模式发展。

“明者因时而变，知者随事而制。”在适应的同时应该看到，我国已然是包装产业体系中最完整、产业规模最大的国家之一，也是全球原料、装备、技术、人才需求最多，终端市场潜力最大的国家。中国包装业顺势而为、加快转型的机遇就在眼前。一张大机遇、大竞争、大发展的考卷交到了我们的手上，大有作为的时代已然春潮涌动，中国包装业深化改革、加速转型的画卷正徐徐展开……我们有理由，以饱满的信心，以包容发展、多元融合的心态实现包装强国梦，迎接中国包装产业发展的新未来。

我们要把创新摆在行业发展全局的核心位置，更好发挥企业的自主创新地位，引导创新资源向企业聚集，推动实现关键核心技术在资源配置中的决定性作用，推动产业向高科技含量、高附加值、高增长率领域发展，促进产业有序地自由流动、资源高配置和内生动力不断增强，构建创新、活力、联动、包容的包装产业经济。

我们要坚持创新驱动发展战略不动摇，不断加大转方式、调结构的力度，在转型升级和科技创新两个关键环节上，下真功夫、苦功夫、硬功夫，推动行业平稳健康发展。

我们要响应国家行业协会商会改革与发展的大方向，积极推进联合会的脱钩进程，强自身，建平台，求发展，将服务重心转向企业、行业和市场，建立与市场机制相适应的社团法人治理结构，为政府、企业提供独立、高质量的产业规划、公共政策研究和决策咨询，变成政府、行业和企业的"智库"。要以敢为人先、争创一流的精神状态和气魄，努力把中国包联建设成为一流行业协会。

我们要和全国各地方包装协会、联合会之间加强沟通，相互包容，相互支持，建立起全国包装行业协会是一家的新型合作关系，共同为行业的发展保驾护航；企业与企业之间相互学习，相互协作，取长补短，同舟共济，形成全行业亲如一家的整体合力。

我们要胸怀全局，牢记使命，突出重点，狠抓关键，夯实行业组织服务基础，着力建设服务企业发展和促进行业进步的五大平台，即推进包装产品研发、设计、生产、流通两化融合的"网络信息服务平台"，推进科技成果孵化、鉴定、推广、应用、奖励紧密衔接的"科技创新服务平台"，推进包装学科建设与发展、包装人才培养与使用需求配套的"人才培养综合服务平台"，推进政策对接、委托管理、服务购买等职能一体融通的"面向政府的服务平台"，推进服务于企业项目衔接、投资洽谈、技术引进、产品展销、资源共享的"国际交流合作平台"，打造一个长效的、多元化的、全链式的立体服务平台，建立一条纵向到底、横向到边、覆盖全行业的服务网络，形成一套环环相扣的完善服务机制，为行业的发展和进步保驾护航。

"实践发展永无止境，解放思想永无止境，改革开放也永无止境，停顿和倒退没有出路。"在党中央坚强领导下，认真贯彻落实党的十八大和十八届三中、四中、五中全会精神，按照协调推进"四个全面"战略布局的总要求，坚持创新发展、协调发展、绿色发展、开放发展、共享发展，以更大的勇气和智慧深化改革、扩大开放，我们就一定能在未来5年全面建成小康社会的决定性阶段，攻坚克难、乘势而上，书写中国包装改革开放、发展进步的新传奇。

## 推进产业转型发展进程，夯实包装强国建设基础，努力开创中国包联和行业工作新局面

### ——在中国包装联合会八届二次理事会上的报告

中国包装联合会会长　徐斌

各位理事：

今天召开的中国包联八届二次理事会议，是在"十二五"与"十三五"的历史之交，共商我国包装事业未来发展大计的"群英会"，也是在中国包联创立35周年之际，总结历史经验，继承发展成果，共同描绘我国包装事业宏伟蓝图的"高峰会"。这次会议的主要任务是：深入贯彻落实党的十八届五中全会精神，准确把握《中共中央关于制定国民经济和社会发展第十三个五年规划的建议》的丰富内涵、精神实质和核心要义，按照国家战略需求、民生服务需求和包装强国建设需求，在总结2015年主要工作的基础上，进一步统一思想、坚定信心、理清思路、明确任务，为"十三五"包装事业的发展开好局、起好步、谋好篇，全力推进包装产业转型发展进程，全面夯实包装强国的建设基础。

现在，我代表中国包联八届二次理事会向本次大会做工作报告，请予审议。

我报告的主题是"推进产业转型发展进程，夯实包装强国建设基础，努力开创中国包联和行业工作新局面"，报告分为三个部分：一是2015年中国包联的工作回顾；二是我国包装工业的发展战略思考；三是我国包装工业面临的主要任务。

**第一部分　2015年中国包联的工作回顾**

2014年年底，我们召开了中国包联八届一次理事会和常务理事会议，按照党中央、国务院"稳中求进"的工作基调，立足经济新常态和新格局，围绕推进包装行业转型升级、着力搭建好"五个服务平台"、切实推进行业组织建设等，确立了2015年联合会的工作重点。

**一、构筑高端平台，强化综合服务，提高了为**

企业和行业服务的能力

在中国包联八届一次理事会上，我们提出了要着力打造“网络信息服务平台”“科技创新服务平台”“人才培养综合服务平台”“面向政府的服务平台”和“国际交流合作平台”的系统构想，通过“五个服务平台”的建设落实“三个服务”的功能定位，打造引领产业发展的服务型行业组织。一年来，这种系统构想已逐步实施、逐项落地，并在为企业服务中发挥了积极作用。

一是创立了“中国包装联合会科学技术奖”。

为推动关键技术自主创新和重大科技成果产业化，为包装行业转型升级提供强劲的科技支撑，根据《国家科学技术奖励条例》和《社会力量设立科学技术奖管理办法》的有关规定，在科技部国家科技奖励工作办公室的指导和支持下，2016 年年初，中国包联筹备设立了“中国包装联合会科学技术奖”。经过严格评审，产生了 50 项“2015 年度中国包装联合会科学技术奖”，其中一等奖 6 个、二等奖 13 个、三等奖 31 个。作为一项开创性工作，一年一度的“科学技术奖”评审，将为包装行业的创新驱动发展提供强劲支撑，将给包装行业的广大科学工作者提供展示和交流的平台。

二是完成了包装行业“十三五”规划编制和《关于加快我国包装产业转型发展的指导意见》起草工作。

2016 年年初，中国包联在发改委、工信部等部委的大力支持下，启动了《中国包装工业发展规划（2016—2020 年）》编制和《关于加快我国包装产业转型发展的指导意见》（以下简称《指导意见》）起草工作。

新时期发展的总体目标是提升包装工业的创新力，提升包装工业的竞争力，提升包装工业的贡献力；发展重点是推动绿色包装持续发展，推动安全包装深入发展，推动智能包装快速发展，推动关键领域突破发展；基本原则是市场主导，政府扶持；统筹兼顾，突出重点；创新驱动，品牌引领；深化改革，扶优扶强；最终通过转型升级和提质增效，促进包装产业保持中高速增长，迈向中高端水平，逐步实现我国由“包装大国”向“包装强国”的转变。两个文件互为依托，将成为今后一段时间内我国包装发展的政策依据和指引。

在规划的编制中，湖南工业大学受联合会的委托，成为“十三五”规划和《指导意见》的牵头编写单位。学校党政一把手亲自挂帅，在人财物等方面全面支持，克服时间紧、任务重等困难，在全行业的配合下，完成了编制工作。

三是编制包装标准“十三五”体系建设方案。

为更好地支撑转型升级，加快建立适应产业发展的技术标准体系，指导“十三五”期间技术标准化工作，全国包装标准化技术委员会组织编写了《包装行业“十三五”技术标准体系》，并提出了体系建设方案。

继续完善、健全包装标准体系；制定一批涉及环境保护、资源节约、服务残障人士的关键技术性标准；提高标准在全社会的实施和应用水平；加强重大产品、关键技术、基础通用和社会公益性标准的研制；加强标准化基础性研究；建立包装行业的数据统计工作，在节能、军民融合等战略性领域开展相关的包装标准化研究工作；加强国际领域交流与合作，提高在国际标准工作中的影响力，加强国际话语权。

四是组建了全国包装职业教育教学指导委员会。

2015 年，中国包联牵头组建了全国包装职业教育教学指导委员会（简称“包装行指委”），并获得教育部批准。2016 年，包装行指委组织中高职及应用本科院校、科研单位和龙头企业，由天津职业大学牵头，成功申报了“国家职业教育包装技术与设计专业教学资源库”项目，获得财政部 500 万元经费支持；受包装行指委委托，江南大学牵头申报的《包装行业人才需求与专业设置指导报告》被教育部批准立项，获得 15 万元经费支持。

五是积极与政府对接，寻求发展支持。

一年来，中国包联密切与国家有关部委的联系，建立稳定、顺畅的沟通渠道，发挥了一个国家级行业组织应有的作用。2016 年，中国包联共推荐 10 家包装企业参加 2015 年“国家级信息化和工业化融合管理体系贯标试点企业”的评选，推荐了 4 家包装企业参加“国家级工业设计中心”的认定，推荐了 1 家互联网公司参加“两化融合管理体系贯标咨询机构”的申报。

在行业统计上，我们实现了零的突破，第一次得出经统计获得的数据。据不完全统计，2014 年全国包装企业已发展到 25 万余家，其中规模以上企业 3 万余家，包装工业收入近 1.7 万亿元，位列全国 38 个主要工业门类的第 14 位。其中包装印刷 8764.62 亿元、纸和纸板容器 3303.38 亿元、塑料包装箱及容器 1717.57 亿元、塑料包装薄膜 1031.8 亿元、金属包装容器 1341.56 亿元、玻璃包装容器 752.22 亿元。

**二、发挥职能作用，拓展服务领域，创新工作思路，提升服务效能，让企业获得实惠**

2015 年，中国包联不断挖掘和创新服务项目，助力行业和企业发展，既锻炼了队伍，又取得了实效。

一是开展系列评优活动，树榜样、展风采。

近年来，我国包装行业广大干部职工抓住机遇，奋力拼搏，为行业的快速发展做出了重要贡献，涌现出一大批成绩显著、贡献突出的先进典型。为表彰先进，树立榜样，中国包联在 2016 年开展了系列评奖活动。按照《中央国家机关评比达标表彰保留项目名录》的要求，中国包装联合会每两年可以进行一次“包装行业优秀奖评选表彰”活动，同时要求这项活动不准收费，不得以盈利为目的，不得商业化运作。为此，中国包联制定了相应的评比办法，采取企业自愿报名、推荐单位初审、专家组评审、会长办公会终审、公示的方式，保证程序和结果的公正性、代表性和权威性。共评选出了 100 家百强企业、57 名优秀包协秘书长、4 名优秀包装办主任、172 名杰出包装企业家、38 个先进包装集体、55 名先进包装工作者、12 家优秀包装研发中心、10 家优秀包装产业基地。

二是加强基地和中心建设，强化示范引领。

中国包装产业基地和研发中心是中国包装联合会整合包装行业资源，推动包装行业的技术创新的重要举措。在国家政策的引导下，联合会充分调动与整合全行业智慧、资金、人才等优势资源，全力打造功能齐全、管理完善、发展强劲、创新能力强、创新业绩显著的现代化包装产业基地和研发中心。截至 2015 年 11 月底，包装行业已建立各类产业基地 54 个、研发中心 46 个，为包装行业企业技术升级、转型发展、品牌培育、竞争力提升、市场开拓打下基础。

三是加强品牌培育，集聚竞争优势。

品牌是行业、企业实现由规模扩张向质量效益转变、由价值链低端向价值链高端转变的关键，是核心竞争力的集中体现。2015 年，我们创新包装优秀品牌培育思路，推出“品牌故事”项目，为优秀品牌企业量身制订品牌宣传推广方案。如由千山药机股份有限公司负责实施的“立氏软包装”项目，通过小视频制作、移动互联网、微信朋友圈、公众号及社会媒体、包装专业媒体等多种方式，构建立氏软包装袋的品牌建设体系，使品牌影响进入千家万户。

四是提升网络信息服务水平，让互联网为企业服务。

结合中国包联网络信息服务现状，2015 年我们既抓硬件建设，又不断开发新的功能，在“互联网+包装”领域进行了探索。

为了拓展“互联网+”在包装行业的应用，中国包联在杭州世界包装中心设立了中国包装创意设计中心和中国包装网络教育学院。目前，已开发出两个服务项目：世包・云设计平台和世包・云教育平台。

世包・云设计平台是集设计资讯、设计素材、国际设计大赛、知识产权保护、专业培训、网上交易等于一体的全球包装设计服务平台，从设计理念到设计手段、从市场推广到交易方式，运用互联网高效、便捷、海量的优势，为设计师和客户提供优质服务。

世包・云教育平台是中国包装网络学院落户的基于移动互联网的学习云平台，它可满足包装行业各个层面人员的学习和培训需求，提供便捷的网上学习服务，打造包装行业最权威、最具影响力的包装行业的互联网大学。

各位理事，2015 年中国包联进一步强化职能、加强研究、突出重点、创新举措，各项工作取得了令人欣喜的成绩。但客观地分析，我们的工作依然存在很多不足，主要表现在以下几个方面：一是面对行业发展形势，队伍的整体素质有待进一步提高；二是面对行业组织新的管理体制，政策研究与顶层设计能力有待进一步增强：三是面对经济发展新常态，指导、协调、服务、引领作用有待进一步充分发挥。弥补这些不足之处，是联合会今后加强自身建设的重点。

**第二部分　我国包装工业的发展战略思考**

“十三五”期间，是我国包装工业“转方式、调结构”的关键时期，也是我国包装强国建设的黄金时期。当前，由于全球经济整体动力不足，国内经济下行压力加剧，包装行业的发展空间、产业效益等均受到较大波及，面对这样的国际国内经济形势和发展中面临的诸多困难，我们必须树立新理念和新思维，加强发展思路设计和发展战略调整，形成包装工业发展的创新模式和持久动力。

一是要深化认识、坚定信心。习近平总书记在2015年11月分析国内经济形势时反复强调，我国经济发展长期向好的基本面没有变，经济韧性好、潜力足、回旋空间大的基本特质没有变，经济持续增长的良好支撑基础和条件没有变，经济结构调整优化的前进态势没有变。包装作为一种制造型、配套型、服务型产业，在创新驱动、“中国制造2025”、“互联网+”行动计划、军民深度融合发展等重大国家战略中将享受更多红利。特别是“一带一路”形成的陆海内外联动、东西双向开放格局，为包装产业配套延伸、产能转移和市场拓展提供了重大机遇，加上长江经济带、京津冀协同发展体、东北地区振兴计划等在内，每个经济轴带都为包装工业开辟了更多新的主体战场，孕育了更多新的发展空间。

二是要理清思路、明确目标。“十三五”期间，要牢固树立“创新、协调、绿色、开放、共享”的发展理念，重点发展绿色包装、安全包装、智能包装，大力倡导适度包装，反对过度包装，强力推进军民通用包装，全力构建资源节约、环境友好、循环利用、持续发展的新型产业格局，有效夯实产业发展基础，不断增强自主创新能力，显著提高两化融合水平，大力促进新型业态成长，促进包装产业保持中高速增长，逐步实现我国由“包装大国”向“包装强国”的转变。

三是要主动转型、主动作为。目前，我国的包装产业转型升级迫在眉睫。包装产业的转型，就是要实现资源驱动向创新驱动转变、传统生产向绿色生产转变、粗放发展向集约发展转变。只有实现了转型升级，我国的包装产业才能真正构建起“环境友好、资源节约、循环利用、持续发展”的新型产业格局，只有通过转型升级促进提质增效，我国的包装工业才能实现更高质量、更有效率、更可持续发展。

**第三部分　我国包装工业面临的主要任务**

各位理事，即将发布的《中国包装工业发展规划（2016—2020年）》明确了未来五年乃至更长时间内我国包装工业发展的总体目标。我们必须从“十三五”的开局之年开始，围绕“八项任务”，推动中国包联和行业工作向前发展。

一是自主创新。自主创新是包装工业发展的动力之源，这项工作的着力点是激发包装企业的创新活力，提升原始创新、集成创新、消化引进吸收再创新能力，目标是有效突破我国包装工业的关键技术和应用瓶颈，大幅提高主要包装材料、重大包装装备的国产化水平。

二是两化融合。推动两化深度融合，是包装工业发展的重要战略支点，其主要任务就是要全力促进现代网络信息技术在包装产业发展中的推广与应用，推动包装企业加快信息化建设进程，促进信息技术向设计、生产、流通、回收、循环利用等环节渗透。要大力发展智能包装，实施智能制造工程，提升包装制造过程的信息化、自动化、智能化水平。

三是军民融合。我们要从“三个维度”上对该项工作进行着力推进，一是要加强军民融合的体制机制建设和管理运营、技术创新、服务保障、质量监管等体系与平台建设，形成平战结合、军地一体、资源共享、技术互通的军民融合深度发展格局。二是要形成军地包装协同创新动力，构建体系完善、创新引领、高端集聚、高效增长的军民融合包装产业形态，提高包装行业对现代国防和军队建设的服务水平。三是要建立军民通用技术研究中心和军民融合包装产业基地，引领军民融合包装技术核心能力聚集，强化军民融合包装项目示范。

四是绿色体系。要深入实施反过度包装行动，充分发挥包装企业在推广适度包装、倡导理性消费中的桥梁、纽带和引导作用，主动承担在绿色生产与绿色消费中的社会责任。要利用绿色发展倒逼机制，构建包装绿色化生产、流通、消费、回收与资源循环利用网络体系，形成科技含量高、资源消耗低、环境污染少的产业结构，增强包装行业、企业对生态文明的贡献度。

五是标准建设。要深入开展标准体系和标准规范的研究，及时修订和完善国家、行业、企业多元化包装标准，提高标准的系统性、适应性和时代性，解决标准矛盾、标准滞后、标准水平不高、可操作性不强等突出问题。支持建设重点领域标准推进联盟和标准创新研究基地，鼓励企业、高校和科研院所参与国际标准的制定，提高我国在国际包装界的话语权和在规则制定中的参与权，提高我国包装标准与国际标准的对接度。

六是信用体系。要加快构建以行业组织为主体、第三方机构为支撑、企业广泛参与、政府规范指导、社会监督保障的“五位一体”行业信用体系。要积极引导会员企业确立诚实守信的经营理念、规范企业市场行为，帮助企业获取市场信任。要大力推进包装行业信用网络建设，加快建立参评企业诚信档案和行业信用信息数据库，制作发布包装企业信用“红黑榜”，推动行业信用评价结果在上下游行业组织间互认共享，以及在市场拓展、投融资等领域的实际应用，推动包装企业信用体系建设。

七是品牌培育。要从技术、产品、企业三个方向实施包装品牌培育计划，创新包装优秀品牌培育思路，重点发展绿色包装设计、包装装备集成、安全包装防护、包装循环利用、军民通用包装等技术，形成一批拥有自主知识产权的关键核心技术品牌。大力扶持科技型中小企业的成长，培育一批主营业务突出、竞争力强、成长性好、专注于细分市场的专业化“小巨人”“小明星”企业，造就一批包装企业国际品牌、本土品牌和特色品牌。

八是自身建设。要以行业协会商会与行政机关脱钩为契机，以自主办会、服务为本、治理规范、行为自律为标准，建立和完善产权清晰、权责明确、运转协调、制衡有效的法人治理结构，创新中国包联管理体制和运行机制，激发内在活力和发展动力，提升行业服务功能，充分发挥协会在经济发展新常态中的独特优势和应有作用，把中国包联建设成政府信得过、企业靠得住、行业有影响、国际有地位的行业组织。

围绕以上八大任务，2016 年中国包联将重点开展以下工作。

一是深入学习贯彻十八届五中全会精神。要以党的十八届五中全会精神为指导，把思想和行动统一到对“十三五”发展形势的分析和认识上来，准确把握“十三五”战略机遇期内涵的深刻变化，认识新常态、适应新常态、引领新常态，牢牢把握行业发展的主动权，进一步提高引领经济建设和行业发展的能力和水平，努力开创行业和联合会工作的新局面。

二是加强发展规划的宣贯。在行业内广泛开展《中国包装工业发展规划（2016—2020 年）》和工信部《关于加快我国包装产业转型发展的指导意见》的宣传贯彻，根据总规划，组织制定各子行业的发展规划，指导各地行业组织制定地方规划，遴选一批龙头企业制定企业规划，形成包装工业的系统规划体系并组织规划实施。

三是继续加强“五个平台”建设。目前，中国包联的“五个平台”还处于初级阶段，从硬件水平到人员素质、从功能设计到作用发挥，都需要走很长的路，有许多的事要做。如包装数据库和数据共享平台的建设，包装产业“智库”的建设，网络评优、办公、会议、统计分析软件系统的开发，自主创新研发平台的建设，两化融合、绿色转型、智能工厂、军民融合等示范工程的建设等，都需要我们精心规划、多方合作、快速推进。我们也希望行业中的有识之士与中国包联共同携手，一起打造五大平台，使各个平台互为依托，互相作用，形成合力，更好地起到为行业、为企业、为政府服务的作用。

四是倡行勤俭节约、反对奢华浪费。要在生产、流通、仓储、消费各环节落实全面节约，深入开展反过度包装、反食品浪费、反过度消费行动，推动形成勤俭节约的社会风尚。要认真贯彻实施限制商品过度包装法律法规，严格执行《国务院办公厅关于治理商品过度包装工作的通知》（国办发〔2009〕5 号）和《限制商品过度包装通则》（GB/T 31268—2014）及《限制商品过度包装要求：食品和化妆品》（GB 23350—2009）等规定和要求，从产品设计、生产、营销等全过程，按照减量化、再利用、资源化的原则，从包装层数、包装用材、包装有效容积、包装成本比重、包装物的回收利用等方面，对产品包装进行规范。包装的材料、结构、工艺和成本应当与产品的质量、规格、价值相适应，尽量减少包装材料的用量，优先采用简易包装。

五是坚持扶优扶强，培育骨干企业。扶优，就是围绕“专、精、特、新”做文章，突出自己的特色和优势，走优质、高效的路子，在包装这个传统优势行业中培育龙头骨干企业，培育潜力大、产品科技含量高、成长性强的企业，为做大做强骨干企业奠定基础。扶强，就是坚持用产业集群的思路指导企业发展，通过兼并、联合、重组等方式，以市场为导向，以资本为纽带，集中高效资产，重组低效资产，盘活死滞资产，消除无效资产，加强同业联合，加大资产优化重组力度，做大做强一批“拳头”企业和企业集团。只有这样，才能促进包装行业又快又好地发展。

六是坚持德纪结合，扎实推进从严治党。中国包联要求全体干部职工并号召全行业认真学习贯彻执行“八项规定”、“六项禁令”、“三严三实”、廉洁自律准则和党纪处分条例系列精神，内化于心，外化于行，全行业努力形成积极向上、干事创业、风清气正的政治生态，廉洁奉公、无私奉献、团结奋斗的工作环境。全体党员和党员领导干部要做到纪法分开、纪严于法、纪在法前，明确道德与纪律的界限，坚守精神高地和底线，坚决反对和纠正“四风”，以敢为人先、争创一流的精神状态和气魄，努力把中国包联建设成为一流行业协会。

各位理事，包装工业的发展需要每个包装人的全情投入和共同奋斗，在“十三五”开局之年，我衷心期望大家增强谋事而定、乘势而动的主动性，认真贯彻党的十八届五中全会精神和中央经济会议精神，逐项落实《中国包装工业发展规划（2016—2020 年）》确定的发展目标和主要任务，不断增强凝聚力、创新力、执行力，为包装工业的稳定、健康、可持续发展做出新的更大贡献。

新年即将到来，我代表中国包联领导班子和全体职工，向包装行业的广大职工和家属表示最美好的新年祝愿，祝大家新年快乐，身体健康，工作顺利，阖家幸福!

谢谢大家。

## 在中国包联八届一次常务理事会上的讲话

中国包装联合会常务副会长兼秘书长 王跃中

（2015 年 7 月 2 日）

尊敬的徐斌会长，尊敬的各位中国包联副会长和会议代表：

受徐斌会长委托，由我向大会通报中国包联上半年的工作情况和下半年的工作计划。

2014 年 12 月底中国包联新一届理事会组成后，徐斌会长明确提出中国包联要加强五个平台的建设，即网络信息服务平台、科技创新服务平台、面向政府的服务平台、人才培养服务平台、国际交流合作平台。通过平台建设，发挥桥梁、沟通和服务的作用。半年来，中国包联开展了一系列行之有效的工作，有一些是开创性的，有一些是原有工作的延续和深化。下面，我结合“五个平台”建设，简要通报工作情况。

**一、网络信息服务平台**

换届以后，徐会长立即提出联合会官网改版的要求，并结合联合会人力少、资金薄的实际，提出借助外力，发挥各自优势，共同打造中国包联官网的意见。在上峰集团的大力支持下，联合会官网 2015 年 3 月底已经上线。新官网在版面设计、栏目设置、内容更新等方面均有提高，我们希望通过新官网更好地发挥网络信息服务功能。目前，联合会的重大活动、重要通知都在官网上有所体现。据不完全统计，第二季度我们发布了各类文件、通知、动态近百条。我们要求将来凡是联合会对外发布的文件、通知都要上网，使之成为我们发布信息的主渠道。

不足的是行业上的重大活动和信息反映得太少。主要原因是信息员队伍和信息采集体系没有建设好，上次在专业委秘书长座谈会提出的要求再重复一遍：各地包协和每个副会长单位要有专人负责信息报送，每月至少一篇文章；每个常务理事单位要有联系人，每季度至少一篇文章；委员会每月至少要提供一篇行业动态，每季度要有一篇分析报告。希望全行业多多关注中国包装联合会网，多多关注 www.cpf.org.cn，共同把中国包联官网打造成既好用，又能用好的行业服务平台。

**二、科技创新服务平台**

为了加速实现包装科学技术现代化，促进包装行业转型升级，调动包装行业科技工作者的积极性和创造性，提高包装行业的综合实力和水平，经国家科学技术奖励工作办公室同意，中国包装联合会于 2015 年设立中国包装联合会科学技术奖。2015 年 4 月 22 日，中国包联在北京飞天大厦组织召开了“第一届中国包装联合会科学技术奖励管理委员会成立大会”。这是一项开创性工作，是过去我们没有做过的工作，是科技创新服务平台的具体体现。会上，中国包联向与会代表介绍了中国包装联合会科学技术奖的前期筹备情况及奖励范围、奖项设置、机构设置、项目申报渠道等。很多代表都出席了这次活动。会后，便向各地方包协、专业委、高等院校和重点企业发放了申报该奖项的通知，相关文件也挂在了中国包联的网站上。目前，中国包联也在陆续收到各地方包协、直属中央企业单报送过来的申报材料，我们也开始了材料的形式审查工作。该项工作于 7 月底截止上报，在这里，我再次通知一下大家，请抓紧准备申报材料，尽快报送到中国包联技术发展部。

需要说明的是，这项工作是在去年我们搞行业调研时行业上呼声最高的一项内容，也是在徐会长的领导和帮助下完成的。

**三、面向政府的服务平台**

（一）继续配合国家工信部开展包装行业两化融合工作

这项工作是过去工作的延续和发展。

2015 年 4 月，我们又推荐了 10 家包装企业参加今年的“国家级信息化和工业化融合管理体系贯标试点企业”的评选。

目前，中国包联正在全力推进国家工信部《信息化和工业化深度融合专项行动计划（2013—2018 年）》。在这个五年计划中，与包装行业有关的内容有以下几点：①要开展智能制造生产模式培育行动，加快重点领域装备智能化，实施“数控一代”装备创新工程，重点围绕纺织、印刷、包装、食品加工、制药等重点行业生产装备，到 2018 年实现数控化集成开发，开发一批通用型和专用型数控装置；②食品、药品等重点产品质量安全信息可追溯体系建设取得进展；③要推进生产过程和制造工艺的智能化，推进智能制造模式在包装行业中的全面应用，开展包装行业先进制造技术模式的试点示范；④要推动智能制造生产模式的集成应用，面向高端装备、电子产品、纺织、塑料、橡胶和包装等行业需要，建立技术开发与推广服务平台，实现协同创新。在包装行业企业建设数字化车间，鼓励开展智能工厂建设试点；⑤要推进相关行业信息技术应用共性技术支持和公共服务平台建设，组织由行业协会牵头、技术开发方和技术应用方共同参与的装备制造业产用合作联盟。

下半年，我们还将配合工信部开始落实“企业首席信息官制度”。按照工信部《企业首席信息官制度建设指南》要求，工业和信息化部负责全国企业首席信息官制度建设工作的部署，建立健全各项基础制度和配套政策措施。地方各级工业和信息化主管部门负责组织、引导和指导本辖区内的企业开展首席信息官制度建设。行业协会负责本行业企业首席信息官制度建设的管理服务工作。中国包联将与工信部和有关机构及时在行业内推出《中国包装行业首席信息官认证标准》《中国包装行业首席信息官认证考评办法》和《中国包装行业首席信息官认证考评中心管理办法》等文件，在行业内培训企业首席信息官，落实“企业首席信息官制度”。

（二）行业统计工作

这是断裂又接续的工作。4 月 17 日，国家统计局正式批准中国包装联合会执行《包装工业统计报表制度》。现在我们已经开始按照国家统计局的要求，并结合包装行业实际，开展行业统计工作。这项工作的难度非常大，我们包装行业从一开始就没有自己的统计体系，以前都是零敲碎打的做法。这一次徐会长表示，一定要把包装行业的统计工作做好，要抓队伍建设，要抓体系建设。按照徐会长的要求，我们已经做了以下工作。

（1）已经起草好《包装行业统计管理办法》，近日将发给大家，征求大家的意见。

（2）准备和中国轻工业联合会信息中心合作，利用他们现有的数据采集系统和行业预警机制，为行业服务。

据了解，轻工行业统计目录里，与包装交集的有六大行业分类（纸包装、塑料包装、玻璃包装、金属包装、竹木包装、包装机械）和近十个产品小类。在海关分类目录里，以上六大类也与我们相同。另外，轻工信息中心经过长期的国家投资，已经完成了统计数据的建模和轻工业经济运行及预测预警系统的筹备，数据延续性也非常好。因此，我们选择他们做我们的合作伙伴。

（3）利用中国包联承接工信部信息报送工作的优势，从有关司局得到一些官方数据。

（4）从国家统计局获得部分数据。

以上是中国包联可以做到的事情，还有一些是需要行业共同努力才能做到的事情，如行业内大中型企业的数据采集、主要行业的数据汇总、经济形势分析等。我们理解地方包协和中国包联专业委员会在人力、财力方面的困难，也理解部分企业忌讳把企业经营数据交给别人。我们将和各地包协及中国包联的专业委员会研讨出一个双方都能接受的合作方案，我们也承诺不把企业的单体数据外泄。我们统计工作的宗旨是：贡献自己的信息，共享他人的信息，为决策和发展服务。

（5）国家级设计中心的推荐工作

这也是开创性工作。工业设计是指以工业产品为对象，综合运用科技成果和工学、美学、心理学、经济学等知识，对产品的功能、结构、形态及包装等进行整合优化的创新活动。国家级工业设计中心是指经工业和信息化部认定，工业设计创新能力强、特色鲜明、管理规范、业绩突出，发展水平居全国先进地位的企业工业设计中心或工业设计企业。工业和信息化部通过发展规划和相关政策等手段，支持国家级工业设计中心的建设和发展。根据《工业和信息化部关于印发〈国家级工业设计中心认定管理办法（试行）〉的通知》（工信部产业〔2012〕422号）的要求，工信部决定开展2015年度国家级工业设计中心认定工作，同时组织对2013年度认定国家级工业设计中心进行复核。中国包联有4个申报名额，申报企业可以是企业工业设计中心，也可以是工业设计企业。现在我们已按照工信部要求完成了包装行业的国家级设计中心上报工作。

**四、人才培养服务平台**

组建了全国包装职业教育教学指导委员会，这也是开创性的工作。全国包装职业教育教学指导委员会是经教育部批准，并受之委托，由中国包装联合会牵头组建和管理，对包装行业职业教育教学工作进行研究、咨询、指导和服务的专家组织，同时也是指导包装行业职业教育与培训工作的专家组织。

其主要职责是：针对包装职业教育教学发展的特点与需求，发挥行政主管部门、有关院校、科研院所、社会组织、企业等单位的积极性和资源优势，加强对全国包装职业院校教育教学工作的宏观指导；深化校企合作、教产结合，服务现代包装职业教育体系建设，促进全国包装职业技能人才培养质量的全面提升，使之不断适应包装行业产业发展的需求。

目前，筹备工作已经完成，等教育部的正式批复下来后就可以全面推进工作了。

**五、国际交流合作平台**

国际交流合作工作一直是我们的软肋，徐会长对我们的要求就是，尽最大努力，争取给中国包联拿到外事权。我们已经与中国质量协会一起共同向国资委、外交部写报告，要求解决外事权问题。同时，我们在民政部征求社团组织在工作中存在的难点、热点问题时，也反映了“社团组织外事难”的需求。

还有一项非常重要的专项工作——“包装行业‘十三五’规划”的编制。

今天我汇报的都是中国包联上半年新开展和进行的工作，还有很多常规性的工作，比如包装标准化工作、企业信用评价工作、基地和中心工作、分支机构管理等，就不一一汇报了。

下面，我通报一下联合会下半年的主要工作。2015年是中国包联成立35周年的好日子，在符合相关政策的前提下，我们将开展以下活动。

（1）中国包装联合会成立35周年庆祝大会。

（2）行业表彰活动。

①全国包装行业先进集体和个人。

②2014年度全国包装百强企业。

③2015年中国包装联合会科学技术奖。

④2015年中国包装行业两化融合贯标标杆和示范企业。

⑤中国包装优秀产业基地、研发中心。

⑥中国包装优秀品牌。

（3）征文活动

我们将在全行业开展“包装——与我相伴”的征文活动，获奖作品将在中国包装联合会官网和《中国包装》杂志上发表。

征文形式不限，内容可以是包装趣闻、包装工作者的经历及包装转变命运等。

（4）电视系列宣传

为了宣传包装行业，提高包装行业的知名度和地位，我们将和部分优秀企业合作，在央视开辟固定栏目，宣传包装、宣传企业。

以上工作有的已经启动，有的正在启动，希望在大家的配合和支持下，圆满完成中国包联35周年庆祝活动。

同志们，虽然我们行业目前遇到很多前所未有的困难，但是徐会长有一个判断：中国经济未来发展是好的，特别是2020年全面实现小康，以及“亚投行”和“一带一路”战略的实施，将是我国的战略发展期。我国包装行业要适应“新常态”，要勇于调结构、促发展，练好内功，一定要有信心，作为朝阳产业的包装行业，一定会蓬勃发展。

各位代表，中国包联新的领导班子组成已经半年了，我们的很多工作还在摸索过程中。“新常态”下，协会工作到底怎么开展，哪些工作对推动行业发展更有利，协会组织如何生存和发展，对我们干了一辈子的协会人也是新的课题，不过我们有信心以敢为人先、争创一流的精神状态和气魄，努力把中国包联建设成为一流行业协会。

谢谢大家！

# 在 2015 年中国包装创意设计大会暨世包 · 云设计平台发布仪式上的讲话

中国包装联合会常务副会长兼秘书长　王跃中

尊敬的世界包装组织托马斯主席、皮尔森秘书长、卡尔副主席，尊敬的浙江省人大毛光烈副主任，尊敬的浙江省科技厅邱飞章副厅长、省经信委马锦跃副主任，尊敬的杭州市滨江区谢渐生副区长，尊敬的各位来宾、朋友们：

今天，“2015 中国包装创意设计大会暨世包 •云设计平台发布仪式”隆重举行了。这次活动是在全面贯彻落实党的十八届五中全会精神，努力加快我国包装工业结构调整、转型升级，实现稳步发展的新形势下举办的。

2015 年是“十二五”最后一年。“十二五”时期是我国发展很不平凡的五年。面对错综复杂的国际环境和艰巨繁重的国内改革发展稳定任务，我们党团结带领全国各族人民顽强拼搏、开拓创新，奋力开创了党和国家事业发展新局面。“十二五”规划目标即将胜利实现，我国经济实力、科技实力、国防实力、国际影响力又上了一个大台阶。

“十二五”期间，我国包装工业总体保持了健康、快速、可持续发展的势头，服务国民经济与社会发展的能力得到了进一步增强，为“十三五”建设与发展奠定了坚实基础。主要表现为以下几方面。

**一、产业地位不断提升**

国家《国民经济和社会发展第十二个五年规划纲要》首次将包装列入“重点产业”，明确了“加快发展先进包装装备、包装新材料和高端包装制品”的产业发展重点。

“十二五”期间，财政部支持包装行业单列了高新技术研发专项资金，项目专项资金累计 4.2 亿元。

截至“十二五”末，全国包装企业已发展到 25 万多家，其中规模以上企业（年主营业务收入 2000 万元及以上）3 万多家，年包装工业收入完成将近 1.7 万亿元（16911.15 亿元），位列 38 个主要工业门类的第 14 位。其中：

①包装印刷 8764.62 亿元；

②纸和纸板容器 3303.38 亿元；

③塑料包装箱及容器 1717.57 亿元；

④塑料包装薄膜 1031.8 亿元；

⑤玻璃包装容器 752.22 亿元；

⑥金属容器 1341.56 亿元。

以上没有包含塑料泡沫，纸板、纸箱、纸盒制造机械，塑料加工专用设备，软木制品及其他木制品和包装设计行业的产值。

**二、产业格局逐步优化**

（1）“十二五”期间，我国包装工业进一步完善了以纸、塑料、金属、玻璃、机械、印刷等为主要构成，涵盖包装设计、材料、装备、制品、物流等领域的产业格局。

（2）长江三角洲、珠江三角洲、环渤海湾地区的包装产业得到快速发展，产值占全国包装工业总产值的 60%以上。

（3）中部地区、西部地区、东北地区包装产值占全国包装工业总产值的比重逐步扩大，分别提高到 20%、13%、6%左右。

**三、科技水平明显提升**

（1）“十二五”期间，全行业承担了一批国家 863 计划、国家科技支撑计划、国家火炬计划、新兴产业计划、重大科技成果转化、国家重点新产品等重大科研项目。

（2）建立了一批国家、省部及行业的工程技术中心、科技研发中心、产业孵化中心，科技创新和成果转化能力不断增强。

（3）全国开展包装人才培养的高校发展到近 300 所，建立了一批博士点、博士后科研流动站（工作站）、协同创新中心、省部级重点实验室等创新团队与平台，为产业技术水平的提升提供了有力支撑。

虽然中国已经成为世界包装大国，但我国包装产业在综合实力和竞争力等方面与世界其他工业强国相比，还存在很大差距。为此，依据国家“十二五”规划精神，中国包装联合会提出了坚持“科学发展、绿色发展、创新发展、循环发展、和谐发展”建设包装强国的方针。特别是徐斌会长在 2014 年 12

月 25 日中国包联八届一次理事会上明确提出，打造“网络信息服务平台、科技创新服务平台、人才培养综合服务平台、面向政府的服务平台、国际交流合作平台” 5 个重要平台，为推动行业发展奠定了基础。

一年来，中国包联围绕建设 5 个平台中心工作做了大量卓有成效的工作。今天举办的系列活动就是“网络信息服务平台”和“国际交流合作平台”的建设成果。

已经举办了 5 届的由中国包联主办的“中国包装创意设计大赛”，正是提高全行业创意设计水平的重要举措和载体。

今天上线的“世包 • 云设计”和“世包 • 云教育”等网络平台也是中国包联设在世界包装中心（GPC）的“中国包装创意设计中心”开发的服务项目。这两个平台集创意设计、培训教育、沟通交流、赛事评定等多种功能于一体，整合线下线上各种资源，服务行业、服务企业、服务个人，探索实现“互联网+包装”的新发展模式，创造共赢发展。

中国包联希望有更多地方包装组织和企业参与到网络平台的建设工作中，推进包装产品研发、设计、学习和交流的信息化，以及与创意设计产业的有效融合，充分发挥创意设计和信息技术在包装工业领域的作用，共同打造行业平台，为全行业服务。希望通过提升包装行业的信息化水平，能够在包装材料、包装制品、包装装备的生产制造、技术创新、质量标准、节能减排、经济效益等方面有所提升，在学习国际先进企业，特别在产品和工艺技术的创新能力上，能够有所突破。

中国包联也将继续加强对包装创意设计行业的领导，在做好“世界之星”推荐工作的同时，与各省市包装组织搞好“中国之星”“世界大学生之星”的评选工作，让中国的创意设计走出中国，走向世界。

受国家工信部委托，由中国包联牵头起草的《包装行业十三五发展规划》和代为起草的《关于加快我国包装产业转型发展的指导意见》已经完成。

不管是《规划》还是《指导意见》，我们认为包装“十三五”的发展环境是中高速发展的新常态；发展主题是转变观念、调整结构、稳定增长、消化产能、降低消耗、减少排放、提高效益；发展路径是“一带一路”、区域经济、自贸区、两化融合、“互联网+”、中国制造 2025、军民融合、创新驱动、品牌培育、信誉体系建设、适度包装、产品可追溯；发展手段是国家用政策支持、行业用标准化引领、企业靠差异化发展。作为包装行业企业要量力而行、稳步发展，要避免或减少金融风险；苦练内功，加强管理，坚持就是胜利。

《十三五规划建议》已经制定出我国的发展目标和创新、协调、绿色、开放、共享的发展新理念。我们相信，中国包装行业也将借全国发展的形势，借势发力，万众一心，艰苦奋斗，共同夺取全面建成小康社会决胜阶段的伟大胜利做出自己的贡献！

谢谢大家！

## 包装产业是马拉松最后一公里

——在 2014 年中国包装产业战略发展年会上的讲话

著名经济学家、国家外经贸部原副部长　龙永图

各位尊敬的朋友，今天再次光临中国包装产业战略年会感到非常荣幸，我事先看到一些材料，非常高兴看到我们这些年来包装产业确实有了极大的发展，有几个特点：①我们中国包装产业的规模已经形成，成为全球第二大包装产业，而且有 20 多万的包装企业，这是很了不起的，非常适应中国作为第二大经济大国的地位。②包装行业的企业结构很好，25 万企业包括大部分的中小企业，其中有民营企业，非常适应中国经济转型所期望看到的中国企业发展的方向。③在整个产业的地域分布格局上也比较集中，集中在中国经济最发达的珠三角、长三角，中国最发达的地区为中国包装产业链的形成打下非常坚实的基础。总之，中国包装产业的发展很好，前景很好，所以向我们包装产业的各位同行表示祝贺。

韩会长已经讲过，我们中国经济出现了新的常态，要适应这个新的常态，要以战略这样一个定理看待这个形势。看到中国经济形势新常态，有 3 个特点：

第一个特点，经济增长的速度放缓。我们长期保持了两位数的增长速度，现在已经开始从 10%降

到 9%、8%，我们现在争取 7.5%，中国经济增长速度放缓是中国经济新形态一个非常重要的特点。中国经济增长速度放缓令有些人感到担忧，国外的一些媒体在炒作中国经济开始出现重大的困难，说了中国经济崩溃这样一个奇谈怪论。我们怎样看待中国经济放缓？首先分析一下我们中国经济放缓的主要原因是什么。前一段时间，经济学家对中国经济放缓提出三个原因：第一，认为全球进入经济危机以后，全球的经济增长放缓，发达国家经济上相当困难，这是直接影响中国经济的主要动力之一，对中国经济外部环境造成了困难，第一个外部环境形成。第二，我们中国经济本身出现重大的困难和问题，大家有些熟悉的行业产生过剩的问题，环境和资源极大压力的问题，还有我们金融整个改革滞后，特别是出现了银行不健康的现象。中国经济放缓，中国经济内部出现一些大的问题。第三，中国经济增长放缓，是中国政治有意而为之，中国政府调控的结果。这三个原因都有一定的影响，2013 年 10 月 7 日，习近平主席在印度尼西亚巴厘岛举行的 APEC 峰会上讲了一段话，明确指出中国经济放缓是中国政府主动调控的结果。我认为习近平主席的判断，对我们了解当前中国经济形势非常重要，中国经济增长速度放缓，中国政府从长计议，要解决杀鸡取卵的模式，中国政府主动放缓。再加上中国政府官员搞 GDP 很有本事，我们储备也很多，老百姓维持 9%、10%的增长毫无问题。但是中国政府坚决遏制这样一个势头，主要是从中国经济整个长远战略考虑，中国经济增长速度放缓是中国主动调控的结果，是中国政府有底气，我们还可以保持比较高的速度，从更长远的战略考虑控制这个速度，放缓的主要原因是中国政府主动调控。

中国经济增长速度放缓会不会给中国社会带来巨大的冲击？不会，正如习近平主席和李克强总理多次讲，中国经济有一个底线，保持一个曲线，中国经济增长速度不是一下子到底。当时中国经济谈判的时候，2001 年 9 月 17 日结束了 15 年的谈判，一个 CNN 记者问我一个问题，你们中国已经成为世界经济俱乐部的正式成员，一个市场经济加一个社会主义的帽子，现在就搞市场经济？不行，还得用社会主义市场经济，我们中国对市场经济是更加关注社会公平和社会正义的市场经济。所以我们的市场经济市场起决定性作用，不要忘记中国市场经济的一个特征，就是必须要确保我们中国的民生和解决中国的社会问题。所以我们的经济增长速度放缓，就是必须在一个合理的曲线，使得我们大家可以放心，我们增长速度要掉到 6%、5%，很多企业会发生变故，我们的社会会出现重大的震荡。我们国家不可能让这样的情况出现，中国经济增长速度放缓，是有底线的。今年我们看到经济增长速度放缓，就业率反而上去了。这就是我们整个产业出现了好的表现，也就是说，服务产业、每一个单位 GDP 产生的就业岗位，比制造业和房地产业每个单位创造的 GDP 高 30%，这样的服务产业上去了，哪怕我们的制造业和房地产业其他产业下来了，由于结构的优化，产生更多的就业岗位。中国经济增长放缓，大家不要过于担心，不要相信国外有些言论，中国政府会从长计议，主动调控。中国经济增长放缓有底线，这就会使得中国经济增长速度放缓不至于对中国社会造成所有的问题，这是中国经济形势的第一个特点。

第二个特点，就是经济转型，我们把速度放下来，更多的时间和空间加快经济转型，经济转型我的理解最核心的就是两个指标。因为我们过去穷，在过去二三十年，我们在追求速度，没有一定的数量，不可能有一定的质量，像我们包装产业成为全球第二大包装产业，就不可能在这样一个基础上提升包装的质量。经过 30 年的发展，我们发现为了数量的提高付出了重大的代价，产生了重大的问题，必须把关注点从数量转移到质量。有人问什么是中国经济的转型，中国经济的转型核心就是从更多地关注数量转移到更多地关注质量，这是一个非常重要的转变。而衡量中国经济质量好坏的标准是什么，就是两点，一是中国经济增长了以后，人民得到了实惠，做到了真正逐渐形成运营这样一个大的格局。二是中国经济增长上去了以后，社会是不是更加公平，更加公正，而不是积极发展却贫富悬殊越大，地方差距越大，总结为两点，就是民生和社会的和谐。中国经济新常态出现第二个新的特点就是经济转型加快，在这个方面特别希望大家能够关注中国经济转型带来的质量，对我们中国企业有极大机会。我们过去 30 年城镇化主要搞房地产，主要扩大整个城市的规模，我们更多关注以人为本，中央要解决三个亿人口的问题，第一个是一亿人口市民化的问题，将带来极大基础设施的需求，对于教育的需求，对于医疗的需求。第二个是怎么解决现在住在城市里的城中村问题。第三个是怎么解决中西部地区一亿农民城镇化的问题。这些中国经济转型出现的新关注点，就是质量的关注，带来极大的商业机会，一亿进城的农民变成市民，我们的企业家一定要关注。在这样一个历史进程当中有一些新的问题。我们一只眼睛盯着中产阶级，中高收入的群体，另一只眼睛盯着逐渐变富的人群，低收入的群体，中国经济的转型不是负面的东西，是带来极大商业需求的历史进程。这是新常态的第二个特点。

第三个特点，就是产业结构的深化。这一点我们搞产业是非常清楚的，关于产业结构调整的深化主要表现在四个方面：第一个是恶性产业的退出，对于严重污染、产业过剩的产业都将退出淘汰，这个过程是一个相对的过程，我们政府对于过剩行业的退出采取非常慎重的态度，有很多善后工作，这些善后的工作也潜藏着巨大的商业机会。第二个是新兴产业的投资，金融环保的行业、新能源的行业、新能源汽车、新能源通讯设备、新材料，还有高智能新兴产业、高端制造业的发展，给我们包装产业带来极大的问题，因为包装产业很大程度上是非常重要的最后的环节，我们有时候想到包装的问题，首先觉得保障搞得不好，就像一个马拉松没有把最后一公里跑好，没有把最后的冲刺做好。中国形成的高端产业要做出很大的贡献，包装行业在这个过程当中，会带来重要的作用，希望大家能够关注第二个新兴产业这样一个形势。第三个是传统产业的升级和转型，中国是发展中国家，就业还是靠传统产业。传统行业不能很好地进行升级换代，我们的产品没有竞争力，在这样一个进程当中，包装行业在整个传统产业发展当中怎样调整战略，除了培养高端的制造业之外，传统产业转移也是非常重要的，这也是中国产业结构调整非常重要的一方面。从整个意义上来讲，我们中国产业结构的升级也是中国产业的结构调整。第四个特点是大力发展服务业，包装产业特别是制造业是服务的生产型，这是中国今后经济发展一个相当重要的重点，可以说包装产业是战略产业，因为它在高端制造业的发展上，在调整产业升级上都有重要的意义。

总之，中国当前经济形势的特点就是出现新常态，新常态的特点就是增长速度放缓，这是我们主动调整的结果，从长计议；经济转型加快，怎么提高中国经济的质量；产业结构调整的深化。我觉得我们在研究整个包装产业战略的时候，更应该考虑中国经济新形态转型问题，看到中国经济新常态所带来的巨大的挑战和机遇，要适应这个新的产业，要适应这个角度，要努力推动中国新产业持续发展。

讲到中国产业发展问题，我们要进一步深刻理解新常态。我们发觉新的行业，中国产业升级有几个基本的要素：第一个要素是怎样提高我们整个产业产品的质量问题，这一点是我们永远要牢记的。在转型当中，我们提到了质量是核心的关键词，使企业的升级和发展要不断研究标准，研究产业所用的原材料、工艺、设计，都应该向国际标准和规范靠拢。因为只有符合国际标准的产品，才可能真正有质量，才可能具有竞争力。大家经常说到品牌，品牌是一个趋势的问题，品牌如果非常刻意地去做，就不能做，要在经济质量的提高过程当中水到渠成。在这方面，我觉得把质量和品牌问题紧紧联系在一起，这是品牌非常重要的一个方面。第二个要素是创新的问题，这是一个永恒的主题，我们在创新的时候，应该讲技术的创新、体制的创新，而且要创造一个好的创新的环境。我当博鳌论坛秘书长的时候，请比尔·盖茨演讲，我们做了一个对话，比尔盖茨讲未来成功的诀窍是什么，一是我们未来有高端人才；二是我们未来内耗很低。比尔·盖茨讲他的诀窍就是高端人才，就是低内耗。中国不但要讲高端人才，还要讲内耗的问题，可能中国的文化“两亩三分地”，农村文化形成内耗不断增加。中国企业那么多年的反倾销，固然有外贸的问题，很大程度上是我们的内耗太多，造成了相互竞争，外国人得到了好处，得到了外国人的反倾销。在低内耗的环节发挥作用，这是我们需要研究的问题。前一段时间，苹果的乔布斯去世了以后，看到一个非常有意义的争论，为什么中国出不来乔布斯，提出几个原因：①中国的企业盈利太低。如果企业盈利太低，拿不出更多的钱投入创新。反之，我们创新投入增加了，我们企业创新的规模和势头就出来了。②中国的创新主要是自上而下，都是政府在号召，或者领导在号召，企业自身的创新动力不足。③就是我们大家比较熟悉的，缺乏对于知识产权的保护，这一点中国有很大的竞争，我们确实对知识产权保护不足。④中国的教育制度的问题。像我们包装行业，我觉得创新很重要，创新有所突破，不仅影响包装行业的发展，也影响整个中国制造业的发展，从中国整个制造业的发展角度考虑包装的创新问题，没有包装的创新就很难有一些高端制造业的国际竞争能力。

关于开放的问题，中国最核心的发展，只有开放才能知道自己的不足，只有开放才能看到别人的长处。如果封闭起来，没有一种包容学习的精神，这个国家会越来越落后。为什么拼命学习？我们这个民族不学习，就没有希望。一个特别重要的动力就是和别人相比看到自己的不足。所以，我觉得在开放的问题上，包装行业打造了一个定位，但是我们确实还有很多项目要向其他国家学习。特别是现在全球经济和区域经济发展很快，我们需要研究很多问题，如党的十八大以后建立一个 21 世纪海上丝绸之路的问题，提出这样一个重要区域战略，一方面，就是要扩大中国投资和贸易的平台。另一方面，丝绸之路是一个历史问题，具有深刻影响，要强调文化的交流，提高和世界经济的融合。很多企业有更高的要求，让中国的文化和其他文明进行更好的交流。包装行业实际上可以作为一个载体，使中国的文化走出去，包装有很多鲜明的文化特点，而且又可以使中国市场经济丝绸之路与沿路国家进行文化沟通，这些文化的元素体现在包装上，包装质量就能够登上新的台阶。包装在文化方面有很大的突破，有很重要的潜力，这方面希望企业多努力一点。

最后，产业的升级，企业的发展要注意企业文化，在这方面要强调怎样培养法制文化。四中全会刚刚召开，依法治国成为中国的治国方略。企业的发展也必须建立在法制的基础上，只有企业诚信，企业具有法律意识和规则意识，才能使企业文化更好地传播。在这方面，研究企业法制的意识，诚信的意识，责任心非常重要。另外，怎样使我们的企业化当中体现团队精神，体现双赢，在世界产业链联系越来越紧密的情况下，没有团队精神，单打独斗是绝对不可能的，这是产业链之间的竞争，不打造一个非常重要的产业链，就不可能提升，要强调团队的文化。我们的企业要更加注意俭朴，更加注意自身的基础素质，也就是说要打造低碳文化。这些年来形式主义、铺张浪费严重，企业追求豪华，追求形式，损害了我们自己的产业。包装行业在低碳环节上要成为其他行业的榜样，这不仅是包装产业的问题，也是其他产业应该注意的问题。法制层面的规定，对中国包装行业起到非常重要的意义，我们确实要研究一下战略的问题，文化的问题，企业文化的问题。

另外，当前的形势虽然看起来下行压力很大，确实出现了新的形态，而且正如习近平主席讲的，我们最核心的问题，是在当前这样的形势下，怎样进一步增强我们的信心，保持我们的战略，坚定不移地按照中央的方针来确定我们的发展战略，使我们的包装行业更上一个新的台阶。

谢谢大家。

# 产业规划与统计

# 包装工业“十三五”规划和《指导意见》编制说明

## 一、编制背景

《中国包装工业发展规划（2016—2020）》（以下简称《发展规划》）是中国包装联合会（以下简称“中国包联”）按照工业和信息化部（以下简称“工信部”）的统一部署，牵头组织并委托湖南工业大学（以下简称“湖南工大”）编写的行业发展规划；《关于加快我国包装产业转型发展的指导意见》（以下简称《指导意见》）是工信部授权中国包联起草论证，由中国包联委托湖南工大牵头编写的国家产业发展指导性意见。《发展规划》和《指导意见》的编制从2015年7月开始启动，历经了宣传与动员、调研与起草、修改与论证、完善与提升及宣传贯彻阶段。

## 二、组织领导

为落实工信部对《发展规划》和《指导意见》的编制要求，中国包联充分调动全行业的力量，建立了一支水平高、能力强、懂经济、熟知行业且具有专门工作经验的工作队伍。

一是成立了领导小组。由中国包联徐斌会长亲任组长，常务副会长王跃中，专职副会长王利、敖雯楠，副会长、湖南工大党委书记唐未兵担任副组长，成员包括包装行业大型企业集团和龙头企业的负责人。

二是成立了工作小组。由中国包联副会长敖雯楠担任组长，副秘书长吴红军担任副组长，成员包括中国包联10个专业委员会的秘书长、包装类高校的专家和包装细分行业中典型企业的负责人。

《发展规划》和《指导意见》的具体编制工作由中国包联包装规划委员会牵头承担。

三是成立了编写小组。湖南工大在接受任务委托后，组建了由29名校内外专家、教授、学者组成的编写小组，学校党委书记唐未兵、校长谭益民分别担任正、副组长，并委派副校长张昌凡负责编制具体的组织工作。

四是成立了专家小组。由中国工程院陈克复院士担任组长，中国科学院谭铁牛院士担任副组长，成员包括工信部规划司副司长刘树苹、消费品工业司副巡视员汪敏燕及来自高校、企业的知名专家。

## 三、保障机制

一是中国包联完善了沟通机制。在整个编制过程中，中国包联始终与工信部保持密切沟通，寻求支持、接受指导；始终与各专业委员会、地方行业协会及代表性企业保持密切沟通，收集信息、征求意见；始终与编写组、专家组保持密切沟通，跟踪进展、反馈情况。编制过程做到了信息畅通、沟通及时、组织规范、运转高效。

二是全行业形成了联动机制。在工信部的全程指导和中国包联的统筹协调中，各专业委员会、地方行业协会主动担当，承担起专业规划、专项规划和地方规划的编制工作；各细分行业的典型企业主动作为，在编制调研、意见征求、专家论证中大力协作；包装类的有关高校和来自行业企业的专家主动建言，为编制工作明确方向、把握重点、创新思路给予了有效支持。“包装规划大家写，包装事业大家做”成为全行业的行动自觉。

三是湖南工大建立了协同机制。湖南工大党政领导班子集全校之智、举全校之力，在人力、物力、财力上为编制工作提供坚强保障。成立了专门的领导机构并指派校级领导牵头负责编制工作；集中了全校包装学科的精英并邀请兄弟院校的专家组成编写组、顾问组、专家组；安排了专项经费30万元确保编制工作的组织、调研、论证等需要；在《发展规划》和《指导意见》编制中党委与行政、机关与院系、学科与专业、专家与团队之间实现了高度协同。

## 四、《发展规划》的编制思路

### （一）总体思路

立足现有基础，找准主要问题，把握重大机遇，设计发展路径，形成了“围绕一个核心、明确两个目标、立足三个重点、实现四个对接”的编制思路。

一个核心：围绕“中国制造2025”和“包装强国”建设任务，以创新驱动和转型升级为着力点，在巩固世界包装大国地位的基础上，促进包装产业保持中高速增长，迈向中高端水平。

两个目标：一是不断提升包装工业对国民经济和社会发展的支撑能力和贡献能力；二是不断提升包装工业的品牌影响力和国际竞争力。

三个重点：围绕绿色包装、安全包装、智能包装，加快发展绿色包装材料、智能包装装备和以个性化、定制化、精细化、智能化为特征的高端包装制品，使包装工业成为中国制造体系的重要组成部分。

四个对接：一是对接“中国制造2025”的总体

要求，确保《发展规划》上接“天线”；二是对接包装工业的发展基础，确保《发展规划》下接“地气”；三是对接国民经济的未来走向，确保《发展规划》切合需求；四是对接包装强国的建设目标，确保《发展规划》引领未来。

（二）主要内容

《发展规划》共分为四大部分，按照基础—思路任务—重点—保障的内在逻辑关系设计体系构架。

第一部分为“产业现状与发展环境”。该部分系统总结了我国包装工业“十二五”期间的发展成就，客观反映了制约产业发展的突出问题，立足国内经济新常态和国际经济新格局，深入分析了我国包装工业面临的重大机遇和严峻挑战，明确了发展现状、问题、要求和走向。

第二部分为“总体思路与发展目标”。该部分围绕中央精神和国家战略，立足推动“包装强国”建设进程，明确了未来五年包装工业发展的指导思想。按照“创新、协调、绿色、开放、共享”的发展理念，提出了“市场主导，政府扶持；统筹兼顾，突出重点；创新驱动，品牌引领；深化改革，扶优扶强”的发展原则。从构建现代包装工业体系、提升自主创新水平、加强核心竞争力建设三个立足点上确立了“十三五”期间的总体目标和产业规模、自主创新、两化融合、节能减排方面的具体目标，形成了系统的指标体系。

第三部分为“主要任务和发展重点”。该部分围绕绿色包装、安全包装、智能包装，明确了“十三五”期间包装工业的八大主体任务、四大发展重点和六大提质工程。八大主体任务是：增强自主创新能力、提高两化融合水平、夯实产业发展基础、发展军民融合包装、促进新型业态成长、推动绿色转型进程、加强包装标准建设、重视产业品牌培育。四大发展重点是：推动绿色包装持续发展、推动安全包装深入发展、推动智能包装快速发展、推动关键领域突破发展。六大提质工程是：包装材料绿色化工程、食品药品包装安全化工程、包装产业信息化工程、包装制品高端化工程、包装装备智能化工程和包装印刷数字化工程。

第四部分为“主要政策与保障措施”。该部分从国家政策支持、行业组织作用、法治规范建设、服务平台构建，以及人才保障、制度保障、金融保障、管理保障、组织保障等方面制定了具体措施，为落实“十三五”规划形成了保障体系。

## 五、《指导意见》的编制思路

（一）总体思路

《指导意见》与《发展规划》一脉相承，是在更为宏观的层面上对包装产业未来发展的方向引领。因此，我们编制《指导意见》的总体思路是：围绕一条主线、达成两个目标、实现三个转变、促进四个提升。

一条主线：按照服务型制造业的产业定位，适应供给侧结构性改革要求，以有效解决制约产业发展的突出问题、关键技术与应用瓶颈为重点，全面推动产业的转型发展与提质增效。

两个目标：一是围绕绿色包装、安全包装、智能包装，构建产业技术创新体系。二是围绕清洁生产和绿色发展，形成覆盖包装全生命周期的绿色生产体系。

三个转变：推动包装产业由被动适应向主动服务转变，由资源驱动向创新驱动转变，由传统生产向绿色生产转变。

四个提升：一是产业的绿色发展水平，二是产业的智能制造水平，三是产业的自主创新能力，四是产业的国际竞争能力。

（二）主要内容

《指导意见》包括四大部分，按照意义—要求任务—保障的内在逻辑关系设计体系构架。

“重要意义”部分：从包装产业的重要地位、包装产业的基本特征、包装强国的建设要求等方面分析了我国包装产业的发展现状和突出问题，阐述了在包装强国建设攻坚阶段，产业转型发展的重要意义和深远影响。

“总体要求”部分：结合国家循环发展引领计划、“中国制造 2025”及工信部提出的“三品战略”，确立了包装产业转型发展的指导思想，提出了“政府引导、市场主导；创新驱动、品牌引领；协调发展、重点突破；绿色发展、适度包装”的转型理念与原则；立足关键技术突破、制造模式创新、绿色体系构建、发展品质提升等重点，明确了转型发展的总要求和总目标，设计了涵盖产业规模、自主创新、两化融合、节能减排等领域的指标体系。

“主要任务”部分：紧紧围绕转型发展这一主线，结合包装产业的基础与特征，提出了转型发展的六大任务：一是实施三品战略，集聚产业发展优势；二是加强技术创新，增强核心竞争能力；三是推动两化融合，提升智能制造水平；四是优化产业结构，形成协调发展格局；五是培育新型业态，拓展产业发展空间；六是开展绿色生产，构建循环发展体系。每项任务既明确了发展方向，也确定了发展重点。

“保障措施”部分：针对包装产业转型发展的重点和实现转型发展的路径，从完善包装规制体系、加大政策支持力度、强化教育科技支撑、增强行业组织作用四个方面提出并明确了具体的支持办法、扶持手段和保障措施，形成了国家层面的产业发展支持体系。

# 2014 年度中国包装行业运行报告

中国包装联合会统计部

2014 年我国包装行业规模以上企业（年主营业务收入2000万元及以上全部工业法人企业）7325家，企业数比 2013 年减少 191 家，累计完成主营业务收入 10852.73 亿元，同比增长 7.13%，增速比去年同期下降了 6.53 个百分点。全国包装行业累计完成利润总额 645.59 亿元，同比增长 2.94%，增速比去年同期下降了 10.83 个百分点。全国包装行业累计完成利税总额 978.01 亿元，同比增长 4.63%，增速比去年同期下降了 9.5 个百分点。从进出口行业数据分析，2014 年全国包装行业完成累计进出口总额 413.78 亿美元，同比增长 6.04%。其中，累计出口额 269.71 亿美元，同比增长 8.51%。进口额 144.07 亿美元，同比增长 1.71%。

## 一、全国包装行业产品产量情况分析

### （一）全国纸包装行业产品产量月度及增速情况

1.箱纸板

2014 年 1—12 月，全国箱纸板累计完成产量 1018.47 万吨，同比增长 9.60%。其中，12 月完成产量 95.37 万吨，同比增长 28.85%。具体情况如图 1 表示。

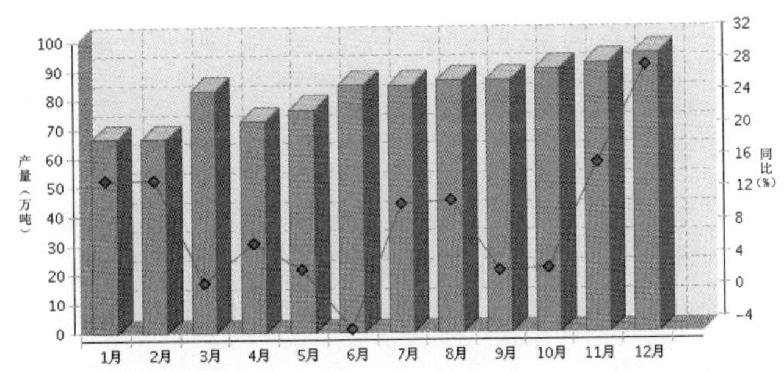

图 1 2014 年全国箱纸板行业月度产量及同比

2.纸制品

2014 年 1—12 月，全国纸制品累计完成产量 6634.86 万吨，同比增长 8.96%。其中，12 月完成产量 630.75 万吨，同比增长 7.21%。具体情况如图 2 所示。

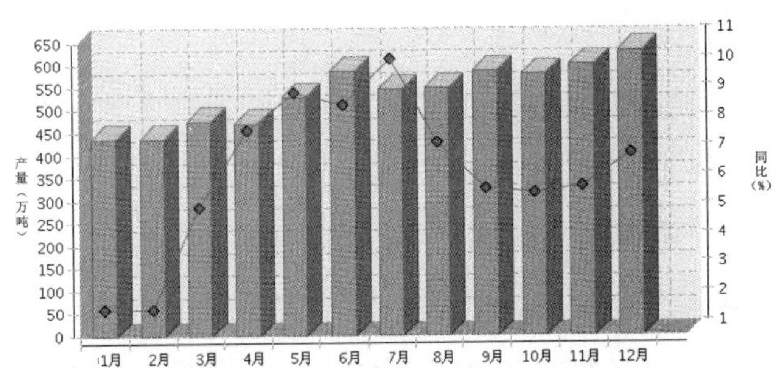

图 2 2014 年全国纸制品行业月度产量及同比

3.瓦楞纸箱

2014 年 1—12 月，全国瓦楞纸箱累计完成产量 3807.15 万吨，同比增长 6.38%。其中，12 月完成产量 361.13 万吨，同比增长 4.79%。具体情况如图 3 所示。

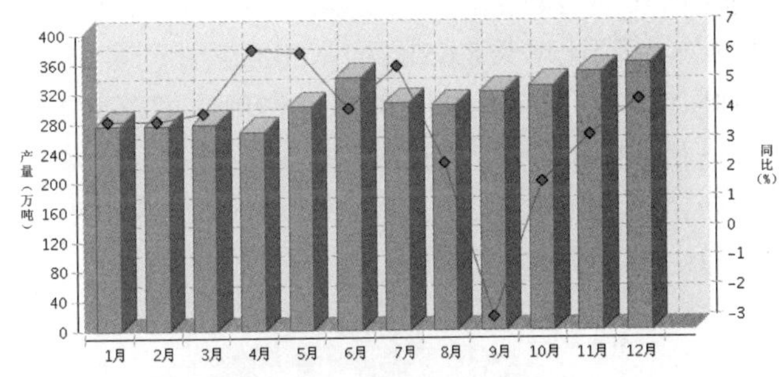

图 3 2014 年全国瓦楞纸箱行业月度产量及同比

### （二）全国纸包装行业产品产量地区分布情况

1.箱纸板

2014 年 1—12 月，全国箱纸板累计产量 1018.47 万吨，同比增长 9.60%。产量排在前五位的地区依次是河北、山东、浙江、福建和安徽。其中，河北完成累计产量 191.29 万吨（占 18.78%），同比增长 9.28%；山东完成累计产量 144.95 万吨（占 14.23%），同比增长 13.42%；浙江完成累计产量 130.03 万吨（占 12.77%），同比增长-1.91%；福建完成累计产量 128.93 万吨（占 12.66%），同比增长 71.56%；安徽完成累计产量 128.29 万吨（占 12.6%），同比增长 18.44%。具体情况如图 4 和图 5 所示。

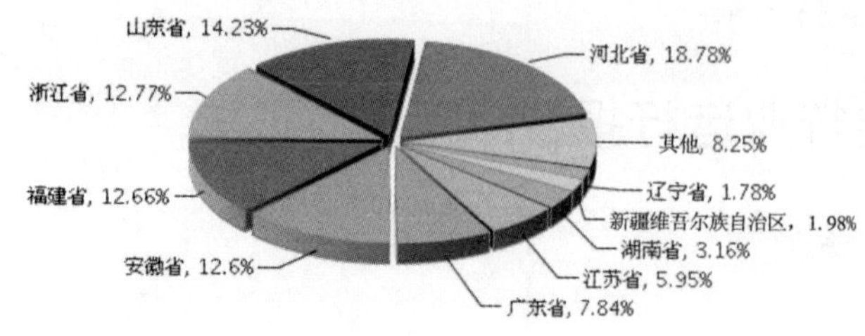


图 4　2014 年 1—12 月全国箱纸板行业累计产量地区占比情况

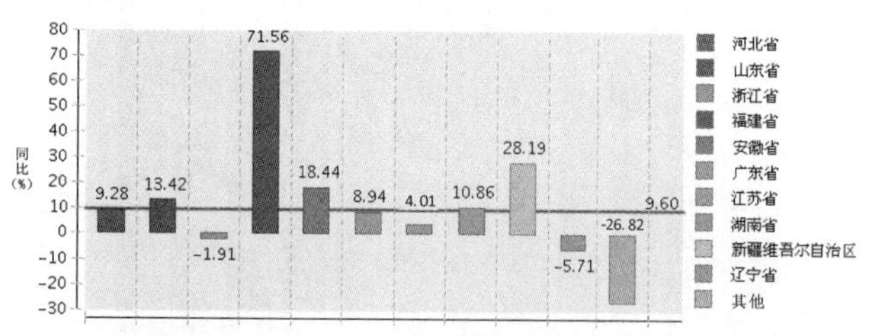


图 5　2014 年 1—12 月全国箱纸板行业累计产量主要地区同比增长情况

2.纸制品

2014 年 1—12 月，全国纸制品行业完成累计产量 6634.86 万吨，同比增长 8.96%。产量排在前五位的地区依次是广东、浙江、河南、江苏和山东。其中，广东完成累计产量 966.92 万吨（占 14.57%），同比增长 10.24%；浙江完成累计产量 734.41 万吨（占 11.07%），同比增长 8.65%；河南完成累计产量 681.12 万吨（占 10.27%），同比增长 16.29%；江苏完成累计产量 535.62 万吨（占 8.07%），同比增长 9.42%；山东完成累计产量 398.49 万吨（占 6.01%），同比增长-1.17%。具体情况如图 6、图 7 所示。

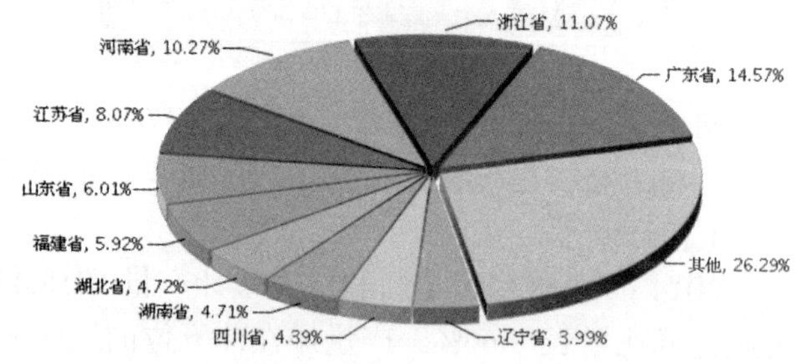


图 6　2014 年 1—12 月全国纸制品行业累计产量地区占比情况

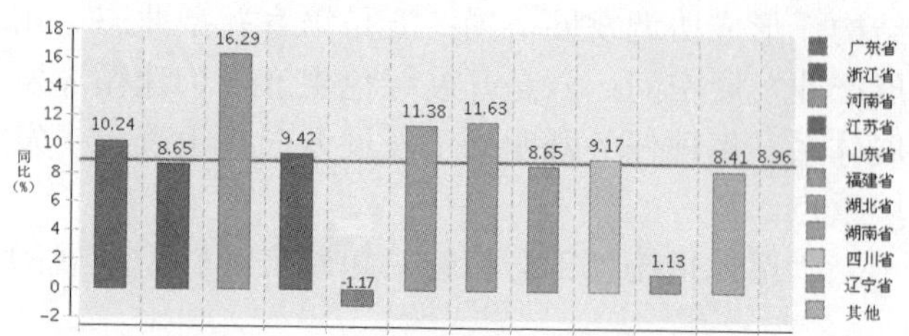


图 7　2014 年 1—12 月全国纸制品行业累计产量主要地区同比增长情况

3.瓦楞纸箱

2014 年 1—12 月，全国瓦楞纸箱行业完成累计产量 3807.15 万吨，同比增长 6.38%。产量排在前五位的地区是浙江、河南、江苏、广东和山东。其中，浙江完成累计产量 516.04 万吨（占 13.55%），同比增长 5.64%；河南完成累计产量 476.57 万吨（占 12.52%），同比增长 17.88%；江苏完成累计产量 310.73 万吨（占 8.16%），同比增长 12.63%；广东完成累计产量 298.17 万吨（占 7.83%），同比增长-1.61%；山东完成累计产量 249.31 万吨（占 6.55%），同比增长-3.6%。具体情况如图 8、图 9 所示。

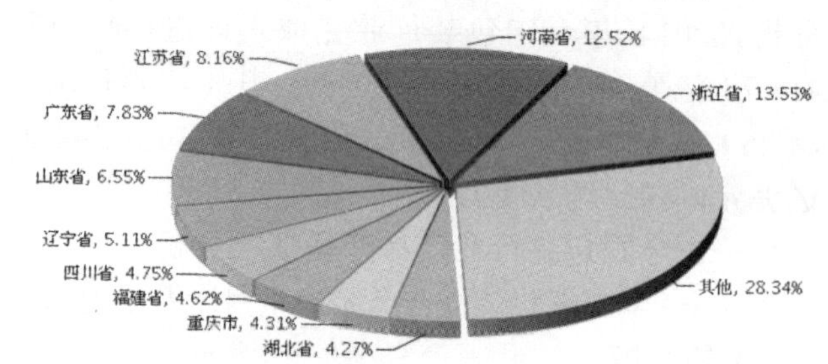


图 8　2014 年 1—12 月全国瓦楞纸箱行业累计产量地区占比情况

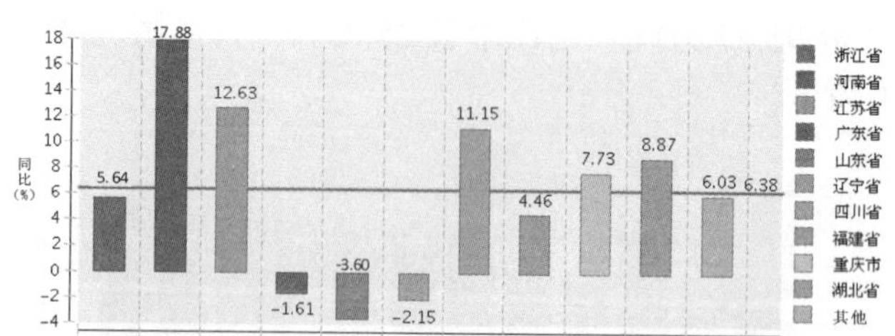


图 9　2014 年 1—12 月全国瓦楞纸箱行业累计产量主要地区同比增长情况

（三）全国塑料包装行业产品产量月度及增速情况

2014 年 1—12 月，全国塑料薄膜行业累计完成产量 1261.77 万吨，同比增长 8.43%。其中，12 月完成产量 115.53 万吨，同比增长 5.24%（见图 10）。

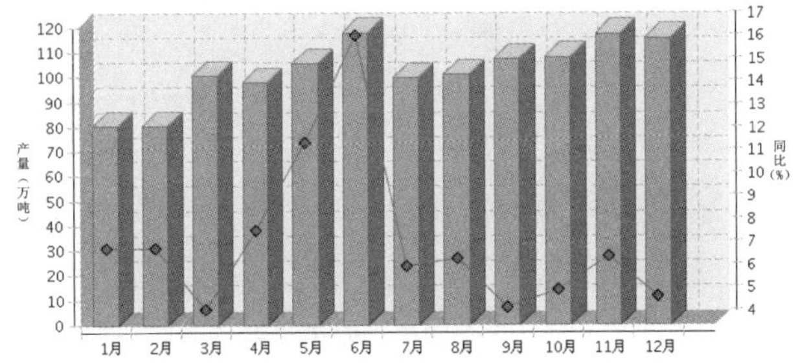


图 10 2014 年全国塑料薄膜行业月度产量及同比

（四）全国塑料包装行业产品产量地区分布情况

2014 年 1—12 月，全国塑料薄膜行业完成累计产量 1261.77 万吨，同比增长 8.43%。产量排在前五位的地区依次是浙江、广东、江苏、山东、河南。其中，浙江完成累计产量 360.24 万吨（占 28.55%），同比增长 3.8%；广东完成累计产量 158.42 万吨（占 12.56%），同比增长 0.86%；江苏完成累计产量 121.33 万吨（占 9.62%），同比增长 6.78%；山东完成累计产量 97.66 万吨（占 7.74%），同比增长 7.23%；河南完成累计产量 77.26 万吨（占 6.12%），同比增长 15.87%。具体情况如图 11 和图 12 所示。

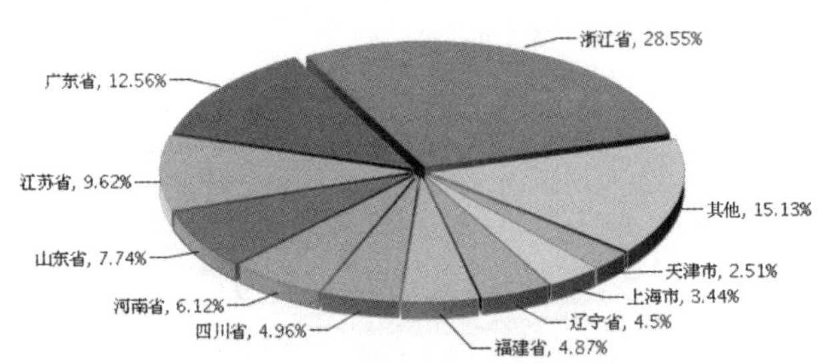


图 11 2014 年 1—12 月全国塑料薄膜行业累计产量地区占比情况

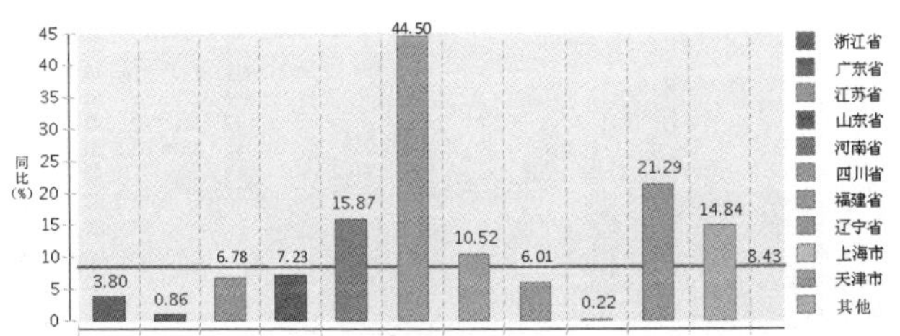


图 12 2014 年 1—12 月全国塑料薄膜行业累计产量主要地区同比增长情况

（五）全国玻璃包装行业产品产量月度及增速情况

2014 年 1—12 月，全国玻璃包装容器行业累计完成产量 1975.46 万吨，同比增长 7.38%。其中，12 月完成产量 194.27 万吨，同比增长 12.25%（见图 13）。

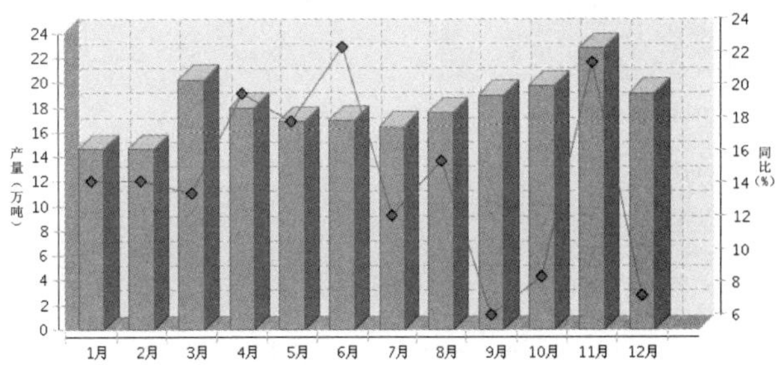


图 13 2014 年全国玻璃包装容器行业月度产量及同比

（六）全国玻璃包装行业产品产量地区分布情况

2014 年 1—12 月，全国玻璃包装容器行业完成累计产量 1975.46 万吨，同比增长 7.38%。产量排在前五位的地区依次是四川、山东、河南、湖北、河北。其中，四川完成累计产量 411.23 万吨（占 20.82%），同比增长 10.62%；山东完成累计产量 304.44 万吨（占 15.41%），同比增长-0.64%；河南完成累计产量 217.27 万吨（占 11%），同比增长 10.12%；湖北完成累计产量 159.87 万吨（占 8.09%），同比增长 12.08%；河北完成累计产量 129.07 万吨（占 6.53%），同比增长-2.26%。具体情况如图 14 和图 15 所示。

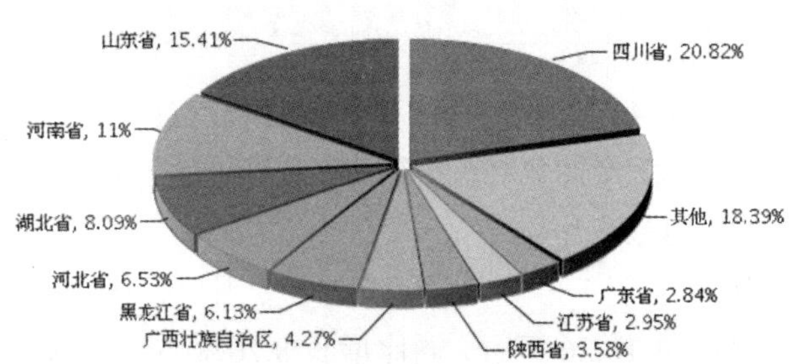


图 14 2014 年 1—12 月全国玻璃包装容器行业累计产量地区占比情况

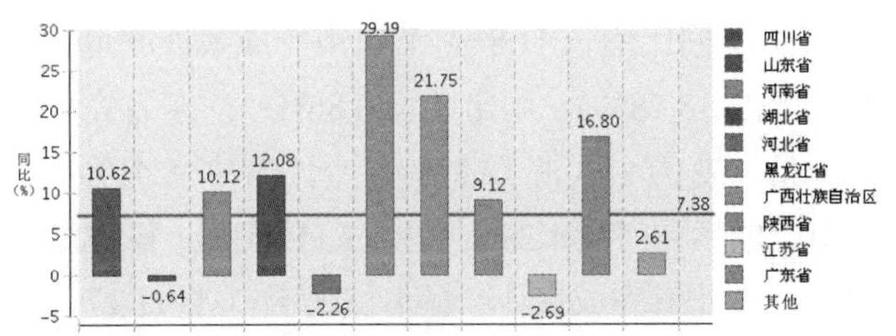


图 15 2014 年 1—12 月全国玻璃包装容器行业累计产量主要地区同比增长情况

（七）全国包装机械行业产品产量月度及增速情况

1.包装专用设备

2014 年 1—12 月，全国包装专用设备行业累计完成产量 102600 台，同比增长 8.20%。其中，12 月完成产量 9835 台，同比增长 1.86%（见图 16）。

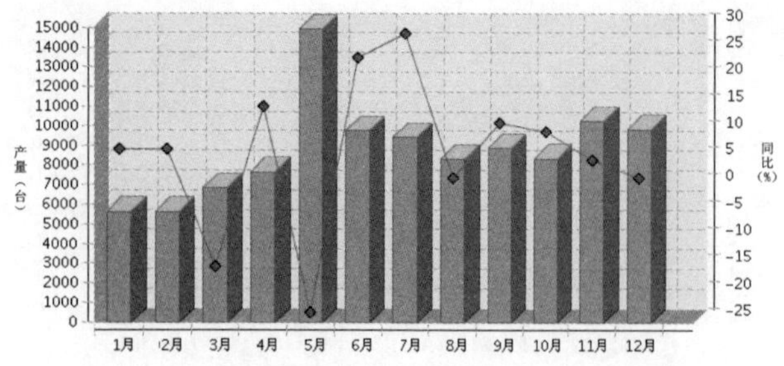
图 16 2014 年全国包装专用设备行业月度产量及同比

2.塑料加工专用设备

2014 年 1—12 月，全国塑料加工专用设备行业累计完成产量 35.81 万台，同比增长-1.72%。其中，12 月完成产量 3.56 万台，同比增长-3.81%（见图 17）。

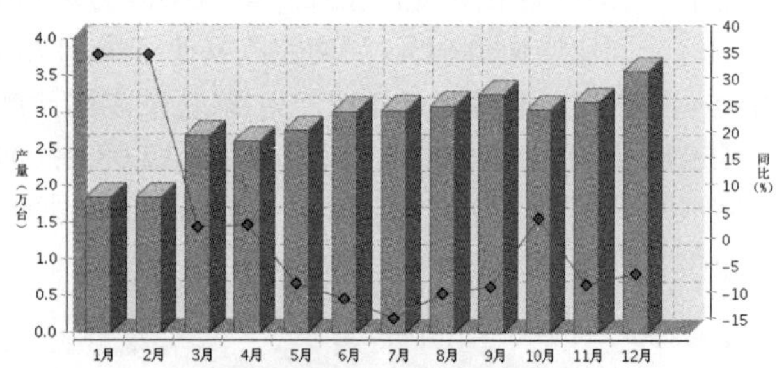
图 17 2014 年全国塑料加工专用设备行业月度产量及同比

（八）全国包装机械行业产品产量地区分布情况

1.包装专用设备

2014 年 1—12 月，全国包装专用设备行业完成累计产量 10.26 万台，同比增长 8.20%。产量排在前五位的地区依次是浙江省、北京市、广东省、上海市、湖北省。其中，浙江省完成累计产量 2.53 万台（占 24.67%），同比增长 11.8%；北京市完成累计产量 1.41 万台（占 13.78%），同比增长 6.86%；广东省完成累计产量 1.32 万台（占 12.82%），同比增长 8.41%；上海市完成累计产量 1.23 万台（占 11.96%），同比增长 7.8%；湖北省完成累计产量 1.15 万台（占 11.17%），同比增长 21.65%。具体情况如图 18 和图 19 所示。

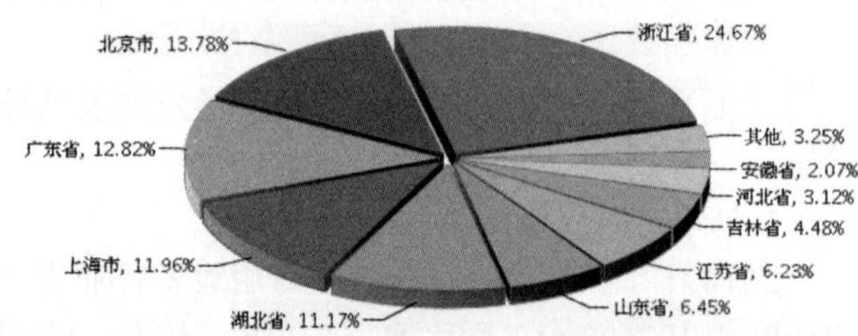

图 18 2014 年 1—12 月全国包装专用设备行业累计产量地区占比情况

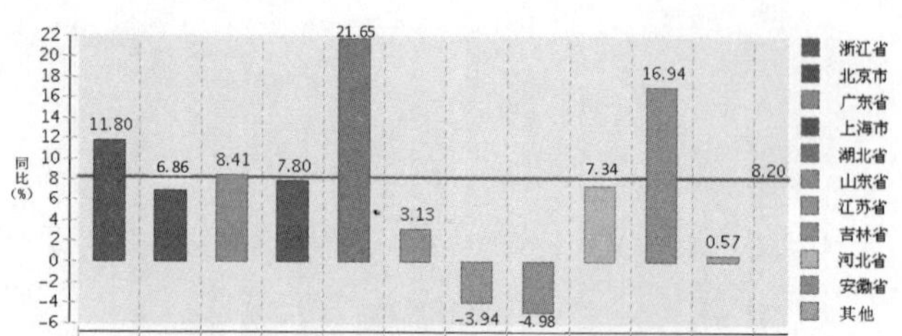

图 19 2014 年 1—12 月全国包装专用设备行业累计产量主要地区同比增长情况

2.塑料加工专用设备

2014 年 1—12 月，全国塑料加工专用设备行业完成累计产量 35.81 万台，同比增长-1.72%。产量排在前五位的地区依次是浙江、广东、山东、上海、河南。其中，浙江完成累计产量 16.96 万台（占 47.34%），同比增长-4.38%；广东完成累计产量 7.02 万台（占 19.6%），同比增长-7.37%；山东完成累计产量 5.49 万台（占 15.33%），同比增长 26.6%；上海完成累计产量 1.83 万台（占 5.11%），同比增长-35.86%；河南完成累计产量 1.75 万台（占 4.87%），同比增长 22.95%。具体情况如图 20 和图 21 所示。

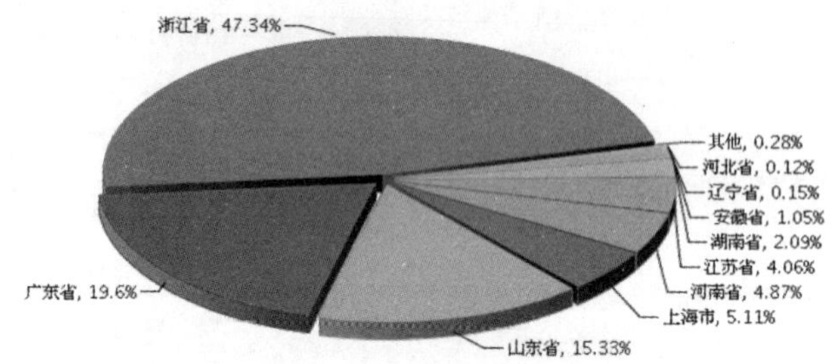

图 20 2014 年 1—12 月全国塑料加工专用设备行业累计产量地区占比情况

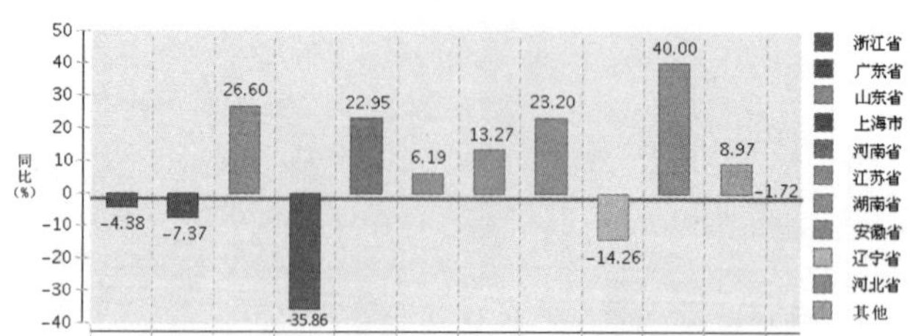

图 21 2014 年 1—12 月全国塑料加工专用设备行业累计产量主要地区同比增长情况

## 二、全国包装行业主营业务收入情况分析

（一）全国包装行业主营业务收入月度及增速情况分析

2014 年 1—12 月，全国包装行业累计完成主营业务收入 10852.73 亿元，同比增长 7.13%。其中，12 月完成主营业务收入 1069.02 亿元，同比增长 3.82%。具体情况如图 22 和图 23 所示。

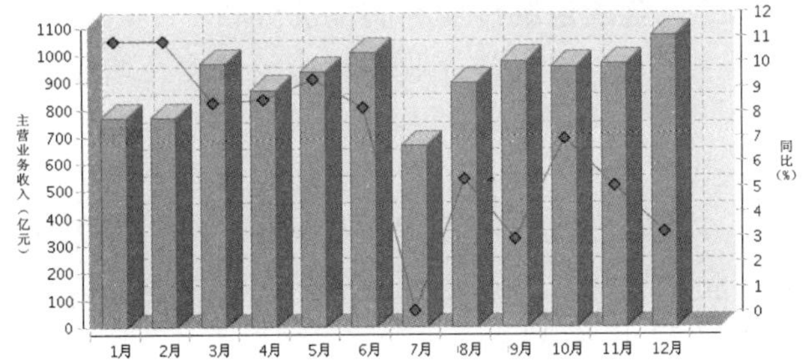

图 22　2014 年全国包装行业月度主营业务收入及同比

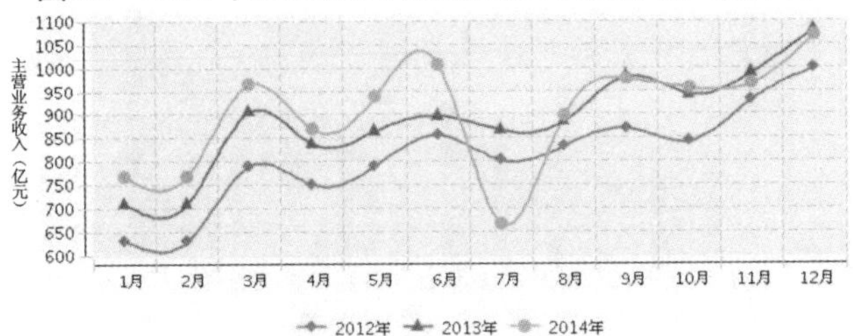


图23　2014年全国包装行业连续三年月度主营业务收入对比

（二）全国包装行业主营业务收入行业小类分布情况

2014 年 1—12 月，全国包装行业完成累计主营业务收入 10852.73 亿元，同比增长 7.13%。其中，纸和纸板容器的制造完成累计主营业务收入 3303.38 亿元（占 30.44%），同比增长 5.85%；塑料薄膜制造完成累计主营业务收入 2579.51 亿元（占 23.77%），同比增长 6.81%；塑料包装箱及容器制造完成累计主营业务收入 1717.57 亿元（占 15.83%），同比增长 9.32%；金属包装容器制造完成累计主营业务收入 1341.56 亿元（占 12.36%），同比增长 4.92%；玻璃包装容器制造完成累计主营业务收入 752.22 亿元（占 6.93%），同比增长 9.16%；软木制品及其他木制品制造完成累计主营业务收入 626.49 亿元（占 5.77%），同比增长 15.07%；塑料加工专用设备制造完成累计主营业务收入 531.99 亿元（占 4.9%），同比增长 4.05%。具体情况如图 24 和图 25 所示。

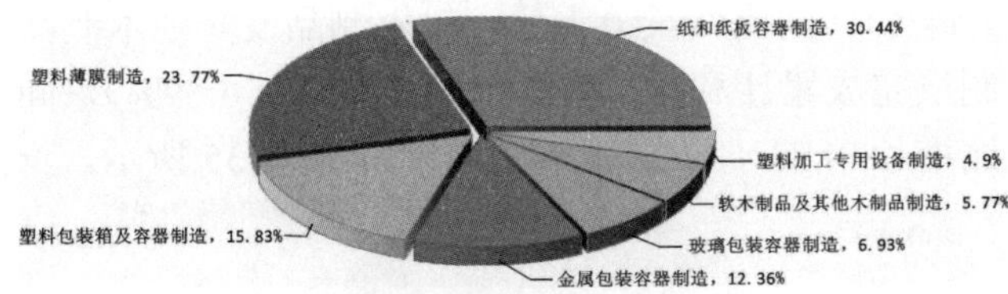


图 24　2014 年 1—12 月全国包装行业累计主营业务收入行业小类占比情况

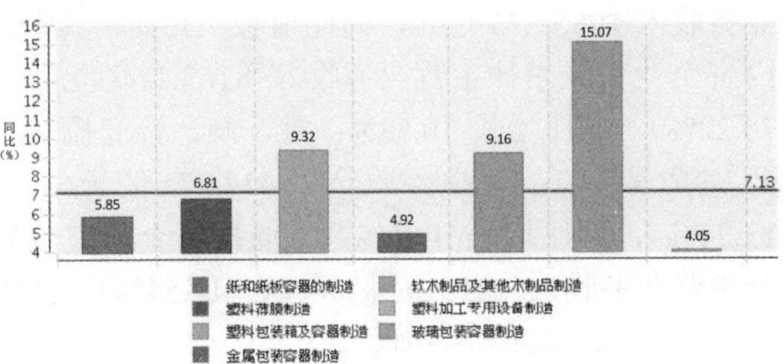


图 25　2014 年 1—12 月全国包装行业累计主营业务收入行业小类同比增长情况

（三）全国包装行业主营业务收入及增速地区排名

2014 年 1—12 月，全国包装行业完成累计主营业务收入 10852.73 亿元，同比增长 7.13%。主营业务收入总额排在前五位的地区依次是广东、山东、浙江、江苏、福建。其中，广东完成累计主营业务收入 1743.88 亿元（占 16.07%），同比增长 5.58%；山东完成累计主营业务收入 1289.44 亿元（占 11.88%），同比增长 13.47%；浙江完成累计主营业务收入 1203.89 亿元（占 11.09%），同比增长-1.23%；江苏完成累计主营业务收入 843.12 亿元（占 7.77%），同比增长 6.97%；福建完成累计主营业务收入 654.93 亿元（占 6.03%），同比增长 6.17%。具体情况如图 26 和图 27 所示。

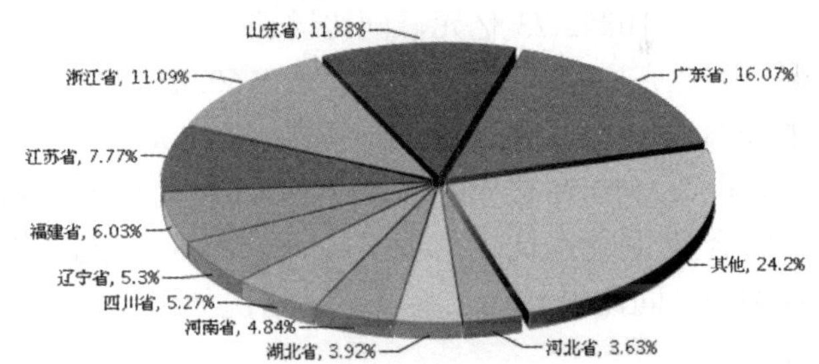


图 26　2014 年 1—12 月全国包装行业累计主营业务收入地区占比情况

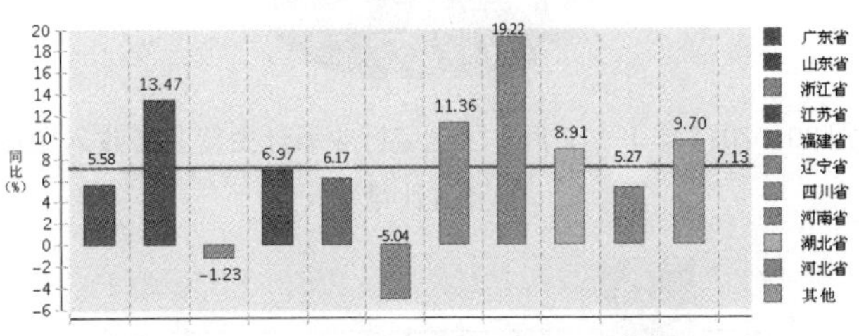


图 27　2014 年 1—12 月全国包装行业累计主营业务收入主要地区同比增长情况

（四）全国包装行业主营业务收入企业注册类型分布情况

2014 年 1—12 月，全国包装行业完成累计主营业务收入 10852.73 亿元，同比增长 7.13%。其中，内资企业完成累计主营业务收入 8163.1 亿元（占 75.22%），同比增长 10.58%；港、澳、台商投资企业完成累计主营业务收入 1437.27 亿元（占 13.24%），同比增长-1.96%；外商投资企业完成累计主营业务收入 1252.36 亿元（占 11.54%），同比增长-2.32%。具体情况如图 28 和图 29 所示。

图 28　2014 年 1—12 月全国包装行业累计主营业务收入企业注册类型占比情况

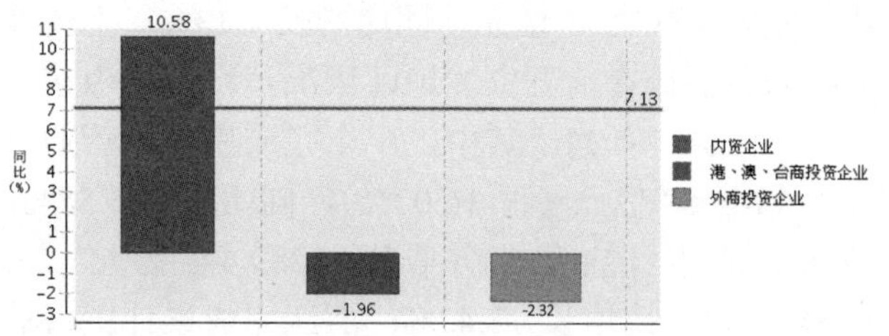


图 29　2014 年 1—12 月全国包装行业累计主营业务收入企业注册类型同比增长情况

（五）全国包装行业主营业务收入企业规模分布情况

2014 年 1—12 月，全国包装行业完成累计主营业务收入 10852.73 亿元，同比增长 7.13%。其中，小型企业完成累计主营业务收入 7160.38 亿元（占 65.98%），同比增长 8.34%；中型企业完成累计主营业务收入 2970.75 亿元（占 27.37%），同比增长 4.51%；大型企业完成累计主营业务收入 721.6 亿元（占 6.65%），同比增长 6.32%。具体情况如图 30 和图 31 所示。

图 30　2014 年 1—12 月全国包装行业累计主营业务收入企业规模占比情况

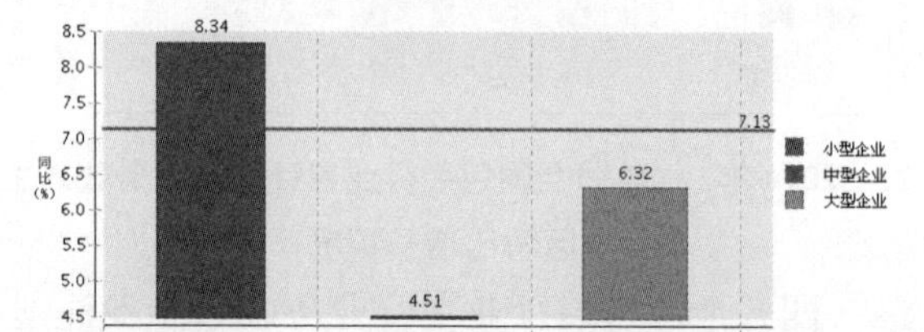


图 31　2014 年 1—12 月全国包装行业累计主营业务收入企业规模同比增长情况

## 三、全国包装行业利润情况分析

（一）全国包装行业利润总额月度及增速情况分析

2014 年 1—12 月，全国包装行业累计完成利润总额 645.59 亿元，同比增长 2.94%。其中，12 月完成利润总额 95.72 亿元，同比增长-13.71%。具体情况如图 32 和图 33 所示。

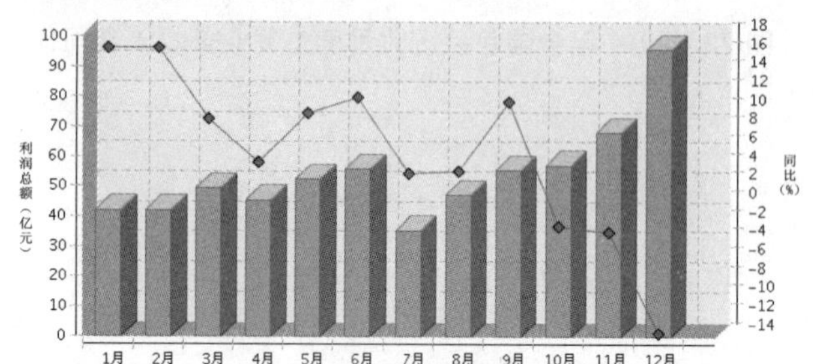


图 32　2014 年全国包装行业月度利润总额及同比

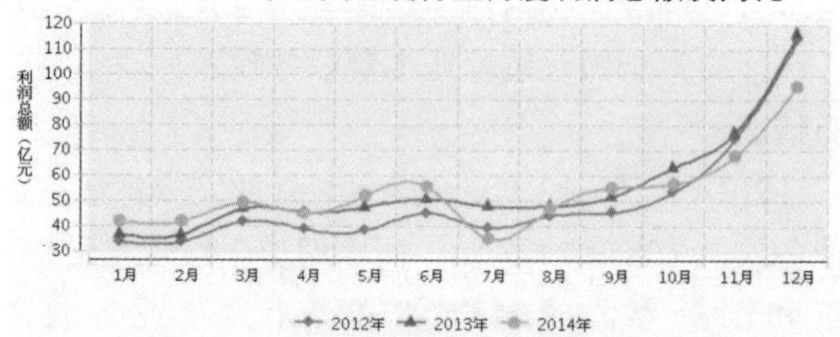


图 33　2014 年全国包装行业连续三年月度利润总额对比

（二）全国包装行业利润总额行业小类分布情况

2014 年 1—12 月，全国包装行业完成累计利润总额 645.59 亿元，同比增长 2.94%。其中，纸和纸板容器的制造完成累计利润总额 200.55 亿元（占 31.06%），同比增长 2.86%；塑料薄膜制造完成累计利润总额 129.95 亿元（占 20.13%），同比增长 7.3%；塑料包装箱及容器制造完成累计利润总额 108.67 亿元（占 16.83%），同比增长-1.5%；金属包装容器制造完成累计利润总额 76.59 亿元（占 11.86%），同比增长 4.19%；玻璃包装容器制造完成累计利润总额 50.19 亿元（占 7.77%），同比增长 5.93%；塑料加工专用设备制造完成累计利润总额 48.04 亿元（占 7.44%），同比增长 0.21%；软木制品及其他木制品制造完成累计利润总额 31.59 亿元（占 4.89%），同比增长-0.93%。具体情况如图 34 和图 35 所示。

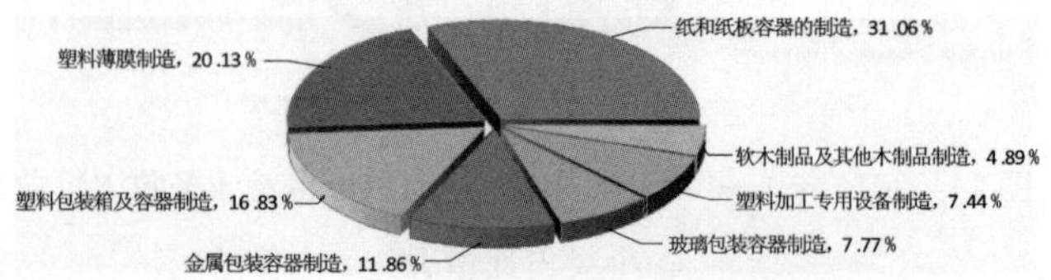


图 34　2014 年 1—12 月全国包装行业累计利润总额行业小类占比情况

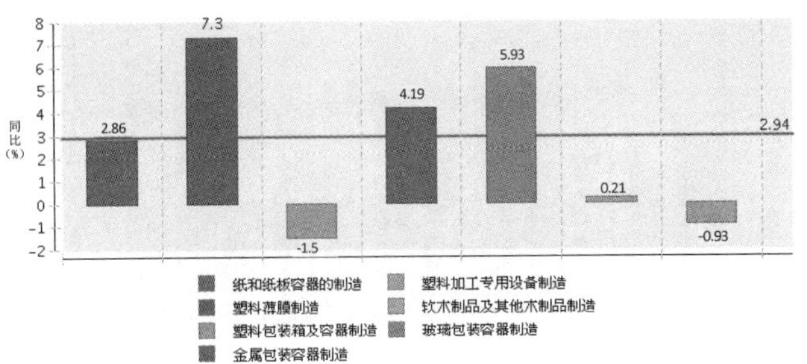


图35　2014年1—12月全国包装行业累计利润总额行业小类同比增长情况

（三）全国包装行业利润总额地区分布情况

2014年1—12月，全国包装行业完成累计利润总额645.59亿元，同比增长2.94%。利润总额排在前五位的地区依次是广东省、山东省、浙江省、河南省、江苏省。其中，广东省完成累计利润总额90.21亿元（占13.97%），同比增长4.28%；山东省完成累计利润总额86.42亿元（占13.39%），同比增长9.5%；浙江省完成累计利润总额70.14亿元（占10.86%），同比增长-2.36%；河南省完成累计利润总额53.4亿元（占8.27%），同比增长17.61%；江苏省完成累计利润总额44.75亿元（占6.93%），同比增长3.55%。具体情况如图36和图37所示。

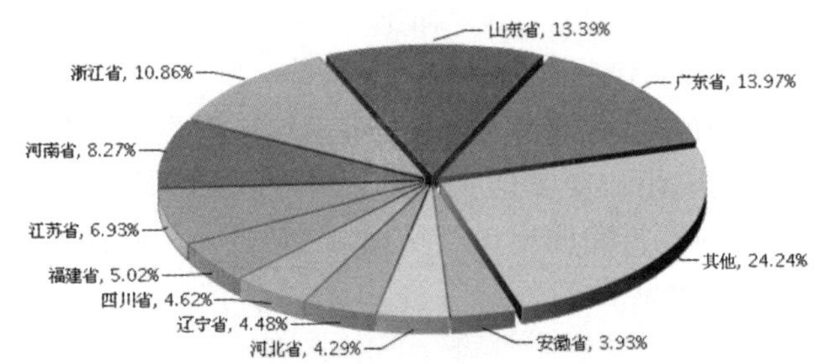


图36　2014年1—12月全国包装行业累计利润总额地区占比情况

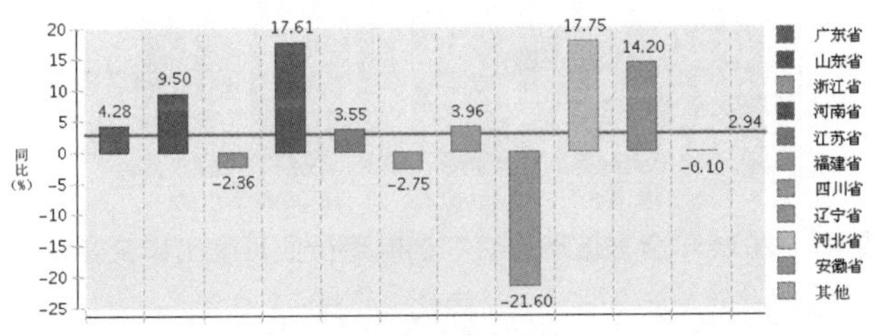


图37　2014年1—12月全国包装行业累计利润总额主要地区同比增长情况

（四）全国包装行业利润企业注册类型分布情况

2014年1—12月，全国包装行业完成累计利润总额645.59亿元，同比增长2.94%。其中，内资企业完成累计利润总额481.43亿元（占74.57%），同比增长4.84%；外商投资企业完成累计利润总额87.54亿元（占13.56%），同比增长-9.55%；港、澳、台商投资企业完成累计利润总额76.62亿元（占11.87%），同比增长7.71%。具体情况如图38和图39所示。

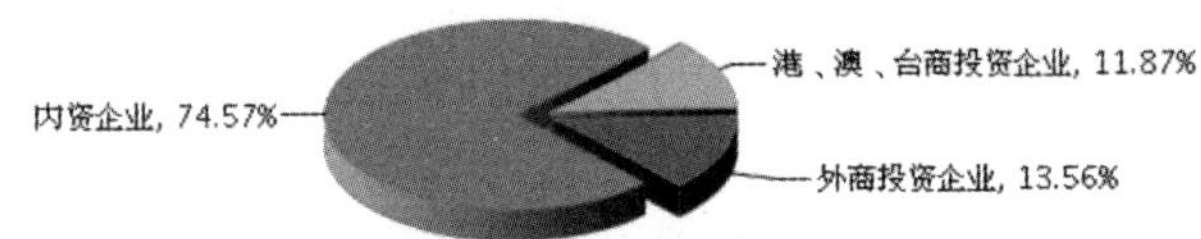


图38　2014年1—12月全国包装行业累计利润总额企业注册类型占比情况

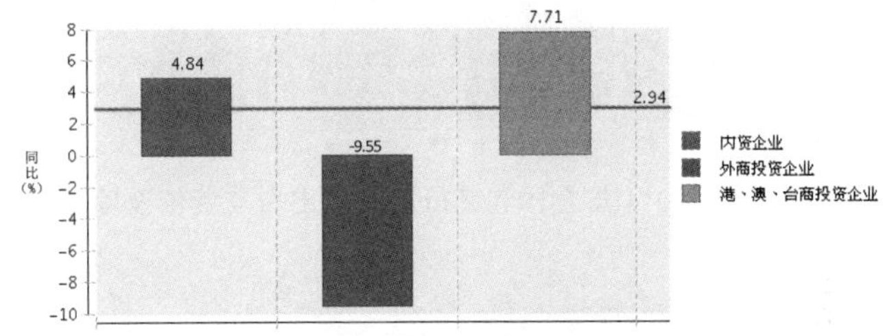


图39　2014年1—12月全国包装行业累计利润总额企业注册类型同比增长情况

（五）全国包装行业利润企业规模分布情况

2014年1—12月，全国包装行业完成累计利润总额645.59亿元，同比增长2.94%。其中，小型企业完成累计利润总额386.76亿元（占59.91%），同比增长3.06%；中型企业完成累计利润总额202.93亿元（占31.43%），同比增长0.28%；大型企业完成累计利润总额55.9亿元（占8.66%），同比增长12.94%。具体情况如图40和图41所示。

图40　2014年1—12月全国包装行业累计利润总额企业规模占比情况

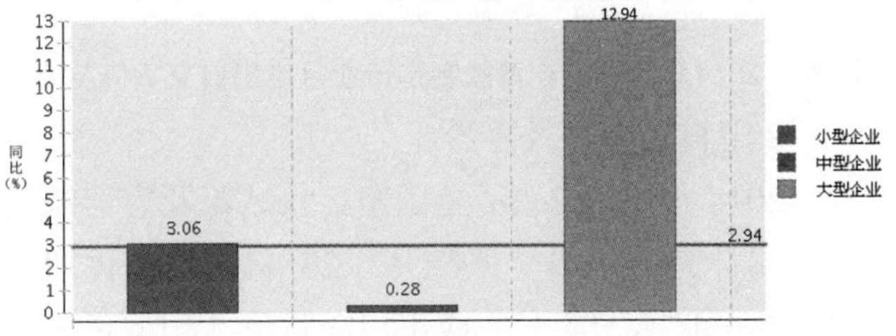


图41　2014年1—12月全国包装行业累计利润总额企业规模同比增长情况

## 四、全国包装行业出口交货值情况分析

（一）全国包装行业累计出口交货值月度及增速情况分析

2014 年 1—12 月，全国包装行业累计完成出口交货值 779.06 亿元，同比增长 2.17%。其中，12 月完成出口交货值 70.42 亿元，同比增长 0.38%。具体情况如图 42 和图 43 所示。

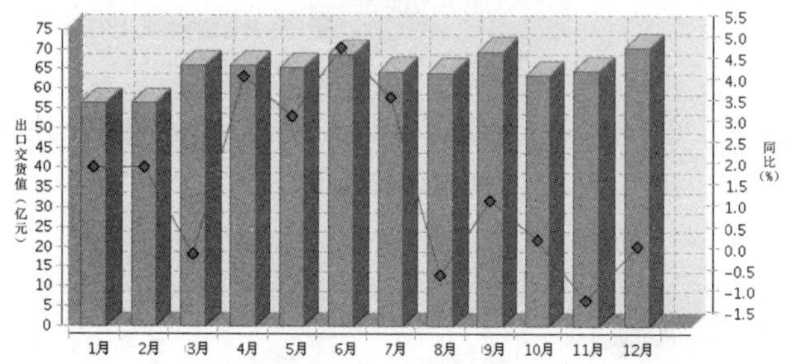


图 42　2014 年全国包装行业月度出口交货值及同比

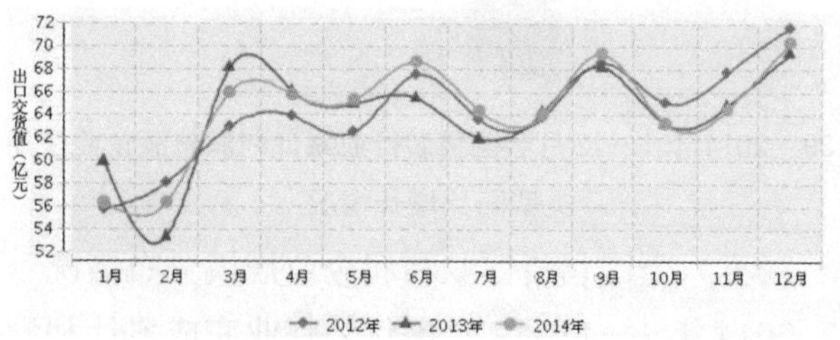


图 43　2014 年全国包装行业连续三年月度出口交货值对比

1.塑料薄膜

2014 年 1—12 月，全国塑料薄膜制造行业累计完成出口交货值 260.51 亿元，同比增长 1.67%。其中，12 月完成出口交货值 21.48 亿元，同比增长 −1.84%（见图 44）。

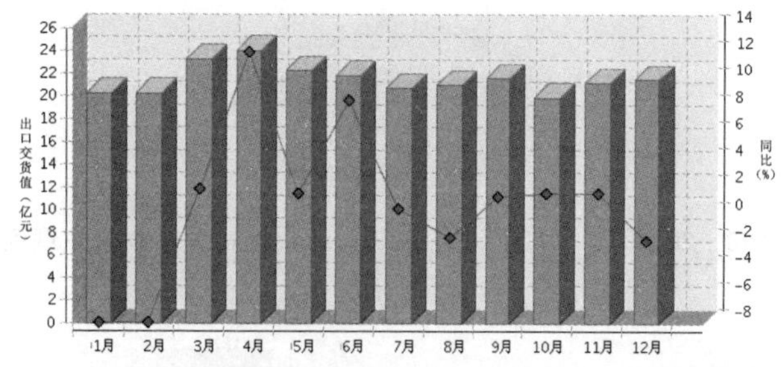


图44　2014 年全国塑料薄膜制造行业月度出口交货值及同比

2.塑料包装箱及容器

2014 年 1—12 月，全国塑料包装箱及容器制造行业累计完成出口交货值 131.23 亿元，同比增长 2.67%。其中，12 月完成出口交货值 12.18 亿元，同比增长 6.96%（见图 45）。

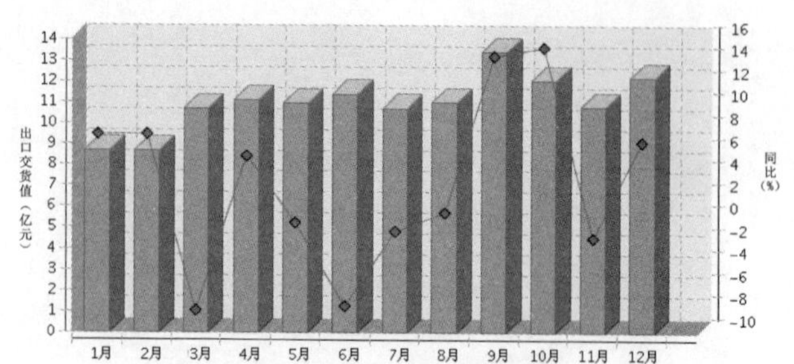


图 45　2014 年全国塑料包装箱及容器制造行业月度出口交货值及同比

3.纸和纸板容器

2014 年 1—12 月，全国纸和纸板容器制造行业累计完成出口交货值 116.95 亿元，同比增长−1.63%。其中，12 月完成出口交货值 10 亿元，同比增长 5.23%（见图 46）。

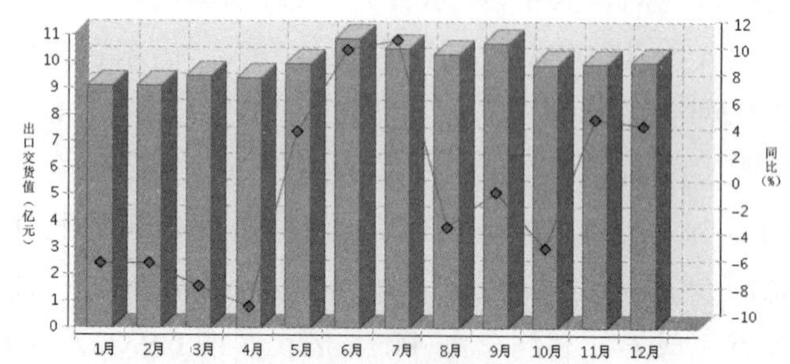


图46　2014 年全国纸和纸板容器制造行业月度出口交货值及同比

4.玻璃包装容器

2014 年 1—12 月，全国玻璃包装容器制造行业累计完成出口交货值 15.39 亿元，同比增长 3.68%。其中，12 月完成出口交货值 1.59 亿元，同比增长 22.61%（见图 47）。

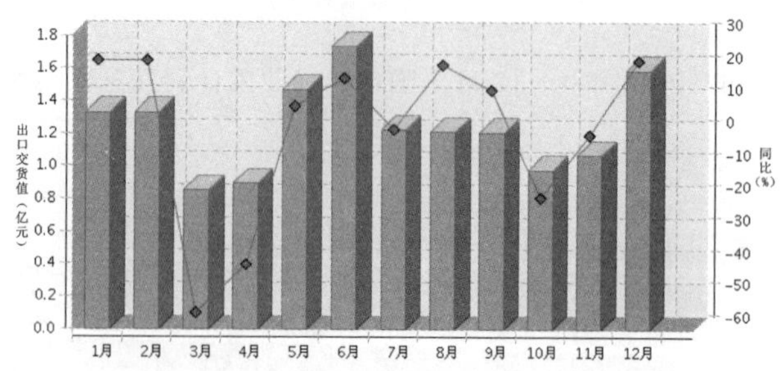


图47　2014 年全国玻璃包装容器制造行业月度出口交货值及同比

5.金属包装容器

2014 年 1—12 月，全国金属包装容器制造行业累计完成出口交货值 61.60 亿元，同比增长−1.29%。其中，12 月完成出口交货值 4.7 亿元，同比增长 −16.73%（见图 48）。

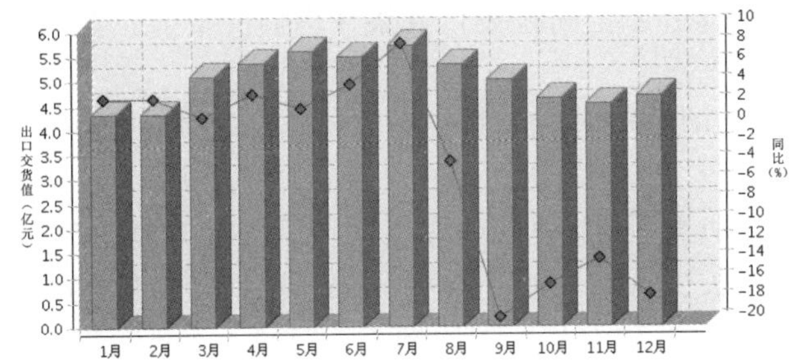


**图48　2014年全国金属包装容器制造行业月度出口交货值及同比**

6.软木制品及其他木制品

2014年1—12月，全国软木制品及其他木制品制造行业累计完成出口交货值102.89亿元，同比增长6.58%。其中，12月完成出口交货值11.1亿元，同比增长-2.16%（见图49）。

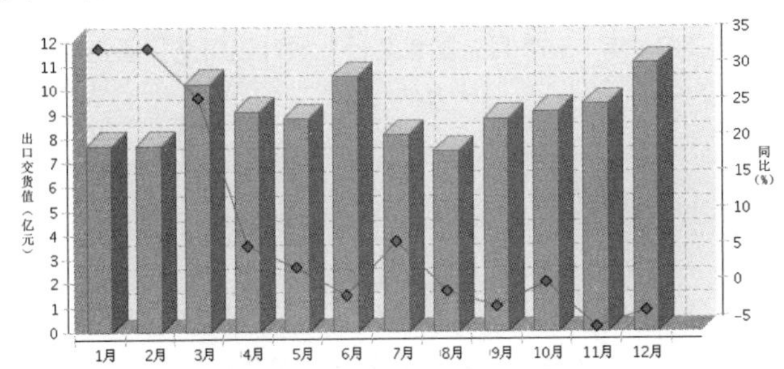


**图49　2014年全国软木制品及其他木制品制造行业月度出口交货值及同比**

7.塑料加工专用设备

2014年1—12月，全国塑料加工专用设备制造行业累计完成出口交货值90.49亿元，同比增长5.46%。其中，12月完成出口交货值9.37亿元，同比增长2.98%（见图50）。

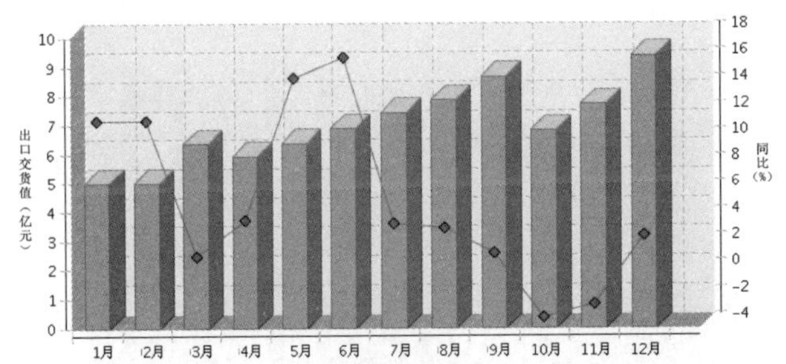


**图50　2014年全国塑料加工专用设备制造行业月度出口交货值及同比**

（二）全国包装行业累计出口交货值行业小类分布情况分析

2014年1—12月，全国包装行业完成累计出口交货值779.06亿元，同比增长2.17%。其中，塑料薄膜制造完成累计出口交货值260.51亿元（占33.44%），同比增长1.67%；塑料包装箱及容器制造完成累计出口交货值131.23亿元（占16.84%），同比增长2.67%；纸和纸板容器的制造完成累计出口交货值116.95亿元（占15.01%），同比增长-1.63%；软木制品及其他木制品制造完成累计出口交货值102.89亿元（占13.21%），同比增长6.58%；塑料加工专用设备制造完成累计出口交货值90.49亿元（占11.62%），同比增长5.46%；金属包装容器制造完成累计出口交货值61.6亿元（占7.91%），同比增长-1.29%；玻璃包装容器制造完成累计出口交货值15.39亿元（占1.98%），同比增长3.68%。具体情况如图51和图52所示。

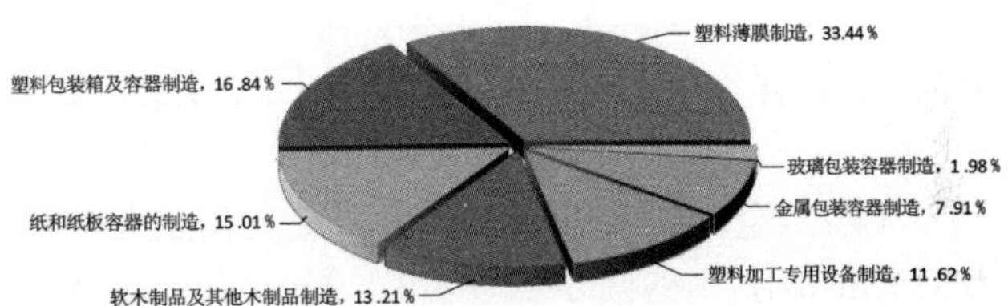


**图51　2014年1—12月全国包装行业累计出口交货值行业小类占比情况**

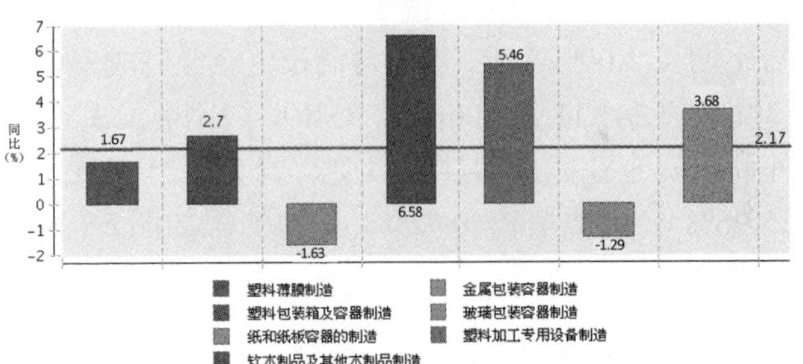


**图52　2014年1—12月全国包装行业累计出口交货值行业小类同比增长情况**

（三）全国包装行业累计出口交货值及增速地区排名

2014年1—12月，全国包装行业完成累计出口交货值779.06亿元，同比增长2.17%。出口交货值排在前五位的地区依次为广东、浙江、江苏、上海、山东。其中，广东省完成累计出口交货值259.07亿元（占33.25%），同比增长-1.31%；浙江省完成累计出口交货值178.3亿元（占22.89%），同比增长6.72%；江苏省完成累计出口交货值78.97亿元（占10.14%），同比增长1.65%；上海市完成累计出口交货值67.09亿元（占8.61%），同比增长-0.47%；山东省完成累计出口交货值57.21亿元（占7.34%），同比增长6.26%。

具体情况如图 53 和图 54 所示。

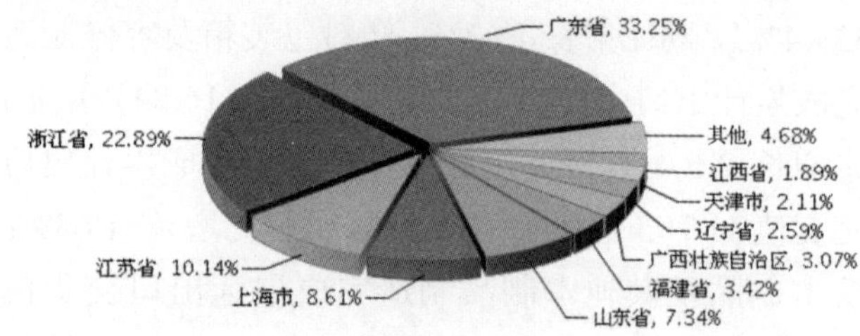


**图 53　2014 年 1—12 月全国包装行业累计出口交货值地区占比情况**

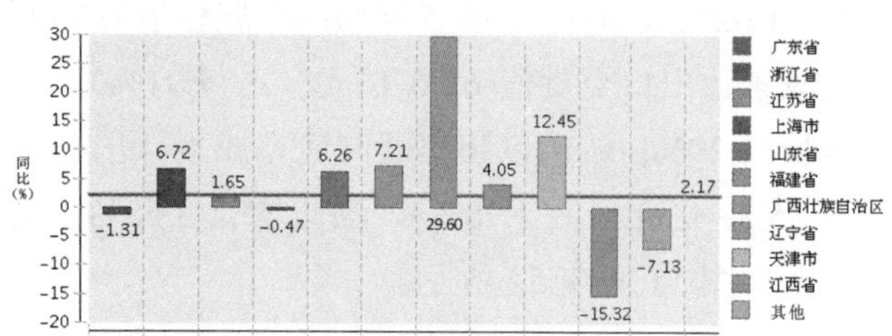


**图 54　2014 年 1—12 月全国包装行业累计出口交货值主要地区同比增长情况**

（四）全国包装行业累计出口交货值企业注册类型分布情况

2014 年 1—12 月，全国包装行业完成累计出口交货值 779.06 亿元，同比增长 2.17%。其中，内资企业完成累计出口交货值 335.72 亿元（占 43.09%），同比增长 3.09%；港、澳、台商投资企业完成累计出口交货值 241.11 亿元（占 30.95%），同比增长 3.59%；外商投资企业完成累计出口交货值 202.23 亿元（占 25.96%），同比增长-0.92%。具体情况如图 55 和图 56 所示。

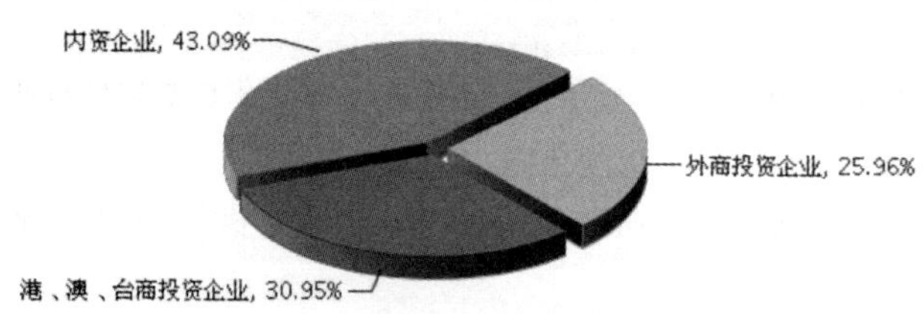


**图 55　2014 年 1—12 月全国包装行业累计出口交货值企业注册类型占比情况**

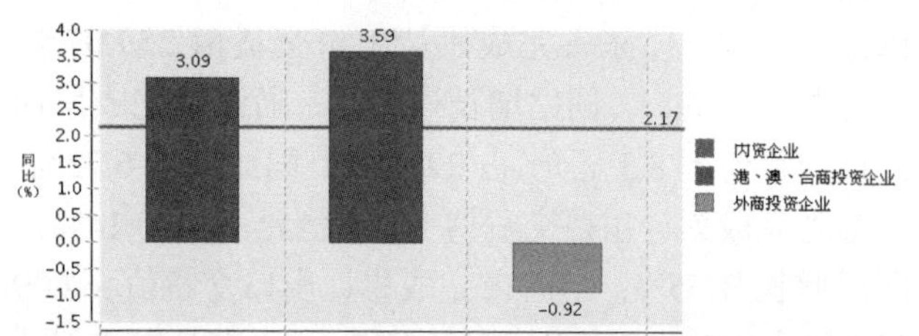


**图 56　2014 年 1—12 月全国包装行业累计出口交货值企业注册类型同比增长情况**

（五）全国包装行业累计出口交货值企业规模分布情况

2014 年 1—12 月，全国包装行业完成累计出口交货值 779.06 亿元，同比增长 2.17%。其中，小型企业完成累计出口交货值 373.28 亿元（占 47.91%），同比增长 3.68%；中型企业完成累计出口交货值 292.92 亿元（占 37.6%），同比增长 1.71%；大型企业完成累计出口交货值 112.86 亿元（占 14.49%），同比增长-1.43%。具体情况如图 57 和图 58 所示。

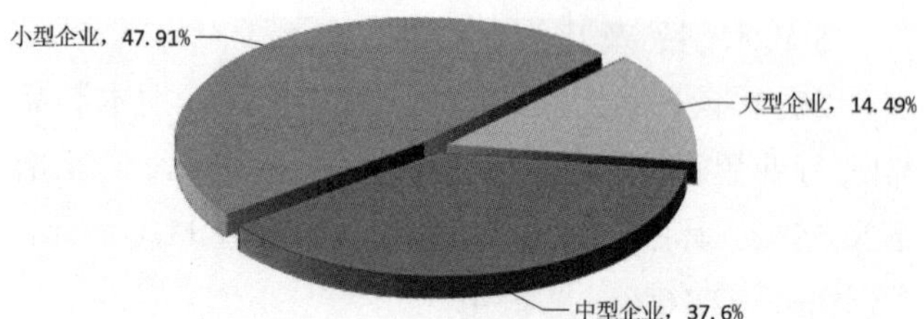


**图 57　2014 年 1—12 月全国包装行业累计出口交货值企业规模占比情况**

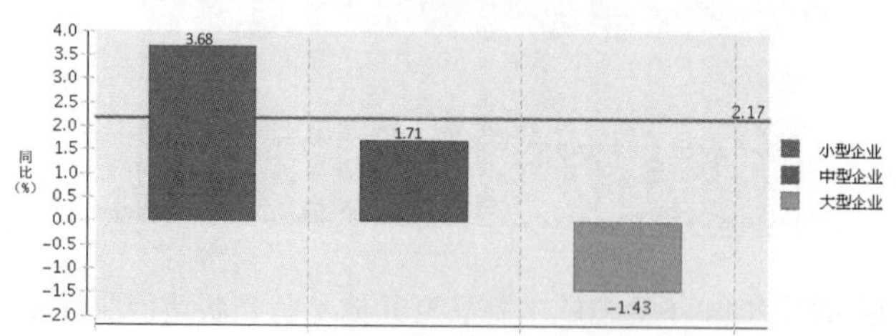


**图 58　2014 年 1—12 月全国包装行业累计出口交货值企业规模同比增长情况**

**五、全国包装行业出口情况分析**

（一）全国包装行业出口月度情况

2014 年 1—12 月，全国包装行业累计完成出口额 269.71 亿美元，同比增长 8.51%。其中，12 月完成出口额 25.77 亿美元，同比增长 7.6%（见图 59）。

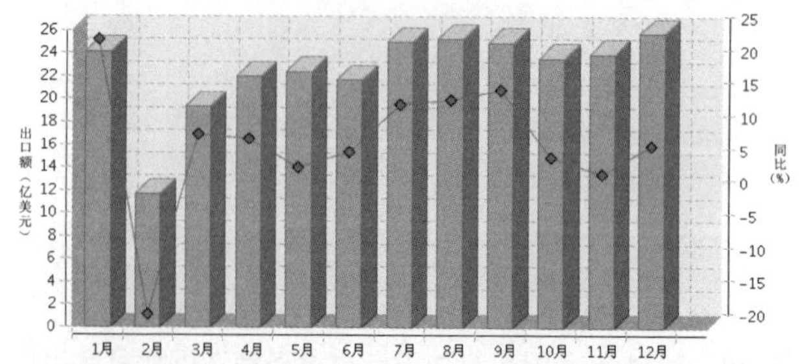


**图 59　2014 年全国包装行业月度出口额及同比**

1.纸包装

2014 年 1—12 月，全国纸和纸板制容器行业累计完成出口额 45.05 亿美元，同比增长 9.18%。其中，12 月完成出口额 4.4 亿美元，同比增长 8.19%（见图 60）。

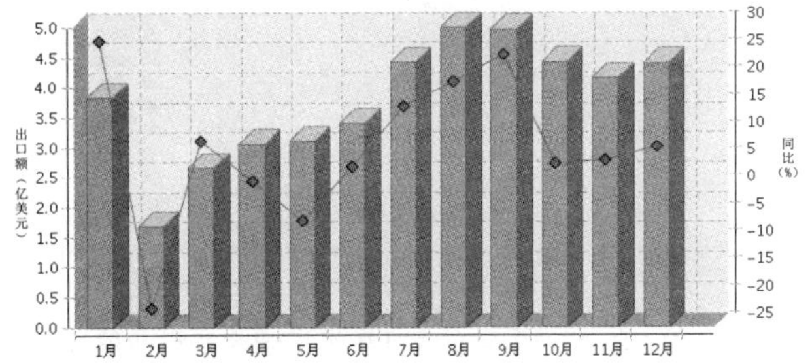


图 60　2014 年全国纸和纸板制容器行业月度出口额及同比

2.塑料包装

2014 年 1—12 月，全国塑料包装行业累计完成出口额 180.35 亿美元，同比增长 9.18%。其中，12 月完成出口额 17.12 亿美元，同比增长 8.29%（见图 61）。

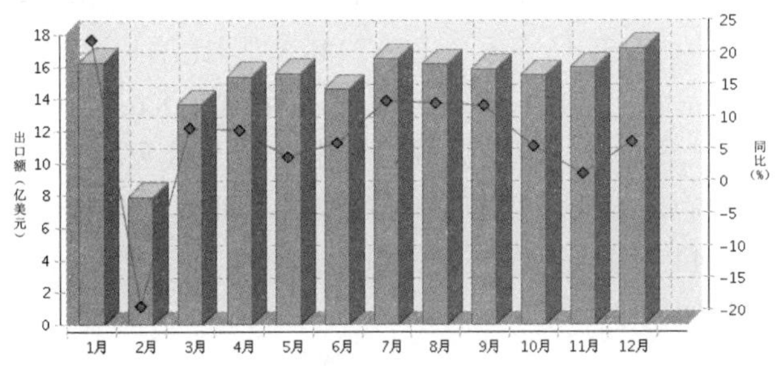


图 61　2014 年全国塑料包装行业月度出口额及同比

3.玻璃包装

2014 年 1—12 月，全国玻璃包装容器行业累计完成出口额 12.11 亿美元，同比增长 10.55%。其中，12 月完成出口额 1.18 亿美元，同比增长 17.56%（见图 62）。

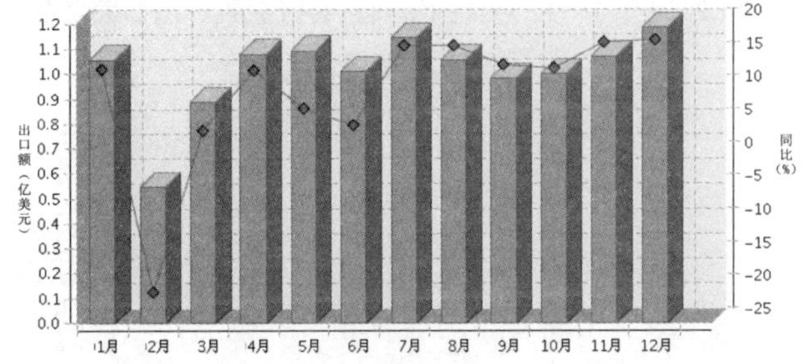


图 62　2014 年全国玻璃包装容器行业月度出口额及同比

4.金属包装

2014 年 1—12 月，全国金属包装容器及其附件行业累计完成出口额 14.24 亿美元，同比增长-1.68%。其中，12 月完成出口额 1.35 亿美元，同比增长-5.17%（见图 63）。

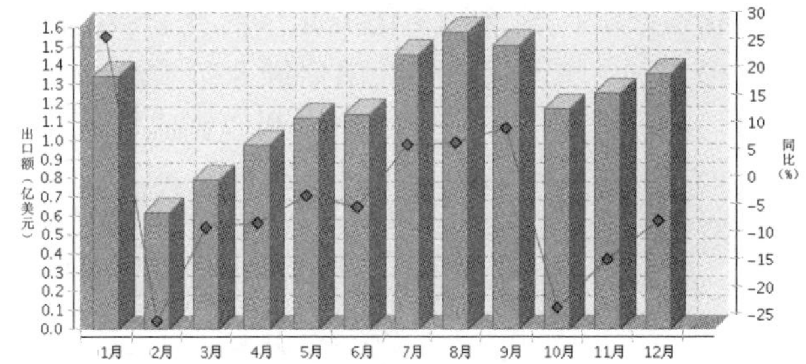


图 63　2014 年全国金属包装容器及其附件行业月度出口额及同比

5.竹木包装

2014 年 1—12 月，全国木制画（相、镜）框及类似品行业累计完成出口额 44518.39 万美元，同比增长 5.43%。其中，12 月完成出口额 3800.74 万美元，同比增长-4.32%（见图 64）。

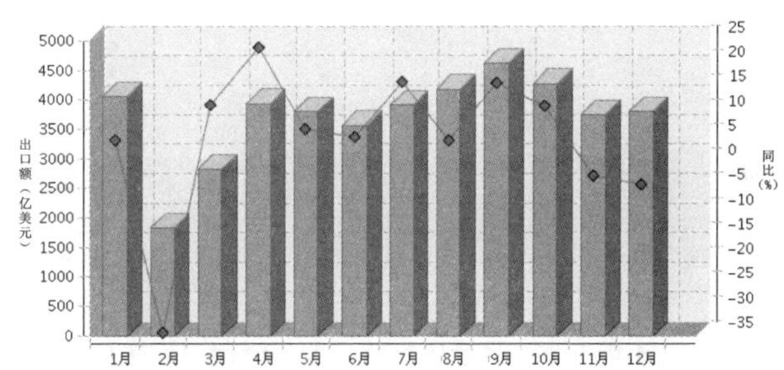


图 64　2014 年全国木制画（相、镜）框及类似品行业月度出口额及同比

6.包装机械

2014 年 1—12 月，全国塑料加工专用设备行业累计完成出口额 13.49 亿美元，同比增长 8.54%。其中，12 月完成出口额 1.32 亿美元，同比增长 7.29%（见图 65）。

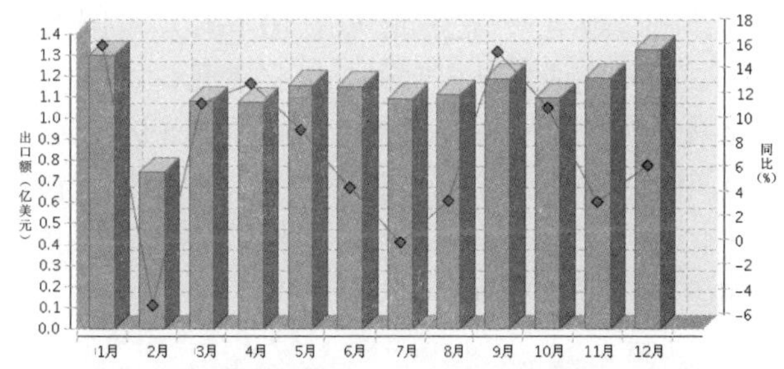


图 65　2014 年全国塑料加工专用设备行业月度出口额及同比

（二）全国包装行业出口贸易国分布及增速情况

2014 年 1—12 月，全国包装行业完成累计出口额 269.71 亿美元，同比增长 8.51%。出口额排在前五位的依次是美国、中国香港、日本、越南、澳大利亚。其中，美国完成累计出口额 44.66 亿美元（占 16.56%），同比增长 3.48%；中国香港完成累计出口额 23.13 亿美元（占 8.58%），同比增长 4.39%；日

本完成累计出口额 19.15 亿美元（占 7.1%），同比增长-0.97%；越南完成累计出口额 8.77 亿美元（占 3.25%），同比增长 36.75%；澳大利亚完成累计出口额 8.3 亿美元（占 3.08%），同比增长 5.8%。具体情况如图 66 和图 67 所示。

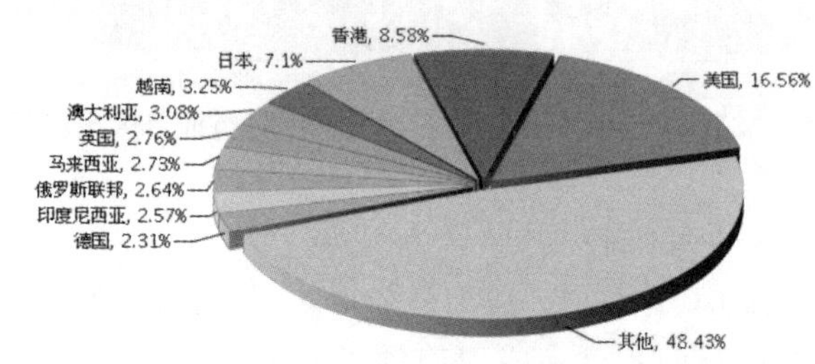


图 66　2014 年 1—12 月全国包装行业累计出口额贸易国占比情况

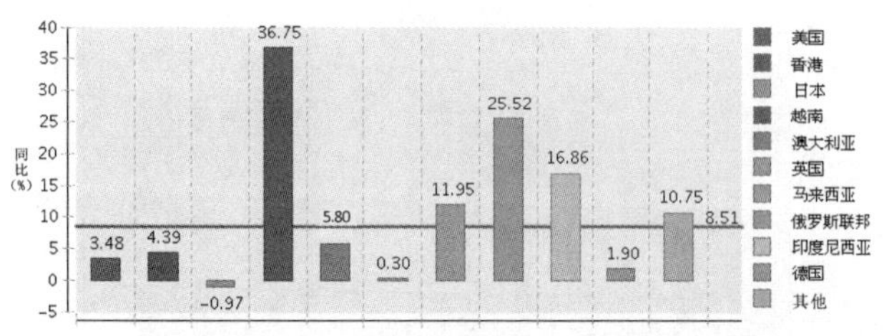


图 67　2014 年 1—12 月全国包装行业累计出口额主要贸易国同比增长情况

1.纸包装

2014 年 1—12 月，全国纸和纸板制容器行业完成累计出口额 45.05 亿美元，同比增长 9.18%。出口额排在前五位的依次是美国、中国香港、日本、英国、澳大利亚。其中，美国完成累计出口额 9.92 亿美元（占 22.02%），同比增长 3.13%；中国香港完成累计出口额 4.71 亿美元（占 10.46%），同比增长 6.02%；日本完成累计出口额 2.48 亿美元（占 5.51%），同比增长 0.28%；英国完成累计出口额 2.25 亿美元（占 5%），同比增长-3.46%；澳大利亚完成累计出口额 1.98 亿美元（占 4.4%），同比增长 18.04%。具体情况如图 68 和图 69 所示。

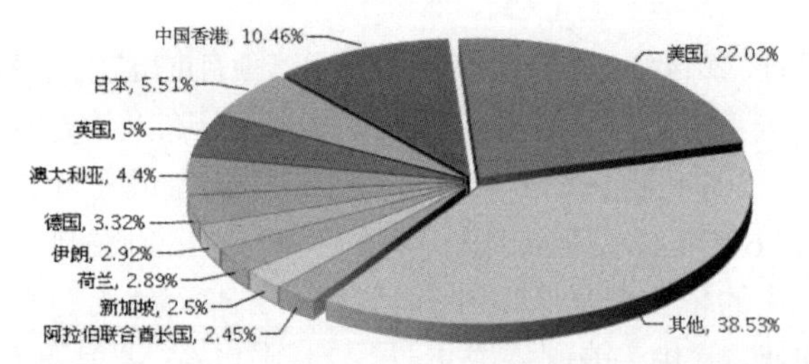


图 68　2014 年 1—12 月全国纸和纸板制容器行业累计出口额贸易国占比情况

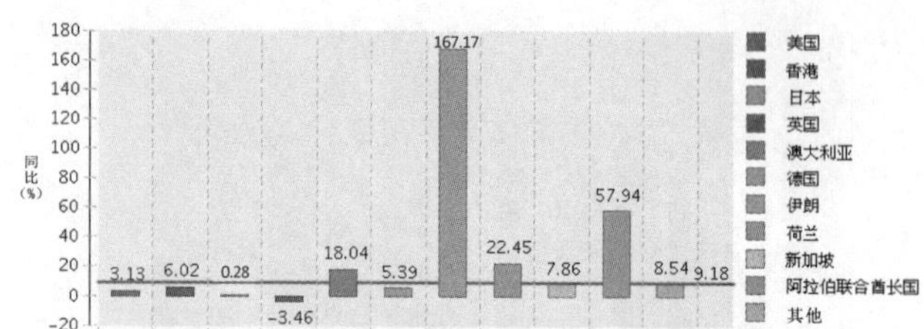


图 69　2014 年 1—12 月全国纸和纸板制容器行业累计出口额主要贸易国同比增长情况

2.塑料包装

2014 年 1—12 月，全国塑料包装行业完成累计出口额 180.35 亿美元，同比增长 9.18%。出口额排在前五位的依次是美国、中国香港、日本、越南、澳大利亚。其中，美国完成累计出口额 26.29 亿美元（占 14.58%），同比增长 4.42%；中国香港完成累计出口额 16.61 亿美元（占 9.21%），同比增长 5.32%；日本完成累计出口额 15.56 亿美元（占 8.63%），同比增长-2.02%；越南完成累计出口额 5.91 亿美元（占 3.27%），同比增长 31.21%；澳大利亚完成累计出口额 5.44 亿美元（占 3.02%），同比增长 3.7%。具体情况如图 70 和图 71 所示。

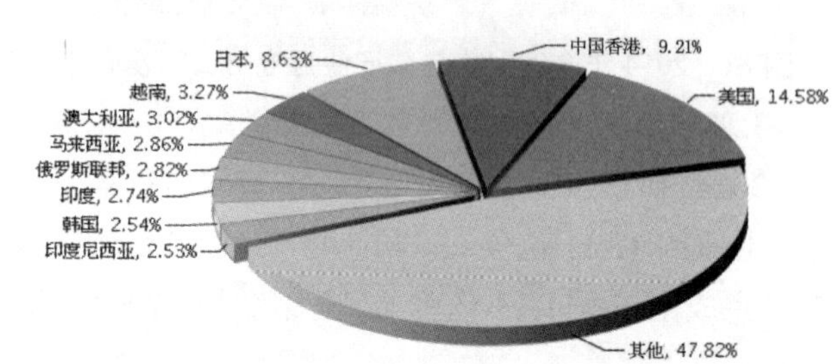


图 70　2014 年 1—12 月全国塑料包装行业累计出口额贸易国占比情况

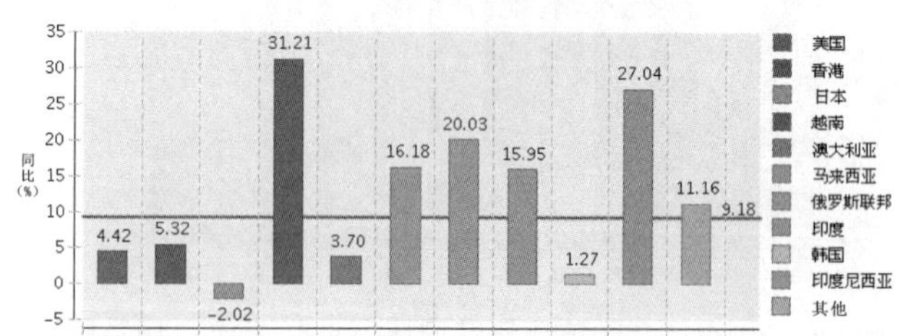


图 71　2014 年 1—12 月全国塑料包装行业累计出口额主要贸易国同比增长情况

3.玻璃包装

2014 年 1—12 月，全国玻璃包装容器行业完成累计出口额 12.11 亿美元，同比增长 10.55%。出口额排在前五位的依次是美国、印度尼西亚、越南、阿拉伯、联合酋长国、加拿大。其中，美国完成累计出口额 3.18 亿美元（占 26.21%），同比增长 10.69%；

印度尼西亚完成累计出口额0.64亿美元(占5.27%),同比增长-4.2%;越南完成累计出口额 0.57 亿美元(占4.68%),同比增长95.81%;阿拉伯联合酋长国完成累计出口额0.49亿美元(占4.01%),同比增长22.57%;加拿大完成累计出口额 0.39 亿美元(占3.26%),同比增长 27.01%。具体情况如图 72 和图 73 所示。

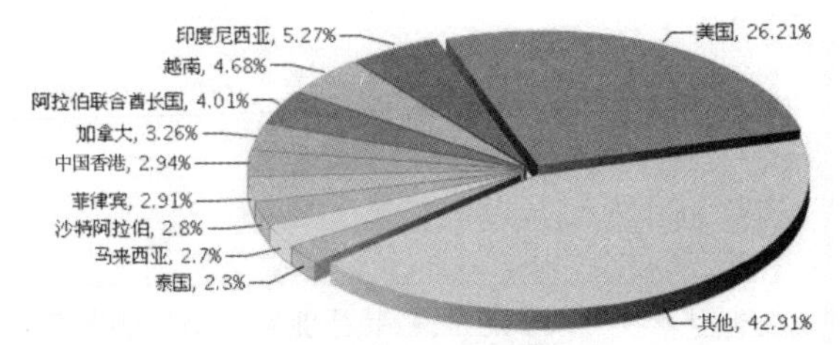


图 72 2014 年 1—12 月全国玻璃包装容器行业累计出口额贸易国占比情况

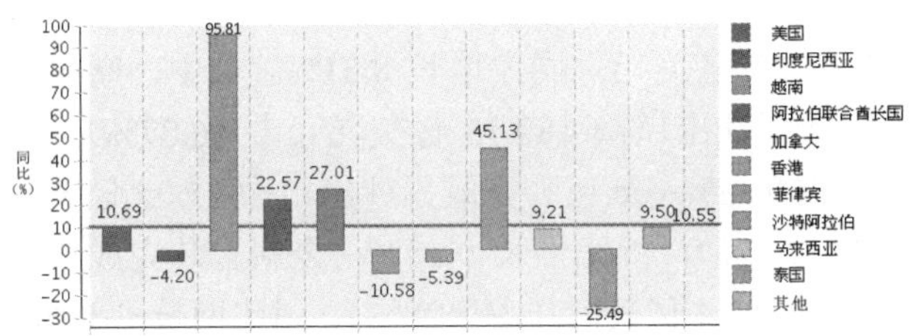


图 73 2014 年 1—12 月全国玻璃包装容器行业累计出口额主要贸易国同比增长情况

4.金属包装

2014 年 1—12 月,全国金属包装容器及其附件行业完成累计出口额 14.24 亿美元,同比增长-1.68%。出口额排在前五位的依次是美国、中国香港、伊朗、德国、英国。其中,美国完成累计出口额 2.45 亿美元(占 17.21%),同比增长-13.79%;中国香港完成累计出口额0.94亿美元(占6.62%),同比增长-14.52%;伊朗完成累计出口额 0.84 亿美元(占5.91%),同比增长102.22%;德国完成累计出口额0.61亿美元(占4.25%),同比增长-13.8%;英国完成累计出口额 0.58 亿美元(占 4.04%),同比增长-8.5%。具体情况如图 74 和图 75 所示。

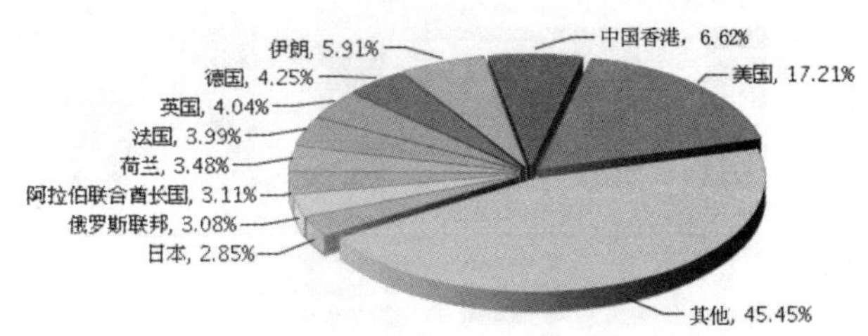


图 74 2014 年 1—12 月全国金属包装容器及其附件行业累计出口额贸易国占比情况

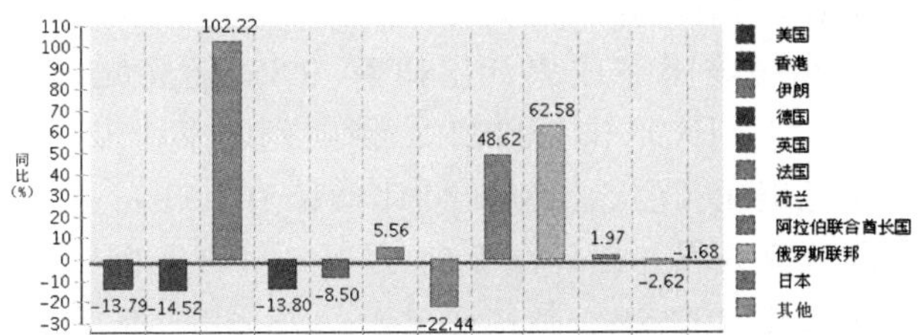


图 75 2014 年 1—12 月全国金属包装容器及其附件行业累计出口额主要贸易国同比增长情况

5.竹木包装

2014 年 1—12 月,全国木制画(相、镜)框及类似品行业完成累计出口额4.45亿美元,同比增长5.43%。出口额排在前五位的依次是美国、英国、德国、日本、澳大利亚。其中,美国完成累计出口额 1.96 亿美元(占 44.12%),同比增长 1.33%;英国完成累计出口额 0.27 亿美元(占 6.08%),同比增长 13.18%;德国完成累计出口额 0.26 亿美元(占5.77%),同比增长 14.15%;日本完成累计出口额0.25 亿美元(占 5.71%),同比增长 9.39%;澳大利亚完成累计出口额 0.19 亿美元(占 4.27%),同比增长-2.11%。具体情况如图 76 和图 77 所示。

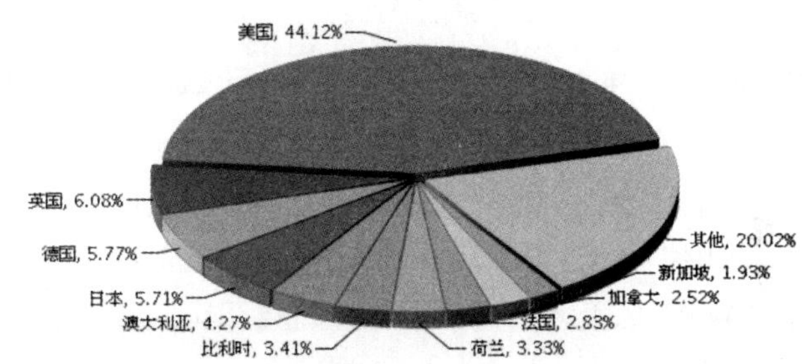


图 76 2014 年 1—12 月全国木制画(相、镜)框及类似品行业累计出口额贸易国占比情况

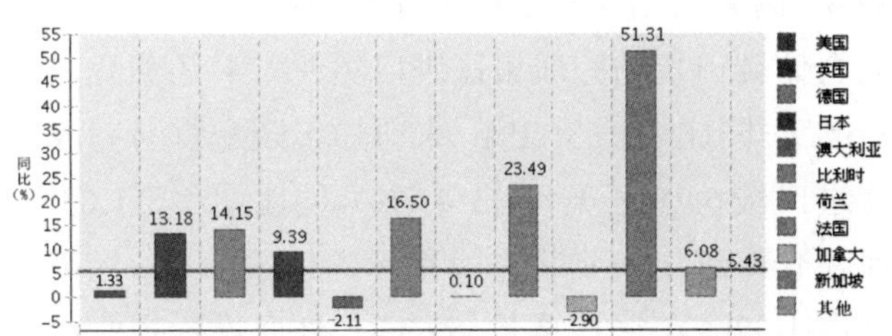


图 77 2014 年 1—12 月全国木制画(相、镜)框及类似品行业累计出口额主要贸易国同比增长情况

6.包装机械

2014 年 1—12 月,全国塑料加工专用设备行业完成累计出口额 13.49 亿美元,同比增长 8.54%。出口额排在前五位的依次是越南、土耳其、美国、伊朗、印度尼西亚。其中,越南完成累计出口额 0.98 亿美元(占 7.29%),同比增长 50.73%;土耳其完

成累计出口额 0.9 亿美元（占 6.7%），同比增长 30.88%；美国完成累计出口额 0.85 亿美元（占 6.34%），同比增长 20.82%；伊朗完成累计出口额 0.69 亿美元（占 5.12%），同比增长 109.53%；印度尼西亚完成累计出口额 0.68 亿美元（占 5.01%），同比增长-19.75%。具体情况如图 78 和图 79 所示。

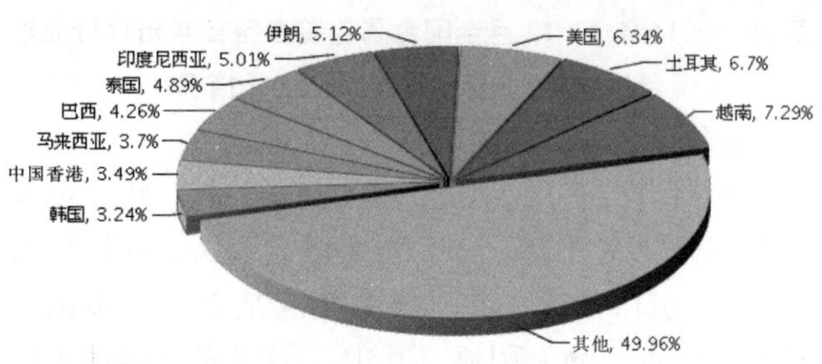


图 78　2014 年 1—12 月全国塑料加工专用设备行业累计出口额贸易国占比情况

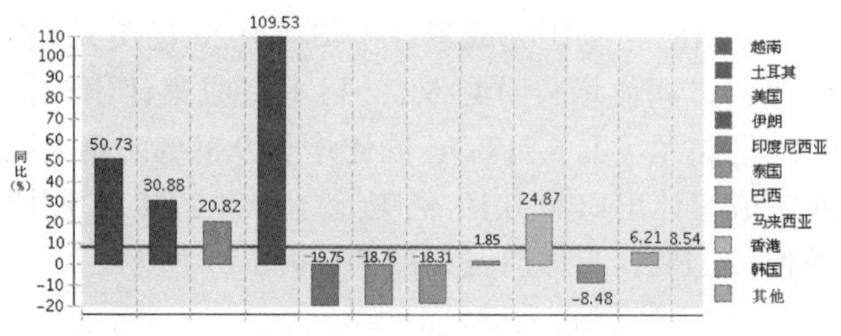


图 79　2014 年 1—12 月全国塑料加工专用设备行业累计出口额主要贸易国同比增长情况

（三）全国包装行业出口贸易方式分布情况

2014 年 1—12 月，全国包装行业完成累计进口额 144.07 亿美元，同比增长 1.71%。其中，一般贸易完成累计进口额 67.35 亿美元（占 46.75%），同比增长 10.64%；进料加工贸易完成累计进口额 52.42 亿美元（占 36.39%），同比增长-6.03%；保税区仓储转口货物完成累计进口额 12.24 亿美元（占 8.5%），同比增长 3.11%；来料加工装配贸易完成累计进口额 6.78 亿美元(占 4.7%)，同比增长-11.63%；保税仓库进出境货物完成累计进口额 2.76 亿美元（占 1.92%），同比增长-5.63%；外商投资企业作为投资进口的设备、物品完成累计进口额 1.06 亿美元（占 0.74%），同比增长 10.03%；其他完成累计进口额 0.95 亿美元（占 0.66%），同比增长-3.27%；出口加工区进口设备完成累计进口额 0.41 亿美元（占 0.28%），同比增长-8.62%；加工贸易进口设备完成累计进口额 0.05 亿美元（占 0.03%），同比增长-27.5%。具体情况如图 80 和图 81 所示。

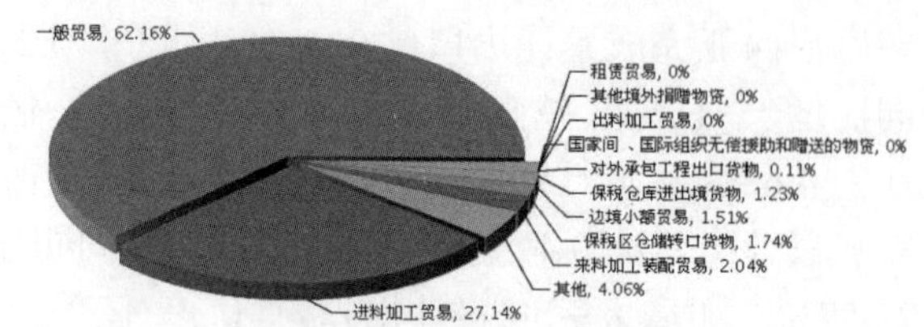


图 80　2014 年 1—12 月全国包装行业累计出口额贸易方式占比情况

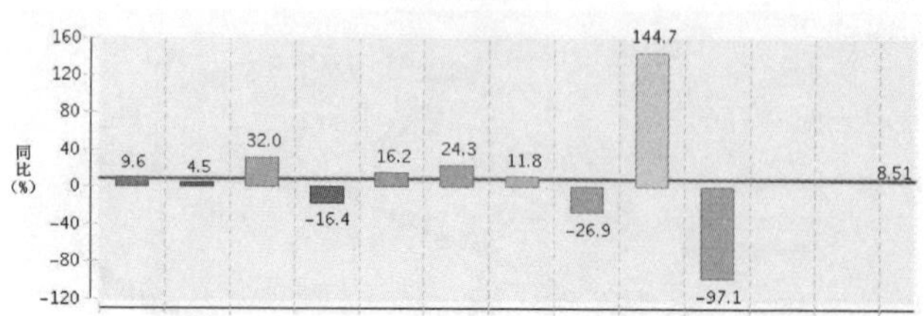


图 81　2014 年 1—12 月全国包装行业累计出口额贸易方式同比增长情况

（四）全国包装行业出口子行业分布情况

2014 年 1—12 月，全国包装行业完成累计出口额 269.71 亿美元，同比增长 8.51%。其中，塑料包装完成累计出口额 180.35 亿美元（占 66.87%），同比增长 9.18%；纸包装完成累计出口额 45.05 亿美元（占 16.7%），同比增长 9.18%；金属包装完成累计出口额 14.24 亿美元（占 5.28%），同比增长-1.68%；包装机械及其他完成累计出口额 13.49 亿美元（占 5%），同比增长 8.54%；玻璃包装完成累计出口额 12.11 亿美元（占 4.49%），同比增长 10.55%；竹木包装完成累计出口额 4.45 亿美元（占 1.65%），同比增长 5.43%。具体情况如图 82 和图 83 所示。

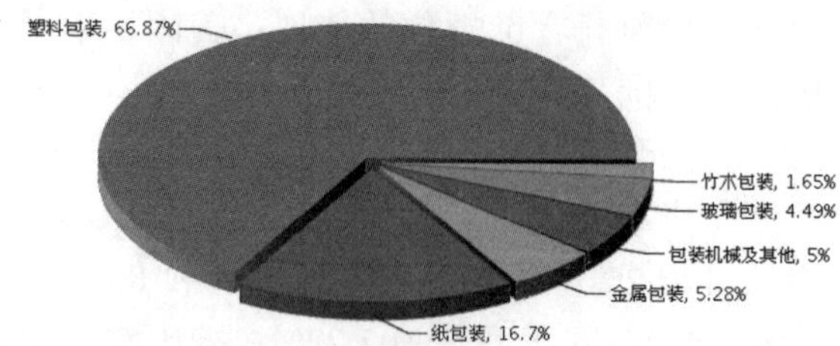


图 82　2014 年 1—12 月全国包装行业累计出口额子行业占比情况

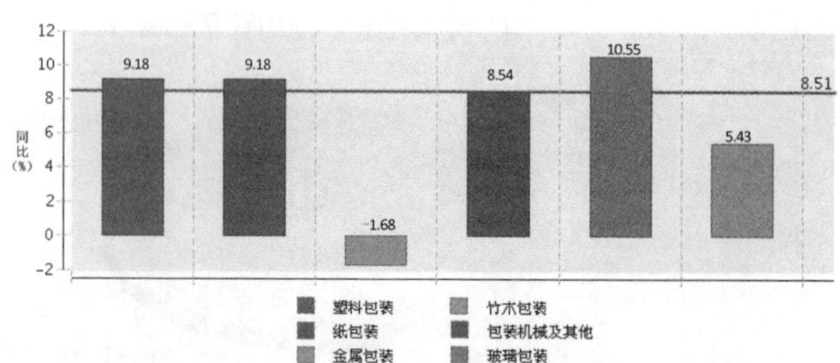


图 83　2014 年 1—12 月全国包装行业累计出口额子行业同比增长情况

（五）全国包装行业进口地区分布情况

2014 年 1—12 月，全国包装行业完成累计进口额 144.07 亿美元，同比增长 1.71%。进口额排在前五位的地区依次是广东、江苏、上海、浙江、天津。其中，广东完成累计进口额 43.72 亿美元（占 30.35%），同比增长-2.89%；江苏完成累计进口额 36.1 亿美元（占 25.06%），同比增长 11.03%；上海完成累计进口额 22.16 亿美元（占 15.38%），同比增长 2.79%；浙江完成累计进口额 8.43 亿美元（占 5.85%），同比增长 1.77%；天津完成累计进口额 8.08 亿美元（占 5.61%），同比增长-5.45%。具体情况如图 84 和图 85 所示。

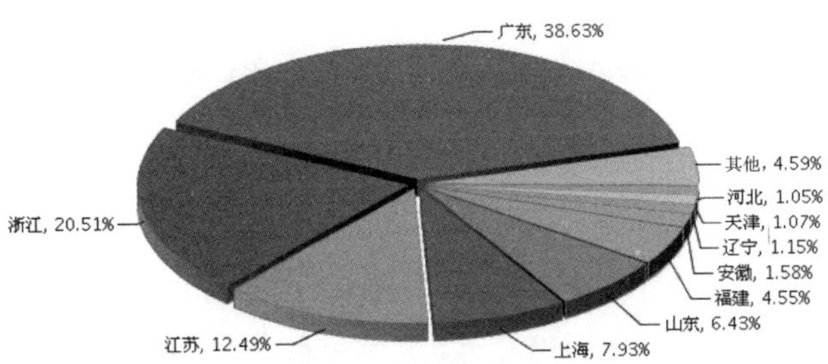


图 84 2014 年 1—12 月全国包装行业累计出口额地区占比情况

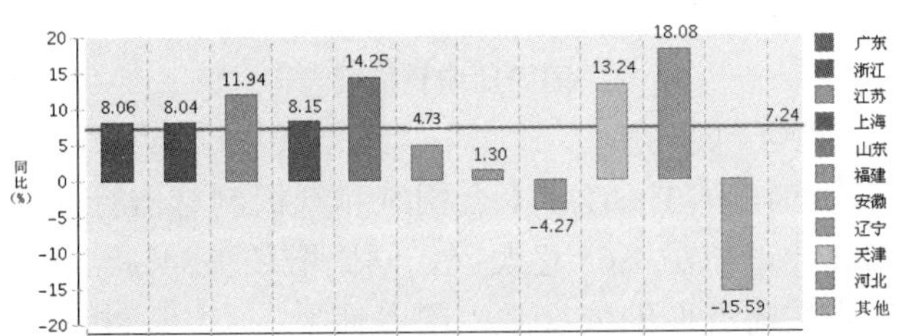


图 85 2014 年 1—12 月全国包装行业累计出口额主要地区同比增长情况

## 六、全国包装行业进口情况分析

（一）全国包装行业进口月度情况

2014 年 1—12 月，全国包装行业累计完成进口额 144.07 亿美元，同比增长 1.71%。其中，12 月完成进口额 13.07 亿美元，同比增长 5.65%。具体情况如图 86 所示。

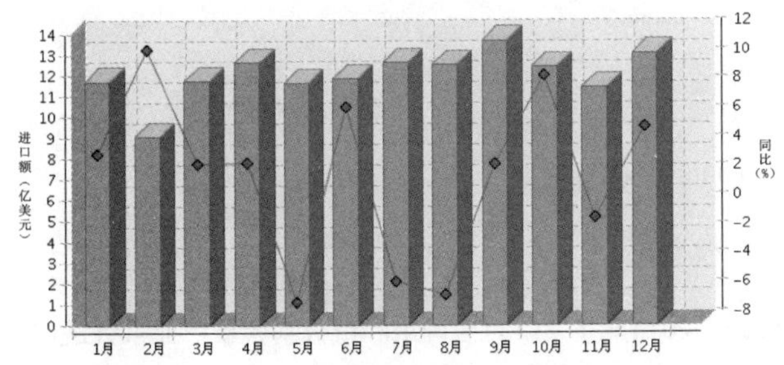


图 86 2014 年全国包装行业月度进口额及同比

1.纸包装

2014 年 1—12 月，全国纸和纸板制容器行业累计完成进口额 16547.47 万美元，同比增长 1.54%。其中，12 月完成进口额 1394.55 万美元，同比增长-5.26%。具体情况如图 87 所示。

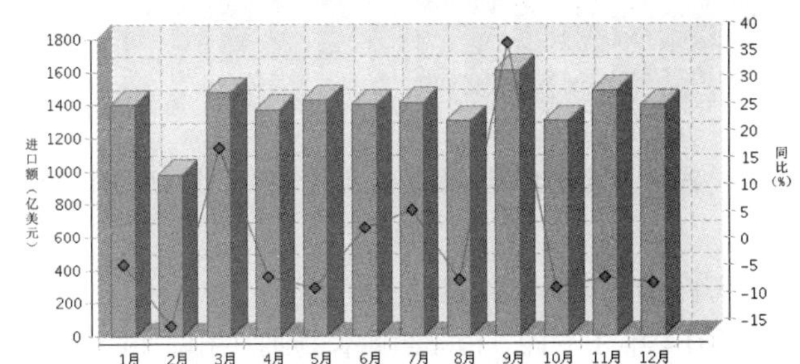


图 87 2014 年全国纸和纸板制容器行业月度进口额及同比

2.塑料包装

2014 年 1—12 月，全国塑料包装行业累计完成进口额 128.48 亿美元，同比增长 0.87%。其中，12 月完成进口额 11.77 亿美元，同比增长 5.73%。具体情况如图 88 所示。

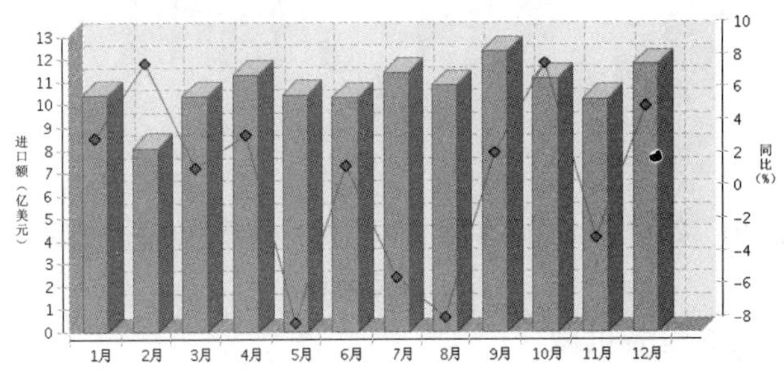


图 88 2014 年全国塑料包装行业月度进口额及同比

3.玻璃包装

2014 年 1—12 月，全国玻璃包装容器行业累计完成进口额 5592.79 万美元，同比增长 5.58%。其中，12 月完成进口额 432.05 万美元，同比增长 1.74%。具体情况如图 89 所示。

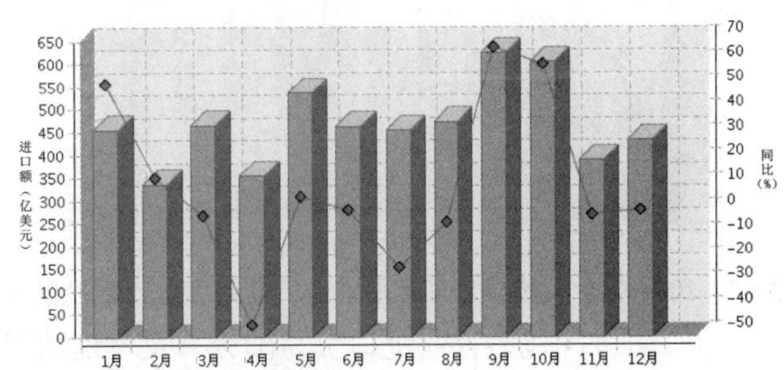


图 89 2014 年全国玻璃包装容器行业月度进口额及同比

4.金属包装

2014 年 1—12 月，全国金属包装容器及其附件行业累计完成进口额 13685.78 万美元，同比增长 17.54%。其中，12 月完成进口额 1137.12 万美元，同比增长-1.43%。具体情况如图 90 所示。

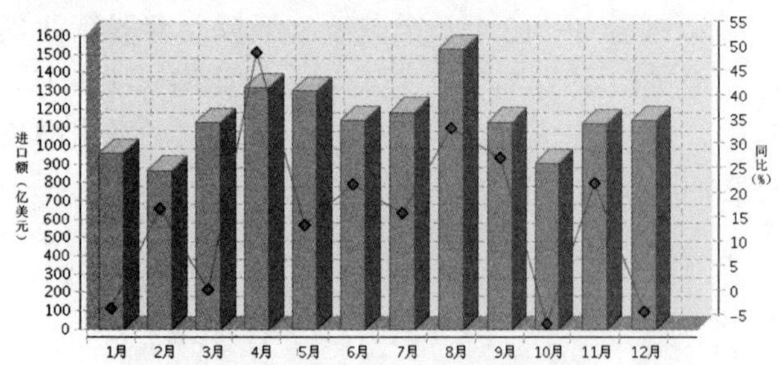


**图 90　2014 年全国金属包装容器及其附件行业月度进口额及同比**

5.竹木包装

2014 年 1—12 月，全国木制画（相、镜）框及类似品行业累计完成进口额 146.08 万美元，同比增长 16.78%。其中，12 月完成进口额 20.5 万美元，同比增长 151.46%。具体情况如图 91 所示。

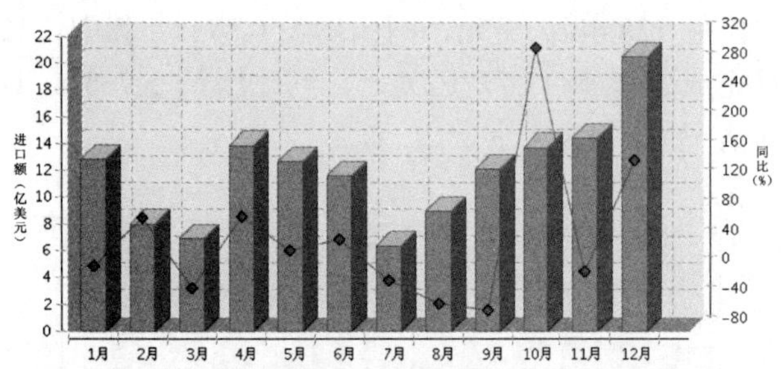


**图 91　2014 年全国木制画（相、镜）框及类似品行业月度进口额及同比**

6.包装机械

2014 年 1—12 月，全国塑料加工专用设备行业累计完成进口额 12.00 亿美元，同比增长 9.65%。其中，12 月完成进口额 1 亿美元，同比增长 7.34%。具体情况如图 92 所示。

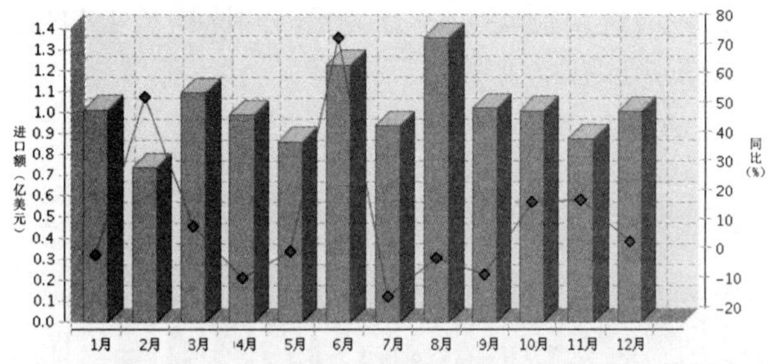


**图92　2014年全国塑料加工专用设备行业月度进口额及同比**

（二）全国包装行业进口贸易国分布及增速情况

2014 年 1—12 月，全国包装行业完成累计进口额 144.07 亿美元，同比增长 1.71%。进口额排在前五位的依次是日本、韩国、中国台湾、美国、德国。其中，日本完成累计进口额 43.29 亿美元（占 30.05%），同比增长 4.33%；韩国完成累计进口额 29.51 亿美元（占 20.49%），同比增长-5.29%；中国台湾完成累计进口额 19.17 亿美元（占 13.31%），同比增长-2.5%；美国完成累计进口额 13.98 亿美元（占 9.71%），同比增长 3.3%；德国完成累计进口额 9.63 亿美元（占 6.69%），同比增长 19.19%。具体情况如图 93 和图 94 所示。

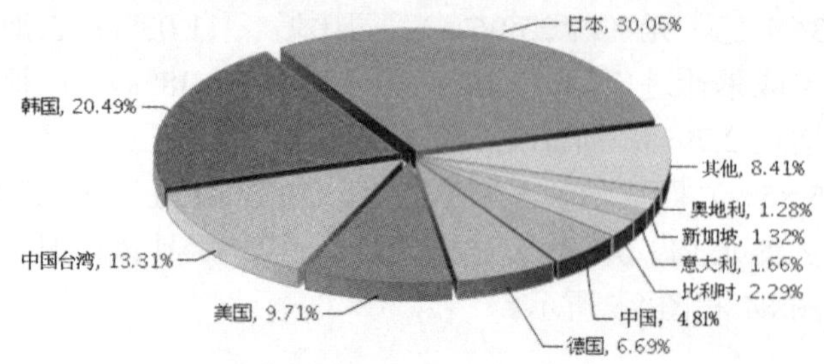


**图 93　2014 年 1—12 月全国包装行业累计进口额贸易国占比情况**

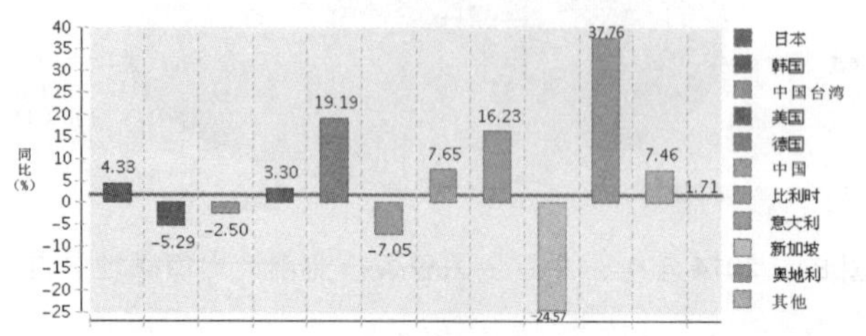


**图 94　2014 年 1—12 月全国包装行业累计进口额主要贸易国同比增长情况**

1.纸包装

2014 年 1—12 月，全国纸和纸板制容器行业完成累计进口额 1.65 亿美元，同比增长 1.54%。进口额排在前五位的依次是中国、韩国、美国、中国台湾、德国。其中，中国完成累计进口额 0.39 亿美元（占 23.33%），同比增长 5.21%；韩国完成累计进口额 0.2 亿美元（占 12.25%），同比增长-8.09%；美国完成累计进口额 0.17 亿美元（占 10.47%），同比增长 71.75%；中国台湾完成累计进口额 0.17 亿美元（占 10.36%），同比增长 14.12%；德国完成累计进口额 0.14 亿美元（占 8.63%），同比增长 10.01%。具体情况如图 95 和图 96 所示。

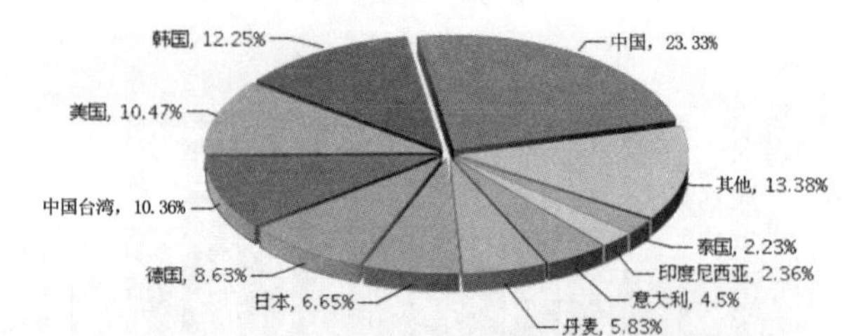


**图 95　2014 年 1—12 月全国纸和纸板制容器行业累计进口额贸易国占比情况**

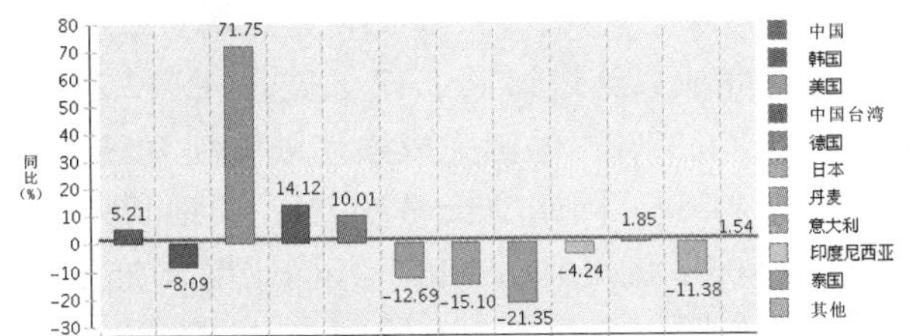


图 96 2014 年 1—12 月全国纸和纸板制容器行业累计进口额主要贸易国同比增长情况

2.塑料包装

2014 年 1—12 月，全国塑料包装行业完成累计进口额 128.48 亿美元，同比增长 0.87%。进口额排在前五位的依次是日本、韩国、中国台湾、美国、中国。其中，日本完成累计进口额 38.25 亿美元（占 29.77%），同比增长 4.93%；韩国完成累计进口额 28.62 亿美元（占 22.28%），同比增长-4.46%；中国台湾完成累计进口额 17.39 亿美元（占 13.53%），同比增长-5.86%；美国完成累计进口额 13.43 亿美元（占 10.46%），同比增长 2.91%；中国完成累计进口额 6.11 亿美元（占 4.75%），同比增长-9.59%。具体情况如图 97 和图 98 所示。

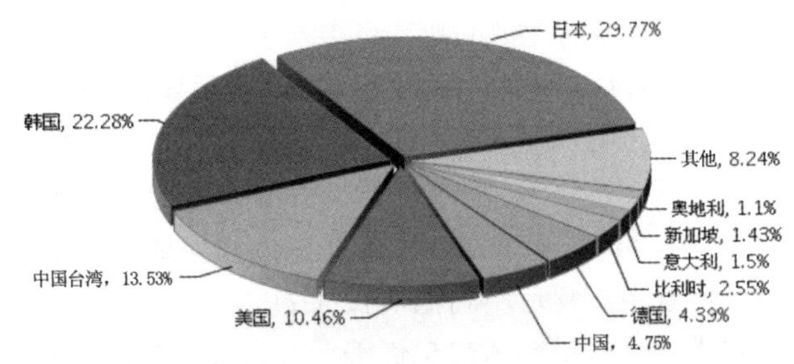


图 97 2014 年 1—12 月全国塑料包装行业累计进口额贸易国占比情况

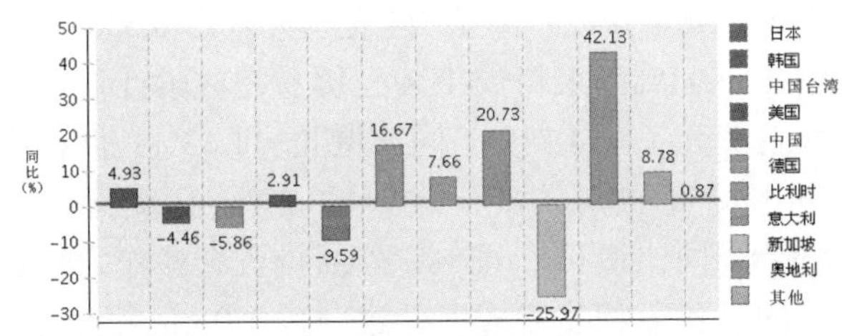


图 98 2014 年 1—12 月全国塑料包装行业累计进口额主要贸易国同比增长情况

3.玻璃包装

2014 年 1—12 月，全国玻璃包装容器行业完成累计进口额 5592.79 万美元，同比增长 5.58%。进口额排在前五位的依次是意大利、法国、中国台湾、德国、日本。其中，意大利完成累计进口额 1044.07 万美元（占 18.67%），同比增长 25.92%；法国完成累计进口额 861.09 万美元（占 15.4%），同比增长-0.27%；中国台湾完成累计进口额 786.36 万美元（占 14.06%），同比增长-5.87%；德国完成累计进口额 760.85 万美元（占 13.6%），同比增长-34.97%；日本完成累计进口额 443.28 万美元（占 7.93%），同比增长 73.55%。具体情况如图 99 和图 100 所示。

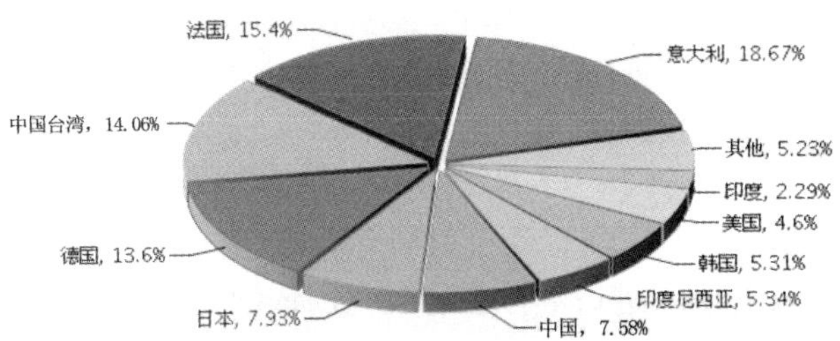


图 99 2014 年 1—12 月全国玻璃包装容器行业累计进口额贸易国占比情况

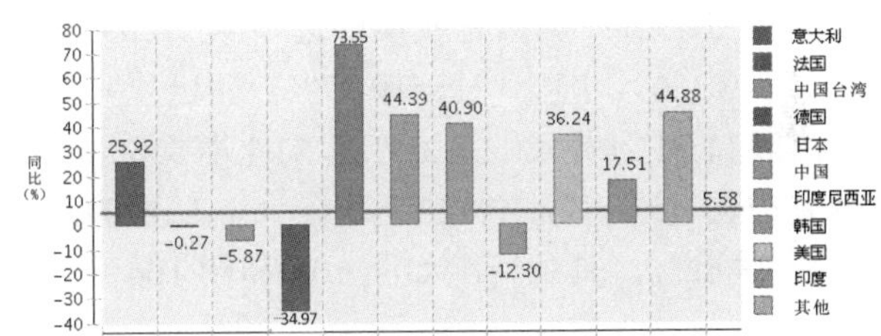


图 100 2014 年 1—12 月全国玻璃包装容器行业累计进口额主要贸易国同比增长情况

4.金属包装

2014 年 1—12 月，全国金属包装容器及其附件行业完成累计进口额 1.37 亿美元，同比增长 17.54%。进口额排在前五位的依次是美国、日本、德国、韩国、丹麦。其中，美国完成累计进口额 0.21 亿美元（占 15.36%），同比增长 12.04%；日本完成累计进口额 0.21 亿美元（占 15.17%），同比增长 11.23%；德国完成累计进口额 0.17 亿美元（占 12.59%），同比增长 81.33%；韩国完成累计进口额 0.13 亿美元（占 9.54%），同比增长 24.95%；丹麦完成累计进口额 0.1 亿美元（占 7.23%），同比增长 79.05%。具体情况如图 101 和图 102 所示。

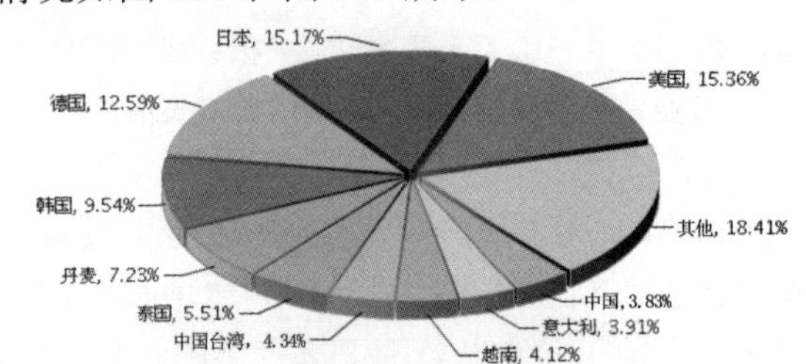


图 101 2014 年 1—12 月全国金属包装容器及其附件行业累计进口额贸易国占比情况

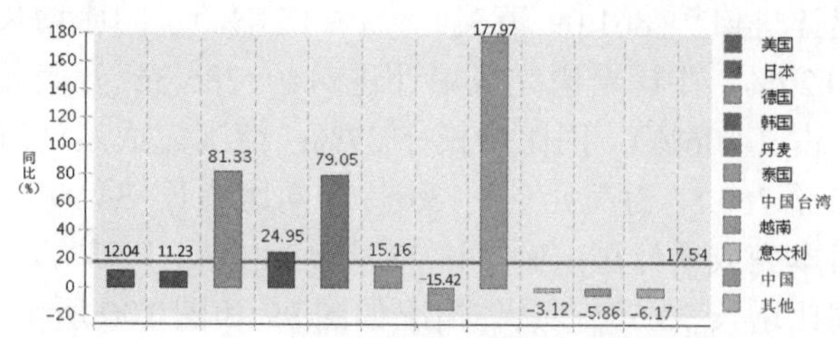


图 102　2014 年 1—12 月全国金属包装容器及其附件行业累计进口额主要贸易国同比增长情况

5.竹木包装

2014 年 1—12 月，全国木制画（相、镜）框及类似品行业完成累计进口额 146.08 万美元，同比增长 16.78%。进口额排在前五位的依次是中国、意大利、美国、西班牙、印度。其中，中国完成累计进口额 32.26 万美元（占 22.09%），同比增长-7.95%；意大利完成累计进口额 16.75 万美元（占 11.47%），同比增长-2.19%；美国完成累计进口额 16.09 万美元（占 11.01%），同比增长-10.37%；西班牙完成累计进口额11.71 万美元(占 8.01%)，同比增长 83.62%；印度完成累计进口额 10.72 万美元（占 7.34%），同比增长 43.68%。具体情况如图 103 和图 104 所示。

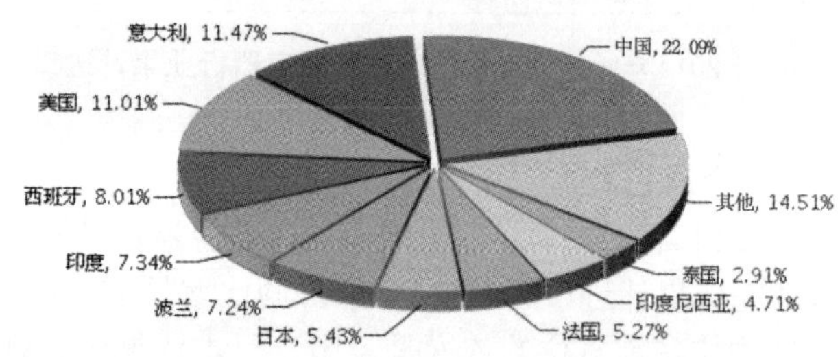


图 103　2014 年 1—12 月全国木制画（相、镜）框及类似品行业累计进口额贸易国占比情况

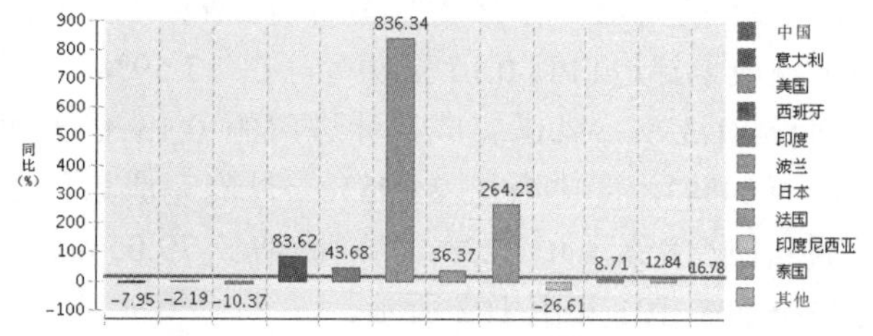


图 104　2014 年 1—12 月全国木制画（相、镜）框及类似品行业累计进口额主要贸易国同比增长情况

6.包装机械

2014 年 1—12 月，全国塑料加工专用设备行业完成累计进口额 12.00 亿美元，同比增长 9.65%。进口额排在前五位的依次是日本、德国、中国台湾、韩国、奥地利。其中，日本完成累计进口额 4.68 亿美元（占 39.02%），同比增长-0.48%；德国完成累计进口额 3.6 亿美元（占 30%），同比增长 23.96%；中国台湾完成累计进口额 1.47 亿美元(占 12.26%)，同比增长 66.37%；韩国完成累计进口额 0.53 亿美元（占 4.43%），同比增长-37.17%；奥地利完成累计进口额 0.42 亿美元(占 3.5%)，同比增长 25.63%。具体情况如图 105 和图 106 所示。

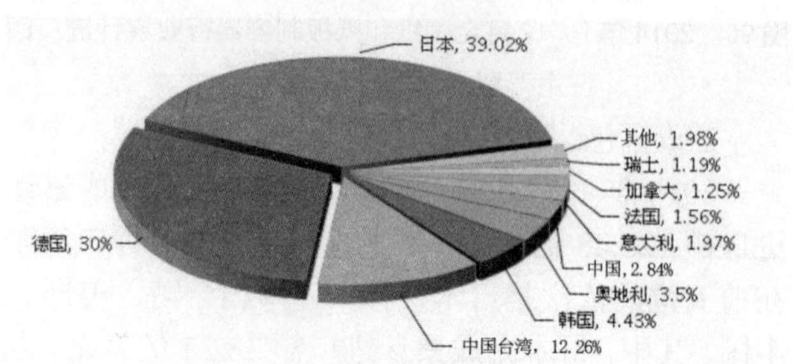


图 105　2014 年 1—12 月全国塑料加工专用设备行业累计进口额贸易国占比情况

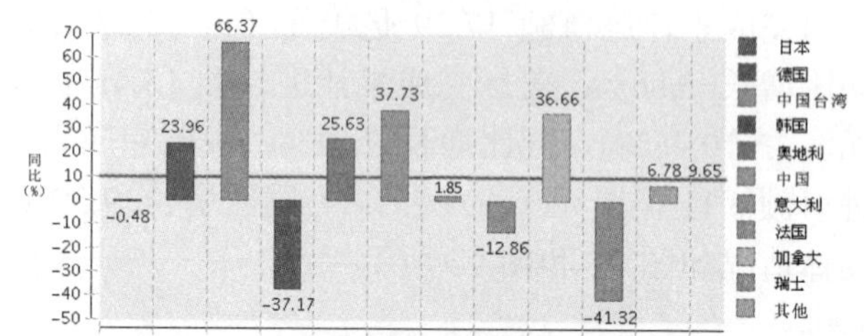


图 106　2014 年 1—12 月全国塑料加工专用设备行业累计进口额主要贸易国同比增长情况

（三）全国包装行业进口贸易方式分布情况

2014 年 1—12 月，全国包装行业完成累计进口额 144.07 亿美元，同比增长 1.71%。其中，一般贸易完成累计进口额 67.35 亿美元（占 46.75%），同比增长 10.64%；进料加工贸易完成累计进口额 52.42 亿美元（占 36.39%），同比增长-6.03%；保税区仓储转口货物完成累计进口额 12.24 亿美元（占 8.5%），同比增长 3.11%；来料加工装配贸易完成累计进口额 6.78 亿美元（占 4.7%），同比增长-11.63%；保税仓库进出境货物完成累计进口额 2.76 亿美元（占 1.92%），同比增长-5.63%；外商投资企业作为投资进口的设备、物品完成累计进口额 1.06 亿美元（占 0.74%），同比增长 10.03%；其他完成累计进口额 0.95 亿美元（占 0.66%），同比增长-3.27%；出口加工区进口设备完成累计进口额 0.41 亿美元（占 0.28%），同比增长-8.62%；加工贸易进口设备完成累计进口额 0.05 亿美元（占 0.03%），同比增长-27.5%。具体情况如图 107 和图 108 所示。

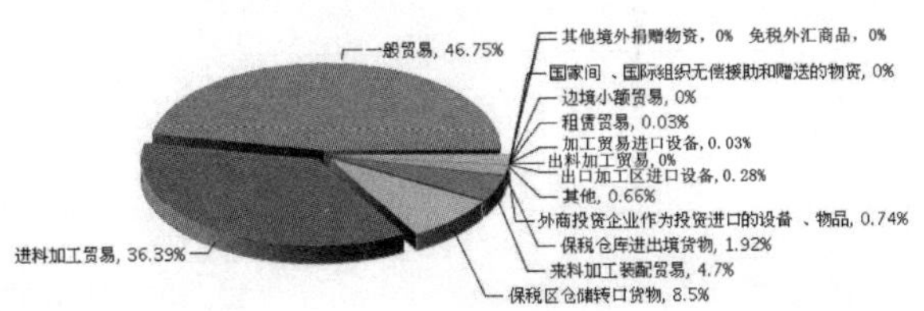


图 107　2014 年 1—12 月全国包装行业累计进口额贸易方式占比情况

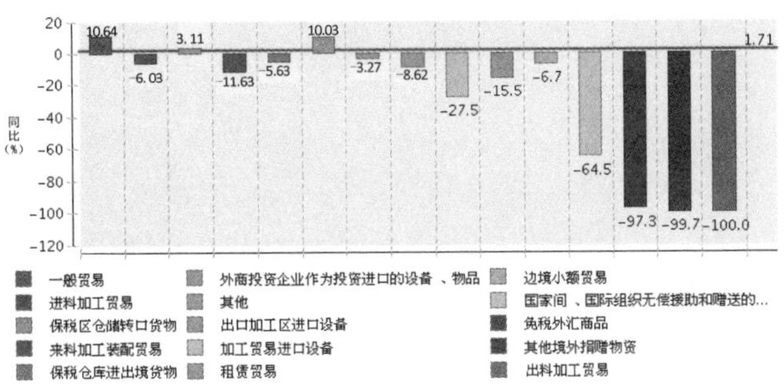


图 108　2014 年 1—12 月全国包装行业累计进口额贸易方式同比增长情况

（四）全国包装行业进口子行业分布情况

2014 年 1—12 月，全国包装行业完成累计进口额 144.07 亿美元，同比增长 1.71%。其中，塑料包装完成累计进口额 128.48 亿美元（占 89.18%），同比增长 0.87%；包装机械及其他完成累计进口额 12 亿美元（占 8.33%），同比增长 9.65%；纸包装完成累计进口额 1.65 亿美元（占 1.15%），同比增长 1.54%；金属包装完成累计进口额 1.37 亿美元（占 0.95%），同比增长 17.54%；玻璃包装完成累计进口额 0.56 亿美元（占 0.39%），同比增长 5.58%；竹木包装完成累计进口额 0.01 亿美元（占 0.01%），同比增长 16.78%。具体情况如图 109 和图 110 所示。

图 109　2014 年 1—12 月全国包装行业累计进口额子行业占比情况

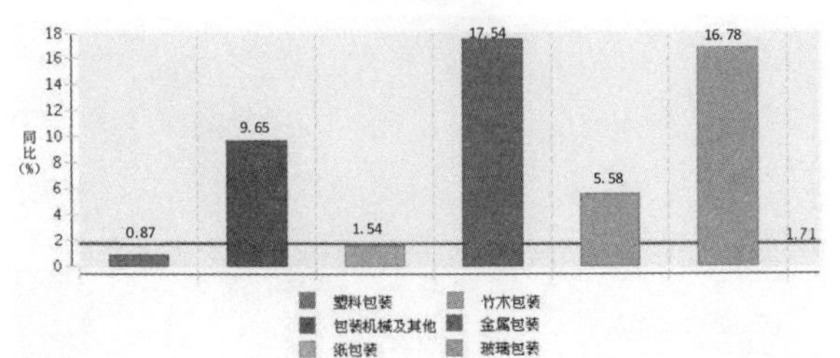


图 110　2014 年 1—12 月全国包装行业累计进口额子行业同比增长情况

（五）全国包装行业进口地区分布情况

2014 年 1—12 月，全国包装行业完成累计进口额 144.07 亿美元，同比增长 1.71%。进口额排在前五位的地区依次是广东、江苏、上海、浙江、天津。其中，广东完成累计进口额 43.72 亿美元（占 30.35%），同比增长-2.89%；江苏完成累计进口额 36.1 亿美元（占 25.06%），同比增长 11.03%；上海完成累计进口额 22.16 亿美元（占 15.38%），同比增长 2.79%；浙江完成累计进口额 8.43 亿美元（占 5.85%），同比增长 1.77%；天津完成累计进口额 8.08 亿美元（占 5.61%），同比增长-5.45%。具体情况如图 111 和图 112 所示。

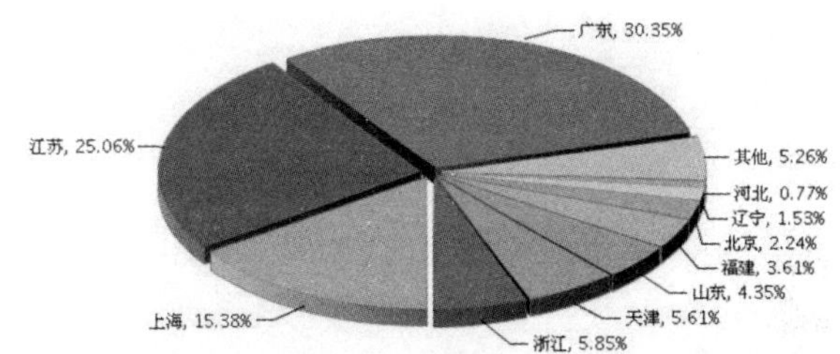


图 111　2014 年 1—12 月全国包装行业累计进口额地区占比情况

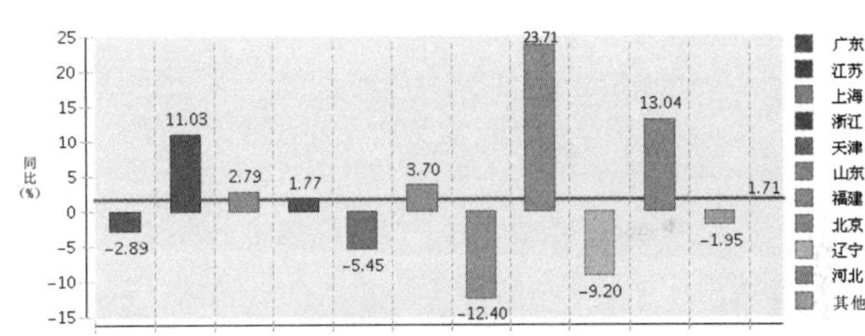


图 112　2014 年 1—12 月全国包装行业累计进口额主要地区同比增长情况

注释：

①全国包装行业企业数、主营业务收入、利润总额、产量、出口交货值数据来源为国家统计局。

②全国包装行业进出口数据来源为国家海关总署。

③统计局数据统计口径为（规模以上企业）年主营业务收入 2000 万元及以上全部工业法人企业。

④国家海关总署统计口径为全口径。

⑤工业企业规模划分标准：

| 行业 | 划型指标 | 大型 | 中型 | 小型 | 微型 |
|---|---|---|---|---|---|
| 工业 | 从业人员（人） | 1000 人及以上 | 300 人及以上 | 20 人及以上 | 20 人以下 |
| | 营业收入（万元） | 40000 万元及以上 | 2000 万元及以上 | 300 万元及以上 | 300 万元以下 |

备注：从业人员 1000 人以上或营业收入 40000 万以下的为中小微型企业

# 部分省市地方包装行业现状及发展前景

# 北京市包协2015年度工作总结

2015年，在北京市经济和信息化委员会的领导下，在市相关部门、兄弟协会及会员企业的大力支持下，北京包装技术协会按照市委、市政府的要求，坚持和强化首都核心功能，着力疏解非首都核心功能，着力促进产业转型升级、高端发展，着力推进京津冀包装产业协同发展，着力创新、转变、提升协会服务能力，圆满完成2015年重点任务，取得显著成效。

## 一、疏解与转型同步发力，着力推进京津冀包装产业协同发展

### （一）建立协同机制

认真贯彻落实《京津冀协同发展纲要》和北京市贯彻意见，围绕区域包装产业协同发展，定期召开京津冀三地包装协会会长、秘书长季度会议，分别就京津冀包装产业科学定位、合理分布与产业链接如何达到整体协同发展、可持续发展、绿色环保发展等方面展开研讨并达成合作意向，形成三地发展合力。

### （二）促进产业对接

通过举办论坛、组织考察等方式，促进三地包装企业对接、合作，为下一步产业协同奠定基础。组织纸制品包装、金属包装、塑料包装、印刷包装等多家企业参加京津冀三地政府共同举办的“2015京津冀产业转移对接活动”。带领包装企业参加中国河北东光国际包装机械展览会及系列活动。联合津冀包装协会共同主办“2015年塑料包装新材料、新工艺、新装备行业峰会暨京津冀协同发展论坛。接待津冀企业家考察团到房山京津冀包装创新产业园区考察。

## 二、利用智库资源开展研究，为包装产业发展建言献策

充分利用在京高校、院所及行业专家、团队资源，针对包装产业发展重点问题开展研究并组织编制北京包装行业“十三五”发展规划。承担市经信委《北京包装印刷行业企业调整退出专题调研》《塑料印刷行业实施差别电价专项调研》，并通过了市经信委组织对《北京食品包装提升工程项目》的专家验收，承担北京市社团办《扶持贫困山区农民建立纸箱厂项目》和市新闻出版广电局《北京市包装装潢印刷业重点污染治理的研究》等研究课题，以购买服务方式承担市工业经济联合会“食品级生活包装物科学认识、正确使用科普宣传进社区示范”活动，上述研究成果和工作成效得到委托单位的认可。

开展智能印刷工厂前瞻研究。联合中国印刷技术协会，提前开展面向未来的智能印刷工厂解决方案研究，拟通过智能化推动包装印刷行业进行价值“重塑”，实现绿色、环保、转型升级的“再创造”。

## 三、大力发展包装设计，提升包装产业影响力

联合市旅游委共同召开“旅游景区和城市形象主题”设计提升研讨和景区文化符号宣讲会，共吸引市公园管理中心和A级景区、高校、设计研发生产机构、包装企业共计150多人参加会议，一些外地企业专程来京参会。

承办第十二届“北京礼物”旅游商品包装设计创意大赛推介会暨2015创意设计与印刷工艺交流会。针对景区、老字号、工业、农副特产企业等旅游商品企业包装设计创新难等问题，为旅游商品企业量体裁衣，为包装产品上下游企业提供合作机会。此次活动通过市16个区县旅游委，联合征集、评选，共推荐参赛商品750个系列、2149件作品，最终评审出“旅游商品大赛参赛作品转化主题”最佳转化奖3项、优秀转化奖11项，评审出“旅游景区和城市形象主题”“旅游商品包装设计创意主题”金奖2项、银奖10项、铜奖20项和优秀奖107项。其中，旅游商品包装设计创意主题征集370套共715件作品。常务副会长兼秘书长李景华在会上发表题为“用创意推动企业转型升级”的演讲，并应邀担任“北京礼物”资金扶持项目及“旅游商品包装设计创意大赛”评委。

赴杭州参加中国包装联合会（CPF）、世包中心（GPC）联合主办的“无设计 不包装——2015中国包装创意设计大会暨世包·云设计平台上线仪式”。参加中国包装创意设计大赛第五届颁奖典礼、世包·云设计平台上线仪式一级中国包装创意设计中心授牌仪式等，并与全球包装行业组织、全国高校及设计院所专家学者、重点企业代表、有关机构

负责人交流座谈。

**四、强化对接协调，不断探索、创新、转变、提升协会服务能力**

（一）针对企业需求坚持政策宣贯

为企业解读《北京市工业污染行业、生产工艺调整退出及设备淘汰目录（2014年版）》、清洁生产评价指标体系范围、方法及企业搬迁等政策。组织企业参加中国包装联合会军民融合包装发展建设工作委员会年会及军民融合论坛及培训，以及中国工业经济联合会主办的2015经贸形式报告会。

（二）搭建企业与政府交流平台

向市经信委都市产业处汇报北京包协2015年工作及2016年工作计划，并组织北京北大方正电子有限公司、奥瑞金包装股份有限公司、中包精力托盘共用系统有限公司、北京北人印刷设备有限公司等副会长单位分别直接介绍各自企业2015年的工作内容及未来的长远规划。

参与市新闻出版广电局主办、北京印刷协会承办、北京包装技术协会等单位协办的2015年北京绿色印刷产业促进商务交流会暨京津冀协同发展绿色印刷产业促进商务交流会。组织50余家企业全方位演示行业在绿色环保、技术创新、产业链融合、IT技术与信息化、文化创意等多领域的解决方案。组织主题论坛及多个沙龙与讲座，分为绿色印刷耗材、印刷智能软件体验、环保治理设备及小型印刷智能机器人设备、“互联网+”四个展区，为企业交流洽谈提供平台。

（三）促进上下游企业对接

推动北京北大方正电子有限公司与奥瑞金包装股份有限公司对接；推动中包精力托盘共用系统有限公司现代物流与奥瑞金包装股份有限公司和中化对接；推动石家庄天龙环保科技有限公司与奥瑞金包装股份有限公司对接，并带领奥瑞金相关领导到实地参观设备；推动北京华盟印务有限责任公司与医药、保健品企业对接。每月组织一次北京包协会员日、专家咨询日活动。

# 宁夏包装办2015年工作总结和2016年工作安排

## 一、2015年工作总结

2015年，在自治区经济和信息化委员会的领导和中国包装联合会的指导下，在区直有关部门的支持帮助下，我们紧紧围绕工业和信息化中心工作，重点在规划编制、运行监测、项目推进、科技创新、服务管理等方面下功夫，各项工作取得了新的进展。通过全行业的共同努力，取得了我区包装工业持续平稳发展的好成绩。2015年全区包装工业完成总产值53.2亿元，同比增长10.3%；实现工业增加值14.8亿元，同比增长9.8%。

2015年，我们重点推进了以下工作

（一）研究编制了《宁夏包装工业“十三五”发展规划（初稿）》，为指导包装工业健康发展提供可靠依据

按照自治区经信委的工作部署，我们在详细调研掌握全区包装工业产品产量、销售收入、利润总额、从业人员等主要经济指标；企业生产设备、工艺流程、信息化应用等技术水平数据；行业发展趋势和企业发展方向等的基础上，研究编制了《宁夏包装工业“十三五”发展规划（初稿）》。对“十二五”包装工业发展情况及存在的问题进行了评价和分析，研究了“十三五”包装工业发展面临的形势及市场需求，明确了指导思想、基本原则、发展目标、主要任务、发展重点、发展措施，为指导行业健康发展提供可靠依据。

（二）加强包装工业经济运行监测，推进行业提质增效

一是根据自治区经信委工作部署和中国包装联合会制定的《包装工业统计报表制度》，结合我区包装工业发展实际情况，设计了《全区规模以上包装工业企业主要经济指标表》，制定下发了《宁夏包装工业统计工作管理办法》，确定了统计工作人员，明确了统计人员岗位职责。二是按照真实性、准确性、完整性、即时性的原则，根据划定的统计范围，使用统一的统计口径，以科学的统计方法，对全区39家规模以上包装工业企业的企业基本情况、主要经济指标、主要产品产销存量等数据进行月度统计分析。三是及时跟踪了解包装工业各门类重点企业、重点产品及价格、生产、销售和库存情况。密切关注包装上、下游产业市场需求变化及对全区包装工

业经济运行的影响，及时掌握行业运行中出现的苗头性、倾向性和共性的问题，采取应对措施，强化服务工作，促进全区包装工业保持持续平稳增长。

（三）培育优势骨干企业，加快推进行业重点项目建设

一是指导、支持宁夏宁安彩印包装有限公司投资2300万元引进德国高宝五色胶印机、罗兰对开四色胶印机及配套设备，进一步提高了产品的技术含量和质量，实现了日生产包装箱30万只。二是协调推进宁夏仓满制桶有限公司在惠农区新建15万只金属桶生产线。引进国内先进的自动化制桶、喷涂和开卷校平剪切设备，实现流水线加工生产作业。目前，该企业已具备了年生产60万只不同规格包装钢桶的能力。三是指导推进宁夏弘德包装材料有限公司加快卷烟包装生产线项目建设。该项目填补了我区包装行业在烟包生产领域的空白。2015年已实现销售收入2.1亿元。四是支持银川富邦印刷包装有限公司新建一条瓦楞纸板生产线，年生产能力扩大到4万吨。新增纸浆模塑产品订单3000万元。五是协调支持宁夏和兴彩印包装有限公司新增蒙牛集团10%的订单和伊利股份20%的扩建项目。全年实现销售收入1.3亿元。六是帮助、指导润龙公司改善经营管理，完成了公司股权与股份公司改制等相关事宜，经证监部门审核通过后，于5月27日在全国中小企业股份转让系统成功挂牌。此次成功挂牌，不仅为该企业的持续发展提供稳定长期的融资渠道，也为行业融资提供有益经验。9月14日获批发行股票150万股，募集资金600余万元。本次募集资金主要用于危险化学品包装改扩建项目。扩能改造进一步提高了企业产品的技术含量和质量，年产能将达到6000万套。全年实现销售收入4300万元。

（四）鼓励科技创新，增强包装行业的创新能力

依托骨干企业建设企业技术中心、设计中心，申报各类科技创新项目，不断提高包装工业企业创新能力。一是根据中国包联《关于组织开展2015年度国家级工业设计中心申报工作的通知》要求，严格按照相关程序和申报条件要求，认真组织相关企业填报材料，经逐个指导、筛选审核，确定推荐银川市富邦印刷包装有限公司申报2015年度国家级工业设计中心。二是根据中国包联《关于申报2015年中国包装联合会科学技术进步奖的通知》要求，经积极组织申报，协调沟通中国包联，最终银川日昌自动包装机制造有限公司的数字化称重计时法多物料给料器项目被评为2015中国包装科技进步奖。三是由银川市富邦印刷包装有限公司研发，我区首家清真产品包装智能环保技术工程实验室于8月7日建成，填补了我区清真包装环保技术平台的空白。

（五）编制完成《落实〈中国制造2025〉推进宁夏包装工业发展实施方案》等方案和调研报告，为我区包装工业发展提供科学指导

编制完成了《落实〈中国制造2025〉推进宁夏包装工业发展实施方案》。我们在详细调研掌握全区规模以上包装工业企业基本情况、主要经济指标完成情况、设备技术水平、主要产品种类、产销存量等基础上，经过反复修改完善，完成了《落实〈中国制造 2025〉推进宁夏包装工业发展实施方案》。《方案》确定了大力推进技术进步，提升行业创新能力；扩大信息技术在包装工业领域的应用，发挥倍增作用；加强包装产品质量、品牌建设，提高产品竞争力；建立绿色包装工业体系，推进产业可持续发展；推进包装工业结构调整，促进产业转型升级五大主要任务和发展重点的总体框架，为我区包装工业发展提供纲领性指导。

认真贯彻自治区党委、人民政府有关促进文化产业发展的相关政策意见，结合近年来包装印刷、包装创意设计产业等发展实际，就包装工业发展情况、存在的主要问题，以及今后的工作方向和重点进行了深入调查研究。确定了走差异化发展之路，抓住宁夏“两区”建设、丝绸之路经济带、承接中西部产业转移和新一轮西部大开发的机遇，完成了《加快包装工业转型升级 助推全区文化产业发展》的工作汇报。

（六）加强行业管理，提升服务水平

（1）实施行业重点骨干企业联系制度。2015年，面对全区工业严峻复杂的形势，我们积极发挥行业管理和协调服务职能，实施行业重点骨干企业联系制度。先后深入39户规模以上企业，及时掌握所联系企业的发展动态，项目建设、当年主要增长点，企业生产运营中存在的困难和问题、企业管理经验，帮助指导推动准规企业入库。及时向企业宣贯国家和自治区有关政策、法规，为企业提供经济技术咨询，指导帮助企业改善经营管理和推动发展，协调相关部门帮助企业解决困难和问题。并将工作人员服务联系企业的情况，纳入年度考核内容。共新增2户规模以上企业入库。

（2）贯彻落实自治区党委、政府关于加快宁夏

开放型经济建设的决定，加强与沿海发达省市包装行业的交流与合作，组织我区8户包装重点骨干企业负责人赴上海参观首届“SWOP 2015 包装世界（上海）博览会”，同时实地参观学习了希悦尔（中国）有限公司、上海永盛包装有限公司、上海华池包装有限公司、上海鼎龙机械有限公司4户有代表性的大型包装企业，引进先进技术和管理经验，鼓励和支持有比较优势的包装企业采取多种形式与发达地区的企业进行合作。促进包装行业创新与转型。

（3）认真开展中国包装行业优秀奖评选活动，加强行业建设。根据工业和信息化部、中国包装联合会有关要求，共评选推荐“生态（绿色）设计示范企业”2户，富邦公司被中国包联评为“2014年度中国包装百强企业”、陈志强等4人被评为“2015年度中国包装行业杰出企业家”、包装工业办公室被评为“2015 年度全国包装先进集体”。通过成功发展经验在全行业中的推广示范，推进全区包装行业的转型升级和持续稳定增长的目标。

（4）进一步加强包装产品生产监管，提高包装产品质量。配合自治区质监局继续开展危险化学品包装物、容器和食品用包装容器工具生产许可证工作。共有5户危险化学品包装物生产企业、6户食品用包装容器工具生产企业通过了企业生产条件的换发证审查，产品检测合格，获取生产许可证。

（5）开通了宁夏包装微信公众平台。我办于2015年5月15日开通官方微信公众平台“宁夏包装”。平台设置了行业动态、政务公告、生活快讯等板块，主要宣传宁夏包装行业发展动态、发布政务信息、推介企业及产品。同时，制定了《宁夏回族自治区包装工业办公室官方微信公众平台信息发布管理规定（试行）》，并确定了信息报送人员。从栏目策划、信息采集、文稿审核等各个环节进行全程严格把关，创新服务内容、增加发布频率、拓展载体功能、扩大公众参与面，提升社会关注度及影响力，更好地利用互联网信息技术，打造宁夏包装行业的良好发展形象。

（6）通过宁夏工业信息、宁夏包装行业信息对外宣传我区包装行业的发展和取得的成就。共编发信息8期，向委报送信息30余篇，向《活力经济》栏目推荐6户企业，为包装企业发展提供优良服务，取得了较好效果。

（七）认真做好权力清单和责任清单编制工作

为进一步转变职能，规范权力运行，切实履行职责，严格依据现行的法律法规和规章，“三定”方案及规范性文件所赋予的职权，按照“法无授权不可为”“清单之外无权力”要求，认真梳理我办现有行政权力事项，共梳理出行政职权事项10项，其中，行政许可1项，行政处罚1项，行政确认1项，行政检查职权1项，其他行政职权6项。对2项由于法律法规修改没有设定依据的行政许可、行政处罚事项取消，保留行政确认职权和行政检查职权。

（八）扎实做好自治区包装工业办公室党建工作

一是完善了党支部工作制度。制定了我办《2015年党建工作计划》《理论学习计划》《基层服务型党组织建设实施方案》等制度。二是重新修订包装办工作人员岗位职责。立足本职，守纪律讲规矩，主动作为，勇于担当，推动全区包装工业持续健康发展。三是扎实开展“守纪律、讲规矩”主题教育活动。促进全办党员干部恪守“三严三实”，加强党性修养，廉洁自律意识，促使党员干部懂法纪、明规矩，知敬畏、存戒惧。包装工业办公室党支部被自治区经信委机关党委评为“2014—2015年党建工作先进服务型党支部”，并被评定为“二星级”基层服务型党组织。

2015年，自治区包装工业办公室紧紧围绕全区工业和信息化工作的中心任务，扣住促进行业发展的主题，认真履行职责，在贯彻国家和自治区有关经济工作政策，为行业、企业服务等方面做了一些有益的工作，也取得了成效。尤其在加强行业运行监测，为企业提供信息服务上发挥了作用，取得了一些新的进步。但还要清醒地看到包装工业发展中也存在诸多制约产业高水平发展的问题，主要表现在：自主创新能力有待进一步增强，协同发展机制有待进一步创新，产业信息化水平有待进一步提升。2016年，要认真研究改进措施，争取把工作做得更好。

**二、2016年工作安排**

2016年是实施“十三五”规划的开局之年，我们要认真学习贯彻党的十八大和十八届三中、四中、五中全会精神，紧紧围绕全区工业和信息化工作的目标和主要任务，落实国家、自治区各项政策措施，以提高包装工业发展的质量和效益为中心，推进全区包装工业持续平稳发展，为全区经济社会发展做出积极的贡献。

全区包装工业工作主要目标：全行业努力实现工业增加值增长8.5%以上，在自治区经信委的领导下，我们将进一步创新工作思路，完善工作机制，努力抓好以下工作。

（一）编制完成《宁夏包装工业“十三五”发展规划》

在规划初稿的基础上广泛征求意见，并与国家、自治区和我委等上位规划衔接，邀请专家论证，不断修改完善，完成《宁夏包装工业“十三五”发展规划》的编制工作并发布实施，以指导全区包装工业持续健康发展。

（二）大力推进技术进步，提升行业创新能力

一是积极协调自治区财政厅，落实自治区支持新型包装材料和包装废弃物资源化利用的财政政策，发挥财政资金的撬动作用和杠杆效应，鼓励支持行业内新产品研发、技术创新、新技术推广工作，推进我区绿色包装产业的发展。二是推进行业技术创新体系建设，指导弘德包装、富邦公司、和兴彩印、夏进制箱和润龙包装等骨干企业申报自治区级企业技术中心、中国包装产品研发中心、国家级工业设计中心，争取再有 1 户企业进入自治区级企业技术中心建设计划。

（三）加快推进行业重点项目建设

指导、帮助企业开展技术创新、产品创新、管理创新、市场创新及商业模式创新，提高核心竞争力。重点抓好金百瑞包装印刷生产线尽快达产达效，白浪包装瓦楞纸箱改扩建项目建设。支持富邦公司纸浆模塑制品扩能改造项目建设，提高生产能力。推进东星塑料综合利用塑料包装废弃物生产编织制品项目扩能改造，提高包装废弃物回收利用率，实现年产能 1.5 万吨。加强与有关部门的沟通联系，协调解决项目建设中的有关问题。对已完成扩能改造的金世纪、夏进制箱、和兴、宁安彩印、恒通塑料等 7 户龙头骨干企业的纸包装、塑料包装生产线项目，不断扩大市场份额，把企业做强做大。利用吴忠包装印刷产业基地优势，青铜峡嘉宝工业园区、永宁望远工业园区包装产业集聚优势，辐射带动形成新的包装产业集群，发挥产业集聚效应，增强企业竞争力。

（四）继续加强包装工业运行监测

继续对规模以上包装工业企业进行月度统计分析，及时掌握行业发展动态，密切关注包装上、下游产业市场需求变化及对我区包装工业经济运行的影响。加强预警预测，为领导决策提供有价值的分析数据资料。针对行业生产运行中出现的热点、难点问题，为企业出点子、谋发展，提出应对预案，引导企业积极开发新产品，丰富产品种类，拓展市场领域。

进一步加强包装工业统计工作。根据《国家统计局关于批准执行包装工业统计报表制度的函》(国统制〔2015〕46 号)，明确地方包装机构负责本辖区内包装行业统计的具体组织实施工作。包装企业要高度重视，落实责任，做好统计工作。一要增强统计的全面性，客观地反映企业生产经营状况，做到应统尽统；二要提高统计的准确性，把好统计质量关，确保真实可靠；三要确保统计的时效性，按要求及时、准确地向自治区包装工业办公室报送统计数据资料；四要加强企业统计人员技能培训，不断提高统计人员的政治和业务素质，切实提高统计数据质量和水平。更好地为政府部门决策提供依据，为行业和企业发展服务。

（五）认真做好工业稳增长有关工作

按照自治区经信委《关于印发 2016 年工业稳增长包抓工作方案》工作部署，由包装工业办公室配合经济运行监测调控处做好大武口区工业稳增长包抓工作。制订稳增长工作方案，督促和协助大武口区落实各项稳增长政策措施，加大政策宣传和督察力度，加强龙头企业运行调控和服务。协调解决重点问题，定期报送监测数据和信息，促进稳生产、稳增长。

（六）推进包装工业结构调整和转型升级

一是加快转变产业发展方式，着力优化包装工业布局，调整包装产业结构，大力发展绿色包装产业，淘汰落后工艺和装备。二是以市场为导向，用先进技术和信息化手段改造和提升传统包装业，发展方便快捷、功能合理、附加值高、节能环保的包装制品，促进产品品种、质量和档次上等级，提高产品市场占有率和竞争力。三是围绕重点企业结构调整项目，采取合资、合作、产权转让等多种方式，有针对性地加大联合合作。四是对符合我区结构调整方向的项目和企业，积极主动地予以承接，壮大包装企业规模。

（七）扩大信息技术在包装工业领域的应用，发挥倍增作用

积极推进包装行业信息化和工业化两化深度融合工作，不断加大工作力度，推进企业信息化发展进程。重点支持机械研究院、日昌包装开发高速分切机、智能化计量包装机等包装机械设备。在金世纪、和兴、宁安彩印等一批包装印刷骨干企业积极

推行印刷数字化流程和CTP电脑直接制版技术，提高企业信息化应用水平，促进企业转型升级。

（八）深入开展治理商品过度包装工作

认真做好全区治理商品过度包装和促进包装工业健康发展工作。加强商品生产和包装企业的督促指导，引导企业进行产品结构调整，发展绿色、低碳包装，促进包装物回收利用。针对传统节日过度包装有所抬头的阶段性特点，组织协调有关部门适时开展专项检查，加强对商品过度包装的监督管理，推动各项措施的落实。

# 上海市包协2015年工作总结暨2016年工作要点

2015年，在上海市科学技术协会的直接领导和有关政府部门的支持下，在包装行业和会员的共同努力下，协会工作以“改革创新、服务转型”作为发展方向，充分认识到服务是协会的立足之本、发展之源，适时调整对接拉动内需，转变方式促进转型发展。在包装行业适时调整对接拉动内需，转变方式促进转型发展的同时，增强了行业凝聚力，扩大了社会影响力，促进了行业健康、有序、可持续的发展。

由于经济增速放缓，行业发展受到了很大影响。协会与企业共渡难关，从创新中找到突破口，从服务中寻找出路，从可持续发展中找到方向，从危机中找到了自信。这5年中，协会工作和活动始终坚持创新和服务的理念，不断与时俱进，围绕行业中的热点和难点开展工作，不断增强协会的影响力和凝聚力。在创意包装、服务包装、绿色包装、安全包装上下功夫，开展形式多样、丰富多彩的活动。

**一、抓调研、拓思路、探索行业转型发展**

（一）积极参与市科协组织的各项活动

协会积极参与市科协组织的“上海科技论坛”“工博会科技论坛”“学术年会”“学会发展推进项目”等活动，结合行业的特点，开展各种活动和课题研究。协会还向市科协申报开展“五位一体”加强办事机构建设项目，从协会办公室、杂志编辑部、专业委员会、会长（副会长）联络员、协会党支部五个层面开展“五位一体”富有成效、互补联动的工作模式，加强协会办事机构的建设。

（二）旅游产品印刷包装创意设计服务平台

在上海市新闻出版局的支持下，协会开展包装创意方面的研究，努力打造跨行业的旅游产品印刷包装创意设计服务平台。围绕3～5项上海著名的旅游产品包装更新换代，形成3家包装设计公司、3家印刷包装企业、3家旅游产品企业、3家院校为核心，开展命题设计、招标设计、展示交流、产学研合作等服务，开展产业、企业和高校等融合与对接工作。打造印刷包装创意设计产业链，提升旅游产品附加值、增强上海旅游产品竞争力。

（三）开展发展上海旅游食品包装的课题研究

协会与上海市食品协会等协会联合开展上海旅游商品课题的研究。剖析上海旅游食品包装的现状，研究旅游食品包装发展趋势，提出发展上海旅游食品包装的建议。

**二、直面热点难点问题，配合政府部门做好包装服务工作**

（一）配合市工商局，做好“上海市著名商标”推荐工作

协会积极推荐包装企业申请“上海市著名商标”，市工商局委托协会对提出申请包装企业进行审核，以体现认定工作“公开、公平、公正”的原则。协会深入企业现场开展调查，结合所掌握的行业数据，认真填写协会的推荐意见。

（二）参与编写“出版志”

按照市府“上海市第二轮新编地方志书编纂规划”的要求，接受上海市新闻出版局委托的任务，组织编写“上海市志、新闻出版分志、出版志”中“包装印刷”篇的编纂工作，协会组织业内有关企业共同参与编写。

**三、以创意为龙头、创新为驱动、绿色为导向，推动行业转型发展**

（一）以创意设计为抓手，加快产业与创意设计的融合

1. 协会组团参加第十四届2015韩国首尔APD亚洲包装设计展示交流会

2015年5月14—19日，由协会副会长、上海界龙集团董事局主席费钧德为团长的上海代表团一行38人，参加第十四届2015韩国首尔APD亚洲包

装设计展示交流会。上海参赛三作品获“APD 韩国 2015 最佳创意大奖”。

2. 联合主办“济丰杯”校园包装设计创意大赛

协会从 2011 年起，与济丰包装（上海）有限公司联合主办了五届“济丰杯”校园包装设计创意大赛。在全国十多所高校师生的积极支持和参与下，成功地打造了一个包装行业创意设计的品牌，为包装院校的大学生们提供了一个展示自己才华的平台。

（二）鼓励企业自主创新、推动行业技术进步

1. 帮助企业开展包装行业高新技术研发资金项目的申报工作

协会认真开展了 2011—2012 年上海地区包装行业高新技术研发资金项目的申报工作，做好动员、调查、咨询、申报、推荐、上报及培育等工作。经财政部审核同意，两年中共有十家单位的项目获国家资金扶持。从 2005—2012 年上海地区共上报 41 个项目，有 24 项获国家财政资助，共获资助资金 1756 万元。在上海市财政局的指导下，协会对这 24 个项目组织专家开展验收工作。为帮助企业提高项目申报质量，2012 年协会还召开“包装行业高新技术研发研讨会”。

2.开展科技评价工作

协会在 2010 年获得市科协授予的第二批科技评价机构资格以来，按照市科协的要求，健全协会科技评价的组织结构，依托协会的专家委员会认真开展工作。2013 年通过市科协科技评价机构的复审，继续获得 2014—2016 年科技评价的资格。

（三）倡导绿色与环保，推动行业可持续发展

1.倡导低碳包装、转变增长方式

为促使企业转变增长方式，倡导低碳包装，协会开展弘扬低碳包装理念一系列活动，就包装业“低碳减排”、实现“绿色低碳”的措施等内容进行宣传、演讲和研讨。

2.开展上海市优秀绿色包装评选活动

协会绿色包装委员会从 2009 年起开展上海市优秀绿色包装评选工作，并大力宣传推广应用优秀绿色包装产品。共有 31 个包装产品被评为上海市优秀绿色包装产品。

**四、提升服务能级，不断拓宽服务领域**

1.重视食品包装安全，推动旅游食品发展

食品安全问题业已成为当今社会最为关注的热点问题之一，与食品直接接触的包装材料，是影响食品卫生安全的重要因素。协会从 2011 年起连续五年与食品、旅游协会、食品学会共同组织开展“上海特色旅游食品评选活动”。

2.上下游行业互动，召开交流洽谈会

协会从 2011 年起连续三年在国际包装印刷周活动期间，在模具、食品、茶叶等十多家协会的大力支持与参与下，召开“包装行业与终端用户协同发展研讨会”。围绕如何通过创意包装提高包装产品附加值、包装企业如何为产品用户企业提供最好的服务等共同关心的话题进行探讨。

3. 协会召开“经济新常态包装产业发展研讨会”

2015 年年初，协会召开“经济新常态包装产业发展研讨会”，特邀包装行业部分企业家及协会相关专业委员会秘书长共同研讨上海包装产业发展的新思路。

4. 积极开展各类专业技术培训

协会与各专业委员会积极开展各类专业技术培训，提高服务企业的能力。主要有协会与上海浦江出入境检验检疫局、SGS 公司共同举办“出口危包企业培训”；纸容器包装委员会偕同上海市编码管理中心举办“商品条码印刷企业资格认定申领资格证书企业培训班”；木制品包装委员会举办“木制品防霉技术”和“制造业如何进军移动互联网”等培训班；包装机械委员会举办“加强科技人员培训、提高企业创新能力”和“包装机器人应用技术发展论坛”等培训班；快速消费品专业委员会每年多次举办技术培训。

另外，木制品包装委员会还利用社会办学资源，享受政府补贴，在上海五加一证书中心支持下，开展“包装设计师”的培训工作。60 余人参加培训，48 人通过考试并取得证书。

**五、加强国内外交流，提升行业影响力**

2015 年，纸容器包装委员会组团赴俄罗斯考察交流；木制品包装委员会组团 20 余人赴日本考察；包装机械委员会组团 16 人赴美国进行交流考察，并参观 2015 年美国国际包装展览会。协会举办“两岸包装设计高层论坛”，论坛邀请由台湾包装设计协会理事长黄国洲先生领衔的演讲团来沪交流，近 200 名包装设计师和高校师生踊跃参加会议；协会组织上海市包装设备、印刷及配套企业 30 余名企业家前往浙江，与诸暨、杭州的包装企业进行交流考察活动；塑料制品委员会组织会员参加在河北沧州召开的“上海包装袋生产企业联谊会”，并与当地包装企业交流；协会接待日本包装技术协会越野滋夫秘书

长一行4人。

## 六、加强自身建设，强化协会服务能力

（一）充分发挥理事会领导作用

理事会是协会的决策管理机构，为完成理事会所布置的各项任务，协会办事机构密切与理事保持联络，在他们的支持和领导下，开展各项工作。协会副会长与大多数常务理事在百忙中积极支持协会各项工作，支持专业委员会开展工作。协会充分发挥副会长单位联络员作用，努力做好服务工作。协会理事积极理“事”，做好表率作用，带领委员会开展各种活动，帮助委员会开展工作。

（二）协会二级办事机构认真做好服务工作

协会秘书处和各专业委员会认真做好服务工作，走访理事，深入企业，虚心听取和征求理事与会员的意见，及时掌握企业对协会工作的看法和建议，及时掌握企业的动态、关注的重点及亟须解决的难点与问题，得到他们的指导和支持，帮助企业解决问题，有的放矢地做好服务工作。

（三）发挥协会党的工作小组作用，加强协会党建工作

在理事会层面充分发挥协会党的工作小组的重要作用。加强协会办事机构党支部组织建设，提高党支部的战斗力和凝聚力，进一步发挥党员的模范带头作用。

（四）专业委员会积极开展工作，服务企业

协会各专业委员会是协会工作和活动的基础。各专业委员会增强服务意识，深入会员企业，开展调研、服务与指导等工作。协会坚持十四年开展专业委员会总结考评工作，根据“组织工作”“工作创新”“专业活动”“行业职能”四大部分19项内容打分考评，以量化打分形式衡量各专业委员会重要工作的完成情况。

(1)纸容器包装委员会定期召开秘书长工作会议、委员会常委扩大会议研究工作；召开形式多样的交流会、研讨会及年会。

(2) 木制品包装委员会认真召开秘书处会议，委员会会议和年会，研究落实委员会工作；探索中小企业融资新渠道；不断拓宽服务领域。

(3) 包装机械委员会举办各类科技创新培训班，组织企业家艺术沙龙，动员企业积极参与展览会，组织会员考察参观等活动。

(4)包装设计委员会积极推动包装创意设计工作，搞好亚洲包装设计交流会，开展国际交流活动。组织会员参加“中国包装之星”创意设计大奖赛和华东大奖创意设计大赛活动。

(5)绿色包装委员会开展上海市优秀绿色包装评选、推介活动，绿色包装活动，召开绿色包装和食品包装安全论坛活动。

(6)包装印刷委员会以委员会主任工作会议为平台，企业互相交流，共同探讨新一轮包装印刷业的发展，组织行业参加中国包装印刷产品质量评比交流展示会等活动。

(7)塑料包装委员会以联谊会的形式组织会员参加活动和交流，召开转型发展座谈会。

(8) 快速消费品委员会“包装之家”每年举办“包装之家年度峰会”，开展专业培训、公益助学义卖活动和技术峰会等各项活动。

（五）继续加强协会信息网络建设，搭建协会现代化服务平台

继续做好信息服务工作，重点做好每年六期的《上海包装》杂志和《纸包装工业》，以及每月一期的《上海包装》信息报的出版工作，杂志和报纸各有侧重，各有特长、相互涵盖，相互补充，继续完善和健全协会的信息网络。2011—2015年：《上海包装》信息报出版60期，《上海包装杂志》出版30期，《纸包装工业》出版30期，《油墨增刊》出版5期。

为了更好地发挥网站的宣传作用，协会于2014年下半年启动网站改版升级工作，于12月25日正式上线。此次改版，网站采用全新的页面风格，全新策划，全新设计，增大了信息量。

（六）用心经营，增强协会实力

协会开展各项活动需要扎实的经济基础，协会重视经营，通过会员服务、政府购买服务、咨询服务、会费收入及投资理财等方法，使协会资产能保值增值，增强协会的经济实力。

## 七、2016年工作要点

协会第九届理事会工作的四年，适逢我国开始实施国民经济和社会发展第十三个五年规划的重要时期，“十三五”时期我国发展的重要战略机遇期仍然存在。我国经济社会发展前景广阔，同时面临不少困难和挑战，调结构、转方式、促创新任务仍然艰巨。上海的包装行业要在“四个全面”战略思想指导下，进行改革创新，服务转型。为更好地推动包装行业可持续地健康发展，2016年协会工作要点如下。

（一）编制《上海包装行业“十三五”发展规划》

按照“中共中央关于制订国民经济和社会发展第十三个五年规划的建议”精神，编制《上海包装行业“十三五”发展规划》，明确上海包装产业发展方向和目标，推进包装工业创新发展、绿色发展、科学发展，打造包装经济升级版，走有上海特色的发展发展之路。

（二）促进和推动上海包装产业转型发展

1.促进行业转型发展

走出上海包装行业低水平、同质化、单一经济的模式，促进行业向规模型、功能型、服务型、环保型方向转型发展。以“供给侧”的需求紧贴市场，延伸产业链两端，通过整体包装服务、绿色包装、物流包装、包装减量化、包装物回收利用等方面形成自己的特色，从而向个性化、专业化发展。

2.坚持包装行业十个重点发展方向

（1）以创意包装提升市场竞争力，增加产品附加值。

（2）以物流包装延伸包装产业链，形成包装新业态。

（3）以提供包装整体解决方案，实现从提供包装产品向提供包装服务转型。

（4）以创意包装、服务包装、智能包装、数字包装和绿色包装，全面提升包装质量和效益。

（5）以食品、药品安全为契机，强化包装安全。

（6）以农业产品为研发对象，加强包装功能的研究开发，拓展农业产品的市场。

（7）以上海名特优产品、老字号产品礼品包装为重点，带动上海旅游产品的发展。

（8）充分发挥包装院校资源优势，通过“产业研”结合形式，协同发展。

（9）增强上、下游企业互动，探索第三方中介包装的合作，发展第三方包装。

（10）以可持续发展的包装，促进包装减量化，推进包装废弃物的循环利用。

（三）以创意包装设计，拉动旅游产品包装

发展旅游产品包装，已成为增强上海知名品牌和上海“中华老字号”品牌的竞争力、发展上海旅游产业的重要内容。目前，上海旅游产品包装的“软肋”在于设计、生产、销售这条“产业链”出现问题。当前迫切需要寻找“产业链”的突破性机制。协会可打造跨行业的旅游产品印刷包装创意设计服务平台，开展产业、企业和高校等融合与对接工作。打造印刷包装创意设计产业链，提升旅游产品附加值，增强上海旅游产品竞争力。

（四）以绿色包装和安全包装为抓手，开展各项工作

协会要引导包装企业转变生产方式和发展模式，全面促进包装产业从资源驱动向创新驱动、从传统生产向绿色生产、从粗放发展向集约发展的转型升级。大力发展绿色包装、安全包装、智能包装，推动包装产业向绿色化、安全化、智能化转型发展。

（五）走出去开展国内外包装行业交流活动

协会要加强与各省市兄弟协会的交流活动，走出去，加强合作与交流，取长补短，探讨发展中存在的问题，寻找共同发展的新思路。特别要加强与中西部地区包装行业的交流，推动区域包装行业的发展，为企业的发展开拓新的局面。

继续加强与海外同行的交流，学习发达国家和地区的先进理念，特别是在包装创意设计、包装环保和包装整体服务方案方面的经验。

（六）继续开展改革和创新，加强协会自身建设

要继续加快推进协会的改革和发展步伐，更好地适应新形势的需要，充分发挥桥梁和纽带作用，加强行业自律，切实履行好服务企业的宗旨。要充分发挥理事会的作用，加强党建工作，进一步加强各专业委员会和办事机构的作用。要重视行业和协会新生力量的使用与培养，努力使协会二级机构能实现年轻化、知识化、专业化，增强服务实力。协会要不断地坚持在改革中创新、服务、转型，创建“五位一体”协会办事机构建设，始终坚持“贴近经济、贴近社会、贴近企业”的方向，更好地为包装产业快速发展服务。推动协会工作更上一个台阶，积极推进协会改革，加快向现代科技社团发展。

“十三五”时期是我国实现转型升级，顺利走完工业化发展阶段，打造经济升级版取得实效的关键时期。面对不断扩大的国内市场需求和日益加剧的国际竞争局势，我国包装产业转型发展任务艰巨、形势严峻、需求急迫。上海包装行业要紧跟党中央“四个全面”战略布局，以“改革创新、服务转型”作为发展方向，适时调整对接拉动内需，转变方式促进转型发展，在“新技术、新产业、新模式、新业态”中走出具有上海特色包装发展之路，促进上海包装行业健康有序地发展。

# 开拓创新服务企业 推进产业转型 开创行业工作新局面

天津市包装技术协会

## 一、2015 年工作与“十二五”发展情况

2015 年我国经济和社会开始进入新常态时期，面对工业下行压力加大的严峻局面，我市包装行业在市工信委和市社团管理局的正确领导下，主动适应新常态，按照包协理事会制定的工作目标和总体部署，以市场为导向，坚持从创新中找突破口，从服务中寻找出路。抓质量、促转型，加快推进包装产业结构转变、新旧动能转换、发展方式转型。在全行业的共同努力下，包装工业实现了稳中有进，提质增效。

（一）包装工业水平再上新水平

2015 年整体包装工业发展是稳中有进、稳中提质。“十二五”末工业总产值完成 578 亿元，工业增加值达 159 亿元，年平均增长超过 7%。其中，纸制品印刷包装 242 亿元、塑料制品包装 224 亿元、金属包装 87 亿元、包装机械设备及其他包装 25 亿元，金属包装和包装机械设备增速超前。从行业经济运行情况分析，销售总量增加 10%，销售额与利润相持平，大部分包装企业微利，个别企业亏损，已经有 5%左右的企业退出市场或倒闭。目前包装行业企业在经济新常态下必须加强资源整合，优势互补、联合发展；必须由同质化产品向高端差异化产品发展；必须从传统增长点向新的增长点发展。

（二）产品转型升级迈出新步伐

紧紧围绕包装行业转型升级和产业链构建做文章，推动包装行业持续健康发展。长荣印刷设备股份公司在高端印后设备畅销国内包装印刷企业的同时，大力开发国际市场，完成了多项并购战略合作的签署。与海德堡、赛鲁迪等海外公司合作，实现智能化工厂解决方案。通过组建长荣健豪公司顺利开展云印刷、合版印刷网络平台，以 B2B2C①的商业模式，引领中国的包装印刷工业新时代，让云印刷步入生活。以天津赛闻工业公司、济丰包装实业公司、丹盛包装有限公司、多彩晟佳包装技术发展公司为代表的整体配套服务团队，在现代物流工程技术的应用开发与规划设计，服务下游，构建供应链的整体配套服务等方面，赢得了市场的极大关注和用户欣赏。天津银博印刷技术发展有限公司在技术研发、设备升级、在建现代化花园式包装印刷工厂的同时，腾出原厂区打造创银博缘儿童文化创意产业和创客儿童大学，开创了包装印刷产业转型升级发展的新空间，为我们在行业结构调整去产能、转型升级发展做出了示范榜样。

（三）企业自主创新实现突破发展

用信息化带动包装工业发展尤显突出，发挥企业创新主体建设，突出抓好新品研发和应用推广，引导和协助企业建立技术中心、技术工程中心、技术工程实验室、高新技术企业，有条件的企业建立研发博士工作站，逐步完善技术研发体系建设。使企业技术创新主体地位进一步确立。逐步加大技术研发资金投入，在研发项目体系建设方面取得一定成效。3 家企业获得工信委资金支持。在科技型小巨人企业建设中，不断发挥行业引领示范作用。持续鼓励、引导企业加强品牌建设，打造行业品牌，提升包装产业整体软实力。

（四）两化融合取得新成效

行业实施了一批信息化建设示范项目，开展了以纸包装、装潢印刷专业 20 家企业两化深度融合示范试点建设，全面推进行业企业示范推广，8 家企业被评为行业信息化建设示范企业。“互联网+”包装、电子商务快速发展，35%的包装企业已在电子商务平台进行交易并逐步扩大销售。与大数据 IDC 中心合作建立智能采集销售终端，全面掌握行业企业信息。配套企业运营，兼容化系统定制开发，分布式高性能运算，智能化企业数据分析。个性化设计终端营销。全程行业整体解决方案，不断降低企业成本。

（五）搭建融资平台，破解企业发展难题

创新工作方式，搭建企业金融平台，针对金融形势和政策的变化，及时调整工作思路，加强与金融单位的协调与合作，保持融资政策的连续性，满

①B2B2C：一种电子商务类型的网络购物商业模式，B 是 Business 的简称，C 是 Customer 的简称。第一个 B 指的是商品或服务的供应商；第二个 B 指的是从事电子商务的企业；C 表示消费者。

足企业资金需求。同时积极协助企业协调解决好融资工作遇到的阶段性问题。引导行业6家成长型科技型中小优势企业申报进入新三板，3 家企业已挂牌，3 家企业准上市。通过深度的融资和产品研发平台，加快转型升级。认真做好2016年天津市融资租赁政策，满足企业设备更新需求。

（六）发挥职能作用，拓展服务领域，创新工作效能

（1）抓调研、拓思路、探索行业转型发展。围绕市政府提出的万企转型、结构调整解难题，直面热点难点问题，共同研究对策，沟通区县政府部门，寻求帮助化解困境，不断增强和提升包装协会社会影响力和凝聚力。直接到企业调研，开展工作。

（2）加强培训技术中心体系建设，强化示范引领作用。协助企业开展包装行业技术创新研发资金项目、技术改造项目等申报。重视包装行业工程师的培养，提升行业技术水平，推动包装行业产、学、研发展。倡导绿色与环保，推动行业绿色包装可持续发展，培育一批示范典型，召开相关现场会等。

（3）贴近企业，积极开展调研提升服务质量，不断拓宽服务范围。深入120余家企业，围绕市政府提出的万企转型，结构调整解难题，共同研究对策，沟通区县政府，给予帮助。召开了4场新技术、新材料、新设备推广交流会和经验介绍，组织参观相关的国际和国内包装展览会6次。

（4）积极推动京津冀包装联盟协同发展，组织召开了三地包装行业组织和重点企业绿色印刷协同发展座谈会及VOCs排放治理研讨会，在协同发展的战略思路上达成共识。并在各自省市和区县政府的规划和政策支持下，协调处理跨省市产业转移、共建园区、科技成果落地、联合招商引资等项目事宜开展了工作。

（5）协会自身建设迈上新台阶。协会始终注重加强自身建设，提高干部素质，提升服务水平，经过上下共同努力协会整体水平、凝聚力和影响力都有了显著提高。

（七）存在的问题

（1）自主创新能力不强，开拓精神较弱，制造过程自动化、信息化、智能化、数字化有待提高，产学研用相结合不协调。

（2）产业竞争力有待增强，缺乏具有影响力的领军企业、品牌企业和拳头产品，同质化产品竞争激烈、附加值较低。

（3）包装行业互联网应用和电子商务整体解决方案有待进一步提升，包装企业数字化、网络化程度不高，采用云计算、大数据、物联网等信息技术改装及原有产品研发生产方式能力不足。

（4）资源环境约束不断加大，要素成本不断上升，产业可持续发展能力和集聚集约发展水平有待进一步提高。

（5）区域产业协同发展带动不足，产业创新能力和辐射能力不强，与京冀还没有构建起相互密切衔接的产业链条。

**二、促进和推动包装产业转型升级**

2016年是全面实施“十三五”发展规划的开局之年，是中国经济进入深度调整期和转型期的关键年，也是加快实现中央对天津定位、全面建设高质量小康社会的关键时期。党的十八大五中全会确定了创新、协调、绿色、共享的发展方向和供给侧要求，强调要加快建设制造强国，实施《中国制造2025》。市委十届八次全会和政府工作报告提出全面建成高质量小康社会，加快构筑现代产业新体系指明了方向。我们要进一步的解放思想、更新观念、创新实践、落实好制定的规划目标。

（一）对照市场找差距

从企业生存和产业发展的高度继续明确结构转型的战略意义和对全局的影响，结合市场需求寻找问题，组织专业队伍和精英集中力量开展有针对性的调研、研发和培养工作。

（二）有明确的产业结构调整规划

以前瞻性思维制订产业产品调整规划，研发市场需求的高技术含量、高附加值、具有一定生命力的产品，加大产品力度，提高企业的核心竞争力。

（三）准确把握包装产业发展方向

2016 年包装工业发展的显著特征就是进入新常态，面临速度换挡，结构调整和动力转换节点，变中求新，新中求进。一是坚持以提供包装整体解决方案，实现从提供包装产品向包装服务转型，从物流包装延伸包装产业链，形成包装新业态。二是坚持以创意包装、服务包装、智能包装、数字包装、绿色包装，增加产品附加值，全面提升包装质量和效益。三是坚持充分发挥包装院校资源优势，通过“产、学、研”紧密结合的形式，加强包装功能的研究开发，譬如：农产品、旅游产品、休闲娱乐产品、创意产品、纸制品家具及展示架产品等，求得协同发展。四是坚持以可持续发展包装，促进包装

减量化、可回收、再利用，推进包装废弃物的循环利用。

（四）加强企业自主创新体系建设

贯彻市委常委扩大会议通过的《关于打造科技小巨人升级版的若干意见》精神，把打造小巨人升级版作为加快创新发展的重中之重，加强企业自主创新体系建设，确保调整的高水平和实效性。发挥科技创新在全面创新中的引领作用，加强基础研究，强化原始创新、集成创新和引进吸收消化再创新，将创新思维贯穿于产品发展的全过程中，通过技术攻关、市场营销、成本核算、加强下游合作，做到从调整中出成果、要效益、增活力、促转型、求发展。

（五）认真落实文件精神

认真落实《天津市万企转型升级行动计划》针对行业中小企业现状，通过“大众创业、万众创新”着力推进一批技改项目，打造一批“专、精、新、特”产品，促进一批企业兼并重组，扶持一批企业向产品高端和整体包装服务业转型，关停淘汰一批落后企业，促进产业整体转型升级。

**三、2016年重点任务**

（一）加强信息化与包装建设

包装制造过程的自动化、信息化、智能化、管理现代化、数字化、网络化是信息化建设的必由之路，打造“互联网+包装”产业生态链，基于个性化定制的私有云、包装云设计、云制造，透过大数据整合包装企业的最有效配置。

（二）夯实产业发展

培育一批业务突出、竞争力强、成长性好、细化市场的专业化小巨人和行业龙头骨干企业。推动技术改造，采用新技术、新工艺淘汰落后产能，从差异化、特色化、个性化转变发展方式，从模式创新稳固包装成果。

（三）以绿色包装和安全包装为抓手，开展各项工作

引导包装企业转变生产方式和发展方式，全面促进包装产业从资源驱动向创新驱动、从传统生产向绿色生产、从粗放生产向集约发展的转型升级。大力发展绿色包装、安全包装、智能包装，推动包装产业向绿色化、安全化、智能化转型发展。同时，按照国家环保要求建立绿色包装体系，加大包装关键材料、技术、工艺、产品的研发力度，采用先进节能和低碳环保技术改造传统产业，开发绿色生产技术创新项目，促进包装企业在VOCs排放指标达到国家标准，从而推进包装全生命周期的无毒无害、可降解、可循环、可再生、可回收的低碳包装。

（四）培育品牌建设

立足包装产业科技前沿，从技术、产品、企业三个方向实施包装品牌培育计划，制定重点领域创新路线图，发展绿色包装设计、包装集成装备技术、安全防护技术、循环利用技术、形成拥有一批自主知识产权的关键核心技术品牌。塑造以生态包装材料、智能设备、高端包装制品为重点，引领培育企业品牌。

（五）产学研用联盟

健全产学研用协同创新机制，强化创新链和产业链有机衔接，鼓励构建以企业为主导、产学研合作的产业技术创新战略联盟，制定促进联盟发展的措施，按照自愿原则和市场机制，进一步优化联盟在重点产业和重点区域的布局。加强产学研结合的中试基地和共性技术研发平台建设。

（六）包装功能化、智能化、艺能化

根据市场全面开拓包装行业纸制品、塑料软包装、金属容器、包装机械、装潢印刷、木制品等可循环利用的包装制品。推动三化是行业的智能工程。以互联网、物联网为核心构建一批高质量的电子商务平台、包装云和大数据平台，为个性化、精细化开放共享机制，更多、更好的包装制品涌现，用微创、微智、微艺的智能终端谱写包装新篇章。

（七）人才战略

推动形成深度融合的开放创新局面，以全球视野谋划和推动科技创新。坚持引进来和走出去相结合，开展全方位、多层次、高水平的国内外科技合作与交流，积极引进和培养人才，深入实施包装从业者科学素质行动计划纲要，加强科学普及，推进科普信息化建设，实现到2020年行业从业人员具备基本科学素质的比例达到20%。

（八）建立健全科技和金融结合机制

要大力发展创业投资，建立多层次资本市场支持创新机制，构建多元化融资渠道，支持符合创新特点的结构性、复合性金融产品开发，完善科技和金融结合机制，形成各类金融工具协同支持创新发展的良好局面。推动股票发行上市工作，健全适合创新型、成长型企业发展的制度安排，扩大服务实体经济覆盖面，强化中小企业股份转让系统融资、并购、交易等功能，规范发展服务小微企业的区域性股权市场。加强不同层次资本市场的有机联系，

拓宽技术创新间接融资渠道，完善多元化融资体系。

（九）积极开展国内外包装行业交流活动

协会要加强与各省市协会的交流活动，加强合作与交流，取长补短，探讨发展中存在的问题，寻找共同发展的新思路。特别是要加强与京津冀包装行业的交流，推动区域包装行业的发展，为企业的发展开拓新的局面。继续加强与国外同行的交流合作，学习发达国家和地区的先进理念，特别是在包装创意设计、包装环保和包装整体服务方案方面的经验。

（十）继续开展改革和创新，加强协会自身建设

要继续加快推进协会的改革和发展步伐，激发内在活力和发展动力，提升行业服务功能，充分发挥协会在发展新常态中的独特优势和应有作用；充分发挥桥梁纽带作用，加强行业自律，切实履行好服务企业、服务行业、服务政府的宗旨；充分发挥理事会的作用，加强党建工作、调解工作，进一步加强各专业委员会的作用。要重视行业和协会新生力量的使用与培养，努力使协会二级机构能力实现知识化、年轻化、专业化，增强服务实力。协会要不断地坚持在改革中创新、服务、转型，逐步创建协会实体社会组织机构。把天津包协建设成政府信得过、企业靠得住、行业有影响的行业组织。

**四、2016 年重点工作**

（一）制订好《天津包装工业“十三五”发展规划》

认真贯彻学习党的十八届五中全会精神和天津市经济工作会议要求，要以党的十八届五中全会精神为指导，把思想和行动统一到对“十三五”发展形势的分析和认识上来，准确把握“十三五”战略机遇期内涵的深刻变化，制定好我市《天津市包装工业“十三五”发展规划》，认识新常态、适应新常态、引领新常态，牢牢把握行业发展的前瞻性，进一步提高引领我市包装工业和行业发展的能力和水平，努力开创包装行业和包协工作的新局面。

（二）加快产业结构调整，转变经济发展方式的步伐

（1）积极宣传政府支持企业发展相关配套政策，提高行业集中度，鼓励企业兼并重组、并购合作，发挥好产业政策引导作用。引导企业从注重总量转向注重可持续发展，从市场需求到产品结构转型。积极组织搭建交流平台，进行产业链的融合，把制造加工包装产品转化为配套包装服务，组织产业链对接交流会和行业内创新驱动经验推广工作。支持行业龙头企业，带动全行业转型升级，引导企业进行跨包装行业的创意空间转型发展。

（2）组织“新产品、新技术、新工艺、新设备”的推广，寻找“新技术、新产业、新模式、新业态”发展的新动能。注重产品设计、生产、营销等全过程，按照减量化、再利用、资源化的原则，从包装层数、包装用材、包装有效容积、包装成本比重、包装物的回收利用等方面，对产品包装进行梳理。包装的材料、结构、工艺和成本应当与产品的质量、规格、价值相适应，尽量减少包装材料的用量，优先采用简易包装。联合下游企业，大力推广创新包装。组织相应的国内外包装展览会的参展和参观活动，加强京津冀包装行业联盟交流机制建设，扩大交流范围，推动区域包装工业集聚发展。

（3）推进品牌创新高端化，丰富品牌文化内涵，提升品牌科技含量和附加值，增强品牌竞争力。要继续实施名牌战略，持续加强品牌建设，依托龙头企业打造产业品牌，创建具有国内知名度和影响力的企业品牌。

（4）推动包装制造到包装创意。以激励创新、引领未来、有效运用为原则，引导规模企业深度参与到下游制造业供应链系统的产品设计、制造、材料研发、物流等各个环节，提高全面服务的高附加值。

（三）坚持创新驱动，培养新的增长动能

（1）要充分发挥行业龙头企业带动作用和创新项目引领作用，着力打造科技小巨人升级版，落实各项政策措施，加快“小升高”“小状大”“小做强”，推动能力、规模、服务全面升级。

（2）协助企业、院校，建立校企市级企业技术中心、技术工程中心、技术工程中心实验室、高新技术企业，集聚创新队伍，开发撒手锏产品，促进科技成果转化和推广应用，推动传统产业向中高端迈进。加强品牌等级服务的宣传工作，培养著名商标品牌，引导企业在技术创新，加强自身建设、诚信建设、社会责任上不断进步。

（四）推进包装工业两化融合

推动两化深度融合，是包装工业发展的重要战略支点，其主要任务就是要全力促进现代网络信息技术在包装产业发展中的推广与应用，推动包装企业加快信息化建设进程，促进信息技术向设计、生产、流通、回收、循环利用等环节渗透。要大力发展智能包装，实施智能制造工程，提升包装制造过

程的信息化、自动化、智能化水平。推广云印刷发展商业模式和电子商务建设，扩大电子商务业务，打造企业集聚交流平台，与中国包联在杭州世界包装中心设立的中国包装创意设计中心和中国包装网络教育学院合作，建立目前世包·云设计平台和世包·云教育平台分站，并逐步扩大服务范围。

（五）培育骨干企业，推动优势企业合作

在包装传统优势行业中挖掘、培育龙头骨干企业，围绕“专、精、特、新”做文章，突出企业特色和优势，培育那些潜力大、产品科技含量高、成长性强的企业，坚持用产业集群的思路指导企业发展，为做大做强骨干企业奠定基础。引导优势企业、成长型科技型中小企业申报进入新三板、创业板、中小企业版上市，融资或以优势产品申请发行公司债券融资。通过兼并、联合、重组等方式，以市场为导向，以资本为纽带，集中高效资产，重组低效资产，盘活死滞资产，消除无效资产，加强同业联合，加大资产优化重组力度，做大做强一批“拳头”企业和企业集团，促进我市包装行业又快又好地发展。

（六）认真落实《京津冀协同发展规划纲要》精神

掌握了解京津冀三省市的功能定位，协同发展的基本原则、总体要求及阶段性发展目标，增强积极性和主动性。落实好京津冀包装联盟座谈会、对接会精神，积极应对北京包装印刷企业疏散转移和河北省包装企业的拓展合作有关项目工作，在承接和拓展中不断加快打造天津包装聚集工业园的进度，在京津冀协同发展中做出我们应有的贡献。

（七）主动适应改革形势，转变协会服务模式

进一步固守“三个服务”宗旨，作为协会的生命线，充分发挥好桥梁纽带作用。

（1）加强自身素质建设，积极做好承接政府转移的服务项目，制定行业规范行为，扩大为企业的服务范围。要充分发挥党支部组织作用，加强政治、组织、作风、廉政建设，严格执行八项规定，发挥党员先锋模范带头作用。

（2）关注行业动向、走势，随时通报商业信息，深入调研、贴近企业，指导各专委会对重点企业有针对性地、带着问题进行调研，沟通相关部门，主动争取政府相关部门和领导机构的关注，为行业、企业争取更多的政策利益。

（3）做好企业融资平台，服务好不同需求的企业。倾听包装企业对金融服务的需求，帮助其更好地发挥金融资本对企业发展的供应，选择适合包装企业的商业银行、金融租赁公司、担保公司、投资银行，重点开展服务。

（4）组织包装行业开展技术信息交流，参观、考察、培训活动。做好绿色环保包装的新产品、新技术、新材料、新工艺、新装备的推广。引导企业淘汰落后产能，打破陈规，转变经营管理模式，关心支持企业转型后的发展，带着问题开展精准服务，抓一批代表性的典型企业，总结他们的经验并在行业内推广宣传。

（八）环境保护，节能减排

为有效配合市环保局工作，天津市包装技术协会专家委员会牵头，针对金属容器、塑料软包装、装潢印刷专业委员会相关企业，按照有机挥发物排放浓度由高到低进行治理。为此我们初步选定如下技术内容进行治理

治理核心依据：天津市地方工业有机物挥发控制标准。

1.有机挥发性气体治理技术开发和应用

VOCs 的控制技术大致分为两类：第一类是通过改进工艺技术、更换设备、防止泄漏乃至消除 VOCs 排放为主的预防性措施；第二类是以末端治理为主的控制性措施。前者是人们所期望的，但是由于目前生产技术水平限值，向环境中排放和泄漏不同浓度的有机挥发性污染物就不可避免，此时必须采用第二类控制技术，以期望在经济合理的条件下，尽可能降低 VOCs 的排放量。第二类末端控制技术也包含两类：①采用物理非破坏性方法将 VOCs 再回收，此方法有综合再循环利用的作用；②通过生化反应将 VOCs 氧化分解为无毒或低毒物质的破坏性方法。

具体的主要技术包括如下几个方面。

（1）回收技术

回收技术是针对高浓度（＞$5000mg/m^3$）或者比较昂贵的 VOCs，采用物理以及化学方法对其进行分离，该工艺得到产物可以作为原材料等加以循环利用，其中一些技术需要采取联用的方式来降低成本，才能实现其经济可行性。回收技术主要涉及如下几种技术方法。

（2）吸附技术

吸附法是利用吸附剂所具有的较大的比表面积，对废气中含有的 VOCs 进行吸附净化，然后将尾气排入到大气中。常用的商业化吸附剂主要是粒

状活性炭和活性炭纤维两种，活性炭吸附法最适宜处理 VOCs 浓度为 300~5000ppm，主要用于吸附回收脂肪和芳香族碳氢化合物、大部分含氯溶剂、常用醇类、部分酮类和脂类等；活性炭纤维吸附低浓度以致痕量的吸附质更有效，可以用于回收苯乙烯和丙烯腈等，费用较活性炭吸附法高很多。

（3）吸收技术

吸附法是采用低挥发或不挥发溶剂对 VOCs 进行吸收，利用有机分子和吸附剂物理性质的差异进行分离的 VOCs 控制技术。该方法适用于浓度较高、温度较低和压力较高的 VOCs 处理，吸收效果主要取决于吸收剂的吸收性能和吸收设备的结构特征。但该法对吸收剂和吸收设备的要求较高，而且吸收剂需要定期更换，过程较复杂，费用也较高。

（4）冷凝技术

冷凝法的原理是通过操作温度控制在 VOCs 的沸点以下而将 VOCs 冷凝下来，从而达到回收 VOCs 的目的。冷凝对沸点在 60℃以下的 VOCs 去除率为 80%~90%。在回收有价值成分的废气时，由于废气中 VOCs 的含量常常处于爆炸极限浓度范围内，因此对运行设备要求较高。冷凝法对高沸点 VOCs 的回收效果较好，对中等和高挥发性 VOCs 的回收效果不好。该法适用于 VOCs 浓度大于 5%的情况，不适宜处理低浓度的有机废气，并需低温和高压，设备费用和操作费用高，且回收率不高，故很少单独使用，通常与其他方法如吸附法、焚烧法、使用溶剂吸收等联合使用，从而降低运行成本。

（5）销毁技术

销毁技术适用于中等浓度或低浓度（＜1000 $mg/m^3$）的 VOCs，采用特定的方法将其降解成无毒或者低毒性的物质，产物及污染物达到相应的标准后才能排放大气中。销毁技术主要有如下几种技术措施。

①燃烧技术。燃烧技术能够对含有挥发性有机物的废气进行净化处理的理论依据是 VOCs 易燃烧。燃烧法的工艺过程为：有机废气先进入燃烧室，利用燃烧室内的高温使废气完全燃烧，最终废气被分解为水和二氧化碳。燃烧法适用于成分复杂、高浓度的 VOCs 气体，它具有效率高、处理彻底等优点，通常燃烧分为直接燃烧、热力燃烧和催化燃烧。

②光催化降解。光催化法利用光和催化剂两个媒介，当光照射在半导体光催化剂上，光催化剂吸收光子能量而形成具有很强氧化性的光致空穴，进而夺取吸附在半导体催化剂颗粒表面挥发性有机物中的电子，最终将挥发性有机污染物降解为二氧化碳和水。目前很多应用将 $TiO_2$ 作为光催化剂，因为它有较高的化学稳定性和催化活性，而且廉价无毒。

③生物降解技术。生物降解过程是将含有 VOCs 的废气首先进入湿度控制器进行加湿处理，然后将废气通过生物滤床的布气板，沿滤料均匀向上移动，在停留时间内，气相物质通过平流效应、扩散效应、吸附等综合作用，进入包围在滤料表面的活性生物层，与生物层内的微生物发生好氧反应，完成生物降解而最终生成无毒的二氧化碳和水。

④等离子体技术。在等离子体中通过电晕放电的方式，在非均匀电场中，外加较高电场作用下，气体产生电子雪崩，出现大量的自由电子，这些电子在电场力的作用下做加速运动并获得高能量，当这些高能电子与挥发性有机污染物发生碰撞时，就会破坏有机物的结构，进而将 VOCs 氧化为无机的二氧化碳和水。另外，电晕放电还可以产生高效氧化剂——臭氧，也可以对 VOCs 进行氧化降解。

⑤包装印刷行业 VOCs。对于包装印刷行业的 VOCs 治理，由于涉及工艺复杂，VOCs 成分也比较多，一般以销毁技术为主导。由于涉及的浓度一般都不高，其中以催化燃烧比较彻底，但需要工程设计上进行能量平衡的具体测算。另外一个方法是生物降解技术，该技术能耗相对低，但由于受外界气候的影响，处理效果不稳定。

针对这样的情况，我们可以针对具体的企业工程特征，分析其基本情况，进行能量平衡计算，设计合理工艺，并提供最优治理方案。

2.废旧塑料和回收和利用开发

塑料热解方法，即将废塑料热分解或催化裂解回收燃料油和化工原料。即使废旧塑料制品中的高分子键在热能作用下发生断裂，得到低分子量的化合物。塑料的热分解分为三类：单体型分解、随机性分解和中间型分解。聚烯烃类塑料的热分解为典型的随机型分解。分解后，它生成链长、结构无一定规律的低分子化合物；在适当的温度、压力和催化剂条件下，产生的低分子化合物的链长和结构可被限制在一定范围内，利用这一性质，可以产生出高质量的汽油和柴油。

废塑料裂解包括热裂解法（一段法）、催化热裂解法、热裂解—催化改质法（二段法）三种基本方法。这三种方法又有不同的工艺形式，如下图所示。

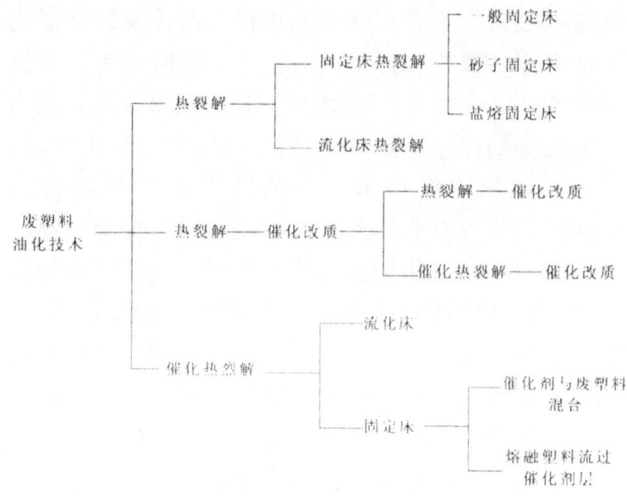


三种方法不同的工艺形式

3.暖通空调系统节能控制技术

暖通空调系统的控制技术是对既有热网系统和楼宇能源系统进行节能改造实，现优化运行节能控制的关键技术。主要有三种方式：VWV（变水量）、VAV（变风量）和 VRV（变容量），其关键技术是基于空调系统中“冷（热）源－输配系统－末端设备”各环节的物理特性的控制。

4.热泵技术

热泵技术是利用低温低位热能资源，采用热泵原理，通过少量的高位电能输入，实现低位热能向高位热能转移的一种技术，主要有空气源热泵技术和水（地）源热泵技术。可以向建筑物供暖、供冷，有效降低建筑物供暖和供冷能耗，同时降低区域环境污染。

5.新风处理及空调系统的余热回收技术

变新风量所需的供冷量比固定的最小新风量所需的供冷量少 20%左右。新风量如果能够从最小新风量到全新风变化，在春秋季可节约近 60%的能耗。对于新风量的大小，需要在舒适健康、经济环保和节约能源之间寻找到平衡点才是其节能的关键所在。通过全热式换热器将空调房间排风与新风进行热、湿交换，可实现空调系统的余热。

6.采用蓄热式热氧化装置（RTO）技术

总废气处理量（设计能力，按照烘房排放废气量，单台烘房的废气排放量为：前排风 12000$m^3$/小时，后排风 6000$m^3$/小时）仅用于烘房所排出的废气。热交换器类型：蓄热式热交换器，3 床式设计热交换器介质：高效率蜂窝陶瓷介质系统热效率：95%~98%氧化室。氧化室反应温度：780-800℃；最高工作温度：950℃；排出空气净化程度：99%。该热氧化装置由 3 个方形床组成，内部填充高效吸热陶瓷介质。床的上端为进行氧化过程的燃烧室。整个系统采用抗高温（1200℃以上）陶瓷纤维作为与内部的绝缘材料。该装置所设计的 3 床式氧化装置在加热区域均采用非金属材料。位于该 3 床氧化系统的底部为特制阀门和管道，保证进入废气和排出的清洁空气按照要求通过各个氧化床。在氧化系统工作时，陶瓷介质由燃烧器进行加热，一旦系统达到所要求的工作温度，废气进入一个预热床并进入燃烧室，废气中的有机溶剂被高温氧化成为二氧化碳和水。该反应为放热反应，即附加的热能被释放，按照有机溶剂的热值进一步加热进入系统的废气。

燃烧器的功率通过相应的温度控制装置自动降低以达到节能的目标。取决于废气中有机溶剂的浓度，这一被释放的附加热能甚至可以满足系统燃烧室的工作要求，这样，燃烧器可以自动关闭以达到完全的“自热工作状态”。

氧化系统所使用的蜂窝陶瓷系统为一特殊工艺，具有以下鲜明特点：高效、低压力损失、占地空间小、极高的热效率。

净化后的高温清洁空气离开第一个氧化床，进入第二个氧化床并向陶瓷介质释放热能。经过一段所控制的时间后气流进行反向流动以保证新的废气进入这一已热的氧化床而进行循环反应。

在上述的氧化反应过程中，作为废气进入的氧化床在作为清洁空气排出装置之前必须对污染空气进行“清洁”。否则，未清洁的空气就会被释放至大气中。“清洁”过程中是由清洁的空气通过氧化床将污染的空气吹回燃烧室。该过程（连续改变气流方向）为连续的，从而保证所有进入氧化床的空气在极低能量进入的情况下被净化。

该蓄热式装置系统将氧化床与顺序控制相结合，从而达到气耗与电耗的最小化而空气净化的最大化。我们将持续研究完善综合治理方案，让行业可持续健康发展。

协会积极配合市环保局开展工作，目前在金属容器行业开始具体应用实施。观望企业比较多。

“十三五”时期是我国实现转型升级、顺利走完工业化发展阶段，打造经济转型升级版取得实效的关键时期。面对不断扩大的国内市场需求和日益加剧的国际竞争严峻局势，我国包装产业转型发展任务艰巨、形势严峻、需求紧迫。我们要认真贯彻学习党的十八届五中全会精神和天津经济工作会议要求，《京津冀协同发展规划纲要》《天津市工业经济发展“十三五”规划》，落实《天津包装工业“十三五”发展规划》确定的发展目标和主要任务，不断增强凝聚力、创新力、执行力。以“改革创新、服务转型”作为发展方向，适时调整对接拉动内需，转变方式促进转型发展，在“新技术、新产业、新模式、新业态”中走出传统模式的发展之路，为我市包装工业的稳定、健康、可持续发展做出新的更大贡献。

# 新疆包协 2015 年工作总结暨 2016 年工作思路

2015 年是“十二五”与“十三五”的历史之交，也是规划和新疆经济建设承上启下重要的一年，是富于挑战、充满生机活力的一年。根据“中国包装联合会第八届二次理事会议报告”提出的推进产业转型发展进程，夯实包装强国建设基础，努力开创中国包装行业工作新局面的精神，总结 2015 年工作主要是为了进一步统一思想、坚定信心、厘清思路、明确任务。结合我区包装产业发展实际，主要开展以下几方面工作。

## 一、年度目标

新疆包装技术协会从 2015 年开始，按照中国包装联合会和新疆科协的工作部署，确定了“摸清家底、着眼服务”的工作思路，提出具体的年度目标。

（1）2015 年起，根据协会的实际情况，了解清楚协会各会员单位目前的经营现状，从包装协会下属的五大门类企业中，分门类、分区域对口了解，找准突破口，以点带面，提高学会为企业服务的能力。

（2）2015 年起，遴选出各门类龙头企业定点走访，同时扎实构建本协会的综合服务平台，以协会网站、QQ、微信群等渠道组建协会信息交流平台，为全面提高协会服务能力做好各方面准备。

（3）从 2015 年起，协会从协助企业进行项目申报、组织科普讲座、引线搭桥争取项目资金、向企业提供本地区宏观行业发展咨询等方面开展工作，在能力上，我协会因企制宜，进行个性化指导与服务，做到一企业一对策、一门类一特色，通过多样式、多渠道实现协会服务创新能力、服务社会和政府能力、服务科技工作者能力及自我发展能力的显著提升。

## 二、2015 年年度绩效

（1）参加了自治区科协开展的 2014 年度自治区学会调研评估工作，被评为 A 类学会，协会秘书长被评为自治区科协“优秀学会干部”。

（2）组织召开了常委理事会议，主要研究了协会 2015 年工作和换届问题。因经信委对所属各协会专（兼）职人员的任职情况尚未明确批复，故影响了 2015 年的年检和我协会的换届工作。

（3）向自治区民政厅提交《2014 年总结及 2015 年工作计划》。接受了自治区民政厅 2015 年全国优秀协会的评审工作。

（4）向自治区经信委上报了“新疆包协 2014 年行业发展报告”；向自治区经信委提交的《产业链融合是纸包装发展的必然趋势》课题报告。

（5）协会分别组织重点包装企业领导 30 余家包装企业领导参加了自治区“2015 年新疆中小企业银河培训工程——创新营销与团队目标管理培训班”和“新三板上市及企业资本运营”培训班。由知名管理咨询专家，金融学博士、国际注册管理咨询师（CMC）、《5A 资本模式》创始人、《大财务系统》理论体系建立者，财政部财政科学研究所研究员、清华大学、北京大学、中国人民大学、中央财经大学特聘教授许志勇博士等专家对新疆“一带一路”新经济态势下的中小企业发展机遇、营销创新与卓越顾客价值、任务目标导向的团队管理与过程控制进行了创新思维与实战的培训。参加培训的企业代表为能现场领略教授们渊博的知识、儒雅的风采而感到振奋，并希望能年年举办。

（6）参加了“中国包装联合会科学技术奖励管理委员会成立大会暨第一次工作会议”，召集部分企业传达了会议精神，宣读了成立第一届中国包装联合会科学技术奖励管理委员会的决定，并介绍了奖励办法和实施细则。对具有科技成果推广应用价值的项目，中国包装联合会可在行业中组织有偿技术推广应用。希望有条件的企业积极申报。

（7）组织协会部分包装企业领导参加了中国包装联合会在北京举办的“‘互联网+’与中国包装高

峰论坛”暨“2015 年中国包联八届一次常务理事会”。为推动以互联网为引领，运用大量数据加快包装产业升级和转型，会上工信部产业信息处的王建伟处长做了题为“‘互联网+’给传统制造业带来的机会”的报告，中国包联数据科技公司刘正志总经理做了题为“大数据与包装企业”的报告。会上还对包装工业“十三五”规划进行了形势分析，还对中国包联成立 35 周年活动方案进行了布署。我区包装企业参会代表在现场感受思想盛宴的同时，还参与交流互动，为发现机遇、调整企业战略提供了契机，前去参加的企业领导们一致称赞这个会议办得好，表示参加这样的高层培训、论坛讲座不虚此行，确实获益匪浅。

（8）目前协会虽不具备自行办刊物的条件，但设立了新疆包装的网站（www.xjbzxh.com）为新疆包装企业传递各类信息；为了增加协会会员的互动与交流，协会还设立了 QQ 群，这种与时俱进的交流方式使得协会的各个会员之间有了充分的交流与共享。

（9）与中国质量认证中心新疆评审中心（CQC 中心）共同组织，分别赴会员单位进行 ISO 9001 质量管理体系标准学习培训。

（10）向《中国包装年鉴》和自治区科协分别上报了新疆包协 2015 年年鉴文章撰稿。

（11）参加自治区质量技术监督审核评价中心举办的审核组长继续教育及经验交流会。参加了自治区技术监督局对食品用纸包装申报生产许可证企业进行审核工作。

（12）向自治区科协提交了《开展“深入企业、宣贯政策、科技培训”服务活动》的重点资助项目申报材料，此项目获得自治区科协 2 万元的资助资金。

（13）参加自治区科协对专利的推广工作，并组织部分会员单位认真学习进行筛选。

（14）参加自治区民政厅举办的《民间非营利组织会计制度培训班》，通过学习，使协会今后在财务管理上更加规范运作。

（15）参加自治区经信委协会座谈会；参加自治区经信委协会联合党支部的各项学习和活动。

（16）向自治区经信委推荐了 2015 政府采购印刷定点企业，并帮助被推荐的包装企业做好投标工作。

（17）新疆包协今年还依据科协 2015 年“百会万人下基层”科技服务重点活动开展“深入企业、宣贯政策、科技培训”的主题，面向全区广泛开展了形式新颖、内容丰富的活动。我协会特意邀请了谱丽图柔印有限公司专家一行，对乌市周边地区的纸制品包装企业进行了考察。并带来新的科技创新项目“大幅面柔版印刷（大幅面纸箱印刷）工艺中的柔版贴版定位仪”“弘浩生产跟踪精细化管理系统”，此系统的自动记录设备能将原料利用精确到毫米级。所到企业对以上项目都非常感兴趣，都认为以上项目不仅效率高、精度高、上机印刷时无须停机调整、对操作工人的要求低，而且能精确管控原料成本，提高企业经济效益。

（18）应协会副会长单位伊力特印务公司的要求，我协会特邀请中国包装联合会包装印刷委员会陈麒祥秘书长及上海理工大学包装印刷学院、上海出版印刷专科学校客座教授平版印刷专家杨泳等一行三人来疆，为该企业整体搬迁进行设计规划，在为期一周的时间内专家们毫无保留地给企业提出了可行性的意见和建议，他们的到来使企业受益匪浅，解决了不少难题，受到企业领导的一致好评，我协会和专家还将对该公司的总体策划继续追踪。

（19）12 月中旬协会组织部分企业领导参加了在北京举办的“中国包装联合会成立 35 周年大会暨八届二次理事会”，徐斌会长做了工作报告，举办了包装行业高峰论坛，审议通过了新增理事单位和新设分支机构的议案。会上还进行了颁奖仪式，我区的石河子佳美包装工贸有限公司被评为“中国包装百强企业”；乌鲁木齐市元德印铁制品有限公司总经理张俊荣、伊犁伊力特印务有限责任公司总经理瓦建新、新疆恒远中汇彩印包装有限公司总经理吴刚、新疆天庭昌德包装容器制造有限公司总经理颜小明被评为“2015 年度中国包装行业杰出企业家”；我协会被评为“2015 年度中国包装行业先进集体”；秘书长被评为“2015 年度中国包装行业优秀秘书长”。

**三、存在的问题**

（1）新疆包装行业的各类企业普遍存在效益不佳、附加值低、劳动力密集的现状，企业面对提升内部管理及技术更新时，资金紧张是一个共性的问题，但是由于目前银行的贷款政策，许多中小型企业有好的项目却无法实施。

（2）许多企业希望能够得到对基层专业技能方面的培训，但是当地的技术人员匮乏，从外省请专家来新疆路途太远，地方学会的能力又有限，使得很多专业化的培训需求无法实现。

## 四、2016 年工作计划和重点任务

2016 年，我区包装工业产值规模持续扩大，结构持续优化，科技创新能力持续增强，利润总额持续提高，在建设包装强区的道路上迈出实质性的步伐。提出以下计划和任务。

（1）继续加快产业结构调整步伐，构建符合我区经济建设需要的现代包装产业体系。围绕包装行业“十三五”发展目标，综合运用高新技术和先进适用技术，改造提升传统包装产业；加快纸制品、塑料包装、玻璃容器、金属容器等传统优势产业转型升级和发展；支持重点企业加快发展步伐，支持企业加快高档包装材料及制品项目建设；进一步完善我区包装产业链条，积极推动包装企业向产业集聚区布局，实现集约化、低碳化、绿色化发展；加强包装基地建设，培育具有特色的区域品牌。

（2）做实做强企业，提高产业集中度和规模效益。鼓励我区包装优势龙头企业兼并重组落后企业、困难企业，充分利用有效资产实现产业升级；引导企业通过股份制改造，建立现代企业制度，实现强强联合，做大做强，提高产业集中度和规模效益；鼓励和引导关联企业、上下游企业联合重组，实现一体化经营，增强企业的综合竞争力；鼓励和引导企业向上游和下游发展，延伸产业链条，提高企业抗风险能力；鼓励和引导企业到我区落后偏远地区投资建厂，抢占先机，实现均衡发展。

（3）调整投资结构，避免低水平重复建设。针对我区包装工业产量大、水平低的状况，要严格行业准入条件，更加注重投资结构的调整，改变过去低水平重复建设局面，把宝贵的建设资金投入新技术、新工艺、新产业的研发和生产上，通过提高产品档次、增加产品品种，提高企业的生产效率和效益。

（4）调整产品结构，满足建设新疆的需要。我区应不断调整目前偏重的产业结构，逐步实现产业结构的轻型化，构建现代产业体系。这就要求我区包装工业加快发展先进的包装装备制品，开发出更多轻量化、薄壁化、低耗能、高效益、可循环利用的绿色化、低碳化的现代包装产业体系。

（5）加快淘汰落后产能，提高行业发展水平。要按照国家有关要求，联合政府有关部门下决心淘汰落后产能，对能耗高、产能低、排放大、安全性差的生产工艺和设备，必须实施坚决的退出机制。同时，积极推广先进技术、工艺和设备，用高新技术和先进适用技术提升传统制造工艺。

（6）调查包装行业产业链的发展方向，寻找包装行业新的增长点和突破口，帮助一些已有意向的企业共同探索包装产业链的发展方向。加强与各省市包装企业跨地区的联系，开拓新的市场。

（7）开展行业技术培训、岗位培训工作，提高行业的技术水平和管理水平。结合实际，召开各种技术讲座，特别要捕捉包装行业的新技术、新工艺、新材料、新装备的推广及应用，召开技术讲座，促进企业技术水平的提高。

（8）要牢固树立服务观念，面向企业，不依赖政府，探索行业协会加强自身建设的有效途径，加强信息网络建设方面的投入，让网站更好地为行业服务。协会信息网络建设是协会为行业、为会员服务的重要手段。

## 五、对协会发展工作的思考

近年来，新疆包装工业加快技术进步，壮大重点骨干企业，积极引进国外先进技术和设备，整体水平得到了较大提高，但与沿海发达地区同行相比还有很大差距，新疆的包装行业发展还希望得到政府和有关部门的支持，在承担政府部门转移的职能上发挥社会组织的作用。

（1）建议政府有关部门采取相应的积极措施，进一步解决职能转移问题，充分发挥新疆包装技术协会在参与行业规划、行业管理、项目评估、技术咨询、贸易仲裁、反倾销与应诉、法律法规及标准制定、市场监管、人才培训等方面的作用，使包装工业的管理健康发展。

（2）建议有关部门对具备自主研发能力，产品具有高科技含量和高附加值的包装行业企业，特别是与环保、节能密切相关的技术研发项目给予重点支持，使我区更多包装企业能够享受到扶持政策。

（3）建议通过协会的评价调研能够加强银企之间的信任，协会的评价可以给一些好的项目加分，增加信誉等级；另外，每年政府针对不同行业的项目支持资金的评价应进一步公开、透明、放权，让各行业协会也能够参与本行业项目的评审。针对企业培训需求的问题，每年政府也花了大气力进行企业“银河工程”之类的培训，这些政府资金的使用让各协会也参与意见，在前期进行各行业培训需求的调查时通过“各学会+企业”的方式收集，这样可以使国家在这方面资金的使用更加有效。

新疆包装技术协会将一如既往，适应新形势，迎接新挑战，深入贯彻落实党的十八大会议精神，坚持用科学发展观指导实践，不断创新，开拓进取，完善协会机制，为2016年包装工作发展开好局、起好步，促进我区包装行业的健康发展做出新的贡献。

# 走包装强国之路，打造江苏包装产业发展新高

江苏省包装技术协会

在经济全球化不可阻挡，我国传统产业面临结构调整、产业升级的今天，包装产业迫切需要加强规划引领、科技创新、品牌建设、人才培养、行业规范等诸方面的工作，以达到企业成本最小化，经济效益最大化，社会效益最优化，最大程度减少重复建设和资源浪费，提高包装产业全行业竞争力，实现中国几代包装工作者的“包装强国梦”，是所有包装人必须面对的重要问题。

## 一、江苏经济和社会发展概况

江苏省地处我国东部沿海发达地区，是长三角经济圈的重要组成部分。改革开放以来，江苏经济社会发展取得了显著成就，1992年起全省GDP连续21年保持两位数增长。2015年，面对错综复杂的宏观经济环境和艰巨繁重的改革发展稳定任务，全省坚持稳中求进工作总基调，主动适应经济发展新常态，统筹做好稳增长、促改革、调结构、惠民生、防风险各项工作，经济社会发展总体平稳、稳中有进、稳中有好，主要经济指标保持在合理区间，综合实力再上新台阶，转型升级取得新进展，发展质量有了新提升，社会事业获得新进步，民生改善呈现新成效。

### （一）经济运行总体平稳

全年实现地区生产总值70116.4亿元，比上年增长8.5%。其中，第一产业增加值3988亿元，增长3.2%；第二产业增加值32043.6亿元，增长8.4%；第三产业增加值34084.8亿元，增长9.3%。全省人均生产总值87995元，比上年增长8.3%。全社会劳动生产率持续提高，全年平均每位从业人员创造的增加值达147314元，比上年增加10584元。产业结构加快调整。三次产业增加值比例调整为5.7∶45.7∶48.6，实现产业结构“三二一”标志性转变。全年实现高新技术产业产值6.1万亿元，比上年增长7.6%；占规上工业总产值比重达40.1%，比上年提高0.6个百分点。战略性新兴产业销售收入4.5万亿元，比上年增长10.4%；占规上工业总产值比重达29.4%，比上年提高0.7个百分点。经济活力继续增强。全年非公有制经济实现增加值47398.7亿元，比上年增长8.8%，占GDP比重达67.6%。新型城镇化成效显著。年末城镇化率为66.5%，比上年提高1.3个百分点。区域发展更趋协调。苏南现代化建设示范区引领带动作用逐步显现，苏中融合发展、特色发展加快推进，苏北大部分指标增幅继续高于全省平均水平，苏中、苏北经济总量对全省的贡献率达46.2%，比上年提高1.4个百分点；沿海开发有力推进，沿海地区实现生产总值12521.5亿元，比上年增长10.1%，对全省经济增长贡献率达19.4%。

### （二）工业运行保持稳定

全年规模以上工业增加值比上年增长8.3%，其中轻工业增长7.6%、重工业增长8.6%。分经济类型看，国有工业增长1.6%，集体工业增长10.4%，股份制工业增长10%，外商港澳台投资工业增长6%。在规模以上工业中，国有控股工业增长2.1%，私营工业增长11%。

### （三）企业效益稳步改善

全年规模以上工业企业实现主营业务收入148283.8亿元，比上年增长4.8%；利税15907.1亿元，增长9.3%；利润9617.1亿元，增长9.1%。企业亏损面13.8%，比2014年上升0.9个百分点。规模以上工业企业总资产贡献率、主营业务收入利润率和成本费用利润率分别为16.8%、6.5%和7%。

### （四）先进制造业增势良好

全年规模以上工业中，汽车制造业实现产值7128.8亿元，比上年增长9.6%；医药制造业产值3551.6亿元，增长14.5%；专用设备制造业产值5943.4亿元，增长6%；电气机械及器材制造业产值16910.3亿元，增长8.7%；通用设备制造业产值8803.8亿元，增长6.2%；计算机、通信和其他电子设备制造业产值19334.4亿元，增长9.4%。

（五）固定资产投资平稳增长

全年完成固定资产投资 45905.2 亿元，比上年增长 10.5%。其中，国有及国有经济控股投资 10004.9 亿元，增长 7.4%；港澳台及外商投资 3902.4 亿元，下降 6.1%；民间投资 31997.8 亿元，增长 14%，占固定资产投资比重达 69.7%。分类型看，完成项目投资 37751.5 亿元，比上年增长 13.3%；房地产开发投资 8153.7 亿元，下降 1.1%。

（六）投资结构持续调优

第一产业投资 232.2 亿元，比上年增长 12.2%；第二产业投资 22891 亿元，增长 12.8%；第三产业投资 22782 亿元，增长 8.3%。第二产业投资中，工业投资 22757.5 亿元，增长 12.4%，其中制造业投资 21210.6 亿元，增长 11%。高新技术产业投资 7535.5 亿元，增长 9.7%，占工业投资比重达 33.1%。

（七）重点项目扎实推进

全年新开工项目 44962 个，比上年增长 25.6%；完成投资 26972.2 亿元，增长 20.2%。其中，亿元项目 4536 个，下降 2.6%；完成投资 10006.3 亿元，与上年持平。200 个省级重大项目进展顺利。

（八）科技创新能力不断增强

区域创新能力连续七年保持全国第一。全省科技进步贡献率达 60%，比上年提高 1 个百分点。全年授权专利 25 万项，其中发明专利 3.6 万项。全年共签订各类技术合同 2.5 万项，技术合同成交额达 700 亿元，比上年增长 6.8%。全省企业共申请专利 27.5 万项。

（九）高新技术产业较快发展

组织实施省重大科技成果转化专项资金项目 182 项，省资助资金投入 15.3 亿元，新增总投入 119 亿元。全省按国家新标准认定高新技术企业累计达 1 万家。新认定省级高新技术产品 9802 项，已建国家级高新技术特色产业基地 139 个。

（十）科研投入比重提高

全社会研究与发展（R&D）活动经费 1788 亿元，占地区生产总值比重为 2.55%，比上年提高 0.05 个百分点。全省从事科技活动人员 120.3 万人，其中研究与发展（R&D）人员 74.6 万人。全省拥有中国科学院和中国工程院院士 96 人。全省各类科学研究与技术开发机构中，政府部门属独立研究与开发机构达 144 个。全省已建国家和省级重点实验室 97 个，科技服务平台 290 个，工程技术研究中心 2989 个，企业院士工作站 329 个，经国家认定的技术中心 95 家。

## 二、江苏包装行业发展情况

（一）行业现状

江苏是“包装大省”。2015 年，全省包装工业总产值近 3000 亿元，产业规模与广东、浙江位居全国前三甲。近年来，江苏包装行业总产值平均增速约为 10%，高于全省工业总产值增速，与全国包装行业基本同步。全行业利税总额列广东、浙江、上海之后，居全国前列。部分高科技包装企业的销售利润率超 10%，盈利水平明显高于传统包装企业产品。部分中小企业低水平竞争激烈，普遍微利运行，甚至亏损。

江苏包装行业门类齐全，纸包装、塑料包装、包装印刷、金属包装、包装机械、玻璃包装等行业产值占全行业比重分别为 30%、25%、18%、8%、7%、3%，其他 9%。

在六大包装门类中，以瓦楞纸箱为主的纸包装制品企业和包装印刷企业数量众多。瓦楞纸板制作设备技术先进，宽门幅、高车速的多层重型瓦楞纸板生产线全国领先。塑料包装制品发展较快，不少企业的技术装备水平、产品档次和产量均在全国具有领先水平，其中，BOPP 薄膜的产量和质量优势明显。金属包装中的钢桶产量和档次居全国前列。金属瓶盖是目前亚太地区规模最大、技术水平最高的生产基地。

江苏现有 8000 多家包装企业，从业人员约 50 万人。全行业现有 6 家上市公司，居国内同行业之首。近年来，民营经济发展较快，外资企业数量众多。不少跨国公司在投资建设食品、其他快速消费品、药品等生产企业的同时，也配套建设纸包装、塑料包装、包装印刷等生产线。行业总体规模和技术含量均较高。

（二）江苏包装产业的优势

1.区位优势明显，发展基础较好

经过改革开放以来的发展，江苏形成了较为完整的包装工业生产体系，苏南、苏中、苏北呈梯次布局，尤其是苏南、苏中地区的沿江 8 市，分别依长江而居，其东部与上海市接壤，南部与浙江、安徽等省相邻，历史上就有“江南鱼米之乡”的美称，包装工业也相对于其他地区起步较早。改革开放以来，尤其是 20 世纪 90 年代之后，在上海浦东大开发的辐射影响下，在苏南区域经济先期大发展的推动下，江苏沿江地区经济全面快速增长，包装工业发展迅速。据统计，近 20 多年来，江苏沿江 8 市的包装工业总产值，年平均增长速度达 19%以上，不仅高于所在地区工业增加值年平均增长速度，而且也高于全省包装工业总产值的年平均增长速度。

2.包装企业门类齐全，竞争力较强

截至 2015 年年底，江苏苏南、苏中地区具有一定规模的包装企业 6000 多家，占全省包装企业总数的 80%以上，其中民营、三资企业占 93%。全省年销售收入 5000 万元以上的包装企业，绝大部分集中在这一地区，其中尤以苏州、无锡、常州三市为最。在苏州的昆山、无锡的江阴、常州的武进，包装工业已经成为当地的支柱产业。仅以江阴市为例，该市现已拥有造纸和纸制品包装、彩色印刷装潢包装、塑料薄膜和印刷制袋、印铁制罐、木包装制品、塑料包装原料、包装机械等几类包装骨干产品。同时，以中国软塑包装材料生产基地为主体、以申达集团为龙头的江阴包装工业，具备较好的技术支持和人才保证，建成了省级塑料包装技术中心，并以此为依托，与国内外高等院校、科研机构建立了广泛的、长期的技术合作关系，形成了“科工贸一体”的可持续创新体系。

3.包装科研机构和科技人才培养优势明显

有 6 所高等院校（江南大学、南京林业大学、南京艺术学院、江苏大学、南京工业大学、淮海工学院）设立了包装或与包装相关的院（系），产生了大量的科研成果，每年可培养上千名本科以上包装专业人才。其中，江南大学的包装工程系是我国最早设立包装专业的院（系）之一，也是在全国率先获得包装工程硕士学位点、博士学位点资格的专业院（系）之一。

4.外资力量强大

不少国际知名的包装行业跨国公司在江苏设有生产基地，如瑞典的利乐公司、印度尼西亚的金光集团、芬兰的芬欧汇川集团、瑞典的斯托拉集团、美国的九龙纸业、香港的理文纸业、日本的王子造纸等，都在我省的苏州、镇江、南通等地投巨资设立了自己的独资或合资企业。

（三）存在的主要问题

1.产业集中度不高

江苏包装行业与广东相比起步较晚，众多小企业技术水平低，生产成本高，产品利润少，经济效益差，管理水平相对落后。是“包装大省”，但非“包装强省”。

2.技术水平偏低

江苏包装行业经济总量虽位居前列，但技术水平仍然偏低，质量、品种、效益没有形成较强的优势。企业自主研发能力不足，抗风险能力不强，高技术、高附加值产品、自主知识产权和知名品牌产品较少。

3.产品结构不合理

江苏虽然形成了较为完整的包装工业生产体系，但产品结构仍不尽合理。表现在高档、多功能产品生产能力不足，技术含量低的包装制品生产能力过剩，重复建设较多，如瓦楞纸板生产线和包装机械等行业以中低档产品居多。

4.地区发展不平衡

江苏包装行业区域发展差异较大，苏南地区包装工业较为发达，苏中地区存在一定差距，苏北地区仍处于发展的初期。经济欠发达地区与经济发达地区相比，包装工业产值相差近 20 倍。

**三、江苏包装产业的发展思路**

江苏包装产业的发展，以国家入世和江苏“率先建成小康社会、率先基本实现现代化”为契机，以经济全球化为导向，按照全省经济发展总体战略及建立制造业高地的布局要求，紧跟国际包装发展趋势，调整优化产品结构，进一步融入长三角经济区开发的总体规划布局。

（一）基本发展战略

发挥区域优势，对标赶超先进；瞄准国际一流，力争有所突破；整合现有资源，发挥综合效益；重视人才培养，确保可持续发展。

（二）主要发展方向

大力发展纸包装、销售包装及包装基材，稳步发展塑料包装，优先发展绿色包装、环保型可循环使用的包装制品，积极开发高速度、高质量、全自动包装机械，提升玻璃包装、装潢印刷的质量档次。

（三）分类产品发展重点

1.包装用纸及纸包装制品

在区域宏观统筹下，有计划、有重点地发展高档铜版纸及制品、高强度低克重牛皮箱板纸及瓦楞原纸、白板纸、玻璃卡纸及涂布牛皮箱板纸等，严格限制新上小造纸纸包装制品。以纸箱为主，积极发展 E 型瓦楞、高档白板彩印纸盒、多色印刷、纸箱喷墨打印、纸基复合罐、无钉制箱、纸浆模塑等；同时，注重研制推广蜂窝结构包装、凹凸结构包装、新型快干黏合剂及各种纸质纸基复合包装机械、彩印纸箱纸盒设备等技术。

2.塑料包装制品

有重点、有步骤地发展塑料包装基材和高阻隔功能性包装材料，如BOPP薄膜、BOPET薄膜、PP珠光膜、PP合成纸、PE及PP热收缩膜、PVDC涂布膜和EVOH共挤膜、共挤复合膜、PET片材及塑料气雾罐、气雾阀等。限制不利于环境保护的塑料包装制品，如各种PVC薄膜及制品、EPS制品等；重点研制开发新型复合材料、降解薄膜及制品、BOPS片材、PET片材成型设备及制品，高速制袋、柔性制版和高速塑料彩印设备及各种胶粘剂等辅助材料。

3.金属包装制品

要在稳步发展金属包装、发展“连里带外”(即：既生产包装物又生产内容物）包装的同时，加速建设与金属瓶配套的及和玻璃瓶配套的各种易开盖、全开盖、多旋盖及新型金属饮料盖，适度建设高档金属桶项目；严格控制新建金属三片罐、普通金属桶、小瓶盖等项目；开发各种金属包装涂料、油墨及印铁烘箱等辅助设备等。

4.包装印刷装潢

重点是提高制版水平、印刷档次，增加品种，提高包装设计水平。限制新上各种小印刷、普通印刷及制版设备；逐步建立覆盖全省及长三角的胶版及凹版制作网络，适度引进无软片制版系统，建设高档多色纸张、纸板的凹版和胶版、柔性版印刷；加强制版、印刷技术管理，努力提高装潢印刷质量；开发各类特种印刷、柔性版印刷和特种防伪印刷技术及装备等。

5.玻璃包装制品

控制总量，重点发展节能、数控窑炉，提高产品合格率；稳步发展高白料酒瓶、化妆瓶、黄药瓶，逐步淘汰耗能大、成品率低的窑炉，限制新上普通小制瓶生产线；开发提高玻璃酒瓶、饮料瓶表面装潢质量和提高成品率的新技术、新工艺。

6.包装机械

重点开发高技术、高质量、高附加值的农副产品、粮油、饮料等定量包装机械，以及与现代化大生产配套的大型连续真空包装机，开发纸箱充填、封口、捆扎、堆垛全自动生产线设备和药品、饮料及食品无菌包装机械等。积极引导包装机械生产企业走分工合作道路，大力开发替代进口、功能新颖、自动化操作、具有自主知识产权的各类包装印刷、包装材料生产设备。

**四、政策措施**

（一）统一制订规划，加强宏观调控

制订各地区包装产业发展规划，是事关各地包装产业整体协调发展的一项十分重要的基础性工作。各级都要在思想上高度重视，行动上高度协调，注重前期布局，加强宏观调控，确保高水平、高质量地抓好本地区包装产业的全面发展。首先，各级政府要结合本地区经济发展总体战略，研究制订本地区包装工业的发展规划。其次，要切实发挥各有关部门的职能作用，认真组织好本区域内各类包装资源的合理整合，严格把好各类新上项目的选项、立项关，确保所有新上项目都能做到高起点、高水平。要通过各种有效手段，防止低档次移植、低水平复制、盲目跟进、重复建设等现象的发生。

（二）注重技术进步，推进产业结构优化升级

技术进步是产业进步的主要动力。包装产业是一个新兴的工业产业，同时又是一个发展非常迅速的产业。因此，必须不断进行技术改造、调整结构，推动产业优化，朝着高科技、高水平、集团化、集约化方向发展。第一，所在省、市、县各级政府都要根据包装工业的发展需要，研究出台相关鼓励政策，在人才、资金、税收、环境等方面，主动扶助包装企业的产业升级和技术创新，支持包装行业高新技术产品研发、技术创新和新技术推广等。第二，要充分利用江苏高等院校、科研机构多而强的优势，引导包装企业与之进行优势互补、校企合作，努力在人才培养、技术攻关、联合开发等方面多出成果，为推动本地区包装产业结构快速优化升级而积极创造条件。

（三）突出区域重点，促进全面发展

要根据苏南、苏中、苏北地区区域经济特点和产业现状，找准突破方向，重点突破，引领全面发展。省政府重点支持“省级技术中心”的建设，并主动接受世界包装组织、中国包装联合会的业务指导，瞄准世界包装发展先进水平，按照江苏省构筑制造业高地的要求，努力把每个中心都建设成投资主体多元化、产品结构专业化、生产设备现代化、运作管理科学化、经营发展国际化的包装制造高地和集聚效应显著的、国际一流的科技、绿色包装研发中心，以促进江苏乃至长三角经济区包装工业的健康快速发展。

（四）抓好人才培养，实施科教兴包

科教兴包是我国整个包装工业的发展战略之一。同样，在长三角经济区和江苏包装产业发展过程中，也必须把加快人才培养、实施科教兴包当作一项重要的战略举措来抓。一要充分发挥该地区高等院校、科研院所教育科研的资源优势，采用系统教育与短期集训、在校教育与在岗培训及在校不离岗教育相结合的方法，培养一批产业发展必需的高技能包装专业人才。二要充分发挥现有包装企业的作用，采用以老带新、以师带徒、委托培养等形式，结合生产实践，培养一批企业急需的包装行业管理和技术人才。三要充分运用人力资源管理优势，敢于创新，大胆引进一批行业内外、国内国外能够为我所用的包装方面的复合型人才，全面提高该地区包装从业人员综合素质，增强该地区包装产业可持续发展的综合实力。

（五）加强区域合作，推进共同发展

包装产业就其本质而言，是一个与相关行业合作共生的跨区域、跨行业的配套性产业，其价值不仅体现在自身的经济和社会效益上，而且更多地体现在相关行业及整个社会的效益上。因此，首先要加强长三角的区域合作，主动向上海、浙江同行学习，主动接受先进理念、技术、管理方面的辐射，主动参与合作，优势互补，构造差别发展、错位竞争的产业格局。其次，要主动贴近相关产业，为相关产业的产品做“嫁衣”、添“锦装”，既为相关产业发展提供配套服务，又借助于相关产业发展来带动自身的发展。

（六）健全管理体系，合力协同发展

包装产业的发展因其产业特征决定了必定牵涉到方方面面。只有建立起一个政府宏观调控、部门具体负责、行业组织协调、企业微观决策的管理体系，切实加强领导，形成合力，才能保证产业发展的有效推进。首先，要强化政府的宏观调控。从做好规划、正确引导、制定政策、创造环境、提供服务、参与决策等方面入手，切实加大政府的宏观调控力度。其次，要明确具体部门负责。包装产业相关门类多，专业特色强，技术更新快，需要一个懂专业、懂行业的部门负责具体的日常管理工作，以加强对本地区包装产业发展的协调。最后，要充分发挥行业协会作用。随着政府职能的进一步转变，各级包装技术协会要主动接受政府委托，充分发挥参谋和助手作用，切实履行服务职责，积极为当地包装产业发展出谋划策、保驾护航。总之，要通过各方面、多层次的共同努力，真正为江苏包装产业创造一个健康和谐、规范有序的发展环境。

## 昆明市包装技术协会“十三五”时期发展规划

根据国家、云南省和昆明市的国民经济和社会发展第十三个五年规划纲要及中国包装工业中长期发展规划，依据《昆明市包装技术协会章程》，特编制《昆明市包装技术协会“十三五”时期发展规划》。本规划主要明确昆明市包装技术协会(以下简称“昆明包协”)的目标任务和措施保障，指导昆明包协的工作，是昆明包协“十三五”期间的行动指南，是制订年度工作计划的主要依据。

### 一、“十二五”时期发展情况

昆明包协是昆明市包装及相关企业、包装工作者的群众性社会团体，下设22个专业委员会，现有团体会员78个、个人会员384人。

“十二五”期间，昆明包协第七届理事会以“联系行业、服务发展”为使命，促进并引导了昆明市包装业的快速、可持续发展。在经济不景气的环境下，2015年昆明市包装业总产值达到80亿元，年增长幅度高于国民经济的增长速度，固定资产在500万元以上的企业有112家。

“十二五”期间，昆明包协积极发挥桥梁和纽带作用，不断提升服务能力，承接了多项政府职能转移任务，如：协助中国包装联合会、省市区，在昆明市官渡区建立了国家级的官渡工业园区昆明国际印刷包装城，在云南嵩明杨林工业园区建立了国家级的中国包装印刷产业基地（嵩明），设立了国家级技术中心1个，省级技术中心8个，市级技术中心15个。成立了中国包装法律事务中心云南分中心。昆明包协积极参与绿色包装实施，大力宣传推广绿色包装成果；推进包装行业的标准化工作，加快与国际接轨的步伐；征得昆明市人力资源和社会保障局同意，与一些大专院校合作，开展了包装企业职工的中级和初级职称的评定工作。在全行业推进包装行业诚信体系建设等，协会的服务能力不断提升，服务方式不断创新，提升了凝聚力和战斗力。

“十二五”期间，昆明包协以“新技术、新服务、新应用”为主题，组织了一些展会、技术研讨和学术交流活动，以展示国际国内新技术、新工艺、新设备、新材料的发展趋势与成果，成为昆明市包装业界交流的一个平台。在昆明举办了西部包装专业展览，昆明市包装技术协会每年派团出席世界包装与传播年会、亚太包装技术论坛年会、两岸四地包装业交流联谊活动等，积极推动昆明市包装业走出去。昆明包协每两年组织评选一次优秀学术论文，并编印论文集。昆明包协每年召开一次技术创新大会，表彰先进单位和个人。昆明包协与昆明市工商银行北京路支行签订了为中小型包装企业融资的合作协议，先后为昆明富新春彩色印务有限公司、昆明贝森蜂窝新型材料有限公司等8家包装印刷企业解决了融资困难的问题，使得企业能够有宝贵的资金支持，从德国、法国、日本等国家引进最先进的包装印刷设备，提升了企业的生产能力和产品质量。昆明包协不断完善各项规章制度，提高规范化运作水平。“十二五”期间，昆明包协多次被中国包装联合会评为全国先进协会，连年被昆明市科协评为先进协会。

**二、指导思想**

坚持以党的十八大、十八届三中、十八届四中全会和习近平总书记系列重要讲话精神为指南，以“四个全面”的战略布局作为统领，紧紧围绕包装业新常态科学发展主题，以促进、引导产业转型升级为主线，进一步凝练昆明包协的规划定位、发展目标和主要任务，全面深化改革，提升能力，增强活力，将协会建设成为在省内先进、在全国有一定影响力的社团组织。

**三、总体目标**

（一）力争将昆明市包装技术协会建成国内一流协会

“十三五”期间，努力将昆明包协建成昆明市政府对相关包装业工作决策的参谋和智库，更好地发挥行业桥梁纽带作用；建成会员之家，力争单位会员达到100个以上；建成学习型组织，优化组织结构。至“十三五”末期，将协会建设成为国内一流协会。

（二）将昆明市包装技术协会建成具有国际影响力的包装协会

昆明包协进一步加强包装国际间的交流合作，为昆明市包装企业走出去创造机会，进一步提升昆明市包装业对外加工贸易服务水平，加大力度联系国际相关组织和协会，进一步密切两岸四地的合作交流，提高昆明包协乃至云南省包装业的国际影响力。

**四、主要任务**

（一）组织开展包装行业的交流活动

举办各种包装业内的技术交流、展览展示及学术研讨活动，充分利用昆明包装简报、网络平台及互动交流平台，传播先进的技术、管理、模式和理念，积极推动绿色包装、数字包装新设备、新材料、新工艺、新技术的推广。开展包装领域的科学普及和提高活动，组织好昆明市包装科技活动周和包装科普日的特色活动，发挥专家团队、包装科教基地的支撑作用。

（二）引导包装产业转型升级

培育行业、产业链及上下游的绿色发展理念，举办各种形式的绿色包装交流宣传推广活动，推动绿色包装标准实施，推广节能、低耗高效、环保达标的先进技术、装备和材料。推动数字包装、网络包装、创意包装、包装物流服务等新兴包装业态的发展，尽快开发智能包装、绿色包装，倡导跨领域包装技术的创新发展，推进产业转型升级。继续配合中国包装协会培育建设在昆明的两个国家级包装印刷基地，提升产业集约化水平。与昆明理工大学、西南林业大学、云南艺术学院等高等院校合作，搭建行业公共服务平台。建立以企业为主体、协会为主导，产学研用合作参与的协同创新共同体，为会员提供相关法律咨询服务，为会员争取财税、金融等方面的扶持。

（三）促进包装领域国际间的交流与合作

联系国际相关组织和协会，密切两岸四地的合作交流，参加各种国际包装展览论坛交流活动，在世界包装论坛和亚洲包装技术论坛积极发挥作用，贯彻落实国家“一带一路”发展战略，支持企业开拓国际市场，参与协调对外贸易争端。

（四）探索开发包装信息及产业分析平台

建立昆明包装行业数据库，开发包装业信息化服务平台，为政府提供决策依据，为行业发展提供数据支持，为包装企业提供高效、精准的信息服务。充分发挥行业媒体的作用，通过微博、微信等移动媒体形式，构筑全行业交流信息、融合发展的信息平台。

（五）推进包装行业自律诚信体系建设

组织实施包装行业公约、包装行业职业道德准则、协会科技工作者学术道德规范，坚持正确舆论导向，反对不正当竞争，维护和规范包装市场秩序；开展行业企业信用等级评价活动，建立完善诚信档案，健全诚信表彰和失信惩戒机制。根据政府主管部门的部署和要求，积极配合做好包装业的监督管理工作。

（六）组织开展各类评选表彰活动

组织昆明包装行业开展“讲理想，比贡献”竞赛活动，办好每年一次的技术创新大会，对先进单位和个人进行表彰，办好每两年一次的优秀学术论文评选，协助和组织企业进行包装科研项目申报，推动产业自主创新和科技成果产业化。

**五、保障措施**

（一）组织保障

加强协会从业人员的专业化、职业化建设，提升协会工作人员整体素质和服务能力。加强对各专业委员会的协调与管理，严格重要事项报告制度，定期召开各专业委员会负责人会议，发挥各专业委员会、会员单位、理事单位的积极性，形成顺畅的互动联动模式，确保各项工作的顺利推进。

（二）制度保障

完善以章程为核心的系列规章制度，按照社团评估项目的要求，建立完善规章制度体系。做到用制度管人，用制度管事，避免人治和随意性。行事规范，程序合规，坚持按程序办事。坚决执行昆明市包装技术协会制定的各项财务制度，管好协会本部和分支机构的财务，杜绝任何违反财经纪律的事情发生。保证监督机制，充分发挥监事会的作用，健全民主监督制约机制，保证协会重大会议、重大活动、重大事项和规章制度运行合规。建立完善激励机制，建立工作人员的激励机制，奖优罚劣，提高效率。建立会员参与社会活动、公益活动和自我发展的评优表彰机制，鼓励先进。

（三）经费保障

按昆明包装技术协会章程规定，保证稳定的会费收入。会同合作单位办好相关展会，稳定展会收入，多渠道筹措协会经费，保证协会运行经费来源。经营好服务项目，以优质服务争取更多的政府和相关机构委托项目。尝试通过行业众筹、企业试点等方式获得更多的经费支撑。

（四）智力保障

在政府有关部门指导下，建立完善昆明市包装行业公共服务平台，为行业标准体系、行业质量体系、行业诚信体系建设和绿色包装实施等提供服务支持。建设学习型协会，积极参加培训，学习党的方针政策和科学管理知识，不断提升服务能力和水平。充分利用现代科技手段如移动互联网、微信平台等做好会员服务。

（五）加强协会自身建设

遵照协会的宗旨，搞好“为政府服务，为包装企业服务，为行业服务”工作，继续发扬中国包装联合会的“团结、协作、创新、求实”的精神，严格按照协会制定的“十三五”发展规划开展各项工作，努力把昆明包协办成包装企业科技工作者之家，为使中国从包装大国走向包装强国而努力奋斗。

# 河南省包协2015年工作总结暨2016年工作安排

2015年是全面深化改革的关键之年，是全面完成“十二五”规划的收官之年，也是我国经济发展进入新常态、下行压力不断加大的一年，我省包装行业发展经历了历史性嬗变。2016年是“十三五”规划的开局之年，是决胜全面建成小康社会关键阶段的第一年，去产能、去库存、去杠杆、降成本、补短板的任务十分艰巨，我省包装行业既面临发展的严峻挑战，也有重要的发展机遇。同时，随着政府职能转变，协会与政府脱钩改革的不断深入，协会工作也面临许多新情况、新问题。因此，深入研究包装行业发展形势，总结协会2015年工作，研究2016年协会工作，具有重要的意义。

**一、河南省包装行业和河南省包装技术协会发展情况**

（一）河南省包装行业发展情况

改革开放以来，河南省包装工业与全国一样，经历了一个不断开放、创新、快速发展和嬗变的历史进程。目前，河南省已初步形成了包括纸制品包装、包装印刷、塑料包装、金属包装、玻璃包装、包装装备等门类齐全的包装工业体系和包装教育、设计、研发、物流配送和资源回收利用等在内的包装行业体系。

初步测算，2015 年河南包装工业实现销售收入 1600 亿元左右，比 2013 年增长约 8%，增速比 2013 年下降了将近 7 个百分点。其中，纸制品包装行业稳步发展，企业数量和规模有所扩大，增长速度较快， 2014 年纸包装企业全年实现销售收入 550 亿元，占全部包装工业销售收入的 30%以上。塑料包装工业受到产业结构调整和企业转型升级的压力较大，一些企业出现了较为严重的经营困难，全年实现销售收入 300 亿元左右，占全省的 20%左右。包装印刷行业受到新媒体和互联网印刷的影响，增速下降较大，2014 年实现销售收入 250 亿元左右。金属包装工业受下游食品工业的快速发展，以两片罐、三片罐、食品杂罐为主导的项目投资快速增加，福建昇星、宝钢制罐等大型企业纷纷落户河南，给河南金属包装行业带来了新的生机。

从“十二五”发展看，河南包装工业总产值增长速度与全国经济增长一样，走出了前高后低的发展态势，年均增速大约在 15%，高出全国 2~3 个百分点。其动力来源于：①沿海地区产业加快向中西部地区转移。河南位于中部地区，是全国人口大省、经济大省、资源大省，也是全国的市场大省和物流周转大省。因此，河南成为这一轮产业转移的首选地之一。②河南省积极创造条件承接产业转移。顺应形势发展需要，河南省委省政府及早谋划，积极搭建承接产业转移的平台和载体，优化招商引资环境，为企业落户河南创造了良好的内外部环境。特别是中原经济区、全国粮食生产核心区、郑州航空港经济综合试验区三大国家战略在河南的实施，为我们包装行业发展创造了良好的外部环境和政策环境。河南省着力打造的“一个载体、四个体系”，为承接产业转移创造了良好的内部环境。“一个载体”就是科学发展载体，包括产业集聚区、商务中心区和特色商业区（街）。“四个体系”就是现代产业体系、现代城乡体系、自主创新体系、现代市场体系。③河南省委省政府在调结构促转型方面积极探索，成效显著。过去河南省是以资源、能源为主导的产业结构，产业结构长期偏重。近几年，河南省在产业结构调整、转型升级方面迈出了实质性步伐，河南“在发展中调整，在调整中发展”，食品、轻工、家电、电子、生物医药、现代物流等产业快速发展，这些行业都是我们包装的用户。因此，“十二五”期间，河南包装工业快速发展是省委省政府因势利导，积极承接产业转移、加快转型升级的结果。目前，河南拥有巨大的包装增量市场，已成为国内外包装上下游企业投资的热土。

当然，2015 年河南省包装行业在新常态下，也经受着压力和挑战。主要表现在：①全行业企业不同程度感受到经营困难，部分转型较慢的企业订单严重不足，有的经营难以维持。②融资难、融资贵问题突出，个别企业出现资金链断裂问题。③主动调整结构、转型升级，加快发展的企业还是太少了。出现这样的问题，我们认为主要原因有 3 个：①全国经济下滑压力加大，市场需求不旺，包装作为服务国民经济的生产服务型产业，必然受到较大影响。②银行市场化改革和国家信贷政策调控还不到位，部分商业银行抽贷没商量，一些中小企业融资难、融资贵的问题仍很突出。③我省包装行业结构上不够合理，产品档次不高、技术水平不高，科技创新能力弱，综合竞争力较强、规模较大企业比较少。④我省企业在适应新常态方面准备不足、行动不快，这其中有企业方面的原因，也有我们行业组织引导不力的原因。

（二）河南省包装技术协会情况

协会成立于 1984 年，目前，有包装印刷委员会、塑料包装委员会、设计委员会、纸制品委员会、金属容器委员会、玻璃容器委员会、包装教育委员会、胶粘剂委员会 8 个专业委员会。团体会员 195 家，个人会员 790 人。理事会有会长 1 名，副会长 15 名，秘书长 1 名，副秘书长 5 名。

协会自成立以来，以振兴河南包装行业为已任，以做好三个服务（服务会员企业、行业、政府）为宗旨，发扬“团结、协作、创新、求实”的精神，积极开展工作。在当前新形势下，落实“四个全面”，加快河南包装行业科学发展，省包协任务十分艰巨。

**二、2015 年河南省包协工作回顾**

2015 年，国内外政治经济形势复杂多变，世界经济继续深度调整，经济增长乏力；国内经济在调速换挡、转型升级、动力置换中爬坡过坎，下行压力加大，企业生产经营困难增多，尤其是前年下半年以来，包装行业经受了严峻的考验，河南包协按照中央提出的“稳中求进、改革创新”的工作总基调和河南省委提出的“稳中求进、变中取胜、转中促好、改中激活”的工作总核心，在张大岭会长为核心的会长班子领导下，团结带领全省包装行业，着力增强企业调结构、促转型的能力；着力加强协会内部改革，抓住政府职能改革机遇，积极拓展新领域、开展新工作。主要开展了以下几个方面的工作。

（一）分行业召开工作会议，促进企业转型升级

分行业召开工作会议既是分类推动企业转型升级的有效手段，也是分类开展行业活动、增强协会活力的重要途径。2015 年，省包协分别依托下属的纸制品、包装印刷、玻璃包装、塑料包装、包装教育 5 个专业委员会，根据行业形势发展需要，共召开了 4 次重要的行业会议。这些会议大都通过分析形势、明确任务、研究对策、分行业指导工作等方法，促进了行业结构调整和企业转型升级。其中，5 月 14—16 日，省包协联合上海华凝文化有限公司在郑州成功举办了 2015 中国（郑州）大型纸包装工业创新发展高端论坛，来自省内外 300 多家纸包装行业装备和纸包装制品生产企业参加了论坛，论坛就纸包装行业发展的前沿技术、工艺、装备和管理等进行了交流分享。

（二）加强产学研合作，促进企业自主创新能力建设

创新能力强则行业强，2015 年协会继续紧紧抓住提高企业自主创新能力建设这个工作重点，依托协会下属的包装教育委员会，团结 20 多所高校、科研单位 60 多名科研人员，不断推进产学研平台、企业技术中心、工程实验室、工程（技术）研究中心的建设。2016 年我省又有 2 家包装企业获批省级企业技术中心。截至目前，我省已有中国包联授予的包装行业技术中心 3 家、省级包装行业工程（技术）研究中心 7 家、省级工程实验室 2 家，省级企业技术中心 21 家，省辖市级研发中心 35 家。协会紧紧依托这些研发机构，积极开展产学研合作，提升企业自主创新能力，协会还对包装企业在建、拟建和研发项目进行了征集，并分别向政府有关部门进行了推荐，支持企业用好国家扶持政策申报项目。值得高兴的是，继三门峡蓝雪包装有限公司的“新型环保预印包装技术集成创新及产业化”项目被列入 2014 年度河南省重大科技专项后，河南银金达彩印股份有限公司的“包装用新特型环保聚酯材料的研制及产业化”也已经进入“2015、2016 年度河南省重大科技专项拟立项项目清单”公示。

（三）成功举办了 2015“河南之星”设计艺术大赛和第十六届“中南星奖”设计艺术大赛

以前的“河南之星”设计艺术大赛都是由省发改委、省教育厅、省文化厅主办，省包装协会具体承办。由于政府职能转变，经省发改委研究决定，2015“河南之星”设计艺术大赛由我协会主办。由此给我协会造成很大的压力和困难。协会在张大岭会长、付中承副会长等坚强领导和大力支持下，协会秘书处克服各种困难，成功举办了 2015“河南之星”设计艺术大赛。本届大赛共征集到来自 60 余家设计机构，150 多家企事业单位和 100 余所省内外大中专院校的 3000 余件（套）参赛作品。其中，命题设计类一：“金堂杯”金壶陶艺原创设计专项大赛征集作品 200 余件（套）；命题设计类二：2015“云龙杯”中国茶包装创意设计专项大赛征集作品 400 余件（套）。参赛选手除来自河南省 18 个省辖市外，还有来自上海、北京、广东、福建、湖南、湖北、广西、安徽、浙江、江苏、重庆和四川等省市设计机构和高中等院校。参赛作品在设计理念、创意创新、文明传承、科技应用、低碳环保等方面都有显著提高。尤其是参赛选手顺应“大众创业、万众创新”的创新发展新要求，参赛作品与相关产业融合进一步加深，市场的应用性更强。共评审出专业组金奖 20 件（套）、银奖 35 件（套）、铜奖 50 件（套），学生组金奖 20 件（套）、银奖 40 件（套）、铜奖 60 件（套）。命题设计类一：“金堂杯”金壶陶艺原创设计专项大赛金奖 1 件（套）、银奖 2 件（套）、铜奖 3 件（套）。命题设计类二：2015“云龙杯”中国茶包装创意设计专项大赛金奖 1 件（套）、银奖 3 件（套）、铜奖 10 件（套）。由河南、湖北、湖南、广东、广西、海南等中南六省（区）的包装技术协会设计委员会主办第十六届“中南星奖”设计艺术大赛，于 2015 年 12 月 5—10 日在广西桂林隆重举办。该大赛两年一届，六省（区）轮流承办。参赛作品由六省（区）包装技术协会设计委员会从近两年的地方设计大赛获奖优秀作品中选送。我省从 2014 年、2015 年两年“河南之星”设计艺术大赛获奖作品中共选送 800 多件（套）参赛作品。经过层层选拔和专家委员会认真评审，我省共获得专业组金奖 5 件（套）、银奖 6 件（套）、铜奖 15 件（套），学生组一等奖 12 件（套）、二等奖 25 件（套）、优秀奖 30 件（套）的好成绩，获奖数量仅次于广东，名列中南六省区第二。

（四）成功举办了第三届中国（信阳）茶包装

交易会暨首届中国（信阳）茶包装创意设计大赛

茶包装是设计与生产联系最为紧密和活跃的领域，为进一步推动设计与茶产业的融合发展，由省包协与中国茶叶流通协会主办，信阳市狮河区人民政府、信阳国际茶城、信阳市信阳云龙茶用品有限公司承办，广东省包装技术协会、福建省包装联合会、湖北省包装技术协会、湖南省包装联合会、江西省包装技术协会、浙江省包装技术协会、信阳市包装协会、信阳云龙包装有限公司等单位协办的第三届中国（信阳）茶包装交易会暨首届中国（信阳）茶包装创意设计大赛在河南信阳举办。经认真筹备，本届茶包装交易会和创意设计大赛无论是参展企业数量，还是观展客商人数，均比 2014 年又有较大增长，为全国茶包装企业与茶叶生产和流通企业搭建了有效的交易平台，取得了圆满的效果，得到了行业的一致认可。

（五）组织企业参加国内展会，加强了行业交流学习

实践证明，组织参加国内外行业展览会，加强对国内外知名企业的考察学习，是迅速提高我省包装行业技术水平、管理水平，加快企业升级转型的重要措施。2015 年 4 月 10—12 日，协会组织全省 50 多家包装企业组团参观了“2014 中国国际彩盒展”暨“华南国际瓦楞展”，并考察了东莞永发印务有限公司和深圳市美盈森环保科技股份有限公司，其中我省 4 家包装装备生产企业参展。11 月 5—8 日，组织我省 10 多家包装企业参加了在苏州召开的“第八届中国国际纸包装工业瓦楞彩盒展览会”和“第四届军品防护与包装发展论坛暨包装成就展示会”，考察了苏州包装生产企业，受到会员企业欢迎。

（六）开展了全省包装行业凹版印刷工、包装创意设计师两个工种职工技能竞赛活动

开展职工技能竞赛活动可以营造行业职工学技能练本领的良好环境，是提高行业职工技能水平的有效手段，也是加强人才建设、推动企业转型升级、实现包装强省的重要途径。多年来省包协一直将开展职工技能竞赛活动作为一项重要工作。2015 年，在省总工会、省人社厅领导下，由省包装技术协会与省财贸轻纺烟草工会联合举办了河南省包装行业凹版印刷工、包装设计师技能竞赛。通过竞赛，有 2 名选手可以按程序申报河南省“五一劳动奖章”，6 名选手获得“河南省技术能手”的称号。这几年，省包协每年都会组织不同工种的职工技能竞赛，不仅带动了职工技能培训工作，为广大职工提供了职称晋升通道，而且激发了全行业广大职工学技术、练技能的热情，营造了全行业重视技能型人才和建立学习型组织的良好氛围。

（七）加强行业宣传，积极开展行业发展战略研究

2010 年以来，我们陆续创办了“河南省包装网”、《中原包装》刊物、“河南包协”微信公众号，积极做好为行业、企业宣传工作。2015 年，我们继续发挥“河南省包装网”网站、《中原包装》刊物和“河南包协”微信公众号的窗口作用，加强对宏观经济政策、行业政策、规范标准和先进企业、人物及先进工艺、技术、装备、材料等的宣传。同时，我们围绕行业发展，积极开展调研，其中，撰写的《我省包装工业发展思路与对策研究》，认真分析了我省包装工业发展现状、存在问题，归纳了国内外包装工业发展特点和趋势，评价了我省包装工业发展的优劣势、机遇和挑战，提出了我省包装工业发展的总体思路、发展目标、重点任务和政策措施，研究成果得到张维宁副省长的批示，部分成果已被省发改委和省工信厅采用。

（八）积极配合有关部门开展行业评优评先工作，引导行业发展

“树标竿、强宣传”是加强行业交流，引导企业比学赶帮超的重要方法。2015 年协会积极配合中国包联开展了“2014 年度中国包装百强企业”“2015 年度中国包装行业杰出企业家”等的评选，我省的华丽、金牛、银金达、成林四家企业荣获“2014 年度中国包装百强企业”荣誉称号，华丽、银金达分别获得“中国包装行业优秀品牌”，代建设、张文新、张鹏飞、马建越、闫银凤 5 名企业家获得“2015 年度中国包装行业杰出企业家”。推荐包装行业企业参加河南省工经联组织的“第四届河南工业突出贡献奖”的评审，瑞光、保密印刷厂、银金达 3 家包装企业及其董事长，分别获得“第四届河南工业突出贡献奖”，省包协还被评为“第四届河南工业突出贡献奖优秀组织奖”。

2015 年，河南包协围绕“稳增长、调结构”中心任务，以提高行业创新能力、促进企业转型升级为工作重点，开展了一系列卓有成效的工作，扩大了协会的影响力，提高了协会的凝聚力。但我们也应该清醒地认识到，我们的工作还存在许多问题和不足：一是帮助企业解决困难的能力还明显不足，

面对企业存在的困难，思路不广，办法不多，不能充分沟通政府和发挥行业力量，帮助他们及时化解和解决存在的困难；二是协会的一些工作还不能令大家满意，一些会员企业参与协会活动的积极性还不高；三是协会面临工作人员变化和换届的艰巨任务，工作上明显力不从心。这些问题和不足充分说明协会改革创新发展还有较大空间，需要我们不断努力，在2016年进行突破和解决。

### 三、2016年河南包协工作计划

2016年是“十三五”规划的开局之年，也是我省包装行业和河南省包装技术协会发展的关键之年。针对2016年经济发展形势和包装行业发展趋势，结合我省包装行业实际，我们计划重点做好以下几个方面的工作。

（1）研究新常态，适应新常态，引导行业和企业加快结构调整和转型升级。

（2）顺应形势，积极筹备，加快完成协会换届工作。

（3）分行业召开会议进行分类指导，加快企业转型升级。

（4）实施创新驱动发展战略，推动自主创新能力建设。

（5）创新协会服务内容，拓展协会服务领域。一是举办包装行业展览会，与中原博览中心合作主办“2016中国（郑州）纸包装工业技术与装备展览会暨2016郑州国际纸包装工业博览会”；二是组织包装行业职业技能培训。

（6）办好“2016河南之星”设计艺术大赛。

（7）办好“第四届中国（信阳）茶包装交易会暨第二届中国茶包装创意设计大赛”。

（8）继续开展好“全省包装行业职工技能竞赛活动”。

（9）积极组织企业参加国内外展会，加强行业交流与合作。

（10）继续办好河南省包装网、《中原包装》刊物和“河南包协”微信公众号。

针对新闻宣传转载多、创作少，尤其是宣传河南的文章少问题，2016年协会将把工作重点放在加强组稿能力建设上：一是组建编委会，发挥编委会委员单位的作用；二是组建通信员队伍，发挥好通信员的新闻稿件撰稿作用。

### 四、做好2016年河南包协工作的保障措施

（1）改革创新，激发协会发展活力。

（2）强化领导，增强协会发展的组织保障：一是强化会长领导班子对协会的领导；二是强化专业委员会组织建设；三是强化协会秘书处队伍建设，使其真正成为协会的“总参谋部、总规划部、总协调部”。

（3）加强与政府职能部门沟通，争取更大支持。

（4）密切与中国包联的工作联系，获取行业指导。

## 深圳市包装行业2015年度分析报告

深圳市包装行业协会

### 一、深圳市包装行业概貌

（一）整体发展情况

深圳经济特区成立前，包装印刷行业基本处于空白状态，仅有3家印刷小厂，从业人员150余人，年产值仅100万元人民币。经过改革开放后30余年的飞速发展，到2015年年底深圳市包装行业共有各类生产企业2600多家(不含平面包装设计公司及配套服务企业)，从业人员达13万余人，2015年全年行业总产值达到655亿元，基本与2014年持平，2015年相对前几年增长速度放缓，主要是受全球经济缓慢增长态势和国民经济增长减弱、生活消费观念改变、原辅材料成本增高等因素影响出现下滑现象。

（二）产业链构成

包装产业链的上游是各种原辅材料生产经营行业，如瓦楞纸板、塑料树脂、玻璃、金属板材、油墨等原材料供应商。

作为基础性配套行业，包装产业链的下游产业涵盖范围极广，几乎包括所有的工业生产行业。

随着深圳工业的高速发展，深圳市包装行业也在不断发展、成熟和壮大。经过三十多年的发展，深圳包装生产已经从当初简单的来料加工生产纸盒、纸袋的手工作业，到目前从包装设计、包装机械、包装材料、包装辅料、包装制品到包装配套服务的一条门类齐全、配套完整的包装产业链。

## 二、深圳市包装行业现阶段正处于稳步发展阶段

截至 2015 年年底，全市各类包装生产企业（不含平面包装设计公司及配套服务企业）2600 多家，从业人员 13 万余人，产值 655 亿元。

其中纸制品包装完成 340.6 亿元，占 52%；塑料包装制品完成 104.8 亿元，占 16 %；木制品完成 39.3 亿元，占 6%；金属制品完成 39.3 亿元，占 6%；玻璃及其他包装制品完成 39.3 亿元，占 6%；包装机械制造业完成 39.3 亿元，占 6%；原辅材料包装业完成 52.4 亿元，占 8%（见图 1）。

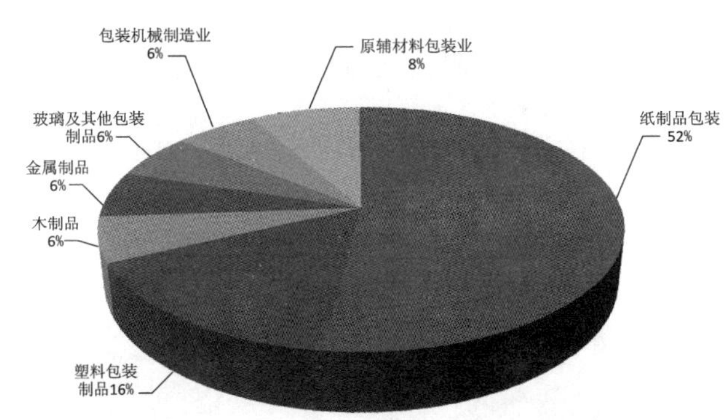


**图 1　深圳市包装行业各专业门类对工业总产值的贡献率**

深圳包装行业在全国占有重要地位，包装产品出口额连续多年位居全国第一，2015 年深圳包装产品出口达 450 亿元。深圳包装工业的平稳发展为深圳的经济发展做出了巨大的贡献。

## 三、包装行业市场状况

### （一）包装设计

截至 2015 年年底，深圳市从事专业包装设计的企业约 1300 家（不含生产企业中的设计部门），有设计师及制作人员近 2 万人，深圳市包装行业协会包装设计专业委员会自 1998 年 9 月成立以来至 2015 年年末拥有个人会员 1051 名，团体会员单位 183 家，常务理事单位 62 家。不仅人数多，而且水平居于全国一流。目前有 47 人次获得过有包装设计界“奥斯卡”之称的设计大奖——“世界之星”，以及“中国之星”“中南之星”“广东之星”“深圳之星”等国内外设计大奖。深圳包协设计委在平湖华南城工业原料城、博物馆、汇展中心、市民中心、市图书馆举行了一系列大型学术、展览活动，以及深圳平面包装“深圳之星”“希望之星”大奖赛活动。与深圳市文化局艺术处在深圳图书馆五楼报告厅成功举行庆贺深圳被联合国教科文组织授予“全球设计之都”光荣称号的颁奖晚会，编辑、出版《深圳设计家》精装本、《设计之都》等杂志。为推进包装设计文化产业发展，深圳市包装行业协会于 2015 年携手坂田手造文化发展有限公司在坂田共同推进建设深圳市创意包装设计文化产业园，并于 2015 年 11 月举办深圳包装创意设计产业沙龙交流会，会上从几千件作品中精选出 200 多件作品呈现给参会者，分享包装创意设计带来的视觉盛宴。

### （二）包装制品

包装制品是包装生产的最终产物，它具备保护产品、方便运输和促进销售三大功能，按包装制品所用的原材料主要分为：纸制品包装、塑料制品包装、金属制品包装、玻璃制品包装、木制品包装五大类。

1.纸制品包装

主要产品种类有：纸箱、纸盒、纸袋、利乐无菌砖、瓦楞纸板、蜂窝纸板、纸卡板、烟标、饰物盒、扣盒、针剂盒、各种礼品包装盒、特种纸木盒、纸管、纸罐、纸桶、纸护角、纸杯，以及用于缓冲包装的纸塑包装品、钙塑板衬等 30 多个品种 2000 多个规格的产品。纸制品包装在包装行业中稳居第一位，目前乃至今后几年内，纸材料制品都会处于一个快速增长的阶段，跟其他几大材料相比，纸具有极大的优势，被认为是最有前途的绿色环保包装印刷材料之一，纸制品包装的大范围应用，使生产企业在快速发展的同时也为保护我们的生存环境起到重要作用。

2.塑料制品包装

主要产品种类有塑料薄膜、塑料袋、塑料容器、塑料礼品盒、缓冲塑料包装制品及塑料餐饮具 6 大类 7000 多个规格，塑料包装在包装业中占 16%，位于纸制品包装之后居第二位。

3.金属制品包装

产品种类主要有喷雾罐系列、圆罐系列、食品罐系列、异型罐系列、礼品罐系列，铁制包装工艺品，集装方桶、开口/闭口钢桶、镀锌桶和易拉罐等系列，以及罐用配件等近百个品种的 500 多种规格。

4.玻璃制品包装

主要产品种类有酒瓶系列、饮料瓶系列、中性输液瓶系列、试剂瓶、样品瓶、香水瓶、高档化妆品瓶、化学制品瓶、药品瓶及特殊产品等 40 余个品种。

5.木制品包装

主要产品有拼装木箱、普通木箱，木托盘，木框架、木卡板，珠宝首饰盒、钟表盒、笔盒，烟、

酒礼品盒及上光钢琴漆等木盒制品，共有 20 多种品种近百种规格。

（三）包装机械

改革开放初期，深圳市的包装机械生产处于空白状态，如今深圳市的包装机械已进入自主研发并大量生产的新时期，近几年已经完成十几大类近 200 余种包装印刷机械设备和各种配套设备的研发和生产，如胶版卷筒印刷机、塑料薄膜挤出机、拉伸膜机、PP 塑料吹膜机等，不仅满足我市包装企业的生产需要，还有部分产品销售到国外，但与国外先进水平相比，我市的包装机械还存在比较大的差距，努力提高产品技术含量，走专业化生产的道路，把产品做精、做专、做强，是我市包装机械企业发展的必由之路。

（四）包装材料

现代常见的包装材料大致包括食品包装材料、印刷包装材料、医用包装材料、塑料包装材料、玻璃包装材料、泡沫包装材料、新型包装材料、绿色包装材料、环保包装材料、机械包装材料等。深圳市的包装材料产业的特点是精深加工产品多、附加值高，主要生产各种高档包装原材料，如激光全息烫印膜，激光全息半透明、透明烫印膜，激光全息半金属化烫印膜，软包装镀铝膜，防静电薄膜，镀铝纸，各种哑光、亮光和镜面金银卡纸，压光纹和压粗纹金银卡纸、珠光卡纸、镭射卡纸、七彩卡纸、皱纹纸，300g 以下双灰和单白硬折纸，以及可降解包装材料、各种再生料等多达数百种。

（五）包装辅料

深圳市已有多家企业生产包装印刷辅助材料，包括水性环保油墨光油：纸品柔版、凹版印刷油墨，白卡、牛皮卡纸箱专用印刷涂布油墨，四色网点、专色网点油墨，聚乙烯涂层的软包装，四色网点专色网点油墨，人工、电脑配色用基墨等各种油墨及调墨油。纸品印刷涂布、机印用上光油、哑光油、防水珠光油、环保水性覆膜胶等。还有生产青红、金粉、印花闪银粉、夜光粉、萤光粉、小五金配件等各种包装辅助材料的企业，为生产各种高、中档的精品包装提供配套辅料。

（六）包装配套服务

深圳华南国际工业原料城中专设华南国际包装印刷纸品企业交易中心，建筑面积达 20 万平方米，设有交易中心、展示中心、技术研发中心、物流交易中心、信息中心、培训中心、品牌推广中心、特色产品中心及仓储中心，为我市包装印刷企业提供全方位服务。

## 四、包装行业企业状况

据 2015 年年底统计，深圳市各类包装生产企业 2600 多家（不含平面包装设计公司及配套服务企业）。以下从经济性质、企业规模、产品质料类别、企业区域分布等几方面阐述和反映 2015 年深圳市包装行业的发展情况。

（一）按经济性质分类

深圳包装行业企业可划分为私营企业、“三资”企业、集体企业、国有企业、有限责任公司、股份合作公司、股份有限公司等，它们的结构比例如图 2 所示。

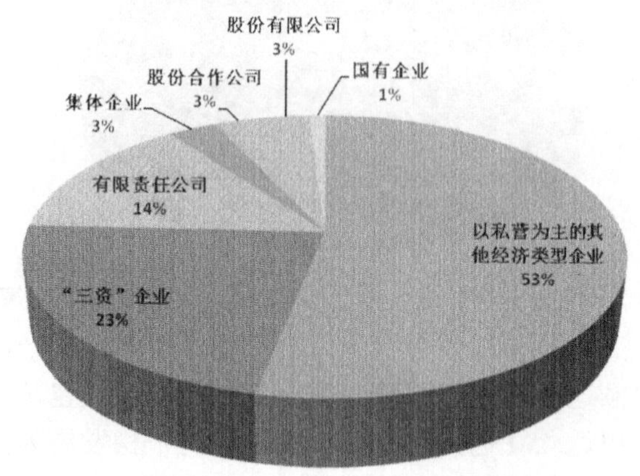


图 2　深圳市包装行业企业经济类型结构比例

（二）按企业规模分类

以员工人数作为规模划分依据，深圳包装行业企业可分为大型企业（500 人以上）、中大型企业（200～500 人）、中型企业（80～200 人）和小型企业（80 人以下），其中小型企业占绝大多数，具体结构比例如图 3 所示。

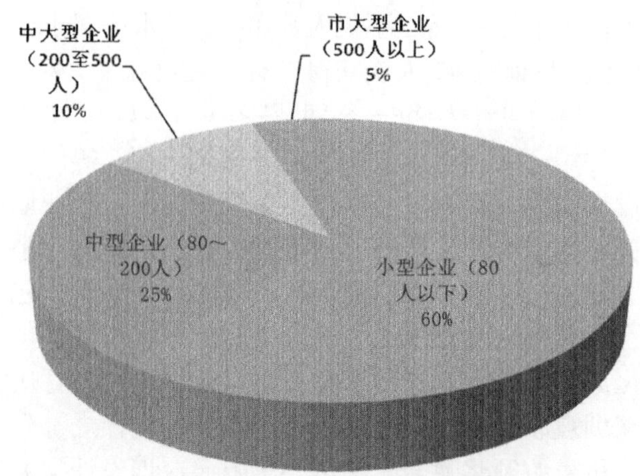


图 3　深圳市包装行业企业规模结构比例

（三）按产品质料类别分类

深圳包装行业企业可分为纸制品包装企业、塑料制品包装企业、木质品包装企业、金属包装企业、陶瓷包装企业、玻璃包装企业和原辅材料加工贸易企业、包装机械生产企业，这些企业数量如图 4 所示。

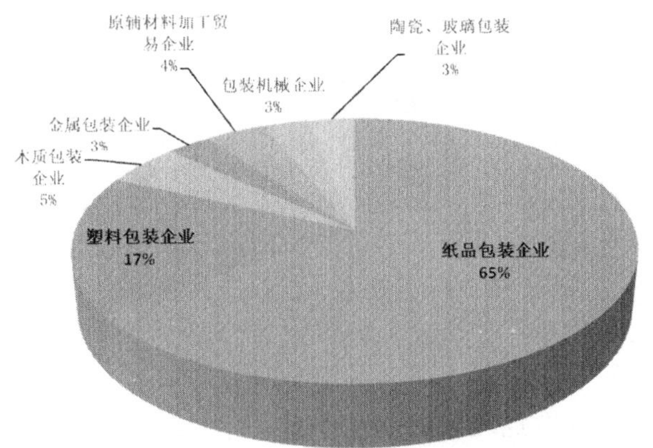


**图 4　深圳市包装行业企业类别结构比**

（四）按企业区域分布分类

为了便于理解，我们采用习惯性称呼，将企业分布区域划为大宝安区、大龙岗区和市内三大区域。大宝安区含宝安区、光明新区、龙华新区；大龙岗区含龙岗区、坪山新区、大鹏新区；市内区域含福田区、罗湖区、南山区和盐田区，其具体分布情况如图 5 所示。

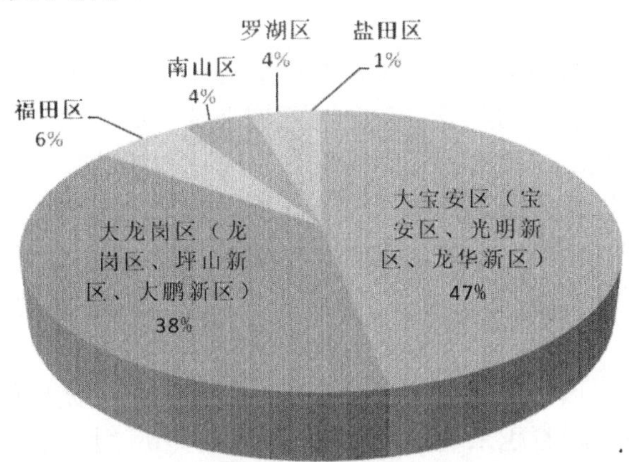


**图 5　深圳市各区域包装行业企业分布情况**

深圳市包装企业总体上设备先进、技术成熟，在环保方面处于全国同行业前列。大多数企业基本实现了无三废排放。

## 五、行业 SWOT[①]分析

（一）强项和优势

（1）深圳工业发达，门类齐全，总产值居全国大中城市前列，作为配套服务产业的包装行业具有相应的发展基础。

（2）深圳是我国对外开放的重要窗口，深圳的企业管理模式先进、经营方式灵活多样。深圳众多的三资企业融汇了全球的各种先进管理模式，如天时（深圳）有限公司和利丰雅高印刷（深圳）有限公司的港资管理模式、深圳当纳利旭日印刷有限公司的美资管理模式、深圳美光实业有限公司和凸版印刷（深圳）有限公司的日资管理模式、中华商务联合印刷（广东）有限公司和深圳雅昌彩色印刷有限公司的中国管理模式等。

（3）深圳毗邻香港，拥有相对信息优势、市场优势。香港作为世界重要的金融贸易中心、交通运输枢纽，对内地有巨大的市场辐射作用。

（4）生产设备先进、产品质量优良。深圳是全国率先引进外资的地区，也是香港制造业大举迁移内地的首选之地。因此深圳的包装设备和工艺技术在全国处于领先地位，在包装印刷产品的质量上也拥有一定优势，全国包装与印刷精品大都在深圳生产。

（二）弱项和劣势

（1）深圳土地、水资源、能源等基础资源紧张，环境保护压力大，对包装产业节约资源、保护环境提出了更高的要求。因此，低附加值、低技术含量的传统包装印刷产品生产企业将逐渐迁出。

（2）深圳土地、人力成本相对较高，对企业经营产生较大的成本压力，与国内大多数地区相比，深圳包装企业在成本控制方面处于相对劣势。

（3）深圳高校、科研机构较少，科研力量相对较弱，因此需要研究型大学、科研机构与大型企业联合攻关的高、精、尖端科研项目在深圳难以组织，本土培养的高级研究型人才比例较低，主要依靠人才引进。

（三）机会和机遇

（1）深圳市政府将包装印刷行业列为六大传统优势产业之一，出台了一系列鼓励产业发展的相关政策，对包装行业的发展提供了有力的政策支持。

（2）国际金融危机给西方发达国家造成的影响远大于中国，可能加速产业进一步向外转移，深圳作为我国对外开放的重要窗口，具有承接国际先进包装技术产业转移的优势条件。

（3）深圳市政府出台一系列鼓励企业自主创新

①SWOT：又称态势分析法，即优势（Strength）、劣势（Weakness）、机会（Opportunity）、威胁（Threat）。

的政策，为我市包装企业发展提供了政策支持。

(4)深莞惠一体化概念的提出为推进我市包装企业的发展、升级提供了客观条件。

（四）威胁和竞争对手

（1）包装印刷企业无法在深圳扩大生产规模，陆续向周边城市或省外搬迁，流失比较严重。

（2）随着《广东省包装印刷行业挥发性有机化合物排放标准》等绿色包装印刷标准的颁布实施，不达标的企业将遭淘汰。

（3）国际竞争加剧，东南亚地区国家的产业配套环境逐步改善，对海外投资吸引力增加。

国内区域竞争更加剧烈，长三角近年来经济发展迅猛，珠三角其他城市也具有相当实力。

**六、行业历史数据对比分析**

深圳市包装印刷行业经历了三个主要发展阶段。

（一）1978—1987 年的起步阶段

从 1978 年全行业企业 3 家、职工 130 人、产值 61 万元起步，到 1987 年年底拥有各类包装印刷企业 79 家，从业人员为 3000 多人，年工业总产值 1.27 亿元。

这一时期包装印刷行业的特点是：多数包装印刷企业规模小、产值低、生产技术较落后，企业结构主要以“三来一补”为主。

（二）1988—1993 年的快速发展阶段

经过 5 年的快速发展，到 1993 年深圳市包装行业总产值达到 45 亿元。

这一时期包装印刷行业的特点是：整个行业发展迅速，有实力的外资企业大量进入，行业引进了一批先进的设备，行业的整体实力不断提升，经营理念比较先进，奠定了深圳市包装印刷行业在全国的重要地位。

（三）1994 年至今的稳步发展阶段

经历了 1988—1993 年的快速发展阶段以后，深圳包装印刷行业进入了调整和巩固时期，企业加快了技术改进和设备更新的步伐，提高了整个产业的综合实力，同时也为深圳包装印刷行业走向国际市场奠定了良好的发展基础。图 6 可以看出深圳市包装行业年度总产值的变化趋势。

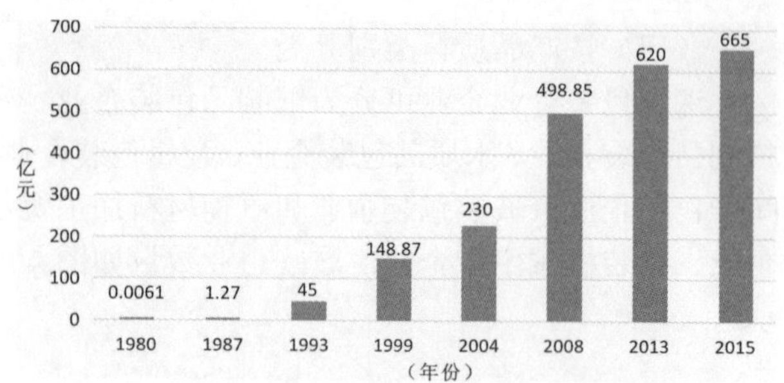


**图 6　深圳市包装行业年度总产值变化趋势**

**七、2015 年度行业运行状况**

2008 年金融危机过后，世界经济陷入了衰退的泥潭中，目前仍无法摆脱，金融危机对于深圳的包装业也同样造成了一定的冲击。深圳包装行业作为朝阳产业，产值的高速增长彰显着包装行业巨大的发展前景，如今已具备一定生产规模，包装市场规模居全国前列，成为我国制造领域里的重要组成部分，金融危机过后，我市包装行业增速放缓。随着经济的发展和人民生活水平的提高，对商品包装的需求日益增多、对商品包装的要求也越来越多，对包装使用价值的要求也在提高，市场竞争日益加剧，据有关行业内部人士分析，今后包装业市场将呈现出人才、顾客、信誉、广告等十大竞争趋势，这些竞争将使市场更加活跃，也使人们的经济文化生活更加丰富多彩。

**八、行业发展趋势与预测**

包装工业长期为“朝阳”产业，因为无论什么时候商品都离不包装，发展潜力巨大，是国民经济不可或缺的产业。从全国范围来说，珠三角工业极为发达，作为工业“晴雨表”的包装业其前景之广阔毋庸置疑，据中国包装印刷业前景预测与投资价值咨询报告预测，到 2015 年我国有望成为全球包装第一大国，珠三角仍将是全国包装工业最发达地区。

目前，深圳包装工业产业链正在不断延伸，主要向产业上游原材料和向下游消费品市场方向发展；随着越来越多包装材料的创新和应用，包装材料种类更加丰富，新型包装材料如微波炉专用包装、蒸煮包装、（聚酯）瓶等各种新型复合材料，以及具有较高抗压性、阻隔性、热封性、阻气性等高性能包装材料不断出现。未来包装工业的发展不仅仅限于对包装材料本身的研发及应用，还要在精深加工、调整产业结构上下功夫，在终端市场，包装企业越来越注重包装的人性化及功能性，而不仅仅限于保护食品、便于运输。

未来 10 年，深圳包装工业可能存在产能过剩、过度依赖能源资源消耗的问题，产业规模与经济效益不相称等结构性和素质性缺陷将凸显出来。延伸包装工业产业链，做深做大包装工业，优化产业结构，节能降耗，增强自主创新能力，将是未来包装工业的发展总趋势。

**九、协会对行业发展的建议**

（一）完善行业的管理机制，促进行业的健康发展

政府在市场经济中应建立公平竞争的环境，如在合法用工、环保排放、职业卫生、安全生产（工伤安全/危化品安全/防火安全）等方面加强行业的统一管理，制定相关政策，设定行业准入门槛，限制低水平重复投资建设，防止出现新一轮一哄而上的失控局面，避免恶性无序竞争，从而达到运用法律、行政和市场手段对行业入门机制、退出机制、管理机制的有序约束。

（二）政府加强扶持力度

包装行业是市场经济的产物，也是小微型企业较多的行业，在当前全市经济放缓的形势下，包装行业的发展也面临了各种困难。期盼政府和有关部门对包装行业发展面临的新情况、新问题给予重视，增强信心加以扶持，把扶持行业企业，尤其是具有代表性企业发展作为巩固和扩大应对国际金融危机和国内经济放缓、保持全市经济平稳较快发展的重要举措。重点对如何加大行业小型企业的财税支持力度、缓解企业速效困难、推动小型企业向行业代表企业看齐，从而创新发展和调整结构，支持包装企业开拓市场力度，促进行业集聚发展、加强企业公共服务等方面提出具体办法。要科学分析，正确把握，积极研究采取更有针对性的政策措施，帮助包装行业企业提振信心，稳健经营，提高盈利水平和发展后劲，增强企业可持续发展能力。

## 浅议“新常态”下辽宁包装行业发展之路

辽宁省包装行业管理办公室　王伟

包装行业是国民经济新兴产业，也是当前最具发展前景和活力的产业之一，它的发展不仅能拉动上下游产业的发展，也能刺激相关产业的发展。包装行业的发展程度充分反映出一个国家和地区经济发展的综合水平和人们的消费能力。改革开放以来，我国包装行业发展迅速，据中国包装联合会统计，2014 年中国包装工业总产值完成 14800 亿元，已成为仅次于美国的世界第二包装大国。在国民经济 42 个工业行业中，包装工业总产值从 20 世纪 80 年代的倒数第 2 位提升至第 14 位，是名副其实的朝阳产业。作为一个工业大省，辽宁包装行业拥有过辉煌的历史，80 年代初期经济总量曾仅次于江苏，位居全国第二位。随着整个东北地区经济不景气，“东北现象”的出现，位次逐渐滑落到 10 名以外。近年来，特别是中央实施振兴东北老工业基地政策后，辽宁省包装行业进入发展的黄金期，“十二五”时期，全省包装工业产值年平均增长 18%以上，已经重新回到全国包装行业大省的行列。近两年，随着经济增速的放缓，辽宁包装行业也经历着高速发展后的“瓶颈期”，本文尝试对“新常态”下辽宁包装行业发展之路进行粗浅的分析和探索。

**一、辽宁全省包装工业现状**

“十二五”时期，辽宁省包装工业年平均增长 18%。2014 年实现包装工业总产值 1480 亿元，约占全省工业总产值的 3%。

据统计，全省现有包装企业 2500 多家。其中，全省规模以上包装企业 924 个，资产总额 440 亿元，实现工业总产值 1250 亿元，行业职工 10 余万人。经过几十年持续的技术改造和科技创新，现在辽宁省已基本建立了比较齐整的包装工业体系，由于全省重工业占工业比重的 75%以上，这就决定了辽宁包装工业具有鲜明的地方特色。工业包装有一定的优势，商业包装与发达地区比仍存在差距；包装材料和包装机械行业有一定的产业优势，包装制品和包装印刷等行业略显不足。包装制品中塑料制品占包装总量的 59.25%，高于全国 28 个百分点，是辽宁省的包装优势产业。包装工业在满足为全社会消费品提供配套服务的基础上，产品结构调整取得较大进展，各类包装产品在质量、档次、品种、功能等方面已基本上能满足不同消费层次的需求。形成了以塑料、纸、金属、玻璃、木材等包装制品和包装印刷为主的产品结构。包装工业为全省各行业生产的超过 5000 亿元的内销商品和 300 多亿美元出口

商品提供配套服务。

“十二五”期间，辽宁省包装行业科技创新上了新台阶。累计研制新产品达300多项，专利数150多个，新建各类省级和市级企业技术中心40余家，科技人员占全省包装行业从业人数比率上升为19%。2014年全省包装新产品产值占包装工业总产值的2.8%。一大批高新技术在全省包装行业中得到了推广和应用，特别是节能、环保、低碳技术推广和应用，推动了包装产品的更新换代和企业技术升级，使部分包装产品技术水平在国内处于领先地位，有的包装产品在国内的市场占有率高达80%以上。

**二、存在的主要问题**

1.产业集中度不高

包装企业规模小、布局分散，全省包装行业以中小企业为主，包装企业产值10亿元以上的仅有4家，5亿元以上的9家，亿元以上的企业总数不足百家。规模以上企业仅占全省包装企业的37%，中小企业占98.7%以上。以纸包装行业的纸箱行业为例，全省纸箱生产企业千余家，其中规模以上的185家，占纸箱行业的18%；超亿元的纸箱企业不足20家，仅占全纸箱行业的2%。全省纸箱行业除了100多条瓦楞纸板生产线外，其余90%以上的企业仍然是单机生产和手工操作，甚至还有许多企业是作坊式的生产方式，生产效率低下，产品质量不高，没有市场竞争力。

2.技术水平偏低

全省包装行业发展虽然迈入全国包装大省行列，但是并非包装强省，技术水平仍然偏低，其质量、品种、效益没有形成较强优势，与发达国家和地区相比还有很大差距。特别是企业自主创新能力不足，抗风险能力不强。拥有自主知识产权的技术和产品、高附加值产品和名牌产品等高端产品不多，无论是包装材料、包装机械还是包装制品等还都是粗放型产品、初级产品较多。由于产品技术水平、档次较低，因此企业市场竞争力不强，效益不高。

3.产业发展不均衡

全省包装行业各产业发展不均衡。包装制品中塑料制品占包装总量的59%，高于全国28个百分点；纸包装制品仅占包装总量的19%，低于全国15个百分点，由于纸包装制品是世界上公认的绿色包装产品，在发达国家纸包装制品普遍占包装制品的40%以上，因此辽宁省纸包装发展仍显滞后；包装印刷增长速度较慢，金属包装甚至出现连年负增长。

4.地区发展不平衡

全省包装行业主要集中在沈阳、大连及沿海港口城市，沈阳、大连两市的包装工业产值占全省包装工业总产值的60%；丹东、锦州和营口三沿海城市包装工业总产值占全省的19.4%；抚顺、本溪两个重工业城市包装工业总产值仅为全省的2.1%；辽西地区的包装工业是全省薄弱地区，朝阳、阜新两市包装工业产值不足全省包装工业产值的0.3%。

5.技术和管理人才不足

辽宁省包装行业由于中小企业偏多，企业的管理人才和技术人才严重不足，特别是在纸包装行业和包装印刷行业，正经历由原来作坊式手工或半机械化作业，发展成现代化、机电一体化、数字化的大型生产线，生产效率呈几何级数增长的过程中。现有的技术和管理人才远不能适应生产的需要，不少企业需要花重金从外地聘请人才。人才外流情况严重，每年大专院校相关专业毕业生“孔雀东南飞”趋势没有得到有效扭转。人才的匮乏严重地制约了全省包装行业的发展。

**三、发展的方向和思路**

随着人民生活水平和消费能力的不断提高和包装新技术的不断发展，包装新材料、新设备、新工艺的广泛应用为包装工业发展提供了广阔前景。实施节能减排，倡导低碳消费，发展绿色包装和减量化包装，节约包装材料，减少包装废弃物，保护生态环境成为当今世界包装的主流。包装产业的低碳化也将刺激包装行业的产业升级和提供广阔的市场空间。新的经济形式要求全省包装企业既要迎接调整，也要抓住机遇，真正做到科技兴企、技术强企。

1.加快纸包装制品产业发展

纸包装制品是世界公认的绿色包装产品。我国是纸包装制品生产和消费大国，瓦楞纸板产量居世界第一位，全国拥有瓦楞纸板生产线6000多条，是美国、日本、欧洲总和的1.5倍多。全国的瓦楞纸箱生产主要集中在珠江三角洲、长江三角洲、环渤海三大经济区。辽宁省位于环渤海地区的边缘，据统计，辽宁现拥有纸箱企业1200余家，瓦楞纸板生产线185条。瓦楞纸板年产值超200亿元；包装印刷产值50亿元，主要集中在沈阳、大连和沿海港口城市。发达国家纸包装占包装工业45%以上，我国占37%，而辽宁省仅占19%，因此有非常大的发展空间。全省瓦楞纸箱生产要实现集约化生产，逐步淘汰单机生产，提倡“集中制版，分散制箱”，提高纸箱设计水平，降低克重，走轻量化道路。提高彩印纸盒生产能力和质量水平，满足全省医药、食品、饮料、纺织品、化妆品等产品包装需要；扩大纸浆模塑制品、蜂窝板的开发和推广；稳定水泥纸袋生产，根据包装小型化趋势大力开发粮食包装用的高强度纸袋及食品包装纸袋、购物袋等。

2.塑料包装制品产业需要转型升级

塑料包装产业是辽宁省的优势产业，全省塑料制品产量居全国第五位，其中塑料包装制品在全国处于领先位置。辽宁省又是全国北方生产塑料购物袋集散地，营口芦屯是东北地区最大的塑料购物袋生产和销售基地，其生产总量占全国塑料购物袋的1/3。尽管塑料包装材料一直经受环境问题的严重挑战，但从近年来发表的数据看，塑料包装材料在包装工业中仍成为需求增长最快的材料之一。为适应新时代的要求，塑料包装材料除要求能满足市场包装质量和效益等日益提高的要求外，还进一步要求其节省能源、节省资源，用后易回收利用或易被环境降解等，这些也成为技术开发的出发点。为此塑料包装材料正向高机能、多功能性、环保适应性，采用新型原材料、新工艺、新设备及拓宽应用领域等方向发展。现在辽宁省塑料包装制品也有意识地朝节省资源、节约能源、易回收方向发展，很多企业正在或有意向开发高阻渗透包装材料、功能性包装材料、无菌包装材料、纳米复合包装材料、环境友好（环保适性）塑料包装材料（或绿色塑料包装材料）等。塑料包装制品主要有膜、袋、瓶、大型中空容器、浅盘和托盘等。它们的发展趋向为：保鲜膜将向功能化发展，购物袋向降解塑料方向发展，软包装向高阻隔性发展，饮料容器向低成本、高性能化发展，药品和化妆品向塑料瓶方向发展，中空容器向大型化、多层化发展。

3.提升包装材料和包装机械档次

在包装材料产业重点开发生产环保型降解塑料和新型高阻隔包装材料；开发生产集装箱钢板、钢桶及其他金属包装容器用钢板和钢带；开发生产高强瓦楞纸板、瓦楞原纸、白板纸等包装材料。装备制造业是辽宁省第一支柱产业，达到1.3万亿元，占全省工业比重33%。要发挥辽宁省装备制造业技术和人才优势，积极开发和生产市场紧俏包装机械。包装机械趋向自动化、高效率化、节能化、机电一体化、激光扫描、无线电射频发射、纳米技术和系统简化方向发展。

4.做好包装行业培训与教育工作

加大专业人才培养力度，尽快造就一批高素质、高层次、创新型包装科技人才队伍。虽然近年来辽宁省包装总量有较快发展，但在包装技术创新和管理水平上与发达地区相比仍有较大差距，独立研发和创新能力薄弱，生产效率不高、产品科技含量少、技术档次低。要实现包装强省的目标，包装人才培养是关键。辽宁省是教育大省，许多工科院校已设有包装相关专业，要充分发挥他们的作用，尽快培养一批高层次的包装科技人才。同时要大力加强包装行业各专业职业技术培训，培养一批适应现代化包装企业要求的专业化技术队伍。

5.扎实做好推进企业技术进步工作

企业要组建专门的科室，围绕科技进步，攻关解决技术难题。关注产学研的转化，建设企业技术中心、工程实验室，提升企业产品的科技水平。掌握国际、国内的专业技术发展情况，配合企业的技术改造或者基本建设的发展等工作，使行业科技工作自上而下，自下而上，沟通清楚，衔接明白，做好技术发展规划，按部就班，扎扎实实地开展起来。行业工作也要围绕重视科技发展的企业来服务，因为这些企业会有后劲，能够快速扩张，会有大发展，会成为行业的生力军。

6.提高产业集中度，加强包装园区建设

要抓紧落实各项政策措施，推动辽宁老工业基地实现新的跨越，加快形成具有独特优势和竞争力的新的增长极。随着辽宁省沿海经济带开发和沈阳中部城市群建设成为国家战略，全省包装行业产业布局应继续以沿海五城市和沈阳为中心，加大包装工业园区建设，提高产品档次和技术水平。一些劳动密集型和技术含量较低的包装产业向辽西地区转移，带动那里的包装行业发展和人口就业，促进这一区域的经济发展。全省包装行业应实现重点突出，布局合理，形成以沈阳、大连为中心向全省辐射，五沿海港口城市竞相发展，辽西部地区快步跟进的发展态势。到2020年全省包装行业发展优势扩大，在立足辽宁的前提下，辐射到整个东北地区和内蒙古东部，与环渤海经济圈相融合成为我国三大包装经济圈之一。

# 辽宁经济增速全国垫底　包装行业进入调整期

辽宁省包装工业办公室主任　郭禄

自2014年以来，辽宁省工业经济增速出现了历年从未有的全国排名倒数第一的不利局面，直至2015年上半年这种局面仍然没有好转。受全球经济下滑及全省经济增速放缓的影响，2014年辽宁省包装行业也同样面临严峻局面，全面进入调整期。

## 一、行业发展进入调整期

2014年辽宁省规模以上包装工业企业676户，较上年减少40户，其中机制纸和纸板制造企业减少了22户，包装印刷企业减少了9户，这40户企业产值锐减，由规模以上企业变成了小规模企业；676户规模以上包装企业完成工业总产值1201亿元，较上年同期下降了8.36个百分点，绝对值减少了109亿元；主营业务收入完成1168亿元，较上年同期下降8.93个百分点；工业销售产值1176亿元，较上年同期下降8.61个百分点，绝对值减少了111亿元；产销基本平衡；出口交货值完成22.22亿元，较上年同期下降了67.24个百分点，绝对值减少了45.6亿元，占销售产值减少额的41%，产值下滑，受出口的影响较大。676户规模以上包装企业完成营业税金及附加税8.68亿元，较上年增加了2.34亿元，增长了36.91%；销售费用30亿元，与去年基本持平；管理费用39亿元，较上年减少了7亿元，降幅较大；利税总额完成95亿元，较上年减少了35亿元，平均每个企业减少517万元，效益明显减少。

在全省14个市中，除大连、丹东、锦州、铁岭、朝阳外，其他市包装工业总产值虽都有不同程度的增长，但由于占有绝对值较高的大连市减少了69亿元，仍然形成全省包装工业总产值整体下降的局面。

全省包装行业的21个子行业中，塑料包装、玻璃包装、金属包装及包装印刷设备有一定增长。沈阳防锈、鞍山发蓝钢带、辽阳腾华塑料、营口东盛、朝阳佛瑞达等一批骨干企业，由于产品科技含量高，占领市场高端，市场稳定，企业管理水平高，各项经济指标仍然保持了较好的水平。

## 二、解放思想与时俱进

辽宁省包装企业分布不是规则的金字塔形状，全口径包装企业2500多家，原有500万元以上产值企业900多家，其中属新标准规模以上的企业676家，这说明有224家企业在500万~1999万元。由此可见，全省包装企业高端的多，低端的密，而中间的500万~1999万元产值的企业较少。相比而言，对于科技人员少、产品落后、品种单一、设备老化的企业，将在新常态下风雨飘摇。

随着社会经济的发展，不仅家庭生活方式发生了改变，生产方式同样也发生了变化，这些变化需要每个人转变思维模式。今天历史最长的包装企业一般都有近30年的发展史，当年的企业家们在那个时代创造了辉煌。那个时候的企业家是进步、成功人士，所以在当年成就了一个好的企业，成就了一番事业。后来，有了亚洲金融危机，有了西方联合制裁，有了股荒，有了紧缩银根，有了经济的调整期，加上现在的新常态，有的企业家感觉有些跟不上时代的变化了。现在德国在搞工业4.0，我国在下大力气做“互联网+”，但好多企业还没有网站，还没有接触电子商务。2014年“双11”，网销过千亿元；贵州茅台镇2014年春节前销售非常萧条，酒商很少，近300家酒坊歇业；现在云南普洱、福建铁观音利用电话促销，降价直销全国市场……这些现象不得不引起包装行业企业家们对现行传统生产、营销方式进行深思。

## 三、辽宁省包装行业发展存在的主要问题

### 1.技术水平偏低

全省包装行业发展虽然迈入全国包装大省行列，但是并非包装强省，技术水平仍然偏低，其质量、品种、效益没有形成较强优势，与发达国家和地区相比还有很大差距。特别是企业自主创新能力不足，抗风险能力不强。拥有自主知识产权的技术和产品、高附加值产品和名牌产品等高端产品不多，无论是包装材料、包装机械，还是包装制品等还都是粗放型产品，初级产品较多。由于产品技术水平、档次较低，因此企业市场竞争力不强，效益不高。

### 2.技术和管理人才不足

包装行业由于中小企业偏多，企业的管理人才和技术人才严重不足，特别是在纸包装行业和包装印刷行业，由原来作坊式手工或半机械化作业，发展成机电一体化、数字化的大型生产线，生产效率

呈几何级数增长。现有的技术和管理人才远不能适应生产的需要，有的企业需要花重金从外地聘请。人才的匮乏严重制约了全省包装行业的发展。

3.产业集中度不高

包装企业规模小、布局分散，全省包装行业以中小企业为主，包装产业园区和产业集群还在发展中。全省包装企业产值 10 亿元以上的仅有 4 家，5 亿元以上有 9 家，2 亿元以上的 23 家，1 亿元以上的 53 家，规模以上 924 家，全省包装企业共有 2500 多家，规模以上企业仅占全省包装企业的 37%，中小企业占 98.7%以上。以纸包装行业的纸箱行业为例，全省纸箱生产企业近千家，规模以上的 185 家，占纸箱行业的 18%，其中超亿元的纸箱企业不足 20 家，仅占全纸箱行业的 2%。全省纸箱行业除了 100 多条瓦楞纸板生产线外，其余 90%以上的企业仍然是单机生产和手工操作，甚至还有许多企业是作坊式的生产方式，生产效率低下，产品质量不高，没有市场竞争力。

4.产业发展不均衡

全省包装行业各产业发展不均衡，包装制品中塑料制品占包装总量的 59%，高于全国 28 个百分点。纸包装制品占包装总量的 19%，低于全国 15 个百分点。而在发达国家纸包装制品占包装制品的 40%以上，有的高达 50%以上；包装印刷增长速度较慢，金属包装甚至出现负增长。材料产业和机械产业是辽宁省两大优势产业，但是包装材料和包装机械产业优势并不明显。一些高档包装产品不能满足需要，如高强薄轻量玻璃瓶、马口铁喷雾罐、钢制二片罐等在省内尚属空白。一些门槛较低、技术含量较低、低档次的包装产品产能过剩，仍在盲目发展和低水平重复建设。

**四、全省包装行业近期工作重点**

1.注重环保，倡导绿色，推进包装产业低碳化

包装是绿色产业，只有走可循环、低碳的道路，才会有未来。辽宁省包装办公室（包装办）在近几年的工作中，始终坚持把绿色与科技相结合，并融入各项工作之中，尤其是节材代木理念在全省得到了进一步推广。

大力开发新型绿色包装新材料、新技术、新工艺及相关的机械设备。着力发展环保型纸包装制品，积极推广可降解塑料树脂。攻克包装废弃物处理技术，构建绿色包装评价体系，建立绿色包装运行机制。推进治理过度包装，推进包装轻量化，减少包装材料的消耗，实现包装的低碳化。进一步做好限制塑料购物袋的生产使用和销售，禁止一次性发泡餐饮具的生产使用和销售等工作，加强机电产品包装节材代木的试点和推广工作。推进清洁生产，做到防止污染从末端产生向生产全过程控制过度，确保向社会提供安全、可靠的绿色包装产品。认真贯彻国家《食品安全法》，确保食品包装安全。

2.做好《辽宁省包装行业“十三五”规划》制定工作

全省包装行业完成了《辽宁省包装行业“十二五”规划》中提出的各项增长目标和工作任务，做好了《“十三五”规划》制定工作的准备工作。把好项目、好产品列入规划，把大力发展的园区列入规划，争取得到银行及政府等主管部门的支持。“十三五”规划将是全省包装行业近五年工作的指导纲领。下一步还将制订支持及淘汰产品及技术的目录，指引行业健康、有序发展。

3.提升包装行业科技含量

装备制造业是辽宁省第一支柱产业，产值达到 1.3 万亿元，占全省工业比重 33%。要发挥全省装备制造业技术和人才优势，积极开发和生产市场紧俏包装机械。包装机械向自动化、高效率化、节能化、机电一体化、激光扫描、无线电射频发射、纳米技术和系统简化方向发展。重点支持药品泡罩包装机械、药品胶囊生产包装机械、包装印刷机械、造纸机械、瓦楞纸板生产机械和塑料加工机械等行业的发展和产业升级，使相关产业集群和生产企业做大做强。

在包装材料方面，要重点开发生产环保型降解塑料，开发新型高阻隔包装材料；开发生产集装箱钢板、钢桶及其他金属包装容器用钢板和钢带；开发生产高强瓦楞纸板、瓦楞原纸、白板纸等包装材料。

纸包装制品是世界公认的绿色包装产品。我国是纸包装制品生产和消费大国，瓦楞纸板产量居世界第一位，全国拥有瓦楞纸板生产线 6000 多条，是美国、日本、欧洲总和的 1.5 倍多。全国的瓦楞纸箱生产主要集中在珠江三角洲、长江三角洲、环渤海三大经济区。辽宁省位于环渤海地区的边缘，全省拥有瓦楞纸板生产线 100 多条，生产能力 70 多万吨，主要集中在沈阳、大连和沿海港口城市。发达国家纸包装占包装工业 45%以上，我国占 37%，而

辽宁省仅占 19%，因此有非常大的发展空间。全省瓦楞纸箱生产要实现集约化生产，逐步淘汰单机生产，提倡“集中制版，分散制箱”，提高纸箱设计水平，降低克重，走轻量化道路。提高彩印纸盒生产能力和质量水平，满足全省医药、食品、饮料、纺织品、化妆品等产品包装需要；扩大纸浆模塑制品、蜂窝板的开发和推广；根据包装小型化趋势，稳定水泥纸袋生产；大力开发粮食包装用的高强度纸袋及食品包装纸袋、购物袋等。

要大力促进塑料包装制品产业转型升级。辽宁省塑料包装制品产业应向节省资源、节约能源、易回收方向发展，开发高阻隔塑料包装材料、功能性包装材料、无菌包装材料、纳米复合包装材料、环境友好型塑料包装材料（或绿色塑料包装材料）等。它们的发展趋势为：保鲜膜将向功能化发展；购物袋向降解塑料方向发展；软包装向高阻隔性发展；饮料容器向低成本、高性能化发展；药用和化妆品向塑料瓶方向发展；中空容器向大型化、多层化发展。

4.扎实做好推进企业技术进步工作

企业要组建专门的科室，围绕科技进步，攻关解决技术难题。根据国家及省有关技术政策，衔接专家及科研院所、大专院校，关注产学研的转化。建设企业技术中心、工程实验室，提升企业产品的科技水平。掌握国际、国内的专业技术发展情况，配合企业的技术改造或者基本建设的发展等工作，使行业科技工作，自上而下，自下而上，沟通清楚，衔接明白。做好技术发展规划，按部就班，扎扎实实地开展实施。

5.提高产业集中度，加强包装园区建设

针对全省包装工业规模小、布局分散、产品档次低、市场竞争能力不强等弱点，努力建设发展规模经济，走集约式、规模化发展道路，提高全省包装行业的集约化水平，提升总体技术含量。在调整产业结构原则下，以资产为纽带、以产品为龙头、打破地区、部门和所有制限制，对生产要素存量资产进行重组，形成一批经济规模大、资产实力强、产品技术含量高、市场有竞争力的大型企业集团。按照经济优化和产业聚集的原则，以发展产业集群和包装工业园区为抓手，打造产业链发展的模式。

包装行业是新兴的朝阳产业，行业基础仍然薄弱，整体技术水平偏低，如何更好地发展，是所有包装人研究的课题，更是包装办的任务。2015 年，包装办将从各地实际情况出发，加强调研，共同探讨行业的发展，实现包装行业在新常态下的可持续发展。

# 包装与相关行业现状
# 及发展前景

# 我国机械工业包装的现状与发展

中国包联机械工业包装技术委员会秘书长　李蓓红

作为中国包联的分支机构，我委员会的业务范围主要分为两大部分。一是装备制造业十二大行业之一的包装食品机械暨农产品深加工技术装备行业；二是装备制造业机电产品包装行业，重点是大型、精密、贵重、单件、小批量机电产品包装行业。

## 一、包装食品机械暨农产品深加工技术装备行业的现状

目前，此行业涉及的设备主要有：粮食加工成套设备、棉产品加工成套设备、油料加工成套设备、果品及坚果加工成套设备、蔬菜加工成套设备、茶叶加工成套设备、肉类加工成套设备、蛋品加工成套设备、奶品加工成套设备、水产品加工成套设备、农秸秆及固体废料加工成套设备和包装及包装机械成套设备。

### （一）数据统计分析情况

按照国家统计局公布的数据，“十二五”期间，我国包装食品机械暨农产品深加工技术装备，保持稳定增长的态势。据2014年年底不完全统计，我国规模以上包装食品机械暨农产品深加工技术装备制造企业1432家，完成主营业务收入3564.91亿元，同比增长率10.45%，平均增长率为14.15%，远高于机械行业增长水平。

包装食品机械暨农产品深加工技术装备的发展，促进了我国农产品加工业的发展。据农业部提供的数据，我国现有农产品加工企业45.5万家，规模以上主营业务收入18.48亿元，平均增长率18.5%，占我国工业主营业务收入的17%，成为国民经济支柱产业之一。

先进工业国家，农产品加工业生产总值是农业生产总值的5倍以上，最高为9倍以上。体现后工业化水平。我国在20世纪末是0.6倍，2005年为1.6倍，2010年为1.8倍，目前为2倍以上，是纯农业收入的3.5倍，接近中等发达国家的水平。

### （二）主要成就

包装食品机械暨农产品深加工技术装备成为装备制造业新兴独立行业。经过“十一五”起步，“十二五”发展达到了品种基本齐全，布局较为合理的要求，基本满足了我国农产品加工业的需求。除高端和大型加工成套设备、关键零部件和控制元器件靠进口外，一般中小型成套设备基本国产化，并有25%左右的出口量。

包装食品机械暨农产品深加工技术装备的产品水平有了长足进步。如粮油、果蔬、肉类、乳制品等加工设备，成套化水平有了很大提高；我国研制的速冻干燥设备、螺旋式速冻机、流态化速冻机已达到21世纪初国际先进水平；自动化控制、计算机、传感、微波、红外技术，在茶叶加工中广泛应用；新型智能化、在线检测包装技术装备，基本上满足农产品加工业的需求等。

### （三）为适应《中国制造2025》制造强国战略要求，目前需要解决的问题

2015年5月，国务院发布了《中国制造2025》强国战略规划，并指出：按照“四个全面”战略布局要求，实施制造强国战略。加强统筹规划和前瞻部署，力争通过三个十年的努力，到新中国成立100年时，把我国建设成为引领世界制造业发展的制造强国，为实现中华民族伟大复兴的“中国梦”打下坚实基础。《中国制造2025》是我国实施制造强国战略第一个十年的行动纲领。

为此，我委员会应原机械工业部领导的建议，针对目前亟须解决大型、关键设备国产化问题、能耗高、综合利用差的问题和标准化水平低、创新能力差的等问题，向工信部与国务院提出意见，建议把包装食品机械暨农产品深加工技术装备，列入《中国制造2025》十大重点领域之一的“农业装备”。此建议得到国务院和工信部领导的肯定，并做出重要批示：“至少应包括农产品深加工成套设备。”

同时，我们组织编制了《农产品深加工（含节材代木）技术装备“十三五”规划纲要》，并列出近期建议国家给予支持的十个“农产品深加工（含节

材代木）技术装备项目”，报送工信部与国务院。

（四）“十三五”发展纲要基本思路与基本目标

1.基本思路

包装食品机械暨农产品深加工技术装备是直接为加快发展农产品深加工服务、为提高人民生活水平服务的装备制造业。没有先进、适用、高效、节能的技术装备，就没有为农业增效、农民增收，吸纳农村剩余劳动力，解决农民离土不离乡，实现新型城镇化的现代农业。

以贯彻落实《中国制造 2025》为指导，以创新驱动发展为动力；以提高产品品种、质量、水平和效益为中心；以市场需求为目标，强化基础技术能力、改善研发和创新方法、改进设计方法和制造工艺、提高综合集成技术水平、推进节能减排和综合利用要求，在实施“精准脱贫”、全面建设小康社会的服务中，实现 5 个转变，即由消化吸收向独立自主技术创新转变；由注重单项技术研发向重视集成技术研发转变；由重视产品数量增长向质量效益提升转变；由发展产品为主向发展成套技术为主转变；由单纯为农产品加工企业服务向为城镇化服务转变。

2.基本目标

“十三五”是我国全面建成小康社会的关键五年，包装食品机械暨农产品深加工技术装备，要发挥装备制造业的整体优势，尽快缩短与先进工业国家的差距，按照《中国制造 2025》强国战略的要求，重要技术装备达到 21 世纪水平；部分有中国特色的技术装备保持世界先进水平，形成与我国农产品精深加工业相匹配的、产品结构更加合理、技术水平更加先进、产品集中度更高的现代农业精深加工技术装备体系。推进我国农产品精深加工业由资源消耗型转变为质量效益型，使我国农产品加工业生产总值与单纯农业生产总值达到先进工业国家的中等以上水平，即 3~5 倍，为全面建成小康社会做出贡献。

**二、机电产品包装行业**

（一）数据统计分析情况

装备制造业是国民经济和国防建设的支柱产业，被称为国家的脊梁。我国机械工业有十二大行业，37 个中行业近 70 个小行业，近十万种产品，工业生产总值为 24 万亿元，占国民生产总值的 11.7%，出口连续 14 年占全国总出口量的 57%左右。

机电产品包装是装备制造业生产全过程“八事一贯制”，即调研、方案、设计、制造、检测、装配、试车、包装等生产过程的重要组成部分。特别是在市场经济的条件下，包装联系着市场，是扩大机电产品出口重要保证。据不完全统计，机电产品包装工业生产总值 4800 亿元。其中，大型、精密、贵重、单件、小批量机电产品包装工业生产总值近 2000 亿元。

我国机电产品包装中，木材包装占 80%以上，每年消耗天然木材达 1100 万立方米以上，其中军工产品包装使用木材占 1/3 左右，占全国商品木材消耗量的 1/6，而且大部分是优质木材，特别是军工产品包装对木材的要求更高。但木材的利用率不到 70%，基本没有回收，每年浪费 100 亿元以上。因包装不善，机电产品出口每年损失 100 多亿美元。

我国木材资源极为匮乏，森林覆盖率仅为 18.21%，是世界平均水平的 60%左右，人均森林面积占世界平均水平的 1/4，人均木材积蓄量仅为世界平均水平的 1/6。而我国木材消耗量却呈刚性增长，供需矛盾日益突出。特别是十八大提出五大发展理念，绿色发展理念更加深入人心，节约木材成了基本国策。

况且使用原木包装制品出口需要“熏蒸”，出口商检手续相应增加，致使包装成本上升 20%左右。

（二）推行木材节约代用、节约包装材料

机电产品包装是木材使用大户，为响应国务院领导号召，开展机电产品包装节材代木，我委员会一直致力该领域的工作。此项工作也得到国务院领导的肯定和支持，先后做了八次批示：“请财政部认真研究”“机电产品包装节材代木虽不是重大装备，但意义重大……”“研发机电产品包装用替代材料，意义重大”“……请发改委、财政部、国资委、技术监督局、法制办等部门给予支持，并充分发挥行业协会作用”“拟同意成立部际联席会议，按程序报批”等。国家发改委、财政部、工信部等有关部门，分别以建议、方案和情况报告等形式向国务院做了正式汇报，对推进机电产品包装开展节材代木起到了积极作用。

经过对行业现状的分析，重点对大型、精密、贵重、单件、小批量机械产品包装开展节材代木试点。这些企业都是机械工业的重点骨干企业，是对国民经济各行各业和国防建设起装备作用的产品。如八大重机、三大三中电站设备、三大输变电设备、十大重型机床和数控机床、十二大石化通用设备，以及重大军工产品等。

这些产品形状各异，重量悬殊，小到几十克、大到数千吨，大都是现场包装，不仅要适应产品结构、生产工艺的要求，还要考虑各种运输条件下的特殊包装，防潮、防湿、防盐、防雾、防震等特殊要求。所以机电产品包装不同于一般产品包装，属于功能性包装。

（三）“十二五”期间开展的重点工作

（1）召开《机电产品包装节材代木现场交流推广应用工作会议》七次。

（2）组织申报《机电产品包装生物质材料国家工程研究中心》，已经国家发改委批复成立。

（3）组织依托重点试点企业，成立四个《机电产品包装节材代木产业化示范中心》，报请国家发改委会同工信部给予支持。

（4）筹备成立《全国机电产品包装节材代木标准化技术委员会》，经工信部与国标委联系，暂由《全国包装机械标准化技术委员会》代理，待筹备工作完备后，研究批复成立。

（5）围绕推广应用节材代木包装材料，开展的重点研发课题如下。

①机电产品包装节材代木绿色制造、结构优化研究与产业化。

②复杂运载条件下生物质大型包装箱结构性能研究与产业化。

③极端条件下改性生物质材料包装箱耐气候性研究与产业化。

④大型重载机电产品包装箱动态可靠性设计软件研究与产业化。

⑤建立生物质材料包装标准化体系和质量评价体系。

⑥研究机电产品包装节材代木循环复用工作方案和组织实施等。其中“大型重载机电产品包装箱可靠性设计软件研究”通过鉴定，经查新达到国际先进水平。

（四）取得的成果

重点试点企业节材代木率达到90%以上，中国二重集团达到 100%；中国机械工业联合会与中国汽车工业协会联合认定的百强企业，节材代木率为50%左右；机械工业全行业节材代木率为40%以上。每年为国家节约天然木材400万立方米。向国务院领导交了一份合格的答卷，得到国务院领导的肯定和鼓励。

（五）存在问题

（1）鉴于装备制造业的重点骨干企业领导大都对节材代木的重大意义认识不足，开展机电产品包装节材代木的自觉性不够，推广应用节材代木包装材料的难度较大。尽管在短短的五年多时间召开过七次现场交流推广会议，但效果依然不十分显著。

（2）以速生林加工的单板层积材已得到机电产品包装节材代木的广泛使用，成为机电产品包装节材代木的主打材料。但对以废弃农作物秸秆加工的“麦秸秆板材”，由于价格较高，虽经过三年试用，证明完全适用于机电产品包装，仍然难以为用户接受。

（3）循环复用工作尚未提到议事日程。

“十三五”将针对存在问题，做出重点规划并上报工信部。

## 中国钢桶包装业的现状与发展

杨文亮

自从1908年在我国诞生第一只包装钢桶到现在，已经历一百余年。在旧中国，我国钢桶业基本上都是由外国石油企业巨头把持。新中国成立后，钢桶业由中国六家石油化工基地接手，建立了中国钢桶包装业的雏形。到改革开放前期，中国钢桶包装业已经有了不少的发展，但制桶企业不过百家，产量不过千万，技术设备更是落后。但是改革开放后，随着中国对外开放和经济的快速发展，我国钢桶包装业迎来了高速度的发展。制桶企业已逾千家，产量已过亿。到目前为止，我国已经发展成为当今世界的钢桶工业大国，不仅产量居世界首位，而且技术和设备都已达到了世界先进水平。

表1简明扼要地介绍了中国钢桶包装业的发展历程。

表1　　中国钢桶包装业的发展大事记

| 发展时期 | 主要事件 |
|---|---|
| 2007年 | 成立中国包装联合会钢桶专业委员会，并成立了行业专家组，这是中国钢桶行业发展壮大的里程碑。同时，由行业专家杨文亮、辛巧娟编著的《钢桶制造技术》《制桶工培训教程》《包装企业质量检验培训教程》《钢桶包装用户手册》《钢桶包装标准应用指南》等行业技术专著相继问世，使中国钢桶工业走上了技术强国的发展道路。中国包联钢桶委员会在营口建立了“制桶技术培训基地”，开始在国内定期举办制桶技术培训班，向国内钢桶企业传授新技术、新工艺，推荐新设备、新材料 |
| 2008年 | 我国开始对钢桶国家标准进行系统修订，全面与国际接轨。新的国家标准共分5部分内容，第1部分为通用技术要求，第2部分和第3部分基本上包含了原国家标准的内容，第4部分和第5部分全面涵盖了最新的国际标准。当年首先发布的是GB/T 325.1—2008《包装容器 钢桶 第1部分：通用技术要求》和GB/T 13251－2008《包装 钢桶 嵌入式法兰封闭器》两项国家标准 |
| 2010年 | 中国钢桶制造企业约有800家。全国各类钢桶总产量已达到1亿只以上，其中200L钢桶总产量接近8000万只。产品规格和种类已达到国际化，国内制桶设备、钢桶配件、原辅材料等相关的产业也已形成规模。同年发布了两项国家标准，即GB/T 325.2—2010《包装容器 钢桶 第2部分：最小总容量208L、210L和216.5L全开口钢桶》和GB/T 325.3《包装容器 钢桶 第3部分：最小总容量212L、216.5L和230L闭口钢桶》 |
| 2011年 | 中国制桶业迎来技术进步的黄金时期。国内制桶设备的生产技术达到了历年来的顶峰，多家制桶设备生产企业研发生产出全自动缝焊机并投入市场，国内制桶设备的技术大幅度提高，设备大量出口，制桶企业开始大规模扩张和进行技术改造。钢桶市场需求量猛增，新增制桶企业层出不穷。我国制桶行业已由制桶大国发展成制桶强国 |

续　表

| 发展时期 | 主要事件 |
|---|---|
| 2013年 | 中国生产钢桶制造设备的有10多家企业，设备技术已达到全自动化生产需要。尤其是新的环保技术不断引入，清洁化生产及高清洁钢桶已经成为发展需要。由于中国环境保护的呼声越来越高，水性涂料的使用、覆膜铁的推广、节能环保炉的普及，以及钢桶清洗非磷化工艺的引入等，使钢桶生产逐步达到环保清洁。由行业专家编著的《钢桶包装标准应用指南》问世，使我国钢桶标准化完全达到了国际水平要求 |
| 2014年 | 中国钢桶制造企业已达千家，年产200L钢桶已达1.2亿只。年底对中国包联钢桶专业委员会158家会员单位进行统计，其中年产500万只以上的有3家，年产400万只以上的有2家，年产200万只以上的有5家，年产100万只以上的有11家，年产50万只以上的有32家，年产30万只以上的有50家，年产30万只以下的有55家 |
| 2015年 | 200L钢桶年销售量已超过1.2亿只，中小桶年销售量已超过5千万只。全国有规模的钢桶企业有500余家，参加协会的会员单位有230余家，集中了行业中主要的生产企业。钢桶生产企业分布在全国各地，其中江苏、浙江、上海、山东、天津、广东、新疆企业相对较多。包括钢桶相关的配件、涂料、密封胶、设备工装生产企业100多家。全国有30余家钢桶制造企业在近两年进行了较大的技术改造，其生产能力有装备技术已接近国际水平，全套生产线生产率已达到每分钟12只以上。预涂钢板已经开始在行业中得到应用 |

对于钢桶包装业未来的发展，我们充满信心。近年来，中国包装联合会钢桶专业委员会，每年都由秘书长带队，不断走访行业企业，了解行业企业的需求、市场需求和行业发展情况，针对行业企业及市场的发展要求，不断调整行业发展目标，根据国家的大方针、大目标，制订行业发展的计划。引导企业、市场不断向世界最先进、国家最需要的方向发展。

表2简明扼要地介绍了中国钢桶包装业的发展目标。

表 2　　中国钢桶包装业发展规划

| 序号 | 项目 | 主要发展目标 |
|---|---|---|
| 1 | 水性漆的推广 | 为了解决钢桶涂装的环境污染问题，我们将大力在行业内推广水性漆的使用。同时举办以水性漆的推广使用为主题的技术培训班，继续在行业内推广节能环保新技术、新设备、新材料 |
| 2 | 镀锌板缝焊及补缝技术 | 因为钢桶电镀生产对环境污染较大，作为替代材料，采用原镀锌钢桶生产钢桶成为必需。由此出现的缝焊问题和焊缝补锌等技术、工艺、设备的新问题将成为我们需要解决的关键。目前国内已出现全自动焊缝补锌机和焊缝补涂涂料，相配套的一些技术和设备也要进一步研制。镀锌桶缝焊机虽然在国内已经出现，但使用范围还比较有限，还需要进一步研制，全面解决镀锌板焊接问题 |
| 3 | 覆膜铁的普及 | 覆膜铁是目前国际上的发展趋势，该技术很好地解决了钢桶涂装污染问题，而且还能实现钢桶的彩色化，使钢桶包装上一个更高的档次。目前已有国内制桶企业使用这一技术和设备，但还有一些未解决好的问题，还需要进一步研制和推广 |
| 4 | 节能环保炉的推广 | 为了解决钢桶涂装的环境污染问题，我国目前已有多家企业采用了节能环保炉，减少污染废气的排放，同时节约能源。这是一项利国利民的好事，但目前国内多数企业还未采用。现在又有国际更先进的环保设备和技术介绍到国内，我们要继续推广这一技术 |
| 5 | 印铁及预涂钢板的应用 | 近年来，印铁及预涂钢板，在国内钢桶行业的应用发展较快。江苏华宇已经攻克了钢桶板印铁技术，并将在天津东海制桶厂首次应用。预涂钢板在江苏及浙江已开始应用，已可以实现双色和多色的整卷预涂，有望大批量投入生产。印铁及预涂钢板的应用，将使钢桶行业摆脱长期在钢桶涂装生产环保问题上的困扰。 |
| 6 | 立式钢桶生产线设备 | 立式钢桶生产线设备是国际最高水平的制桶设备，目前国内已有多家进口，也有少数制桶设备制造企业进行试制，已初见成效。立式制桶线不仅能够实现钢桶更高的生产效率，而且在生产过程中，钢桶表面不受损伤，尤其适用于先进行印铁或覆膜的钢桶生产 |

续　表

| 序号 | 项目 | 主要发展目标 |
|---|---|---|
| 7 | 钢桶涂装前的预处理技术 | 钢桶涂装前预处理，一直都采用磷化工艺进行处理，但磷化工艺产生的废水对环境有较大的污染。目前，在国内已有无磷处理工艺出现，需要在制桶行业大力推广使用，其中主要技术是锆化处理和无磷转化处理两种，这将成为我们近年来的主要推广工艺 |
| 8 | 七层矩形卷边技术 | 七层矩形卷边是目前国际上出现的最新钢桶卷边形式，是七层圆形卷边的进一步强化。我们要积极研制并在全行业推广此技术，以使我国的钢桶制造技术达到和超越世界先进水平 |
| 9 | 先进钢桶封闭器的研制 | 钢桶封闭器是钢桶质量的重要保障，也是钢桶防伪技术的集中承载区。近年来我国钢桶封闭器生产技术已经有了突飞猛进的发展，不仅实现了全自动化生产，而且产品质量也达到了国际先进水平。但国际上近年来出现的一些最新的技术和设计，我国还没有采纳，而且防伪设计也还有很多的工作要做。我们要全面按照国际标准进行标准化生产，进一步推进国际化采标水平 |
| 10 | 钢桶标准国际化进程 | 近年来，我国的钢桶标准已经实现了系列化，而且将 ISO 国际标准引入国际标准中，但标准化程度还不完整，还需要全面采用国际标准，从而做到真正与国际接轨。例如钢桶的拱形桶顶结构、钢桶的容量测试要求、钢桶的排放能力测试要求、桶塞扳手的标准应用、A 型封闭器法兰结构、封闭器保护环的使用、B 型封闭器类型等，都没有采用国际标准，这是制约我国钢桶业发展的最大弊病，是长期闭关自守形成的落后观念，应尽快打破小众利益的束缚，进一步全面采用国际标准。这是下一步标准化工作的主要目标 |
| 11 | 清洁钢桶生产技术的推广 | 由于近年来钢桶用户对钢桶的清洁度要求日益严格，于是在国内少数企业形成了清洁桶生产的特有工艺和技术。比如桶内清洁方法、清洁度检测方法、钢板清洗技术、桶内纯水清洗、充氮技术、生产过程清洁度保障方法等，这些技术和工艺的形成，已经逐渐成为钢桶生产的标准过程，可以在全行业进行推广 |

续 表

| 序号 | 项目 | 主要发展目标 |
|---|---|---|
| 12 | 行业集团化发展模式已逐步形成 | 国内钢桶生产企业已过千家，但产量超过百万的企业不足百家，多数企业生产效率低，属于市场补缺型企业。近年来，钢桶生产巨头已经崭露头角，以无锡四方、格瑞夫、中粮、杰富意、天津大田、天津东海等为代表的企业已逐步形成集团化生产，他们以在全国各地建立多家生产基地为手段，不段进行扩张，逐渐占据更大的市场份额。由此看来，集团化的发展可能会使国内制桶企业数量逐渐减少，淘汰那些生产效率低、产品质量差、市场占有量小的小型企业，全国大部分市场，可能会掌握在少数几个集团化巨头手中 |
| 13 | 行业技术及管理培训日益重要 | 由于技术、工艺、设备的快速发展，以及企业的不断扩张，技术人员的知识水平日益赶不上企业发展的需要，企业管理人员也适应不了企业快速扩张的需要。所以，近年来，行业内部的培训工作已日显重要。几年来，中国包联钢桶专业委员会已举办了五期技术培训班，对企业技术人员进行新技术、新工艺、新设备的培训工作，受到了企业的欢迎。今后，委员会还将持续承办培训工作，包括企业管理、生产管理、质量管理等内容，将逐步展开培训工作，以适应国内行业企业的实际需求 |

续 表

| 序号 | 项目 | 主要发展目标 |
|---|---|---|
| 14 | 钢桶产品的多样化已成趋势 | 在钢桶业产品的发展历程中，形式单一的200L钢桶占据了大半时期，其他类型产品则成为凤毛麟角。但是近十年来，钢桶产品已逐步形成了多样化的发展趋势。不仅200L钢桶已出现多种不同的形态需求，而且其他容量的钢桶更是显现了百花齐放的繁荣景象。多色桶、缩径桶、W 筋桶、钢塑复合桶、核废料桶、锥形桶等五花八门，异彩纷呈。随着钢桶应用范围的不断扩大，钢桶的类型也会越来越多 |

我国钢桶包装行业自 1985 年成立行业协会到现在，已有30年历史。在这30年中，行业协会始终走在行业发展的最前沿。近几年来发展速度更是越来越快。协会张洪勋秘书长自 2008 年上任到现在，一改过去协会的工作作风，采取“走出去，接地气”的工作态度，每年对全国行业企业进行走访，深入企业，了解需求，掌握家底，有目标有计划地进行行业服务，受到了行业各企业的大力支持，会员单位每年增多，协会活动频繁开展，既增添了行业的活力，也提高了企业的技术管理水平，使中国钢桶包装行业有了快速健康的发展。

# 2015年中国气雾剂行业现状与展望

中国包装联合会气雾剂专业委员会

## 一、中国气雾剂行业的概况与趋势

2015年中国经济增速为7%左右（根据IMF及我国政府对外宣布的预测数字），经济增长幅度持续放缓。中国正向以国内消费和服务业为主导的经济模式转型，在这一过程中传统制造业遇到了前所未有的困难，劳动力成本上升、市场需求疲软，企业融资难等问题比较严峻。但我们也看到在党中央、国务院坚持稳中求进的工作总基调引领下，国民经济在新常态下未来增长将更具可持续性。

在过去的三年中，世界与中国经济出现的新变化对气雾剂行业影响深远。2014年我国实现气雾剂总产量17亿~18亿罐，产地主要集中在珠三角、长三角、山东、河北及西南部分地区。中国气雾剂行业整体延续了不断发展、上升的格局，配套包装业呈现出销量稳增、效益略有下滑的趋势，而大部分灌装企业则恰恰相反，出现了销量平稳、盈利提升的另一番景象。就产品板块而言，消杀用品总体比重与产量连续双降、汽车与工业用品平稳增长、个人护理与家庭用品产能与产量双升、医药与食品研发投入持续增加。就企业模式分类，自有品牌企业效益继续高于代工企业。按地区划分，向北发展的趋势依然明显，但南北在研发投入、企业管理、产品结构等方面依然存在较大差距。

## 二、趋势分析与展望

### （一）原材料波动与行业发展

造成国际市场大宗商品下降的原因很多，主要问题还是产能过剩和需求不振，国际与国内市场这一发展态势对气雾剂行业有着重大影响。一方面，原材料大幅下降使生产企业受益，以抛射剂和溶剂为例，大家应都有感触，单只气雾剂产品利润增长，尤其是工业品类；另一方面，国内经济增速出现了持续下滑，在增速放缓但健康度转好的情形下，气雾剂使用量增长也随之放缓，一些品类出现产量和使用量的双降。如何运用国家推动的“一带一路”、扶持创新、“互联网+”等政策利好是我们企业和协会新的课题。

### （二）制罐与阀门行业竞争加剧

随着前两年铝气雾罐产能的迅速增加，供求矛盾得以有效解决，随之而来的是交货期缩短、售后服务效率提高、利润率稍有下降。预计铝气雾罐需求依然会持续平稳增长、铝啤酒瓶成为重要拓展领域。马口铁气雾罐依然呈现出产能过剩、利润微薄的情况，许多气雾剂企业自建制罐厂成为普遍现象，这也进一步压缩了专业制罐工厂的生存空间，饮料罐与各类杂罐反而成为主要利润来源。阀门市场国内竞争已趋白热化，企业向外发展成为趋势，以规模化生产或差异化产品求生存的企业逐步显现优势。

### （三）产品结构持续变化

随着汽车保有量快速增长和个人护理用品需求增多，以及城市化进程的加快，中国气雾剂产品各种类所占比重在逐步发生重大变化。杀虫气雾剂总产量与所占比重双下降，市场出现了向主要几个品牌集中的现象。在工业品中，汽车用品使用量与产量持续稳增，油漆类产品由于消费税的增加，利润微降，但也促进了创新与环保意识的提升，水性漆等低 VOC 排放的产品获得研发投入。聚氨酯泡沫行业在连续大幅增长后出现总体疲软趋势，预计随着利息下行、房地产行业回暖，聚氨酯泡沫行业将步入整合和稳步发展的阶段。家庭与个人护理用品总体使用量平稳增长，个人用品主要集中在香体、保湿、防晒等种类，预计今后药妆类产品将会是发展重点。医药类产品中云南白药依然是一枝独秀，近两年也出现了向着运动伤害处理、中草药类研发的趋势。食品类气雾剂方面，我国自主生产研发的食用油产品将在明年投放市场，这将改变我国需从欧洲、美国和台湾地区进口的现状，预计主要使用在西式餐饮、酒店等场所，年使用量以百万计。

### （四）融资渠道的不断拓展

继 2013 年广东欧亚包装有限公司、浙江绿岛科技有限公司登陆香港联交所，广州保赐利化工有限公司也成功上市，至此，我行业上市公司增至 6 家。近两年新三板又成为新的融资手段，是一些资质良好又受限于主板门槛限制的公司首选融资渠道，企业在公司治理结构、股份改革、经营资金等方面获得了提升和补充。根据了解，未来两年还将有更多公司进入资本市场，可以预见行业整合、兼并的大潮即将到来。

### （五）南北差异与国际竞争

我国气雾剂生产主要集中在三个地区：珠三角、长三角及北方（山东与河北），总体特点：珠三角与长三角土地紧张，人力成本偏高；产品种类丰富，技术与研发水平具有明显优势；而北方资源占优，其中土地与人力成本相对较低，部分原材料有价格优势。这两年来南北融合的脚步越发加快，主要是南方的部分产品转向北方进行加工或设立新的工厂，实现了各取所长、优势互补的战略目的。2014 年河北省大城县开始筹建我国首个以“气雾剂”命名的省级产业园区，获得了河北省政府的大力支持，这将有力推动北方乃至中国气雾剂行业的发展脚步，也是气雾剂行业受到更多关注与支持的例证。

随着国际交往的增加及东盟等一些地区相继推出了提振经济的新举措，近几年去国外建厂或吸纳国外优秀人才已成为行业热潮。东盟或者欧盟地区都是新的选择，参与国际竞争是未来打造具有全球视野国际公司的重要战略，建议我们的气雾剂企业在向外投资之前应多与有国外建厂经验的同行充分交流、清楚了解当地的政策法规。气雾剂委员会也会在今后的工作中加强与热点地区行业组织的交流和合作。

### （六）安全生产形势依然严峻

近两年国内外气雾剂工厂相继出现了多起安全事故，尤其是 2015 年下半年天津港危化品仓库又发生了爆炸造成了重大的人员和财产损失。行业的形象和可持续发展是靠我们每个从业者的努力铸就的，在这里提醒从业者：对相关法规标准的学习不能拖、对事故的敬畏之心不能丢、安全生产这根弦永远不能松。协会在明年还会继续开展安全生产的培训与研讨，希望气雾剂企业和协会一起把安全这层防火墙筑牢夯实。

（七）标准与法规的新进展

新版2015危险化学品目录已正式出台，实施指南也于2015年9月发布了，同时一系列和我们相关的标准法规陆续实施，应该说气雾剂越来越受到相关部门的关注，这么多的规定，气雾剂企业怎么办？我们认为解决之道应有两个：第一，这一系列的标准法规是相互联系、相互支撑的，这需要协会和大家一起认真梳理和学习提高；第二，与同行、协会、检测鉴定部门、当地的安监部门要加大沟通力度，清楚了解企业所生产的产品性质和种类，做出相应的调整和改进。

协会在行业调研中发现还有不少企业没有执行或者不知道《危险货物有限数量与包装要求》这部标准，也有企业反映在具体执行过程中遇到许多问题。我们认为，首先，好的政策我们要及时掌握，中国幅员辽阔，很可能出现各地掌握程度不一致的情况，这是需要一个过程的。但是，我们也要认识到有限数量不代表就不是危险货物了，只是在运输环节可以降低标准，在港口等部门还是需要按危险货物进行申报的。就这个标准，2013—2015年委员会相继举办了三次标准宣贯与研讨会，希望从业者今后要积极参与这类的培训与交流，及时掌握行业新的法规标准。

**三、中国包联气雾剂委员会主要工作进展**

（一）标准制修订与宣贯

在推进行业标准化的工作中，协会相继邀请国家安监总局、交通运输部、国家化学品登记中心、检验检疫机构等单位与行业企业就危化品目录、危险货物运输等课题进行座谈、研讨。行业标准方面，2015年协会与十多家骨干企业一同完成了国标《气雾剂产品测试方法》的修订工作。协会2016年计划对《气雾漆》《气雾剂灌装机通用技术条件》《冷媒专用铝罐》等多项标准进行制修订，欢迎大家积极参与现有的标准工作并提出新的标准项目。

（二）协助企业解决发展中的难题

协会从2013年开始积极推动行业研发中心、产业基地的建设，至今已协助5家企业成功获批研发中心或基地。经过严格的评审和整改过程，提高了企业在研发与生产方面的多项不足，通过专家组的会诊和交流协助企业找准发展方向，解决了部分困惑与疑问。协会还通过积极走访，了解行业具有共性的难题，以协会的视角出谋划策，不断提升行业凝聚力。

（三）发挥桥梁与纽带作用

在企业遇到存疑的处罚时，协会积极学习相关法规，搭建企业与主管部门的沟通桥梁，积极维护企业的合法权益。协会2015年参与了包装工业“十三五”计划的编制工作，向起草组详细介绍了我行业的发展目标与现状，为相关部门制订计划与政策提供了依据和帮助。

综上所述，安全自始至终是中国气雾剂行业的头等大事，而创新是行业实现可持续发展的关键点。通过数据和调研可以看出，我国气雾剂行业已是一个实现充分竞争的行业，大型企业实现规模化生产而中小企业参与竞争更应着力通过创新实现产品差异化、渠道的多样化，跟随战术已不能适应当下的行业态势。协会愿意全力协助企业积极应对新常态下的中国气雾剂市场，推动行业再次迈向新的发展高峰。

## 我国塑料中空容器的现状及“十三五”发展建议

苏州同大机械有限公司　邱建成

我国（不含台湾、香港、澳门三地，下同）塑料中空容器在“十二五”期间得到长足发展，其现状概述及发展建议如下。

**一、塑料中空吹塑容器的现状**

（一）塑料中空容器生产与市场状况

我国在“十二五”期间，塑料中空容器制造业与其他行业一样得到了长足的发展，制造厂家遍布全国各个省区，生产规模各有千秋，其中以长三角江浙沪、山东京津唐环渤海区域、珠三角区域生产规模较大。其塑料容器包装主要大宗产品如下。

（1）危险品塑料包装桶，材料主要采用高分子量聚乙烯，其中以25L、200L系列的生产量较大，国内生产规模已经达到300万~500万吨塑料，产能已有较多过剩。生产厂家主要分布在吹塑机江浙沪、山东环渤海等区域。1000L IBC包装桶生产量近年内发展迅速，生产厂家主要分布在长三角区域，近年内生产量还在快速增长，同时又有新增厂家不断进入，预计在未来 2~3 年内产能将过剩。

（2）日用化学品包装桶，材料主要采用高分子量聚乙烯，其中以 1~5L 生产量较大，主要供应洗涤剂、洗发水日化生产厂家包装日用化学品，其生产规模已经达到 150 万~250 万吨塑料以上。其产能主要与日用化学品生产厂家配套，相对较为稳定。

（3）农用化学品包装容器，材料主要采用高分子量聚乙烯等塑料，其中以 0.5~1L 的容器生产规模较大，主要供应农用化学品生产厂家，主要厂家为农药生产厂家。塑料容器生产厂家主要与农用化学品厂家生产配套，生产相对稳定。

（4）日用品包装容器，如饮用水包装瓶，材料主要采用 PET 塑料，主要与饮用水生产厂家配套，产能相对稳定。

（5）其他塑料包装桶与容器，主要有农产品、水产品包装桶与容器，以及一些民用包装桶及容器，这些产品生产以市场为导向，产能相对稳定。但是一些塑料包装容器厂家采用来历不明的废旧塑料生产农产品、水产品包装桶，并且直接与内容物接触，可能直接影响这些农产品、水产品的卫生性能。

（6）大型、超大型农用、民用储水罐、储液罐，材料主要采用高分子量聚乙烯，其中以 1000~3000L 的塑料容器为主，近年在发展 5000~10000L 的容器生产。其生产厂家主要集中在我国的中西部地区。如陕西、新疆等地，主要满足当地农业生产与民用的要求，产能基本平衡。

（7）药用塑料包装容器，主要是药用塑料瓶，材料主要采用高分子量聚乙烯与聚丙烯。这些生产厂家主要与制药厂家配套生产，产能相对稳定。

（8）汽车配套塑料容器与吹塑制品，随着国内汽车生产的提升，与之配套的塑料容器与吹塑制品发展加快，其中以燃油箱、扰流板、各类风管制造为主，材料主要采用高分子量聚乙烯、各类增强工程塑料等，产量相对较大，其产能基本平衡。

（9）吹塑托盘与物流容器，近年来吹塑托盘制造业发展迅速，双面堆码吹塑托盘的生产发展很快，其产能相对过剩，而仓储货架、冷库、生产线需要的高端吹塑托盘研发相对落后，有较大的市场发展空间。这类吹塑托盘的材料普遍采用高强度的高密度聚乙烯。

（10）其他吹塑容器与吹塑制品，这类吹塑制品种类很多，如：工具包装箱、塑料浮体、水面养殖器材、水上救生器材、水上娱乐器材、家用体育器材、家用卫生器材、移动房屋、路障、隔离板、办公用品、军用产品包装等。其产品种类可以达到数十到上百种。这类吹塑制品种类繁多，技术含量较高，产品市场专业，质量水平要求较高，产品研发周期较长，目前这类产品生产的品种、数量、质量、市场、研发均有较大的提升空间，值得关注。

（二）塑料中空吹塑制品行业的技术现状分析

1. 吹塑机设备方面

塑料中空吹塑制品一般以专机生产为主，在设备规定的容积范围内有一定的通用性能，所以，吹塑机设备的品种、规格较多，需要针对不同的制品恰当地选择吹塑机设备。

就目前使用的吹塑机设备而言，多数吹塑制品企业的生产设备单机自动化程度相对较高，吹塑机生产线相对较少，产品后加工、修饰以人工为主。

在一些合资企业及较大批量吹塑制品生产企业以自动化吹塑机生产线为主，可基本实现智能化、自动化生产，但是这类吹塑机生产线设备投资较大。

从产能上看，由于吹塑制品具有重量轻、体积大的特点，因此运输半径不宜过大，产能不宜过分集中，因此，即使是产能较大的企业的年销售金额也只是 2 亿~3 亿元。

2. 吹塑制品研发、设计方面

目前国内大多数塑料中空吹塑制品生产企业基本没有自己的研发、设计团队，绝大多数吹塑制品企业依靠客户提供的样品进行开模仿制。因此，容易出现相同、相类似的产品产能过剩，低质、低价竞争，导致企业利润空间小，再发展空间有限。而新产品研制、开发工作开展较少，一旦某个吹塑制品研制成功，市场前景较好，则很快就出现一窝蜂的仿制、抄袭、仿冒，严重影响研制、开发的积极性与专利所有权人的经济利益。重专利权申请、轻专利权保护的情况十分严重，另外，专利权维权成本高也是制约塑料中空吹塑制品专利权维权的重要原因。

尽管我国的塑料中空吹塑制品制造业规模已经具有相当规模，但是，到目前为止，不论是政府还是民间还没有一家具有规模面向市场的塑料中空吹塑制品研究、设计的专业机构，我国在塑料中空吹塑制品的研发、设计方面的落后局面，值得深思与关注。

3. 废弃塑料中空吹塑制品的回收与再利用问题

目前我国还没有形成系统的可管控的塑料废品回收再利用系统，只是一些民间企业通过回收塑料废品进行清洗，再造和利用，其回收利用过程存在较多的现实问题。

(1)废弃危险品塑料包装桶回收再利用的管理问题。"十二五"期间政府相关部门已经出台相关政策与法规对危险品包装物进行严格的管理，对这类包装物仍然需要进一步在全国范围内加强管控，绝对不能让这些包装物进入人们的生活与生存空间，不然可能会造成局部地区的灾难性后果。

（2）废弃塑料桶、其他废弃吹塑容器、吹塑制品的回收与再利用问题。这类废弃物的回收再利用在一些地方虽然形成了一些规模，但是全国范围内有效回收再利用工作的开展还需要进一步的系统化，才能确保这些废弃物的资源化及最优化的再利用工作。

**二、塑料中空吹塑成型机制造与研发现状**

（一）塑料中空吹塑成型机的制造现状

"十二五"以来，中空塑料吹塑成型机已经由过去的单一机组向中空吹塑机生产线发展，且近年向这方面的发展速度越来越快，这种中空塑料吹塑机生产线主要包括：中空塑料吹塑成型机、全自动上料机、全自动混料机、全自动后冷却去飞边设备、全自动贴标机、飞边输送设备、飞边粉碎机、称重设备、气密测试设备、成品打包设备及输送设备等组成智能化的全自动吹塑机生产线，这些吹塑机生产线的问世与不断发展，大大减轻了操作人员的劳动强度，同时大幅度提高了生产效率与产品质量，在一些大宗吹塑产品的生产中已经出现专业吹塑机智能化生产线，这些吹塑机生产线的不断进步与发展，带来了许多塑料吹塑制品的产业化的集中和规模化的生产。

中国大陆中空塑料吹塑成型机制造行业，近年来受到国际金融后危机时代影响，多国经济不振进入调整期等综合因素的影响，导致我国中空塑料吹塑成型机的总体出口量减少，国内一些行业在前几年高速发展后进入一段时间的调整期，国内经济发展进入常态化等多因素影响，对中空塑料吹塑成型机的需求出现负增长，从而导致我国中空塑料吹塑成型机整个行业的生产、销售情况与上年相比，除少数明星企业以外，均有不同程度的下降，一些企业下降幅度较大；少数企业由于经营不善和多年积累的各种管理问题，出现停产、半停产状态，有几家企业在许多问题的多年积累下，出现生产、销售难以为继，资不抵债，只好走企业破产、重组的道路，少数企业的破产给零部件供应商、客户、银行与企业员工造成了较大的负面影响与经济损失；同时给整个吹塑机制造行业也带来了一定的负面影响。

在这种经济发展速度放缓、经济环境相对困难的情况下，一些明星企业依然继续保持较好的发展势头，迎难而上，进一步加强了企业内部管理、产品研发、技术创新、市场开拓等方面的工作，努力克服各种困难，开发市场；产销仍然保持了较好的水平。加快技术创新工作，产品研发和技术创新工作有了一些新的进展，设备制造水平与设备制造质量不断提高，中空塑料吹塑成型机的一些重要技术项目获得重大技术突破，有一些重要零部件的研发、制造已打破国外同行的长期垄断地位，研制出更加适合中国国情和现状的关键部件与设备，使其达到一个更高的技术水平。

明星企业中，苏州同大机械有限公司、陕西秦川机械发展股份有限公司、香港雅琪集团广东开平塑料机械厂保持了较好的发展势头。

在中国塑料机械工业协会组织的"2015年度中国塑料机械行业优势企业排序"中，苏州同大机械有限公司、陕西秦川机械发展股份有限公司、广东乐善机械有限公司进入中国中空塑料吹塑成型机制造行业前3强。

中空塑料吹塑成型机优势、明星企业研发、制造的吹塑机设备、吹塑机智能化生产线进入世界的一些高端市场，许多吹塑设备与吹塑机智能化生产线已经进入欧美国家，高性能、高效率、高质量、高的性价比已经赢得这些发达国家吹塑制品行业厂家的肯定。一些高端的中空塑料吹塑成型机设备的研发技术水平与制造质量已经达到世界先进水平。

但是国内个别中空塑料吹塑成型机制造企业的研发、制造水平不高，设备质量及稳定性、耐用性较差，少数这类设备出口到一些欠发达国家，由于设备质量差、后期技术服务与配件供应等方面的多种原因，影响了一些吹塑机设备的正常使用，从而影响了中国制造吹塑机设备的声誉；值得引起吹塑机制造厂家全行业的高度重视与改善。

（二）塑料中空吹塑成型机的研发现状

1. 塑料型坯控制系统

塑料型坯控制系统主要有轴向型坯控制系统

（AWDS）和径向型坯控制系统（PWDS），国内中空塑料吹塑成型机已经普遍采用轴向型坯控制系统，径向型坯控制系统采用较少，近几年国内一些中空塑料吹塑成型机的研发、生产优势企业投入了较大的人力、财力进行了相关技术的研究与试验，已经取得重大技术进展，从近年的试验情况来看，国产径向型坯控制系统的新技术的突破已经获得非常可喜的进步，在未来几年内可能加快技术推广的步伐，形成新的市场竞争力。

径向型坯控制系统主要有 3 种控制模式。

（1）柔性曲环径向型坯控制系统（又称弹性环径向型坯控制系统）。

（2）口缘修型式径向型坯控制系统。

（3）飘移口模径向型坯控制系统。

柔性曲环径向型坯控制系统的主要技术过去由德国的一些厂家掌握，市场售价很高，用于 200L 塑料桶成型机的一套柔性环径向控制系统配套价格在 20 万欧元左右。近几年来，苏州同大机械有限公司进行了深入的研究与试验，从构成柔性环的材料、计算机设计、计算机模拟试验、柔性环热处理、精密加工、装机试验等方面进行了大量的工作，已经初步形成了适合中国国情的柔性环型坯控制系统，与德国同类产品比较，具有制造成本较低、操作维护方便、控制精度高、耐用度高、应用机型广泛等特点，在柔性环的精确控制与调整方面，苏州同大机械有限公司有了新的技术突破与创新；在今后的一些中、高端中空塑料吹塑成型机组上可望获得较多的应用与普及推广。

口缘修型式径向型坯控制系统是陕西秦川机械发展股份公司研发成功的径向型坯控制系统，经过多年使用，技术已经基本成熟，该技术主要应用于该公司生产的 SCJ-230 的吹塑机上，主要用于生产 200L 的双 L 环塑料桶。

飘移口模径向型坯控制系统目前主要技术由德国相关厂家掌握，主要应用于一些汽车塑料风管生产的吹塑机组上，该技术对型坯壁厚相差较大的风管类吹塑制品有其独特的控制优势。苏州同大机械有限公司近年来开展对这一高难、高新技术的研究工作，并且在机械实体制造方面取得重大技术突破，今后将主要研究飘移口模的精准控制与提高其控制性能。可望这一技术在近年内获得突破，将可能实现汽车塑料风管吹塑生产中的径向壁厚的精准控制，将使国产中空塑料吹塑成型机的型坯控制技术跨上一个新的高度。

用于轴向与径向型坯控制的液压伺服阀，国内已有多家研究所，厂家能够研发与生产，上海衡拓实业发展有限公司（上海 704 所）研发、制造的射流管式伺服阀具有抗污染能力强，反应速度快，耐用度高，规格、型号较多，维护方便等特点，已经完全可以取代进口伺服阀的使用。

用于多点型坯控制使用的伺服阀控制器，国内已有厂家研制成功 500 点的塑料型坯控制器及配套的电动伺服液压缸。但是目前多数中空塑料吹塑成型机制造厂家还是普遍采用 MOOG 控制器与相关配套产品。苏州同大机械有限公司电气部研究人员采用以太网技术，将型坯壁厚控制技术与触摸屏技术完美结合在一起，实现了触摸屏技术与 PLC 控制器的高速控制，提高了运算速度，大大提高了控制精度与速度，实现了型坯壁厚控制技术的简化并且大幅度提高了其控制精度。

2. PLC 程序控制器

目前中空塑料吹塑成型机普遍采用日本、德国产 PLC 程序控制器，国产相关控制器研发工作严重滞后，到目前为止，还没有合适的国产 PLC 程序控制器可供采用，值得引起相关控制器研发厂家的重视。

3. 伺服电动机液压控制系统

目前已有多家中空塑料吹塑成型机研发、制造厂家在中小型吹塑机上推广使用伺服电动机液压系统，节能效果明显，单项节能可达 40%左右，设备的技术档次明显提升，从机型和制品成型周期的情况来看，制品容量 50L 以内，成型周期在 90 秒以内时，采用伺服电动机液压系统有明显的节能优势和较高的性价比。制品成型周期较长的产品和大型、超大型中空塑料吹塑成型机组、生产线可采用其他的节能技术，如液压储能节能技术等。

4. 伺服电动机直驱挤出机节能系统

伺服电动机直驱挤出机控制系统已经在塑料挤出机生产线上获得应用，节能效果比较明显，单项节能可达 30%~40%。由于中空塑料吹塑成型机挤出机的工况与挤出机生产线有较大差别，简单的采用移植该技术的方法难以满足吹塑机的工艺要求。苏州同大机械有限公司与国内某知名工业大学合作继续进行相关技术的研究，已经获得重大技术进展，并且已经取得了阶段性的技术成果，但大功率永磁伺服电动机的应用还在进一步的试验中，预计近年内可获得关键性的技术突破。

5. 高效、节能挤出机塑化系统

高效、节能挤出机塑化系统一直是中空塑料吹塑成型机的主要零部件，对于提高吹塑机的产能和工作效率起到非常关键的作用，一直是各个吹塑机研发、制造厂家技术研发的重点之一。近几年来，随着不同品种的 HMWHDPE 材料的广泛应用，能够顺利加工这些材料的挤出机塑化系统成为吹塑机技术进步的一个重要方向。苏州同大机械有限公司近年来加大投入资金与技术力量研制出系列化的高效、节能挤出机塑化系统，满足了加工如齐鲁石化生产的 DMDY1158、新疆独山子石化 5420 等高分子量粉料聚乙烯的需要，在提高塑化效果与能力的同时，在降低能耗、提高设备稳定性、使用寿命等方面取得了较好的效果。

6. 多层吹塑成型机头

多层吹塑成型机头是中空塑料吹塑成型机的重要零部件之一，对于塑料型坯的有效形成与制品壁厚的均匀分布起到非常关键的作用。陕西秦川机械发展股份有限公司研制的汽车六层塑料燃油箱的成型机头，200L 塑料桶的双层成型机头，苏州同大机械有限公司研制的四层带液位线成型机头，多层顺序挤出机头，多层大型、超大型储料机头，超大型扁平储料机头等高效吹塑成型机头的研发代表了近年来中空吹塑机制造行业的技术创新水平，比如超大型扁平储料机头的技术创新，给许多大型、超大型扁平形状的吹塑制品成型开辟了一条新的技术路线。该公司近年来加大投入研制了多种大型、超大型多层储料机头，在多层储料机头的研制方面获得多项专利权，并在公司自己精密制造多层储料机头方面加大数控精密加工设备的资金投入，取得了较好的效果。

**三、“十三五”期间塑料中空容器产业与中空吹塑成型机的发展建议**

（一）塑料中空容器产业的发展建议

(1)建议行业在充分调查了解现有产业基本情况后，建立行业现有产能清单，引导行业内企业建立起清晰的发展思路，避免造成更多的产能过剩和重复建设。同时引导企业适应市场变化进行必要的生产调整与产能调整。

(2) 引导企业更加重视市场的变化，加快研发新产品的速度，提高产品与新产品的质量水平，加强新产品专利权的保护力度。

(3) 引导企业做好上下游企业的衔接工作，以企业股权出让的方式稳定产品的供货方式，在需求厂家附近建厂，减少运输费用等。

(4) 引导企业采用节能、高速、智能化、自动化的吹塑机生产线，大幅度提高生产劳动效率，降低生产人工成本。

(5) 利用互联网建立行业信息平台，与塑料原料、设备、辅料、相关技术等资源形成有效联网，通过团购方式降低大宗原料及其他产品的采购成本。

(6) 通过行业协会，大力推广先进技术，提高企业的产品质量水平，提高企业竞争力。

(7) 完善和建立严格的产品国家标准，严格行业产品质量规范。

(8)加快与其他相关工业协会的技术交流与合作步伐，创造与其他相关行业更多的合作机会，扩大产品的应用市场。

（二）塑料中空吹塑成型机产业的发展建议

(1) 利用现有信息平台，引导吹塑机制造企业加快技术升级步伐，实现设备的升级与换代。

(2) 充分发挥明星企业的技术优势与创新能力，加快创新步伐，加强厂校合作研究创新工作，鼓励企业与大学研究机构合作创新，大力推广新技术、新设备、新工艺。

(3)进一步完善与加快吹塑机、吹塑机生产线、吹塑机配套辅机的国家标准制定，淘汰落后技术与产能，节约资源，提高资源利用率。

(4) 加快吹塑机及吹塑机生产线重要零部件、控制器等国产化研究工作，进一步提高设备的稳定性与可靠性，降低零部件的采购成本。

(5) 在国家“一带一路”的战略下，引导企业“走出去”，扩展市场空间。

# 日用玻璃行业 2014 年经济运行分析报告

中国日用玻璃协会秘书长　赵万帮

2014 年，在全面贯彻落实党的十八大三中、四中全会精神，主动适应新形势、新常态，坚持稳中求进的总基调下，面对国内外错综复杂的经济形势，日用玻璃行业产量增幅有所提升，经济运行质量和经济效益有所下降，在“一升一降”中，行业整体仍处于正增长经济运行态势。

## 一、生产运行情况

1.日用玻璃制品及玻璃包装容器生产情况

根据国家统计局月度统计快报对日用玻璃制品及玻璃包装容器规模以上工业法人企业统计，2014年日用玻璃制品及玻璃包装容器产量2799.86万吨，累计同比增长8.23%。日用玻璃制品及玻璃包装容器产量在100万吨以上的地区有：四川省483.02万吨、山东省443.69万吨、河南省276.24万吨、湖北省229.43万吨、河北省169.38万吨、安徽省122.89万吨、黑龙江省121.01万吨、广东省118.18万吨、江苏省 110 万吨。以上九省产量占全国总产量的74.1%。

2014年产量超过100万吨的地区中：四川省产量累计同比增长13.77%；山东省产量累计同比增长0.28%；河南省产量累计同比增长12.54%；湖北省产量累计同比增长9.48%；河北省产量累计同比增长-6.23%；安徽省产量累计同比增长 14.52%；黑龙江省产量累计同比增长29.19%；广东省产量累计同比增长19.21%;江苏省产量累计同比增长3.71%。

从全国主要产区地区分布看，2014年产量超过100万吨的地区有9个，比上年增加了3个。

从产量累计同比增长幅度看，2014年产量累计同比增幅比上年同比增幅提高4.15个百分点，中西部地区产量累计同比增幅高于东部地区，且扭转了连续三年产量增幅下降的局面。

2.玻璃保温容器生产情况

根据国家统计局月度统计快报对玻璃保温容器规模以上工业法人企业的统计，2014年玻璃保温容器产量40927万个，累计同比增长-9.90%。玻璃保温容器产量在 4000 万个以上的地区有：安徽省15972万个、湖南省10740万个。以上二省产量占全国总产量的65.27%。

2014年产量超过4000万个的地区中：安徽省产量累计同比增长14.68%，湖南省产量累计同比增长-16.39%。

从玻璃保温容器产量完成情况看，在经历2011年、2012年连续两年产量累计同比增长超过30%高速增长之后，2013年、2014年玻璃保温容器产量大幅下降，2014年全年累计产量仅相当于2006年的产量水平。

## 二、主要经济指标

根据国家统计局月度统计快报对日用玻璃工业规模以上共计962家工业法人企业统计，2014年日用玻璃行业主要经济指标为：

（1）2014年1—12月，玻璃制品制造业主营业务收入1660.91亿元，累计同比增长9.74%；主营业务成本1421.83亿元，累计同比增长10.89%；利税总额164.39亿元，累计同比增长6.55%，其中：实现利润104.16亿元，累计同比增长4.76%；主营业务收入利润率6.27%,比上年下降0.37个百分点。

按小行业划分：日用玻璃制品制造业（指餐厅、厨房、卫生间、室内装饰及其他生活用玻璃制品的制造，下同）汇总企业单位数505个，主营业务收入707.97亿元，累计同比增长12.04%，占全行业主营业务收入的比重为 42.63%；主营业务成本604.94亿元，累计同比增长13.48%；利税总额65.92亿元，累计同比增长7.22%，其中：利润总额40.28亿元，累计同比增长2.03%，占全行业利润总额的比重为38.67%；主营业务收入利润率5.69%，比上年下降0.5个百分点。

玻璃包装容器制造业（指主要用于产品包装的各种玻璃容器的制造，下同）汇总企业单位数 347个，主营业务收入752.22亿元，累计同比增长9.16%，占全行业主营业务收入的比重为45.29%；主营业务成本646.34亿元，累计同比增长10.55%；利税总额77.71亿元，累计同比增长5.54%，其中：利润总额50.19亿元，累计同比增长5.93%，占全行业利润总额的比重为 48.19%；主营业务收入利润率6.67%，比上年下降0.38个百分点。

玻璃仪器制造业（指实验室、医疗卫生用各种玻璃仪器和玻璃器皿及玻璃管的制造，下同）汇总企业单位数66个，主营业务收入155.92亿元，累计同比增长5.23%，占全行业主营业务收入的比重为9.39%；主营业务成本646.34亿元，累计同比增长10.55%；利税总额16.50亿元，累计同比增长8.20%，其中：利润总额10.94亿元，累计同比增长9.55%，占全行业利润总额的比重为10.50%；主营业务收入利润率7.02%，比上年下降0.04个百分点。

玻璃保温容器制造业（指玻璃保温瓶和其他个人或家庭用玻璃保温容器的制造，下同）汇总企业单位44个，主营业务收入44.79亿元，累计同比增长0.93%，占全行业主营业务收入的比重为2.7%；

主营业务成本37.36亿元，累计同比增长0.01%；利税总额4.27亿元，累计同比增长8.41%，其中：利润总额2.74亿元，累计同比增长6.26%，占全行业利润总额的比重为2.63%；主营业务收入利润率6.12%，比上年提高0.5个百分点。

（2）2014年1—12月，玻璃制品制造业累计产成品存货77.12亿元，累计同比增长11.95%；产成品存货占流动资产平均余额的比重为14.48%，比上年下降0.15个百分点。

按小行业划分：日用玻璃制品制造业累计产成品存货33.33亿元，累计同比增长21.2%；产成品存货占流动资产平均余额的比重为12.08%，比上年下降1.98个百分点。

玻璃包装容器制造业累计产成品存货37.13亿元，累计同比增长5.06%；产成品存货占流动资产平均余额的比重为17.77%，比上年上升1.87个百分点。

玻璃仪器制造业累计产成品存货3.14亿元，累计同比增长2.06%；产成品存货占流动资产平均余额的比重为11.82%，比上年上升1.19个百分点。

玻璃保温容器制造业累计产成品存货3.51亿元，累计同比增长18.49%；产成品存货占流动资产平均余额的比重为16.71%，比上年上升1.88个百分点。

（3）2014年1—12月，玻璃制品制造业累计汇总亏损企业数108个，与上年同期亏损企业数相同；累计汇总亏损企业亏损额10.19亿元，累计同比增长0.33%。

按小行业划分：日用玻璃制品制造业累计汇总亏损企业数56个，比上年同期增加了3个；累计汇总亏损企业亏损额6.23亿元，累计同比增长15.93%。

玻璃包装容器制造业累计汇总亏损企业数42个，比上年同期减少了5个；累计汇总亏损企业亏损额3.05亿元，累计同比增长-22.66%。

玻璃仪器制造业累计汇总亏损企业数5个，比上年同期持平；累计汇总亏损企业亏损额3821万元，累计同比增长-18.06%。

玻璃保温容器制造业累计汇总亏损企业数5个，比上年同期减少了2个；累计汇总亏损企业亏损额1245万元，累计同比增长493.51%。

**三、主要商品进出口情况**

根据海关进出口统计数据，2014年1—12月，协会重点跟踪的日用玻璃行业22类主要产品累计进出口总额55.92亿美元。其中:出口额52.73亿美元，累计同比增长-17.27%；进口额3.19亿美元，累计同比增长5.22%。

按产品种类划分：玻璃瓶罐类产品累计出口数量131.18万吨，同比增长2.71%；累计出口额12.11亿美元，同比增长10.51%；出口平均单价0.92美元/千克，同比提高7.59%。玻璃瓶罐类产品累计进口数量1.84万吨，同比增长7.52%；累计进口额5592.53万美元，同比增长5.58%；进口平均单价3.04美元/千克，同比增长-1.81%。

玻璃器皿类产品累计出口数量148.45万吨，同比增长-7.69%；累计出口额35.70亿美元，同比增长-25.75%；出口平均单价2.40美元/千克，同比增长-19.56%。玻璃器皿类产品累计进口数量4.63万吨，同比增长4.45%；累计进口额1.79亿美元，同比增长7.88%；进口平均单价3.87美元/千克，同比增长3.28%。

保温瓶用玻璃胆累计出口数量2943.15万个，同比增长-10.52%；累计出口额2208.25万美元，同比增长-13.11%；出口平均单价0.75美元/个，同比增长-2.89%。保温瓶用玻璃胆累计进口数量414.23万个，同比增长32.39%；累计进口额397.36万美元，同比增长31.47%；进口平均单价0.96美元/个，同比增长-0.69%。

玻璃内胆制的带壳保温瓶累计出口数量11082.72万个，同比增长3.27%；累计出口额3.14亿美元，同比增长6.73%；出口平均单价2.83美元/个，同比增长3.35%。玻璃内胆制的带壳保温瓶累计进口数量30.78万个，同比增长33.46%；累计进口额304.17万美元，同比增长21.77%；进口平均单价9.88美元/个，同比增长-8.76%。

玻璃仪器类产品累计出口数量6.54万吨，同比增长-2.31%；累计出口额1.56亿美元，同比增长3.38%；出口平均单价2.39美元/千克，同比增长5.12%。玻璃仪器类产品累计进口数量1.62万吨，同比增长-2.50%；累计进口额7655.78万美元，同比增长-2.23%；进口平均单价4.72美元/千克，同比增长0.28%。

**四、经济运行走势分析**

从宏观经济层面看，经济下行压力加大，但我国经济发展长期向好的基本面没有改变，发展已全面进入深化改革期、经济增长换挡期、结构调整阵痛期。发展的导向是转型升级，提高经济运行的质量和效益。2014年，日用玻璃行业经济运行总体仍处于正增长区间，但体现为“一升一降”，即产量增幅提高、利润增幅和主营业务收入利润率下降的态势。

（1）生产总量增幅有所提高。日用玻璃制品及玻璃包装容器的产量增速结束连续三年下降，2014年1—12月累计产量同比增幅比上年同期增幅上升4.15个百分点；玻璃保温容器的产量在2013年产量全面下滑的基础上，2014年继续下降，产量与上年同期相比下降9.9个百分点。生产量增速提高与近几年消费市场累积效应和结构调整等因素密切相关。

一是2013年固定资产增速较高带来的滞后效应。日用玻璃制品及玻璃包装容器产量在2011年、2012年、2013年连续三年产量增速下降，行业去库存化效果较明显等因素的影响下，导致2013年全行业固定资产增速较高，同比增速为32.18%，比2012年的增速提高23.44个百分点，而2014年固定资产同比增速为12.33%。2013年固定资产增速的提升就体现于2014年产量增速的提高，2014年日用玻璃制品及玻璃包装容器产量累计同比增长8.23%，其中：日用玻璃制品累计同比增长10.31%；玻璃：包装容器累计同比增长7.38%。

二是与产品及产区结构调整息息相关，包括：①行业间产品结构的调整：日用玻璃制品产量增幅（10.31%）高于玻璃包装容器产量增幅（7.38%）；②产品结构的调整：山东、江苏等地大型玻璃瓶罐产量增加，生产形势较好；③地区结构的调整：山西、内蒙古、黑龙江、安徽、广西、四川等中西部地区产量的增幅较高等。同时，产量增速的提高，导致2014年全行业产成品存货同比增长11.95%，增速比上年提高11.92个百分点，是2013年库存增速最低一年后的恢复性反弹；其中，日用玻璃制品产成品存货同比增长21.20%，玻璃包装容器产成品存货同比增长5.06%。

就当前市场情况和政策取向尤其是环保政策的整体看，抑制低层次同质化的产能扩张，优化产品结构，发展个性化产品、高附加值产品和提高行业集中度仍是行业面临的一个紧迫问题。从行业生产情况看，产能结构性过剩的问题依然突出，有效供给不足，新产品的开发并得到市场认同、满足市场需求还有一个过程，生产总量将维持中低速增长的趋势。

（2）行业整体经济运行基本平稳，仍延续前几年增速放缓的趋势，且2014年经济运行质量和效益有所下滑。

一是主营业务收入虽平稳增长，但已连续四年增速下降，2014年主营业务收入增速比上年同期低3.96个百分点，但生产总量增幅提高4.15个百分点，生产总量的提升不能带来相应的主营业务收入的提升，一定程度上表明产品销售价格的下滑，市场竞争进一步加剧。

二是利润增速比上年低12.66个百分点，且低于主营业务收入增速5个百分点，表明盈利能力相比较上年有所下降，行业整体经济运行质量和效益有所下滑。整个2014年主营业务增速和利润总额增速走势基本相符，总体波动情况不大，只是在累计到12月底时，特别是利润增速出现明显的“跳水”想象，分析其原因，可能是企业的累计利息支出陡增所致。2014年11月累计利息支出，同比增长3.65%，而到12月累计利息支出同比增长9.15%，增幅提高了5.5个百分点。

三是企业扭亏力度加强，亏损企业亏损额同比增长年底下降明显，企业亏损面为11.23%，与上年持平。

（3）2014年行业主要产品出口额增速为-17.27%，增幅比上年下降23.97个百分点，也是多年来行业出口首次出现负增长的一年。行业出口额为负增长主要是因为玻璃器皿行业出口大幅下降，造成行业整体出口呈现负增长，玻璃器皿类（7013项下）产品出口额增幅为-25.75%，也是多年来的首次负增长。

出口增速逐步下降主要有以下因素。

一是全球经济处于后金融危机时期，增长乏力，发达国家和发展中国家经济增长动力不足，工业生产和贸易疲软，价格水平走低，消费需求不足，特别是玻璃器皿出口到欧洲、中东和非洲的消费动力减弱，在2014年的广交会上体现比较明显，来自这些地区的采购商比往年明显少。

二是全国中低档产品产能过剩，劳动力成本和部分地区能源结构调整造成的成本不断攀升，节能减排和环保压力进一步加大，企业运行成本上升，恶性竞争进一步加剧。

三是由于行业低水平的产能扩张，竞争加剧，导致企业出口竞相压价，以玻璃器皿出口平均单价为例，2014年比上年下降了19.56%。

2014年行业经济运行情况简单框架如下图所示。

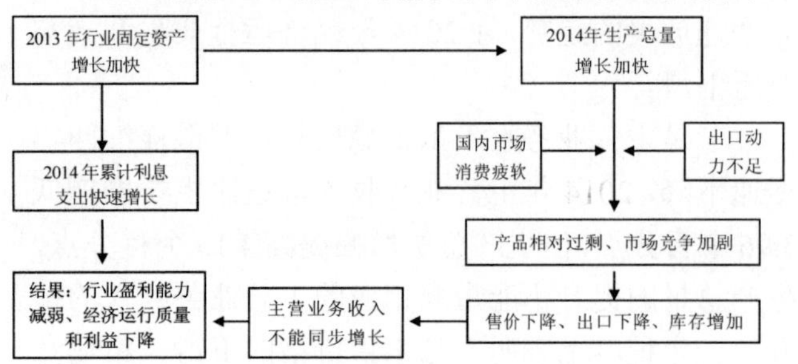


2014年行业经济运行情况简单框架

基于我们日用玻璃行业面临的经济运行走势平稳偏弱，在人工成本、节能减排、环境保护的约束进一步强化，持续稳定增长压力加大的总体情况下：①建议行业审慎对待片面追求产能扩张，加大技改投入和创新力度，做好转型升级，加强企业文化和品牌建设工作，全面提升产品质量，提高产品附加值，提升行业经济运行质量，促进行业健康可持续发展；②提高行业集中度，改善行业弱小散的局面；③建议有实力的企业加快走出去步伐，到靠近终端消费市场、有成本优势的地区或国家投资建厂，实现日用玻璃生产企业走出国门的第一步。

表1至表3为具体统计情况。

表1　2014年1—12月全国及部分地区生产量

| 地区 | 日用玻璃制品及玻璃包装容器生产量（吨） | 累计同比增长（%） | 玻璃保温容器生产量（万个） | 累计同比增长（%） |
|---|---|---|---|---|
| 全国 | 27998605 | 8.23 | 40927 | -9.90 |
| 北京 | 10070 | -9.64 | | |
| 天津 | 149710 | -6.36 | | |
| 河北 | 1693820 | -6.23 | | |
| 山西 | 584111 | 41.97 | 713 | -8.12 |
| 内蒙古 | 290620 | 31.29 | | |
| 辽宁 | 381447 | 7.52 | | |
| 吉林 | 557260 | -2.90 | | |
| 黑龙江 | 1210096 | 29.19 | | |
| 上海 | 28818 | -81.35 | 953 | -14.37 |
| 江苏 | 1100031 | 3.71 | 134 | 9.36 |
| 浙江 | 812310 | 6.19 | 1499 | 9.62 |
| 安徽 | 1228942 | 14.52 | 15972 | 14.68 |
| 福建 | 545058 | 10.94 | | |
| 江西 | 111822 | -15.27 | 1436 | -31.90 |
| 山东 | 4436857 | 0.28 | 3795 | -5.60 |
| 河南 | 2762429 | 12.54 | | |
| 湖北 | 2294337 | 9.48 | | |
| 湖南 | 788097 | -0.95 | 10740 | -16.39 |
| 广东 | 1181812 | 19.21 | 1716 | 1.17 |
| 广西 | 843363 | 21.75 | | |
| 海南 | | | | |
| 重庆 | 694836 | 3.09 | 2962 | -53.81 |
| 四川 | 4830159 | 13.77 | | |
| 贵州 | 291235 | 7.02 | | |
| 云南 | 206045 | 13.25 | | |
| 西藏 | | | | |
| 陕西 | 727412 | 9.39 | | |
| 甘肃 | 83473 | 0.43 | | |
| 青海 | | | | |
| 宁夏 | | | | |
| 新疆 | 154438 | 14.90 | 1006 | -2.55 |

表 2　　主要统计指标汇总（当期统计绝对数）

| 项　　目 | | 2014 年 | 2013 年 |
|---|---|---|---|
| 日用玻璃制品及玻璃包装容器产量（万吨） | | 2799.86 | 2361.96 |
| 玻璃保温容器产量（万个） | | 40927 | 59394 |
| 汇总企业单位数 | | 962 | 1013 |
| 主营业务收入（亿元） | | 1660.91 | 1568.15 |
| 其中 | 日用玻璃制品制造业 | 707.97 | 681.82 |
| | 玻璃包装容器制造业 | 752.22 | 681.92 |
| | 玻璃仪器制造业 | 155.92 | 158.90 |
| | 玻璃保温容器制造业 | 44.79 | 45.51 |
| 利税总额（亿元） | | 164.39 | 161.64 |
| 其中 | 日用玻璃制品制造业 | 65.92 | 66.51 |
| | 玻璃包装容器制造业 | 77.71 | 74.37 |
| | 玻璃仪器制造业 | 16.50 | 16.78 |
| | 玻璃保温容器制造业 | 4.27 | 3.98 |
| 利润总额（亿元） | | 104.16 | 104.06 |
| 其中 | 日用玻璃制品制造业 | 40.28 | 42.22 |
| | 玻璃包装容器制造业 | 50.19 | 48.06 |
| | 玻璃仪器制造业 | 10.94 | 11.22 |
| | 玻璃保温容器制造业 | 2.74 | 2.56 |

注：统计范围是年主营业务收入 2000 万元及以上全部工业法人企业。

表 3　　2014 年 1—12 月累计出口统计　　单位：万美元

| 项　　目 | 单位 | 出口量 | 同比增长（%） | 出口额 | 同比增长（%） |
|---|---|---|---|---|---|
| 日用玻璃 | | | | 527292.87 | -17.27 |
| 其中：玻璃瓶罐 | 吨 | 1311814 | 2.71 | 121132.81 | 10.51 |
| 玻璃器皿 | 吨 | 1484498 | -7.69 | 356980.04 | -25.75 |
| 玻璃保温瓶胆 | 万个 | 2943 | -10.52 | 2208.25 | -13.11 |
| 玻璃内胆制的保温瓶 | 万个 | 11083 | 3.27 | 31366.95 | 6.73 |
| 玻璃仪器 | 吨 | 65356 | -2.31 | 15604.81 | 3.38 |

表 4　　2014 年 1—12 月累计进口统计　　单位：万美元

| 项　　目 | 单位 | 进口量 | 同比增长（%） | 进口额 | 同比增长（%） |
|---|---|---|---|---|---|
| 日用玻璃 | | | | 31866.58 | 5.22 |
| 其中：玻璃瓶罐 | 吨 | 18417 | 7.52 | 5592.54 | 5.58 |
| 玻璃器皿 | 吨 | 46275 | 4.45 | 17916.73 | 7.88 |
| 玻璃保温瓶胆 | 万个 | 414.23 | 32.39 | 397.36 | 31.47 |
| 玻璃内胆制的保温瓶 | 万个 | 30.78 | 33.46 | 304.17 | 21.77 |
| 玻璃仪器 | 吨 | 16234 | -2.50 | 7655.78 | -2.23 |

# “互联网+”时代深化发展包装工业电子商务运营新模式

中国包装联合会电子商务委员会　龚经强

近十年来，我国包装产业已经发展成为比较完整的工业体系。包装产品门类齐全，科技进步和自主创新能力增强，不少包装科技成果已达到甚至超过国际先进水平。包装企业数量增长3.5倍，规模以上企业实现生产总值增长6.6倍，税收翻了三番，2011年我国包装工业总产值约1.3万亿元，成为仅次于美国的世界第二包装大国；2014年全国包装工业总产值完成1.48万亿元；预计“十二五”收官之际，我国包装工业总产值将突破1.5万亿，“十二五”规划各项主要指标基本实现。

自李克强总理在2016年所做政府工作报告中首次提出“互联网+”的概念后，各行各业都在以此为标杆，构建“互联网+”的新蓝图。中国包装工业为迈向包装强国，在下一个五年发展规划中，将重点抓包装制造业、现代包装信息化服务业和绿色资源再生业。包装行业的高新技术开发资金由当初的年3000万元，逐步增长到2015年的1.2亿元，带动了企业科技创新，获得百个专利，信息化与工业化在逐步深化中。

“互联网+”是互联网思维的精装升级版，也就是用“互联网创新+互联网技术+互联网营销模式”等去帮助国内相对落后的制造业提高效率、品质、创新及营销能力的升级。

电商作为传统行业、企业互联网化的重要路径，在“互联网+”改革中扮演重要的角色。从行业角度分析，“互联网+”不仅包括传统制造业的改革提升，还有农业、现代服务业、金融业的升级改造。加快发展包装工业电子商务，是企业降低成本、提高效率、拓展市场和创新经营模式的有效手段，是提升产业和资源的组织化程度、转变经济发展方式、提高经济运行质量和增强国际竞争力的重要途径，对于优化产业结构、支撑战略性新兴产业发展和形成新的经济增长点具有非常重要的作用。

包装行业是传统制造业中的中流砥柱，受电子商务经济的影响，传统包装行业已面临转型发展的紧迫局面。目前，包装工业处于高速发展阶段，面对新形势、新任务和新机遇、新挑战，在互联网的冲击和影响下，如何将包装与电子商务紧密结合起来，是今后包装产业发展的主要趋势。

中国包装网创立于1999年9月，是中国第一家行业门户网站，开创了我国行业网站先河，同时引领了地方乃至全国包装行业互联网信息化的快速发展。2003—2011年，中国包装网蝉联8届中国行业百强、商业百强、电子商务百强网站，2006—2009年，连获“浙江电子商务十强网站”称号。2013年1月，中国包装网入选浙江省首批重点电子商务第三方平台。中国包装网以促进中国包装行业信息化、推进中国包装产业发展为己任，目前拥有注册会员近60万家，先后为国内外近5000家包装企业提供了一流的网络解决方案。

为落实中国包装联合会的工作部署和切实推进行业信息化与工业化深度融合，依托中国包装网16年来的行业优势资源，以及浙江特有的电子商务经济环境，中国包联电商委于2014年7月在浙江金华组建成立。

本着“转型、创新、发展”的宗旨，为助力传统包装及相关行业转型升级，推动包装电商快速发展，电商委下基层、重调研、促合作、谋发展，在实地考察多个传统印包企业工作的现状后，电商委针对包装电商转型发展，提出了电商技术、电商培训、电商运营、电商交易和移动互联网“五位一体”的包装电子商务整体解决方案战略。

重点发展方向：中国包联电商委全面推广和实施包装电商整体解决方案。

方向1，充分发挥行业职能优势，构建包装工业电商产业体系

积极吸纳骨干会员单位，充实电商委分支机构体系。根据中国包装联合会章程和专委工作准则，推动包装工业电子商务深化发展，电商委充分发挥专业委员会优势，积极吸纳招募会员企业单位。目前，传统包装企业对电商的概念较为模糊，大多企业主都深知电商是必走的路，但如何转型电商无从下手。电商委通过吸纳会员企业，一方面对行业现状进行试水摸查，另一方面积极引导传统企业转型走向电商路。

方向2，推进信息化、大数据建设，引导包装

电商与互联网深度融合

创办刊物，建立 App、微信订阅号等公众服务平台。依托中国包装网的多项资源，电商委改版创新积极构建新媒体服务商，与浙江、广东、南京、海宁等省市包协达成合作联盟，将服务范围不断延伸。电商委创办旗下纸质刊物《包装·电商》杂志，电商委微信公众平台，全力为包装行业提供各项行业资讯服务，使电商委成为行业内电商的公众服务平台。

研发 EPS、包装 e 城等包装信息化应用软件项目。为助力传统企业转型电商，电商委与中国包装网自主研发了 EPS 包装信息化应用软件、搭建包装 e 城电商交易平台，为包装企业信息化触网提供最有力的智能软件及电商交易平台，实现了业务市场份额的扩大。

目前，EPS 已获国家版权局颁发的软件著作权。并携手浙江捷特包装正式落地进行试点应用及推广工作。通过在线 EPS 管理系统，企业用户可将固定资产、采购、销售、物流、库存管理等环节数据录入系统在线云端应用软件，随时调用数据库进行过程监控、追溯。EPS 应用系统开发的目的在于梳理传统包装企业内部生产管理，加速内部工作流转速度，提高企业效率。

包装 e 城是包装行业电子商务在线交易平台，该平台为包装企业提供 B2B①企业拓展市场的绿色通道和转型平台，它融合了 B2B、B2C②等电商运营模式，支持如零售、批发、看样、团购、招标、促销、转让、采购等多种交易方式，包装 e 城交易平台已于 2014 年 12 月上线。

方向 3，创新人才培育机制，优化职业人才结构

成立浙江省包装行业电子商务培训中心。推动行业转型升级，必须先解决企业人才问题。2014 年，电商委与浙江省包协联合成立了“浙江省包装行业电子商务培训中心”，依托政府商务部门办职业资格培训；依托中国包装网以办行业特色教学。

培训中心具体工作主要是与各大院校联盟，推行大学生就业指导扶持工作；对原有企业的人员进行相关印包技能及电商知识的培训；对中层干部及总经理进行管理模式的交流及培训。

2015 年 1 月，电商委已与浙江科贸职业技术学院签订了的校委战略合作协议，将培养高技能人才列为包装培训中心今后的重点工作，电商委计划与浙江科贸职业技术学院联手，整合产学研资源，利用双方的优势，设立包装电商相关专业和课程，探索产教融合培训教学的新模式。为包装电子商务的发展搭建桥梁，不断推动包装行业电子商务人才体系的建设。

方向 4，加快包装电商工业走出去步伐，扩大行业间的交流与合作

联合各专委、行业协会举办包装电商峰会、年会。电商委自筹备和成立以来，得到了浙江、广东等包协的大力支持,已分别在金华、苏州、深圳成功举办过多届“中国包装行业电子商务发展高峰论坛”。帮助传统包装企业认清电子商务发展趋势，建立行业信息交流平台，为包装工业开拓新市场搭建服务平台。

方向 5，加强行业协会的自身建设，发挥行业协会协调管理作用

电商委协助政府部门搭建起行业与企业间的沟通桥梁，加强对行业的检查监督和指导，引导推动行业出台相关政策；强化自律管理，规范服务标准，加强行业协会内部的职能建设和完善社会监督机制，促进包装协会在行业统计、制订行业规划、开展调查研究、信息咨询、市场分析、专业培训、评价评估、搭建国际交流平台等方面发挥更大的作用；创新多方合作互动机制，创新服务手段，在促进行业深度转型升级、包装工业良性发展方面做出积极贡献。

现在，很多人对电子商务的了解还比较模糊，企业使用电子商务，特别是包装印刷企业的电子商务意识还需要进一步加强，但企业如果一直将电子商务拒之门外的话将来定会后悔。电子商务将是企业发展的必然趋势，越来越多的企业使用电子商务也说明了这一点。大力发展电子商务是非常重要的也是非常必要的，抢抓产业快速发展机遇，包装印刷企业的线上销售额虽然还远远低于线下销售额，这也代表发展空间巨大，企业现在的目标是要把品牌做起来，线上销售更多是推广品牌，目前线上销

①B2B：Business to Business，指企业与企业之间通过专用网络或互联网，进行数据信息的交换、传递，开展交易活动的商业模式。

②B2C：Business to Customer，“商对客”是电子商务的一种模式，是直接面向消费者销售产品和服务的商业零售模式，这种形式的电子商务一般以网络零售业为主，主要借助互联网开展在线销售活动。

售在企业销售量中占比较小，但电子商务是条必须要走，而且是必须要坚定走下去的路。只有真正坚持到底的人，才能赢到最后。

当下，电子商务的发展迎来了一个全新的机遇，面对国家及行业的各项有利政策，为电商委今后的发展提供了坚强的后盾。与此同时，新媒体时代到来、人们阅读习惯改变、消费习惯变化、产能过剩，以及生产要素价格上升、产品生命周期缩短等各种问题和挑战都逼迫着包装业的转型升级。因此，包装同人们，请看清未来的发展趋势，赶快加入电商队伍吧！

总之，电子商务在包装印刷行业应用不是简单的网站维护或者网站推广，而是应该成为帮助企业品牌提升、销售拓展、服务改善等的重要工具。在电子商务环境下，企业要根据自身的特点，充分利用电子商务的特性，对现有的模式做出创新，使营销模式适应新市场环境，从而在激励的市场竞争中获得优势。如何应对知识经济的挑战，如何提供对策，如何适应电子商务被广泛应用的趋势，应该引起企业更高的重视。

## 我国包装行业电子商务发展现状

近年来，随着信息技术的飞速发展和互联网的迅速普及，电子商务应运而生，国内第一波 B2C 从 1998 年开始出现，而传统企业做电子商务从 2007 年才开始，也就是说，传统电商比纯电商晚了整整十年的发展时间，在中国传统渠道商做电子商务的企业中，几乎还没有出现纯电商中像当当、京东商城这样的大企业，而在其他发达国家，传统企业电商在大的电商企业中占到 80%，中国传统企业的电子商务还拥有着巨大的发展空间。

在中国对已经有品牌的厂商而言，如果不重视电子商务，品牌影响力会很快下滑。作为国民经济重要组成部分的包装行业，面对愈加激烈的竞争，电子商务这种新型的运作模式将有助于提高我国包装行业的经济效益和效率，优化资源配置，提升企业的竞争力。电子商务必定是传统企业的转型趋向。

据笔者目前了解，传统企业的经营成本上，来自各种实体经营的成本占据了大部分空间，而这些成本如果采用电子商务架构模式，则能帮助传统企业节约大量的资金成本，如人力资源、实际经营费用等方面的成本，同时还能相应地拓展企业业务范围。采用电子商务模式还将带来经营效率的提升，使得企业获得更多商机与发展活力，因此，选择适合企业的电子商务方式才是发展的硬道理。从包装行业电子商务的现状分析来看，我国包装行业电子商务相关网站大致分为三种：①专业性包装网站，包括包装交易中介型网站、综合性包装行业网站，这类网站是我国目前进行包装电子商务模式比较成功的，网站提供的一些服务功能已经显示出了包装电子商务的功能性；②包装企业自建网站，包装企业自行开展网上产品服务，但由于技术、经营等各方面原因，网站建设情况差强人意；③非专业性包装网站，虽然显示出包装信息的巨大生命力，但缺乏专业性和行业优势，不能全方位展现网上包装的优势。

对于包装企业做电商不一定非得做成独立的 B2C 平台，因为企业缺乏专业性的技术人才和行业内的信息资源，自建网站不能起到很好的品牌效应和营销效果，企业应该用更多的时间和精力提升产品质量、客户服务，要学会借力，善用第三方专业的包装网站来降低经营成本和提高企业知名度。

包装电商的发展瓶颈——究竟什么是包装行业涉足电子商务的最大障碍，总结起来无非是内因外因在作祟。由于缺乏对于自身开展电子商务的清晰定位和整体规划，导致在转型的途中种种问题陆续浮出水面，这是包装行业在产业升级之路上面临的最大障碍。内部原因主要围绕在企业管理者身上，企业管理者概念模糊；无法摆脱原传统营销路线的思路；对电子商务不够重视；赢利模式单一、难以规模化等问题都是制约企业内部转型的关键所在。此外，还包括技术能力滞后、物流配送量小、传统企业缺乏发展电子商务的经验等间接因素的制约。外部原因主要围绕在转型电商的运营背景上，受传统经销商和中间商的抵触，传统企业的生存空间在一定程度上受到挤压，电子商务人才匮乏，大环境电子商务法律不健全等因素阻碍电商转型的进一步发展。

融合“两化政策”引导行业转型。电商委诞生，中国网购用户数量剧增，这导致数以万计的传统企业面临着经营模式的巨大转变，而如何能在新型经济里摸索出一条适合自己的发展之路，是所有传统企业现在要解决的重大问题。经中国包装联合会批准，由浙江弘仁元电子商务有限公司牵头组建的“中国包装联合会电子商务委员会”为解决包装行业中传统企业的转型问题而成立。

依托中国包装网建立全国性的网上交易平台和咨询平台；组织、制订、完善、实施网络服务项目，网上采购、中介、分销系统，开展B2B电子商务。通过网站、媒体、论文、会议、论坛、评选、培训、参观等多种渠道、形式、活动，推动我国包装知识普及和交流，推进包装电子商务进程，特别是提升我国包装企业的互联网应用水平。中国包装联合会电子商务委员会的成立预示着包装行业将走向历史新纪元，在中国包装联合会的引导下，运用电商委的各方面优势，完成包装行业传统企业向新型企业的完美蜕变。

## 我国食品和包装机械工业“十三五”期间行业发展的总体思路

食品和包装机械行业承担为食品工业、包装工业、农产品加工业等行业提供技术支撑和装备支持的重要任务。食品工业的持续快速发展为食品装备行业带来广阔的市场发展空间，我国的食品装备行业已进入结构调整发展时期，需要行业企业生产出更多符合我国食品工业发展实际需求的加工装备。从政策的连续性和稳定性看，“十三五”期间，我国食品和包装机械行业的经济运行仍将保持快速平稳运行的发展趋势。

### 一、指导思想

“十三五”期间，围绕我国食品工业、农产品加工业对技术及装备的战略需求，瞄准国际食品和包装机械行业的发展趋势，积极推进产业结构调整和产品技术升级。坚持科技创新驱动，加强信息化与智能化的融合，提高产品质量和竞争力，淘汰落后技术、产品及产能，适应经济发展的新常态。以市场为导向，以行业及企业的需求为目标，建立绿色、智能、安全、服务的产品生产新体系。企业经营模式从以数量增长向质量效益提升转变；产品开发模式从以跟踪模仿为主向自主创新为主转变；从以注重单项技术突破向注重技术集成转变；从单机生产向成套装备制造转变。实现行业关键共性技术、重要技术装备和标准化等工作的重点突破。加强本领域一流创新专业人才的培养，建立一流水平的创新团队。掌握一批核心技术，拥有一批自主知识产权的产品，造就一批具有国际竞争力的企业。

### 二、基本原则

1.坚持创新驱动的原则

坚持原始创新、集成创新和引进消化吸收再创新，积极推进具有自主知识产权的产品开发。加大自主创新投入，着力突破共性关键技术和重要产品；以（国家）食品装备产业技术创新战略联盟为平台，建立以企业为主体、产学研紧密结合、具有长效机制的创新体系，推进食品和包装机械由制造大国向制造强国的转变。

2.坚持市场导向的原则

遵循市场经济规律，充分发挥市场在行业资源配置中的决定作用。从我国食品工业发展的技术装备需求出发，面向国内外两个市场，瞄准现实和潜在的市场需求，通过技术创新进一步优化产品结构，提高产品质量，全面提高食品机械和包装机械行业的国际化竞争能力。

3.坚持技术规范和标准互认的原则

遵循技术规范和标准，加强国家和行业标准建设，积极引用国际标准，推进标准的国际互认，破解国外标准与技术壁垒，通过标准营造公平竞争环境，发挥标准在市场配置中的重要作用，构建行业公平开放透明的统一市场规则。

4.坚持安全卫生的原则

食品和包装机械的设计、制造及使用必须遵守国家相关机械产品安全方面的标准和规范，有效规避设备安全风险，防止对操作人员的伤害，保障食品加工企业的安全生产。遵守食品和包装机械卫生要求及相关标准，防止食品装备材料的有害物质向食品迁移，防止食品加工过程中污染，确保食品生产过程中的食品安全。

5.坚持绿色智能服务发展的原则

食品和包装机械行业发展必须坚持绿色制造和智能服务发展的原则。大力实施绿色制造，在产品设计、制造、包装、运输、使用到报废处理的整个生命周期内，必须做到废弃资源最少、有害污染物排放最小，即对食品安全和环境的影响最小，资源利用率最高，企业经济效益和社会效益协调发展；推进信息化与智能化融合，建立基于互联网、物联网、云计算、数字设计、先进制造等技术的智能平台，在产品设计、生产制造、管理与服务等方面实施智能制造；坚持从生产型制造向服务型制造转变，加强食品工艺和装备的有机结合，提高产品的个性化实用功能。在重视产品设计和制造的同时，同时重视产品使用和维护，提供产品全生命周期的制造服务，获得比销售实物产品更高的利润。

6.坚持政产学研用相结合的原则

培育若干创新集聚平台，培养复合型设计研发人才，加强政产学研用相结合，推动科研院所研究成果产业化，帮助企业解决科研力量不足的发展瓶颈，促进设计研发、制造企业、应用服务的协同发展。

7.坚持质量为先和走出去的发展原则

牢固树立质量为先的发展观念，提高制造从业人员质量意识和职业素养，提高中国产品的国际市场核心竞争能力，真正实现中国食品和包装机械制造业品质和信誉的升级。以《中国制造 2025》纲要和“一带一路”发展战略为指引，加大开拓国际市场的力度，让优质的中国制造产品走出国门。

**三、发展目标**

1.产业发展速度目标

2013 年我国食品和包装机械工业实现总产值 2950 亿元，同比增长为 15.36%；2014 年实现总产值 3400 亿元，同比增长为 15.25%。以 2014 年工业总产值和发展速度不变值为基础，到 2015 年将达到 3918 亿元。综合行业“十二五”的发展速度，考虑“十三五”期间国内外的经济环境和影响因素。预计“十三五”期间，我国食品和包装机械工业年均增长率在 12%~13%，到 2020 年工业总产值达到 6000 亿元以上。

2.技术创新目标

依托（国家）食品装备产业技术创新战略联盟和行业协会，建成协调有效的食品和包装机械自主创新体系及平台，在大型食品加工装备和重点包装装备领域，实现重点关键技术和共性技术的重大突破，推进新技术、新产品的开发。形成若干具有自主知识产权的产品和技术。行业技术创新能力显著增强，开发的新产品部分达到同期国际先进水平。到 2020 年，重点领域科技研发经费占总产值的比例达到 3%，关键食品装备自主化率由 50%提高到 70%以上，逐步改变我国高端食品和包装机械与成套装备严重依赖进口的局面。

3.节能、降耗、减排目标

通过产品技术创新，采用先进技术、新材料、新工艺，改造传统制造方法，提高装备制造的专业化、规模化生产水平。食品机械和包装机械的节能降耗、环保减排等指标达到国家相关标准要求，部分产品的性能达到国际先进水平。

4.标准化目标

依托食品和包装机械相关的国家和行业标准化技术委员会，根据食品装备和包装机械发展的需要，构建面向国际互认的食品机械与包装机械标准化技术体系。重点制（修）定一批行业的基础标准、通用标准和产品标准，积极采用一批国际标准、欧盟标准及发达国家的标准，提高产品技术水平和行业准入规范标准，破解国外的技术壁垒，增强产品的国际竞争力。

5.结构调整目标

加强产业结构调整和优化升级，生产集中化程度得到进一步提高。到 2020 年力争打造 1~2 个销售额达到 30 亿元以上企业集团和 10 个以上的 10 亿元级企业集团，成为国内知名、国际有影响力的公司。同时要支持发展一批专、精、特及成长性较好的中小型企业，形成一批参与国际分工的专业化零部件生产企业，使行业结构更趋于合理。从主要面向国内市场向同时面向国内国际两个市场转变，进一步拓展国际市场，增加出口、减少进口，到 2020 年使我国食品和包装机械进出口额实现顺差。

6.两化融合和试点目标

中国食品和包装机械制造目前一直都是小批量、定制化生产，产品交付周期长。“十三五”期间，以缩短订单交付周期和提升产业链智能制造水平为目的，实现信息化和制造业的深度融合，将订单交付周期缩短 20%。建设产品数据管理平台（PDM）、基于包装工业产业链的供应链管理平台（SCM）和客户关系管理平台（CPM）、基于工业物联网技术的车间执行系统（MES）、基于定制型、小批量离散制造模式的新一代 ERP 平台和基于产品智能化的远程监控、故障诊断与数据采集、分析平台等工具平台，并实现在食品装备及下游企业的应用，并在我国食品和包装机械行业内建设 15~20 个示范项目。

# 我国金属包装发展迅速　已形成完整工业体系

伴随着中国近些年经济和消费的快速增长，作为我国包装业的重要组成部分，金属包装因其良好的密封性和具有的鲜艳图案，在食品、饮料、日化用品和家庭用品行业得到广泛应用，特别是食品和饮料业已成为金属包装的最大市场，而化工品、化妆品和药品行业则成为金属包装的重要市场。

随着消费者生活水平的提高，食品、饮料包装的需求量快速增长。特别是功能饮料、食品罐头的快速增加，为金属包装罐提供了更多机会。目前，世界公认金属包装容器是最安全环保的产品，未来发展潜力巨大。

我国金属包装业现已形成包括印涂铁、制罐、制盖、制桶等产品的完整金属包装工业体系。近年来，我国金属包装工业进入快速发展期。

最近 10 年来，我国饮料行业年增长速度一直保持在 20%以上，2011 年我国饮料总产量为 1.18 亿吨。我国罐头总量 972 万吨，销售额 1202 亿元，包括金属包装、软硬包装和其他包装形式产品。而随着国民消费能力的提高和消费习惯的升级不断出现，快速增长的高端饮料产品大量使用了金属包装物。

据专家预测，我国金属包装工业未来 3~5 年发展空间巨大，突破千亿元产值已成定局。食品和快速消费品的持续增长，特别是饮料作为消费品的高速增长，啤酒的罐化率数值越来越高，农村市场对两片罐有强劲需求，金属包装机械设备、管理和产能规模逐步提高，因此，我国金属包装产业将大有作为。

目前我国已经发展成为世界第二大金属包装制造国，一大批大型金属包装工业集团不断涌现，这些企业与罐装食品行业加强沟通与合作，实现共同发展的格局已经形成。

经过几十年的发展，围绕罐装食品发展起来的我国金属包装工业关键环节技术创新成果显著，在制造设备、原材料筛选、安全指标管控、控制有毒有害物质迁移、重金属有效检测方法，以及延长产品货架期上逐渐显示出金属包装的独特性，在保证食品安全方面发挥着越来越广泛的作用。

伴随着金属包装工业快速发展，拉动了金属包装用钢材的需求，并提出了更高的要求。食品、快速消费品高速增长是这个产业快速发展的第一牵引力，而包装产品的升级趋势则直接提升金属包装产品在各门类包装产品的份额；未来金属包装将更加注重食品安全保障、更加注重减薄减量化、更加注重可回收利用。

面对我国食品行业的巨大需求，金属包装工业有责任不断开发出品质更优良、价格更低廉、更宜回收再生利用的包装产品。只有这样，我国的金属包装工业才能不断满足食品工业更广泛的需求，为早日建成食品工业强国、包装工业强国贡献力量。

在食品、饮料、日化用品和家庭用品行业中我们总可以看到金属包装的影子，尤其是在食品饮料行业，金属包装在其中占据很大的比重。与此同时，人们也越来越关注包装绿色环保性能。目前，世界公认金属包装容器是最安全环保的产品，未来发展潜力巨大。

我国金属包装业现已形成包括印涂铁、制罐、制盖、制桶等产品的完整金属包装工业体系。近年来，我国金属包装工业进入快速发展期。

# 我国塑料加工行业新常态初现成效

中国塑料加工工业协会常务副理事长　曹俭

2015 年是不平凡的一年，国际形势依然错综复杂，在全球金融危机持续影响下，在我国经济进入“新常态”下，2014 年塑料加工行业克服市场需求不旺、人工成本大幅上升、企业融资难度加大、环境约束进一步增强等困难，取得了平稳健康发展的好成绩。进入 2015 年，塑料加工业下行压力加大，但仍保持了一定增长。据国家统计局数据，2015 年 1—9 月塑料制品产量为 5443.82 万吨，同比增长 0.69%，与去年同期相比增幅下降了 7.08 个百分点；塑料制品汇总的规模以上企业 14695 个，累计完成主营业务收入15517.10亿元，同比增长6.13%；实现利税总额1299.90亿元，同比增长12.14%；其中：利润总额为875.97亿元，同比增长12.82%。据海关统计数据，2015年1—9月，全国塑料制品累计出口量为1222.89万吨，比上年同期增长了2.72%，增幅下降了4.01个百分点；出口额449.89亿美元，比上年同期增长了1.18%，增幅下降了7.02个百分点。全国塑料制品进出口总值为582.60亿美元，比上年同期下降了0.73%；全国塑料制品贸易顺差为317.19亿美元，比上年同期增长了4.88%。从以上数据看出，2015年全行业虽然产量与去年增幅有较大下降，但是主营业务收入、利税、利润等指标较同期增长平稳。说明在新常态下，行业转型升级、调整产品结构、转变经营方式等正逐见成效。

在看到成绩的同时，应冷静分析存在的增速放缓、效益下降和结构不合理等问题。

**一、行业面临三大不利因素**

1.下行压力加大，增速持续放缓

塑料加工业经过“十一五”平均20.1%的超高速增长后，在“十二五”期间增速持续放缓。2011年制品产量增速为22.35%；2012年下降为8.99%；2013年为8.02%；2014年增速为7.44%；2015年1—9月塑料制品增速仅为0.69%，几个重要产区产量都出现了负增长。1—8月浙江同比下降1.38%，山东下降0.48%，辽宁下降29.19%。全国各省产量增幅相差较大。预计“十二五”平均增速为10%左右，比“十一五”年均增速下降约10个百分点，说明塑料加工业正进入中高速增长的新常态。

2.效益下降，企业经营困难加大

当前企业生产要素成本不断增加，资源、环境、能源约束全面增强，企业利润空间被大大压缩。全行业利润增幅逐年下降，已由2011年的32.5%下降到2014年的4.24%。同时2014年主营业务收入利润率为5.8%。5.8%的主营业务收入利润虽然还不算太低，但基本与银行同期贷款利率相当，远低于企业实际贷款利率，不仅造成企业效益差，并且使贷款难、贷款贵的问题更加突出。

3.结构性、阶段性产能过剩，顽疾仍未得到有效缓解

结构性、阶段性产能过剩是塑料加工行业产品结构不合理的集中体现，是实现健康、可持续发展的一大障碍。目前低端产能过剩问题仍未有效解决，超越市场需求、盲目引进而引发的阶段性过剩产能，尚未有效化解，而高端产品仍需大量进口，双向拉伸产业在普通包装膜产能严重过剩尚未化解的情况下，锂离子电池隔膜产能在2015年达到23亿平方米，大大超过全球需求量，又形成新的产能过剩，而高端隔膜进口比例达90%，整个隔膜进口率达70%。

当前塑料加工业正处于发展壮大期向产业成熟期过渡的关键时期，是迈向产业中高端的关键时期。在“新常态”下塑料加工业经济下行压力加大，行业经济运行、企业生产经营也面临不少困难和问题。因此认真分析面临形势，适应新常态，主动作为，平稳渡过塑料加工产业转型期，是摆在我们面前的重要任务。

塑料加工业是以制品为核心，涵盖原料、助剂、装备、模具为一体的新型制造业，既是国民经济中基础性产业，也是为广大消费者提供卫生、安全、可靠消费品的民生工业，是极具发展潜力的未来支柱产业之一。目前，中国是全球最大的塑料制品生产和消费国家，塑料已广泛应用于国民经济各个领域，并长期保持平稳发展。

未来中国塑料加工行业正沿着“功能化、轻量化、生态化、微成型”发展方向加快发展。

**二、“十三五”行业三大任务**

一是面对新一轮全球科技革命和产业变革浪潮、面对我国经济进入新常态，塑料加工业必须大力实施创新驱动战略，紧紧围绕创新这一新引擎。发展动力变化，要求我们必须调整发展思路，把主要精力集中到调结构转方式、着力提高发展质量和效益上来。

二是面对中高速和中高端双目标，必须紧紧围绕“高端化”这一核心，大力培养新的增长点，首先要大力开发新产品，加快产业升级，其次要大力推进工业化和信息化深度融合，加快“互联网+”工程建设，要适应高端化、个性化、小批量私人定制的市场导向。探索大规模个性化制造的新路子，推动新型生产模式和新业态的快速成长，新增长点是未来发展的重要措施和方向。

三是面对生产要素成本不断上升、资源环境约束不断增加，面对高成本时代的到来，必须紧紧围绕以提高生产效率为核心培养新的竞争优势。

为此，必须做到以下几方面。

第一，要加快从依靠资源消耗和投入的粗放型增长向依靠提高要素质量和水平提高转变，加快以

低人工成本为主的比较优势向技术、装备、人才、研发为主的复合竞争优势转变。加快以劳动密集型向技术、资本密集型的生产结构转变，加快以引进、招商、模仿为主向自主创新、集成创新、智能创新转变。

第二，要创新盈利模式，要在降低变动成本和降低固定成本这两个传统盈利模式的基础上培养新的利润增长源，提高盈利水平。一是提高资源配置效益，要发挥市场在资源配置中的决定性作用，适应研发设计、“众创”新模式，适应产业链全球化新趋势，不断提高资源配置效益。二要提高服务制造型的增值效益；要加快单纯生产型向生产型与生产服务型并重转变；要加快由普通、大众性产品向功能性、生态型产品生产延伸，要为下游企业提供解决问题的供应商，乃至为全产业链上各相关环节提供解决问题的技术和措施，培育生产服务型增值效益利润源。三要加强品牌建设，培育品牌溢出效益利润源。

当前，传统盈利模式正遇到严重挑战，因此创新盈利模式、培育新的利润增长源，不断提高盈利水平是塑料加工行业面临的重要任务，是走出困境、实现健康发展的迫切需要，要引起高度重视。

第三，要加快提高全要素劳动生产率。全要素劳动生产率包括劳动生产率、资源利用率、能源利用率、资金利用率、投入产出率、资本替代人工、人才红利等，是指对资源能源资本、资金、土地、人工资本等实现最优组合、精细管理，达到降低综合成本获取更大综合效益的目的。这就要求全面、系统、综合发挥各要素作用和效益的目的。发达国家全要素劳动生产率对经济贡献率高达70%，而我国不足30%。可见提高全要素劳动生产率对经济贡献率潜力巨大。提高要素质量和水平，全面提高资源配置效率，是提高效益的重要途径，也是培养新的竞争优势的重要措施。

当前，国家制定的“一带一路”、长江经济带、西部大开发、成立亚投行等一系列重大战略正在纵深推进。《中国制造2025》、“大众创业、万众创新”“互联网+”、鼓励企业“走出去”等一系列国家政策措施相继推出，为制造企业的发展带来了机遇，也为塑料加工行业提供了政策支持。

目前，塑料加工业正进入转变发展方式、结构调整和产业升级的新阶段，同时面临市场需求不旺、经济下行的压力，生产经营困难继续加大，对此必须要有充分的思想准备，必须进一步振奋精神、坚定信心，在党中央和国务院正确领导和布置下，有各位企业家拼搏创新精神，塑料加工业一定会克服困难，迎来新的更好更健康的发展。

## 我国智能包装的发展现状与问题

随着科技的发展，智能化已经成为市场发展的蓝海。在食品安全事件发生率居高不下的今天，智能包装也成为包装行业发展的重点。受一些因素的影响，智能包装在中国的发展仍处于起步阶段，需要强大的市场推动力助其发展。

智能包装指人们通过创新思维，在包装中加入了更多的新技术成分，使其既具有通用的包装基本功能，又具有一些特殊的性能。这些包装的特殊性能恰好满足商品的特殊要求和特殊的环境条件，目前主要是指采用了机械、电气、电子和化学性能的包装技术。

1.智能包装市场不断扩大

目前，国内食品安全形势十分严峻，已经达到迫在眉睫的程度，因此我们亟须从包装上提高智能化，最大程度地利用各种手段保证食品安全。智能包装是保证食品安全的有力措施，还亟待开发。智能包装在发达国家已经获得了足够的重视和发展，而在国内，智能包装的研发和在各个领域的应用还处于起步阶段。但他同时指出，从另一个角度来看，虽然我国智能包装的应用还落后于发达国家，但是我国的智能包装市场有广阔的利润空间等待挖掘。

一般国外仅将温度—时间历史记录标识（TTI）、被包装食品内微生物滋生指示标识（MGI）、光致变色指示标识、受到物理冲市标识、渗漏、微生物污染标识、无线电射频标签（RFID）、DNA（脱氧核糖核酸）标签等定义为智能包装；而将气调包装、抗菌包装、乙烯吸附包装、吸氧包装、白加热/自冷却包装、异味的吸附包装、芳香味的释放包装、吸湿包装等定义为功能包装。

众多种类的智能（功能）包装在我国的开发及应用才刚刚开始。李东立说：“我们可以观察一下周围的大超市，琳琅满目的食品软包装、智能包装和功能包装占多少?”他介绍道，在功能包装方面，国内的气调包装、芳香味的释放包装还比较成熟；气体吸附类型包装（吸湿、吸乙烯、吸氧）一般采用香袋的形式，技术含量不高，而国外开发的气体吸附包装，已可将无毒的吸附剂共混到薄膜树脂内部；其他的功能包装和很多的智能包装在我国还几乎处于空白。”

此外，在这些智能包装中，RFID（识别射频）电子标签是国内民众较为熟知的一个领域。2008 年北京奥运会的举行，政府对药品和食品加强监管力度都推动了我国对 RFID 电子标签的使用，在物流、包装、零售、制造等行业有较多应用。李志伟也表示，智能识别技术在一些领域（如药品、高档食品）会得到应用，但我国还不会成为 RFID 电子标签的消费大国，因为根据广大人民群众的消费水平，智能识别技术尚未进入百姓的日常消费市场。

2.多种因素制约发展

哪些因素造成了我国智能包装应用和市场发展的滞后呢?“高成本一直是妨碍智能包装发展的主要因素之一。”李志伟在接受记者采访时说。他表示，能够用于包装的芯片及可印刷的天线、电路等技术的普及和应用还不像传统印刷那样简单，有关如何安装和管理相关的基础设施，如何放置电子阅读器，以及检索、使用和储存标签信息的技术复杂而且成本昂贵。因此，产品转型并不是所有国内包装印刷企业能做到的，目前，国内包装企业在智能包装技术的投入、人才的引进、设备和材料的更新等方面还存在一定的差距。

李东立则认为，我国智能包装行业存在以下几方面的问题。

第一，在技术上，智能包装原材料研究基础薄弱。聚乙烯、聚丙烯、PET（聚对苯二甲酸乙二醇酯）、尼龙等原料牌号少，使用效果差，部分还需要进口。开发具有优异印刷复合性能的专用树脂是一个主要的任务。

第二，现有功能包装的技术含量低。我国软包装研发人员匮乏，基础薄弱，研发周期较长，需要把引进技术和自主研发同时进行。同时，国内企业的研发能力较低，只有少数几家大型包装企业具有研发能力，并且依托高校或科研院所。

第三，国内智能包装的市场较小，百姓接受能力差。他表示，在“市场—提出问题—设计—软包装研发—软包装生产—市场”这一研发投产过程中，市场环节是关键。没有需求，研发就失去了动力，从而使科研人员的研发积极性降低，研发工作进展缓慢。

第四，普通软包装生产企业利润低，市场无序竞争，假冒伪劣产品盛行。

3.智能包装研发需市场推力

要解决这些问题，李东立表示，由于普通百姓对包装的重要性认识不足，致使智能包装价格高、无市场，影响产品的开发与推广，因此国家应该积极倡导使用智能包装，甚至强制使用，以便更好地遏制假冒伪劣产品。同时，在食品包装方面，国家还要加大科研投入，鼓励自主研发和申请国家级研究课题，引进必要的软包装测试设备。

研究单位则要加强人才培养，加快研发速度，积极与软包装生产企业联合，将技术尽快转化为生产力。对于软包装企业而言，我国软包装市场刚刚起步，市场空间大，即使在“严冬”时刻，企业也要加大新产品的开发投入，加强与高校或研究机构的联合，占领优先市场，拓宽企业发展道路。

## 我国板片材行业现状和发展前景

中国塑料加工工业协会板片材专业委员会秘书长　周家华

塑料板片材是用塑料为原料做成的一种新型塑料材料。近十年来，我国塑料板片材行业发展速度较快，受益于行业生产技术水平和产能的不断提高，以及下游市场不断扩大，塑料板片材行业在国内和国际市场上发展形势都十分看好，行业的增长率一直保持在 10%以上，实现产品销售率 97%以上，高于轻工行业平均水平。由于受经济下行压力的影响，近两年发展速度有所减缓，塑料板片材行业已进入增速放缓的换挡期，由高速增长转入中速增长的新阶段。

### 一、塑料板片材行业现状

1.塑料板片材行业概况

进入 21 世纪以来，中国塑料板片材行业取得了令世人瞩目的成就，发展速度已名列前茅，实现了历史性的跨越。增长速率一直保持在 10%以上，在保持较快发展速度的基础上，经济效益也有新的提高。从合成树脂用量、塑料板片材设备数量及塑料板片材制品产量来看，都显示了塑料板片材行业强劲的发展势头。

随着塑料板片材新技术的应用，以及相关部门对环保型塑料板片材的大力推广，新型塑料板片材的应用也越来越广。我国市场上出现了多种类型的板片材新产品，其中有的已流行多年，有的刚刚上市。目前，市场上经常见到的塑料板片材产品有：PVC 板片材、PP 板片材、PE 板片材、PET 板片材、PS 板片材、PC 板片材等。由于塑料板片材具有重量轻、透光性好、保温、隔音、安装方便等特点，因此在建筑装饰行业、包装行业等广泛使用。在国家大力发展化学建材政策的推动下，我国塑料板片材行业呈现了快速发展的态势。中国挤出塑料板片材，从零起步，截至目前占据全球产量的 30%以上，稳居世界第一。塑料板片材应用领域逐步扩大，已涉及国民经济的各个方面，如以塑料代替木材、钢材、铝材、石材、玻璃、皮革等，广泛应用于工业、农业、化工、建筑、包装、航空航天、国防等尖端部门。

目前快速发展的新型塑料板片材，需要新的技术支撑，现在塑料板片材朝着集美观、实用于一体的方向发展，功能方面则向更加专业、特殊功能的方向拓展。“十二五”以来，国家已把科技创新带动产业发展提到了前所未有的高度。因此，目前仍然是新型塑料板片材发展的大好时机。

2.塑料板片材企业下行压力加大，增速持续放缓，塑料板片材行业已进入中高速增长的新常态

当前塑料板片材行业的产业基础、发展环境和条件都发生了深刻的变化。无论是中国产业经济转型，还是国际上新一轮产业变革和科技革命的来临，无一不对中国塑料板片材行业提出了严峻的挑战。“十二五”期间是我国塑料板片材实现跨越式发展的关键时期，但行业发展的速度已经明显减缓，据国家统计局数据显示，2015 年上半年，板片材产品产量为 628.7 万吨，同比增长 1.46%，与 2014 年同期相比，增长幅度下降了 4.92%；累计出口交货值 140.21 亿元，同比下降了 6.13%，增幅比同期下降了 7.32%。增幅回落和增速放缓原因是多方面的：一方面，国际金融危机导致全球经济增长乏力需求不足；另一方面，国内经济下行压力加大，内需空间也在缩小。两项需求减少的叠加是导致塑料板片材制品增速放缓的直接原因。除了国内外宏观环境影响外，也应该看到塑料板片材行业自身的问题：一是产品结构不合理，中低档产品比例过高；二是部分产品出现结构性、阶段性过剩；三是技术创新能力不足，行业新增长点尚未形成。所以塑料板片材行业和其他行业一样，已步入中高速增长的“新常态”。

3.塑料板片材行业效益下降，企业经营困难加大

改革开放以来，塑料板片材行业取得了跨越式发展，主要得益于改革开放政策，得益于国民经济高速发展的拉动，得益于人民生活消费水平提高的推动，得益于改革开放之初，塑料板片材行业抓住机遇大规模引进国外的先进技术和装备。过去十几年行业经历了追赶型的高速发展阶段，然而塑料板片材行业并没有摆脱低水平、低效率的传统制造业地位，在国际上处于产业价值链中低端，其竞争优势基本是以牺牲资源、环境、能源为代价，以廉价劳动力为支撑的初级比较优势。由于告别了短缺时代，部分产品产能过剩严重，依靠投资、扩大产能、通过规模扩张的发展模式已不可持续。依靠廉价劳动力形成的低人工成本，这一优势正在削弱，同时资源、环境、能源的约束力也在加大，企业利润空间被大大压缩，行业利润增幅逐年下降。以“提高质量、降低消耗”为主要内容的降低变动成本，和以“提高劳动生产率”为主要内容，降低固定成本的传统盈利模式受到严重挑战。企业经营成本不断升高，经营困难加大。

## 二、目前塑料板片材行业存在的主要问题

1.结构性、阶段性产能过剩顽疾没有得到有效缓解

产品产能结构性和阶段性过剩是塑料板片材加工业产品结构不合理的集中体现，是实现健康发展、可持续发展的一大障碍。目前低端产品产能过剩问题仍未有效解决，而且继续在恶化，远超市场需求，如廉价的、劣质的硬质 PVC 板片材，PP、PE 板片材等。盲目引进引发的阶段性过剩产能尚未有效化解，而高端产品仍需大量进口，如汽车、高铁、机场、酒店装饰用塑料板片材，功能性高档塑料板片材等。

2.品牌意识，质量意识淡漠

品牌意识淡薄，缺乏品牌策略。营销网络建设相对滞后，加之较低的技术和资金进入门槛，使得板片材行业企业规模普遍不大，营销手段单一，营

销成本较高。对目标市场和细分市场几乎没有什么调查研究和应对手段，一拥而上，埋头就干。对于技术、质量的更新与提升考虑较少。当竞争日趋激烈时，很多企业陷入了渠道冲突、成本上升、收入下降、客户投诉不断、满意度大幅度降低的尴尬境地之中。如何在市场中杀出一条血路？除了渠道营销以外，还必须花大力气全方位地打造属于企业、渠道商和消费者共同认可的强势品牌，从而占领未来市场的稳固地位。

由于传统塑料板片材产品技术含量低、投资少、行业进入门槛低，因此造成产能严重过剩。加上行业内一些企业质量意识淡漠，习惯于打价格战。所以由产能过剩引发低价恶性竞争比较普遍，造成市场严重混乱，既影响行业形象，又影响企业效益，同时深刻影响了行业健康发展。

3.塑料板片材行业创新意识不强，创新能力不足

由于行业内大企业较少，以中小企业为主，企业科技人员少，科技研发能力差，再加上企业科技经费投入不足，或没有条件投入，科技创新受到了严重制约。有的高质量、高水平板片材受到市场接受价格的制约等原因，相对而言，市场上类同的通用产品较多，中低档产品占绝大多数，而高技术、高附加值的产品相对较少。行业应通过不断的自主开发，加快科技创新，开发新产品，进一步提高产品的功能性、可靠性、稳定性和先进性。利用“互联网+”提高企业的技术创新能力，生产管理创新，营销模式创新，提升企业的创新能力。

此外，塑料板片材行业早期引进的设备已进入更新换代期，目前行业总体装备水平偏低、产品结构不合理、科技投入不足、产品集约化程度低、抵御风险能力不强、行业区域发展不平衡、再生环保等问题也影响了行业的发展。

**三、塑料板片材加工的新工艺与新技术**

目前新型塑料板片材的发展，需要新技术的支撑，当前国家已把科技创新带动产业发展提到了前所未有的高度。因此，现在是塑料板片材行业新材料、新工艺、新技术应用与发展的大好时机。

1.国内外塑料板片材加工的生产技术

塑料从原料成型为板材或片材的工艺过程环节比较多，原料种类很多，加工性能差别很大，这决定了塑料板片材加工的生产技术与塑料机械种类的多样性。塑料工业是一个新型产业，又是一个综合性很强的工业体系。他由树脂、助剂、加工设备、成型模具、辅助设备、制品生产、产品应用，以及回收、再生利用等环节组成，形成了一个完整的循环体，所以塑料板片材加工的技术显得十分重要。

（1）塑料成型板片材技术的理论研究。到目前为止，国际上有关板片材挤出成型的流动理论和数学模型已基本建立，并在生产实际中得到了很好的应用，但我国和欧美发达国家相比还有较大差距。许多高档的板片材生产线和各种板片材新材料还不得不依靠进口。近年来，数值技术的发展和计算机技术的应用，极大地推动了塑料成型技术的进步，塑料模具 CAD/CAE/CAM①技术的发展，为塑料成型理论的研究提供了新的科学分析方法。

（2）塑料板片材共挤出技术难点。塑料板片材共挤技术的关键是共挤出模具的设计，而聚合物熔体共挤出时流动状态数字模拟的研究，是模具流道设计的理论基础。该项研究国际上从 20 世纪 70 年代开始，由于复合共挤出加工所涉及的物理过程很复杂，至今仍有很多问题没有解决，所以进展缓慢，需要解决的主要难点有：①物料的流变性能和构建的数学方程、数学模型等如何用于复合共挤出的实际加工；②不同聚合物熔体之间性能、温度的差异，共挤出产品与周围环境的热交换影响熔体的流变特性，造成分析、计算复杂化；③不同聚合物熔体之间的界面受工艺条件和材料性能影响，会产生界面不稳定，给分析计算带来了很多困难。

共挤出熔体流动分析的技术难点主要集中在模具流道的形式、料流的分配、相邻层间的界面变形，黏度低的聚合物对黏度高的聚合物的包裹现象，模具出口处聚合物的不规则分布等。

通过上述分析，共挤出技术理论研究的方向和趋势比较明确，由于有的聚合物共挤出过程是在模具口模处很小的范围内进行的，所以采用等温假设理论是可行的。但有的聚合物共挤出过程是在模具入口处就进行了，采用等温假设理论就有问题了。黏性流体有限元分析方法和迭代算法具有很大的优越性，被广泛地用来模拟共挤出流动状态。对共挤出界面位置、形状、稳定性的影响因素的研究，一直是该领域理论研究的核心。

（3）塑料多层共挤复合板片材优势。塑料多层

①CAD：计算机辅助设计；CAE：工程设计中心计算机辅助工程；CAM：计算机辅助制造。

共挤复合板片材，一方面是市场的需要，多层共挤能很好地满足产品功能化的要求，同时可以多利用回收料，有效降低产品成本；另一方面是单层板片材设备投资少、竞争厂家多、利润低，而多层复合板片材设备、投资大、竞争厂家少、产品质量好、功能多、利润高。

2.特种聚合物材料的板片材加工技术

特种聚合物材料的板片材加工技术对塑料板片材行业发展有很重要的意义。

（1）高阻燃性聚偏氟乙烯乳胶泡沫板片材新技术。这种泡沫板片材在燃烧时只有极少量的烟和火，在高温下呈透明状，在高温下耐紫外线辐射，耐候性好，化学性能稳定，在建筑中可以用作建筑物的防火板等。

（2）超高分子量聚乙烯板片材挤出集成化的生产技术。超高分子量聚乙烯板片材的质量取决于热量自表面向内的传热、熔融烧结的熟化程度，这种工艺决定了为了获得质量均匀的优质板片材，必须保持很慢的加热速率和很高的压力，成功实现由粉料直接挤出分子量达 250 万以上的超高分子量聚乙烯板片材。超高分子量聚乙烯板片材的挤出成型方式有 4 种：柱塞挤出成型、单螺杆挤出成型、柱塞+螺杆组合式挤出成型、双螺杆和四螺杆挤出成型。

（3）透明塑料板片材的生产技术。由于塑料具有质量轻、韧性好、易成型、成本低等优点，因此在现代工业和日用产品中，越来越多用塑料代替玻璃，特别是应用于光学仪器、军事工业、包装工业方面，发展尤为迅速。但是由于要求其透明性要好，耐磨性要高，抗冲击性和韧性等要好，因此对原料、设备、模具、整个生产工艺过程，都要进行深入细致的研发，做大量工作，以保证透明塑料满足使用要求。

目前市场上一般使用的透明塑料有如下 4 种：一是聚甲基丙烯酸甲酯（PMMA，俗称亚克力或有机玻璃）；二是聚碳酸酯（PC，可制作防弹玻璃）；三是聚对苯二甲酸乙二醇酯（PET），丙烯腈-苯乙烯共聚物（AS）；四是聚砜（PSF）。目前透明塑料板片材注塑成型工艺技术，对模具、注塑工艺等方面都有较大突破。

透明塑料由于透光率要求高，必然对塑料制品表面质量要求严格，不允许存在任何斑纹、气孔、泛白、雾晕、黑点、变色、光泽不佳等缺陷，因而在整个注塑过程中对原料、设备、模具，甚至产品的设计，都要十分注意和提出严格及特殊的要求。由于透明塑料都熔点高、流动性差，因此为保证产品的表面质量，往往要对注射温度、注射压力、注射速率等工艺参数作细微调整，使注塑料既能充满模具，又不会产生内应力，而引起产品变形和开裂。因此在生产过程中必须做到对原料、设备、模具、工艺每个环节都要进行严格操作。

纤维增强热塑性板片材（GMT）生产技术。纤维增强热塑性材料、热塑性树脂基复合材料近年来发展迅速，是 20 世纪 80 年代以来世界先进国家竞相发展的新技术，是以连续玻璃纤维或短切玻璃纤维和热塑性树脂复合而成的复合材料。GMT 的概念于 20 世纪 40 年代中期提出，60 年代开始工艺研究，90 年代中期开始工业化生产并进入实用阶段。GMT 板片材制品已成为国际上极为活跃的复合材料制品之一。GMT 板片材具有许多优点和特性，其中可再生利用的特点，在环保要求日益严格的今天，给 GMT 产品赋予了强大的生命力和广阔的应用前景。目前，80%的 GMT 板片材被应用在汽车工业中，其余 20%被用于建筑、化工、包装、体育器械等领域中。现如今我国 GMT 的研究也取得了良好进展，且已掌握了 GMT 的关键技术，板片材性能达到国外同类产品水平。

## 四、塑料板片材行业发展前景

当前，塑料板片材行业正处于发展壮大期向产业成熟期过渡的关键时期，是产业迈向中高端的关键时期。在“新常态”下，塑料板片材行业经济下行压力加大，行业经济运行、企业生产经营也面临许多新的困难和问题。因此，认真分析面临的形势，适应“新常态”，主动作为，平稳渡过产业转型期，是摆在板片材行业面前的重要任务。

1.塑料板片材行业发展重点建议

（1）要坚持创新驱动发展，依靠科技创新，不断提高产品档次和质量，大力实施高端化战略，提高中高端产品比例。

（2）要加快生产工艺创新，要改进、优化传统生产工艺，大力开展推广应用智能设备，通过生产工艺创新和智能装备，不断建设现代生产体系，为提高产品质量创造条件。

（3）要大力实施差异性战略，要通过技术进步和创新，解决好同质化严重的问题，特别是在新型塑料板片材方面，要努力实现产品系列化和标准化。要集中力量，在梳理企业产品标准的基础上，加快建立行业基础通用标准、产品标准和检测标准等。

2.促进塑料板片材行业健康发展的措施

(1)面对新一轮全球科技革命和产业变革浪潮和我国经济进入新常态，塑料板片材行业必须大力实施创新驱动战略，紧紧围绕创新这一新引擎，调整发展思路，把主要精力集中到调结构转方式，着力提高发展质量和效益上来。

(2)要实现中高速和中高端双目标，必须紧紧围绕“高端化”这一核心，大力培养新的经济增长点。一要大力开发新产品，加快产业升级：二要大力推进工业化和信息化深度融合，加快“互联网+”工程建设，要适应高端化、个性化、小批量、私人定制的市场导向，探索大规模、个性化制造的新路子，推动新型生产模式和新业态的快速成长。

(3)面对生产力要素成本不断上升，资源环境的约束不断增加，高成本时代的到来，必须紧紧围绕以提高生产效率为核心，着力培养新的竞争优势。

(4)完善质量保证体系，引导市场健康发展。要加强行业自律，完善质量保证体系，健全质量认证和监督制度。对企业的工艺装备、生产规模、检测手段和质量保证体系等提出合理化建议，配合相关单位加强对行业产品质量的监督检查。企业应加强对用户的服务，协助用户选择最佳的产品。对于涉及公共安全、人身安全的产品，应逐步建立、健全强制性的管理办法。生产企业不应采取以低价作为进入市场的手段，要有长期的市场意识，注重产品质量、技术创新、完善服务体系，为用户提供合格产品和优质服务。

(5)注重与上下游行业的联系与合作，促进塑料板片材行业健康发展。加强与装备企业的合作，推动行业的装备技术创新和技术进步，提高生产效率、自动化水平，提升产品质量。联合原材料生产企业，提高原材料性能，研发新原料，确保板片材行业新产品开发，促进塑料板片材行业健康发展。

全球范围的新一轮科技革命和产业变革正在孕育，新一代信息技术在工业领域的广泛渗透，正在引发制造业发展理念、技术体系、制造模式和价值链的重大变革，协同、智能、绿色、服务等理念正逐渐成为制造业的核心价值体现。由此可见，信息化技术正深刻改变着制造业的生产模式和产业形态。新一轮科技和产业变革的酝酿和推进，改变了世界制造业的分工格局，这给中国塑料板片材加工业提出了严峻挑战。

当前正值中国塑料工业转型升级的关键时期，国际上新一轮科技革命和产业变革风起云涌，与我国加快经济转型发展形成历史性交会。我国国民经济正在面临重要的战略机遇期，经济增长减速换挡，产业链向高端迈进。“新常态”已经成为最热的经济关键词，经济的主要任务是完成发展方式的转变，从传统的“投资驱动”逐步转换到“创新驱动”。而新技术方兴未艾，“互联网+”、工业 4.0 等新技术不断涌现，塑料板片材行业如何在新技术浪潮中更好地生存发展，是每个企业都要面临的考验和挑战。毫无疑问，谁既有先进的生产技术，又有顺应时代的管理与销售手段，谁就能生存下去，发展下去。

2015 年是“十二五”的收官之年，中国塑协根据行业“十二五”的规划和技术进步指导意见的执行情况，提出塑料加工业“十三五”规划的初步设想。提出以加快塑料加工业转型升级为重点，以提高塑料加工业自主创新能力为核心，以新材料、新技术、新装备、新产品为手段，大力实施赶超战略，努力缩小与发达国家之间的差距，大力实施高端化战略，全面提高产业素质。加快创新体系建设，为塑料加工业进入世界先进国家行列打好基础。

中国塑协提出的“十三五”规划设想对塑料板片材行业具有极其重要的指导意义，必将成为未来发展的基本方针，通过创新思维、创新产品过程设计和关键技术创新实现产业创新发展，以低能耗、低资源消耗、低环保负担方式，提高产品质量和增加效率，实现产业升级，进一步实现塑料板片材产业的可持续发展。

# 适应经济新常态　激发发展新动力

## ——“十三五”开启电子信息产品包装新征程

中国包联电子工业包装技术委员会常务副主任兼秘书长　叶柏彰

中国包装联合会电子工业包装技术委员会（以下简称电子包装委员会），根据中国电子信息产业集团和中国包装联合会“十二五”规划部署和工作要点，从国情和电子信息产品包装需求出发，在加强对电子信息产品包装工作协调和管理力度的同时，坚持为电子信息工业、包装企业的发展服务，包装工作搞得既生动又活跃，取得了长足的进步。不仅大大减少了因包装不善而造成的损失，而且在开展低碳经济、绿色包装，对资源和环境保护等方面做出了积极贡献，为电子信息产品注入了勃勃生机，提高了电子信息产品的声誉、市场竞争力和产品附加值。

近期，国务院制定发布了《中国制造 2025》和《互联网+》行动指导意见，进一步凸显了电子信息产业作为支撑和引领作用，电子信息产业成为制造强国和网络强国建设最坚实的技术产业基础。“有电子信息产品就需要包装”，电子信息产品包装既是电子信息工业中不可缺少的组成部分，也是整个包装工业中具有特殊要求和不可分割的组成部分。国家把电子信息产业作为支柱产业和先导产业加以振兴，无疑给我国包装产业注入了活力，拉动包装行业新的增长点。

2015 年是全面完成“十二五”规划的收官之年，“十二五”期间，电子工业产品包装不断赋予包装事业新的内涵。“十三五”规划即将开启，我们坚信“十三五”期间电子工业产品包装工作要深入贯彻落实党的十八届五中全会精神及《中国制造 2025》的要求，不断发掘“低碳经济、循环经济、绿色包装”，这也是电子信息产品和其他工业产品包装的主题。着力推进低碳、循环技术体系的建设，主动适应经济发展新常态，遵照“科学发展、绿色发展、创新发展、循环发展与和谐发展”的系统思维，实施“绿色包装”工程，以出口产品包装改进为重点，推进我国电子信息产品包装与国际市场接轨。

**“十三五”期间电子信息产品包装要着重抓好以下几项工作 BT。**

1.推行绿色包装　践行社会责任

包装行业是一个与环境、资源和可持续发展息息相关的行业，发展循环经济、低碳经济、绿色包装是社会发展的一项重大战略举措，节能环保已是众多企业发展的共识。

绿色、智能是制造业转型的主要方向。《中国制造 2025》中，“绿色”作为一个关键词多次出现，把绿色低碳转型、可持续发展作为建设制造强国的重要着力点。与此同时，党的十八届五中全会把推动建立绿色、低碳、循环发展作为产业体系。因此，全面推行绿色包装必须聚焦“绿色”主题，按照全生命周期的理念，革新传统设计、制造技术和生产方式，全面实现“绿色”化，加快构建起以“绿色”为特征的制造体系。

电子信息产业快速发展，其产品包装绝不能逆势而行，要积极引领新兴产业高起点绿色发展，努力在新兴领域打造绿色、低碳、循环全产业链，增强企业绿色设计、绿色生产、绿色技术、绿色管理能力，提高产品绿色运营。因而新材料的发展和应用需要政府重视和引导，以及企业的积极参与推广应用。协同供应链互动，从实现社会责任、社会效益、生态效益、经济效益的角度出发，做出不懈努力推进这项工作，要以科学发展观为指导，坚持节约资源和保护环境的基本国策，以科技为先导，以研究开发和示范推广电子信息产品包装节木、代木，以纸代塑新材料为重点，采取有效措施。通过转型升级，化解过剩产能，调整产业结构、提升创新能力，推进材料革新和技术进步。

2.推进产品整体包装技术　提升电子产品包装水平

党的十八届三中全会决定提出：“整合科技规划和资源，完善政府对基础性和战略性、前沿性科学研究和共性技术研究的支持机制。”整合资源意味着产业链和创新链的协调，针对产业发展上、中、下游不同环节存在的技术瓶颈，相应地策划基础研究和应用开发，既要疏通产业链各个环节，也要促进产学研用协同创新。因此，包装企业应积极参与电子工业产品包装的革新，依靠科技进步，优化结构、推陈出新，进一步推进产品整体包装技术解决方案，改变某些包装企业目前所存在的自主创新能力不足、企业品牌影响力不强、品种单一、技术含量低、产品结构不合理等问题，促进企业朝着多方位、多元化方向发展。与此同时，推动企业加快结构调整步伐，走科技含量高、经济效益好、资源消耗低、环境污染少、人力资源优势得到充分发挥的新型工业化之路。这不仅给企业带来双赢，而且更重要的是提升企业的社会责任，同时也意味着电子工业产品包装供应链发展模式的转变。

与此同时，产品整体包装技术服务也是包装企业战略性转型，扩大业务的体现，对产业升级，提升整体水平有效支撑产业技术进步，推进产业化，提高竞争力，创造培育新生态，构建研发、生产运营及其应用的创新产业链都有积极意义。从某种意义上讲，产品整体包装技术服务，是加快企业生产环节的技术创新步伐，是提高生产制造过程中附加值的战略抉择。

产品整体包装技术服务战略性的兴起，为加强质量品牌建设、推动包装工业由大到强，为全面提高电子信息产品包装技术水平稳中求进、实现共赢，加快中国包装产业整体水平的提升起到重要作用。

3.建立产学研协同创新机制　激发中小型企业创新活力

党的十八届三中全会决定提出:“建立产学研协同创新机制，强化企业在技术创新中的主体地位，发挥大型企业创新骨干作用，激发中小企业创新活力，推进应用型技术研发机构市场化、企业化改革。”

《中共中央关地全面深化改革若干重大问题的决定》强调了产学研协同创新，这是基于当前大量创新资源、创新人才、创新平台集聚在大专院校、科研院所和社会团体组织中的现实情况。要联动产学研各个环节，充分发挥各个方面的优势，着力促进绿色包装成本改善、工艺优化与技术创新、推进包装产业标准的完善。因此，“十三五”期间要推进产学研深度融合，组建技术创新联盟，加快软、硬件技术的协同攻关和急需标准研制，鼓励优势企业构建环境产业链体系，营造良好的品牌建设环境。提升技术创新能力，将成为行业关注焦点。技术创新的动力和源泉在于高效运转的产学研合作机制，这种协同创新机制的构建，包括包装产业发展理念与创新实践，要坚持“产”为主导，只有以企业为主导，才能有效整合产学研力量，充分发挥各方面的优势。企业是经济的细胞，发挥好企业家的主观能动作用是保持经济长期稳定发展的重要因素。实践证明，国家重大科技项目，凡是产业目标明确的，要由一大批企业家挺立潮头、勇于创业、不断创新，着力解决好企业在转型发展过程中面临的实际技术难题，提高包装企业的技术创新能力和市场竞争力。

4.完善标准体系　推动产业升级

当今时代，技术标准已成为企业特别是高科技企业制定游戏规则、主导产业发展的关键因素。进一步完善技术标准体系，对推动我国包装产业结构调整与优化升级，提高自主创新能力具有重要意义。

产业的发展离不开技术标准的支撑，科学、合理的标准对于规范市场，引导产品技术发展，提升产品质量水平，促进企业创新，减少交易成本和贸易摩擦等具有极其重要的意义。近年来，标准越来越受到政府、行业主管部门及企业的重视。《国家战略性新兴产业发展规划》中多处提到要加强技术标准体系建设，指出要制订并实施战略性新兴产业标准发展规划，加快基础通用、强制性、关键共性技术、重要产品标准研制的速度、健全标准体系。建立标准化与科技创新和产业发展协同跟进机制，在重点产品和关键共性技术领域同步实施标准化，支持产学研联合研制重要技术标准并优先采用，加快创新成果转化和产业化步伐。

包装产业是一种朝阳产业。随着全球环境日益恶化，走低碳经济、绿色包装之路迫在眉睫。包装标准化是实现产品包装科学合理的技术保证，是提高产品包装质量、减少因产品包装不合理而造成经济损失的重要手段之一。近几年来，包装标准化工作已引起各部门、各企业的广泛重视，在参与国际标准和国外先进标准的基础上，先后制定和修订了一大批国家标准和行业标准，进一步促进了包装行业标准与国际标准化接轨，增加知识产权筹码，防范知识产权壁垒，提升企业在国际市场的话语权，为我国电子信息产品外贸出口保驾护航打开了一条畅通的绿色通道。我国电子信息产品源源不断漂洋过海，走向世界，不仅降低了成本，而且提升了产品品牌形象和市场竞争力及附加值。

包装标准化是一项重要的基础工作，是包装工作建设的重要内容，“十二五”期间电子工业包装技术委员会在宣贯和完善包装标准化的同时，对现行包装标准进行调研和修订。与此同时，已完成申报制定“蜂窝纸芯”“EPE 安全生产”等国家行业标准。2015 年还与中国建筑标准研究院合作，并已向住建部申报了“纸蜂窝复合墙板”“工程规程”“建筑标准设计图集”三项国家行业标准的编制工作，这项工作的展开不仅为纸蜂窝生产企业拓宽了应用市场领域，拉动纸蜂窝生产企业新的经济增长点，而且还为政府宏观调控政策的实施提供必要的技术依据和支持，走健康、可持续发展之路。

“十三五”期间拟申报修订“蜂窝纸板”“纸浆模塑”及该产品的生产机械设备等国家行业标准。

电子包装委员会是我国电子信息工业产品包装唯一的全国性行业组织，在政府、主管部门的关心指导和会员单位及社会各界的大力支持下，更好地发挥行业组织的桥梁和纽带作用，努力为企业发展，为我国电子信息产品包装发展营造良好的环境。为使“十三五”期间各项任务稳步推进，提出主要实施措施如下。

一是要明确发展思路，强化服务理念。坚持“服务企业、服务行业、服务政府”，进一步“提升能力、提升水平、提升形象”，成为受会员单位欢迎，受行业、企业尊重的行业组织；二是要健全完善业务平台，提高服务本能，发挥服务支撑功能；三是要探索运行发展新模式，创新服务方式，不断提升自我管理、自我运作和自我发展能力；四是要加强人才队伍建设，做强服务团队，进一步发挥会员单位的作用，梳理行业诉求，及时吸纳企业家和有关专家建言献策，开展技术咨询服务和课题调查研究，注重行业和市场需求；五是要强化交流与合作，推动产业优势互补，突出重点，有序推进。

我国电子信息产品包装市场的庞大和潜力所产生的诱惑，经常会让人忽略市场本身的复杂性和可能出现的困难。电子信息产品包装的创新是一项系统工程，涉及各类学科，关系到各项技术，渗透到各个部门和行业，值此情况更需要政府、协会、企业、大专院校、科研院所和消费者之间的共同努力。在党的十八届五中全会、《中国制造 2025》的精神鼓舞下，开启“十三五”电子工业产品包装新征程，加快改革创新的步伐，推动智能化、绿色化革命，包装产业在和谐社会构建中势必为我国电子信息产品保驾护航，开创新局面。

## 糖果包装设备及行业的未来发展趋势

二十年前，印象最深的就是用彩色塑料纸包装而成的水果硬糖，廉价的包装纸却依然很好看。还会拿着包装纸对着太阳看，暖暖的美美的颜色，瞬间把心都要融化了。

二十年后的现在可不一样了，“酒香不怕巷子深”的这种单以质量谋发展的时代已经一去不复返了，品牌和包装也很重要。都说现在是个看脸的时代，如果两颗同样味道的糖果，消费者一定会首先选中有品牌效应且包装精美的那款，即使两种包装下的东西是一模一样的，那后者也是输了。如果不往嘴里放就尝不出味道，视觉却是更快进行感知和判断的。所以，食品的包装是十分重要的，以下我们探讨一下糖果包装产业及机械设备的发展趋势。

就包装而言，一个品牌越稳定，就越缺乏拓展新市场的动力。由此产生的后果便是，商店里出现了越来越多外表看上去大同小异的包装。如果糖果业想进入全新的食品市场，吸引全新的顾客群，就必须在糖果包装上下一番功夫。就糖果包装而言，因其广袤的消费群和活跃的更迭周期而持续火热，2015 年糖包又有何动向?

糖果、巧克力的包装形式应随市场而定，包装技术应随产品特性而定。对此，典型的解决办法就是要采用能立即识别出品牌的图案设计。设计也要迎合商品竞争，不断创新，给人以视觉冲击。幸运的是，糖果市场已经注意到了这些，正对自己的产品包装进行更新，以满足饮食习惯正在发生改变的社会需要。现在，不同产品间的区别界限正日渐模糊，已经很难单凭包装分辨出哪些是糖果，哪些是其他食品了。

在糖果行业，主要的糖果品牌可以轻松控制市场，这是因为世界各地的消费者无论从心理还是口味上都早已被消费者认同了这些产品。如市场上的瓶装木糖醇口香糖，由于包装改进后更适合年轻人的消费心理，产品十分畅销。此外，在一些注重生态环境的国家，原材料也可为包装创新提供更大空间。

1.糖果包装机的发展趋势

当下市场新推出的设备大都采用伺服电机、光电跟踪等新技术，使其自动控制能力大大提高。正如四季变幻自有规律，糖果包装也有着它自身的规律。如巧克力复合制品自动线，全线由近20台机组构成，由于不同品种工艺要求的差异，不但有各机组本身调整的问题，更有运转过程中各机组之间的速度协调问题，该机组采用一台总变频器来控制各机组的调速变频器。

而近年来，因为糖果品种花样多、更新快，生产厂家对设备的要求是多功能、适应性强，多功能便是新设备开发的一个重要趋势。庆幸的是，国内糖果技术专家在引进合作、自主独创方面取得了可喜成绩，在糖果设备方面先后推出充气奶糖生产线、胶体软糖自动线、超薄膜真空瞬时熬煮机组、棉花糖生产线等；包装机械有单扭结包装机、折叠式包装机、高速枕包机等。巧克力设备方面有多功能花色巧克力浇注线、巧克力复合制品自动线、巧克力挤出成型线、巧克力快速精磨机等。

2.糖果包装行业的未来发展趋势

糖果的竞争日渐处于白热化阶段；而消费者也不再仅仅满足于口味带来的愉悦，而是追求更高的品位，更被美轮美奂的包装外表所吸引和诱惑。包装已显得越来越重要，因此，对糖果企业来说，企业的发展离不开有包装魅力的产品。

3.主流消费群体与市场定位

包装应该设计成什么样的呢?有没有一种适合所有人群的包装呢?答案是，即使有，太难了，毕竟审美有其主观性的一面。事实情况是，在各种各样的消费人群中，包装能否迎合主流消费群体的兴趣对于糖果市场的拓展将起到非常重要的作用。所谓主流消费群体，笔者以为，应该是指占主导地位的具有相当购买倾向与能力的消费人群。

不过，如前所述，既然审美有其主观性的一面，要照顾到所有消费群体，这很难做到，也没有必要。正所谓众口难调。因此，主流消费群体应该是最主要的消费生力军，包装设计应以主流消费群体为开发对象。笔者以为，针对不同消费群体，进行准确市场定位，明确主流消费群体，采用适度、适当的包装才能使包装的附加价值最大化。

4.文化内涵与包装

除了市场定位、主流消费群体这些重要因素外，有生命力的包装，往往融入特定的文化内涵或文化底蕴。笔者以为，这种文化应包括品牌文化、企业文化、科技文化、历史文化、道德文化、思想文化、宗教文化，并可借鉴所谓的茶文化、酒文化等诸多“兄弟文化”。有文化，自然就会流露出“品位”。所谓“腹有诗书气自华”。

否则，外表华丽的包装就可能会因为缺少文化的支撑，显得苍白，缺少亲和力、感染力，难以引起人们心理上的共鸣，从而很难使消费者从心理上对品牌产生认同。以科技文化为例，可以考虑引入著名科学家，重大科技发明、发现等；以思想文化为例，是否可以考虑引入老子、孔子等思想家及儒家文化等道德思想并贯穿于包装之中……

5.设计要素与包装

有文化内涵作支撑，如果能够再将文化要素与商标、品名、健康特性、实物形象和容量——健康食品画面设计中的五大要素充分结合起来，推出的产品包装便会成为更符合市场、更具市场吸引力的魅力产品包装。其实，远自古代就有这样的包装典范，“买椟还珠”的故事，不正说明魅力包装“喧宾夺主”的作用。具有现代观念的现代人，更应从中得到更多启示。

6.鲜活元素与包装

目前的糖果包装业充分表明，有生命力的包装，常常采用一些有生命力和感召力的鲜活元素来迎合消费者，以获取消费者的好感。而能否做到这一点，已成为设计、决策人员的重要突破口。要知道，始终都是固定模式、固定风格、固定人物的老一套设计，如同顿顿都吃一道菜，好是好，没有变化，缺乏新意，如何赢得消费者的目光?更何况如今的消费者眼光可是越来越高，越来越挑剔。

7.适度包装与绿色包装

有了有生命力的包装，就应该根据市场需求确定好不同消费层次的比例，即确定好档次，尤其要注意前面述及的主流消费群体；同时，还应将专业性、环保性、适用性和规范性有效地结合起来，即进行所谓的“适度包装”。业界曾一度盛行“豪华风”，其实，在包装方面，完全没有必要盲目搞超豪华型包装，否则只会造成华而不实与浪费。

国际上通用的“3R+1D”的包装原则，即减量化、重复使用、再生利用、可降解的原则，推行中国式的“绿色包装法”，并对包装废弃物的处理方法及包装材料的安全性、对人体健康保障方面进行规范。这样的包装才是符合人性化的包装。

总之，包装是糖果企业长盛不衰的利器。而要真正树立自己的包装，企业必须处理好市场定位、主流消费群体、文化内涵、适度包装、设计要素及绿色包装等之间的关系，明确主流消费群体，清楚认识文化内涵等要素在包装设计中的重要作用。唯有如此，包装才有旺盛的生命力。

## 我国热收缩标签膜行业发展现状

中国包装联合会塑料委专家委员会　宜兴市光辉包装材料有限公司　杨涛

热收缩标签膜是一类具有收缩功能的基材薄膜产品，其在生产过程中被拉伸定向，而在使用过程中又受热收缩，其间一般还需经过分切、印刷、合掌等加工过程，是热收缩标签基材薄膜的统称。

按加工方式分为平膜法（流延拉伸或压延拉伸成型法）和吹膜法（二次吹胀成型）。按材质分，有聚氯乙烯、聚酯、聚苯乙烯、聚乳酸、聚烯烃等。热收缩标签膜可根据需要采用凹版印刷或柔版印刷。

热收缩标签依托精美靓丽的彩色图案和 360°装饰效果，赋予塑料瓶或容器内部商品超常的视觉效果和货架渲染力，可大幅提升商品的销售量。国外最新研究表明，虽热收缩标签成本是传统方法的2倍或以上，但许多包装厂商表示，热收缩标签的优势将超越它们过高的成本支出，他们乐于选用这种标签。因此，热收缩标签已成为发展速度最快和最具发展前景的标签类产品。

自 2005 年以来，全球热收缩标签市场年均保持在 10%左右的增长速度，而且这种高增长速率还将维持几年，甚至十几年。我国热收缩标签行业起步于 20 世纪末，近几年随着饮料等相关行业的高速发展，产能和产量都实现了数量级越升，已成为世界标签市场的主要力量。但相比于发达国家，我国热收缩标签产品受成本制约更加明显，这些年该行业市场几乎被吹膜法 PVC 热收缩标签所垄断，市场占有率一直保持在 98%以上。近两三年，随着平膜法聚酯热收缩标签膜的激增，特别是 2014 年的井喷式发展，聚酯热收缩标签膜在产能和市场销量等方面都对 PVC 膜造成了实质性冲击，使我国热收缩标签膜产品转型升级，迈出了坚实的一步，真正形成了 PVC 与聚酯共存的热收缩标签膜的行业格局。

### 一、聚酯热收缩标签膜行业现状

已经孕育几年的平膜法聚酯热收缩标签膜，在各方因素共同作用和影响下，2014 年实现了跨越式大发展。不仅产能达到了惊人的数量，而且在市场方面也对 PVC 热收缩标签膜形成了极大的威胁。PVC 热收缩膜行业，这几年一直在喊的“狼来了”，这次是真来了。

中国包装联合会塑料制品包装委员会 2014 年 7 月 30 日发布的，国内平膜法聚酯热收缩膜产能和产量统计数据表明：生产厂家为 11 家，生产线合计 20 条，年产能 17.35 万吨，包括计划产能已达 21.35 万吨。虽统计数据有一定水分，但挤出水分后，聚酯热收缩膜的产能也应在 10 万吨左右。而且一些由 BOPET 膜转型过来的企业，如宁波金源，或新建企业，如上海棕榈泉等，还未在该统计之列。

我国国内平膜法聚酯热收缩标签膜设备，目前虽不太多，但已经呈现出百花齐放的态势。有拥有专有技术的国外大公司的专一生产线，代表企业为苏州 KP、南通 SKC 尖端，有全套引进国外装备的热收缩标签膜生产线，代表企业为河南银金达、双星彩塑、广东华业，有核心部件引进、国内组装的热收缩膜生产线，代表企业为浙江诚信、山东圣和、江苏光辉、江苏景宏、上海棕榈泉，有由 BOPET 生产线改造的聚酯热收缩膜生产线，代表企业有山东富维、双星彩塑、宁波金源等。生产线的宽幅从 1.2~8.7m 不等，每条生产线产能也存在较大差异。应该说，我国平膜法聚酯热收缩标签膜各企业的设备及技术基础并不在同一起跑线上。

同时，与如此庞大产能对应的，却是该产品的稚嫩市场，据不完全统计，2014 年我国聚酯热收缩标签膜虽取得了很大发展，但实际消费量却仍在 1 万吨左右，发展之路依旧任重而道远。

### 二、当前我国 PVC 热收缩标签膜生存问题

PVC 是目前应用最广泛的一种热收缩标签膜材料。它成本低，透明度好，收缩率较高（40%~60%），抗拉伸强度大，收缩温度范围大，对热源要求不高，主要加工热源是热空气、红外线或二者结合。但是由于 PVC 和瓶用 PET 材料密度接近，回收时不易用简便的浮选方式分开，存在回收难的问题。此外，PVC 燃烧时会有 HCl（氯化氢）酸性物质产生，腐蚀焚烧炉，并有可能产生二噁英（dioxin）气体，不利于环保。因此，PVC 热收缩标签膜面临不小的环保及生存压力。

当前，热收缩标签膜由 PVC 向聚酯等环保材料

转型升级的趋势已经很明朗，但不等于 PVC 热收缩标签膜马上就要寿终正寝了，这种转变也不是一蹴而就的。在很长一段时间内，我国热收缩标签膜市场应该是 PVC 与聚酯共存的局面，它们之间的市场占比会随着相关政策、市场及技术等各影响因素的变化而变化。

由 PVC 向聚酯转型的重要或决定因素主要是两个方面，即政策和市场。

从当前国内实际需求和产业发展状况，以及从协会及相关管理部门反馈的信息看，政策层面强力推动其快速转化的可能性很小。这是因为，一是 PVC 膜较优的性价比，这些年来 PVC 膜一直具有较大的成本优势；二是欧美市场 PVC 收缩标签膜，仍有较高的占比；三是标签膜不直接接触食品（饮料），不会造成直接污染和伤害；四是国内经济发展不平衡，需求差异大，管理很难一刀切；五是国内巨大的 PVC 产能和产量需要消化；六是业内专家、学者意见不统一，赞同保留 PVC 的并不占少数。

市场方面，当前正是由于聚酯收缩标签膜市场价格的大幅下滑，导致 PVC 热收缩标签膜成本优势丧失殆尽，聚酯热收缩标签膜才得以在 2014 年取得飞速发展。但这是在原油和聚酯原材料价格低谷时的特定情况，如果原油价格大幅回升，聚酯原料恢复到之前水平，聚酯热收缩膜在原料成本推动下，将会出现明显提高。我国 PVC 树脂 70%以上是电石法产品，受原油价格影响较小，所以原油的回升对 PVC 价格拉动幅度相比聚酯要小得多。届时，PVC 热收缩标签膜的成本优势将会再次体现，市场出现 PVC 收缩标签回潮的可能性不是不存在。

**三、聚酯热收缩标签膜迅猛发展的原因**

聚酯热收缩标签膜在 2014 年取得迅猛发展的原因，归纳总结起来主要有如下几点。

（一）我国环保与安全政策要求提高的推动

食品安全和环境保护是我国近几年重点监管和整治的主要问题之一。在这样的背景下，我国相关部委制定的有关政策和法规，对食品包装材料的要求不断提升。对收缩标签膜产品影响较大的政策法规主要有：

（1）2010 年，中国工业和信息化部发布的“工产业〔2010〕第 122 号”文，其中将“用聚氯乙烯（PVC）生产接触饮料和食品的包装”列为淘汰类产品。

（2）2014 年 9 月 28 日发布，2014 年 12 月 1 日正式实施的环保标准 HJ 2539—2014《环境标志产品技术要求　印刷第三部分：凹版印刷》，在技术内容中列出了“5.1.2 不得使用聚氯乙烯（PVC）为承印物”的条款，该标准由环保部组织制定和发布。

（3）环保部于 2014 年 10 月 28 日发布《环境保护综合名录（2014 年版）（征求意见稿）》中将“【542】PVC”列为高污染和高环境风险产品。

（二）聚酯热收缩标签膜价格直线下降，导致 PVC 膜成本优势丧失

2014 年由于原油大幅下滑，持续保持低位，大多化工原料产品也步入历史低位，在这样的背景下，用于热收缩膜的聚酯原料成本和价格均比之前发生了较大变化，出现了较大的下降幅度。加之国内替代 PETG 的低成本的改性聚酯相继开发成功，使聚酯收缩膜高成本原料的瓶颈得以突破。在产能激增、市场竞争激烈的情况下，国内市场的聚酯热收缩标签膜在低成本原料的支撑下，价格直线下降，从三五年前的 3.6 万元~3.8 万元/吨，一直向下，不同时段先后出现了 3.2 万元、2.8 万元、2.6 万元、2.2 万元、1.8 万元、1.5 万元/吨、二万元/吨等不同价格，目前最低价格已经达到 1.4 万元/吨左右。而 PVC 热收缩标签膜市场价格，近几年虽也有一定程度下降，但幅度有限，降幅 13%~18%，当前市场价格仍在 1.05 万元~1.10 万元/吨。由于聚酯材料与 PVC 相比，不仅环保，而且还能使收缩标签适当薄型化。因此，下游用户综合评估下来，PVC 热收缩标签膜原来的巨大成本优势基本殆尽，聚酯热收缩标签膜环保优势开始显现，选择产品的天平开始向聚酯膜倾斜。这其实是我国热收缩标签膜市场发生转变的真正原因。

（三）舆论呼声和社会心理作用影响

在前两年台湾塑化剂影响下，人们对饮料的消费观念发生了较大转变，导致非净水类的一些饮料品种的发展出现了停滞或下滑。同时，人们在使用涉塑化剂的 PVC 制品时，也产生了一定心理阴影。在一些所谓专家的不严谨不科学的“专业”解读和说明下，更加剧了人们对 PVC、塑化剂等产品的畏惧心理，使消费者，甚至一些从业者都对 PVC 热收缩标签膜产生了一定抵触和排斥情绪。这为收缩标签膜由 PVC 向聚酯升级换代提供了一定社会基础。

**四、当前聚酯热收缩标签膜发展中存在的主要问题**

（一）市场需求与产能扩张严重失衡

当前，10 万吨产能和 1 万吨实际需求的巨大差距，是对这种失衡情况的很好的数字说明。从最新了解到的情况看，这种失衡趋势还会随着产能过快增

加，需求发展相对迟缓而进一步加剧。如果按照这种态势发展，将会进一步加大产品竞争压力，降低项目或企业的盈利能力，严重威胁行业的健康发展。

（二）产品质量参差不齐

产品质量参差不齐主要表现在如下几个方面。

首先，设备差异。正如前面分析说明的一样，加工聚酯热收缩膜的设备基础不同，差异较大，不在同一起跑线上。

其次，原料不同。前些年，聚酯热收缩标签膜是以 PETG 或厂家自己配套原料为主。这也是导致聚酯收缩膜高价格的主要原因之一。随着近两三年国内替代 PETG 的聚酯原料生产技术的突破，各种改性聚酯产品相继在热收缩标签膜生产中使用。虽然原料成本大幅下降，但同时也导致了不同厂家的产品的材料，在品种和质量方面存在一定差异。这些差异使聚酯收缩膜的产品质量在一致性和通用性方面存在一定问题，不利于行业产品质量的统一。

当前，欧美市场聚酯热收缩标签膜的市场价格仍在 3 万元/吨以上，而我国市场价格已经下滑到 2 万元/吨以下。在这种情况下，即使是跨国大公司 KP、SKC，也很难保证在国内外市场上所供应的收缩标签膜产品所采用的原料是一致的。没有好的原料支撑，薄膜产品质量很难达到和保持高水准。

最后，工艺控制不同。设备差异、原料不同，决定了聚酯热收缩标签膜生产工艺设定和控制的差异。除此之外，从业技术人员水平的高低，也导致了工艺控制及产品质量的差别。

虽然全国包装标准化技术委员会及时组织制定了“包装用单向拉伸热收缩型聚酯薄膜”行业标准，为行业产品规范化、标准化生产创造了良好的环境和条件，对行业的健康稳定发展起到了积极指导和推动作用，但由于前面介绍的行业内各企业之间的多方面差异，以及标签产品追求差异化、个性化的特点，因此，目前要想真正实现聚酯热收缩标签膜标准化、规范化生产和行业管理是很难的。

（三）目标市场过于集中，市场价格无序化竞争

聚酯热收缩标签膜的应用领域其实是很广的，按照国外专业市场咨询机构划分，其主要应用领域有：食品、饮料、健康/个人护理用品、药品、工业化学品、生活化学品等。而我国聚酯热收缩标签膜，却绝大多数集中在市场需求量最大的饮料收缩套标上，对其他市场的关注及开发严重不足。目前市场过于集中和重叠，加之严重过剩的产能，导致市场竞争的加剧和升级，而价格又是各企业进行搏杀的主要武器，在无奈的比拼和激烈的竞争下，价格已日渐偏离产品市场规律，一路下滑，冲击着企业的利润和生存能力，也严重影响着行业的健康。

**五、对行业发展的几点建议**

（一）加强行业自律和管理、避免无序竞争，保证行业合理利润

行业的生存和发展，市场容量和利润不可或缺。没有足够的市场需求和销量，行业无法立足和生存，没有足够、合理的利润，行业无法生存和发展。所以，行业内各企业应该自律、协作，多交流与沟通，共同明确行业发展方向。协会组织应加强行业指导和监管，以保证行业健康稳定发展。

（二）研究发达国家收缩标签膜产品架构，顺应世界发展潮流

相比我国，欧美等发达国家的热收缩标签膜行业发展得更早也更成熟，它们的一些新产品、新技术，值得我们学习和借鉴；它们发展中的一些问题和经验，更值得我们学习和体会；它们产品的发展趋势，可以为我国行业发展提供方向和参考。在全球经济一体化的今天，这种学习作用与帮助会更深远。因此，我们需要更深入地学习和了解国外相关行业及产品的发展情况，在学习和实践中完善我国热收缩标签膜行业的产品结构，提高我国热收缩标签膜产品在世界市场的地位和竞争力。

（三）向上游一体化发展，提高聚酯热收缩标签膜核心竞争力

从当前行业发展看，做好聚酯收缩标签膜产业，必须有原料支撑。这种方式不仅可以最大限度地降低薄膜生产成本，而且可以利用自身原料的技术秘密和诀窍，突出薄膜产品特色，凸显薄膜产品性能的差异化，满足产品的特定要求，全面提升产品的市场竞争力，便于形成系列化产品。

# 中国民族文化与包装工艺创新产业发展新模式

协程传媒有限公司总经理　《包装与用户》主编　高静

协程传媒有限公司自成立十几年来，一直以架起包装与用户的信息桥梁为导向，以传播“爱与健康”为核心价值，以“跨界融合”的智慧打造民族文化产业链为目标，经过12年的市场钻研和探索，应时代发展需求整合了文化、旅游、地产、金融、餐饮、信息、传媒、包装印刷及相关行业，构成集B2B、B2C、C2C、O2O、C2B具有互联网思维的全产业链商业模式。

从2011年至今，近4年时间里，对贵州、云南、四川等少数民族地区非遗传承人和商家走访和交流，通过对消费者市场诉求的了解和分析，联合贵州地区的民族文化专家、高校设计师生、社会知名设计师、包装企业等相关人士，共同开发具有原创性的特色商品和旅游用品，通过策划体验式的营销活动，跨界的展览会，特色民俗相亲方式和民俗艺术品拍卖会等多种创新模式，找到了重要的突破口。我们充分运用和挖掘56个民族的地区信仰文化、民间文化、非遗文化、喜庆文化的风俗和生活习惯，经过研究和分析，通过原创设计和创新思维模式，转换成既时尚又不失传统文化风格的“应用文化”，让少数民族文化赋予新的生命力。

我们借助贵州地区多彩的民族文化元素为契合点，通过对当地婚俗、节庆等习俗的剖析，从乐器、舞蹈、音乐、服饰四个方面意识形态中，结合当地茶、酒、食品、保健品农副产品等载体,通过原创设计与创新思维方式开发能充分表达丰富多彩民族文化元素的原创特色商品、旅游用品、家居生活用品，结合包装印刷业的新工艺、新材料，新技术，把传统的非遗手工文化应用到商品外包装中形成完整多元的系列地方原创品牌，再通过倡导、培训、体验等创新策划活动，结合现代互联网的传播方式形成线上线下体验馆，使民族手工艺和非遗文化得以普及与流通，让国内外民族文化爱好者和发烧友来到中国，来到贵州，共同培养民族民俗艺术品交易市场，真正让民族民俗艺术品走进我们的家居生活中，让世界了解到中国，了解贵州多彩地域文化和民族特色，形成官产学研用消全产业链互动式体验平台，从而推动贵州地方经济的发展，优化产业结构，提高社会与百姓间共同幸福指数。

“中国民族品牌与包装工艺创新产业城”的诞生创造了56个民族文化与包装行业融合的全产业链新模式，不仅保护了当地的生态资源和环境，还提高了其生态效益，为消费者、设计师、非遗传承人、协会、企业家、投资者、当地居民等带来了幸福美好的生活。在充分挖掘民族文化应用价值的同时，共同探索研发系列原创民族品牌，提升商品附加值，创造无限的经济效益。在政企合作共同努力下提高了当地GDP指数，填补了中国市场空白，带动了贵州、重庆、云南、广西、湖北、湖南等周边省市的发展，实现生态效益、经济效益、社会效益三者的平衡发展。

创意时代已经来临，中国经济的发展离不开制造业创新，离不开企业家与企业家之间的共同资源整合，更离不开包装产业的紧密配合，在新常态下，唯有团结一致努力探索“大众创业、万众创新”“互联网+”的全新商业模式，应用中华民族文化和地方特色资源打造“工业4.0”的创新产业发展之路，架起带领包装业通向轻工主导产业的桥梁。加快迎接第三次工业革命改革的浪潮，为启航中华民族文化复兴的“丝绸之路”贡献我们共同的力量。

# 包装及相关行业

# 政策、法规、标准

# 商务部：今后中药材包装需规范化

据商务部官方网站消息，商务部办公厅印发了《关于加快推进中药材现代物流体系建设指导意见的通知》(以下简称《通知》)，望促进中药材流通现代化，提升中药材质量安全保障能力。

此次《通知》明确了到2020年初步形成采收、产地加工、包装、仓储和运输一体化的中药材现代物流体系的总体目标，并提出了六项主要任务。

1.建设中药材产地加工基地

推进适合产地加工的中药材品种产地加工集约化，逐步改变中药材分散、粗放的产地加工方式。鼓励有条件的中药材经营企业、中药饮片与制药企业、第三方物流企业等市场主体，根据国家相关标准与中药材特性，建设集约化、规模化的产地加工基地，提升中药材品质。

2.规范中药材包装

使用符合国家相关标准的包装材料、包装方式与包装标识，切实转变中药材无包装、滥包装、无标识的局面。中药材产地加工基地应当承担中药材的包装责任，引导药农和中药材专业合作社在产地加工基地实行统一规范包装，采用现代信息技术手段，在包装标识中记录中药材种植、交易主体与中药材质量等相关信息，形成中药材流通追溯体系的信息源头。

3.建设集中仓储配送网络

根据国家相关规范和标准，建设中药材标准化、规模化仓库，逐步改变中药材分散储存、民宅储存的落后状况。

4.推广应用现代物流管理与技术

推广应用符合国家相关标准的中药材干燥、包装、搬运、装卸等方面的机械设备，改变中药材人背肩扛、手工操作的现状，提高中药材物流的机械化水平；推广应用仓储管理系统（WMS）及条码、二维码、无线射频识别等技术，对各环节的信息实施电子化管理；消除磷化铝熏蒸现象，按照安全环保与节约的原则，根据各类中药材的特性，推广应用气调养护、低温养护等先进适用的储存养护技术和方法，保障中药材的品质与安全。

5.完善中药材专业市场的配套物流服务功能

根据全国中药材仓储配送体系的总体要求与专业交易、电子商务的物流需求，配套建设规模化仓库设施，完善物流服务功能，推动解决中药材专业市场配套仓储设施缺乏及分散落后的问题。

6.做强做大中药材仓储物流企业

鼓励中药材仓储物流企业立足中药材物流需求，建设规模化仓库，提供产地加工包装、质量检测、储存养护与运输配送等一体化物流服务，逐步改变单一出租仓库的粗放经营状况。发挥市场机制作用，鼓励通过收购、合并、参股等多种兼并重组的方式，实现中药材物流的跨区域、规模化、集约化经营。

# 我国启用新版《食品生产许可证》

为全面贯彻落实《中华人民共和国食品安全法》《食品生产许可管理办法》(国家食品药品监督管理总局令第16号）的要求，国家食品药品监督管理总局自2015年10月1日起，正式启用新版《食品生产许可证》。新获证食品生产者应当在食品包装或者标签上标注新的食品生产许可证编号，不再标注“QS”标志。食品包装“QS”标识将被“SC”替代。

据《食品生产许可管理办法》规定，食品生产许可证编号应由SC(“生产”的汉语拼音字母缩写）和14位阿拉伯数字组成，有效期从3年延长至5年。许可证载明的事项增多，包括日常监管机构、日常监管人员、投诉举报电话、签发人、二维码等信息，副本还要载明外设仓库。

此前，国家食药监总局在官网对新证做出解读。编号14个数字从左至右依次为：3位食品类别编码、2位省（自治区、直辖市）代码、2位市（地）代码、2位县（区）代码、4位顺序码、1位校验码。

食品、食品添加剂类别编码用第1～3位数字标识，具体为第1位数字代表食品、食品添加剂生产许可识别码，阿拉伯数字“1”代表食品、阿拉伯数字“2”代表食品添加剂。第2、3位数字代表食品、食品添加剂类别编号。食品类别编号标识为：“01”代表粮食加工品，“02”代表食用油、油脂及其制品，

"03"代表调味品，以此类推，"27"代表保健食品，"28"代表特殊医学用途配方食品，"29"代表婴幼儿配方食品，"30"代表特殊膳食食品，"31"代表其他食品。食品添加剂类别编号标识为："01"代表食品添加剂，"02"代表食品用香精，"03"代表复配食品添加剂。

旧版食品、食品添加剂生产许可证有效期未届满的，继续有效；生产者在旧版食品、食品添加剂生产许可证有效期内申请更换新版《食品生产许可证》的，许可机关应按照有关规定予以更换。"QS"体现的是由政府部门担保的食品安全，"SC"体现了食品生产企业在保证食品安全方面的主体地位，监管部门从单纯发证变成了事前事中事后的持续监管。

## 我国药包材新通则 2015 年 12 月起将全面实施

2015 年 12 月 1 日，《中国药典》2015 年版全面实施，其中药包材首次以通则的形式收录其中。各制药企业不仅对药包材重视程度陡增，同时加强药包材检测蔚然成风。

《中国药典》2015 年版实现了历史性突破，增加了《药包材通用要求指导原则》和《药用玻璃材料和容器指导原则》。浙江省食品药品检验院药品包装材料检验所所长、国家药典委员俞辉表示，药包材首次进入《中国药典》不仅填补了空白，完善了药典体系，同时国家最高药品法典肯定了药包材是药品组成部分的重要地位，这必将推动我国药包材质量的提升，进一步夯实了药品安全性控制基础。

国家药典委员会综合处副处长洪小栩表示，近年来国家药典委员会特别重视药包材标准提升，2009—2015 年药包材标准提高投入经费总计达 2426 万元。《药包材通用要求指导原则》几易其稿，力争简洁，体现精髓，最后形成了包含药包材定义、分类、基本要求、药包材与药物的相容性研究、药包材标准的框架性描述。

俞辉指出，药典是一个国家药品生产和质量控制的最高法典，也是药品生产必须符合的最低标准。过去，制药企业在选择药包材时大多以价格为导向，对质量的重视程度不高，更不舍得在药包材基础研究上投入。近年来发生的药害事件中，药包材和辅料因素占比较高，药包材与药品的相容性成为安全隐患的焦点。此次，《药包材通用要求指导原则》中明确规定：药包材与药物的相容性研究是选择药包材的基础，药物制剂在选择药包材时必须进行药包材与药物的相容性研究。此规定将逐步扭转制药企业以价格为导向选择药包材，不重视基础研究的"拿来主义"，以及药品出现质量问题后制药企业和包材企业相互推诿责任的现状。

"药包材进入《中国药典》是弥补过去标准短板、实现药品生产全控制的重要举措，保障了药品整个生命周期符合标准要求。这是我国药典修订的突破性进步，也是与国际先进水平药典缩短距离的开始，必将对药品质量提升产生深远影响。"俞辉说。

此次药包材首次以通则的形式收录到《中国药典》，对医药包装生产企业将有很大的影响。软包装在医药包装领域占据很大的份额，这无疑加大了医药包装相关生产的难度，提高了医药包装产品的生产要求。软包装企业应逐渐适应药品对包材的高要求，以药品企业的包装需求为产品导向，未来单单靠打价格战来赢取医药产品市场是行不通的。

## 广东省发布智能制造十年发展规划

日前，《广东省智能制造发展规划（2015—2025 年）》（以下简称《规划》）正式发布。

《规划》指出，广东在今后 10 年将建设珠三角智能制造自主创新示范区，以广州和深圳两个国家创新型城市为智能制造研发创新轴，重点建设中国（广州）智能装备研究院、华南智能机器人创新研究院、广东（东莞）智能机器人协同创新研究院、中德工业装备（可靠性与智能制造）联合实验室等新型创新平台。

同时，广东将建设智能装备产业基地，其中深圳市着力建设成为国内领先、世界知名的机器人、可穿戴设备和智能装备产业制造基地、创新基地、服务基地和国际合作基地，重点发展智能机器人、智能可穿戴产品等。广州重点打造全省机器人及智能装备产业核心区，重点发展工业控制、智能传感、系统芯片、运动控制等智能制造基础部件，以及工业机器人、智能装备等。

此外，广东将实施智能制造试点示范工程，深圳重点在3C（中国强制性产品认证）产品制造、生物医药、汽车制造、港口物流等领域实施智能化技术改造和示范应用，建设智能工厂示范。广州重点在汽车制造、生物医药、食品加工、造纸石化、物流仓储等领域实施智能化改造和示范应用。

《规划》指出，广东要在10年后，即2025年，全省制造业全面进入智能化制造阶段，建成全国智能制造发展示范引领区和具有国际竞争力的智能制造产业集聚区。

为使目标顺利实现，《规划》化解为六大任务：构建智能制造自主创新体系；发展智能装备与系统；实施“互联网+制造业”行动计划；推进制造业智能化改造；提升工业产品智能化水平；完善智能制造服务支撑体系。

对智能化制造的核心——机器人产业做出明确规划：着力发展具有自主知识产权、核心竞争力、市场前景的工业机器人，加快突破机器人关键核心技术，重点支持工业机器人本体、控制器、减速器、伺服电机等关键零部件的研发和应用，打造完整的工业机器人制造产业链。积极利用具有自主品牌的工业机器人开展技术改造提升传统产业，促进工业领域的产业升级。围绕教育、家政社区、助老助残、医疗保健等服务领域需求，积极培育发展服务机器人及应用于特殊环境下的安防、排爆、救援等特种机器人，突破服务机器人安全性、可靠性等关键技术，推动智能服务机器人第三方质量、安全性、可靠性检测能力建设，加快服务机器人产业发展。

推进制造业智能化改造，关键是实施“机器人应用”计划。针对部分行业的劳动力密集、作业环境恶劣、流程和产能瓶颈、高安全风险等环节，采取“机器人应用”、自动化生产线、“自动化生产线+工业机器人”等形式，分类组织实施“机器人应用”专项计划。

## 两项包装行业国家标准2015年5月起正式实施

国家质检总局、国家标准委2014年批准发布了33项国家标准，上述标准涉及健康安全、生态环境、经济发展、社会管理等多个方面。其中，由中国出口商品包装研究所作为牵头单位负责制定的国家标准《包装能量回收率计算规则和方法》（GB/T 31271—2014）、《包装循环再生利用率计算规则和方法》（GB/T 31272—2014）位列其中。目前这两项标准已获得批准，并于2015年5月1日起正式实施。

《包装能量回收率计算规则和方法》提出了包装废弃物能量回收率的计算方法，为我国建设区域性焚烧发电设施的可能性提供了技术依据；《包装循环再生利用率计算规则和方法》提出了包装材料循环再生率计算方法，为衡量我国区域内包装循环再生水平提供了技术依据。这两个标准作为包装与包装废弃物系列标准的组成部分，对我国包装与包装废弃物国家标准体系的完善具有重要意义。

与此同时，与包装行业相关的另一项新修订国家标准《联运通用平托盘试验方法》（GB/T 4995—2014）也对外发布。该标准为修改采用ISO 8611—1:2011《物料搬运托盘平托盘第1部分：试验方法》，给出托盘主要试验方法14项。该标准的发布为降低物流成本、提高物流效率、推进托盘共用社会化提供了标准化保障。

## 《限制商品过度包装通则》2015年5月起正式实施

2014年12月5日，国家质量监督检验检疫总局、国家标准化管理委员会发布2014年第27号公告，批准发布《限制商品过度包装通则》（GB/T 31268—2014）等234项国家标准。该标准规定了限制商品过度包装的基本要求、设计结构要求、材质要求和成本要求等通用要求，适用于商品包装的设计和使用，并于2015年5月1日起实施。

该标准适用于所有商品的包装，而对于包装的分类，如销售包装和运输包装，在标准中没有刻意去强调和划分。该标准的主要用途是在包装设计之初，提醒包装的设计者和使用者在防止过度包装方面应该注意和考虑的内容和问题。

值得注意的是，《限制商品过度包装通则》中“包装空隙率”的定义对《限制商品过度包装要求食品和化妆品》中原有的定义有了一定的修改。原来的定义为"商品销售包装内不必要的空间体积与商品销售包装体积的比率"，该标准修改为"包装内去除内装物占有的空间容积与包装总容积的比率"。

对该定义的修改主要基于以下两点考虑：第一，包装空隙率不仅仅是商品的销售包装，在运输包装中也有空隙率的问题；第二，"不必要"和"必要"的界定不易区分。

## 《食品安全国家标准包装饮用水》标准 2015 年 5 月起正式实施

国家卫生计生委出台的《食品安全国家标准包装饮用水》（GB 19298—2014）是强制性标准，并明确规定"包装饮用水名称应当真实、科学，不得以水以外的一种或若干种成分来命名"。

该标准在《瓶（桶）装饮用水卫生标准》（GB 19298—2003）及《瓶（桶）装饮用纯净水卫生标准》（GB 17324—2003）的基础上，整合修订形成，由卫生计生委于 2014 年 12 月 24 日批准发布，自 2015 年 5 月 24 日起实施，标准中对包装饮用水的标签标识要求自 2016 年 1 月 1 日起实施。该标准适用于直接饮用的包装饮用水，即：密封于符合食品安全标准和相关规定的包装容器中，可供直接饮用的水，不适用于饮用天然矿泉水。饮用天然矿泉水将另行修订《食品安全国家标准饮用天然矿泉水》（GB 8537）。

此外，包装饮用水新标准中规定的"当包装饮用水添加食品添加剂时，应在产品名称的临近位置标示'添加食品添加剂用于调节口味'等类似字样"。

## 《金属材料残余应力测定全释放应变法》2015 年 5 月起正式实施

由武汉钢铁（集团）公司、中国科学院金属研究所、深圳万测试验设备有限公司、海军工程大学等单位共同起草的国家标准《金属材料残余应力测定全释放应变法》，由中国国家标准化管理委员会授予标准号 GB/T 31218—2014，于 2014 年 9 月 30 日正式颁布，并于 2015 年 5 月 1 日正式执行。

根据全释放应变法的原理，当切取的试样足够小，以致其上的宏观残余应力分布梯度可以忽略不计时，则宏观残余应力就会得到充分释放，通过检测其上应变片释放的应变就可以求取释放前的残余应力了。由于粘贴的应变片有一定的大小尺寸，为了不对其造成破坏，本文中切割的小试样尺寸达到 10mm×10mm×10mm 的大小，可以基本上认为其上的残余应力已经得到了完全的释放。残余应力的存在往往对构件（特别是焊接产品）的使用带来重大影响，如加速疲劳断裂、促进应力腐蚀开裂等，了解残余应力大小和分布的主要方法就是应力的测定。本标准的起草完成，对于我国及国际上测定残余应力的技术水平将起到巨大的推进作用。

## 柔性版印刷国家标准 2015 年 7 月 1 日起实施

2014 年 12 月 31 日，国家质量监督检验检疫总局、国家标准化管理委员会发布 2014 年第 33 号公告，《印刷技术网目调分色片、样张和印刷成品的加工过程控制第 6 部分：柔性版印刷》（GB/T 17934.6—2014）获批公布。该标准将于 2015 年 7 月 1 日起施行。

该标准可应用于采用柔性版印刷的标签、纸盒、瓦楞纸箱和软包装等产品，也可应用于采用柔性版印刷的出版物，例如：书刊、产品样本和商业印刷品，还可应用于模拟柔性版印刷品颜色效果的网目调和连续调打样工艺。

该标准旨在详细说明包装和出版(不包括报纸)印刷中采用柔性版四色印刷工艺时所应用的工艺参数及参数值，涵盖了分色、打样、分色片输出、印版制作、印刷，以及表面整饰等各个工序的过程控制点。比如，印版加网角度：对于没有主轴的网线来说，青、品红和黑版的加网角度正常差别应为 30°，黄版与其他色版的角度差应为 15°；各色版与网纹辊雕刻的网纹角度不得相同，两者之间角度宜相差 7.5°。阶调值范围（分色片或数据文件）：瓦楞纸板 5%~ 80%，非涂布纸 5%~80%，涂布纸 3%~85%，薄膜/箔 2%~90%。

据悉，国际标准化组织（ISO）早在2006年就正式颁布了柔印过程控制的国际标准ISO 12647—6：2006《印刷技术网目调分色片、样张和印刷成品的加工过程控制第6部分：柔性版印刷》，但该标准中某些条款技术要求的数据指标并不完全适合我国的实际情况，需要进行适当的修改。GB/T 17934.6—2014就是在ISO 12647—6：2006的基础上编制的，但在结构上有较多调整，且存在技术性差异，属于“修改采用”国际标准。

同时获批公布的还有《纸质印刷品紫外线固化光油上光过程控制要求及检验方法》（GB/T 30671—2014），于2015年7月1日起施行；《食品接触材料及制品标签通则》（GB/T 30643—2014），于2015年9月1日起施行。

## 2016年两种印刷设备开始征收进口关税

日前，国务院关税税则委员会发布《2016年关税实施方案》（税委会〔2015〕23号），宣布从2016年1月1日起，我国对进出口关税进行调整。与2015年相比，2016年有关印刷设备器材的进口关税调整较小，主要在“计算机直接制版机器用零件”和“胶印机用墨量遥控装置（包括墨色控制装置、墨量调节装置、墨斗体等组成部分）”两款商品的年度暂定税率方面有略微的变化（见下表）。

《2016年进口商品暂定税率表》中有关印刷设备器材进口关税的规定

| 序号 | EX | 税则序号 | 商品名称 | 最惠国税率（%） | 2016年暂定税率（%） |
|---|---|---|---|---|---|
| 245 | ex | 37013025 | 柔性印刷版（厚度小于3mm的） | 10 | 5 |
| 528 | ex | 84419010 | 切纸机用弧形辊 | 8 | 4 |
| 529 | ex | 84419010 | 切纸机用横切刀单元 | 8 | 3 |
| 530 | ex | 84423021 | 凹版式计算机直接制版设备 | 9 | 3 |
| 531 | ex | 84423021 | 除凹版式以外的其他计算机直接制版设备（CTP） | 9 | 5 |
| 532 | ex | 84424000 | 计算机直接制版机器用零件 | 7 | 1 |
| 533 | ex | 84431313 | 四色平张纸胶印机，对开单张纸单面印刷速度≥17000张/小时；对开单张纸双面印刷速度≥13000张/小时；全张或超全张单张纸单面印刷速度≥13000张/小时 | 10 | 7 |
| 534 | ex | 84431319 | 五色及以上平张纸胶印机，对开单张纸单面印刷速度≥17000张/小时；对开单张纸双面印刷速度≥13000张/小时，全张或超全张单张纸单面印刷速度≥13000张/小时 | 10 | 7 |
| 535 | ex | 84431600 | 苯胺印刷机（柔性版印刷机），线速度≥350m/min，幅宽≥800mm | 10 | 3 |
| 536 | ex | 84431600 | 具有烫印或全息丝网印刷功能单元的机组式柔性版印刷机，线速度≥160m/min，250mm≤幅宽<800mm | 10 | 5 |
| 537 | ex | 84431700 | 凹版印刷机，印刷速度≥350m/min | 18 | 9 |
| 538 | ex | 84431921 | 纺织用圆网印花机 | 10 | 6 |
| 539 | ex | 84431922 | 纺织用平网印刷花 | 10 | 6 |
| 540 |  | 84433110 | 静电感光式多功能一体机 | 10 | 3 |
| 541 |  | 84433221 | 可与网络或自动数据处理设备连接的喷墨印刷机 | 8 | 5 |
| 542 |  | 84433222 | 可与网络或自动数据处理设备连接的静电照相印刷设备（激光印刷机） | 8 | 5 |
| 543 | ex | 84439111 | 卷筒斜自动给料机，给斜线速度≥12m/s | 12 | 4 |
| 544 |  | 84439119 | 其他传统印刷机用辅助机器 | 12 | 6 |
| 545 | ex | 84439190 | 胶印机用墨量遥控装置（包括墨色控制装置、墨量调节装置、墨斗体等组成部分） | 6 | 1 |
| 546 | ex | 84439190 | 传统印刷机用零件及附件（胶印机用墨量遥控装置除外） | 6 | 3 |
| 547 | ex | 84439929 | 压电式喷墨头 | 6 | 3 |

在2015年《进口商品暂定税率表》中，“计算机直接制版机器用零件”最惠国税率为7%，2015年暂定税率为0。而在2016年《进口商品暂定税率表》中，“计算机直接制版机器用零件”最惠国税率为7%，2016年暂定税率为1%。这意味着，在2015年进口“计算机直接制版机器用零件”时，不用缴纳关税，而从2016年1月1日起，进口该零件需要缴纳1%的关税。

在2015年《进口商品暂定税率表》中，“胶印机用墨量遥控装置（包括墨色控制装置、墨量调节装置、墨斗体等组成部分）”最惠国税率为6%，2015年暂定税率为0。而在2016年《进口商品暂定税率表》中，“胶印机用墨量遥控装置（包括墨色控制装置、墨量调节装置、墨斗体等组成部分）”最惠国税率为6%，2016年暂定税率为1%。这意味着，在2015年进口“胶印机用墨量遥控装置（包括墨色控制装置、墨量调节装置、墨斗体等组成部分）”时，不用缴纳关税，而从2016年1月1日起，进口该装置需要缴纳1%的关税。

## 2015年6月起我国食品添加剂标识新规将正式实施

2015年6月1日起，我国《食品安全国家强制性标准食品添加剂标识通则》（GB 29934—2013）正式开始实施，相比而言新法规更具人性化、科学化和系统化。

据厦门东渡检验检疫局介绍，新法施行前，检验人员严格按照国家质检总局颁布的《食品添加剂工作管理规范》（52号公告）来进行监管。就食用香精方面来说，新通则与52号公告相比有以下几点需注意：①就配料而言，新法规只需要体现食品用香精及食品用香精辅料即可，不再要求表示具体的成分；②适用范围不再区分最小单件包装还是最小单件外还有包装；③新法规要求提供给消费者直接使用的食品添加剂必须注明“零售”字样。

## 2015年七项最新印刷标准正式颁布实施

国家新闻出版广电总局陆续颁布了七项印刷领域的新闻出版行业标准，这些标准均由全国印刷标准化技术委员会（SAC/TC 170）归口管理并组织制定。

目前，这些标准已由SAC/TC 170向国家标准化管理委员会提出备案申请。待备案完成后，SAC/TC 170将安排其出版发行。七项标准的名称是：

《绿色印刷术语》（CY/T 129—2015）；《绿色印刷通用技术要求与评价方法　第1部分：平版印刷》（CY/T 130.1—2015）；《绿色印刷　产品抽样方法及测试部位确定原则》（CY/T 131—2015）；《绿色印刷　第1部分：阅读类印刷品》（CY/T 132.1—2015）；《书刊装订用反应型聚氨酯热熔胶（PURHM）使用要求及检验方法》（CY/T 109—2014）；《用于纸质印刷品的印刷材料挥发性有机化合物检测试样的制备方法》（CY/T 127—2015）；《印刷技术匹配颜色特征化数据集的印刷系统调整方法》（CY/T 128—2015）。

## 《热塑性塑料及其复合材料热封面热黏性能测定》国家标准通过专家审查

5月10日，《热塑性塑料及其复合材料热封面热黏性能测定》国家标准正式通过专家审查，向全面实施迈出了重要的一步。

该标准详细规定了热塑性材料及其复合材料的热封面，在热封刚结束尚未冷却时的热粘力（即热粘强度）的测试方法，填补了国内相关国家标准和行业标准的空白。审查会中，来自全国塑料制品标准化技术委员会、国家包装产品质量监督检验中心、山东省医疗器械产品质量检验中心等国家检验、学术机构的专家对标准文本、试验验证报告等文件资料进行了认真的讨论并提出修改意见，认定该标准草案已具有与国际标准等同的技术水平。

热粘力，是材料热封部分在热封后未冷却测得的剥离力。在实际生产中，包装材料的热粘力的合适与否直接影响生产线的灌装效率和破袋率。目前，国际上已经拥有了成熟的热粘性能检测的测试标准——ASTMFl921，但国内标准仍处于空白，标准需求极为迫切。

## 2015年10月起印刷包装企业将被强制收取VOCs排污费

根据国家财政部、国家发展改革委、环境保护部联合发布的《挥发性有机物排污收费试点办法》，2015年10月1日起对全国范围内的印刷包装企业收取VOCs（挥发性有机物）排污费。

目前，北京印刷行业以平版印刷、凹版印刷为主，其产生的挥发性污染物的排放量占到了90%以上，而在储存、配送及输送中也有大量的挥发性污染物产生。根据2014年北京市工业源清单统计结果显示，北京印刷行业VOCs排放量为5354t，占工业源总排放量（除石化工业源）的17%。

无排气筒或排气筒高度不够、采样孔及采样平台等设置不规范；车间密封条件不达标；油墨、清洗剂等原辅材料不能随时密闭，造成大量无组织逸散；为保持温湿度标准，废气大部分在车间内循环，导致车间内部VOCs浓度很高；第三方检测不够规范，排气筒检测结果偏差较大；治理设施设计不合理，运行管理不善，治理效率低下。

《印刷业挥发性有机物排放标准》编制原则是，体现全过程污染预防思想，不单纯考虑污染物的末端处理和处置；基准值设定考虑国内现有技术水平和管理水平，并有一定的激励作用；注重实用和可操作性，尽量选择印刷企业生产部门、统计管理部门和健康、安全及环境管理部门日常采用的指标。

《印刷业挥发性有机物排放标准》明确了印刷油墨挥发性有机物含量检测、排气筒监测、无组织排放监测及挥发性有机物测定方法。原辅材料方面，《印刷业挥发性有机物排放标准》规定了挥发性有机物的含量上限，其中热固胶印油墨≤10%，单张/冷固胶印油墨≤3%，凸版和凹版油墨≤30%；润版液中醇类添加量≤5%；同时，煤油或汽油，溶剂型上光油、溶剂型书刊装订用胶黏剂将不能被用于印刷生产过程中。

## 食品生产和经营两项管理办法2015年10月1日施行

为规范食品生产经营许可管理，加强对食品生产经营的监管，保障公众食品安全，2015年8月26日，国家食品药品监督管理总局局务会议审议通过《食品生产许可管理办法》和《食品经营许可管理办法》。8月31日，国家食品药品监督管理总局局长毕井泉签署第16号令和第17号令，两令于2015年10月1日起施行。

《食品生产许可管理办法》规定，“食品生产许可证编号由SC和14位阿拉伯数字组成”。要知道，此前食品生产许可证编号开头是字母“QS”，这意味着未来食品企业的生产许可证编号将统一做调整。

## 我国进口食品信息化公共追溯机制初步建立

国家质检总局进出口食品安全局举办进口食品进出口商备案管理及信息记录视频培训，标志着新的进口食品信息化公共追溯系统基础数据已完成切换，并进入试运行阶段。该系统将于2015年10月1日与新修订的《食品安全法》同步生效并正式实施。

2014年10月以来，为落实新《食品安全法》关于进口食品追溯管理的相关规定，适应进口食品监管风险防控频、快、准的新要求，食品局全面推进进口食品公共追溯机制建立。针对企业备案和产品信息记录操作难、时效性差，个别企业责任不落实等突出问题，组织有关各局升级传统备案系统，于2015年3月10日完成系统的优化改造。3月12日至7月24日，针对进口乳品进行测试试用，共录入信息32383条，数据传输流畅，信息查寻、分析便捷，达到预期目标。8月17日，食品局发布关于启用升级版系统的公告并下发通知，对推进进口食品信息化公共追溯机制建立做出了全面部署和提出了具体要求。

# 进口奶粉中文标签须在入境前印制在包装上

国家质检总局日前发布《网购保税模式跨境电子商务进口食品安全监督管理细则（征求意见稿）》（以下简称《意见稿》），对进口奶粉的标签事项进行明确规定，并要求相关中文标签须在入境前直接印制在包装上。意见稿将现行《食品安全法》与网购保税食品相结合，意味着从事跨境进口的电商企业将迎来更加明确的监管审查机制。

母婴用品是跨境电商平台销售的主要商品品类之一，随着进口母婴商品呈现持续增长态势，政府监管也在与时俱进。根据《意见稿》的规定，网购保税进口婴幼儿配方乳粉必须随附中文标签，且中文标签须在入境前直接印制在最小销售包装上，不得在境内加贴。网购保税进口其他食品，经营企业可采取产品随附纸质中文标签、说明书，或由跨境电子商务交易平台提供电子版产品信息。两种方式应当供消费者在填写订单时选择。

根据2015年10月1日起施行的《食品安全法》规定，进口的预包装食品、食品添加剂应当有中文标签，依法应当有说明书的，还应当有中文说明书。本次《意见稿》的提出，将新《食品安全法》中对进口食品监管的机制架构，嫁接到网购保税电商模式当中。

# 中国首都“绿色快递包装报告”正式发布

一年一度的“双11”如约而至。这是一场电商购物狂欢，也是一次物流会战。根据国家邮政局11月9日的预测，2015年“双11”期间（11月11—16日）全行业处理的邮件、快件业务量将超过7.6亿件，最高日处理量可能突破1.6亿件。届时，数以亿计的包裹将通过快递公司流转至千家万户，“收快递到手软”有望再度引爆网络话题。

随着“收快递”成为“新常态”，尤其是2014年成功登顶世界第一快递大国后，不论是管理部门，还是普通消费者，对海量快递包装所带来的环境问题日趋关注。

党的十八届五中全会把“绿色发展”作为五大发展理念之一，明确指出进一步提高绿色指标在“十三五”规划全部指标中的权重，把保障人民健康和改善环境质量作为更具约束性的硬指标，是推动绿色发展的政策制度保证。

2015年年初，国家邮政局局长马军胜提出“五个邮政”的发展目标，其中就有建设绿色邮政，即通过减少收寄、分拣、封发、运输、投递等各个环节对环境的污染和资源消耗，实现邮政业“低污染、低消耗、低排放、高效能、高效率、高效益”发展。正在编制中的邮政业“十三五”规划也将对“绿色邮政”在未来五年的落地目标做出明确要求。

国内快递包装的产业究竟有多大？现状如何？每年的使用量有多少？快递企业在绿色包装、环保节能方面都有哪些尝试？《中国快递领域绿色包装发展现状及趋势报告》（以下简称《报告》）的发布填补了这一空白。

**一、报告出炉——牵手专业院校，全方位多领域调研**

报告由国家邮政局新闻宣传中心与北京印刷学院印刷与包装工程学院、青岛研究院联合发布。作为印刷与包装领域亚洲最大、最权威的高校，北京印刷学院在包装研究方面拥有雄厚的科研力量和技术团队，使得报告的调研、起草和编写更加专业、严谨与可行。

工作组以产业链各生产环节为序，先后深入快递企业、包装物流供应商企业、电商企业进行了实地考察，并与其相关负责人进行细致的沟通、交流。前后历时3个月，走访数个家企业，奔赴北京、上海、广东、浙江等地区，投放和收回相关问卷4万余份。在收集、整理了海量资料，综合吸纳了各方意见、建议，几经专家评审、修改之后，报告如愿问世。

**二、报告主体——分析数据解读现状，观察趋势预见未来**

国内快递领域的包装主要集中在以下七大类：快递运单、编织袋、塑料袋、封套、包装箱（瓦楞纸箱）、胶带及内部缓冲物（填充物）。

以国家邮政局统计的2014年全年139.6亿件的快递业务量为基数，2014年全国共消耗约140亿张快递运单、20亿条编织袋、55.84亿个塑料袋、21

亿个封套、67 亿个包装箱、114.5 亿米胶带、20.1 亿个内部缓冲物。

需要指出的是，快递市场的飞速发展，极大地带动了下游包装生产企业的发展，包括快递运单、封套、塑料袋、编织袋、包装箱等物料耗材，一个以快递包装为核心的产业正在集聚和形成，快递包装产业的发展已经初见规模。根据快递企业、供应商企业提供的数据，由快递拉动的下游包装产业总体规模已经在百亿元之上，近千家大大小小的企业共同分享这个蛋糕，直接拉动上万人就业，行业共振效应日益凸显。

使用过的快递包装，除快递运单对保管、存放与回收（销毁）有明确规定外，其他种类的快递包装目前均没有统一要求，由企业或消费者自行处理。

为降低运营成本，多数快递公司都对废旧编织袋进行二次甚至多次循环使用，或组织回收处理；目前虽然没有针对封套的回收利用，但封套的循环使用已经开始引起快递公司的重视；包装箱的回收与再利用仍以废品回收站为主。

问题最为突出、污染最为严重的是胶带、塑料袋及塑料填充物。报告表明，鉴于当前的市场竞争环境与现状，这三类包装无论是在可降解、循环等环保材料的使用上，还是在回收、处理与再利用上，均存在难以克服的困难。

快递绿色包装不是割裂的存在，而是一项复杂的、多变量的系统工程。在这条庞大而烦琐的产业链上，既涵盖了包装物料供应商、快递企业、电商平台与商家等多个从业主体，也关系着成千上万的消费者。同时，主管部门的引导与监管、相关单位的参与和支持至关重要且不可或缺。因此，在快递业推行绿色包装绝不仅仅是某一个主体单元的责任，而是一项长期的、需要多方共同参与的工程。

一是做好源头把控。做好减量化，从生产原料、包装设计和包装使用等方面进行减量化，同时还要严把采购关，充分考虑采购的物料环保性，选购环保的包装产品。对于消耗量较大的塑料袋和编织袋，不使用有毒有害材料的制成品。尤其是编织袋，可以部分采购能够循环使用的帆布袋或者塑料中转箱，逐渐替代和减少一次性编织袋的使用。

例如，全峰快递使用塑料中转箱替代编织袋来完成中转任务。一个塑料中转箱的使用寿命平均为 3~4 年，而且能有效抑制暴力装卸现象，避免运输过程中快件的挤压，拓展了快递公司接件范围。

顺丰在中转场正逐步以可重复使用的帆布袋代替编织袋。根据测量，一条帆布袋的成本为 15 元左右，相较于 1 元左右/条的编织袋，两者的采购成本虽然差距很大，但一条帆布袋能够重复使用约 20 次，平均成本可以降到 0.75 元/条。

二是提高环保意识。规范快递员和快件包装员的操作习惯，指导操作人员科学地对产品进行适度包装；消费者树立快递包装低碳化理念，增强全社会的绿色意识，带动绿色供应链的发展；消费者树立回收意识，将快递包装通过回收渠道进行回收。

三是建立回收体系。首先，快递企业应鼓励企业内部循环使用，对于使用过的封套、包装箱等，都可以二次利用：其次，多方要共建回收体系，一方面，采取措施鼓励快递员回收包装，与快递网点定点回收相结合；另一方面，将回收的包装统一出售给相关生产企业，进行再利用。

报告问卷调查显示，79.69%的快递员表示愿意配合快递包装回收工作。其中，69.07%的快递员更倾向于定点回收的回收模式，20.31%的快递员更倾向快递员上门回收。

四是推行新兴技术。包装生产环节应当加大产品技术研发力度，研发非环保材料的替代产品，优化现有技术及工艺，提高再生料在产品中的使用比例及产品性能。在包装使用环节，应借助信息化手段减少或避免过度包装。

五是加强监管力度。首先，应对相关标准进行实施更新，与行业发展相匹配；其次，可增设强制性条款，相关部门需要加强对快递包装所有参与者的监管，对不合格、不安全的包装企业采取严厉的监管措施，从而确保合格产品在市场流通。

# 专 著 论 文

# 中国双向拉伸聚丙烯包装薄膜产业发展现状与趋势的研究

江苏精良高分子材料有限公司　韦丽明

**摘要**：本文主要分析了我国双向拉伸聚丙烯（BOPP）包装薄膜产业的发展现况与趋势。深入探讨和研究了存在的问题，提出了推进产业转型升级的建设性意见和对策，以促进产业良性健康发展。

## 一、前　言

当今世界是一个国际体系和国际秩序深度调整的世界。500 年来的资本主义世界体系和百年来美国主导的全球化周期，正在经受重大危机。全球经济发展充满了不稳定性、不确定性，2015 年的美国将正式告别 2008 年以来的经济危机，美国经济已经进入了高速增长轨道，但欧洲及其他国家及地区的经济仍没有完全摆脱经济危机阴影。受国际市场需求持续低迷、能源资源市场恶性竞争进一步加剧、贸易保护主义愈加突出、人民币升值、劳动力成本上升、人口红利逐渐消失等诸多因素叠加影响，中国双向拉伸聚丙烯（BOPP）包装薄膜产业（以下简称 BOPP 包装薄膜产业）面临着前所未有的巨大挑战。

2014 年是 BOPP 包装薄膜产业进入整合期的重要一年。至年末，已建成投产的 BOPP 包装薄膜产能达 492.2 万吨，但行业全年平均开工率仅为 65%～70%。其主要原因是下游需求严重不足，产能过剩严重。

然而，困难与机遇并存。2014 年也是 BOPP 包装薄膜产业发展迅猛的一年。中国又一次诞生了新的世界第一：多条（套）由德国布鲁克纳（Brückner）机械制造公司制造的全世界最宽幅、最高速度、最大产能的 BOPP 包装薄膜生产线落户中国，全球最大的包装薄膜集团应运而生。

目前，BOPP 包装薄膜产业严重供大于求，面临着严峻的考验，业界对未来的发展方向普遍感到迷惘和困惑。大多数生产厂已经开始反思，并积极思考自身的产品定位，大力推进由粗放式经营模式向精细化管理变革。只有开拓创新、转型升级，才是 BOPP 包装薄膜产业生存发展的必由之路。

## 二、BOPP 包装薄膜产业发展现况

随着国民经济的发展和人民生产水平的不断提高，对 BOPP 包装薄膜的需求逐年递增。在 2008 年国家一系列宏观经济政策的刺激下，中国 BOPP 包装薄膜产业发展非常迅猛。据统计，截至 2014 年年底，中国大陆及港澳台地区 BOPP 包装薄膜企业共有 86 家（企业按投资主体合并，一个集团计为一家），已建成投产产能 492.2 万吨，在建产能（设备购买合同生效，或正在安装）106.2 万吨，规划产能（计划购买，合同未生效）56.3 万吨。其中已建成投产产能约有 10.0% 处于停产待处理（待报废、待转售）或长期停机状态。

### （一）BOPP 包装薄膜产能分布区域

中国华东地区、华南地区经济相对发达，物质丰富，软包装需求量大，BOPP 包装薄膜生产厂（以下简称 BOPP 厂）数量及产能远大于西南、西北地区，西北地区甚至没有 BOPP 厂。具体分析情况如图 1 所示。

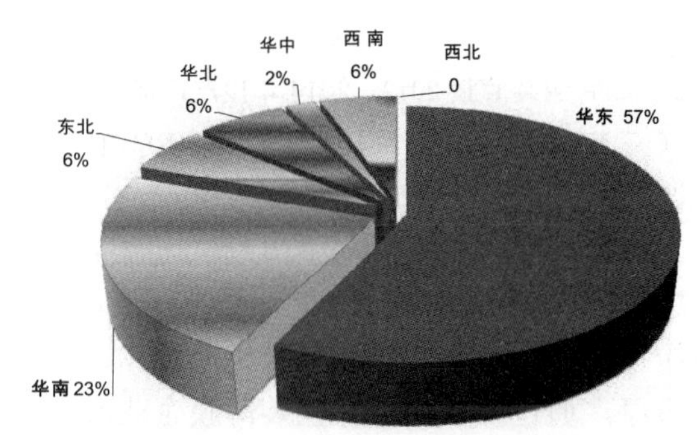


图 1　BOPP 包装薄膜产能分布区域

从分布区域来看，BOPP 包装薄膜产能（以下简称产能）占比主要集中在华东（上海、浙江、安徽、江苏、山东、福建等省市）、华南（广东、海南等省及地区）。东北及华北、西南的薄膜产业崛起速度加快，反映了产业向北向西加速转移，这主要是与华南、江浙一带的成本增加、地区产业扶持政策等因素有关。

西北地区（陕西、甘肃、青海、宁夏、新疆）虽然没有 BOPP 包装薄膜生产线（以下简称生产线），但 BOPP 包装薄膜的需求亦逐年上升，特别是与中亚（哈萨克斯坦等国家与地区）边贸往来越来越频繁，由新疆出口的 BOPP 包装薄膜数量在逐年

递增。西北地区 BOPP 包装薄膜主要从西南地区（成都、重庆），甚至华南、华东区购入。

（二）BOPP 包装薄膜投产产能及生产线增长情况

2013 年与 2012 年比较，生产线数量略有下降，产能却在上升。2014 年比 2012 年产能增加 34.4%，但生产线数量增长率仅为 6.7%。这是因为宽幅高速低能耗高产能 BOPP 生产线正逐步替代或淘汰低速窄幅低产能高能耗的旧 BOPP 生产线。目前已有四条（套）世界上最高工艺速度（525m/min）、最宽幅（10.4m）、最大设计产能（6.2 万吨）BOPP 包装薄膜生产线落户中国。图 2 为 BOPP 包装薄膜 2012—2014 年投产产能及生产线。

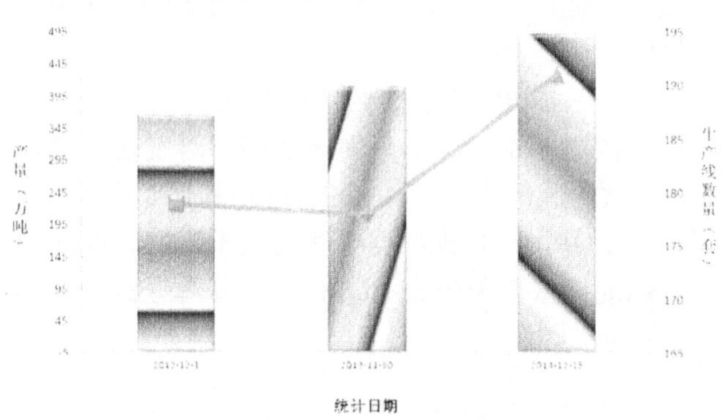


图 2　BOPP 包装薄膜 2012—2014 年投产产能及生产线

（三）产能在 10 万吨以上的大型 BOPP 包装薄膜集团发展情况

2008 年世界金融危机，中国政府出台了 4 万亿元金融刺激政策鼓励企业投资。原从事房地产的企业纷纷投资建设 BOPP 包装薄膜生产线，这些企业财力雄厚，通过并购 BOPP 包装薄膜企业或购入大型 BOPP 生产线等方式，使之产能迅速增长，成为中国 BOPP 包装薄膜产业的大型企业。

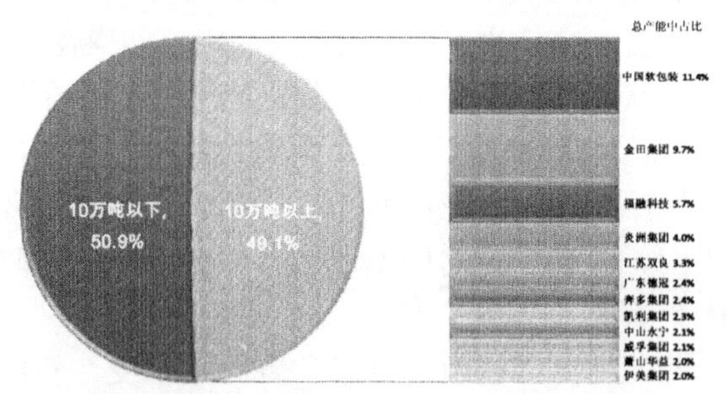


图 3　中国大陆及港澳台地区投产产能占比

从图 3 可以看出，10 万吨上产能的 BOPP 包装薄膜企业共 12 家，占 BOPP 包装薄膜企业总数量的 13.95%，但这 12 家企业产能合计占总产能的 49.1%。其中中国软包装（香港）集团是目前全球设计产能的最大的 BOPP 包装薄膜集团，占中国大陆及港澳台地区 BOPP 包装薄膜总产能的 11.4%。

中国大陆及港澳台地区 BOPP 包装薄膜企业在世界包装薄膜行业地位举足轻重，世界十大 BOPP 包装薄膜生产企业中，中国大陆及港澳台地区 BOPP 包装薄膜企业占了五席（见表 1）。

表 1　全球十大 BOPP 包装薄膜企业

| BOPP 企业名称 | 投产产能（万吨） |
|---|---|
| 中国软包装（香港）集团 | 54.2 |
| 金田集团 | 47.6 |
| Jindal Poly Films Limited | 45.05 |
| Taghleef | 41.63 |
| 南亚集团 | 41.03 |
| 福融科技 | 28.0 |
| Oben Licht Holding Group | 23.65 |
| 炎洲集团 | 19.8 |
| Treofan | 18.5 |
| Sibur | 18.145 |

（四）2014—2015 年 BOPP 包装薄膜产能增加情况

目前，仍有企业正在安装及规划引进 BOPP 生产线，预计 2015 年年末，BOPP 包装薄膜建成总产能将近 600 万吨。2014—2015 年产能增加情况如表 2 所示。

表 2　2014—2015 年产能增加情况

| | 企业数量及占比 | 建成投产 | | 在建 | |
|---|---|---|---|---|---|
| | | 产能（万吨） | 生产线数量（条） | 产能（万吨） | 生产线数量（条） |
| 中国大陆及港澳台地区 BOPP 企业 | 86 | 492.2 | 191 | 106.2 | 26 |
| 10 万吨以上产能企业 | 12 | 241.5 | 74 | 54.6 | 11 |
| 10 万吨以上产能企业占比 | 13.95% | 49.1% | 38.7% | 51.4% | 42.3% |
| 10 万吨以下产能企业 | 74 | 250.7 | 117 | 51.6 | 15 |
| 10 万吨以下产能企业占比 | 86.05% | 50.9% | 61.3% | 48.6% | 57.7% |

10 万吨以上产能企业，倾向于购入宽幅、高速、高产能生产线，而且计划再上线的比例高于 10 万吨以下产能企业。

## 三、BOPP 包装薄膜产业现况与存在问题

中国的 BOPP 包装薄膜产业经过三十余年的快速发展，目前 BOPP 包装薄膜产能已居世界第一位，但也暴露出产能严重过剩问题。虽然薄膜下游需求量年平均增长率为 10%，仍低于 BOPP 包装薄膜的产能增长率，2013 年、2014 年行业年平均开机率为 65%～70%，2014 年 BOPP 包装薄膜企业普遍亏损。BOPP 包装薄膜产业已进入了整合期，预计该期间需要 2~3 年。

出现这种情况的原因是多方面的。中国社科院世界经济与政治研究所发表《2015 年世界经济形势分析与预测》黄皮书认为，2015 年全球经济复苏大幅回暖的概率较小，在美、欧、中、日四大经济体中，中国和美国将成为引领世界经济增长的两大引擎。黄皮书中指出当前中国宏观经济运行特征发生了转折性变化，经济增速持续下行、工业部门在经济活动中占比持续下降、投资效率下降和金融市场风险上升同时发生。一方面，国际金融危机导致全球经济需求疲软，增长乏力。国内经济下行压力增大，人民币升值，出口受阻，出口包装需求下降，BOPP 包装薄膜作为出口产品的主要包装组成部分，销量也随之下降；另一方面，国内经济增速放缓，对塑料包装需求不足，因此导致包装薄膜销售增量缓慢。

2014 年，受国际地缘政治、全球经济疲软需求不振、美国经济复苏美元走强等因素影响，特别是原油供大于求的局势下，石油输出国家组织（OPEC）成员国为击溃页岩油及其他成本更高的生产者决定不减产，打起价格战，以及美国页岩油开采技术成熟发展等因素叠加，布伦特（Brent）原油价格从 2014 年 1 月 2 日 109.07 美元/桶跌至 2014 年 12 月 31 日 57.90 美元/桶，油价的断崖式跳水对聚丙烯价格、BOPP 包装薄膜的价格造成了非常大的影响。

除国内外宏观政治经济因素影响外，国内民间借放（高息）贷、以房（地产）养工（业），以及 BOPP 包装薄膜产业存在的结构性、阶段性产能过剩、中低端产品同质化的市场竞争白热化，加之高端功能性薄膜研究与供给能力严重不足等诸多问题，制约了 BOPP 包装薄膜产业的健康发展。

### （一）结构性过剩问题突出

结构性过剩问题主要表现在以下几方面。

1.中低端产品同质化竞争严重

产品结构不合理，大路货多，高附加值的产品少。目前普通 BOPP 包装薄膜制品类占整个产业产能近 70%。非烟用包装的 BOPP 包装薄膜生产线主要生产常规厚度为 12μm、15μm、18μm、19μm、23μm 及 25μm 以上的普通光膜或消光膜产品。随着设备先进及生产工艺技术的成熟，部分厂家生产薄至 9～10μm 的上光膜。2012 年之后新安装的 BOPP 包装薄膜生产线大多是宽幅、高速大线，8.7m（525m/min）、10.4m（525m/min 或 550m/min）宽幅高速生产线的配置不适合生产小批量、特殊功能性薄膜，除非降生产速度，否则也不适合生产厚度为 9～12μm 的薄膜，这些生产线被定位为主要生产厚度为 25μm 以上厚光膜。

25μm 以上厚光膜产量大、破膜少，但是竞争厂家多，厚光膜的加工费用（即 25μ 以上厚光膜销售价格与均聚 PP 原料价格的差价）空间不断地被压缩。25μm 以上的厚光膜的加工费用为 2007 年 3000～3500 元/吨，2014 年部分区域最低加工费用实盘价仅达 800～1000 元/吨。2014 年第四季度，25μm 以上厚光膜加工费用为 1200～1500 元/吨。罗维满认为这种水平的加工值，盈亏平衡点，甚至连经济学上常说的“关门点”都是非常紧张的。

2.缺乏创新、功能性薄膜研究与供给能力严重不足

行业需要加强产品创新。我国虽然普通型 BOPP 包装薄膜供过于求，但高端膜、特种膜依然很大部分依赖进口，且进口量维持较高增速。当前产业结构性矛盾依然突出，BOPP 包装薄膜产业生产能力相对过剩，但缺乏创新能力。在市场需求低迷期间，企业更应注重提高产品质量、淘汰落后产能，进行技术创新和节能降耗，推动新一轮的结构调整。落后产能企业难以承受来自市场的压力，也难以维持资金链。严峻的市场将加速淘汰落后产能企业，有创新力、有持续盈利能力的企业能存活或发展。但是，因大型生产线技改投入大，新品与市场开发风险高，仍有许多企业不愿意迈出创新的步伐，无力改变现状。

另外，目前市场习惯以流通量最多的 25μm 以上厚光膜与均聚 PP 原料的差价作为其他厚度薄膜、功能性薄膜的定价基础。这并不是一个合理的定价

模式，但在BOPP供需严重失衡、行业内同质化产品价格竞争白热化的情况下，BOPP企业的话语权削弱，这样的定价模式已被默认，某种程度上对创新是一种无形的伤害。

3.营销渠道狭窄，未走出国门

大多数BOPP包装薄膜生产企业没有“未雨绸缪”，没有做好走出国门的准备，不愿意花太多的精力按国外客户要求建立一套严格质量管理的体系和售后服务体系。因此即便国内产能严重过剩，多数企业也只能在国内陷入价格战红海中，加剧经营困难。目前国内出口前几名的企业：凯利集团（凯威、凯利）、威孚集团、广东德冠、金田集团、安徽国风、江苏双良（舒康）、福融科技、昆岭集团、伊美集团等，因为有国外市场的弥补，国内市场压力不会太大。

4.低效率、粗放型管理导致巨大的浪费和高成本

BOPP包装薄膜生产企业涉及的方方面面很多，有些浪费不易被发现。例如：设备设施保养的随意性、不定期性，在损害设备设施的同时，也让企业付出更多的额外维修费用。

（二）阶段性过剩

BOPP包装薄膜产业是周期性产业，特点是技术密集型和资本密集型。2002年后，发达国家的经济复苏，在中国、印度、俄罗斯和其他国家经济快速增长的推动下，2004—2007年，BOPP包装薄膜产业重新进入了周期性上升的发展阶段。一个预期的巨大市场空间和更好的盈利能力点燃投资者对BOPP包装薄膜产业的投资热情，使国内的BOPP包装薄膜产能自2008年起迅速扩张。

站在企业的立场上考虑，企业要做大做强，规模决定了话语权的大小，因此，扩能增线成为不二之选。

还有一个不容忽视的因素是部分地方政府为了当地经济发展和区域竞争的目的，仍然大力招商引资、鼓励企业扩能增线，导致部分产业产能严重过剩，但这一现象却没有引起地方政府和行业主管部门的足够警觉和重视。

（三）企业间联（互）保、借/放（高息）贷导致资金链紧张

操作模式通常是企业从银行贷款后高息放贷给其他企业，当借款企业无法偿债时，放贷企业出现资金异常紧张，无法为继，增加了资金链断链的可能性和风险性。

（四）以房（地产）养工（业）模式不可持续的发展导致资金链紧张

一方面，近几年房地产高速发展能给企业带来丰厚的回报，吸引了大批非房地产企业加入。这些企业期望开拓房地产市场，构建本企业的另一产业；另一方面，部分地方政府为发展当地经济，提供各种税收、土地优惠政策吸引投资，企业投资工业项目达到一定规模，地方政府给予优惠价格出让商业用地，形成新兴产业加地产模式。因此部分BOPP包装薄膜企业热衷于在二三线以下城市/县投资、跑马圈地，以工业项目作为融资平台，投资建设房地产项目，房地产项目赚取的高额利润反哺到工业项目。

但目前部分二线以下城市的房子存量大，销售形势非常不乐观。《中国住房发展（2014年中）报告》称，2011年以来，中国楼市已经出现结构性过剩的总体态势，具体表现为中小城市住房持续滞销。一方面是待售面积的增加；另一方面是全国销售不畅和大中城市房价微跌，房地产企业资金回笼速度变慢，开发投资增速不断下滑，住房市场步入低速增长期。在国家宏观经济管控越来越严的情况下，房地产不仅没有以前的高利润、高回报，甚至可能是一个吸金黑洞。企业因而难以为继，资金链异常紧张。

在未来2~3年内，BOPP包装薄膜产业将面临新一轮洗牌。管理不善、技术差、盈利能力差、低产能的中小型企业迫于市场竞争压力将自动关停，通过优化兼并、破产重组，促进产业升级。

1997年6月上市的中达股份，曾经是BOPP包装薄膜行业龙头老大，拥有江苏江阴、四川成都等地共7条（套）BOPP包装薄膜生产线，2条BOPET薄膜生产线。BOPET包装薄膜在国内市场占有率为15%，BOPP香烟膜、珠光膜、包钞膜等也占有很大的市场份额。然而在严酷的市场竞争中，不进则退。2014年中达股份进行了资产处置，除烟用包装薄膜外基本退出了BOPP普通包装薄膜市场。

2014年部分停产待处置、长期停机生产线如表3所示。

表 3　2014 年部分停产待处置、长期停机生产线

| 公司简称 | 产能(万吨) | 生产线数量(条套) | 状态 |
|---|---|---|---|
| 黑龙江庆港 | 1.2 | 1 | 停 |
| 洛阳石化 BOPP | 2.5 | 1 | 停 |
| 济南康雅 | 2.5 | 1 | 停，希望有人承包 |
| 青岛庆昕 | 2.5 | 1 | 停，希望卖出 |
| 青岛嘉泽 | 0.7 | 1 | 已移至青岛英诺 |
| 泗水康得新 | 2.5 | 1 | 停，原大东南旧线 |
| 山东华利特 | 0.6 | 1 | 停 |
| 山东宝利特 | 0.5 | 1 | 停 |
| 常州越浩 | 2.5 | 1 | 停，已转售到广东 |
| 常州金海 | 4.6 | 2 | 停 |
| 肇庆高精 | 3.2 | 1 | 停 |
| 浙江华滨 | 4.0 | 2 | 停，待处置 |
| 贵州西众 | 0.7 | 1 | 停 |
| 海南赛诺 | 0.5 | 1 | 停，待改造 |
| 南亚（惠州） | 2.5 | 1 | 停，拆装至越南 |
| 中达股份（申鹏、美达） | 7.5 | 3 | 停，已转售广东 |
| 中达股份（亚包） | 5.0 | 2 | 停，已转售，预计在江西安装 |

部分股权变更的企业如表 4 所示。

表 4　2014 年部分股权变更企业

| 公司简称 | 产能(万吨) | 生产线数量(条套) | 状态 |
|---|---|---|---|
| 上海金浦 | 4.5 | 2 | 小股东股权（30%）转让，经营权待商 |
| 无锡环宇 | 2.5 | 1 | 100%股权转让，产品品种结构将改变 |
| 广庆(穆棱) | 3.2 | 1 | 大股东股权转让，公司名称更改 |

## 四、解决方案与出路

当前，各产业生产要素成本不断增长，资源、能源、环境约束不断增强，高成本时代已悄然而至。德国政府《高技术战略 2020》确定工业 4.0（Industry 4.0）是十大未来项目之一，拉开了工业领域新一代革命性技术的研发与创新大幕。BOPP 包装薄膜产业到了一个重要的战略调整期关口，投资者与管理者应清醒认识过去长期依赖高投入、高能耗、扩大投资、规模扩张的发展模式已不可持续。

（一）微利时代创新为本

微利时代企业更应重视技术进步、创新和产业转型升级，培育新的核心竞争力、新的经济增长点。不进则退、进慢则困、非进不可，必须在创新中才能跨出红海。创新，既可包括产品品种创新，也可包括管理创新、体系创新、设备改造等。

一些注重创新的 BOPP 包装薄膜生产企业，如广东德冠、佛塑科技、康得新集团、泉州利昌、威孚集团等企业，研发的无胶复合薄膜、BOPE 薄膜、无底涂基材薄膜、合成纸、无白点覆黑色满版印刷消光薄膜、防雾薄膜等功能性薄膜；赛诺国际成功开发 16μm 香烟包装薄膜，适用于 1000 包/分的高速香烟包装线。这些特殊功能性包装薄膜在市场上获得了较好口碑。在创新上，福融科技提出“技术上，小步快跑，微创新，满足客户需要”。

（二）推进精细化管理

在生产、经营管理上全面进行精细化管理，统一管理标准、规范管理制度、优化管理流程、严格控制成本，迅速形成与竞争对手的成本优势。“精”在于抓住运营管理过程中关键环节，“细”在于管理标准具体量化、考核、督促、执行。精细化管理的核心在于实行刚性的制度，规范人的行为，强化责任的落实，以形成优良的执行文化，精细化管理涉及企业管理的每一个环节。包装薄膜企业度过目前市场“寒冬”的有效措施是实施精细化管理，勤练内功，挖掘降低成本的潜力，提高利用率，提高效率，节能降耗，增效增产。

（三）加强风险能力分析，明智投资决策

当前的经济形势发生了重大变化，企业应吸取过去教训，评估市场风险，投资决策不应该盲目跟风，明智的投资决策应基于对市场的分析、原料生产成熟度，以及下游市场需求。

（四）走出国门，积极参与国际市场竞争

欧美等发达国家与地区，由于劳动力成本增加及其他方面的原因，BOPP 包装薄膜生产线减少，但需求量仍在逐年上升。预计 2025 年新兴市场（中国、非洲、拉丁美洲、中东）的塑料消费需求增长 54%，欧美增长为 21%（由 910 万吨增加到 1.1 亿吨）。

根据 2012—2015 年人均 GDP 增长，测算人均

塑料消费（见表5）。

表5　人均塑料消费　单位：千克/年

| 地区＼年份 | 2012年 | 2015年 | 增长率% |
|---|---|---|---|
| 美国 | 140 | 162 | 15.8 |
| 欧洲 | 93 | 103 | 10.8 |
| 中东 | 55 | 81 | 46.8 |
| 日本 | 100 | 102 | 2.0 |
| 中国 | 40 | 50 | 26.1 |
| 非洲 | 13 | 20 | 55.0 |
| 拉丁美洲 | 26 | 33 | 25.4 |
| 意大利 | 116 | 132 | 13.7 |
| 德国 | 145 | 151 | 4.2 |

从表5可以看出，出口市场大有可为。但是，欧美等发达国家与地区，不仅要求包装薄膜产品品质优良、品种不断推陈出新，而且要求供应商建立完善的管理体系以保证产品品质稳定。供应商须依据ISO 9001（质量管理）、ISO 14001（环境管理）标准要求建立并完善管理体系，跨国大型企业甚至要求供应商建立OSAS 18000体系（职业健康安全管理体系）及SA 8000的体系（社会责任体系）；汽车行业要求一、二级供应商建立ISO/TS 16949（质量管理体系——汽车行业生产件与相关服务件的组织实施ISO 9001的特殊要求）体系。部分跨国企业建立了本集团的供应商评价体系，要求供应商必须遵循并实施，例如SONY（索尼）要求供应商建立GREENPARTNER体系。

企业出口产品，通常被要求提供第三方（SGS等机构）出具的产品检测报告。食品包装薄膜一般需要依据（EU）No. 10/2011、FDA标准要求检测，电子产品包装材料常需要通过ROHS检测等。

以上要求对中国包装薄膜企业来讲是不小的挑战。需要企业完成管理思维与体系蜕变、提升，才能与国际要求接轨。

（五）工业4.0时代，以互联网思维将企业发展与创新相融合

何谓互联网思维？小米科技创始人雷军解释道："互联网思维的本质就是党的群众路线，深入群众、相信群众、依赖群众，从群众中来，到群众中去。只要你理解了群众路线，你就理解了用户思维、互动营销。"雷军的互联网思维论本质就是了解用户需求，和用户互动，定制化生产。这与工业4.0的部分宗旨不谋而合。工业1.0实现了"大规模生产"（蒸汽机的发明），工业2.0实现了"电气化生产"（电力的广泛应用），工业3.0实现了"自动化生产"（产品的标准化），工业4.0实现了"定制化生产"，由集中式控制向分散式增强型控制的基本模式转变，目标是建立一个高度灵活的个性化和数字化的产品与服务的生产模式，并且定制周期简短，生产方便快捷。

在互联网经济大潮下，BOPP包装薄膜产业需要借鉴互联网思维，由传统管理和运营模式向工业4.0升级，多渠道了解用户需求、积极与用户互动，高效率运作，缩短中间环节，为终端用户提供个性化、功能化、性价比高的BOPP包装薄膜，扭转普通型BOPP包装薄膜供过于求，高端、特种功能性包装薄膜需求上升但供给不足的现状。

（六）拥抱资本市场

国家发改委等部门联合制定《关于支持中小企业技术创新的若干政策》。据该政策，我国将出台一系列优惠措施支持中小企业技术创新，鼓励中小企业上市融资。鼓励设立创业投资引导基金，建立健全创业投资机制，引导社会资金流向创业投资企业。支持中小企业投资公司设立和发展，加大对中小企业投资公司的政策支持和风险补偿，激励其拓展投资业务，支持中小企业的技术创新活动。

目前，中国大陆及港澳台地区BOPP包装薄膜企业（集团）共86家，在国内外上市企业仅十余家（见表6）。未上市企业融资困难，这是造成企业无法投入更多资金加大创新力度的瓶颈之一。

表6　中国大陆及港澳台地区BOPP包装薄膜上市企业

| 股票名称 | 股票代码 | 主营产品 |
|---|---|---|
| 佛塑科技 | 000973 | BOPP、BOPET、锂电池隔膜、CPP、电容膜等 |
| 大东南 | 002263 | BOPP、BOPET、CPP、电容膜等 |
| 国风塑业 | 000895 | BOPP、BOPET、木塑制品等 |
| ST中达 | 600074 | BOPP烟膜、BOPET等 |
| 康得新 | 002450 | BOPP、预涂膜等 |
| 双良节能 | 600481 | 节能设备、BOPP等 |
| ST宝硕 | 600155 | BOPP等 |
| 赛诺国际 | BEST（美国纳斯达克） | BOPP烟膜、POF、印刷等 |
| 顺泰控股 | 01335HK（港股） | BOPP、印刷等 |
| 炎洲 | 4306（台股） | BOPP等 |
| 南亚 | 1303（台股） | BOPP等 |

表 6 中上市公司多生产差异化产品，产品附加值高，盈利能力好于未上市企业，竞争优势明显。

（七）地方政府适当引导与鼓励企业创新

地方政府虽然掌握了大量资源，而且也有发展地方经济的需求，但应正视行业产能过剩的问题，不应鼓励企业盲目扩能增线。应充分发挥地方资源优势，结合行业协会管理，提高投资准入门槛，包括技术、能源、环境、资源利用率，引导与鼓励企业创新，使行业能走上健康有序发展之路。

## 五、未来 BOPP 包装薄膜产业链商机

（1）粗放式经营将被精细化管理取代，综合性管理人才及建立高效管理体系的需求在上升

BOPP 包装薄膜进入重要的战略调整期，部分企业已意识到应向依靠技术进步、创新和要素升级转变，正在深化内部改革，建立精细化高效管理体系，进一步提高资源利用率、能源利用率、资金利用率，投入产出率、劳动生产率、人才红利等全要素生产率。具有实战型的综合性管理人才将会成为抢手资源。

（2）功能化、差异化的功能薄膜开发需求迫切，因此可赋予薄膜特殊功能的改性材料将会迎来更大商机。

国内外大型的功能材料研制公司积极与包装薄膜企业建立了创新战略合作，共同开发、改进产品，占领技术制高地，提高产品附加值，跨出价值战怪圈。如：知名跨国公司开发出超高热封强度热封料，在 BOPP 包装薄膜上应用，热封强度可达 15 N/15mm（125℃）；知名功能改性材料研制商精良高分子与多家薄膜企业共同开发了多款功能性 BOPP 包装薄膜：内添加型透明阻隔膜、氧化生物降解膜、防雾膜、耐磨防划伤膜、高发泡超低密度珠光膜等，在市场获得较好口碑。

（3）随着 BOPP 包装薄膜生产线的使用年限增长和损耗，专业型、订制型的设备维护保养方案、本地化精品级备品备件更换将会是一个可预见的较大市场。

（4）节能降耗可以降低企业成本、增加利润。因此可以节能降耗的设施和材料将会有更大的商机。

（5）通过设备改造实现包装薄膜功能升级。20 世纪 90 年代引进的宽度为 4m、6.6m 生产线，以及 2000 年前后引进的宽 8.2m，生产速度低于 400m/min，运行时间超过 10 年的 BOPP 生产线。由于产能低、能耗高，生产常规包装膜成本高，一些企业正考虑以极低的价格出售。也有一些企业正在考虑如何通过改造这些小型设备，生产特殊功能性包装薄膜。目前已有企业考虑将 3 层共挤的 4m、6m 生产线改造为 3 层以上的多层共挤结构，可生产内添加型透明阻隔膜、超高热封强度膜等。

近年来，中国 BOPP 包装薄膜产业发展非常快，但与世界先进技术水平相比还有很大差距。进一步提高资源利用率、能源利用率、资金利用率，投入产出率、劳动生产率、人才红利等全要素生产率，注重创新、注重精细化管理与加快产业转型升级，才能促进 BOPP 包装薄膜产业的整体进步。

# 绿色食品包装是我国食品包装的必然趋势

刘坤　屈婷婷　方雯潼（内蒙古化工职业学院，内蒙古　呼和浩特　010070）

**摘要**：随着食品包装的不断发展，传统食品包装已经暴露出它与新时代不适应的一面，这就需要由新型的食品包装来取代传统的食品包装。绿色食品包装是新型食品包装发展的趋势，它比传统的食品包装更加安全、卫生、环保。由于绿色食品包装所用的是新生的包装材料，所以还有一些有待提高的地方，但是食品包装向绿色食品包装发展的趋势是不会改变的。

**关键词**：绿色包装　食品包装　包装税

## 引言

包装是指为了保护商品原有性质，方便其在运输过程中不受破坏，同时利于销售的辅助材料、容器等总体名称。这个概念反映了商品包装在现代社会中具有商品性、手段性和生产活动性。商品包装是一种特殊的社会生产商品，其本身具有价值，同时还具有使用价值，又是实现内装商品价值的重要手段。

根据中华人民共和国国家标准《包装通用术语》（GB 4122—1983），包装的定义为：在流通过程中保护产品，方便储运，促进销售，按一定技术方法

而采用的容器、材料和辅助物品的总称；也指为了达到上述目的，在采用容器、材料和辅助物的过程中施加一定技术方法等的操作活动。

食品包装（food packaging）是指在食品运输和储藏过程中能很好地保持其原有价值的包装和容器。

## 1 当今国际食品包装现状

### 1.1 食品包装的功能

食品包装能够促进食品流通的合理性和计划性，促进食品的竞争，扩大食品的销售。包装的设计和装潢水平直接影响商品本身的市场竞争力乃至企业品牌和企业形象。

食品包装的基本功能可归纳为以下四点：第一，保护食品，这是食品包装最重要最基本的作用；第二，方便储运，包装能为生产、流通、消费等环节提供诸多方便；第三，提升销售，包装是增强产品竞争能力、促进销售的重要手段之一。漂亮精致的包装能从心理上使购买者产生购买的欲望，因此被称为无声的推销员；第四，提高商品价值，食品包装是食品生产的延续，只有质量良好的包装才能使食品免受各种损害，避免降低或失去其原有价值。因此，投入在食品包装上的成本不但在食品出售时可以得到补偿，而且可以增加食品的价值。

### 1.2 世界食品包装的发展趋势

目前，世界上几乎所有国家用来包装食品的材料，绝大多数是塑料制品。随着人们生活水平的不断提高，食品安全问题已处在很重要的位置。所以绿色包装问题已经成为一个亟须解决的全球性问题。在国外，已经有许多国家和地区开始进行食品包装方面的改变。一方面，积极采用新技术研制新型的符合食品安全环保要求的新型材料；另一方面，政府还颁布了相应的法规来推动企业和约束企业的相关行为。

具体说，世界范围内食品包装改革主要体现在以下三方面。

（1）节省材料。食品包装的资源浪费已给世界各国带来很大影响，而且还产生了相应的生态问题和社会问题，这已经影响了人们的正常生活。面对这一严峻问题，世界各国都已经开始着手开发新技术，以解决这一新问题。

日本 90%的牛奶都是以有折痕线条包装出售的，这种容易压扁的包装不但生产成本较低，而且能够减少占用空间，方便送往循环并减少运输成本。日本常见的饮料 Yakltt 健康饮品也使用一种底部可以撕开的特别设计的杯形容器。

（2）安全环保。随着科技的发展和人们生活水平的提高，食品包装的安全环保问题已经受到越来越多人的关注。人们不再仅仅关注食品本身的品质安全，也更加注意食品包装对食品本身的影响及废弃的食品包装对人们生存环境的影响。有关专家认为，即使食品本身是健康的绿色食品，如果在食品包装和销售等过程中受到污染，那么这样的绿色食物也会最终失去它原有的价值。由此可见，食品包装在绿色消费中同样有着举足轻重的作用。提倡生态、对人体健康无害、可以重复利用的食品包装，可以进一步促进绿色食品包装行业的可持续发展。

（3）再生利用。日本三得利公司用作赠送顾客的礼品啤酒包装，其包装盒是用麦壳经加工以后精制而成的，用这种材料的包装，废弃后可自行分化，成为一种肥料，形成一种资源。在 2000 年日本包装设计协会展专门辟出一个部分介绍和展出这方面的成果。设计师设计出一种貌不惊人的白色食品纸袋，在其用纸制造过程中已将树木的种子加入其中，使其废弃后，除了纸本身分解外，里面的种子便可有机会生根发芽，甚至长大，这种包装设计方案的提出无疑有益于保护生态环境，并将循环工艺的意义推向了一个新的领域。

## 2 我国食品包装必然选择绿色食品包装

### 2.1 什么是绿色食品包装

1.绿色食品包装的含义

（1）包装减量化（Reduce）。包装在满足其基本职能的前提下应尽量减少使用量。

（2）包装可以重复利用（Reuse），或可以回收再生（Recycle）。在包装完成其保护商品的职能后，废弃的包装可通过焚烧、生产再制品达到再利用的目的。

（3）废弃包装物可降解腐化（Degradable）。当包装物成为废弃物时可在一定时间内被土壤分解，而不是长期不可分解。Reduce、Reuse、Recycle 和 Degradable 即当今世界公认的发展绿色包装的 3R1D 原则。

（4）包装材料应无毒无害。食品、物品包装中所含毒性材料应在国家有关标准之下或根本不含有。

2.绿色包装级别

绿色包装大致可以分为两级：AA 级和 A 级。

（1）AA 级绿色包装是指整个生命周期中对人

体及环境不造成公害，含有毒物质在规定限量范围内，且废弃物能够循环复用、再生利用或降解腐化。

（2）A 级绿色包装是指包装废弃物能够循环重复使用，且包装物含有毒物质在相关规定的范围内。

以上分级主要是从解决包装废弃物这一点考虑，重点解决包装废弃物的问题。这也是全世界各国主要解决的问题。

### 2.2 我国绿色食品包装的现状及问题

我国于 1990 年正式开始发展绿色食品和绿色食品包装，到现在经历了 25 年时间，其间在我国不仅建立和推广了绿色食品生产和管理体系，还对绿色食品包装材料进行积极研发，并取得了显著成效，目前仍保持较快的发展势头。我国的绿色包装产业正在快速发展，绿色环保的包装材料使用越来越多，技术含量越来越高，市场占有率越来越高，部分包装产品已达到国际先进水平。但是与发达国家相比，我国的绿色包装产业还存在很多问题。

（1）绿色包装的概念不够清晰。许多人认为绿色包装就是产品包装可以降解，误认为包装产品在废弃后可以被降解的就是绿色的，不清楚包装产品在生产过程中就需要避免浪费和环境污染。同时，也不知道绿色包装产品是否在使用后可以回收再利用。众所周知，纸质包装的降解度要高于塑料产品，但是如果纸质包装在回收处理过程中处理不当，就无法达到绿色包装的要求。而塑料包装在生产过程中如果可以实现减量化、无害化等处理就应该被提倡，因为塑料包装具有其他包装材料无法替代的优点。如果盲目地全面禁止，必然会造成更大的污染。

（2）绿色包装的不平衡发展。首先，绿色包装在不同企业出现的时间不同。受国际市场的影响，出口型企业较早使用了绿色包装；而国内市场则因为费用较高等原因较晚使用。其次，绿色包装的发展还具有不平衡性，经济较发达地区绿色包装使用较广泛，经济发展较为落后的地区，绿色包装的使用较少。

如上所述，我国食品包装存在制度建设相对滞后、地方保护主义盛行、替代产品跟不上、消费市场不成熟及产品质量不够稳定等问题。世界食品包装发展的大趋势就是绿色食品包装，我国绿色食品包装面临巨大的挑战，需要国家和企业积极响应，制定相应的制度和对策。

## 3 我国发展绿色食品包装的策略

发展绿色包装不仅仅是为了减少“白色污染”，实质上，它是改善人类生活、维护人类健康和促进生态平衡的大事。政府和广大人民群众应携起手来，从以下几个方面促进绿色食品包装的发展。

### 3.1 提倡绿色消费，营造好的市场氛围

消费者是包装废弃物的主要产生者，需要树立良好的绿色观念，使其愿意选择有利于保护环境的生活方式和消费方式。当消费者了解了什么是绿色包装，以及绿色包装对我们生活环境的有利影响，就会在选购时除了注重商品质量、包装精美的同时，还会注意商品包装的环保与绿色。只有这样，才能促使生产厂家主动采用绿色环保包装以迎合消费者心理，促进商品销售。

### 3.2 国家给予政策和资金支持

绿色包装产业在我国刚刚起步，大多数产品没有形成规模化生产，在数量和质量上都没有形成品牌效应。政府有关部门应调整经济结构，促进资源合理配置，实现生产规模化，加大绿色包装的开发力度，满足市场不断增加的消费需求。政府要鼓励绿色包装企业，在项目审批、税收等方面应给予一定的政策倾斜。如减免部分税收，在财政上增加对企业的投入，对重点科研开发项目适当拨划经费。

### 3.3 加强回收再利用，通过立法、经济等各种手段，实现包装废弃物的生态化循环

我国《绿色食品包装通用准则》已针对食品包装中普遍存在的苯超标问题要求纸箱上的标示必须用水溶性油墨。按照这一《准则》规定，以后食品包装表面不得涂蜡、上油；外包装应有明示材料使用说明及重复使用、回收利用说明及绿色食品标志，印刷外包装的油墨或贴标签的黏合剂应无毒。由此可见，我国政府已开始通过立法手段加强对食品包装的规范。

我国在尽快制定相应的法规强制执行对包装废弃物回收利用的同时，还可以在大中城市实行垃圾收税政策，根据所倒垃圾的数量和种类进行收费，公民可以免费把绿色包装废弃物投入回收箱。针对对环境有影响的包装废弃物应收取包装税。我们期盼绿色生活方式能够时时存在于我们的生活中，让绿色包装真正成为包装工业的未来。

## 结语

随着经济的发展和人民生活水平的提高，人们不再仅仅满足于对食品数量及质量的要求，而是进一步对食品的安全及潜在安全提出要求，这就是经常被人们所忽略的，且与食品安全息息相关的食品包装的问题。制约食品包装安全的因素中最直接、最根本的是食品包装的材料问题，只有我们采用新

型的环保绿色材料作为食品包装的材料，我们才能从根本上实现包装的绿色和食品的健康。

由于绿色食品包装在我国还处于初级阶段，从制造到回收还有许多不足的地方，但是绿色食品包装作为新生的、新型的食品包装，前途是远大的，生命力是强劲的。随着时间的推移，绿色食品包装将不断成熟，相对于传统食品包装的优势将会逐步展现出来。绿色食品包装是食品包装发展的必然趋势。

**参考文献**

[1] 高愿军，熊卫东.食品包装[M].北京：化学工业出版社，2004.

[2] 章建浩.食品包装大全[M].北京：中国轻工业出版社，2000.

[3] 章建浩.食品包装学[M].北京：中国农业出版社，2002.

[4] 汪成宪.开发绿色可食性包装[J].中国包装工业，1997（3）.

[5] 张新会，杨晓泉.绿色包装在食品中的应用[J].包装用食品机械，2000（11）.

[6] 武军，李和平.绿色包装的材料与分类[J].中国包装工业，2000（12）.

# 物理在农业生产和包装中的应用研究

王赟（定西市安定区思源实验学校，甘肃　定西　743000）

**摘要：**现代物理学应用于农业工程的内容很多，目前世界各国主要将现代物理技术中的声学技术、光学技术、电学技术、磁学技术和核技术应用于农业、工业等生产实践中，尤其是应用于农业生产和保鲜包装实践中，收到了很好的社会效益。

**关键词：**物理　农业生产　保鲜包装

## 1 现代物理在农业生产方面的应用研究

（1）声波对农产品的生长作用研究。声波对于农作物的生长有一定的作用。当我们根据植物的特性，给它施加一定频率的声波的时候，可以加快植物自身内部一种叫作植物活细胞电子流的运动速度，植物内部电子流的速度加快后，可以促进植物对水分和各种营养元素的吸收，可以加快各种营养元素在植物内部的传输，也可以加快各种营养元素在植物内部的转化。这样就增强了农作物的光合作用及其吸收能力，加大了农作物呼吸的力度和强度，促使农作物早熟，提高了农作物产品的生产量和自身的品质。声波助长仪也可以加快农作物的茎、叶子和花的生化反应过程，提高有营养物质的制造量，加快农作物的成熟，大大提高了农作物产品的生产量。有关实验研究表明，本地普通生长的菠菜亩产2000斤，相比较在声波助长仪环境下生长的菠菜亩产 2600 斤左右，可以使农作物增产 30%左右；我们本地的茄子、辣椒、西红柿和黄瓜等果类蔬菜增产 20%左右；可以使小麦、扁豆、洋芋、豌豆等大田农作物增产 15%左右。

（2）现代物理对农产品的杀虫作用研究。在病虫害的治理上，我们可以采用现代物理的声学技术、光学技术、电学技术、磁学技术和辐射技术及其相关的物理技术信息采集农作物和它生长环境的标本生物信息，将其信息应用于农作物的病虫害的防治，以提升农作物的高效生产。并且利用现代物理的光谱技术、波谱技术、质谱技术和物理显微镜对农产品进行科学的评定，实现农作物生产的现代化。当农作物的害虫遇到这些现代化的先进物理技术时，会产生一种惧怕感，有的让这些害虫产生一种身体不适应的感觉，这样会影响它们的正常猎食，消耗它们的能量，有时甚至会影响它们的生育，有时会让它们主动离开原地，最后导致死亡，从而达到驱逐农作物病虫害的有效目的。有效的科学实验证明，这一物理技术广泛应用于农作物，对于我们最常见的害虫，如蚜虫、红蜘蛛、粟灰螟、稻飞虱等都有显著的防治效果。

## 2 现代物理在农业产品包装中的应用研究

古人语，人靠衣装马靠鞍。一个好的农作物为了很好地发挥它们的经济效益，时尚而艺术的包装是不可缺少的。随着社会的发展，人们对商品的质量越来越受到关注，要让商品质量得以保证，我们每天进食的农作物的包装保鲜受到行业的青睐。传统农作物的包装大多采用化学处理和冷藏为主，其中利用化学方法包装储存农作物，有时会造成污染或留有残余有害化学物质，而冷藏也会受到一定的时空限制，不可能太理想，同时对于农作物的保鲜也会造成不良的影响。

相对于传统的化学技术，物理农业技术可在达到同样技术效果的情况下明显地体现出成本低、易处理、好控制、受外界环境影响小、没有化学污染、不破坏食品营养结构和自然风味等优点，引起人们的广泛关注和高度重视，是现代保鲜技术中很有发展前途的新技术。运用声、光、电、磁、热、辐射等物理因素以能量形式作用于农作物或农产品，实现对农产品储藏环境的控制与调节，从而延长储藏期或起到包装保鲜作用。

要使农产品在生产过程中增产增效和农作物在产品仓储中保鲜，缺少不了现代物理技术中的射线辐射，用射线辐射可以引起农作物害虫的不育，进一步减少它们对农作物的危害。适度的射线辐射不仅可以杀虫，还可以有效延长农作物的储藏期，会收到很好的包装保鲜效益。在农作物的储藏室利用物理技术的高压直流电场中电晕放电，然后在农作物的储藏室中施加固定磁场，超高压可以使附着在农作物表面害虫的细胞膜破裂，以上因素可以导致农作物食品表面和内部的害虫、细菌死亡，从而达到现代物理技术对农产品的包装保鲜功用。

我们还可以采用电离辐射储存包装保鲜农产品，具有传统储存包装不可替代的作用，例如在杀虫、杀菌方面的作用、消毒方面的作用、防腐方面的作用等。这种新型的物理包装保鲜技术，既不破坏农产品的外形，又能保持农作物原有的色香味和营养，这种物理包装保鲜技术如果能推广应用，经济效益是可观的。常用的辐射源有γ射线、电子束和X射线等。这些射线对农产品进行处理，只是引起产品分子的化学变化，并无放射性及其他残留，是一种安全有效的物理包装保鲜方法。

## 结语

综合情况表明，采用现代物理应用于农业的生产和包装，使用方便，安全可靠，无毒无污染，绿色环保，可生产绿色、无公害农产品，有效改善农产品品质。可提升农产品安全生产水平，促进农业产业升级，提高农产品在国内外市场的竞争力，促进农业的发展；同时也是实现生态农业，促进农业可持续发展的重要生产模式之一。

**参考文献**

[1]朱杰.激光光镊技术在单细胞、单分子科学中的应用研究[J].激光杂志，2005，26（6）：30-32.

[2]孙宏宁，冯丽，张晓英.氦氖激光辐射甜菜种子效果分析[J].中国糖料，2002（2）：24-261.

[3]唐玄之，封国林，邵耀椿.激光及激光生物学发展概况[J].激光生物学报，1999，8（2）：157-159.

# 京津冀包装印刷业绿色转型升级的思考

赵冉冉　唐贺增

（天津科技大学　包装与印刷工程学院，天津　300222　　天津市包装技术协会，天津　300202）

**摘要**：在京津冀协同发展背景下，包装印刷业绿色转型、协同发展已经成为一种必然趋势。本文概述了绿色转型的必要性和重要性，重点分析了转型升级瓶颈和应对策略。

**关键词**：包装印刷业　绿色转型　瓶颈　策略

## 引言

随着大数据时代的来临，“互联网+”对传统产业转型升级的牵动显示出强劲势头，处于京津冀协同发展背景下的包装印刷业，压力与机遇并存。立足于发展的关键时期，包装印刷业只有走绿色转型之路才能取得颠覆性变革，创建京津冀包装印刷行业协同发展的新业态。

## 1 绿色转型升级必要性、重要性分析

### 1.1 必要性

从百强企业看行业发展压力。据统计，2013年百强企业中京津冀共有9家，与华南地区19家和华东地区的50家相比甚少，关于珠三角、长三角、环渤海的百强企业经营状况，环渤海产品销售收入共95.77亿元，占比12%，企业平均销售收入为8.71亿元，占比23%，远远落后于珠三角；2013年百强中两年均上报利润数据的76家企业，人均创利和销售收入利润分别比2012年降1.12%、1%。面对如此大的行业压力，京津冀龙头企业纷纷加大技术创新力度，促进企业转型升级。

环保压力。随着包装印刷业的快速发展，废弃物排放不断增加，自然生态遭到了严重破坏。2015

年2月推出的雾霾调查《穹顶之下》，使全体国民震撼于残酷的环境现状，全国各地针对包装印刷企业的阻挠活动激增。5月、7月重磅出台的《挥发性有机物排污收费试点方法》和北京市《印刷业挥发性有机物排放标准》更加使包装印刷业如芒在背。

1.2 重要性

绿色变革有助于加速企业绿色化、数字化进程。随着绿色印刷的不断推进，印刷企业绿色化、数字化转型蓬勃发展。据统计，获得绿色印刷认证的企业数量只占全国的1%，但其产值已约占全国的15%；各种按需数字印刷技术的应用已由纸媒扩展到纺织、建材等领域。另外，天津长荣健豪打造的基于“互联网+”的云印刷平台，得到了广泛认可。

面对重重压力和机遇，京津冀包装印刷业要想冲出突围，利用好这个机遇的最大价值，必须突破自我，实现绿色转型，否则难以在环保潮流中立足。

**2 绿色转型升级瓶颈及应对策略**

2.1 绿色转型瓶颈

虽然京津冀包装印刷业已成为最具成长性的行业之一，但是目前仍然存在一些阻碍包装印刷业绿色转型的瓶颈问题。

主要问题如下：在企业结构上大型企业少，中小企业多，大多数中小企业属于加工类微利行业，所以环保材料和技术的应用受到限制，企业绿色认证的速度也无法满足企业申请的速度；在技术结构上，中低档设备多，高档设备少；在生产结构上，一般生产能力过剩，高精品生产能力弱；包装印刷相关法律政策仍待成熟，否则缺乏政策支持的企业转型升级难免受到阻碍。

2.2 应对策略

2.2.1 聚焦印刷包装业本身

首先，印刷包装业应毫不犹豫地推广创新使用环保材料和环保技术，它们直接关系到成本、包装废弃物处理、个性化需求等方面的问题；其次，企业应加强管理，注重成本的降低和盈利能力的提高，以便反促绿色工作进程；最后，要一定程度上延伸产业价值链，加强行业整合。

材料、技术方面：原材料上，应遵循广泛使用纸材，同时积极创新可降解包装材料、功能性包装材料等环保材料原则；油墨方面，应使用非芳香烃溶剂油墨、水性油墨、UV 油墨和豆油基油墨等环保油墨，《印刷业挥发性有机物排放标准》的出台，使印刷业面临巨大的排污收费压力，环保油墨的使用，可帮助印刷企业规避排废收费压力，因为这些环保性油墨的挥发性有机化合物含量比较少，能有效降低环境污染。

目前 VOCs 减排治理技术为各企业关注重点。2015年10月20日，由天津科技大学、天津市包装技术协会、天津市恒润环境工程有限公司共同组建成立了“天津市印刷包装行业产学研用废弃污染物生物治理中心”，并拟申报天津市科学技术委员会工程技术中心，此中心为包装印刷业废弃污染物治理提出了切实可行的解决方案。目前天津市印刷包装业含有 VOCs 的主要污染物有油墨、胶黏剂、涂布液、润版液、洗车水，针对以上污染物，VOCs 处理技术呈现多样化，具体为冷凝法、吸附法、吸收法、燃烧法、氧化法、电晕法、膜分离法、生物法等，从经济和技术角度考虑，方案重点围绕最优的生物法进行了探讨，其净化过程实质为微生物在适宜环境条件下的生命活动，利用废气中 VOCs 作为其生命活动的能源和养分，经过微生物的代谢作用，将废气中的有害物质转变为简单的有机物及细胞质。

面对“互联网+”大背景，积极应用合版印刷的同时，企业应注重大数据的整合和业务量的提升，以促云印刷、云包装的腾飞；各企业还应积极为数字化印刷发展注入新能量，例如，3月底，在河北出版传媒集团数字印刷产业园石家庄基地，工业型数字印刷设备已调试完毕并运行，新能量的注入有助于其迅速跻身绿色印刷行列。此外，3D 打印技术方兴未艾，利用 3D 打印技术，可以直接生产瓷器等工业产品、生产机器设备的零配件和医疗用器件、生产食品等，只要企业努力突破材料发展方面的限制，3D 打印将有更大发展前途。

管理方面：应摒弃过去的粗放式管理，使精细化管理理念植深于企业。实施精细采购成本管理，精细生产成本管理，精细物流成本管理，精细服务成本管理。通过精细化管理使企业的经营成本控制达到最优，提高企业竞争力。

除以上方面，积极延伸产业价值链、获取更多效益和加强行业整合、优化资源配置，也是加速企业绿色转型的方式。

2.2.2 政府方面

政府作为一只看得见的手，对各企业的发展实施有效的宏观调控，有助于京津冀包装印刷业顺畅实现协同发展。

（1）政府主管部门进一步强化政策调节和市场监管功能，完善有关法律法规，综合运用法律、行政等手段提高管理效能，为印刷业创造公平、有序的竞争环境。

（2）为引导和鼓励企业积极创建绿色印刷企业，对率先取得绿色印刷认证资格的印刷企业给予一定的财政补助支持。

（3）构建众创空间。5月天津高校首家“众创空间”企业——“轻职众创空间有限公司”落户海河教育园区，为积极响应政府号召、紧随发展潮流，天津市汇源印刷有限公司组织筹建了天津市华得福众创空间孵化器重大项目。众创空间的构建适应大众创业、万众创新形势，有助于京津冀充分发挥其背靠强大科研院所与高校人才优势，集人才流、物资流、信息流于一体，推动企业技术创新，为京津冀包装印刷业协同发展、全面实现绿色印刷奠定基础。10月21日国务院总理李克强确定完善研发费用加计扣除政策，这一政策的出台也大大助力众创空间的打造。

（4）加强分工合作和行业交流。随着经济全球化、信息化进程的加快，三方政府积极加强合作，为行业交流搭建平台，共同促进绿色印刷。以11月3—4日在北京蟹岛召开的绿色印刷推进会为例，京津冀各方印刷企业在此平台上围绕绿色印刷探讨产业融合之道，此次交流无疑加速了包装印刷业的绿色化进程。

## 结语

国家“十三五”规划要求必须强化全球视野和战略思维，站在更高的起点上，京津冀包装印刷业只有抓住转变发展方式这条主线，走绿色创新之路，协同发展之道，方能实现共赢。

### 参考文献

[1]陈后强.适应印刷市场变化，转变经济增长方式[J].中国印刷,2014(2):41-45.

[2]郑爱玲.绿色印刷　印刷行业大势所趋[J].印刷技术,2012(10):18-21.

[3]谭益.包装印刷企业的绿色可持续发展之路[J].中国包装,2011(11):11-16.

# 微型瓦楞纸板黏合强度测试方法的探讨

王振华　陈振强　张卫红　韩庆

（中国包装科研测试中心，天津　300457　天津中包包装科技发展有限公司，天津　30000）

**摘要**：黏合强度是检验瓦楞纸板质量的一个重要物理指标，此指标对纸箱成箱后的抗压强度有很大的影响。现行瓦楞纸板国家标准对A、C、B、E楞的黏合强度做出了明确的规定。但对于F、G、N、O等楞型没有明确的试验方法。本文提出一种新型的试验方法来测试微型瓦楞纸板的黏合强度，以期弥补现行标准的不足。

**关键词**：微型瓦楞纸板　黏合强度　新型试验方法

## 引言

瓦楞纸板中瓦楞的楞型一般分为A、C、B、E、F、G、N、O等类型。其中E、F、G、N、O楞型纸板通常被称为微型瓦楞纸板。目前微型瓦楞纸板在我国已经广泛应用于小型家电、化妆品、数码产品、冷冻食品、医疗器材等行业。由于微型瓦楞纸板的抗压强度高，印刷效果同卡纸纸板一样、代替缓冲材料做内衬节省成本，质量轻，节约运输成本，有很大的市场发展空间。

瓦楞纸板黏合强度是指瓦楞纸板面纸芯纸之间黏合的紧密牢固程度，是瓦楞纸板物理性能检验的一个重要指标。黏合是否紧密牢固，强度是否符合要求，会直接影响瓦楞纸板的使用效果。若纸板黏合不牢，那么生产出的瓦楞纸箱强度不足，各层之间在使用过程中易发生剥离现象，直接导致成品纸箱抗震、抗压强度下降，在堆码和运输过程易产生破损，造成经济损失。

## 1 瓦楞纸板黏合强度检测方法现状

### 1.1 国家标准有关纸板楞型尺寸的规定

GB/T 6544—2008《瓦楞纸板》对A、C、B、E、F五种楞型的尺寸进行了规定，如表1所示，其他楞型没有具体要求。该标准附录B中规定了瓦楞纸板黏合强度的测试方法，但没有规定各楞型试验用插针的直径。

表 1　纸板楞型相关尺寸要求

| 楞型 | 楞高 h（mm） | 楞宽 t（mm） | 楞数（个/300 毫米） |
|---|---|---|---|
| A | 4.5~5.0 | 8.0~9.5 | 34±3 |
| C | 3.5~4.0 | 6.8~7.9 | 41±3 |
| B | 2.5~3.0 | 5.5~6.5 | 50±4 |
| E | 1.1~2.0 | 3.0~3.5 | 93±6 |
| F | 0.6~0.9 | 1.9~2.6 | 136±20 |

《瓦楞纸板黏合强度的测定》（GB/T 6548—2011）仅规定了 A、C、B、E 四种瓦楞试验插针的直径（如表 2 所示），没有规定其他微型瓦楞纸板的插针直径。

表 2　剥离强度插针尺寸要求

<table>
<tr><th colspan="2">项目</th><th>A 楞</th><th>C 楞</th><th>B 楞</th><th>E 楞</th></tr>
<tr><td rowspan="3">上部分附件压力针</td><td>针数（支）</td><td>4</td><td>4</td><td>6</td><td>6</td></tr>
<tr><td>针的有效长度（mm）</td><td colspan="4">30±1</td></tr>
<tr><td>针的直径（mm）</td><td>3.5±0.1</td><td>3.0±0.1</td><td>2.0±0.1</td><td>1.0±0.1</td></tr>
<tr><td rowspan="3">下部分附件支持针</td><td>针数（支）</td><td>5</td><td>5</td><td>7</td><td>7</td></tr>
<tr><td>针的有效长度（mm）</td><td colspan="4">40±1</td></tr>
<tr><td>针的直径（mm）</td><td>3.5±0.1</td><td>3.0±0.1</td><td>2.0±0.1</td><td>1.0±0.1</td></tr>
</table>

注：针的有效长度是指支持针或压力针放置在支撑架上时的净长度

表 3　微型瓦楞相关尺寸

| 楞型 | 楞高 h（mm） | 楞宽 t（mm） | 楞数（个/米） |
|---|---|---|---|
| G | 0.55 | 1.80 | 555 |
| N | 0.40~0.50 | 1.90 | 555 |
| O | 0.30 | 1.25 | 800 |

因此，这两个标准对于微型瓦楞尺寸及黏合强度测定方法均缺乏可靠的信息和可操作性。

1.2 标准中有关黏合强度试验方法的规定

GB/T 6544—2008 和 GB/T 6548—2011 规定的黏合强度试验方法如图 1 所示。

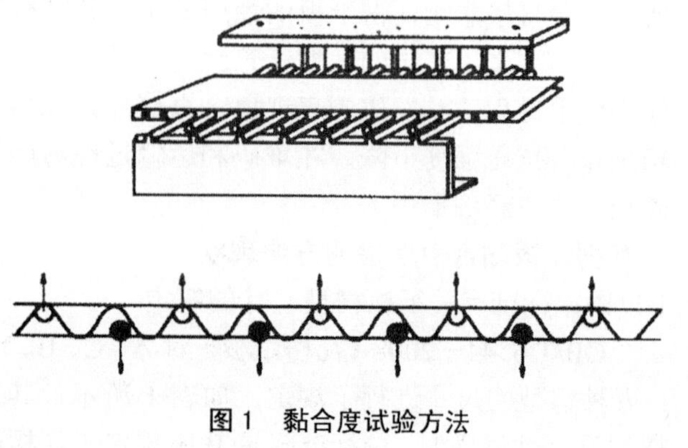

图 1　黏合度试验方法

试验过程：按标准制作 100mm×25mm 的瓦楞纸板试样，根据楞型选择合适的剥离架。按照试样被测楞距调整插针的针距，将试样装入剥离架，然后将其放在压缩试验仪下压板的中心位置。按照预定速度对剥离架进行施压，直至实验分层之间分离位置，记录最大力值。

市面上能采购的试验用剥离架可以按照标准对 A、C、B 三种楞型进行黏合强度试验，并获得相应的数据，对于 E 楞的测试仍然不具可操作性。

## 2 微型瓦楞纸板黏合强度试验方法

### 2.1 微型瓦楞黏合强度测试必要性

当下瓦楞纸板逐步向微型化发展，F 楞、G 楞、N 楞、O 楞等应用日益得到重视，总产值约占瓦楞纸板的 8%，其质量考核日益显得重要。

由于微型瓦楞高度较小、楞数多而紧密，难以使用通常插针式的试验方法。主要原因是这些类型的插针直径过小，试验时插针极易弯曲变形，从而无法精确测量黏合强度。目前微型瓦楞黏合强度指标未得到有效监测和控制，有必要采用适当的试验方法对微型瓦楞纸板进行检测评价和分析。

### 2.2 微型瓦楞黏合强度新型试验方法设计（见图 2）

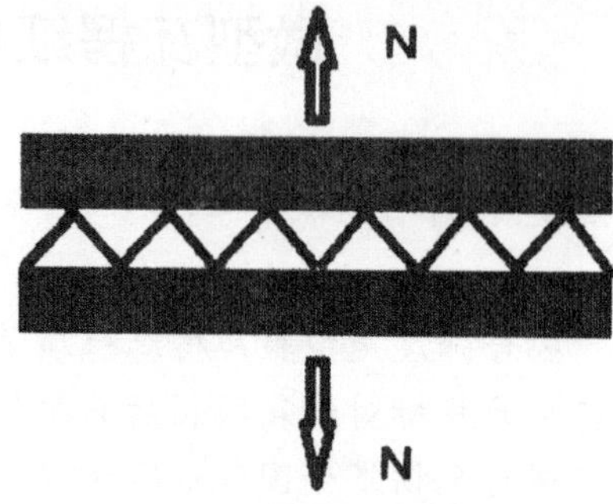


图 2　微型瓦楞黏合强度新型试验方法设计

鉴于无法按照标准规定进行微型瓦楞纸板粘合强度的测试，现设计一种新型的试验方法——拉伸试验法进行微型瓦楞黏合强度的测试。方法如下。

（1）试验准备。裁切微型瓦楞纸板试样尺寸：100mm×25mm，数量：10 个；制作试验夹具：两块 100mm×25mm×（3～5）mm 的平直不锈钢钢板，钢板中央带连接杆，用以连接在拉力机上；选用适用的高强度双面胶或黏合剂。

（2）试验步骤。用高强度双面胶或黏合剂将试样粘贴在两块不锈钢板中间，纸板楞向平行于水平方向放在 23℃、RH50%的环境下进行 24h 环境处理，确保试样与不锈钢板充分黏合在一起。将带连接杆的试样分别连接到拉力机的上下夹具上，以恒定速度进行拉伸，使纸板层间发生分离，记录完全剥离时的最大值。为了保证试验结果的有效性，应避免试验过程中出现试样与不锈钢分离，而纸板没有出现分离的现象。

使用插针进行黏合强度试验时，存在试样两端面与楞峰没有剥离或者不完全剥离现象。这有可能影响最终的结算结果；而采用拉伸方式可以保证试样全部剥离。

试样方法更加精确。若为多层瓦楞纸板，试验获得的数据是瓦楞纸板各层黏合强度最低部分的试验数据，因为瓦楞纸板质量取决于各层之间最薄弱处，因此，该方法测出最薄弱环节的黏合强度，更能直接反映纸板的质量。

### 3 新型试验方法尚待可靠性实验与分析

目前，对于微型瓦楞纸板黏合强度测试处于理论分析阶段，需要进一步试验进行数据分析和验证，可能会存在一些实际应用问题尚待解决，但至少为测量微型瓦楞纸板黏合强度提供了一种思路和解决方法。

# PLC 在包装机械上的应用

王维（葛兰素史克天津有限公司，天津　300073）

**摘要**：包装机械是产业机械的重要组成部分，对食品工业、化妆品、电子、化工、制药等行业的包装发展有重要的保障作用，包装机械在新技术革命的带动下，应用先进的可调控编程技术及自动化计算机技术，实现了智能化方向的群体复合应用方式的科技创新，保障包装服务行业的健康发展。本文对 PLC 技术进行简要分析，展示 PLC 技术在包装检测、称重、计数及温度控制中的应用优势。

**关键词**：PLC　包装机械　应用

## 引言

PLC 是可编程控制器的英文简写，是一种以微处理器为核心，综合计算机技术、通信技术与自动化技术发展起来的新型工业自动化控制装置。PLC 技术的发展和创新使其成为工业自动化领域中应用最多、最重要的控制装置，其应用的广度和深度成为衡量一个国家工业自动化程度高低的重要标志。PLC 产品在抗电磁干扰、噪声干扰、高温、粉尘及有害废气的腐蚀方面能力很强，实现和现场各种单元、部件的有效连接，坚固耐用，值得在包装机械广泛推广应用。

## 1 PLC 的基本结构

### 1.1 中央处理单元——CPU

CPU 是 PLC 的核心部件，接收并存储编程工具输入的用户数据及程序，对用户程序进行相应的检查；在 PLC 进入正常的运行状态后，CPU 根据用户程序的存放顺序进行逐条读取、解释及执行程序，完成程序中的各种操作要求，驱动 PLC 外部的负载。

CPU 同时负责 PLC 内部电路及电源的故障诊断，根据故障或错误的类型，进行有效的报警并合理地排除故障、纠正错误。

### 1.2 存储器

存储器是具有记忆功能的半导体电路，是可编程控制器存放用户程序、系统程序及运算数据的单元，分为系统程序存储器、用户程序存储器、工作数据存储器三种，根据 PLC 的工作具体要求配置合适的存储器。

### 1.3 输入/输出单元——I/O

输入/输出单元连接 PLC 与外部设备。现场设备对 PLC 提供信号，由输入单元接收，信号经过输入电路的电平转换、滤波、光电隔离等处理，变成 CPU 能够识别和处理的信号。输出单元将 CPU 处理完成的微弱电信号通过功率放大及光电隔离等处理转换成外部设备需要的前电信号，驱动元件执行指令。

### 1.4 电源部分

电源部件需要提供 PLC 部件工作需要的直流电源，开关电源为保证 PLC 的正常工作，需要具有电压范围宽、重量轻、抗干扰性能好、效率高及体积小等特点。

### 1.5 编程器

编程器是与 PLC 配套的编程工具，分为图形编程器和简易编程器两种。

图形编程器具有屏幕大、操作方便、显示功能强及可脱机编程的优点；简易编程器具有体积小、重量轻、方便携带及价格低廉等优点，不同的生产工艺和要求需要配置不同的编程器。

## 2 PLC 在包装机械上的应用

包装机械是机电仪一体化的高技术产品，实现对块、粉、粒物料的称重、送袋、装袋、折边、封袋、倒袋整形、金属检测、重量复检、批号打印、转位编组等作业的自动化。

### 2.1 包装生产流水线的称重控制

电子称重机的作用是完成物料的投料、定值称重等作业，称重系统的动力源采用气动元件，并与PLC 进行端口连接。称重过程开始时，粗流料门打开，进料量按照 PLC 系统的预设值的 90%进行填料，填料的数值达到预定数值时粗进料气缸复位，关闭粗流料门，粗投料过程停止；精细流料门在 PLC 系统的控制下开启，达到最终的标准数值时停止精细填料。

称体采用双传感器的并联组秤方式与 PLC 系统实现连接，称体结构采用钢丝悬拉等减震措施，提高了称重的精度。

### 2.2 包装生产流水线的自动装袋机控制

自动装袋机由机架、过渡料斗、翻门缩口装置、取袋开袋夹送装置等构成。过渡料斗是装袋机连接电子称重机的过渡装置，利用数据线及数据端口与PLC 系统连接，PLC 控制系统中输入简单的控制程序进行过渡料斗的动作控制，实现物料顺利地导入装袋机并防止装袋机产生的振动传递到电子称重机上。取袋开袋夹送装置将自动供袋机的取袋器的袋子夹住，利用吸盘的吸力吸住袋子的两面，在主气缸的推动下送至翻门缩口装置的下面，实现袋口的拉开为物料的填装提供准备，同时根据系统的提示将填装好的料袋传送到夹口整形机内。

翻门缩口装置对物料袋进行固定和翻口插入袋子的动作，检测系统检测到料袋的正确位置后通过PLC 的传输系统向电子称重机及过渡料斗发出卸料的请求指令，CPU 根据数据进行指令的发出，指令到达物料的传输口控制物料口的卸料动作，进行规定数值的卸料工作。

装料完毕后夹袋的手抓绷紧袋口，将料袋抓放到输送机上，取袋夹送装置进行取袋动作并按程序的设置将料袋送至夹口的整形机内。

### 2.3 包装生产流水线的转位输送机控制

转位输送机由料袋转位机和输送机构成，将缓停机送来的料袋按照预定的编组程序对料袋进行规范的转位和输送，其中料袋的转位通过光电信号控制转位装置实现。

### 2.4 PLC 在包装机械计数功能中的应用

包装机械选用高频率计数的高速计数器，进行脉冲源的设置，光电开关检测到包裹时进行数据的统计。脉冲源利用旋转编码器实现与传送带的同速转动。

计数功能的实现需要利用 PLC 控制系统设置高频脉冲源、包裹检测信号、包装选择开关、运动制动器的上下限位信号、推压器的前后限位信号等多项输入信号；设置制动器上升及下降、推压器前进及后退等输出信号。

PLC 内部特殊的继电器在设定的扫描周期内进行运行，实现输入信号和输出信号对计数功能的控制，保证计数功能的完整可靠及快速。

### 2.5 PLC 在包装机械的温度控制中的应用

利用有效的数据链接实现温度控制系统接入PLC。温度传感器安装在加热电极上，在 PLC 的控制下实现来自加热电极的温度模拟数据的监测和采集，将温度的实时变量输送到温度的传感器进行自动转换，并将 PLC 需要显示的数据进行数码的有效显示。PLC 的控制系统中根据生产的需要设计温度的控制范围，根据范围进行加热系统的控制动作，控制动作要求实现比例、积分、微分的规范化和细节化的控制。

## 3 PLC 在包装机械的应用优势

### 3.1 实时性

PLC 在包装机械中的产品设计和开发是基于对包装机械生产流程的控制，在控制中的信号处理时间短、速度快，可以实现处理包装机械的安全连锁保护。

### 3.2 可靠性高

PLC 在包装机械上的输入/输出信号均采用光电隔离，保证了包装机械的生产流程电路与 PLC 内部电路的电气隔离。PLC 良好的诊断功能对电源故障及其他软硬件的错误情况进行有效的发现及控制，防止故障的扩大对生产造成影响。

### 3.3 安装简单、维修方便

PLC 与包装机械的连接通过输入/输出端口相连，安装简便，不需要对机械进行改装，操作简单；PLC 的控制系统各模块都有独立的运行及故障指示装置，包装机械的操控人员和修理人员对故障的类型及原因的发现简明，普通的模块化故障通过更换模块就可以实现。

**结语**

可编程控制器在包装机械的生产上取得较大发展，触摸屏的应用实现了生产情况的直观监视，对生产流水线的各工序、温度控制、产品的定量定长控制及产品数量的累计都以数据形式显示，方便对生产的控制，进行有效的调试和修改，节省生产成本的同时提高经济效益。

**参考文献**

[1]刘乘,李晓刚.PLC 在包装机械上的应用[J].包装工程,2004(2):51-53.

[2]韩占华,郭飞.自动化在包装机械中的应用和展望[J].包装与食品机械,2011(3):49-52.

[3]唐国兰.基于 PLC 的高速全自动包装机控制系统的应用研究[D].广州：广东工业大学,2004.

[4]廖育梅.自动化技术在包装机械行业中的应用研究[J].中国包装工业,2013(22):41.

[5]雷伏元.包装机械的发展趋势和我国的对策[J].中国包装,1993(4):55-57.

# 复合蜂窝纸箱在汽车 KD①件包装中的常见问题及解决办法

朱永勇　贾磊贤（奇瑞汽车股份有限公司，安徽芜湖 240006）

**摘要**：复合蜂窝纸板作为一种新型环保包装材料，在汽车 KD 件包装中逐步得到应用与推广。使用过程中遇到了诸如含水率超标、缩水、翘曲、开胶、胀鼓等一系列的问题。本文针对这些问题展开分析，并提出了相应的解决办法，进而为提升复合蜂窝纸箱的产品性能提供参考意见。

**关键词**：复合蜂窝　汽车 KD 件　常见问题　解决办法

## 引言

众所周知，前几年国内汽车 KD 件出口，外包装箱以木箱为主、铁箱为辅。对于木质、铁质包装材料而言，一方面，采购成本较高；另一方面，大量木材被砍伐，资源、环境压力较大。复合蜂窝纸箱，作为一种新型包装材料，具有良好的边压和平压强度，替代木质材料，无论经济效益，还是在环保方面都有着明显的优势。因此，复合蜂窝纸板、纸箱在汽车 KD 件包装中，逐步得到应用和推广。

## 1 存在问题及分析

尽管复合蜂窝作为一种新型的代木材料，在成本、环保等方面有着明显的优势，但是它也存在着一些自身的缺点和不足。主要体现在以下几个方面。

### 1.1 板材干燥时间长，含水率难以控制

蜂窝芯与面纸黏合工艺一般采用胶水面涂（将胶水整体涂布在面纸上）的方式，这样胶水用量大。复合蜂窝纸板的面纸由一层牛皮纸和一层砂管纸复合而成，对于这种结构相对密闭的蜂窝纸板来说，板材内部的水分，干燥非常缓慢。室内晾干一般需要 3 天以上，阴雨天气甚至需要 5~7 天才能裁切，加工纸箱。

### 1.2 纸箱加工成型后，板材缩水与翘曲

受供货周期和仓储面积的影响，制作蜂窝纸箱时，板材含水率往往是偏高的，这样一来，蜂窝纸箱纸板干燥后，就会出现不同程度的缩水，导致尺寸偏差。另外，蜂窝纸箱加工成型后，板材内外两面环境存在差异，外表面经风吹、日晒一般干燥较快，而内表面干燥相对较慢，这样一来，纸箱板材就产生了翘曲问题。

### 1.3 蜂窝纸板在加工纸箱或物流过程中出现开胶现象

纸板的蜂窝芯与两层面纸牢固黏合，其机械强度才能得到保证。在实际使用时，面纸与芯纸分离问题时有发生。胶水性能、涂胶方式、涂胶量、生产设备等出现问题时，都可能导致黏合不牢，引发蜂窝纸板出现开胶问题。

### 1.4 包装汽车 KD 件之后，边板向外涨鼓或向内收缩

蜂窝纸箱装载 0201 型瓦楞纸箱或尺寸相对规则的内包装物时，一般不会受到水平方向的涨力。如果用于装载形状不规则的裸件（如线束总成、各种管路等）时，往往会因为受到较大的水平涨力而出现涨鼓现象。

### 1.5 到达海外工厂后，部分蜂窝纸箱出现坍塌现象

尽管通过抗压试验，发现复合蜂窝纸箱具有很强的抗压能力。但是相对于木箱、铁箱来说，蜂窝

①KD 指散件组装，又分为 CKD（全散件组装）、SKD（半散件组装）。

纸箱的一致性、稳定性和环境适应性都较差（尤其是尺寸较大的箱型），如果包装设计时，选择与木箱、铁箱相同的安全系数，势必会带来一定的质量风险。

## 2 解决办法

### 2.1 蜂窝纸板潮湿问题

关于蜂窝纸板含水率控制的问题，可以采用以下几种办法进行解决。

（1）延长制造周期。板材加工之后，存放5~7天，待板材自然晾晒干燥后，再分切纸板，加工纸箱。不足之处是生产周期长，增加仓储面积。此办法适用于小批量生产。

（2）蜂窝纸板裁切后，集中进烘房烘干。建造蜂窝纸板烘房，将下线后的潮湿纸板，存放在烘房内12~24小时，将纸板烘干。不足之处是烘干后，纸板容易产生翘曲、变形，需要不断对蜂窝板进行翻面处理。

（3）采用更为先进的蜂窝生产线。在蜂窝生产线加装烘干设备，根据需求设定好下线板材的含水率。这个下线的板材即可用于蜂窝纸箱的加工、生产。这种自带烘干设备的蜂窝线成本相对较高，适合大批量加工制造复合加强蜂窝纸板。

### 2.2 蜂窝纸板的缩水问题

对于自带烘干设备的蜂窝纸板生产线来说，下线的纸板含水率可降至20%以下，这样板材后期基本没有明显的缩水。对于自然晾干和集中烘干的板材，都不可避免地存在缩水现象。

可以通过对不同类型的板材进行数据检测，从多组数据中寻找尺寸变化规律，从而建立各种类型、状态复合蜂窝包装的缩水率对照表（见下表）。在后面的加工过程中，把缩水情况考虑进去，从而缩小板材尺寸的误差。

**某包装制品厂边4复合蜂窝纸板缩水情况统计表**

| 下线板材（mm） | | 干燥后（含水率≤18%） | 平均尺寸缩水率（%） | 备注 |
|---|---|---|---|---|
| 板材长度（mm） | 含水率 | 长度（mm） | — | — |
| 2000 | ≥40% | 1955 | 2.25 | 复合蜂窝纸板含水率30%以上时，干燥后缩水明显，低于30%，干燥后尺寸变化较小 |
| | 35%~40% | 1971 | 1.45 | |
| | 30%~35% | 1985 | 0.75 | |
| | 25%~30% | 1996 | 0.20 | |
| | 20%~25% | 1998 | 0.10 | |

### 2.3 复合蜂窝纸板的脱胶问题

蜂窝纸板脱胶，将会对纸板的平压、边压强度产生很大的影响，进而对蜂窝纸箱的承载能力产生致命的影响。控制脱胶问题的发生，应重点从以下几个方面着手。

首先，要对胶水的性能指标进行定期检测，确保胶水性能稳定；其次，采用合适的涂胶方式。由于复合面纸里面有一层较厚的砂管纸，其吸水能力较强，如果采用芯涂方式进行涂胶，使用淀粉胶水一般难以取得理想的黏合效果。因此，要优先考虑采用面涂方式涂胶。最后，对设备定期点检，时时监测，消除因设备问题带来的涂胶不均，甚至漏涂、少涂胶水的问题。

### 2.4 胀鼓问题

相对木质、金属材料，复合蜂窝纸板的机械性能相对偏弱。控制蜂窝纸箱的涨鼓问题，可以从以下几个方面着手。

（1）控制包装箱尺寸，优先选用长、宽1.5m以内，高度1m以内的纸箱。

（2）增加必要的木板、木挡等辅助材料，提升纸箱的抗变形能力。

（3）优化KD件系统包装设计，选择更加科学、合理的摆放方式，尽可能减少零件给纸箱的涨力。

（4）采用PET打包带进行打包，必要时采用纵横结合的打包方式。

### 2.5 坍塌问题

（1）使用加强筋，提升承载能力。蜂窝纸板整体性能较好，但是边缘部位受切割、加工、组装等因素影响，强度相对较弱。因此，在复合蜂窝纸箱的四个拐角部位，应采用强度较高的纸护角（见下图），因瓦楞纸板具有良好的边压性能，也可以考虑与瓦楞纸板裱合使用，必要时还可以采用合适的木条（截面不小于30mm×40mm）或“L”形木支撑配套使用。

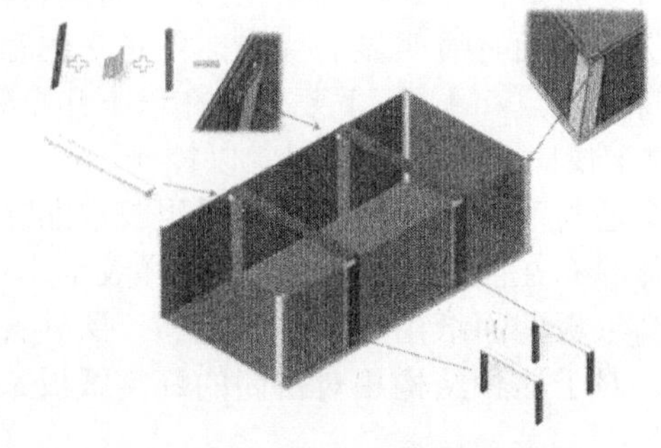

2280mm×1180mm×750mm 复合蜂窝纸箱加强结构示意图

对于尺寸较大的箱子（长度超高 1500mm），箱子的中间部位也应配套使用木板，提升箱体抗压能力。

（2）适当放大安全系数。受加工一致性和物流气象环境影响，蜂窝纸箱的性能稳定性较差，为防止其在流通过程中损坏，应适当放大安全系数。比如经过小批量试发验证，某蜂窝纸箱承载 1t 是安全的。那么，批量发运时，其允许承载重量应不超高 800kg，甚至更低。

（3）选择合理配载方式。汽车 KD 件重量繁多，外形各异，包装箱规格尺寸也比较多。包装设计时，应提前考虑集装箱配载。尽可能实现同规格纸箱相互堆码，或者存在一定数量关系的纸箱相关配载堆码。

（4）配以必要的防护标识。蜂窝纸箱抗野蛮操作的能力较弱，超负荷码放，违规叉取、装卸等，都会损坏包装箱。因此，蜂窝纸箱应配有必要的防护标识（如堆码层数、存储要求、掏箱说明等），指导国内及海外物流操作。

**结语**

通过分析、研究，可以发现复合蜂窝纸箱目前出现的常见问题，通过控制含水率，合理选择涂胶工艺，优化系统包装设计，规范物流操作等措施都能够得到有效的解决。从而使其能够扬长避短，更加广泛地在各个领域的物流运输包装加以应用。

**参考文献**

[1]彭国勋.物流运输包装设计[M].北京:印刷工业出版社,2006.

[2]中华人民共和国国家质量监督检验检疫总局，中国国家标准化管理委员会.蜂窝纸箱检测规程(GB/T 19788—2005)[S].北京：中国标准出版社，2005.

[3]中华人民共和国国家质量监督检验检疫总局，中国国家标准化管理委员会.包装材料瓦楞纸板（GB/T 6554—2008）[S].北京：中国标准出版社，2008.

[4]刘喜生.包装材料学[M].长春:吉林大学出版社,1997.

# 药品自动化包装技术设计与应用研究

陈彦　何莉（甘肃煤炭工业学校，甘肃　白银　730913）

**摘要**：药品作为一种特殊商品，在信息传递方面有着非常严格的限制。药品包装是药品生产中的重要环节。随着科技的进步，药品包装正朝着自动化、智能化、集成化、网络化的方向发展。本文介绍了基于 PLC 智能药品包装系统的工作原理及设计流程，探讨其应用价值，以供参考。

**关键词**：药品包装　自动化　控制系统

我国是制药大国，制药行业有着广阔的发展前景。与此同时，制药行业的发展也必将带动包装机械行业的快速发展。与西方国家相比，我国药品包装机起步较晚，包装技术基本停留在半自动水平，仍需依靠人工操作。这不仅会造成药品污染，还可能影响药物外包装的统一性与稳定性。基于此，本文通过设计自动化药品生产包装机，以期进一步提高药品包装效率与精度。

## 1 系统结构与工作原理

自动包装机控制系统包括 PLC、触摸屏、伺服电机、光电传感器、接近开关、真空阀、真空泵等（见系统结构图）。工作原理是由系统控制两台伺服电机，并分别从两个料仓同时下料。检测装置一旦检测到输送船内的药品后，说明书与药板均会被推入药盒内，在药盒移动的同时，还会进行封盒操作。待药盒移至设备出料口时，药盒的一些部位会被折弯、折叠，而盒子会被封好。若发现一盒药中有缺药或多药问题，设备会自动延时工位剔除。

## 2 系统硬件设计

（1）主控制器 PLC。作为工业计算机中的一种，PLC 的优点较多，如操作简单、良好的抗扰性能、编程简单等。PLC 的输出类型较多，本次选择晶体管输出型 PLC。考虑到输入输出信号的数量与类型、存储器的容量大小及控制要求，本次选择的 PLC 类型为西门子 S7-200 SMART PLC。CPU 型号为 ST60，数字输入点有 36 个，数字输出点有 24 个。最高输出频率设为 100kHz，高速计数器单相最大输入频率设为 60kHz。由于脉冲输出为三路，若包装药瓶时，可实现对三台电机的同时控制。

S7-200 SMART PLC 的一些输入输出点不可随

意更改。输入/输出信号接线的关键之处是要形成闭合电路。全部数字量输入都选用 24V 直流信号，但不同输入对应的输出传感器有所差异。支持源型输入与 NPN 型输出的传感器对应；漏型输入与 PNP 型输出的传感器相对应。假设传感器电源大小为 24V，PNP 型输出大小也一样，即 24V，但 NPN 型输出为 0V。和 PLC 连接后，如果选用的是 NPN 型输出，那么，PLC 输入的 COM 端则应接入 24V。同理，如果选用 PNP 型输出，PLC 的输入端则应接 0V。PLC 中全部输入端均接入同一公共端，需接入相同类型的传感器。因此，根据设计需要，本系统选择 NPN 型传感器，公共端应接+24V。

（2）伺服电机。包装速度是药品包装机系统设计中的重要环节。主伺服电机的运行速度是决定包装速度的关键因素。伺服驱动器利用动力线将相关控制信号传输给伺服电机；同时，安装在电机输出轴同轴上的编码器会收集伺服电机的转动信息并反馈给伺服驱动器。因此，伺服电机与编码器是保持同步旋转的，当电机旋转一个角度，编码器会迅速将相应的脉冲数据传送给 PLC 控制器。另外，主电机速度、每盒药的药板数是影响分药伺服运行速度的两大因素。

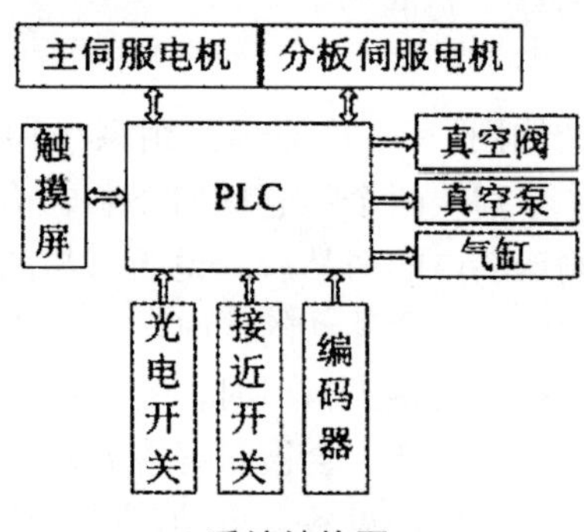

系统结构图

假设装盒机速度最大值为 160r/min，伺服电机每转动一周需要的脉冲数量为 10000，据此可计算出高速脉冲的输出频率，计算公式为 160/60×10000=26.7kHz。本系统中 PLC 最高输出频率是 100kHz，因此，正符合上述标准。若将编码器的分辨率调整为 1000p/r，经计算后编码器的输出脉冲频率仍为 26.7kHz，双向/正交最大输入频率为 40kHz，高速计数器单相最大输入频率为 60kHz，因此，均符合要求。

（3）触摸屏。采用西门子 SMART-700IE 触摸屏对设备运行进行监视，并提供报警与系统参数设置等功能。

## 3 系统软件设计

（1）主控制程序设计。本系统软件设计采用传统的顺序控制方式。PLC 对伺服电机的控制主要是利用高速脉冲输出来实现的。如果伺服电机接受某个脉冲信号后，便会自动旋转一定的角度。S7-200 SMART 通过两种方式来控制伺服电机，包括运动轴与脉宽调制（PWM）。如果是 PWM 操作组态输出时，其输出周期是不变的，一般可通过程序来调控脉宽或脉冲的占空比。运动轴主要提供了禁用输出的单脉冲串输出与带有集成风向控制的单脉冲串输出。运动轴还能完成编程输入工作，可完成自动参考点搜索在内的相关 CPU 组态操作。这样能够统一控制伺服电机或步进电机的速度和位置开环。

本系统对伺服电机的控制主要是通过运动向导组态运动轴来实现。比如，数字量输出 Q0.0 组态是指运动控制轴 0 的输出，而 Q0.2 组态则代表了运动控制轴 2 的输出。电机的方向信号是提前在 PLC 内部设置好的，而 Q1.0 代表了运动控制轴 0 所对应的方向信号控制点。

（2）触摸屏软件设计。本系统采用 Wincc flexible Standard 软件来设计触摸屏。该软件具有丰富的图库，采用模块化设计，具有过程可视化、智能化的特点。触摸屏和 PLC 之间通过 TCP/IP（以太网）协议进行通信，只需一根网线即可实现。本系统设有三种权限，包括操作者、管理员、工程师三种，分别赋予不同的权限，避免无关人员误操作。报警系统会向触摸屏适时发出报警信息，根据报警类别的不同在触摸屏上的显示形式也有所不同。

## 结语

自动药品包装机通过 PLC 与软件系统实现了药品包装的自动化与智能化。不仅极大提高了药品包装的准确性与包装效率，也节约了不少人工与时间成本。随着我国制药行业的持续发展，自动化药品包装机有着良好的应用前景，应加大这一领域的研究。

### 参考文献

[1]韩壮,李颖,薛冰,等.玻璃西林瓶药品包装自动化系统设计解析[J].科学与财富,2015,23（7）:338-338.

[2]刘恒珍,马亚军.自动装盒机的应用难点及适应性发展[J].机电信息,2011,26（38）:5-5.

[3]廖常初.S7-200PLC 编程及应用[M].北京:机械工业出版社,2007:111-118.

[4]李文文.玻璃瓶药品包装自动化系统设计[D].山东:山东大学,2014:21-27.

# 探析包装色彩设计的人性化

李德荣（西北师范大学　知行学院，甘肃　兰州　730070）

**摘要：** 近些年来包装事业在我国有了很大发展，包装设计理念随着新思想的融入和新风尚的引领，呈现出日益时尚化和人性化的趋势。从包装格式到包装色彩的设计，越来越多地体现出对人性的一种关怀，展现人物心理，满足顾客情感需求。本文就包装色彩人性化设计的原因和各种表现展开讨论，为我国包装设计发展指明新的方向、带来新的朝气。

**关键词：** 包装事业　色彩设计　人性化

顾客是市场的主体，是产品的消费者，牢牢抓住顾客心理是进行产品销售的重要内容，当然，展现人文关怀这一点也体现在前期的产品包装设计上。步入 20 世纪 80 年代，特别是 21 世纪以来，包装的人性化设计表现得更加突出。色彩的设计离不开美感，离不开产品的功能和属性，再加上人性化的设计能使得包装更加完美，更能吸引消费者的注意。美学的设计是进行色彩设计的前提和基础，人性化设计因素的融入使得包装更具竞争力。

## 1 包装色彩人性化设计的原因

（1）品牌之间竞争的需要。商品经济的发展给商家带来了机遇，同时也面临挑战。同一类产品的种类和数量大大增加，品牌之间的竞争也空前激烈。包装色彩设计的人性化正是为了满足品牌竞争的需要。在对产品质量不是很熟悉的情况下，很多消费者都是通过第一印象进行商品的选择和取舍的。可见一个具有吸引力的产品包装对于企业销售的影响之大。大胆运用色彩设计，设计师从消费者的角度去进行设计，想消费者所想，从而扩大品牌在市场中的竞争力。

（2）消费心理的影响。当前消费存在这样一种现象，即消费者在消费时不仅是为了满足生理上的消费需要，越来越多的是一种心理上的消费需求，这对包装色彩人性化设计就提出了新的要求。生理需要大多数消费者是相同的，但对于不同人群的心理需求则是多种多样的。除了具体的商品之外，消费者对于脱离商品本身的外在价值的关注可能会超过商品的内在价值。

（3）时代及设计发展的要求。现在的消费市场跟 30 年前的消费市场完全不同，新型的消费观念对产品的包装设计提出了新的要求。时代及设计的发展需要我们在包装色彩设计时融入人性化的包装设计理念，吸引消费者的注意。同时这也是我国包装事业发展的趋势。要想迎合市场的需求，就必须有新的东西融入。不同时期对包装的色彩设计要求不同，在这个注重个性解放和自由发展的年代，人性化的设计是潮流所在。

## 2 包装色彩人性化设计的表现

（1）色彩设计满足顾客心理和情感需求。满足顾客心理和情感需求的包装色彩设计才有成功打入市场的可能。消费者对于某一类产品都有自己的诉求，要了解顾客这一诉求并满足，实现色彩设计与顾客消费心理、情感需求的高度统一，让消费者产生购买欲望。所谓的人性化需求其实就是给予顾客人文关怀，让包装不再只是冰冷的产品介绍的一大串文字，柔和的色彩设计通常比冷色调更易受到消费者的喜爱和青睐。

（2）审美功能和娱乐功能的统一。包装色彩人性化设计还体现在审美功能和娱乐功能的统一。大众的审美观是不断变化的，不同时代、地域的人对于事物的审美观念存在差异，产品所针对的消费人群决定了产品包装设计的风格。

总之，色彩设计中融入的人性化设计必须具有审美功能。娱乐功能主要针对儿童消费品而言。比如儿童牙膏、儿童玩具的设计甚至是儿童食品的设计，牢牢掌握住“爱玩是孩子的天性”这一理念，越是新奇有趣的产品越容易吸引孩子的眼球。

## 3 包装色彩人性化设计的定位

（1）划分消费者类型。在做产品色彩人性化设计时要划分好消费者的类型，明确产品的消费人群。就男士消费群体和女士消费群体来说，这两个群体在消费时存在很大的不同。以茶杯为例，色彩选择的差异表现得十分明显。只有划分好消费的人群，才能做好最基本的色彩人性化设计的定位。

（2）掌握消费色彩需求。颜色其实带有一定的象征意义。比如红色象征热情，紫色代表高贵典雅，白色象征纯洁，每一种颜色都有属于它自身的象征意义。以食品为例，暖色调的食品颜色更能调动人的食欲。包装设计师在进行包装设计时要明确自身商品的属性，从而确定正确的设计颜色，立足于消费者的喜好，做好人性化设计工作。

## 结语

综上所述，人性化的设计满足了消费者的物质需求和精神需求，是符合市场发展需要的。结合了人性化设计的包装色彩设计一方面有利于洞悉市场行情，满足消费者的消费需求；另一方面实现了包装设计事业的创新式发展，体现了产品销售的人文关怀。艺术是不断发展和不断前进的，而包装设计这门艺术随着社会的发展和人们审美观念、个性需求的变化不断得到丰富。相信融入人性化设计理念的包装设计会受到越来越多的消费者的喜爱，从而开辟出更加广阔的市场前景。

## 参考文献

[1] 聂阳. 人性化包装设计探析[J]. 美术大观,2013(5):92.

[2]魏琼,邹莹.包装色彩设计的人性化分析[J].中国包装工业,2015(22):37.

# 覆膜铁与涂料铁在金属包装应用中的性能研究

宋伟伟　王洁琼　柏建国　赵宇

（奥瑞金包装股份有限公司，北京　101407　　上海济仕新材料科技有限公司，上海　200436）

**摘要**：本文通过标准中常规测试方法、电化学阻抗谱和实罐保温评价了覆膜铁和涂料铁的各项性能。结果表明，覆膜铁板材抗酸性、抗硫性、耐蒸煮性和抗冲击性与涂料铁相当，耐蚀力和抗划伤性能优于涂料铁；覆膜铁罐的电化学阻抗远大于涂料铁罐，覆膜铁罐抗硫性和耐蚀力测试优于涂料铁，耐蚀性能优良。实罐保温结果表明，覆膜铁罐在室温、37℃和55℃时，均表现出优于涂料铁罐的耐蚀性能。

**关键词**：覆膜铁　涂料铁　金属包装　性能研究

## 引言

覆膜铁是一种将塑料薄膜通过热熔或黏合法复合在金属基板表面的新型复合材料，兼具塑料薄膜和金属板材的双重特性。覆膜铁表面的膜是其重要的组成部分，厚度约为 15～40μm，与基板复合的薄膜有 PP、PET、PC、PE 等，其中 PET 最为常见，综合性能最优，具有成型性、可杀菌性、耐磨、可印刷等特性。PET 膜从颜色上可分为透明膜、白色膜、金色膜和镭射膜。与传统马口铁包装材料相比，覆膜铁具有生产绿色环保，无废液、废气排放，不含双酚 A、三聚氰胺等有害物质，耐加工、耐腐蚀和阻隔性好等优点，被广泛认为是未来金属包装行业马口铁的替代品。

20 世纪 80 年代，日本首先推出了以镀铬铁为基板的覆膜铁，经过不断发展改进，覆膜铁在日本已构建了相对完整的生产和应用体系。1991 年欧洲覆膜铁投产，德、英、美、法等国都研制成功了能完全替代马口铁的覆膜铁，但产量与日本仍有较大差距。奥瑞金自 2006 年开始研发食品包装用覆膜铁，已成功推出了商品化的覆膜铁产品。

表 1　番茄内容物参数 2 实验结果

| pH | 总酸（g/kg） | 可溶性固形物（%） |
|---|---|---|
| 3.52~3.63 | 14.09~14.19 | 26.9~28.0 |

表 2　覆膜铁与涂料铁彩印铁测试结果

| 项目 | 抗酸性 | 抗硫性 | 耐蒸煮性 | 耐蚀力 | 抗冲击性 | 抗划伤 |
|---|---|---|---|---|---|---|
| 覆膜铁 | 合格 | 合格 | 合格 | 0 级 | 合格 | 1400g |
| 涂料铁 | 合格 | 合格 | 合格 | 1 级 | 合格 | 800g |

表 3　覆膜铁与涂料铁空罐测试结果

| 项目 | 抗酸性 | 抗硫性 | 耐蒸煮性 | 耐蚀力 | 内涂膜完整性 |
|---|---|---|---|---|---|
| 覆膜铁罐 | 合格 | 合格 | 翻边有剥离 | 0 级 | <0.5mA |
| 涂料铁罐 | 合格 | 轻度腐蚀 | 合格 | 3 级 | <0.5mA |

**表 4　两种金属罐电化学阻抗值**

| 电化学阻抗 | 1 | 2 | 3 |
|---|---|---|---|
| 覆膜铁罐（Ω·$cm^2$） | 1.19E+11 | 1.41E+11 | 4.82E+10 |
| 涂料铁罐（Ω·$cm^2$） | 7.15E+09 | 5.86E+08 | 1.59E+10 |

**表 5　实罐保温测试结果**

| 温度 | 罐 | 开罐时间 | | |
|---|---|---|---|---|
| | | 1 月 | 2 月 | 3 月 |
| 室温 | 覆膜铁罐 | 良好 | 良好 | 良好 |
| | 涂料铁罐 | 良好 | 良好 | 良好 |
| 37℃ | 覆膜铁罐 | 良好 | 良好 | 良好 |
| | 涂料铁罐 | 良好 | 轻度腐蚀 | 中度腐蚀 |
| 55℃ | 覆膜铁罐 | 良好 | 良好 | 轻度腐蚀 |
| | 涂料铁罐 | 良好 | 轻度腐蚀 | 严重腐蚀 |

（a）覆膜铁

（b）涂料铁

**图 1　覆膜铁和涂料铁耐蚀力试验后形貌**

（a）覆膜铁罐

（b）涂料铁罐

**图 2　覆膜铁罐和涂料铁罐耐蚀力试验后形貌**

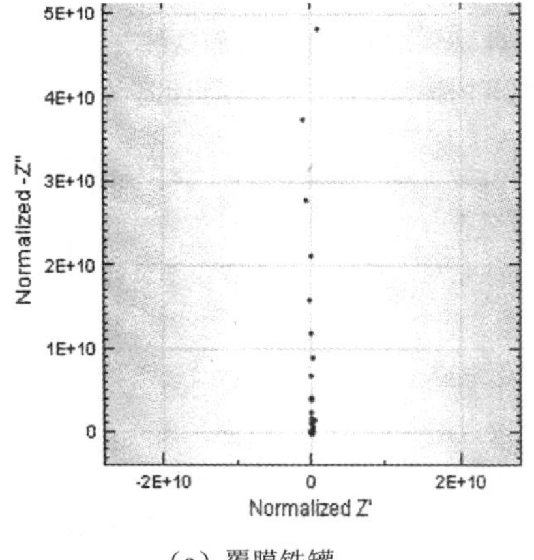


（a）覆膜铁罐

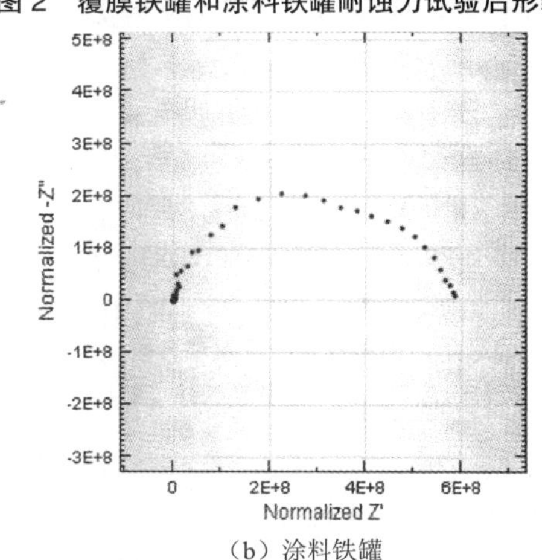


（b）涂料铁罐

**图 3　覆膜铁罐与涂料铁罐电化学阻抗谱**

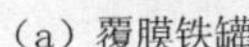

（a）覆膜铁罐

（b）涂料铁罐

**图 4　37℃实罐保温 3 月开罐**

（a）覆膜铁罐

（b）涂料铁罐

**图 5　55℃实罐保温 3 月开罐**

本文通过国标中常规测试方法、电化学阻抗谱和实罐保温试验对比了所产覆膜铁与涂料铁在应用中的性能。

覆膜铁和涂料铁基板均为镀铬铁，DR 材，厚度 0.15mm，覆膜铁内外面皆覆膜，外表面彩印，涂料铁内面两涂两烘，外表面彩印，空罐为 538# DRD 罐。两种彩印铁按国家标准中的相关项目进行测试，覆膜铁和涂料铁空罐按国家标准中的相关项目进行测试。

空罐电化学阻抗在瑞士万通电化学工作站进行测试，采用经典的三电极体系，金属罐内壁面为工作电极，银/氯化银电极为参比电极，不锈钢为辅助电极，实验溶液为 2%的 $Na_2SO_4$ 溶液。

模拟现场灌装番茄酱，进行实罐保温实验，温度分别为室温 37℃和 55℃，按时间依次开罐，每种开 3 罐，观察金属罐内壁腐蚀状况。测得灌装用的番茄酱参数如表1所示，属于酸性较强的内容物。

1. 彩印铁测试

按《涂覆镀锡（或铬）薄钢板》（QB/T 2763—2006）和《包装装潢镀锡（铬）薄钢板印刷品》（QB/T 1877—2007）标准进行相关项目测试，试验结果如表 2 所示。

两种彩印铁的抗酸性和耐蒸煮性测试，试样表面均呈现无气泡、无脱落、无变色、无泛白的现象，抗硫性试验均无明显硫斑、无脱落。抗冲击性试验后，覆膜铁和涂料铁均无密集腐蚀点，无裂纹。覆膜铁的抗划伤性能远大于涂料铁，这是由于 PET 膜作为一个整体热贴合在基板表面，抗划伤性能强，而涂料是固化在基板表面，抗划伤性能相对较弱。

覆膜铁和涂料铁耐蚀力试验后形貌如图 1 所示，耐蚀力试验显示，覆膜铁为 0 级，涂料铁为 1 级，覆膜铁的耐蚀力优于涂料铁，这是由于覆膜铁表面的 PET 膜阻隔腐蚀介质的能力接近完全阻遏，很难发生电化学腐蚀，涂料在金属基板表面固化时，可能会形成微小的孔隙，在电化学加速的条件下，会形成微小的原电池而加速腐蚀。

2. 空罐测试

覆膜铁罐和涂料铁罐参照《铝易开盖三片罐》（GB/T 17590—2008）标准中相关项目进行测试，试验结果如表 3 所示。

两种金属罐的抗酸性和内涂膜完整性测试结果都合格，抗酸性试验后罐体内壁均无剥离、脱落和明显腐蚀的现象，两种罐内涂膜电流值均小于 0.5mA，说明罐体内壁没有擦伤、漏铁等局部缺陷。

抗硫试验显示，涂料铁罐内壁发现有轻度腐蚀，覆膜铁罐优于涂料铁罐。耐蒸煮试验中，覆膜铁翻边处有少许剥离，这与覆膜本身的性质有关，覆膜作为一个整体贴合在基板表面，冲罐修边工序会在翻边处形成一定的应力，空罐蒸煮后会出现剥离，在修边前对罐体进行烘烤退火，降低残余应力，会提高罐体的耐蒸煮性能。覆膜铁罐和涂料铁罐耐蚀力测试结果如图 2 所示，覆膜铁罐内壁没有发现腐蚀点，属于 0 级，涂料铁罐内壁腐蚀严重，属于 3 级，腐蚀多集中在底部膨胀圈处，这是由于覆膜铁加工性能优良，耐深冲、耐磨，在加工中不易破损，而涂料铁韧性不足，在冲压过程中，涂料易撕裂而产生细微缺陷，在耐蚀力加速腐蚀试验中，会产生腐蚀现象。

覆膜铁罐和涂料铁罐的电化学阻抗 Nyquist 图如图 3 所示。从图 3 中可以看出，两种金属罐都表现为一个容抗弧，容抗弧半径越大，极化电阻越大，耐蚀性能就越好。

两种金属罐的电化学阻抗数据如表 4 所示。从表 4 中可以看出，覆膜铁罐的电化学阻抗值均大于涂料铁罐，说明制罐后，覆膜铁依然对腐蚀介质具有优异的阻隔性，耐蚀性能稳定。

3. 实罐保温测试

将室温、37℃和 55℃保温的番茄酱实罐按时间依次开罐，观察内壁的腐蚀状况，三种温度环境的实罐保温测试结果如表 5、图 4 和图 5 所示。

从表 5、图 4 和图 5 中可以看出，在室温条件下，3 个月内覆膜铁罐与涂料铁罐均未发现腐蚀。37℃时，覆膜铁罐在 3 月中开罐均未发现腐蚀，涂料铁罐从第 2 月起，在罐口内壁出现轻度腐蚀，表现为少量点状凸起，至第 3 月腐蚀加重，呈现小片状腐蚀。55℃时，覆膜铁罐在前 2 月中开罐均未发现腐蚀，至第 3 月，在罐口内壁出现少量点状凸起；涂料铁罐从第 2 月发现轻度腐蚀，至第 3 月呈严重腐蚀现象，涂膜出现鼓泡状。

三种温度环境实罐保温结果表明，在室温、37℃和 55℃时覆膜铁罐耐蚀性能优于涂料铁罐。

**结语**

（1）彩印铁测试结果表明，覆膜铁抗酸性、抗硫性、耐蒸煮性和抗冲击性与涂料铁相当，而耐蚀力和抗划伤性能则优于涂料铁。

（2）空罐测试结果表明，覆膜铁罐与涂料铁罐抗酸性和内涂膜完整性测试均合格，覆膜铁罐抗硫性和耐蚀力优于涂料铁罐，在耐蒸煮性试验中，覆膜铁罐翻边处有少许剥离，通过改进生产工艺可以改善。

（3）空罐电化学阻抗测试表明，覆膜铁罐的电化学阻抗远大于涂料铁罐，覆膜铁罐的耐蚀性能优于涂料铁罐。

（4）实罐保温试验结果表明，覆膜铁罐在室温、37℃和55℃时，均具有良好的耐蚀性能，均显示出优于涂料铁罐的耐蚀性能。

**参考文献**


[1]李进卫.覆膜铁金属容器包装材料及其应用技术[J].湖南包装,2014(4):29-34.

[2]HAN M H,JEGAL J P,PARK K W,et al. Surface modification for adhesion enhancement of PETlaminated steel using atmospheric pressure plasma [J]. Surface & Coatings Technology,2007,（201）:4948- 4952.

[3]ZUMELZU E,CABEZAS C,DELGADO F. Performance and degradation analyses of traditional and ECCS canning tinpl ares in citric-citrate medium[J]. Journal of Materials Processing Technology,2004(152): 384-388.

[4]刘志浩,曾科,赵宇晖.覆膜铁:金属食品包装的“绿色革命”[J].包装学报,2012,4（4）:9-15.

[5]中华人民共和国国家发展和改革委员会.涂覆镀锡（或铬）薄钢板(QB/T 2763—2006)[S].北京:中国轻工业出版社,2007.

[6]中华人民共和国国家发展和改革委员会.包装装潢镀锡（铬）薄钢板印刷品(QB/T 1877—2007)[S].北京:中国轻工业出版社,2007.

[7]中国国家标准化管理委员会.铝易开盖三片罐(GB/T 17590—2008)[S].北京:中国标准出版社,2008.

[8]李众,黄巍,王洁琼.马口铁三片罐耐腐蚀性能的电化学阻抗评估技术[J].饮料工业,2015,16(11):31-54.

[9]陈云鹏,黄久贵,李建中,等.覆膜铁的产品特性及其国内外发展状况[J].轧钢,2010,27(1):45-47.

[10]倪俊义,张作全,黄晶,等.覆膜铁在食品DRD罐上的应用[J].功能材料,2012(43):308-310.

[11]冯树铭.谈谈塑料包装薄膜(BOPET)的性能与检测[J].塑料包装,2009,1(5):18-20.

[12]夏大海,宋诗哲,王吉会,等.饮料金属包装实罐产品的腐蚀检测[J].化工学报,2012,63(6):1797-1802.

[13]赵宇晖,江超,宋莉华,等.金属饮料罐腐蚀行为及其作用机理研究[J].腐蚀科学与防护技术,2012,24(3):223-227.


# 纳米技术在新型包装材料中的应用——以汽车为例

李香桂（甘肃畜牧工程职业技术学院，甘肃 武威 733006）

**摘要**：作为一门高新科学技术，纳米技术具有极大的价值和作用。进入20世纪90年代，纳米科学得到迅速发展，产生了纳米材料学、纳米化工学、纳米机械学及纳米生物学等，由此产生的纳米技术产品也层出不穷，并开始涉及汽车行业。

**关键词**：纳米技术 包装材料

## 1 纳米技术促进了汽车材料技术的发展

纳米技术可应用在汽车的任何部位，包括发动机、底盘、车身、内饰、车胎、传动系统、排气系统等。例如，在汽车车身部分，利用纳米技术可强化钢板结构，提高车体的碰撞安全性。另外，利用纳米涂料烤漆，可使车身外观色泽更为鲜亮、更耐蚀、耐磨。内装部分，利用纳米材料良好的吸附能力、杀菌能力、除臭能力使室内空气更加清洁、安全。在排气系统方面，利用纳米金属作为触媒，具有较高的转换效果。

由于纳米技术具有奇特功效，它在汽车上得到了广泛的应用，提升汽车性能的同时延长使用寿命。

## 2 现代汽车上的纳米材料

（1）纳米面漆。汽车面漆是对汽车质量的直观评价，它不但决定着汽车的美观与否，而且直接影响着汽车的市场竞争力。所以汽车面漆除要求具有高装饰性外，还要求有优良的耐久性，包括抵抗紫外线、水分、化学物质及酸雨的侵蚀和抗划痕的性能。纳米涂料可以满足上述要求。纳米颗粒分散在有机聚合物骨架中，作承受负载的填料，与骨架材料相互作用，有助于提高材料的韧性和其他机械性能。研究表明，将10%的纳米级 $TiO_2$ 粒子完全分散于树脂中，可提高其机械性能，尤其可使抗划痕性能大大提高，而且外观好，利于制造汽车面漆涂料；将改性纳米$CaCO_3$以质量分数15%加入聚氨酯清漆涂料中，可提高清漆涂料的光泽、流平性、柔韧性及涂层硬度等。

纳米$TiO_2$是一种抗紫外线辐射材料，加之其极微小颗粒的比表面积大，能在涂料干燥时很快形成网络结构，可同时增强涂料的强度、光洁度和抗老化性；以纳米高岭土作填料，制得的聚甲基丙烯酸甲酯纳米复合材料不仅透明，而且吸收紫外线，同时也可提高热稳定性，适合制造汽车面漆涂料。

（2）纳米塑料。纳米塑料可以改变传统塑料的特性，呈现出优异的物理性能：强度高，耐热性强，比重更小。随着汽车应用塑料数量越来越多，纳米塑料会普遍应用在汽车上。主要有阻燃塑料、增强塑料、抗紫外线老化塑料、抗菌塑料等。阻燃塑料燃烧时，超细的纳米材料颗粒能覆盖在被燃材料表面并生成一层均匀的碳化层，起到隔热、隔氧、抑烟和防熔滴的作用，从而起到阻燃作用。

目前汽车设计要求规定，凡通过乘客座舱的线路、管路和设备材料必须符合阻燃标准，例如内饰和电气部分的面板、包裹导线的胶套，包裹线束的波纹管、胶管等，使用阻燃塑料比较容易达到要求。增强塑料是在塑料中填充经表面处理的纳米级无机材料蒙脱土、$CaCO_3$、$SiO_2$等，这些材料对聚丙烯的分子结构具有明显的聚敛作用，可以使聚丙烯等塑料的抗拉强度、抗冲击韧性和弹性模量上升，使塑料的物理性能得到明显改善。

抗紫外线老化塑料是将纳米级的$TiO_2$、ZnO等无机抗紫外线粉体混炼填充到塑料基材中。这些填充粉体对紫外线具有极好的吸收能力和反射能力，因此这种塑料能够吸收和反射紫外线，比普通塑料的抗紫外线能力提高20倍以上。据报道，这类材料经过连续700小时热光照射后，其扩张强度损失仅为10%，如果作为暴露在外的车身塑料构件材料，能有效延长其使用寿命。抗菌塑料是将无机的纳米级抗菌剂利用纳米技术充分地分散于塑料制品中，可将附着在塑料上的细菌杀死或抑制生长。这些纳米级抗菌剂是以银、锌、铜等金属离子包裹纳米$TiO_2$、$CaCO_3$等制成，可以破坏细菌生长环境。据介绍，无机纳米抗菌塑料加工简单，广谱抗菌，24小时接触杀菌率达90%，无副作用。

（3）纳米润滑剂。纳米润滑剂是采用纳米技术改善润滑油分子结构的纯石油产品，它不会对润滑油添加剂、稳定剂、处理剂、发动机增润剂和减磨剂等产品产生不良作用，只是在零件金属表面自动形成纯烃类单个原子厚度的一层薄膜。这些微小烃类分子间的相互吸附作用，能够完全填充金属表面的微孔，最大可能地减小金属与金属间微孔的摩擦。与高级润滑油或固定添加剂相比，其极压可增加3~4倍，磨损面减小16倍。由于金属表面得到了保护，减小了磨损，使用寿命成倍增加。

另外，由于纳米粒子尺寸小，经过纳米技术处理的部分材料耐磨性是黄铜的27倍、钢铁的7倍。目前纳米陶瓷轴承已经应用在奔驰等高级轿车上，使机械转速加快、质量减小、稳定性增强，使用寿命延长。

（4）纳米汽油。纳米汽油最大优点是节约能源和减少污染，目前已经开始研制。该技术是一种利用现代最新纳米技术开发的汽油微乳化剂。它能对汽油品质进行改造，最大限度地促进汽油燃烧，使用时只要将微乳化剂以适当比例加入汽油便可。交通部汽车运输节能技术检测中心的专家经试验后认为，汽车在使用加入该微乳化剂的汽油后，可降低其油耗 10%~20%，增加动力性能 25%，并使尾气中的污染物（浮碳、碳氢化合物和氮氧化合物等）排放降低 50%~80%。它还可以清除积碳，提高汽油的综合性能。令人注意的是，纳米技术应用在燃料电池上，可以节省大量成本。因为纳米材料在室温条件下具有优异的储氢能力，根据实验结果，在室温常压下，约 2/3 的氢能可以从这些纳米材料中得以释放，故其能替代昂贵的超低温液氢储存装置。

（5）纳米橡胶。汽车中橡胶材料的应用以轮胎的用量最大。在轮胎橡胶的生产中，橡胶助剂大部分成粉体状，如炭黑、白炭黑等补强填充剂、促进剂、防老剂等。以粉体状物质而言，纳米化是现阶段橡胶的主要发展趋势。新一代纳米技术已成功运用其他纳米粒子作为助剂，而不再局限于使用炭黑或白炭黑，汽车中最大的改变即是，轮胎的颜色已不再仅限于黑色，而能有多样化的鲜艳色彩。另外，无论在强度、耐磨性或抗老化等性能上，新的纳米轮胎均较传统轮胎都优异，例如轮胎侧面胶的抗裂痕性能将由10万次提高到50万次。

（6）纳米传感器。传感器是纳米技术应用的一个重要领域，随着纳米技术的进步，造价更低、功能更强的微型传感器将广泛应用在社会生活的各个方面。半导体纳米材料做成的各种传感器，可灵敏地检测温度、湿度和大气成分的变化，这在汽车尾气和大气环境保护上已得到应用。用纳米材料制作汽车尾气传感器，可以对汽车尾气中的污染气体进行吸附与过滤，并对超标的尾气排放情况进行监控与报警，从而更好地提高汽车尾气的净化程度，降低汽车尾气的排放。我国纳米压力传感器的研制已获得成功，产品整体性能超过国外的超微传感器，缩小了我国在这一技术领域与世界先进国家存在的差距。有专家认为，到2020年纳米传感器将成为主流。

（7）纳米电池。早在1991年被人类发现的碳纳米管韧性很高，导电性极强，兼具金属性和半导体性，强度比钢高100倍，密度只有钢的1/6。我国科学家最近已经合成高质量的碳纳米材料，使我国新型储氢材料研究一举跃入世界先进行列。此种新材料能储存和凝聚大量的氢气，并可做成燃料电池驱动汽车，储氢材料的发展还会给未来的交通工具带来新型的清洁能源。

## 结语

随着材料技术的发展，纳米技术已成为当今研究领域中最富有活力，对未来经济和社会发展有着十分重要影响的研究对象。纳米科技正在推动人类社会产生巨大的变革，未来汽车技术的发展，有极大部分与纳米技术密切相关，纳米材料和纳米技术将会给汽车新能源、新材料、新零部件带来深远的影响。对于汽车制造商而言，纳米技术的有效运用，能有效地促进技术升级，提升附加价值。相信在不久的将来，纳米技术必将在汽车的制造领域得到更广泛的应用。

## 参考文献

[1]肖永清.纳米技术在汽车上的应用[J].轻型汽车技术,2004(12).

[2]潘钰娴，樊琳.纳米材料的研究和应用[J].苏州大学学报（工科版）,2002(45).

[3]周李承,蒋易,周宜开,等.光纤纳米生物传感器的现状及发展[J].传感器技术,2002（1）:18- 21.

# 绿色生态包装材料在现代包装设计中的作用

王太春（兰州城市学院，甘肃　兰州　730070）

**摘要**：包装一直随着商品的发展而发展，因此有着悠久的历史，在包装材料上也是多种多样。当代社会提倡的是绿色、生态、可持续发展的环境保护理念，尤其是我国环境问题严重，人们对环境问题的重视程度越来越高。这些原因都使得绿色生态包装材料在现代包装设计中占据了重要的地位。

**关键词**：绿色生态　包装材料　现代包装设计

## 引言

随着商品的流通，自然就出现了商品包装。我国包装行业正式进入发展轨道是从20世纪末期开始的，随着中国包装技术协会的成立，标志着我国包装行业正式进入战略发展轨道。目前我国包装材料已经包括了各个领域，如物理、化学、美学、印刷等。包装不仅起到了保护商品的作用，也间接提高了商品的价值，使商品更加美观，能有效促进消费者的消费。随着时代的发展，提出了绿色生态包装材料的概念，对包装行业有着重要的影响。

## 1 够宣传环保意识，倡导绿色消费

我国传统思想中，强调物尽其用的理念。体现在包装行业，就是强调在生产过程中，要以实践为基本原则，培养节约、环保的生产方式。造纸术是我国的四大发明之一，到了东汉时期，蔡伦对造纸术进行了改进，通过树皮、麻头、渔网等原料，经过挫、捣、抄、烘等工艺造的纸，是现代纸的渊源。随着社会的不断发展，纸的用处也在不断创新，成为了一种重要的包装材料。

随着生产资料和生产力的不断发展，过去纸的包装和现代纸的包装有着较大的区别。传统包装主要以实用性为主，大多是进行上下、左右折叠后形成一个包装，再用粗麻绳等进行加固，整个包装简洁、大方。从现代的眼光来看，这种包装方式略显简单，但在当时已经属于较为精致的包装。随着科学技术的不断发展，在当代包装中，以茶叶为例，大多也借鉴了这种包装方式，但是对纸的质量进行了改进，并在包装上加入了产品特点、产品品牌、产品说明等信息，在加固方式上也有多种方式。完善了包装的形式，在整体设计上有着创新性，通过相关的包装设计，体现出设计者提倡绿色消费的思想，符合当前的设计理念。

## 2 促进现代包装设计的创新

想要进行良好的生态包装，必须要从原材料方面进行改善，通过先进的科学技术进行创新，开发全新的生态包装材料，通过无害的辅助材料进行加工。在进行设计包装时，一方面，要以节约为基本原则，在确保包装的基本功能和目的的情况下，尽可能地降低原材料的使用量，避免出现过度包装的情况；另一方面，还要对包装材料及辅助材料进行分析，避免使用有害材料，如含铅、汞等有毒重金属的材料等，保证使用后的丢弃不会对环境造成二次污染。

例如在我国传统食品粽子的包装上，一般使用的包装材料都是粽叶。粽叶又名箬叶，一般生长在丛山峻岭中，有着发达的根系，生命力和再生性都较强，因此可以进行广泛利用。粽叶中含有对人体有益的多种成分，并能在其中提取天然香精材料、食品添加剂等。粽叶还可以用来作为其他包装的辅助材料，或者是编制器皿、饭盒等多种方式。粽叶属于一种自然材料，其本身对人的身体没有任何害处，并且生产速度快，非常适合作为包装材料。粽叶还有着抗氧化、抗菌等多种作用，是一种功能性较为全面的食品包装材料。

## 3 加强包装材料的回收和再利用

根据相关数据调查发现，大多数的包装材料在使用后都被丢弃。因此，在包装材料的回收和再利用上就显得非常重要。如果使用的包装材料是一些生态环保、易于降解的材料，则很容易被回收利用或是直接降解，基本不会对环境造成影响；而如果使用的是一些不符合生态保护的材料，则在被丢弃后会对环境造成不良影响，不符合我国提倡的生态发展的理念。

例如可以使用竹子作为包装材料。竹子生长迅速，在热带、亚热带、暖温带等多个地区有着广泛的分布。我国对竹子的评价也一直很高，如“梅兰竹菊”“梅松竹”等。因此，将竹子作为一种包装材料，较容易被消费者所接受，既能够促进消费者的消费，又能够起到环保的作用。在竹子的加工过程中，由于竹子本身的特性，只需要通过物理的裁、切等方式进行加工，不需要加入其他的辅助材料，达到了节约材料的目的。一方面，竹子在丢弃后容易降解，不会对环境造成负面影响；另一方面，在使用竹子进行包装时，由于竹子的特点，使其不仅能够作为包装材料，还能够作为一种容器，使包装材料多样化，有效促进了消费者的消费欲望，也间接达到了节约材料的目的。

## 结语

综上所述，绿色生态包装材料在现代包装设计中有着重要的作用，不仅能宣传绿色消费的理念，还能够有效节约材料，与生态环境协调发展，提高人们的生活质量，保证人们的健康。绿色包装材料的应用有效促进了包装行业的创新精神，使包装更加多样化，符合人们的审美要求，拓宽了消费者的选择面，促进了我国的经济发展。

**参考文献**

[1]任海燕.绿色生态包装材料在现代包装设计中的作用[J].包装世界,2014(1):75-76.

[2]闫莉.在现代包装设计中应用绿色生态包装材料的作用研究[J].中国包装工业,2015(11):46-47.

# 我国食品绿色包装材料的研究进展

王英（甘肃中医药大学定西校区/定西师范高等专科学校，甘肃　定西　743000）

**摘要**：食品包装材料不仅涉及环境保护问题，更重要的是涉及公众健康安全问题。食品的绿色包装是现代食品包装发展的必然趋势，我国食品绿色包装材料的研究已取得了很大的成就，本文综述了近年来我国传统食品包装材料绿色化发展和可降解可食用包装材料开发的研究进展。

**关键词**：食品　包装材料　绿色化　研究进展

## 引言

绿色包装又称“无公害包装”或“环境友好型包装”，国际上普遍认为绿色包装应符合3R1D，即减少（Reduce）、再利用（Reuse）、再循环（Recy-cle）、可降解（Degradable）等要求。我国学者认为，绿色包装是指能够重复利用或循环再生或降解腐化，且在产品整个生命周期中不对人体及环境造成危害的适度包装。也有国内学者提出绿色包装应包括“5R1D”，即绿色包装应符合无毒无害、减量化、再使用、再循环、可降解、生命周期全过程六点要求。

绿色包装的实施，要经过绿色材料—绿色设计—绿色消费—绿色处理等系统化过程。其中绿色包装材料的选择、研发与制造，是整个食品绿色包装过程中最重要的核心、本源和基础，是实现绿色包装的关键。

国内学者熊雪峰等（2000）认为，绿色包装材料可分为可降解塑料、天然植物纤维、变性淀粉和蛋白质等；刘建龙等（2015）指出，绿色低碳包装材料主要有水溶性塑料薄膜、天然淀粉完全降解包装材料和高水溶性薄膜等；杨阳等（2015）认为，绿色生态包装材料主要有纸包装材料、木材与竹包装材料和可降解材料等。而赵艳云等（2013）认为，绿色食品包装材料主要包括可降解包装材料和可食性包装材料两大类。

目前，我国允许使用的食品包装材料主要有纸、塑料、金属、玻璃、陶瓷、木材、布、麻、竹及复合材料等，以纸质、塑料、金属和玻璃为主。本文将我国食品绿色包装的研究分为传统食品包装材料的绿色化研究和可降解可食用包装材料的开发研究两个方面，并做一简要综述。

## 1 传统食品包装材料的绿色化

### 1.1 纸质包装材料

纸质包装材料占所有包装材料的40%以上。纸质包装材料取材容易、成本低、易分解、可回收利用，使用后对环境不会造成污染，因此纸质包装成为当前国际流行的“绿色包装”，现已被广泛用于如液体牛奶纸瓶、各种蛋糕托纸、面包纸袋、餐厅托盘纸、餐厅食物袋等领域。

纸质包装材料主要分为两大类，即一般纸浆制品和新型多功能纸制品。其类型主要有涂蜡纸、涂油纸、涂塑纸（即高分子材料涂敷纸）、防潮纸、防霉纸、防锈纸、镀铝纸及纸/铝/塑料层合纸、普通纸板、加工纸板（涂塑纸板）、瓦楞纸板、蜂窝纸板等。主要制成盒、袋、箱和缓冲防震材料。用来包装蛋品、水果制品的纸浆膜塑、一次性饭盒、食品包装托盘及具有防水湿功能、防细菌侵入、延缓食品变质、感温、防油、抗渗透等新型功能的包装纸。

纸质包装材料的绿色化发展方向是研发出高强度、多功能，节约木材用量，更加环保的材料。并对其中的挥发性有机物、烷基酚、三甲基二苯甲烷、邻苯二甲酸酯类和己二酸酯类增塑剂、氯酚类化合物、双酚类化合物、二苯甲酮类化合物、硬脂酸甲酯、多环芳烃等有害物质的量进行检测与控制。

### 1.2 塑料包装材料

塑料包装材料的使用占包装总量的30%，包括从石油等矿物质中提取的石油基塑料和通过天然植物纤维、生物高分子材料提取并加工的生物可降解塑料。主要制成袋、瓶、箱、盒、拉伸薄膜、热收缩薄膜、真空包装容器、吸塑包装容器、泡罩包装容器、贴体包装容器、气垫式缓冲包装容器、泡沫塑料容器和泡沫塑料缓冲材料等产品。

石油基食品保鲜膜塑料主要有聚乙烯（PE）、聚氯乙烯（PVC）、聚丙烯（PP）、聚酯（PET）、聚碳酸酯（PC）和聚偏二氯乙烯（PVDC）等种类。

石油基食品保鲜膜塑料的绿色化主要是对加工过程中的增塑剂、稳定剂等加工助剂中的氯乙烯单体、甲醛、甲苯、乙苯、丙苯、苯乙烯单体、聚对苯二甲酸乙二醇酯、己内酰胺、双酚A等毒性物质残留进行检测与控制。而生物可降解塑料如淀粉基塑料、聚乳酸塑料等，因其在生命周期中基本不产生污染，本身属于绿色环保材料。

此外，研究指出，由于食品塑料包装材料的复杂性，正确的选择和使用包装材料，是食品塑料包装绿色化的主要内容。即要根据不同的用途及条件，选择阻隔氧气、阻水蒸气、耐油性、耐低温冷冻性、耐高温性、耐γ-射线、保香性、透气性，纤维素薄膜（醋酸纤维素）等不同功用的塑料。

### 1.3 玻璃包装材料

玻璃是一种惰性材料，化学稳定性、抗耐性、安全性非常好，但易碎、重量/容积比大，要通过物理或化学的方法，开发和利用高强度薄壁容器，是玻璃包装材料绿色、环保化的发展方向。

此外，还要严格禁止在食品包装玻璃材料中使用软化剂（含砷化物），避免玻璃着色剂导致的污染。

### 1.4 金属包装材料

金属食品包装材料易回收、再生性强、环境污率低，是很好的绿色环保型材料。目前，最常用的是马口铁（镀锡薄钢板）、无锡钢板、铝和铝箔等。

金属食品包装材料的耐腐蚀性较差，利用涂层技术在金属表面覆盖有机或无机涂层是防止金属包装材料腐蚀的有效方法，因此，涂料的安全和环保问题是关注焦点。此外，铝制金属包装材料中的铅和锌、镀锌铁器皿中的锌、不锈钢制品中的镍等元素，会在加热、乙醇等环境下迁移至食物中，引起人体慢性中毒，需要进行严格控制。

金属食品包装材料的绿色化发展方向是：提高材料强度，减少基板厚度，节约材料；因为镀锡马口铁罐镀层易被食品中有机酸溶解而生成有毒的有机锡盐。因此要减少马口铁的镀锡量，以马口铁代铝制罐，并推广使用环保、安全高效能的材料覆膜铁；由于铝箔回收非常容易，对环境几乎没有污染，采用铝箔饮料罐代替塑料和纸袋等。

1.5 复合包装材料

复合薄膜材料是两种或两种以上材料，经过一次或多次复合工艺而组合在一起，从而构成具有二维结构和一定功能的复合薄膜材料，主要有塑料复合薄膜、涂蜡复合薄膜和镀膜复合薄膜等。塑料复合薄膜材料主要有纸/塑、塑/塑、纸/铝/塑、塑/铝等制品。常在需要长期常温包装的软罐头、牛奶等包装中应用；涂蜡复合薄膜材料主要如玻璃与纸，纸与铝箔等，常在糖果、饼干等点心的包装中得到广泛的应用；镀膜复合薄膜材料如镀铝薄膜，常用于调味品、饼干、茶叶、化妆品和香烟等产品的包装。

复合包装材料有多种类型，其组合也在不断改进，因此，绿色化策略应以不同食品的理化特性，确定不同的包装材料。绿色化发展趋势是选择或研发具有高阻隔性、高透明性、高耐热性、轻便性、方便回收性、抗菌性的纳米复合包装材料和具有活性包装和智能包装的多功能材料。

1.6 陶瓷、搪瓷材料

陶瓷、搪瓷制品美观大方，原材料来源广泛，使用历史悠久，可以反复使用，是较好的环保性食品包装材料。绿色化的主要措施是限制其中铅、镉的溶出量。

1.7 木、竹、布、麻材料

天然的木、竹、布、麻材料原料丰富易得，透气性好，生产和使用过程无污染，有利于环境保护，经常被用来生产餐具或食品包装容器。

绿色化发展的趋势是对其人工制品中所添加的稳定剂、阻燃剂、胶黏剂、烟熏剂、多环芳烃、防腐剂、漂白剂和着色剂等物质中所含的铅、铬、镉、汞、砷等重金属、“三醛”胶、溴甲烷、多环芳烃、氯酚类（CPs）、异噻唑啉酮类、三唑类、过氧化物类、氯化物类，含硫化合物、草酸、抗坏血酸、硼氢化钠等有害有毒化学物质，进行严格的检测与控制。

1.8 天然、合成橡胶制品

我国食用橡胶制品由天然橡胶、天然乳胶和硅橡胶制成。目前，硅橡胶以其优良的化学稳定性、耐热性等特性，已成为食品接触用橡胶制品的首选材料。如橡胶奶嘴、高压锅垫圈，食品容器橡胶垫片和垫圈、铝背水壶橡胶密封垫片、吸输用食品胶管、橡胶密封件、肉质食品包装乳胶网袋等橡胶制品，在日常生活中普遍被采用。

食用橡胶制品的绿色化措施主要是对其中的挥发性有机物、N-亚硝胺、N-亚硝基类化合物、芳香族伯胺、甲醛、苯酚、有机锡及重金属（锌、铅、镉）等有害化合物迁移量的检测与控制。

## 2 可降解可食用包装材料的开发研究

2.1 可降解包装材料的研究

目前，可降解包装材料的研究主要集中在可降解塑料的研究领域。按降解机理分类，主要可分为生物降解塑料、光降解塑料、光/生物双降解塑料、水降解塑料。除了生物降解塑料和极少的水降解塑料用于食品包装领域外，其他类型的可降解塑料都未能作为食品包装材料（美国食品和药物管理局规定，光降解塑料不能用于接触食品）。

生物全降解材料具有良好的生物可降解性，废弃后能被微生物完全降解，最终生成二氧化碳和水，不污染环境且对人体无害，是公认的绿色环保材料，生物可降解塑料如淀粉基塑料、聚乳酸塑料等，因其在生命周期中基本不产生污染，本身属于绿色环保材料。目前在糖果、食用瓶装水、酸奶、烘焙产品、新鲜农副产品、水果及蔬菜、厨房卫生用品、家庭护理用品、医药等领域被广泛使用，取代了传统的一次性和难降解塑料包装制品。生物可降解塑料的发展趋势是运用纳米，开发纳米复合材料增强其机械强度、韧性和其他功能。

2.2 可食性包装材料的研究

可食性包装材料主要以脂肪酸、蛋白质类、多糖、淀粉类、动植物纤维类和其他天然复合类材料为原料，可制成薄膜作为商品的包装，如糖果的包裹；水果蔬菜涂膜；甜点的热托；密封包装袋保护食物；制成一次性的快餐盒和饮料杯及药用胶囊等，具有可食性、全降解性、选择通透性、安全、方便等优点。可食性与全降解食品包装材料主要包括可食性食品内包装膜、食品可食性涂膜、全降解一次性食品包装膜、全降解一次性食品包装餐饮具等。

目前，已开发出淀粉型可食性包装材料、蛋白型类可食性包装材料、植物纤维型可食性包装材料和天然复合型可食性包装材料等多种形式，主要由淀粉、纤维素、果胶、海藻酸钠、明胶、普鲁兰多糖、壳聚糖、木聚糖、甘露聚糖、酪蛋白、乳清蛋白、明胶和大豆蛋白等天然生物高分子与纳米颗粒形成纳米复合膜，以及由羟基脂肪酸酯、聚乳酸、聚丙交酯、聚己内酯、聚乙烯醇、聚羟基丁酯、大豆分离蛋白-普鲁兰多糖、羧甲基纤维素-木薯淀粉、聚羟基脂肪酸酯（PHA）/淀粉共混物、淀粉和聚丁二酸丁二醇酯（PBS）共混物、淀粉和聚乙二酸丁二醇（PBSA）共混物、聚乙烯醇（PVOH）聚合物、乙烯/乙烯醇共聚物等混合合成性生物高聚物制成的复合膜等，使可食性全降解食品包装的机械性能和阻隔性能得到显著改善。

在众多生物降解可食性包装材料中，聚羟基脂肪酸酯（PHA）的效果最为理想。它是由很多微生物合成的一种细胞内聚酯，是一种天然的高分子生物材料，具有良好的生物相容性、可降解性和热加工性，是当前研究的热点。此外，聚乳酸（PLA）也是一种很好的生物降解可食性包装材料，它主要利用甘蔗、玉米、土豆、甜菜等为原料发酵生产乳酸，进而聚合生产。目前已被广泛应用于食品包装中，如水果、蔬菜、熟食、三明治、饼干、鲜花等产品，还可将 PLA 吹塑成瓶用于包装水、汤、食用油等。

## 结语

食品包装材料不仅涉及环境保护问题，更重要的是涉及公众健康安全问题。强化食品包装材料的绿色环保，既保障了食品安全，又保障了消费者的健康乃至社会的安定和谐。食品绿色包装材料必须强调无毒害、来源广、价格低、生产所需能耗低，制造过程中不造成污染，添加剂辅料无毒无害，不形成永久垃圾和环境负载，使用后可解体或再利用等生态适应性特点。食品绿色包装是包装材料发展的必然趋势，相信随着科技的不断发展，将会有更多的绿色食品包装材料不断地被发明并应用。

### 参考文献


[1]戴宏民,戴佩燕.中国绿色包装的成就、问题及对策(上)[J].包装学报,2011,3(1):1-6.

[2]胡征月.食品行业绿色包装制约因素研究[J].生态经济(学术版),2013(2):259-262.

[3]韩旭东,赵鸣.浅谈绿色材料的开发和应用[J].山西高等学校社会科学学报,2003,15(1):53-54.

[4]熊雪峰,高梦祥,郭康权.绿色包装材料的开发现状与展望[J].陕西农业科学,2000(9):26-27.

[5]刘建龙,刘柱.绿色低碳包装材料应用和发展对策研究.包装工程,2015,36(19):145-148.

[6]杨阳,单桃雷.绿色生态包装材料在现代包装设计中的作用[J].现代装饰(理论),2015(3):157.

[7]赵艳云,连紫璇,岳进,等.食品包装的最新研究进展[J].中国食品学报,2013,13(4):1-10.

[8]章建浩.食品包装学[M].北京:中国农业出版社,2002.

[9]王金美.浅谈食品包装材料和容器的法规[J].包装与食品机械,2009,27（3）:1-4.

[10]徐娜.浅谈食品包装材料的安全性[J].佳木斯大学社会科学学报,2007,27（5）:1-2.

[11]李维宁.食品纸质包装绿色设计探讨[J].今日印刷,2011(2):74-77.

[12]单方方,唐浩国,魏晓霞,等.食品绿色包装材料的研究进展[J].包装与食品机械,2009,27(5):76-79.

[13]付善良.纸质食品包装材料中 26 种有机残留物的检测[J].包装工程,2014,35(3):16-20.

[14]孙容芳,伍军.绿色包装的发展趋势[J].塑料包装,2011,21(6):6-8.

[15]张云强,姜海辉,陈寿花,等.塑料食品包装材料安全性分析及解决措施[J].齐鲁工业大学学报,2014,28(2):60-64.

[16]卫荣.食品包装材料材质分析的方法探究[J].科技创新导报,2012(25).

[17]沈艳芳.基于绿色包装材料应用和发展研究[D].南昌：南昌大学,2012.

[18]陈旭.食品包装材料安全性及检测技术[J].包装与食品机械,2012,30(6):53-56.

[19]赵晓燕,陈相艳,彭晓蓓,等.食品包装材料对食品安全性的影响及控制措施[J].中国食物与营养,2014,20（4）:21-23.

[20]韩哲文.食品包装环境下金属/涂层体系失效过程的电化学研究[D].天津：天津大学, 2011.

[21]BINDERUP M L,et a1.Toxicity testing and chemical analy-sis of recycled bre-based paper for food contact[J].Food Additive and Contaminants,2002(19):13-28.

[22]郑贺.食品用复合薄膜化学物质总迁移规律的研究[D].沈阳：沈阳农业大学,2012.

[23]王洪江,孙诚,曲颖.食品包装复合材料现状及发展趋势[J].包装与食品机械,2009,27(1):58-62.

[24]张明明.包装用复合薄膜技术及其应用[J].塑料包装,2014,24(4):31-34.

[25]何培健,王大志,陈利琴.纳米技术在药品与食品包装中的应用[J].海峡药学,2006,18(4):197-199.

[26]孙成,匡华,徐丽广,等.木质食品接触材料中有害物质的分析[J].包装工程,2015,36(1):1-5,18.

[27]江艳,章若红,徐德佳,等.食品接触用硅橡胶制品标准体系的研究[J].中国橡胶,2012(2):9-13.

[28]刘希真,孙运金,仝其根,等.可降解包装材料的应用及发展综述[J].中国包装工业,2014(24):3-5,7.

[29]黄志刚.食品包装新技术与食品安全[J].包装工程,2014,35(13):161-166.

[30]侯汉学,董海洲,王兆升,等.国内外可食性与全降解食品包装材料发展现状与趋势[J].中国农业科技导报,2011,13(5):79-87.

[31]石浦.木聚糖和甘露聚糖可作为环保食品包装材料[J].农产品加工,2013(2):74.

[32]梅瑜,活泼,谢国建.国内外食品包装材料的研究进展[J].浙江农业科学,2013(11):1490-1497.

[33]洪泽雄.绿色食品包装材料的发展[J].轻工科技,2015,196(3):22-23.

# 现代包装设计对社会及消费群体的影响力探析

张蕾（中州大学　艺术设计学院，河南　郑州　450048）

**摘要**：随着生活水平的提高，人们对商品的包装要求也越来越高。本文分析了现代人因包装设计而产生的消费心理，从包装对消费群体的吸引力、消费者通过产品包装而产生的购买行为特征和现代包装设计的注重点三个方面来进行阐述。讨论了如何对产品包装进行设计才能满足现代人的需求，达到包装设计带来过目不忘的效果和增强购买欲望等目的。

**关键词**：包装设计　购买　消费心理

当今社会，人们的生活水平不断提高，人们对物质的需求不断提高，现在的人们在解决温饱的基础上已经走向小康生活，人们不再仅仅满足于最基本的物质需求，而对物质的包装越来越挑剔。人们都知道，包装所起到的作用是保护商品，其次是美化商品和传达信息。值得注意的是，对现代消费者来讲，后两种作用越来越显示出它的重要性。在现代社会给人们带来的便利中，越来越多的超市占领着各大中小城市，超市已经成为老百姓生活中不可缺少的一部分。超市的不断扩展，使包装设计更应该突出商品的信息和价值功能。那么怎样才能使消费者购买到自己想要的商品呢?从事包装设计的设计师们认为，好的包装设计除了解决设计中的基本原则外，还要研究该产品在消费群体的影响力及消费群体的心理活动，这样该产品才能在同类商品中脱颖而出。

## 1 包装对消费群体产生的吸引力

在多数商品中，绝大部分的消费群体对自己所熟知的品牌有着强烈的感情，而对其他的品牌视而不见或是产生怀疑。例如：一个蒙牛产品的忠诚用户是不会喝伊利产品的；一个用惯了某种化妆品的人使用其他品牌时就会感到不舒服。因此，商品的包装将起到对消费群体最直接的目标刺激，因而达到购买的目的。那么商品的包装设计从一开始就应该朝着这一目标进行。即使消费者不准备购买此种商品，也应促使他们对该产品的牌子、包装和商标及生产厂家产生好的印象。消费者决定花钱买东西的行动是在某种动机推动下进行的。

人们的行动一般都是由一定的主观内部原因即动机支配进行。而动机又与需要密切相关，动机是在一定条件下的需要的体现，是由人的需要转化而来。换言之，人是为了满足某种需要才行动的。比如，炎热的夏季，空调的销售量一定很好，是因为人们会到商店购买空调来解暑。消费者购买行为是由需要转化而来的，但是人的需要并不一定就能够使消费者去购买，需要往往以愿望的形式被人体验到。比如，很多女性都希望自己拥有好的皮肤。但是如果没有出现抗皱等相关的化妆品，这种愿望并不能推动人们购买化妆品的行动，而仅仅以愿望的形式存在人的心中。

## 2 消费者通过产品包装而产生的购买行为特征

### 2.1 消费者购买行为

消费者购买行为分两种：第一种是购买能满足

生理和物质需要；第二种是购买能满足社会和精神需要。比如，购买食物、衣物、鞋、保健品等，基本上是为了满足充饥、营养、保温等生理需要。购买书籍、手机、电脑、VCD 等是为了工作的需要，或是为了满足精神上的需要等。

2.2 消费者的购买行为动机

消费者的购买行为动机同样也分两种：一种是满足精神、社会需要的动机常常伴随满足生理、物质需要的动机。比如：经济收入微薄的消费群体往往选择的是物美价廉的商品，他们只注重商品的使用价值，而不注重商品的包装及品牌。这是由一种购买动机支配的购买商品的行为。另一种是经济收入丰厚的消费群体往往选择的是商品的品质，他们注重商品的包装精致程度和品牌。这部分消费群体的购买动机就是生理、物理需要与精神、社会需要交织在一起，其中精神、社会需要占了主导地位。随着生活水平的不断提高，消费的需要不断变化，在确立包装设计的目标和定位时，就应多从满足人们的社会生活和精神需要着想。

2.3 消费者的需求

消费者的需求是从低级向高级的一种转变。现在的人们在满足温饱的基础上正走向小康生活，而走向小康生活的人们又追求着更高的物质精神需求，这反映出来的是人们需要的发展。但是高级的物质精神、社会需要不会自发产生，而是在社会现实环境和教育及市场发展规律的影响下才能形成。消费者高级需要的形成在一定程度上也受包装设计的指导和影响，即消费者购买动机是受商品包装指导的。比如，酸奶的包装设计，如果只宣传酸奶解渴及有营养的作用而忽视其奶中所含人体需要的益生菌等对身体有益的菌类，以及卫生健康的介绍，效果一定不会很好。因为现代消费者对酸奶的需要不仅是解渴营养，还要补充人体内所需的一些有益菌类元素。设计应主要体现其奶质来源，含有丰富的人体所需的有益菌类，以及保证饮用安全健康等。这样，消费者就会被感染，就会按照包装设计的指导进行购买，从而满足人们的物质需要。只有做到知己知彼，了解消费者购买动机的规律，才能使包装指导消费的作用得到体现。

## 3 现代包装设计的注重点

3.1 引人注意是增强包装效果的首要因素

在人们的视觉认知中，商品包装的文字、图片、色彩及造型形态都是一种“视觉元素”的刺激物。

（1）文字在包装设计中占有举足轻重的地位，是画面构图中的重要组成部分，它不仅是信息传达的手段，也是构成视觉感染力的重要因素。如何搞好文字设计，发挥其特有的魅力，是设计过程中不可忽视的重要环节。包装中文字的构成包括品牌文字（商品名称）、拉丁字（汉语拼音或英文）、厂名（厂址、电话等）、说明文字、广告语等，其中品牌和拉丁文字为主要文字，它们在构图中所占位置和面积都比较突出。有的包装全部画面都是由文字构成的。所有文字由在构图中的地位、位置决定其字体、大小、颜色、空间比例等。品牌和拉丁字体的处理手法和字体的选择是决定文字在画面中甚至整个包装中效果的关键所在，尤其变体字的设计要规范而有个性，有时变体字可成为一个品牌甚至一个企业的标志或品牌形象的象征。文字的设计应根据不同商品的整体构思来选用字体，或庄重大方，或轻松活泼。

（2）包装中的色彩对其产品的影响也是非常大的，每个产品应该根据其产品的特点选择适应的颜色，这是同其他绘画用色最大的区别。例如食品、化妆品、五金用品、娱乐用品、文教用品、医药用品等都有不同的属性用色。属性用色同构图、表现手法等共同构成了某类商品的属性特征。即使是同类商品也还有其属性色区别，如镇静药和滋补药、中药和西药；化妆品中女士用品和男士用品等。这种色彩属性的形成因素是久远的、复杂的，可从物理的、生理的、心理的等方面去研究。

3.2 注重包装设计的表现形式

包装表现形式主要有：①突出商品的自身形象。一般采用摄影形式把商品本身的诱惑点呈现出来。比如食品、饮料等包装，以食品美味的诱惑力冲击人们的视觉，诱发人们的食欲。此种表现一目了然，商品形象真实、生动，便于识别选购。②突出商品的使用对象。画面以具体形象展示其商品的使用对象，如女士用品、男士用品、儿童用品、老年用品、宠物食品等。此种表现形式针对性强，便于选购。③以抽象图案和文字组合构成。绘画表现手法是以写实技法描绘商品主要内容，抽象表现则是写意的，以完全抽象、概念化的形象表现对象。多以点、线、面、色块或肌理效果等构成画面。简练、醒目，现代感、形式感强，视觉冲击力强，是包装设计的主要表现手段。此种表现形式要注意图案的新颖，画面空间的分割和黑、白、色调的层次。④以标识或文字为主题形象。许多商品不宜或不需要用以上几种形式表现，而在画面中以极醒目的标识或文字来装饰，以及用标识信息和文字语言直接与消费者沟通交流，简洁明了，形式感强。此种表现应在文字字体变化和构图经营上巧下功夫。⑤以强调商品自身特点作为构思依据。找出商品自身与众不同之处，以夸张的表现方法进行设计，使画面形象产生趣味性，增强产品魅力。如“泡泡糖”的设计可夸张泡泡的形象；冰激凌的设计可通过冰激凌自身造型进行夸张处理以达到表现其冰凉美味等。⑥“开窗”表现手法。开窗形式是让产品的主要部分直接展示给消费者，这种设计使消费者能直接看到商品内容，让人感到“货真价实”，便于消费者辨识、选购。⑦绘画表现手法。在众多包装设计手法中，绘画的表现形式也是十分重要的。绘画表现法根据整体构思可用写实或写意的手法，但无论如何表现，都不能离开商品的主题。借助绘画形式来表达，不受机械条件的限制，不受时间、空间的约束，具有多样的变通性，依据商品的内容需要和设计构思的需要，充分发挥设计者的创造能力，而各种艺术手法的表现力又可获得千差万别的视觉效果。如斯里兰卡、印度的茶叶包装，采用具有南亚风情的古典绘画，有效地体现了地域特色和民族风格。我国设计师采用汉画像砖的形式来表现茶农采茶的茶叶包装，体现我国的特色。日本的有些食品包装运用类似我国写意国画的形式表现内容物，结合现代构成形式，既有现代感又有民族性。

3.3 商品包装的效果

成功的商品包装不仅能引起消费者的好感，而且还会起到“过目不忘”的效果。

商品的包装要想引起消费者的好感，从而达到过目不忘的效果，就必须要体现商品自身鲜明的个性特性，包装的设计必须简洁明了，具有一定的独特性。比如简洁明了的文、图、形象，同时还要反映商品文化特色和现代消费时尚，才能让消费者永久记忆。

**结语**

人们的心理活动往往是难以捉摸的，非常微妙。人们往往凭自己的喜好、习惯、印象去购买商品。通过商品包装对消费者的心理测试证明，成千上万种包装所传达出来的美与丑、高雅与庸俗、关注与排斥，这些心理上的情感，不仅男女老少各不相同，也因国家、地区及个人的偏爱而不同。

总而言之，改善包装设计对加强人们的消费心理，激发人们的消费欲望，培养新的消费市场都起到了极大的作用。所以，作为一个优秀的包装设计师必须要做到的是在设计每一种产品包装的时候，都要对产品进行系统的了解，通过对该产品的市场分析，掌握产品自身的特点特性、设计形式及适用于哪些消费群体，分析消费群体的各种心理，从而提高包装设计的效果，促使消费者产生购买商品的行动。

**参考文献**

[1]张慧玲.论包装设计与消费心理的关系[J].浙江工商职业技术学院学报,2008(2):29-30.

[2]骆光林,方长青.包装与销售心理[M].北京：印刷工业出版社,2005.

[3]赵敏婷,葛腾.论色彩与消费心理在商业包装设计中的偶合作用[J].价值工程,2010(6):181-183.

[4]李明辉.从消费心理谈包装设计的视觉冲击力[J].包装世界,2010,5(3):118-121.

[5]陈瑰丽.论现代消费心理与包装设计的双向互动[J].包装工程,2006,27(4):269-271.

# 药品塑料瓶包装凸显优势

邓桂芳（广东省江门粤会化工材料公司，广东 江门 529100）

**摘要**：随着科技的不断进步，人们需求的不断提高，新产品的不断创新发展及我国在医药包装方面的大力投资发展，相信未来的中国药用塑料瓶市场值得关注。针对药品塑料瓶引领医药包装市场走向未来，论述了塑料瓶在医药包装市场取得的进步，分析了典型药用塑料瓶包装材料的性能特点，介绍了药用塑料安瓿无菌包装，阐述了药用塑料瓶的造型、结构特点及其成型方式，指出了药用塑料瓶在药品包装中的性能特点。

**关键词**：药品包装　塑料瓶　成型方式　性能特点

众所周知，发达国家在医药和医疗器械产品上均十分重视外包装的开发，随着科技的不断进步，人们需求的不断提高，新产品的不断创新发展及我国在医药包装方面的大力投资发展，相信未来的中国药用塑料瓶市场肯定是值得关注的，也是大有可为的。将高科技融入药用塑料瓶的创新研发当中，预示着药用塑料瓶市场未来将会有更加广阔的发展前景。

## 1 药品塑料瓶引领医药包装市场走向未来

如今是一个日新月异的时代，每天都会发生新的变化，塑料包装也在随着这些变化不断地进行改进。现在已经有一些厂家开始进行塑料包装瓶的更新换代，试图以全新的塑料包装瓶快速地融入现代年轻人的市场。面对激烈的市场竞争，传统老式的玻璃包装瓶或是一些不透明的口眼药包装瓶，已经不能满足人们的需要。甚至有的老式的玻璃包装由于其技术的不过关，玻璃瓶中会掉落一部分玻璃粉末，混入药物中，使药品变成毒品，既不卫生也不安全。全新的塑料包装瓶的出现打破了包装产品的常规，促使包装瓶的材质发生了变化，从而改变了包装的模式。塑料包装瓶的制作需要进行高温杀菌的处理，在进行拉伸、吹塑、成型的过程中，塑料中的微晶体取向面通过其基本结构的变化可以改善塑料包装瓶的强度、硬度和透明度，成为引领潮流的新一代包装，展现出美观性和实用性相统一的特性。

医药瓶用色母料，材质构造有纸/塑料、塑料/镀铝塑料、纸/铝箔/塑料和塑料/铝箔/塑料等多种方式，让瓶体更加透明。这样在配药时易于分辨药品。据悉，这种新型的色母料主要用于 PET 公司在全球范围内供给塑料基料色母料，而在医药包装材料着色剂的供给上处于世界领先位置，其高质量的产品具有耐光性、防紫外线、清淅、色彩娇艳的特点。PET 具有优异的耐化学药品机能，能用于除强碱和有机溶剂外的一切物品的包装，PET 树脂的回收操纵率高于其他塑料。医药瓶应具有足够的刚度和美观的形状。卵形医药瓶，刚度也较高，但模具的制造难度较高。医药瓶最常见的形状有圆形、方形、卵形等。因此为保证医药瓶的刚度，除选择刚度高的材料外，还要通过医药瓶的形状设计，增强医药瓶的刚度和耐负荷强度。医药瓶必须具有承受外力作用的功能，它能够适应多种运输方式和仓库储存方式，保护内装物不致受到损坏。医药瓶应具有使用利便的功能，医药瓶的瓶口设计要考虑开启便利，且能多次开启和封锁，倾倒内容物要便利。医药瓶产品设计时，可以在密封器附加其他功能：如防伪、防盗、防堵塞、喷雾等。从使用角度来看，它们各自有其优缺点。对外界粉尘、水和其他液体物质的阻隔作用；防止包装物受到污染和侵蚀；防止紫外线穿透，适应环境温度变化，保护包装物免受阳光和紫外线的损害。医药瓶必须具有保护内装物的功能，塑料瓶可以做到防潮、防水、防尘、防侵蚀。圆形医药瓶刚度较高，但形状不美观。医药瓶使商品具有展示功能，医药瓶可以通过美观的造型、鲜艳的色彩、光洁的表面和透明性，显示商品的展示功能。

药用塑料瓶是吹塑加工成型的塑料瓶，是用来包装药品、药液、溶剂、化学试剂的塑料容器。

医药包装将随着医药业的发展而不断完善。针剂药液包装以一次性塑料注射器为主。大输液包装改进的方向有两个：复合软包装袋和塑料瓶。口服液包装最主要的包装形式是玻璃瓶和管制玻璃瓶，新型的塑料易开盖式口服液瓶也已经问世。今后 5 年将是中国医药包装行业快速发展的关键时期。近年来，我国各行各业发展迅猛，我国吹塑市场在行业的快速发展带动下，也经历了高速发展阶段。随着塑料医药瓶行业的不断发展，我国塑料医药瓶市场竞争也越来越激烈。现已形成了河北沧州、台州玉环、广东佛山三个医药瓶生产基地。

目前，我国医药包装行业的年产值在 150 亿元人民币左右，仅能满足国内制药企业 80%左右的需求。按照目前中国医药工业的发展速度，药包材年生产总值将在短期内迅速突破 200 亿元人民币。国家对这一领域的监管更为严格，塑料医药瓶的生产与普通塑料瓶有很大的不同。要求塑料医药瓶企业必须有药包材生产资质证书，有专业的净化车间，塑料医药瓶将有更多的发展新亮点。在当前环境下，我国塑料医药瓶企业应该寻找一些新的市场突破点：可以慢慢地开拓农药瓶、食品瓶、兽药瓶等市场，这些市场在瓶型和吹塑工艺上都基本一致，可以快速进入；可以积极地开拓性保健塑料制品市场，这个市场与医药市场也有着很高的关联度也比较容易进入。部分国产医用塑料制品的优势逐渐减小，出口产品仍然以低端为主，而市场上需求量较大的塑料医药瓶产品的研发与生产及市场扩张仍有待加强。为使我国塑料医药瓶在医药上有更为广泛的应用及市场，应加强生物研究，加大投入、开发国内外市场急需的高端医用塑料制品。医用塑料瓶产品加工生产企业只有走“技术创新”的路子，才能开创出一片新天地。

## 2 塑料瓶在医药包装市场取得的进步

药用塑料瓶一般采用 PET 材质，具有质轻、强度高、不易破损、密封性能好、防潮、卫生，符合药品包装的特殊要求等优点，可不经清洗、烘干即可直接用于药品包装，是一种优良的药用包装容器，广泛用于口服固体药品（如片剂、胶囊剂、颗粒剂等）和口服液体药品（如糖浆剂、酊水剂等）的包装，与其他塑料中空包装容器相比，药用塑料瓶有许多特殊的地方。药用塑料瓶是基于吹塑加工的原理制作形成的塑料瓶，为保证药品在有效期内不受潮、不变质，药用塑料瓶具有很好的密封性和阻透性，能防止光、热、水蒸气、氧气等对药品的影响。药用塑料瓶生产加工企业所生产的塑料瓶包括酒精、碘伏、明碘等药品药液的包装瓶。

由于塑料瓶包装产品具有其自身独特的优势，药品包装的形式也因此不断地变化，原来的纸袋包装、塑料袋包装、玻璃瓶已发展到现在的聚乙烯塑料瓶、聚丙烯瓶、聚酯瓶、铝塑包装等塑料瓶包装形式，而汽罩包装及条形复合膜包装也将成为固体剂型药品包装的主流。与此同时，环保、安全、健康等更多问题也随之备受社会各界的关注。为适应消费者环保意识的变化，医药包装企业已着手进行塑料瓶包装的开发，主要有可循环使用的绿色包装、环境调节包装、高阻隔包装、无菌包装、抗菌包装等。随着科学技术的不断发展和创新，近年来，塑料瓶包装在医药包装市场上取得了明显的进步。包装市场的不断变化及包装技术的不断进步，高质量、高性能的塑料包装瓶在包装市场上逐渐成为领军产品，引领包装市场走向未来。

在现在的塑料瓶包装中，因为塑料瓶包装产品具备独特优势，药品包装形式也因此不断变化，原来的纸袋包装、塑料袋包装、玻璃瓶已发展到现在的聚乙烯瓶、聚丙烯瓶、聚酯瓶、铝塑包装及条形包装，而汽罩包装及条形复合膜包装也将成为固体剂型药品包装的主流。但同时，环保、安全、健康等问题也随之被社会各界所关注，随着塑料瓶技术的不断发展和创新，近年来，塑料瓶在医药包装市场开始取代玻璃瓶。玻璃瓶稳定性差，易碎，不利于运输，能源消耗量大，塑料包装替代玻璃包装是包装工业向轻盈、耐用方向发展的必然趋势。随着软包装材料及工艺发展，其广泛应用于医药外包装。要求医药外包装有很强的阻隔性，要具有玻璃一样的高透明度，使消费者可以直接看到产品。国内产品目前普遍存在保质期短、韧性差、易爆袋等问题。

玻璃瓶在几十年的应用后，已迅速退位给了塑料瓶。但它们存在一个共同弱点，都是硬包装容器，这就需要在输液过程中引入空气产生压力使药液滴出，从而大大增加了输液过程中二次污染的可能性，特别是在杂菌较多的医院。而软包装多层共挤膜制输液袋则较好地解决了这一问题。药用级聚烯烃多层共挤膜由多层聚烯烃材料在洁净条件下同时熔融交联挤出，生产过程中不使用黏合剂和增塑剂，筒状出膜始终保持密闭状态，可避免污染。这种膜材耐高温、透光性好、弹性好、抗跌落，对水蒸气、氧气和氮气的阻隔性好，适宜灌装各种电解质输液、营养输液和治疗型输液，而且不含氢化物，用后处理时对环境不造成影响，是输液包装材料发展的方向。也就是说，塑料软包装质轻、柔软、废料少、占用空间小、成本低、节约资源，因而更具有竞争力。在医用聚氯乙烯 PVC 硬片或其他材质硬片方面，现在最常用的泡罩包装材料是聚氯乙烯硬片。泡罩包装选用 PVC 材料，取其良好相溶性能，且容易成型和密封，价格低廉。但其热稳定性差，对水蒸气和氧气的阻隔性低。PVC/PVDC 涂布复合材料是阻隔性能最好的一种材料，它可在高温和高湿的条件下使用，而且其他性能与 PVC 相近。

随着人们对医用包装瓶环保观念的深入，PP 片材逐渐成为目前国际药包领域流行的新材料。医药瓶经过 PP 片材改性后具有优良的气密性、透明度、绝缘性、较高的耐冲击强度和良好的加工性能，且无毒无害。特别适用于高档、新型的、易于分解或发生化学变化的药品，能有效保护药品的品质。现有的泡罩包装设备便可使用，不需要添置任何新的设备。环烯烃共聚物 COC 有非常好的热成型性能，但自身易碎，因此常与 PP 复合以利于保持形状。

它是作为热封面与冷成型铝复合的理想替代产品，三氟氢乙烯均聚物复合材料成型性能与被用来复合的承接面的性能相近，模具表面有无涂层都可使用。业内专家预计，未来5年，全球塑料瓶包装行业将会成为药品包装市场经济增长的第二大支柱点，在我国也将成为发展速度最快的药品包装行业，到2050年时我国将会成为世界上最大的药品塑料瓶包装市场。

## 3 典型药用塑料瓶包装材料的性能特点

塑料具有质轻、透明、有韧性、易加工、成本低廉、耐碰撞、不易破碎等优点，能够做成各种规格和形状的塑料瓶和塑料袋，同时还能与多种包装材料复合制成高性能的复合包装材料，因而被广泛用来包装药品。典型药用塑料瓶包装材料有如下性能特点。

聚乙烯（PE），具有无毒、卫生、价廉的特点，有良好的柔韧性，透明性随分子量的不同而各异，有很好的防潮能力，易于加工成型，有优良的热封性和热黏合性能，耐寒性强；但气密性不良，印刷性能差，强度和耐热性不高，容易受光和热的作用而降解，一般需加入抗氧剂，常用的抗氧剂为丁基羟基甲苯或双月桂酸硫代二丙酸酯。

聚丙烯（PP），是一种半结晶的热塑性塑料。具有较高的耐冲击性，机械性质强韧，抗多种有机溶剂和酸碱腐蚀。外观与聚乙烯相似，但比聚乙烯更轻更透明，无味、无毒，防潮能力好，可防止异味透过，耐热性高，在135℃的蒸汽中消毒100h不被破坏；其缺点是耐老化性差，印刷性能不好，不适宜在低温下使用，气密性不良。

聚酯（Polyester），是一类在其主链上含有酯基官能团的聚合物。虽然聚酯有很多种，但是聚酯通常对应于其中的特定一种——聚对苯二甲酸乙二酯。由于其透明性好、强度高、尺寸稳定性优异、气密性好且无味无毒，常用来代替玻璃容器和金属容器及片剂、胶囊剂等固体制剂的包装；PET经双向拉伸后形成BOPET，常用于包装中药饮片；另外，由于具有优良的防止异味透过性和防潮性，可作为多层复合膜中的阻隔层以保证药品在有效期内不变质，不受光线照射而裂解，如PET/PE复合膜等。PET的缺点是在热水中煮沸易降解，不能经受高温蒸汽消毒，且易带静电，不能热封。

聚偏二氯乙烯（PVDC），其透明性好。印刷性和热封性能优异，对水蒸气、气体、气味的透过率极低，具有优良的防潮性、气密性和保香性，是性能极佳的高阻隔性材料。它的缺点是耐老化性差，容易受热和紫外线的影响而分解出氯化氢气体，其残余的单体也有毒性，因而用作药品包装材料时应严格控制其质量；另外，由于其价格昂贵，在医药包装中主要与PE、PP等制成复合薄膜用作中剂和散剂等的包装袋，以充分发挥其阻隔性好的优点。

聚萘二甲酸乙二醇酯（PEN），其透明性、阻隔性好。力学性能优良，玻璃化转变温度高达121℃，结晶速度较慢，易制成透明厚壁耐热瓶。由于PEN的价格较高，通常采用PEN与PET共混，以降低成本，其气密性和保质期与玻璃瓶相当。PEN有较强的耐紫外线照射的特性，所以药品的成分不因光线照射而发生变化，常用于口服液、糖浆等的热封装。

聚氯乙烯（PVC），是氯乙烯单体（VCM）在过氧化物、偶氮化合物等引发剂，或在光、热作用下按自由基聚合反应机理聚合而成的聚合物。氯乙烯均聚物和氯乙烯共聚物统称为氯乙烯树脂。PVC防潮性、抗水性和气密性良好，可以热封，并具有优良的印刷性能，在药品包装中，硬质PVC主要用于制作周转箱、瓶等；软质PVC主要用于制作薄膜、袋等。近年来随着药品包装质量和档次的提高，为半硬质PVC片材开辟了新的应用空间，目前大量的PVC片材被用作片剂、胶囊剂的铝塑泡罩包装的泡罩材料。

聚苯乙烯（PS），主要用于发泡成型，用作保温、隔热、防震、包装材料及漂浮制品。是一种无毒无味、类似于玻璃状、无色透明的材料，着色和印刷性好，吸水率低，具有较好的尺寸稳定性、刚性而无延展性，主要用来制作药品的小型包装容器。其缺点是耐冲击强度低，防潮性、耐热性差。用于药品包装的塑料还有乙烯-醋酸乙烯共聚物、聚酰胺、聚四氟乙烯、聚碳酸酯、醋酸纤维素、聚氨酯等。

西药片剂是当今种类最多、销量最大的医药、保健、食品剂型，其中塑料瓶和铝箔泡罩包装正成为最主要的片剂包装形式。近年来，我国药用塑料瓶包装有了较快的发展。药用塑料瓶包装具有质轻、无破损、卫生等优点，符合药品包装的特殊要求。目前国内在药品片剂、胶囊包装方面，已逐步实现以“塑”代“玻”。优质药用塑料瓶的应用，离不开合理的瓶体结构设计和完善的生产设备及成熟的工艺方法。药用塑料瓶生产企业的技术人员应首先了解生产的药瓶所包装药品的化学及物理性质，其次应清楚制瓶所选用的原料及辅料对所包装药品是否有影响。如果制作塑料瓶时使用的配合剂量不当，其微量成分的迁移将会改变药品的药用效果，甚至会危及服药者的生命。药品是一种特殊商品，生产药用塑料瓶的厂家均应从每一个生产环节对卫生加以严格控制，要符合 GMP 的有关要求，同时还要掌握有关法规。

### 4 药用塑料安瓿无菌包装

塑料安瓿是以塑料粒子为原料，通过吹灌封三合一无菌灌装技术生产出来的注射制剂包装，与玻璃安瓿相比有安全和便于开启的优点。

塑料安瓿生产工艺流程如下：一是挤出/成型。塑料粒子在注塑机内经挤压热熔后（170~230℃、350bar），由挤出头进入打开的模具中，在挤出头下切断，主模具合拢，芯轴下降到模具顶部通过洁净的压缩空气吹制成瓶（小容器成型采用抽真法）；二是灌装。通过特制的芯轴，将待灌装的药液用时间压力控制方法注入塑料容器内；三是密封/模具打开。特制的芯轴单元抽回后头模合拢进行密封，模具打开，塑料安瓿送入下一个工序。以此循环往复，不间断工作。塑料安瓿通常由 PE 或 PP 材料制成，PE 材料不能灭菌，PP 材料可最终灭菌。由于一些药品热稳定性差、或遇高温时部分活性成分会丧失，降低疗效产生副作用，因此此类药品可通过无菌生产工艺制成塑料包装制剂的方法进行生产。

药用塑料安瓿无菌包装有如下优点：药用塑料安瓿无菌包装技术可有效达到无菌标准。塑料安瓿无菌包装是通过在一台设备的连续运行的工艺中，完成对塑料安瓿的成型、液体药品的灌装，以及最后将灌装好的塑料安瓿进行封口，所有这些工序都在无菌条件下一次性完成。在两道工序之间，产品不能暴露在有菌环境中，且所有工艺介质（药液、空气等）均经过除菌过滤，然后进行安瓿的检漏、灭菌柜灭菌（如果需要）、贴标（或印字）及包装。生产过程简单，将外部污染如人为干扰、环境污染、物料污染降低到最低程度，确保达到很高的无菌水平。这种技术已经使用了大约 30 年，已经证明污染率在 0.1%以下。通过总结和分析介质灌装的数据，印证了吹瓶—灌装—封口三合一系统的污染率可以达到 0.001%。

行业的激烈竞争和企业自身发展的需要对塑料安瓿产生了需求。目前，国内医药的竞争日趋激烈，产品同质化现象严重。在这种情况下质量稳定、用药安全性高的塑料安瓿包装无疑会为企业提高竞争力增加强有力的砝码。塑料安瓿包装可塑性强，能帮助企业提高品牌形象。此外，塑料安瓿无菌包装技术还具有保证高级别产品、低生产成本、操作简单等主要特点。

无菌药品一般指没有活体微生物存在的药品。无菌药品的特性是：无菌（浮游菌、沉降菌、表面微生物）；无热原（细菌内毒素）；无悬浮粒子。药用塑料安瓿无菌包装产品：无菌药品生产的种类包括最终灭菌产品的配制、灌装和灭菌；除菌过滤；无菌工艺制备。最终灭菌产品是指能在最终容器中经受灭菌的产品，此类产品生产时最关键的是要将灭菌前的微生物含量降至最低，以使产品对灭菌工艺的挑战性减至最低，这就要求选择可行的无菌生产工艺。除菌过滤产品不能承受最终灭菌，如热敏性产品，此类产品在洁净条件下生产，灌装前，产品经除菌过滤至容器里，灌装操作在无菌条件下进行，塑料安瓿无菌包装工艺包括最终灭菌产品和除菌过滤产品。塑料安瓿由于材质的延展性高，不会产生碎屑，故能克服玻璃安瓿的缺点。据药品检验所对玻璃安瓿与塑料安瓿产生的不溶性微粒检测的结果，塑料安瓿产生的不溶性微粒明显少于玻璃安瓶。临床医院对玻璃安瓿与塑料安瓿使用中产生的不溶性微粒进行比较试验的结果也显示，微粒数（>2μm）塑料安瓿为玻璃安瓿的 1/18，微粒数（>5μm）塑料安瓿为玻璃安瓿的 1/20，微粒数（>10μm）塑料安瓿为玻璃安瓿的 1/10，塑料安瓿注射液的微粒数要明显少于玻璃安瓶注射液（$P<0.05$）。

此外，塑料安瓿还有以下特点：采用扭力开瓿，旋转即可开瓿，操作方便，同时材质为聚乙烯，断口不锐利，不会划伤护理人员；标识采用彩色印刷标签，清晰易辨，防止给药错误；材料结实，防撞击，便于运输和携带。塑料安瓿采用的材料和技术，可以更好地保证水针的质量，使临床使用更安全、更方便，顺应了国家对医药包装行业日益严格的要求和市场发展的需要。

### 5 药用塑料瓶的造型、结构特点及其成型方式

药用塑料瓶的原材料主要有高密度聚乙烯、聚

丙烯和 PET 树脂。高密度聚乙烯具有质轻、无毒、无色、无臭、无味化学稳定性好，不受强酸、强碱等多数溶剂的影响，耐磨性、耐寒性和阻湿性能也较好，而且有足够的强度、刚度及抗冲击性，加工也很容易，适合吹塑中空制品。也可加入一定量的低密度聚乙烯和线型聚乙烯以调节加工和使用性能。聚丙烯具有优良的力学性能，屈服强度、抗张强度大，硬度高，弹性和抗力破裂性能优越，化学稳定性好，耐强酸、强碱和大多数有机物，气密性、水蒸气阻隔性优良，熔点高达 170℃，特别适合高温消毒灭菌，是一种优良的制造药用塑料瓶的塑料材料，也可加入聚乙烯共混使用以满足要求。

塑料瓶的造型与外形结构特点：目前药用塑料瓶的形状有圆形、方形、椭圆形等。圆形瓶体的用量最大，其特点是壁厚较均匀，吸收冲击能量的能力较高，生产成本较低，但储存或运输时有效面积的利用率低。正方形或长方形的瓶体储存时的有效面积利用率高，稳定性好，但较易发生鼓胀现象。塑料瓶的规格尺寸目前尚未有明确统一的规定，通常是根据用户的需要和药品的性质而定。塑料瓶的容量除了有公称容量外，还有满口容量，它比公称容量大一些，具体要求视瓶口直径与瓶的高度而确定。下面以中小型塑料瓶为例，依次从塑料瓶口、瓶颈、瓶肩、瓶身及瓶底等部位分析其结构特点。

瓶口结构特点：盛装片剂、胶囊用的塑料瓶，其瓶口直径的设计主要考虑欲盛装药品单个体积加上适当空间，既要满足机械装药的需要，也要考虑患者用药时的方便。塑料瓶颈部处的螺纹形状的横截面多数呈半圆形，从外部看为两头细螺纹。也有呈梯形的螺纹，称单头螺纹。瓶口颈部螺纹形式的设计主要取决于要与瓶盖具有良好的互配性，因为药品包装的阻湿性能很大程度上取决于瓶口与瓶盖的配合经施加扭力后的紧密度，此处是反映瓶口密封性能是否优良的主要部位。塑料瓶在装药后应采用可调节扭力大小的旋盖机来旋盖，扭力可按有关标准，视瓶盖的直径选定。瓶与盖的尺寸配合是阻湿的重要前提，而旋盖是否紧密则是阻湿效果优劣的关键。为保证药品的安全性，首先要提高瓶口部位的密封性，增加阻湿效果。目前，塑料瓶口均采用铝箔垫片电磁感应封口，而瓶盖多采用防盗盖。这种防盗盖可对密封破坏提供可见痕迹，其结构主要是瓶盖周围沿侧裙底有小孔，以形成断开线。当扭转瓶盖时，由于波形翻边的棘爪紧锁于瓶口下端的凸环下，反旋转盖即可沿断开线与锁圈断裂，以此鉴别药品包装后是否已被打开过，而作为患者用药开启与再盖也十分方便。

瓶颈与瓶肩结构特点：药用塑料瓶的外形采用圆形瓶体较多，纵向解剖看瓶体剖面，其瓶颈与瓶肩部由两个相切的圆弧半径组成，并从切点分成两段的圆台旋转体。设计时需要计算出瓶颈与中心线的距离（半径）、肩部半径、颈部圆弧半径，并相应得出瓶颈与瓶肩总的高度。影响瓶肩强度的主要因素是瓶肩部位的倾斜角，当肩部过于平坦时，瓶体容易发生瘪陷，因此当瓶肩长为 10mm 时，肩部倾斜角应超过 15°，此部位厚度不应小于 1mm，以保证在盛装和储存药品及使用过程中瓶体不发生肩破裂现象。

瓶身、瓶底结构特点：瓶身是呈圆柱形的圆形回转体，对瓶身的要求是壁厚均匀，瓶壁过厚会增大瓶体的重量，原材料消耗增大，同时瓶体内应力增大，收缩量也将增加；瓶壁过薄难以吹塑成型且强度低。一般要求是除瓶口处加强筋和螺纹部位较瓶体厚度大以外，其他部位壁厚应均匀一致。为提高塑料瓶的阻隔性及强度，瓶身厚度取值一般在 1.2~1.5mm，并有增厚的趋向。目前药用塑料瓶底部的设计均采用凸底或平底，双圆角结构居多。凸底即瓶底中央向瓶内凸起，形成拱穴，可增强瓶体的抗内压能力，并保证了瓶体的稳定性。吹塑成型时还可以避免塑料塌陷并可使瓶底厚度均匀。而平底双圆角的瓶底结构多数适用于大容积的瓶体，它能更好地承受内压力。

药用塑料瓶生产设备的成型方式：目前我国生产塑料瓶设备的成型方式主要有以下几种：挤出吹塑成型；注射吹塑成型；挤拉吹塑成型；注拉吹塑成型。以这四种成型方式生产的产品的性能结构均有差别。小型药用塑料瓶采用注射吹塑成型方式的设备受到制药厂的普遍欢迎，因为用注射吹塑成型方式生产的瓶体在成型过程中，设备的注嘴可以对瓶口进行注塑，从而保证了瓶口的精度，然后再由机械配置的芯棒吹塑瓶体，保证了塑料瓶体外形尺寸的精度，当瓶内盛装药品时，能有效防止瓶内药品气体的挥发和外部气体向瓶内渗透。由于注射吹塑成型机需要一副型坯模具和一副吹塑模具，故设备费用较挤吹塑成型设备要高。

药用聚酯原料的特性：用于瓶体吹塑的聚酯（PET）原料为饱合线性热塑性聚酯，主要应用机能指标为：特性黏度应控制在 70~85mL/g，使吹塑瓶具有较高的机械强度与透明性。PET 塑料瓶用于容积大（大于 2L）的瓶体，选用聚酯原料的特性黏度为 70~75mL/g。打针吹塑成型药用小容积瓶优先选用较高的特性黏度指标的材料出产为宜。因为原材料品种的选用准确与否，关系到出产过程成型工艺参数的选取和瓶体质量状况的优劣。在出产药用塑料瓶时，原料的特性黏度、结晶温度、冷却速率及取向效应等工艺数据尤为重要。这是由于聚酯材料是一种可结晶的聚合物，其结晶速率很小。目前，全世界聚酯产量正以两位数的速率增长。以聚酯为主要原料制成的药用塑料瓶无论从外观、光泽，还是理化机能和质量保证方面都是目前最理想的包装产品之一。

PET 树脂对氧气、水蒸气、气味阻隔性好，且抗张强度大，耐低温性能好，是用于药用塑料瓶的极佳材料。上述三类塑料原料制成的塑料瓶基本能满足绝大部分口服液体和固体药品包装的要求，已得到市场的认可，国家药品监督管理局也制定和发布了上述三类原料制成的口服液体和固体药用塑料瓶的国家标准。其他塑料材料如聚碳酸醋、聚苯乙烯等也有其独特的性能，但与以上三类塑料原料相比，使用没有那么广泛。

## 6 药用塑料瓶在药品包装中的性能特点

药用塑料瓶在瓶口直径的设计上通常考虑盛装药品体积加上适当余量空间。瓶口颈部螺纹的形状与瓶盖有良好的互配性，瓶口与瓶盖的配合并施加扭力后的紧密度有很强的阻湿性能。现在塑料瓶口均采用铝箔垫片电磁感应封口，具有防潮、密封和防盗功能。

瓶体强度高从纵向解剖瓶体的剖面看，瓶颈与瓶肩部由两个相切的圆弧半径组成，并从切点分成两段的圆台旋转体，设计时精确计算出瓶颈与中心线的距离、肩部半径、颈部圆弧半径及影响瓶肩强度的瓶肩部位和倾斜角度，可确保在盛装和储存药品及使用过程中瓶体不发生肩部破裂现象。药用塑料瓶身是呈圆柱形的圆形回转体，瓶壁过厚会增大瓶体的重量，使原材料消耗增大，同时瓶内应力增加收缩量也会增大，而瓶壁过薄则难以吹塑成型且强度低、易渗透。为提高塑料瓶的阻隔性及其强度，瓶身厚度一般为 1.2~1.5mm。塑料瓶底部的设计较多采用凹底或平底双圆角结构，可增强瓶体抗内压能力，保证瓶体的稳定性能。由于优质药用塑料瓶在符合 GHP 要求的净化车间中生产，洁净等级与药厂灌装阶段同级，制药厂无须进行瓶体清洗，消毒即可直接灌装，明显降低了药厂的生产成本。

为保证药品在有效期内不受潮、不变质，药用塑料瓶应具有很好的密封性和阻透性，能防止光、热、水蒸气、氧气等对药品的影响。药品包装和用药的特殊性，从几毫升到 1000mL 左右，形状大多为圆形，也有方形、椭圆形等形状。瓶的内壁与药品直接接触，制瓶材料必须符合药品包装的要求，以保证药品的安全性。口服固体和液体药用塑料瓶属一类包材，不经清洗和灭菌即可用于药品包装。因此，对微生物限度有较高要求，生产环境和生产过程应符合相关法规的要求。药用塑料瓶的形状、尺寸、结构等应适应制药企业各型灌装机装药的要求，适应高速自动灌装机的要求。

口服固体药用塑料瓶的外观一般为白色；口服液体药用瓶一般为茶色透明，也可按客户要求生产其他色泽的产品，色泽应均匀一致，无明显色差，表面应光洁，平整，不允许有明显变形和擦痕，不许有砂眼、油污、气泡，瓶口应平整光滑。产品使用材料的红外光谱应与对照图谱一致。

药用塑料瓶的密度为：口服固体和液体高密度聚乙烯瓶为 0.935~0.965g/em$^3$，口服固体和液体聚丙烯瓶应为 0.900~0.915g/em$^3$。密封性抽真空至 27kPa，维持 2min，瓶内不得进水或冒泡。

水蒸气渗透按试验条件，口服液体药用塑料瓶重量损失不得超过 0.2%：按试验条件口服固体药用塑料瓶水蒸气渗透量不得超过 1000mg/24h/L；抗跌性按试验条件，自然跌落至水平刚性光滑表面，不得破裂，此试验仅限于口服液体药用塑料瓶。震荡试验仅限于口服固体药用塑料瓶，按试验条件应合格。溶出物试验按标准的要求制备溶出物试液，口服液体药用塑料瓶对溶液澄清度、重金属、pH 变化值、紫外吸收度、易氧化物、不挥发物进行试验，结果应符合标准要求；口服固体药用塑料瓶只对易氧化物、重金属、不挥发物进行试验，结果也应符合标准的要求。

微生物限度按标准的要求和微生物限度法测定，VI 服液体药用塑料瓶细菌、霉菌、酵母菌每瓶不得过 100 个，大肠杆菌不得检出；口服固体药用塑料瓶细菌数每瓶不得过 1000 个，霉菌、酵母菌每瓶不得过 100 个，大肠杆菌不得检出。

异常毒性按标准和依法进行试验应符合规定。以上项目按标准规定的检验规则进行，与瓶身配套的瓶盖可根据需要选择不同材料，按标准中的溶出物试验、异常毒性项目进行试验，并应符合有关项目的规定。

全球对药用塑料瓶包装的需求增长速度快，增长强劲，需求量将以每年 4.3%的速度递增。我国由于迅速扩大的药物生产能力，其药用塑料瓶包装增长速度位居全球榜首。据有关资料统计，我国医药包装年产值在 150 亿元左右，药品包装已成为我国包装领域的重要分支。

随着我国医疗体制的改革、药品种类增加，包装形式也在发生变化。国外药品包装已大量采用汽罩 PTP 包装及条形 SP 包装，应用于片剂、胶囊等固体剂型包装。传统的中国药品包装较简单，防潮方面的技术远低于国际水平，产品损坏率很高。随着 GMP 在国内日渐普及和厂商对药品包装物料日益讲究，塑料在药品市场将有很大的发展空间。到目前为止，我国已能自己设计制造药用注吹成型设备、生产药用固体型塑料瓶的企业近 300 家，基本满足制药企业对塑料瓶包装的需求。品种由小型瓶 15mL 至中型瓶 300mL 不等，瓶形有圆形瓶、方形瓶及椭圆形瓶。大部分工厂按照国家药品监督管理局批准注册并发给《药包材注册证书》，使药品包装材料多品种专业化。

## 结语

总之，现在越来越多的塑料瓶用于医药品的包装中，医药瓶具有保护内装物的功能，可以防潮、防水、防尘、防侵蚀；对外界粉尘、水和其他液体物质有较好的阻隔作用，防止包装物受到污染和侵蚀，另外还能防止紫外线穿透，适应环境温度变化，保护包装物免受阳光和紫外线的损害。

塑料瓶包装产业具有自身的优势，现在医药包装的市场还在不断地发展，这对于整个医药瓶生产领域厂家来说，都是推动前行的内在动力所在。对于医药瓶市场来说，未来塑料瓶包装将成医药包装主角。随着塑料行业的飞速发展和技术的不断创新，塑料包装在药品包装行业也会有很大的发展潜力。

## 参考文献

[1]胡志鹏.我国将成为最大药品塑料瓶包装市场[J].中国包装,2010,30(3):82-82.

[2]胡志鹏.未来我国将成为世界最大药品塑料瓶包装市场[J].橡塑机械时代,2010(3):28.

[3]胡志鹏.塑料瓶包装将成药包装主角[J].中国包装,2010,30(2):83.

# 国内包装领域专利申请趋势浅析

孔栋　娄莺（国家知识产权局专利局专利审查协作江苏中心，江苏　苏州　215500）

**摘要：**本文通过对 2009 年后国内包装领域专利文献进行分析，初步描绘出包装领域专利申请趋势和方向，并重点结合国际分类体系对未来包装行业发展热点进行介绍。

**关键词：**包装　专利　分类

## 1 包装行业发展概述

现代包装从 20 世纪 30 年代开始兴起，到 20 世纪 80 年代末基本形成较为完善的包装体系，我国包装行业在 80 年代初才开始发展起来，快速发展并形成规模。

近十年来，中国包装工业总产值从 2002 年的 2500 多亿元，到 2009 年突破 1 万亿元，超过日本，成为仅次于美国的世界第二包装大国。2014 年国内包装工业总产值完成 14800 亿元，包装行业社会需求量大、科技含量日益提高，已经成为对经济社会发展具有重要影响力的支撑性产业（见图 1）。

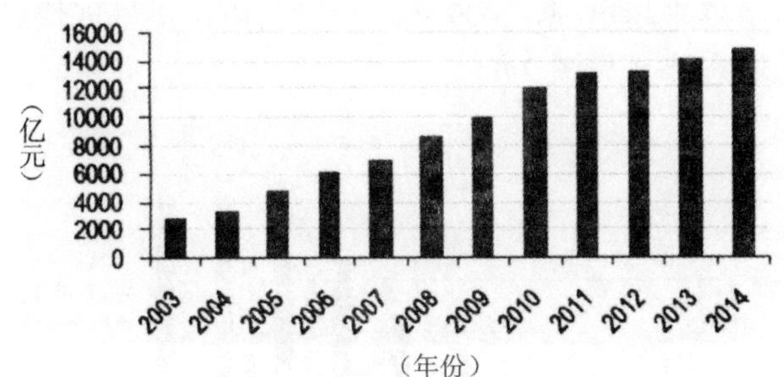


图 1　国内包装工业总产值

资料来源：中国包装联合会。

在 30 多年的发展过程中，包装行业也表现出三方面制约行业发展的瓶颈。

（1）小批量、个性化订单众多：包装行业下游涵盖食品饮料、医药日化、家电通信等诸多领域，包装种类纷杂、标准化低，难以实现规模经济。

（2）单品价值低、运输半径限制：包装物产品的价值量通常较低，受到运输半径限制，包装行业区域分散，龙头包装企业需要跨区域布局，非上市公司在资金投入能力方面不具备优势。

（3）附加值低、盈利水平低：除了具备一定技术要求、高端产品的包装，大多数中小包装企业产品档次、附加值含量低，缺乏设计研发能力和自主创新能力。

中国经济在经历了30多年的高速增长之后，支撑发展的各方面条件都在改变，潜在增长率也趋于下降，传统的粗放式增长模式难以为继。包装行业同样需要在新的环境中、新的平台上实现新的均衡，必须积极应对新常态，学会适应新常态，提升研发能力和自主创新能力，加快转型升级。

## 2 包装领域专利分析

当今世界，随着知识经济和经济全球化深入发展，知识产权日益成为国家发展的战略性资源和国际竞争力的核心要素，也成为企业在市场竞争中的重要砝码，其中专利成为企业发展和竞争最重要的武器。

根据1975年生效的《国际专利分类斯拉斯堡协定》，成员国有给已公开的专利文献标注国际专利分类号（IPC）的义务。国际专利分类体系中分为部、类、大类、小类、大组和小组，通过IPC分类号就从全球专利大海中检索到特定技术领域的专利文献。绝大多数生产包装容器或装置都包括在国际专利分类表中的B65D小类中。通过对2005年后在中国申请的有关包装件或包装容器的发明专利和实用新型专利进行统计和分析，可看出整个行业对专利申请越来越重视，2009年之后专利申请量呈现快速递增态势（见图2）。

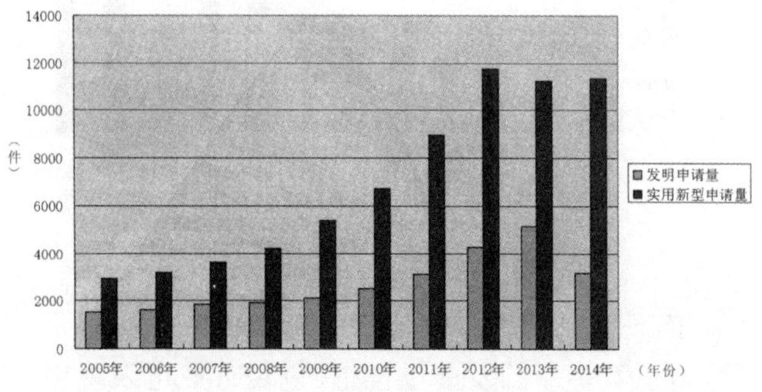


图2 2005—2014年包装领域专利申请变化趋势

对2009年之后公开的包装领域7734件专利进行统计，专利申请集中分布于36个大组领域中。在这15个分类号中的专利文献占到B65D小类中总专利申请量的81%，申请量在前5位的小组领域中的专利申请数量占B65D小类中总专利申请量的45%（见图3），即使像包装行业这种广泛而又繁杂的领域，企业研发面也相对集中。

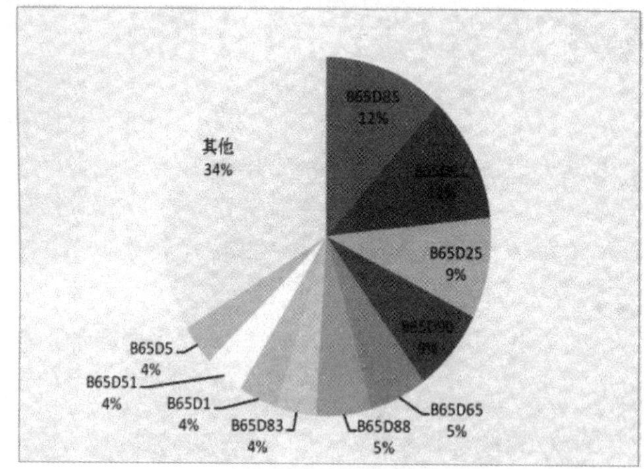


图3 包装领域专利申请分布

目前包装领域专利申请多集中于特定物品包装、运输包装、包装容器零部件和集装箱类大型容器中，对于特定物品结构和功能要求的包装设计及运输包装设计是申请量最大的领域。

## 3 包装领域专利热点解析

为更好地显示包装领域专利发展趋势，对包装行业涉及较多的3个专利分类大组下的专利进行进一步统计分析，3个专利分类大组分别是B65D85、B65D81和B65D65，分析发现在一个相近包装领域中又存在相对集中的热点申请方向，这与市场需求和相关行业发展密切相关。对大组下专利进行统计，在各小组领域内专利申请量中，为特殊包装目的而应用层压材料的包装专利申请量为239件；用于食用的或饮用的液体、半液体或塑性的或糊状的物料包装领域专利申请量为145件；用于玻璃薄板的包装专利申请量为99件；使内装物与包装件的壁或者与其他内装物保持一定间隔关系的包装专利申请量为129件；为内装物提供特殊环境的包装专利申请量为123件。上述领域包装专利申请数量较多。

B65D85大组领域为具有特定结构或功能的包装，其中各小组领域中的专利申请集中于特定产品或功能需求。例如用于食品或液体或糊状物料的包装、用于玻璃薄板或液晶面板的包装、用于易损坏物件的包装等。其中又以用于食品领域的包装及电子类产品、车辆等缓冲包装为最多，这与目前市场上主体包装领域密切相关，也显示出其他行业的发展，诸如电子产品、汽车消费的提升对包装行业的连带效应。

B65D81 大组领域为专门适用于存在特殊运输、储存或分发问题的有机物、物料或物料的特殊形式或形状的包装。可以反映出气调包装等是该领域近几年专利申请热点，表明经过前期科研院所理论研究的突破，气调包装逐渐进入实用阶段，市场需求和企业热情进一步提升。

B65D65 大组领域为包裹材料或挠性覆盖物，以及特殊形式、形状的包装材料，该领域主要是包装材料类专利。其中以为特殊包装目的而应用层压材料的包装材料专利的申请量最大，对于多层复合包装而言仍然为包装领域研发热点，这与复合材料能使内容物具有保湿、保香、美观、保鲜、避光、防渗透、延长货架期等特点密切相关。

**结语**

包装行业市场需求量大、科技含量日益提升，包装企业在发展的过程中需要认真研究国内外专利申请趋势，把握未来发展方向，选择合适领域和方向进行创新性研发，对热门领域或热点产品重点攻关，抢占专利制高点，在提升产品附加值的基础上，积极应对各种市场风险的考验与挑战。

**参考文献**

[1]钱俊,王武林,余喜,等.特种包装技术[M].北京：化学工业出版社,2004.

[2]世界知识产权组织.国际专利分类表[M].北京：知识产权出版社,2006.

# 食品包装机送膜机构的设计与研究

陈华（广州科技职业技术学院，广东　广州　510550）

**摘要**：现有的自动包装机预送膜机构结构设置不太合理，预送膜时需要人工掌控，送膜不稳定，效果不好且预送电机启动频繁。通过改进其结构，同时采用带式的传动结构，传输过程平稳，使得膜传输质量更高，传动过程中的震动小，减少了膜缠绕翻转的可能性，使得膜与膜之间的配合质量好，单个电机的结构，能够很好地实现多个电机的传输功能的特点。

**关键词**：送膜机构　插装式　传输效率高

## 引言

包装机械行业中自动化正在改变着包装过程的动作方式和包装容器及材料的加工方法，实现自动控制的包装系统能够极大地提高生产效率和产品质量，显著消除包装工序及印刷标签等造成的误差，有效地减轻企业员工的劳动强度并降低能源和资源的消耗，具有革命意义的自动化改变着包装机械行业的制造方法与产品的传输方式。

## 1 食品包装送膜机构目前存在的缺陷

设计安装自动控制包装系统，无论从提高包装行业的产品质量还是从消除加工误差和减轻劳动方面，都表现出十分明显的作用，尤其是对食品、饮料、药品、电子等行业而言，都是至关重要的。

现有技术的自动包装机预送膜机构结构设置不太合理，预送膜时需要人工掌控，送膜不稳定，效果不好且预送电机启动频繁，市场上同行业包装机的送膜系统，大部分只送安装一卷薄膜，而当有些客户的包装产品较大时，一卷薄膜会在很短的时间内就用完，就需要经常换膜。但现有的结构换膜时操作十分烦琐，需要多人协助，一个人往往很难完成，膜的传送过程中平稳性差，膜传输过程中，有时只需单边膜，现有的设备很难完成或者操作烦琐设置两个电机，增加了整体的成本不利于市场竞争。

## 2 送膜机构的结构设计

为了克服现有技术中的不足，设计了一种新型实用的食品包装机送膜机构。具体结构主要包括机架、设置于两个机架顶部之间的上放料辊、位于上放料辊下部安装在两个机架之间的上牵引轴、依次设置在上牵引轴下方的下牵引轴、下放料辊、安装在机架一侧的电机；以上所提及的上放料辊、上牵引轴、下牵引轴、下放料辊的电机侧设有带轮，电机通过传送带连接有电磁离合器，其中电磁离合器的另一端通过传送带连接下牵引轴；机架的顶部设有盖板，盖板与机架形成的凹槽内插接有支撑板。具体如下图所示。

## 3 送膜机构的技术方案

为充分说明本设计的可行性与科学性，以及具体的安装结构与工作原理，本食品包装送膜机构是通过以下技术方案实现其功能的。如下图所示，为食品包装机送膜机构图，包括机架、设置于两个机架顶部之间的上放料辊、位于上放料辊下部安装在两个机架之间的上牵引轴、依次设置在上牵引轴下方的下牵引轴、下放料辊、安装在机架一侧的电机，其特征在于：上放料辊、上牵引轴、下牵引轴、下放料辊的电机侧设有带轮，电机通过传送带连接有电磁离合器，电磁离合器的另一端通过传送带连接下牵引轴，为提高传送带的效率与稳定性，传送带为平行带，机架的顶部设有盖板，盖板与机架形成的凹槽内插接有支撑板，且盖板与机架焊接连接。

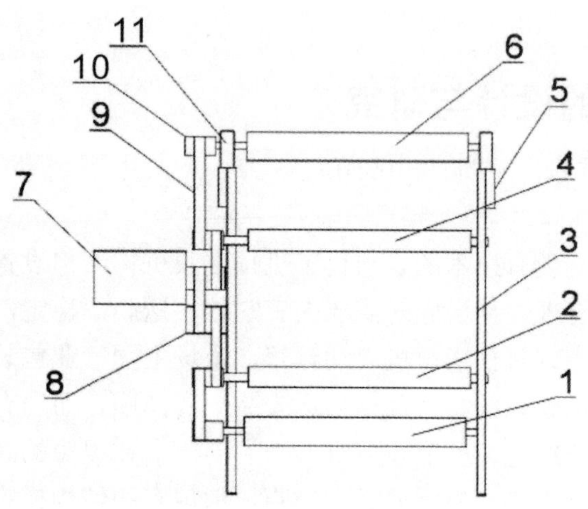


**食品包装送膜机构的结构示意图**

1—下放料辊；2—下牵引轴；3—机架；4—上牵引轴；5—盖板；6—上放料辊；7—电机；8—电磁离合器；9—传送带；10—带轮；11—支撑板

## 4 送膜机构的电机选用

在送膜机构的电机选用上，根据送膜面积的大小及产品的具体特点，可选用单速电机或者变极电机。单速电机磁极对数固定，转速固定，体积相对多速电机来说较小，接线容易、简单，可有效地减少设备的体积与成本。

多速电机，也叫变极电机，可以改变磁极对数。变极电机改变磁极对数就改变了转速，体积相对较大，但变极电机的好处是可以提供二挡或三挡的速度，使输出的转速可变，扭矩可变，但是体积大，价格高，接线相对复杂，客户可根据生产能力选配以上两种机型。

## 5 带式传动机构

本送膜机构的带传动是由固联于主动轴上的带轮（主动轮）、固联于从动轴上的带轮（从动轮）和紧套在轮上的传动带组成的。带传动结构简单，使用维护方便，过载时，带会在带轮上打滑，避免损坏其他零件，有过载保护作用，运行平稳噪声小、震动小，制造安装精度要求不高，同时采用V带传动，这样就有较大的摩擦力且传动平稳，有效地保证了准确的传动比。送膜机构中只采用一个电机，可以有效地保持带式带动部分与其他部分达到同步传输的效果。

## 结语

与现有的技术相比，本食品包装机送膜机构设计合理，结构简单，采用插装式的安装结构，只需整体更换后，线下组装，安装简单省力，同时采用带式的传动结构，传输的过程平稳，使得膜传输质量更高，传动的过程中的震动小，减少了膜缠绕翻转的可能性，使膜与膜之间的配合质量好，单个电机的结构，能够很好地实现多个电机的传输功能的特点。

本文通过对食品包装送膜机构的综合研究，从理论与结构上提出全新的解决方案，以提高我国食品包装送膜机构的实用性与先进行。

### 参考文献

[1]张有良.热缩膜包装机的关键技术[J].酒、饮料设备,2011,10(2):60-63.

[2]莱厚安.热缩式膜包机供膜机构的分析与设计[J].包装与食品机械,2014,32(3):36-38.

[3]丁言武.机械设计系统控制模型优化探讨[J].中国包装工业,2015(5):63-64.

[4]陈建魁,丁汉,尹周平,等.柔性卷绕传动张力控制机构分析与设计[J].现代制造工程，2006(3):1-3.

[5]王昕,王益群.包装机气动卷材张力控制机构设计[J].流体传动与控制,2003(11):36-38.

# 关于现代快递专用包装材料的分析研究

张宏波（南京理工大学　设计艺术与传媒学院，江苏　南京　210094）

**摘要**：本文在网购浪潮的大背景下，以几大快递企业为研究对象，分析现代快递专用包装，以及包装材料所具有的特性，讨论现代快递专用包装材料存在的一些问题，进而提出低碳包装、绿色包装的发展方向，力求快递业的包装材料实现可持续发展。

**关键词**：网购　快递　包装材料　低碳包装　绿色包装

## 引言

伴随着现代互联网和电子商务技术的迅速发展，网购逐渐成为人们喜爱的一种生活方式，网购的方便性、快捷性、多选择性等导致这一趋势愈演愈烈，在此大浪潮下带动现代快递业的快速发展，因此造就了快递成为网购产品配送的重要渠道之一。与此同时，快递包装也成为时下讨论的一个热门话题。

## 1 现代快递行业简介

在我国，快递企业主要可以分为四类。第一类是外资类，包括联邦快递（FEDEX）、敦豪快递（DHL）等。第二类是国有类，主要有中国邮政（EMS）、民航快递（CAE）等。第三类是大型民营类，包括顺丰速运、宅急送、申通快递等。第四类是小型民营类如南京的坐享全城等。

以上所有的快递主要业务就是物品的打包寄发，因此选择何种材料作为其专用包装对于物品的安全性起至关重要的作用，专用包装材料的优劣将影响顾客对其快递服务的整体印象。

## 2 快递包装材料及其合理性分析

### 2.1 包装情况

现代快递服务流程主要由以下环节构成：收寄、封装、运送、签收。《快递服务》中明确规定：“快件的封装形式有快递服务人员负责封装和寄件人自行封装两种。”由此导致快递业的包装没有明确的行业标准，货物包装多种多样，包装材料鱼龙混杂。

现代快递业的包装主要可分为以下三方面。

1.外层包装

这是快递包装最重要的组成部分，主要作用是保护和承载所寄物品，防止货物变形、破损、污染等，此类包装一般为纸袋、防水袋、瓦楞纸箱、木箱等。

2.内层包装

为所寄物品提供收集和基本保护的功能，一般是递运货物的原包装、填充颗粒物、塑料薄膜、聚乙烯塑料薄膜、报纸等。为了保证所运货物的安全，一般快递公司都会要求必须要有防水的内包装，并且当物品的尺寸小于外包装时，必须加以填充物，再进行外包装封装。

3.快递运单

主要是为了显示所运货物的相关信息、运输合同、签收凭据等，一般一式三联或四联。所用材料大部分为无碳纸。

### 2.2 包装材料

快递专用包装在货运递运的过程中所起的最主要的作用是保护功能，通过分析，可将常见的快递包装材料分为以下几类。

1.纸质类包装

这类包装常见的主要有：纸袋、纸箱、报纸、货运运单等。快递专用的纸袋是由灰底白板纸胶印而成的。白板纸由于纤维组织比较均匀，表面层具有填料与胶料的成分，而且表面涂有一定的涂料，并经过多辊压光处理，所以纸板的质地比较紧密，厚薄也比较均匀。其纸面一般情况下都较洁白而平滑，具有较均匀的吸墨性，表面脱粉与掉毛现象较少，纸质较强韧而具有较好的耐折度，因此在可以在寄送文件、发票等的过程中保护文件发票在运输途中的平整，不起折痕。

快递专用的纸箱主要是瓦楞纸板制成的，瓦楞纸挂面纸和通过瓦楞棍加工而形成的波形的瓦楞纸黏合而成的板状物，一般分为单瓦楞纸板和双瓦楞纸板两类。瓦楞纸箱在快递包装中使用最为广泛，是因为它具有许多独特的优点：①缓冲性能好；②轻便、牢固；③外形尺寸小；④原料充足，成本低；⑤便于自动化生产；⑥包装作业成本低；⑦能包装多种物品；⑧金属用量少：⑨印刷性能好；⑩可回收复用。

快递运单一般是无碳纸材料，这种纸从外表看与普通纸并无两样，但它却有复写功能，可以产生与蓝色复写纸相同的效果，并且不会弄脏手指和衣物，方便卫生。又便于人们在签收货物时直接在最上面一层写字，直接复写到下面的联单上。

2.塑料类包装

这类包装主要有：快递外包装塑料袋、编织袋、内层包装用的塑料薄膜、聚乙烯薄膜等。包装塑料袋一般为 PE 塑料回料，它本质上与聚乙烯薄膜一样都为聚乙烯材料，但 PE 塑料回料是由各种聚乙烯材料经过回收，重新加工，添加一些填料。这种塑料袋是目前快递业使用最多的一种包装，由于其回收利用价值不高，很少有企业愿意投资再利用，导致了环境的污染和资源的浪费。

塑料编织袋一般采用聚丙烯为主要原料，经挤出、拉伸成扁丝，再经织造、编制、制袋而成。这种袋子可以运送一些较大的货物，比如棉被等软织类货物，其对货物的防摔打系数不是太高。

3.木质类包装

这类包装一般是递运一些大型货物，或是对货物的防摔打系数要求比较高的物品。此类木箱包装一般采用胶合板钉装，一般可以定制。

4.其他包装材料

在快递运送过程中，为了保护递运货物，往往会加入一些填充物作为缓冲。这类材料主要有报纸、塑料薄膜充气袋、气泡袋等，这类材料大部分都是可以回收的，比如报纸、塑料薄膜等可以二次利用，环保生物发泡胶则是用玉米淀粉降解材料制成的。

### 2.3 问题发现

1.包装过程繁杂，增加时间成本和材料成本

快递企业所提供的包装一般价偏高，常见的包裹箱、特快专递箱价格在 1~9 元不等，宅急送的包装箱价格在 1.5~8 元。包装费在快递运费中所占的比例过大。

对于自备快递包装的寄件人，他们往往需要自己准备纸箱或使用生活中其他包装盒、废纸箱等对所寄物品进行包装，然后使用大量的胶带进行封装黏合，对于易损易碎品还要添加填充物并增加包装的强度，最后再贴上快递单。这样的包装方式繁杂，便捷程度低，最终导致耗用的时间及材料成本较高。

2.包装材料回收率和重复利用率比较低

现代快递包装的材料主要包括纸质、硬纸盒、聚苯乙烯泡沫塑料板、气泡袋和塑料袋等，而这些材料都在一定程度上造成了资源浪费和环境污染。

这些包装往往只会单向流动，而不会反向流动，这就造成了包装物无法循环利用。联邦快递、中外运敦豪等大型快递企业均免费提供质量较好的快递箱、快递筒，成本较高，且并不重复利用，纸质包装物及塑料胶带、封箱带等物品的一次性使用不利于资源的合理利用及生态环境保护。

3.快递包装对货物保护不够、验收不方便

无论是快递服务者提供的包装物还是寄件人自备的包装物，在运送过程中都会或多或少地发生形变，这就有可能对被递运的货物造成损害，即使不损害，也影响了外包装的美观性。

此外，由于快递包装一般不止一层，且多为不透明，当货物签收时，必须一层一层地打开验收货物，若对货物不满意需要退货时，则被拆开的快递包装由于胶带的死封，导致再次利用的可能性降低，造成资源的浪费。

## 3 快递包装发展方向

### 3.1 绿色包装

绿色包装要求的是快递包装可以多次使用、循环利用，而不是传统的快递包装仅仅使用具有可回收的材料。在全球环境日益恶化、资源日趋匮乏的背景下，绿色包装从节约劳动力成本、经济成本等角度提出了更高的要求，在递运货物的过程中保护货物，同时便于快递物流的递运，而且又能符合所倡导的绿色环保的包装要求。

### 3.2 节俭包装

节俭包装也就是适度包装，以节俭化的原则实行包装。适度包装是一种最佳的包装防护，即在满足特定的运输包装性能要求的条件下，以最小的包装体积、最少的包装材料、最方便的储运方式实现对产品的包装防护，杜绝包装不足和包装过度。

### 3.3 可循环包装

在快递包装的同时要考虑多次使用的问题，而不是把快递包装仅仅作为一种可回收的材料去处理，这方面可以借鉴某些高档白酒的酒瓶的回收方式，通过刺激用户而达到自觉回收的作用。此外，也可以对快递包装的方式进行改变，使之可以在完成快递后拥有其他的使用用途，如超市的方便购物袋等。

### 3.4 系统、模数化包装

快递包装是快递物流的一个组成部分，因而快递包装的设计应置于快递物流系统中加以考虑。现

代快递行业对快递包装没有一个具体的模数化的标准，导致快递包装的尺寸长短不一，不仅不利于快递的货物运送，长此以往必然造成多方面的浪费。因此在快递包装行业系统中建立相应的模数化标准很有必要。

3.5 低碳包装

所谓低碳包装就是在快递包装不被回收循环利用的时候，包装材料本身是可以降解的，这样很大程度上减少了环境的污染，有利于包装材料的可持续发展。

**结语**

随着现代网络技术的不断发展，电子商务的蒸蒸日上，现代快递业也成为人们争相追捧的一个产业。在此大背景下，如何使快递包装能够与社会的可持续发展紧密结合，值得我们去研究分析。

对于快递包装业，在进行产品包装时，除选择环保材料外，要提高包装质量，降低废弃包装垃圾的增长速度。我国包装业发展的关键在于拥有一大批掌握高端技术的人才，通过他们的技术创新、管理创新，努力改善包装产品的质量和形式，使我国包装产业逐步摆脱“科技含量低、环境污染严重”的弊端，实现包装业由传统包装向绿色包装的转型升级。

对于用户而言，当我们收到快递时，要做到仔细拆解，避免包装损坏，以便最大可能地保持快递包装的原状，这样可以有效地多次使用快递包装，减少浪费。对于一些可回收的快递包装，可分类丢放，便于回收。

**参考文献**

[1]安冬梅.提高快递包装规范性的有效对策分析[J].价值工程,2013(6):322-323.

[2]尹晓琴.快递业专用包装设计及其共用系统推广研究[J].物流技术,2008,27(8):220-221.

[3]宋柑霖.包装中的适度原则[J].包装工程,2004,25(6):186-187.

[4]武军,李和平.绿色包装[M].北京:中国轻工业出版社,2000.

[5]刘运材.低碳经济背景下绿色包装产业发展对策研究[J].生态经济,2012(1).

# 网购包装与品牌形象设计研究

刘妤（江苏理工学院　艺术设计学院，江苏　常州　213001）

**摘要**：通过分析网购产品包装在品牌形象设计上存在品牌识别度差、不适合退换货的包装结构、顾客体验度差的问题，提出设计有品牌信息的专属品牌包装提升品牌形象、适合网购消费特性的包装结构设计、网购包装互动性设计的解决对策，以期通过网购产品包装的改进提升品牌形象，从而提高品牌知名度。

**关键词**：网购包装　品牌形象设计

## 1 网购包装与品牌形象设计的关系

包装是商品策划、宣传、营销策略、树立企业形象的重要环节，网购产品包装兼具有销售包装和运输包装的双重功能，既要在运输过程中保护商品，又要在到达消费者手中后有良好的购物体验，因此，网购产品的包装是品牌理念的具体体现。而品牌是一种特殊的无形资产，只有和有形的产品包装结合在一起才具有强大的生命力。好的网购产品包装将提高品牌形象，给予消费者很好的消费体验，提高重购率，从而提升用户对品牌的依赖，因此，包装设计是电商塑造品牌形象的重要手段。网购电商干果品牌“三只松鼠”CEO①章燎原就提出过做品牌不仅仅形象设计要好，产品质量与包装也是品牌走向市场的重要因素。网购包装塑造的良好的品牌形象将有力凸显该品牌在网购市场的竞争力，从而有别于同类品牌。

## 2 网购包装在品牌形象设计上存在的问题

2.1 品牌识别度差

目前大多数网购产品的外包装盒设计都缺少品牌标识，不仅不利于品牌形象的宣传与推广，而且顾客收件和快递员发放包裹时都要花费大量时间去寻找。

①CEO：首席执行官。

2.2 包装结构不合理，没有考虑退换货包装的重复使用

网购产品因为不能直接接触实物，所以会发生因为尺寸、色差、质量等各种问题导致的退换货问题。有很多的网购包装只考虑一次性运送包装的使用，顾客在割开包装盒、打开物品查看之后，原包装已经完全损坏，无法再次使用，如果要退换货，顾客还得重新找包装实现退换货，这样就造成了极大的资源浪费。

2.3 顾客体验度差

在消费者接收包裹—打开包装—找到产品的过程中人性化设计较少，顾客体验度差，对品牌很难留下好的品牌印象，从而影响该品牌的形象提升度。在互联网领域，品牌意味着创造一个良好的用户体验，所以在线体验是关键。

**3 网购包装在塑造品牌形象中的应用**

3.1 设计有品牌信息的专属品牌包装，提升品牌形象

品牌形象在包装设计上表现为产品包装所呈现出来的名称、商品及外观色彩等。因此，网购包装要通过品牌的色彩信息、图形信息、文字信息在外包装盒包装设计上突出品牌的视觉形象。具体应用时用有产品的品牌标志或彩色二维码、标志标准色等通过单色、四色印刷在瓦楞纸包装盒或者退换货单和退换货标贴上，从而增强品牌识别度，方便快递员和收件人在收取包裹时高效准确地完成收货过程，消费者也可以很轻松地使用智能手机里安装的软件扫描二维码，从而了解商品信息、品牌广告、客户案例，甚至通过二维码直接访问企业的官方网站，实现线上和线下品牌形象的统一性。

退换货单和退换货标贴可以利用目前市场上新兴起的三层不干胶技术。目前所使用的三层不干胶大致分为三种：三层热敏不干胶、三层书写不干胶、三层铜版不干胶。三层热敏不干胶第一层是热敏面材，揭开无胶，中间层是格拉辛底纸带胶，底层是格拉辛底纸。首层热敏纸一般印有网购消费者的收货地址等信息，等快递送到消费者手中后，首层热敏纸剥离后迅速失去黏性，完成物流货物的交付操作，极有力地保护终端消费者的隐私。中间底纸可进行印刷，将品牌标志、退换货地址等信息印在上面，作为顾客退换货的备选，方便消费者在退换货时节约时间。因此，通过使用有品牌信息的包装既可以提高物流运输效率，又可以有效地提升品牌形象。

3.2 适合网购消费特性的包装结构设计实现品牌维护

由于网购具有虚拟、互动的特性，网购包装在售前的商品展示、售中的商品运输、售后的顾客体验及服务中始终都代表着某个品牌的形象，因而根据网购产品的特性设计合理的包装结构，是对网购品牌的有力塑造，也是通过网购包装塑造网购品牌形象的重要渠道。《消费者权益保护法》于 2014 年 3 月 15 日正式实施，新法对网络购物、霸王条款、消费者个人信息保护、惩罚性赔偿等方面都做出了更完善的规定，其中最受关注的是网络购物的 7 日内无理由退货。这就意味着网购产品包装至少要满足往返一次安全运输的要求。所以网购产品包装设计要考虑售后问题，设计可重复利用的包装盒、退换货单、退换货标贴，一体化包装，整合销售包装和运输包装，减少资源浪费。通过包装实现品牌维护。

设计有两个封盖的包装盒结构就能有效解决网购包装在退换货时的包装循环再利用。在两个盒身的上方分别都设计一个圆弧形盒盖，并且在盒子内部的盒盖和盒身的折线处设计印刷好实切线和虚线折线位。如果收货时顾客在开启包装时不小心损坏了盒盖，而且顾客在查看货品后因为各种原因有退换货需求，那么这时候就可以利用第二个备用的盒盖，在退换货时封闭包装盒而不必重新换包装去退换货，只要按照盒子上印刷好的相关折线和裁切线手动操作一下，利用穿插结构把盒子封闭好，在封口处贴上快递单就能实现网购包装的循环再利用。

3.3 网购包装互动性设计提升品牌体验

通过人性化的包装细节提升购物体验度。因为网购消费者是先看到商品的照片，然后才接触到实物，因此好的包装设计将缩小网购消费者对商品的期待与现实的差距，让网购消费者在选产品、接到包裹、使用产品的环节中体验优质的网购包装给他们带来的愉悦的网购经历，不仅是电商品牌与消费者的互动，也是人与物的情感互动。

在网购包装中采用互动式包装设计将人的心理行为表现在消费者对商品的使用行为、感官体验上，从而增加品牌好感度。如箱包品牌“不莱玫”的网购包装设计就很好地体现了网购包装与人的互动性。不莱玫（BROMEN）的箱包品牌文化源自德国童话故事《不莱梅的音乐家》，故事讲的是四个小动物为了逃避主人的宰杀，在一头驴的帮助下逃到不莱梅做城市乐手，并合力打败海盗，过上幸福的生活。不莱玫品牌定位于会唱歌的包包，载歌载舞的动物图形设计传递了该品牌率性、俏皮、自我、灵

动的品牌理念。整体外包装用的是牛皮瓦楞纸箱，包装上印有不莱玫的品牌标志——一头吹笛子的快乐驴子，以及微信二维码，将运输包装和销售包装设计为一体，同时在快递包裹收发过程中易识别、收取。打开外包装后就能看到用单色印刷不莱玫标志的白色无纺袋，便于顾客在手袋使用后存放。从无纺袋取出不莱玫手袋就能看到产品标签，可剪下后做书签用，还有印有精美团案的有孔样皮，可作为钥匙扣，附赠精美小巧的本子，作为记事本、便签使用，还有售后服务卡及用于宣传品牌文化的明信片和设计有彩色琴键图形的插套，用于存放便条之类的小物件。通过品牌的特色包装，完整地考虑了顾客挑选产品—下单购买—接受包裹—使用及维护的购物体验，带给消费者的不仅是一次愉快的购物过程，而且提高了对品牌的信任度，有效地提升了品牌形象。

**结语**

在网络品牌竞争日益激烈的今天，只有不断提升品牌形象才能在网购市场占有一席之地，而网购产品的包装在品牌识别度、包装结构、顾客体验度等方面做出创新，这样才有可能提升网络品牌形象。

**参考文献**

[1]刑明,罗亚明.符号学在品牌包装与CI设计中的应用研究[J].包装工程,2009(4):145-146.

[2]食品包装新思维,创造品牌新机会[J].中国包装报道,2014（7）:27.

[3]ROBERT MANNDING.Internet Branding and the User Experience.http://www.clickz.com/.

[4]谢春林,张锐.产品包装与品牌形象塑造[J].包装工程,2006(4):282.

# 浅谈有机材料在绿色包装设计中的应用

王一纯　邹华（湖南师范大学，湖南　长沙　410000）

**摘要**：在传统的包装设计中，包装材料大多数不具备可回收、可降解的特点，导致丢弃的包装变成了永久性垃圾，给我们的生态环境造成了严重的负担，导致环境问题越来越严重。随着绿色设计和绿色包装理念逐渐深入人心，包装材料的选择和应用也面临新的局面。本文以有机材料为切入点，阐述绿色包装的概念，通过对天然有机材料的类型、特点及应用进行研究，并对有机材料的发展提出了相应的建议。

**关键词**：绿色包装　有机材料　应用

自人类穴居生活的时代开始，人们就有利用植物果壳和兽皮等盛水和食物的行为，以后的陶瓷制品则全面开启了包装的历史。时至今日，环顾日常生活中的物品都直接或间接地与包装密不可分。包装设计扮演着推广商品的说客，企业要想在激烈的市场竞争中取胜，除了质量优越以外，包装设计给消费者带来的强烈影响也不容忽视。随着工业化的发展和环境的日益恶化，越来越多的人都意识到环境问题的严重性，环境保护观念也渗透到了人们生产生活的方方面面，绿色包装设计成为一种发展趋势。

## 1 绿色包装的内涵

“绿色包装”的理念来源于人们为保护有限的生态环境和自然环境而掀起的绿色革命。“绿色包装”又延伸为“无公害包装”和“环境友好型包装”。绿色包装简单来说，就是不会污染和破坏环境，不会影响人们身体健康，可以回收、降解、复用的包装。其主要是运用有效的自然资源，避免包装对环境造成二次污染和过度浪费，向着自然化的方向发展，符合我国现阶段可持续发展的基本战略。绿色包装主要通过对有机材料的正确运用，以提高资源的利用率，达到保护环境的效果。如今科学技术水平不断提高，为达到绿色包装的目的，应结合绿色包装设计和绿色包装材料，在包装设计上更倾向于选用纯天然材料，选用易于分解的有机材料作为设计师的首选。

## 2 有机材料绿色包装的分类与定位

绿色包装的首选材料是有机材料。有机材料主要指天然的有机材料。按照绿色包装的废弃分类，可将有机材料分为：一是可回收再造包装材料，主要包括绿色环保、易加工的蜂窝纸板、纸张、纸浆模塑材料；二是易降解的高分子（棉、麻）纤维材料和高分子复合材料；三是易腐化分解的生物合成材料（草、秸秆、竹、藤）等：四是可焚烧不污染大气的材料；五是可食性包装材料，就是指在实现包装功能后可转化为食品的包装材料，主要包括淀粉类、蛋白质类、脂肪类和多糖类包装材料等。

有机材料源于自然生物，是同人类最容易协调的材料，与人之间有着天然的亲和感，又具备其特有的绿色性，生产到使用、回收全程无污染，不对社会环境构成负担，保护了自然生态环境，有着巨大的发展空间。

### 3 有机材料在绿色包装中的发展趋势

（1）升级纸制品包装。纸包装在包装领域中所占比例最高，因其具有品种多、易回收、应用范围广等明显特点，同时纸及纸制品原料来源广泛，价格低廉，可塑性强，适合机械自动化生产，无毒无味，清洁卫生，方便印刷和粘贴，不易变形，复用价值高等突出优势。在绿色包装过程中能够有效替代污染严重的塑料和薄膜包装。但要注意的是，应用纸材包装的同时要避免纸材包装的过度使用，可以通过对纸制品包装材料进行深度加工、科技升级等提高纸制品包装的潜力。

（2）低加工天然材料包装。低加工天然材料主要是指天然生物包装材料，如树皮、竹、稻草、芦苇、麦秸等，此类材料通过简单加工甚至不加工就可直接用于包装，在自然条件下又容易分解，对生态环境零污染，而且成本低，可再生，是绿色包装材料中的佳品。

例如草纤维包装，在我国南方地区流行着一种传统而特殊的稻草编织的包装形式，因为这里的居民广泛种植稻米，而稻草又富有弹性，还非常结实，他们就利用稻草编织成草袋或草网来储藏蔬菜或盛放鸡蛋等，包裹在稻草网中的鸡蛋能够保持鲜亮，又散发着一种朴素的自然清新感。这些都是典型的绿色包装设计，朴素而实用。

（3）可降解包装材料。可降解包装材料通过阳光、氧化、水解、风化等自然条件可自行降解，不会给生态环境造成污染，被公认为当今最具发展潜力的新型绿色包装材料。例如药物胶囊和一些食品、日用品的包装就是采用以植物纤维、蛋白质、淀粉或其他的天然物质为原料制成。如今可溶解材料已应用于快餐盒或农副食品等领域，发展前景十分可观。

### 4 有机材料在绿色包装中的创新

现如今植物材料在市场中的应用还存在着一些短板，有机材料的品种较单一，创新明显不足，成本与定位上的问题成为影响绿色包装的首要问题，这也在一定程度上阻碍了产业发展的空间。这种创新需要对有机材料的定位和应用进行创新，还需要结合绿色设计方法进行创新。比如我国生长着大量的苔藓类植物，这种植物用于包装将是一种纯天然、无污染的材料，又能起到防潮、保鲜及保湿的效果。对传统包装方式进行创新，可以给消费者带来不同的体验。

总之，随着社会的进步，环保观念越来越深入人心，尤其在包装方面。所以要对传统的包装材料进行创新与优化，注重绿色包装过程中有机材料的应用，以此促进绿色消费，达到节能环保的效果。

## 基于味觉要素的食品包装设计

张林燕（兰州城市学院　美术学院，甘肃　兰州　730070）

**摘要**：在商品的包装中，设计师表现食品的味觉并不是通过品尝来实现的，而是通过视觉和味觉的联想暗示实现的，即将非视觉的味觉视觉化。味觉的暗示可以通过包装的色彩、图案、造型和材质等设计手法达到表现的目的。

**关键词**：味觉　食品　设计　包装

视觉、听觉、味觉、嗅觉、触觉是人的知觉系统，构成了人对世界认知的基础。在现实生活中，人们对于食品是否好吃的评价，除了视觉和嗅觉是第一感受外，味觉所起的作用十分巨大。但对于大部分商场而言，消费者不可能现场亲自体验食品的好吃与否，这就要求食品包装在表现食品属性的同时，必须将消费者的食欲和知觉联想联系在一起，将非视觉的味觉视觉化，实现语言象征化、味觉象征化，使消费者在看到食品包装时能对其产生味觉暗示。

### 1 包装色彩的味觉暗示设计

包装是商品的外衣，而色彩能够衬托出包装的主题。在一份消费者各种感官对购买决定的调查中发现，视觉感官占购买比例的58%。因此，商品的大部分信息是通过视觉器官获取的。对食品来说，包装的色彩不仅起到美化和装饰作用，而且它能够超越不同语言、不同年龄和不同文化程度所造成的障碍，达到传递商品各种信息的作用，具有文字和语言无法替代的作用。

（1）色彩的味觉暗示。人类的五种感觉器官功能各不相同，但在生活实践中所获得的某些信息是可以转换的。譬如，食物不同，其固有的色彩也不同。当人们看到某种食品时就会根据其风味、味觉的记忆和经验的积累，自然而然地产生味觉联想。人们通过长期实践和总结归纳，色彩本身被赋予了各种各样的味觉信息。如灰色、黑色让人看到后就会产生苦涩的味觉联想，深蓝、青色会产生咸的味觉联想，深绿色给人酸涩的味觉联想，淡红色给人甜蜜的味觉联想，黄红色给人辛辣的味觉联想，土黄色给人涩的味觉联想，柠黄色给人酸的味觉联想。在设计食品的香味时多用黄色，因为黄色使人联想到刚烘焙出炉的糕点新鲜而诱人的香味。如果表现甜且略带酸味的商品时，将其色彩设计成介于红与黄之间的橙黄色，使人联想到橙子的味道。如果要表现新鲜且酸的味觉效果一般都以绿色色系来表现。

（2）色彩的口感暗示。食品除了甜、咸、酸、苦、辣等味觉以外，还有口感。食物的口感程度用食物的松软、黏稠、坚硬、松脆、顺滑等味觉强弱特征来表征，在包装设计中可用色彩的强度和明度来实现。

## 2 包装图案的味觉暗示设计

随着包装工业的快速发展，各种食品装饰工艺被广泛地用于食品包装中。包装上表现食品的图案形状、图片或插图也给消费者味觉暗示。例如，设计师采用圆形、半圆、椭圆装饰图案可以让消费者体验到暖、软、湿的感觉，多用于口味温和的食品。

在味觉暗示的设计中，摄影图片的使用更能引起消费者的注意。包装设计师将食品的实物照片印制在包装上，再通过一些装饰图案的美化，使消费者能真实、客观地了解食品的色、香、味等具体状况。如火腿肠、方便面、水饺、粽子、冰激凌、饼干等许多商品包装上普遍采用摄影图片和装饰图案来吸引消费者的眼球。对于一些带有浓厚感情倾向的食品包装，运用手绘插图、美丽的风景图片，甚至浪漫的传说印制在包装上，营造的氛围可以给消费者间接的情感暗示，使消费者对包装内的食品产生好奇和美好的味觉联想。

## 3 包装造型和材质的味觉暗示设计

不同的包装造型对食品味觉的影响很大。例如，柔曲的造型包装显示其食品松软，而刚硬的包装显得食品坚硬。所以，面包普遍采用柔软透明的塑料袋包装，消费者通过包装就会看到松软的面包，而饼干包装常用有型的铝塑材料，使饼干看上去较硬。

不同的包装材质对食品味觉也有一定的影响。譬如，矿泉水的包装如果采用透明的无色塑料瓶，瓶体再压制出抽象的水纹，矿泉水就会显得清冽、爽口。对于一些肉类食品、汤圆、粽子等冷冻食品，为了显示食品的新鲜程度，可以采用透明、半透明或者在不透明的包装上设计一块透明的窗口，使消费者通过透明包装直接看到包装内食品的品质。如果是薯片、膨化饼干等食品采用充气、不透明塑料或者铝箔纸包装看起来更加香脆可口。

色彩是设计师表现食品味觉的主要方法，但是如何设计，就要考虑包装物形状和生产条件的限制，如果脱离这种限制单纯地强调食品包装设计的“味觉感”是不行的，因为包装毕竟是工业化生产。随着市场经济的快速发展和日新月异的科技进步，食品味觉的表现方法也将越来越丰富。

**参考文献**

[1]杨建蓉.色彩在视觉传达中的作用分析[J].湖南科技学院学报，2009,30（6）:236-237.

[2]米琪.包装设计中的色彩视觉化语言应用[J].包装工程，2008,29（5）:101-103.

[3]张继渝.包装色彩的对比研究[J].包装工程，2005,26（3）:156-158.

# 用于鲜蛋储藏保鲜的包装机械设备研发及应用研究

朱莉华　李燕　贾昌喜　伍军　孙运金　全其根（北京农学院食品学院，北京　102206）

鸡蛋的消费方式主要以鲜蛋为主，其比例高达总产量的90%。虽然安全鸡蛋的生产比例越来越高，但每年因鸡蛋腐败造成的损失约占总产量的10%，由此看出鸡蛋加工技术方面的不足。因此，解决上述问题的有效方法就是将鸡蛋加工成洁蛋。事实上，在阻止物质内外交换方面的研究已较为深入，即储藏保鲜技术，例如各种铝箔、铝塑、聚乙烯醇、聚氯乙烯等高分子材料，但目前的包装技术及设备已难以满足蛋液及其产品对水、氧气等无菌化包装工艺的要求。

本项目将搭建一种杀菌设备并用于蛋品的储藏保鲜包装，研究蛋品的保鲜特性、保质期与包装材料种类、包装工艺的关系，为新型包装设备及材料在食品行业的应用提供前期探索和铺垫。

## 1 材料与方法

### 1.1 材料

1.设备与试剂

试验设备为一种新型的离子体灭菌设备，如图1所示，此设备可在大气压下工作，工作气体为空气。测试仪器包括LDZM-80KCS型立式压力蒸汽灭菌器、THF-650型超净工作台、HX-ll0X型水浴恒温摇床、BPX-52型的电热恒温培养箱、用于禽蛋品质分析的ORKAEA-01蛋品质分析仪、照蛋器、游标卡尺、移液枪、分析天平等。试验试剂包括用于细菌培养的营养琼脂培养基、用于大肠杆菌活化培养的LB液体培养基①所需试剂（胰蛋白胨、酵母提取物、氯化钠，都为分析纯）、去离子水等。

2.试验材料

试验所用鸡蛋样品购自城北回龙观市场未经其他任何处理的天然鲜蛋。试验菌株为大肠杆菌（ATCC8099）。

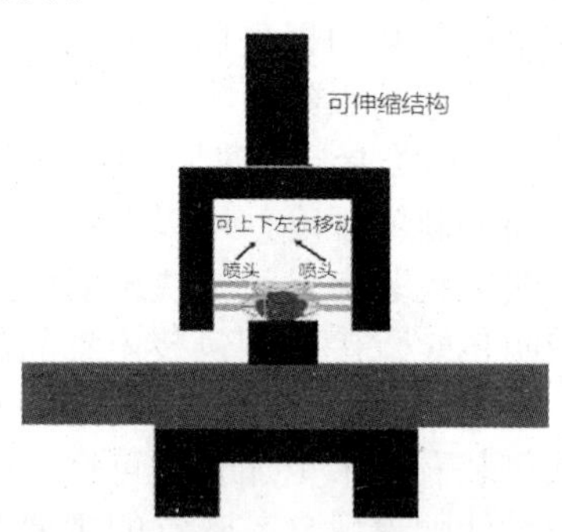


图1　样品处理包装设备原理

1.2 方法

1.菌悬液制备

将购买的大肠杆菌(ATCC8099)菌株以1%~2%的接种量接种到LB液体培养基中，于37℃恒温水浴振荡器中培养12h，此为菌种的活化传代。同样方法重复两次，直至第三次传代完成，即得大肠杆菌菌悬液备用。

2.样品前处理

将购买的216枚鸡蛋平均分为8组，每组27枚。第1组用作空白对照，不作任何处理；第2组用去离子水清洗；第3~9组用去离子水清洗后涂抹大肠杆菌菌悬液。其中第4组用大气等离子体设备杀菌30s，作用距离3cm；第5组用大气等离子体设备杀菌60s，作用距离3cm；第6组用大气等离子体设备杀菌120s，作用距离3cm；第7组用大气等离子体设备杀菌180s，作用距离3cm；第8组用大气等离子体设备杀菌300s，作用距离3cm。

各组鸡蛋经处理后置于37℃恒温培养箱中培养5天，每隔两天测定一次蛋壳表面菌落总数，每隔8~9h测定鸡蛋新鲜度指标。

3.蛋品气室直径的测定

将样品蛋的气室置于照蛋器上照射，沿着蛋品气室边缘用铅笔将轮廓描出，用游标卡尺分别测量三次直径，每测一次将鸡蛋旋转120°，取三次测量的平均值即为蛋品的气室直径。

4.蛋品失重率的测定

将新鲜蛋品置于分析天平测定原始重量，记为$W_0$；经培养一段时间后的蛋品用同样方法测定重量，记为$W$。蛋品失重率表示为（$W_0$-$W$）/$W_0$。

5.哈氏单位（哈夫值）、蛋黄颜色测定

先把鸡蛋放在蛋品质分析测试仪顶部测得鸡蛋重量，然后磕开鸡蛋，放在测试盘上测试以下数据：

按照蛋黄颜色扇用RGB传感器来测蛋黄颜色；

用超声波来测蛋黄高度和蛋白厚度，即用来表示哈氏单位HU；

HU=100×lg（$H$-1.7$w$0.37+7.57）

式中：HU——哈夫单位；

$H$——浓厚蛋白高度，mm；

$w$——蛋重，g。

显示屏上自动显示报告结果，注明级别、蛋黄颜色、蛋白厚度等。

6.蛋壳表面菌落总数的测定

用无菌生理盐水浸湿的棉签均匀擦拭蛋壳表面后将棉签放入装有9mL灭菌生理盐水的无菌试管内，震荡1～2min，制成1∶10的样品匀液。之后用1000μL移液枪递增稀释至所需倍数（1∶1000），即为菌悬液。依据《菌落总数测定法》（GB 4789.2—2010）中平板计数法对蛋壳表面细菌进行计数。选择菌落数30～300的平板作为菌落总数测定标准。

## 2 结果与分析

### 2.1 鸡蛋气室直径变化

1.未经杀菌的鸡蛋气室直径变化

一般情况下，鸡蛋气室大小是判断鸡蛋新鲜度的一个标准，气室越大说明鸡蛋越不新鲜。由图2看出，随着储藏时间的延长，鸡蛋气室直径逐渐增大。清洗后涂菌的鸡蛋气室直径变化最小，说明涂菌后堵住了周围气孔，外界空气较难进入气室，因此气室增大较小。而清洗相对于自然条件来说，整体表面的细菌被处理干净，有利于鸡蛋新鲜度的保持，因此清洗的鸡蛋气室变化小于自然条件。

2.不同杀菌时间鸡蛋气室直径变化

杀菌0s、30s、60s、120s、180s、300s的鸡蛋气室直径变化曲线经线性拟合后，由图3可看出，除180s外，其余杀菌时间处理的鸡蛋气室直径变化均大于对照组（0s），说明可能180s的处理结果有问题，而且杀菌处理对鸡蛋壳的击穿作用可能破坏了气孔，使得外界空气较易进入蛋壳内部，增大了

①LB液体培养基：一种培养基的名称，生化分子实验中一般用液培养基来预培养菌种，使菌种成倍扩增，达到使用要求。可分为液体培养基和固体培养基。

气室直径。

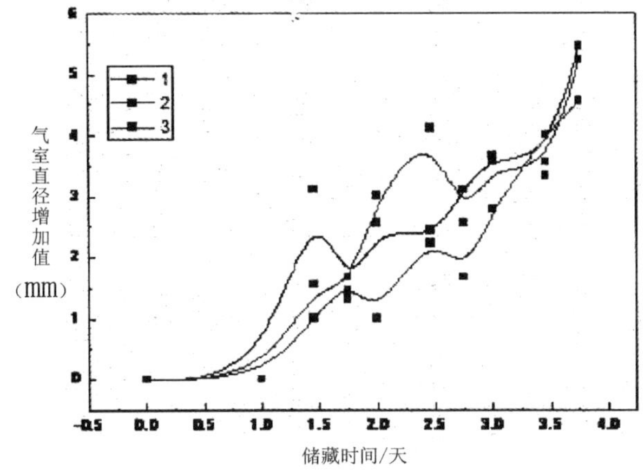


图 2　未经杀菌鸡蛋气室直径变化

1—空白对照；
2—清洗；
3—清洗+涂菌

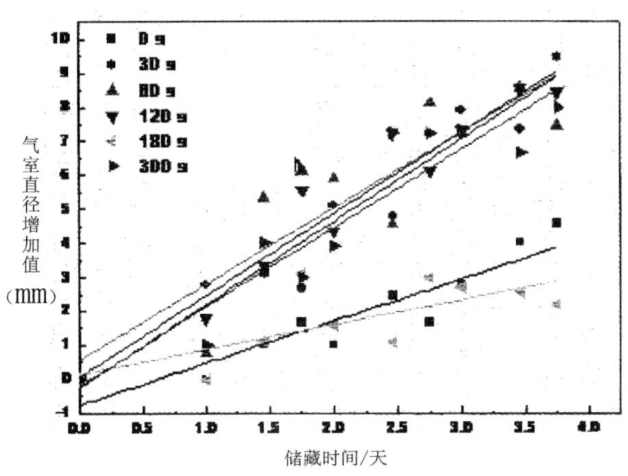


图 3　不同杀菌时间鸡蛋气室直径变化

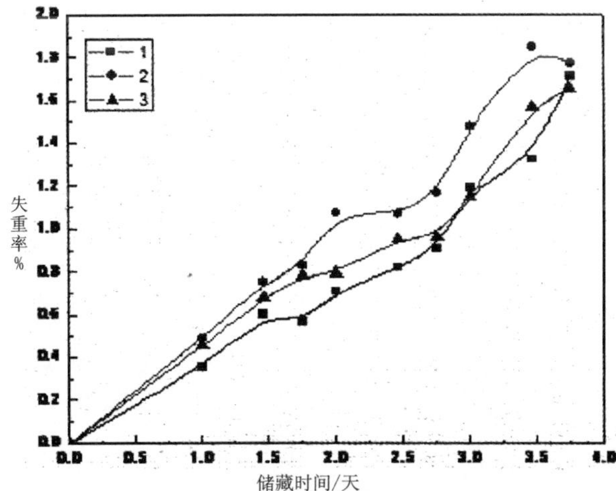


图 4　未经杀菌的鸡蛋失重率变化

1—空白对照；
2—清洗；
3—清洗+涂菌

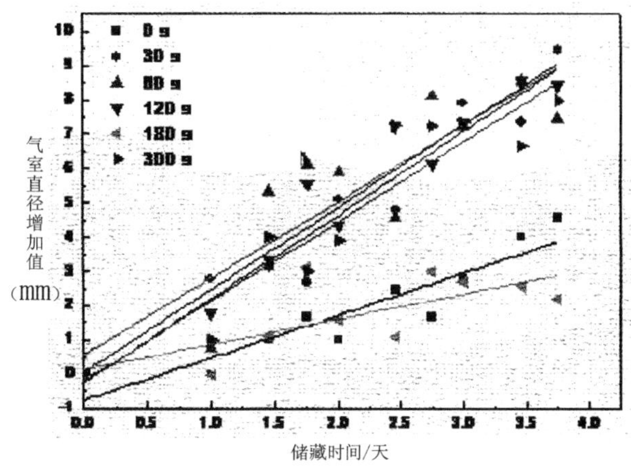


图 5　不同杀菌时间鸡蛋失重率变化

2.2 鸡蛋失重率变化

1.未经杀菌的鸡蛋失重率变化

由图 4 可知，随着储藏时间的延长，鸡蛋失重率不断上升。不同处理条件下鸡蛋失重率由大到小为清洗>清洗后涂菌>自然条件。究其原因可能是鸡蛋清洗后气孔更加通畅，更容易使蛋内水分蒸发出去而失重，因此清洗后涂菌次之，自然条件下的失重率反而最小。

2.不同杀菌时间鸡蛋失重率变化

杀菌 0s、30s、60s、120s、180s、300s 处理的鸡蛋失重率曲线经线性拟合后，由图 5 可知，除 180s，其余杀菌时间处理的鸡蛋失重率均大于自然条件（0s），说明杀菌对鸡蛋壳气孔的击穿作用可能破坏了气孔，从而使得鸡蛋失重更加显著。

2.3 鸡蛋哈夫值随储藏时间的变化

1.未经杀菌的鸡蛋哈夫值变化

众所周知，哈夫值越高，鸡蛋新鲜度越高。由图 6 可知，随着储藏时间的延长，鸡蛋哈夫值逐渐降低。不同处理条件下哈夫值降低程度为清洗后涂菌>空白对照>清洗。究其原因可能是鸡蛋清洗后涂菌或者不经任何处理使得鸡蛋表面细菌引起蛋品腐败，导致新鲜度降低。而清洗后鸡蛋表面细菌减少，新鲜度得到一定程度保障。

2.不同杀菌时间鸡蛋哈夫值变化

由图 7 可知，随着鸡蛋储藏时间的延长，杀菌处理的鸡蛋哈夫值均比未经处理的对照组（0s）要高，表明经杀菌处理后鸡蛋新鲜度也有一定提高。

2.4 蛋壳表面菌落总数测定

由图 8 可知，与空白对照相比，经不同时间的杀菌处理后蛋壳表面菌落总数均有减少，且比清洗后的菌落总数也少。说明此设备有一定杀菌效果。

## 3 小结

综上所述，经本设备处理后，蛋壳表面菌落总数均有一定程度减少，对于鸡蛋新鲜度指标（哈夫值）的影响利大于弊，即经不同时间杀菌处理后鸡蛋哈夫值均比未经处理的对照组高，说明鸡蛋新鲜度有一定提高。对于气室直径变化和失重率的影响效果不是很理想，经不同时间杀菌处理后鸡蛋气室直径变化和失重率均比未经处理的对照组高，推测其原因可能是等离子体设备处理蛋品的过程中对蛋品表面的保护膜产生了一定的损害。

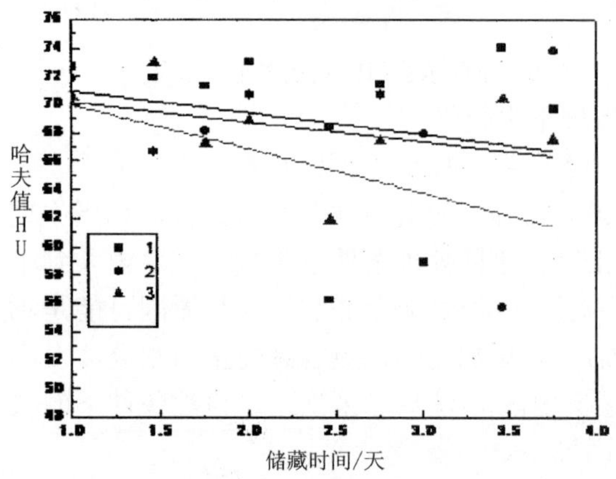


图 6　未经杀菌的鸡蛋哈夫值变化

1—空白对照；
2—清洗；
3—清洗+涂菌

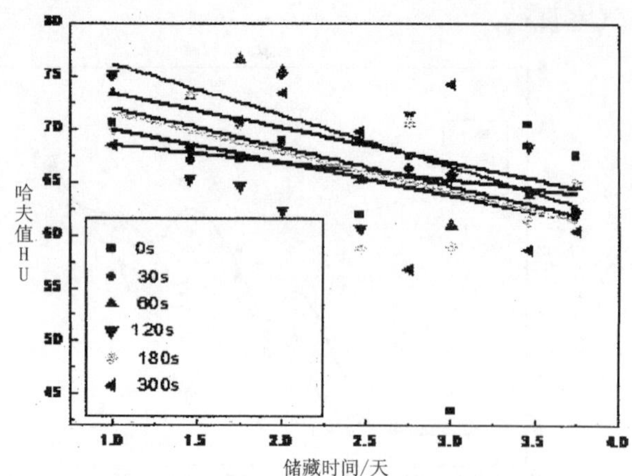


图 7　不同杀菌时间鸡蛋哈夫值变化

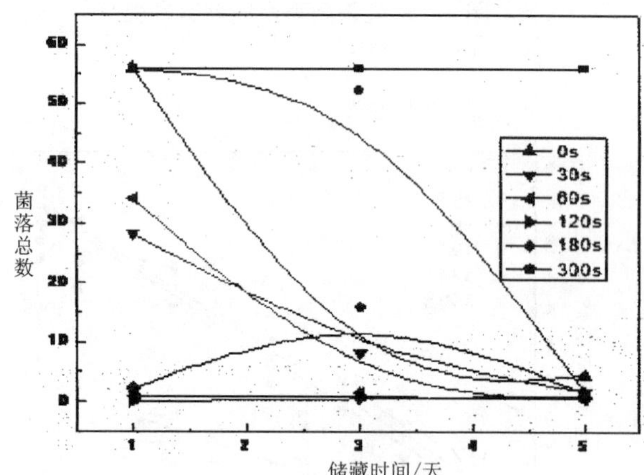


图 8　蛋壳表面菌落总数

—■— 空白对照；
—◆— 清洗（0s、30s、60s、120s、180s、300s 清洗+涂菌+杀菌）

包装 领军人物

# 闫银凤

**河南银金达集团董事长**

闫银凤，女，河南省卫辉市人，中共党员，研究生学历，现任河南银金达集团董事长，并担任中国包装联合会副会长、河南省第十二届人大代表、河南省包装技术协会副会长、河南省工商联常务委员、新乡市工商联副主席、中共卫辉市委委员、卫辉市政协常委、卫辉市工商联会长。

先后荣获中国杰出包装企业家、中国包装优秀科技工作者、河南省包装行业先进工作者、新乡市劳动模范、新乡市优秀中国特色社会主义事业建设者、新乡市首届十大青年民营企业家、新乡市优秀政协委员、新乡市三八红旗手、卫辉市模范共产党员、卫辉市优秀企业管理工作者、卫辉市科技拔尖人才等荣誉称号。2014年荣获河南省优秀中国特色社会主义事业建设者荣誉称号。

河南銀金達集團
崇德 誠信 負責 奉獻

# 河南银金达集团

## 公司概况

河南银金达集团，前身为河南银利达彩印有限公司，创建于2002年，十余年来，公司由创建初期的13万元资产起步，通过三年打基础，其后以平均每3年翻一番的速度快速发展，发展成为专业从事彩印软包装和包装新材料研发、生产的集团化高新技术企业。

公司发展以科技为先导，注重产品研发和科技创新，新产品、新技术不断涌现并积极投入运用，为企业快速发展增添活力，2015年第一季度总体上保持了良好发展态势，实现了稳中有进，各项经济指标达到了预期要求，新增销售收入1.7亿元，其中高新技术产品销售实现了1.2亿元，同比增长10%以上，盈利能力较同期也大幅提升。

银金达企业具有先进的塑料软包装自动化成套生产设备，共有15条彩印生产线，引进德国布鲁克纳全自动拉膜生产线2条，意大利伽利略幅宽1600和2500高真空镀铝机、英国BOBST集团阿特拉斯CW800高速分切机、国内先进的AZJ1101500FM机组式双收双放凹版彩印机、SFG1000A型高速干式复合机、FXC1600MM型高速挤出复合机等设备80余台（套）。

## 产品简介

公司主营PETG聚酯热收缩薄膜、可降解热收缩薄膜、凹版印刷塑料薄膜、玻璃纸装潢印刷品、复合膜印刷品和包装袋制品，已发展成为全国包装产品的龙头企业。目前，企业年产PETG热收缩薄膜12000吨，可降解热收缩薄膜6000吨，彩印软包装膜（袋）40000吨，镀铝薄膜6000吨。塑料薄膜、纸塑复合膜、铝塑复合膜、纸塑铝复合膜、PET等材质的热收缩膜，五大类薄膜可应用于食品、医药、日化、以及工业产品软包装。

公司始终坚持以“以质取胜，以诚求久”为经营理念，以“精包细装，产业报国”为企业宗旨，以“以标治厂，以效达献”为企业理念，赢得了可口可乐、康师傅、统一企业、今麦郎、农夫山泉、伊利、白象、华龙、华丰、斯美特、双汇、三全、天冰、汇源、洽洽等国内知名的食品加工和饮料企业的高度信任和长久合作。产品销往国内二十多个省市，十多家知名食品生产企业，产品质量、销售服务等都位居行业前列，受到广大客户的赞誉。

>>> 集团简介

YINJINDA GROUP

证书

全国包装标准编制先进工作组

为表彰在2014年度全国包装标准化工作中做出突出贡献的工作组，特发此证，以资鼓励！

标准项目名称：包装用单向热收缩型聚酯薄膜

获奖单位：卫辉市银金达薄膜有限公司

证书编号：2014-B102

二〇一五年一月　　二〇一五年一月

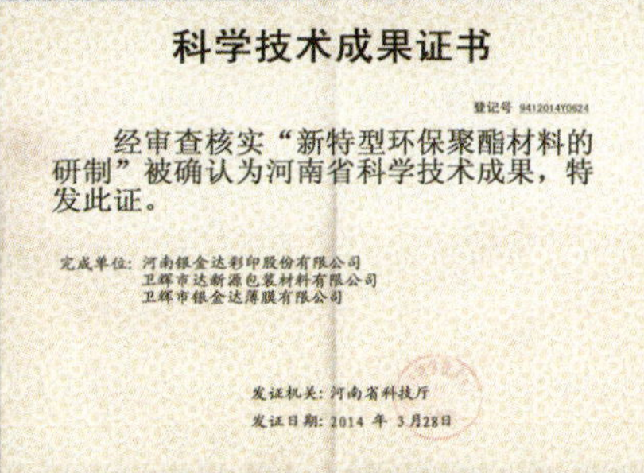

科学技术成果证书

登记号 9412014Y0624

经审查核实“新特型环保聚酯材料的研制”被确认为河南省科学技术成果，特发此证。

完成单位：河南银金达彩印股份有限公司
卫辉市达新源包装材料有限公司
卫辉市银金达薄膜有限公司

发证机关：河南省科技厅

发证日期：2014 年 3月28日

高新技术企业

证书

企业名称：河南银金达彩印股份有限公司　证书编号：GF201441000095

发证时间：2014 年 10 月 23 日　有效期：三年

批准机关：

## 公司设备

我们的部分合作伙伴

产品用途

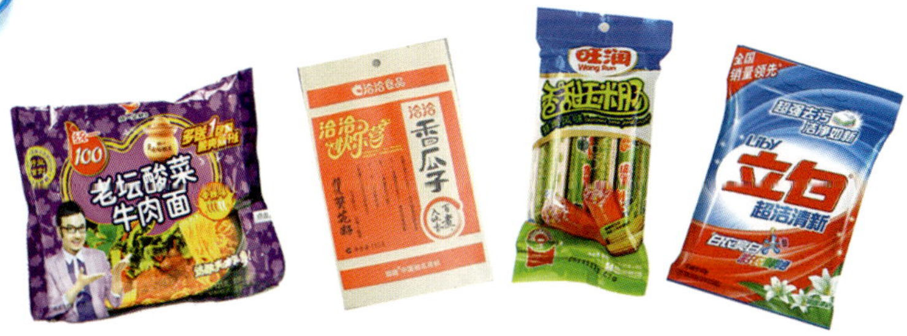

# 帮助更多食物到达您的餐桌

## 每年全世界约有30%的食物被浪费掉

陶氏提供的创新型、轻量化、软包装解决方案
有助于食品保持新鲜并延长储存期限
帮助更多食物到达您的餐桌

- PE可循环立式袋
- 轻量化、软包装容器
- 用于新鲜食物的保鲜包装

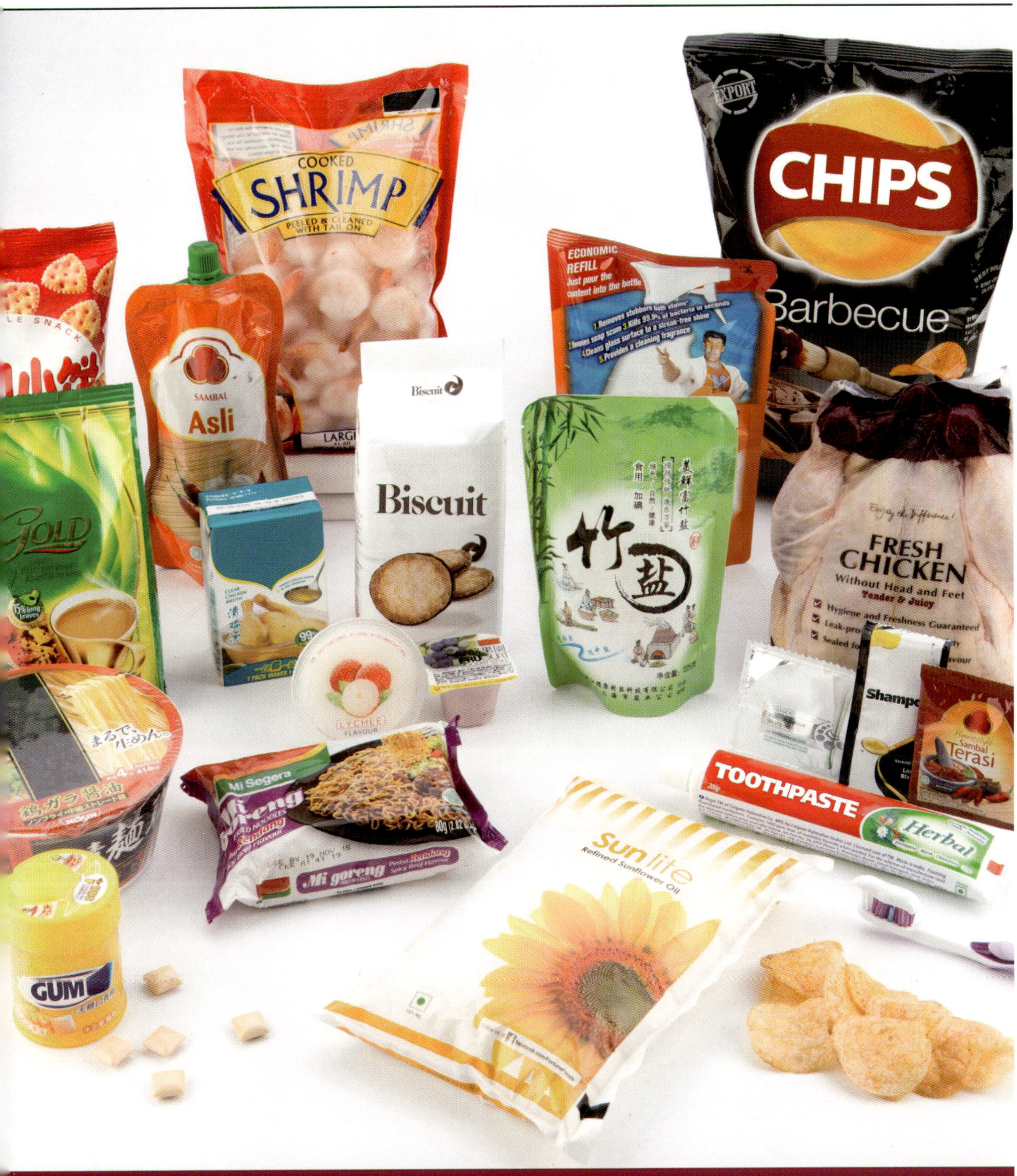
CHIPS
Barbecue
EXPORT
COOKED
SHRIMP
PEELED & CLEANED WITH TAIL ON
SAMBAL
Asli
ECONOMIC REFILL
Just pour the content into the bottle
Biscuit
竹盐
FRESH CHICKEN
Without Head and Feet
Tender & Juicy
Hygiene and Freshness Guaranteed
GOLD
LYCHEE FLAVOUR
Mi Segera
Mi goreng
TOOTHPASTE
Herbal
Sambal Terasi
Shampoo
Sun lite
Refined Sunflower Oil
GUM

英顶集团®
INGTOP
广西英顶科技集团股份有限公司
GUANGXI INGTOP TECHNOLOGY GROUP CO.,LTD

Company Profile

## 企业简介

广西英顶科技集团有限公司（简称“英顶集团”）是一家成立于 1995 年的民营企业，总部设在广西南宁高新技术产业开发区。旗下控股子公司有：顶天云印技术（深圳）有限公司、广西顶新智能技术有限公司、广西顶源科技有限公司、南宁顶兴文化发展有限公司。

英顶集团主营业务：包装装潢、高档印刷及新材料研发与生产，RFID 智能包装及电子标签的印刷生产、销售及售后服务；云印刷技术、智能物联技术、印务科技、网络科技、计算机软件开发与应用等。是获得认证的集创意设计、科技研发、生产销售和服务于一体的高新技术型企业。同时是中国艺术烟标体系首创者和现代环保控烟条件下新印刷领域的领军企业，是广西自治区政府和南宁市政府定点协议采购供应商，是中国包装协会常务理事团体单位、广西包装协会常务副会长单位及广西印刷协会副理事长单位。

英顶集团坚持推行绿色、环保、低碳、智能的全新印刷理念，以新技术、新工艺、新材料、新设计为创新手段，建立了绿色印刷和智能印刷体系，获得 ISO9001 质量管理体系、ISO14001 环境管理体系及 ISO18001 职业健康安全管理体系认证，产品质量得到严格保证。公司科技研发能力强，拥有 6 项实用新型技术专利、4 项软件著作权、1 项外观设计专利和 2 个注册商标。

英顶集团高起点、高标准地引进国际一流的印刷设备与印刷技术，拥有从德国、意大利、日本等地购进的世界领先的印刷设备，如海德堡速霸 UV 多色连线上光胶印机、高精全自动定位烫模两用生产线、全自动定位局部冷烫压印镭射转移生产线及 RFID 天线印刷生产线等烟标包装、智能包装印刷专用设备，具备较大的生产规模优势，能快速满足不同客户对烟标包装和智能包装品生产的需求。

英顶集团的创业团队是一群富有激情、专业、执着、敢于创新的年轻人。其中高管团队平均年龄 35 岁，均为大专以上学历，是一支拥有在多家企业工作经历，具有丰富经验的营销管理、创意设计、技术研发及生产管理的团队；员工队伍都是经过严格筛选聘用，大专以上学历占 30%，技术研发人员占 30%，综合素质较高。

## 产品展示

## 领导寄语

不断完善提高九洲云印电子商务平台服务水平，实现按消费者需求进行智能化、定制化生产，实现公司管理数据化、信息化、网络化、智能化，推动企业提质增效升级，迈向高端水平，使其成为面向全国、面向东盟国家重要的电子商务平台。同时，根据中国资本经济和创业型经济时代发展的要求，按照上市公司的标准，到资本市场进行大众融资、发行股票，对接投资方、投行等金融市场，利用资本增长方式，促进公司尽快上市，实现跨越式的发展。

## 企业机器

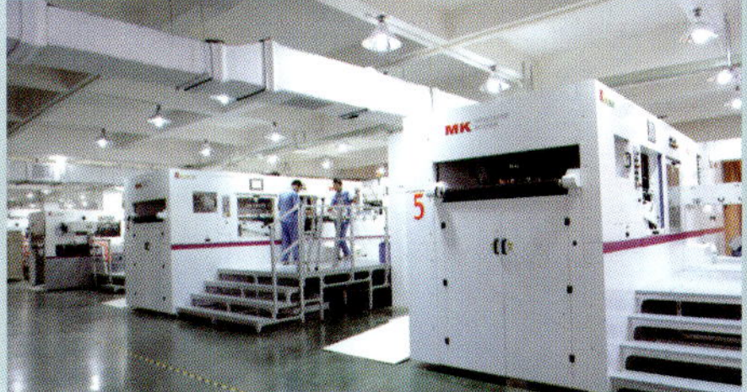

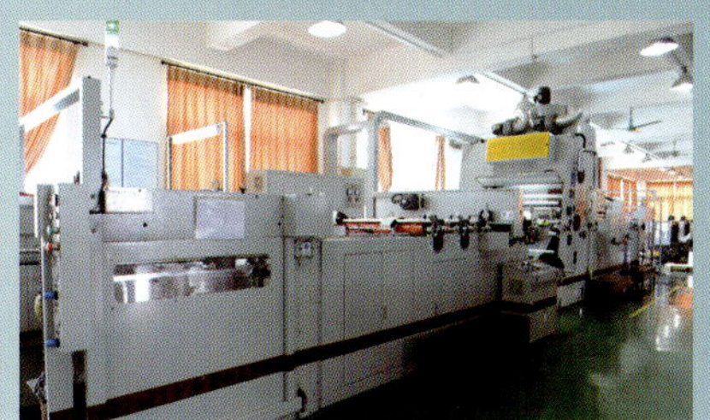

## 企业资质

中华人民共和国国家版权局
计算机软件著作权登记证书

中华人民共和国国家版权局
计算机软件著作权登记证书

中华人民共和国国家版权局
计算机软件著作权登记证书

中华人民共和国国家版权局
计算机软件著作权登记证书

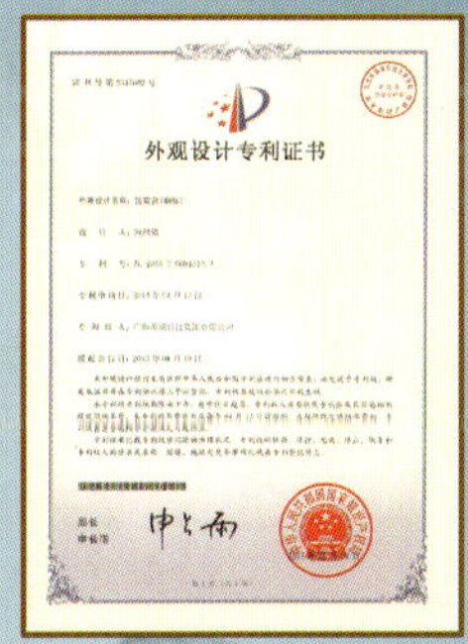

外观设计专利证书

实用新型专利证书

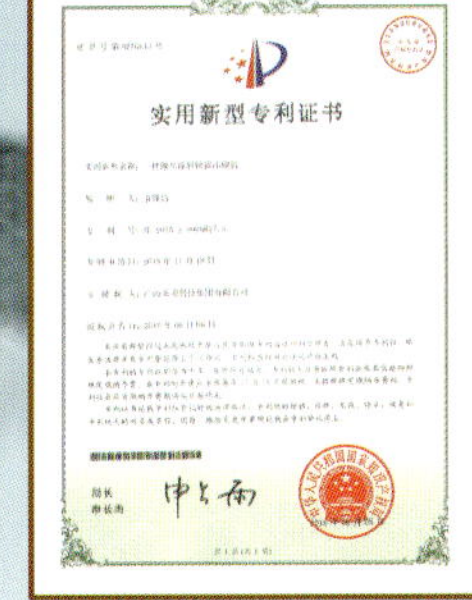

实用新型专利证书

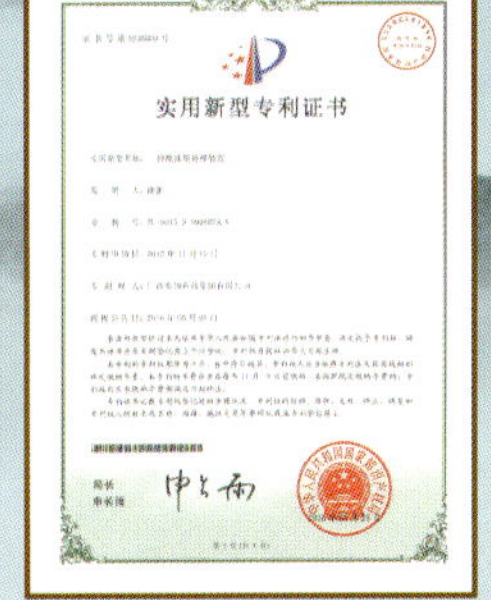

实用新型专利证书

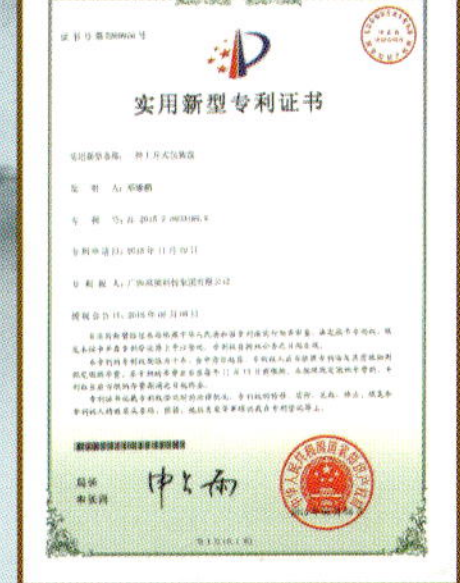

实用新型专利证书

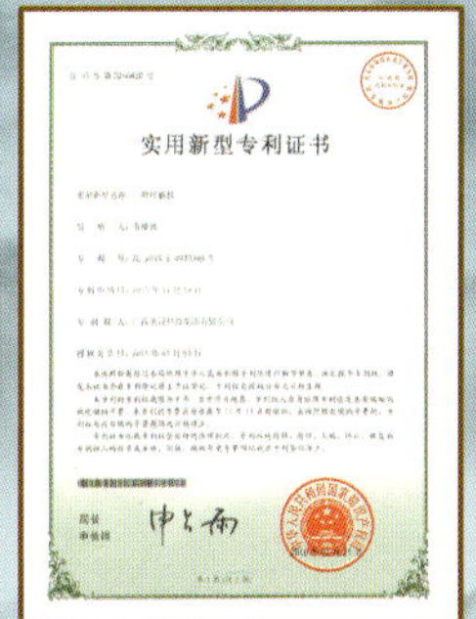

实用新型专利证书

# 深圳市裕同包装科技股份有限公司

## 企业简介 Company Profile

深圳市裕同包装科技股份有限公司（以下简称“裕同科技”）成立于 2002 年，作为高端品牌包装整体解决方案提供商，重点为客户提供“创意设计与研发创新解决方案、一体化产品制造和供应解决方案、多区域运营及服务解决方案”。

裕同科技在专注于消费类电子产品纸质包装同时，注重业务多元化，积极拓展高档烟酒、化妆品、食品及高端奢侈品等行业包装业务，产品类型覆盖融合各类新材料技术和工艺的环保印刷包装产品。

目前，裕同科技已拥有多家分子公司，实行集团化管理，并于国内多个重点城市包括深圳、苏州、烟台、许昌、武汉、成都、合肥、廊坊以及越南等片区设立了生产服务基地，就近为全球客户提供服务。

裕同科技始终将“坚持自主创新，保持技术领先”作为核心战略，设立了集团印刷技术中心、包装技术中心和包装科技研究院等各类研发部门，并拥有丰硕的研发成果，累计有上百项行业领先技术、自主知识产权，为公司的持续发展提供丰富的创造力和强大的技术支持。

未来，裕同科技将继续专注行业内创新科技的研发与引领战略，快速推动基于工业 4.0 的智能包装模式在全国各生产基地的普及，前瞻性布局基于个性化印刷需求以及互联网电商模式的云印刷和云包装平台，利用公司在新材料领域的创新技术成果，全力将整个集团打造成为国内领先、国际知名的印刷包装企业。

特邀协办理事单位

产品展示

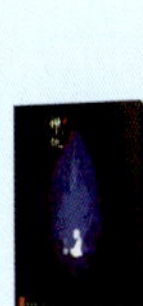

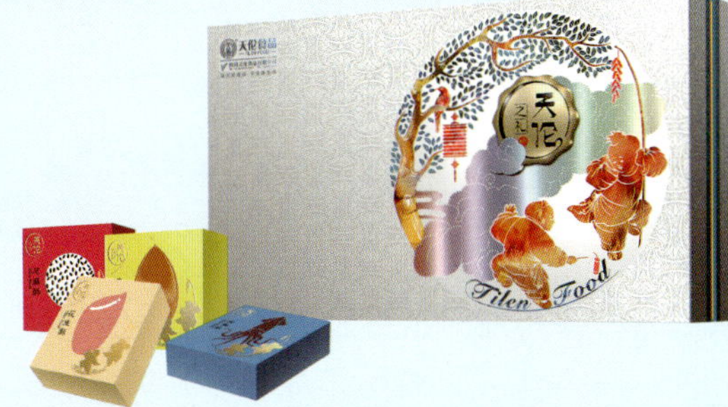


企业荣誉

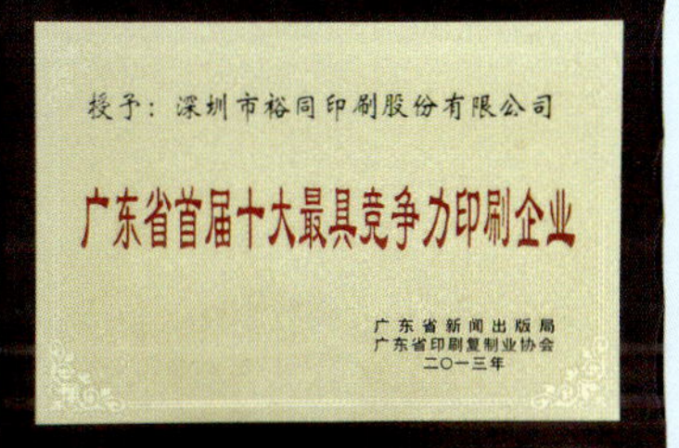

# 浙江东经科技股份有限公司

## 公司简介

浙江东经科技股份有限公司，将互联网技术引入传统包装产业，致力于以“包装＋互联网”模式，打造中小企业降本提效，价值倍增的包装供应链服务平台，实现全产业链各相关方利益共赢。

公司于1994年创立，是中国包装行业知名企业。自2005年起，全面启动了CPS（整体包装解决方案）业务，是国内包装行业较早开展该项业务的公司。

公司的主要业务模式是通过CPS来帮助客户解决包装全流程的痛点，为中小企业省心、省钱，实现客户价值的提升。现已初步形成了以一站式包装交易平台为基础，以在线设计、包装智能化解决方案为主体，以区域供应链物流为重点的新业务体系。

2013年，东经被评为中国包装行业两化融合标兵式企业，中国纸包装行业两化融合评价体系的主要起草单位；被授予“中国整体包装解决方案研发中心”。

2015年，作为全国较早一批的502家两化融合贯标试点企业，公司顺利通过工信部两化融合管理体系现场评审，成为全国包装行业较早通过两化融合管理体系评定的企业。

## 东经科技的核心产品

在线设计：主要解决客户包装形象差、包装规格杂、产品保护不足、退赔损失高、过度包装、设计效率低，包装管理难等痛点

一站式包装交易：主要解决客户库存浪费大、交期延误多、订单管控难、产品管理乱、采购成本高、杂单成本高、账款风险大、供需匹配失衡等痛点。

智能化解决方案：是针对中小企业客户招工难、人工成本高，包装效率低，质量追溯难，场地利用率低，作业现场混乱等痛点，制定包装自动化解决方案。

区域供应链物流：主要解决客户物流成本高、价格不透明、货源少、找车难、安全无保障、物流服务不规范、时效差、空载率高等痛点。


官　网：www.djcps.com　　公司地址：浙江省温州市瓯海经济开发区东经一路1号

东经网：www.olcps.com　　电话：0577-85399999　　传真：0577-85390777

官微

特邀协办理事单位

打造中小企业降本提效

价值倍增服务平台

两化融合管理体系评定证书

东经控股有限公司

荣誉证书

东经控股有限公司：

经会长办公会研究决定，授予你公司为2012年"中国包装行业两化融合标兵式企业"称号。

东经控股有限公司

中国整体包装解决方案研发中心

（温州）

中国包装联合会

二〇一三年六月

有效期至二〇一六年六月

证　书

东经控股有限公司

荣获2013年包装行业

两化融合标杆企业

中国包装联合会

中国信息化和工业化融合咨询服务联盟理事会

证书编号：CSA000023201302

荣誉证书

蒋孟有　同志：

被评为2015年度中国包装行业杰出企业家，特颁此证。

二〇一五年十二月

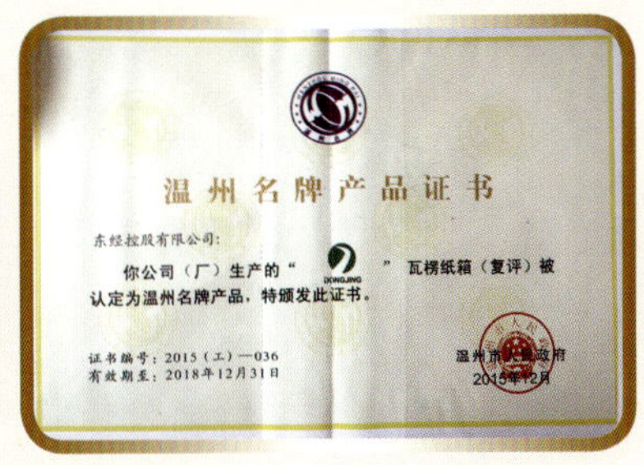
温州名牌产品证书

东经控股有限公司：

你公司（厂）生产的"　"瓦楞纸箱（复评）被认定为温州名牌产品，特颁发此证书。

证书编号：2015（工）—036

有效期至：2018年12月31日

2015年12月

合作伙伴

为價值而奮斗

## COMPANY INTRODUCTION 企业简介

鸿圣（江西）彩印包装实业有限公司创办于 2005 年 1 月，坐落于中国历史文化名城江西省奉新县冯田开发区，离南昌市 60 千米，地理位置优越，交通便捷，投资总额逾亿元。公司占地面积达 66000 平方米，主生产厂房占地面积超 30000 平方米，配套及办公、生活建筑 16800 平方米。

在瓦楞纸板纸箱生产方面，公司拥有先进的三层、五层、七层纸板生产线；数台德国进口罗兰和海德堡印刷机以及多台先进的后道生产设备；公司还拥有全省一条技术领先的四色模切水印机生产线。

目前公司已跻身至全省十大包装企业行列，客户主要集中在食品、医药、化妆品、电子、纺织、轻工、瓷砖等行业，目前是江西省最大的纸包装供应商。

整体目标：公司将充分利用已有的生产技术、人才、成本、营销及管理优势，立足现有区域市场，适时打开周边浙江衢州、湖北武汉、湖南长沙市等关键区域市场，业务规模保持持续增长，通过“以纸代木”布局中国市场，力争在 5 年内发 展成为我国包装行业综合实力前 3 名。

## COMPANY CORE PROJECT 企业核心项目 <<石头纸生产线>>

石头纸是一种新型环保材料，可替代部分功能性纸张、专业性纸张及大部分塑料包装物，成本低，且可降解减少白色污染。石头纸是以石灰石矿产资源为主要原材料，能节省大量的林木资源。公司于2013 年8 月进行石头纸纸箱商业销售，是国内首个实现石头纸包装产品商业产、销、研公司。目前公司的石头纸产能为1.75万吨左右。石头纸虽然是公司的新业务，但具有显著的成本及环保优势，客户接受度较高。

- 鸿圣企业秉承“绿色、环保、再利用”的经营理念
- 坚持“诚信、快乐、分享”的价值观
- 建立诚实守信、勇于创新与进取、与企业与社会利责共享的团队
- 坚持“专业化、一体化”的发展道路
- 力争成为“中国包装行业领先品牌、最佳供应商、最强综合包装企业”

2015年6月，江西省委副书记、省长鹿心社深入我司实地调研。他强调，要立足优势，加强生态环境保护，大力发展生态经济，创新生态文明建设机制体制，走出一条具有自身特色的绿色崛起之路。并指导了我司新投产的石头纸生产线及后道线，提出宝贵意见。

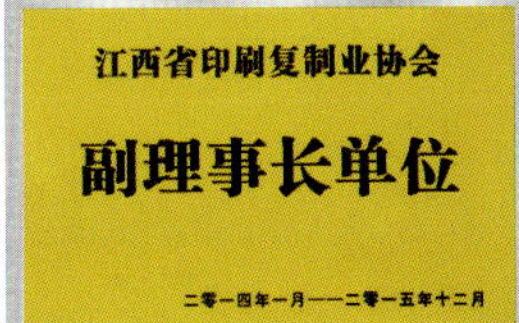

CORPORATE
CLIENT BASE
企业国内外客户群

Wilson

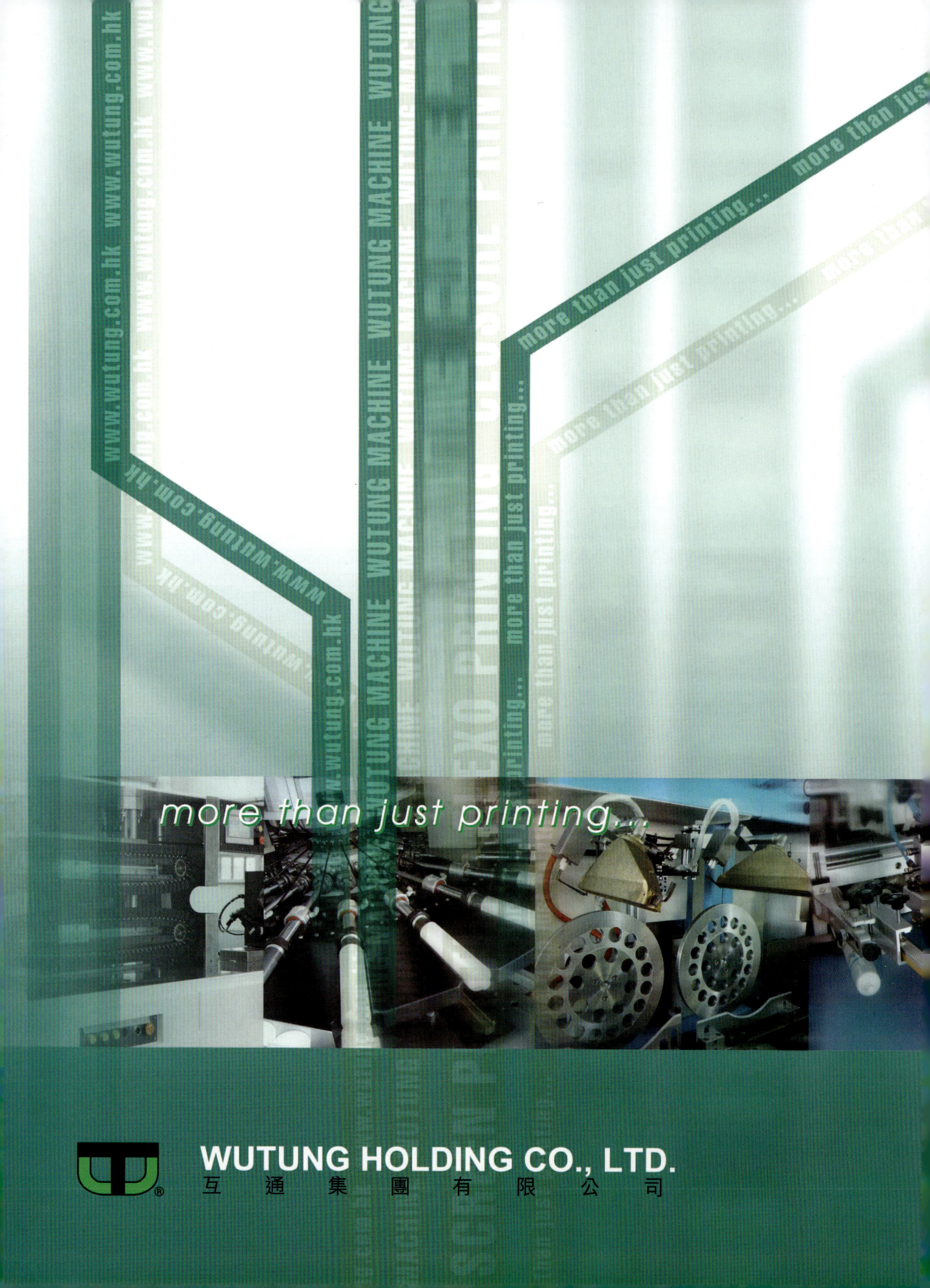

*more than just printing...*

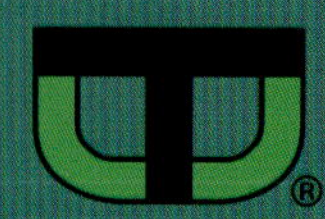

**WUTUNG HOLDING CO., LTD.**

互　通　集　團　有　限　公　司

# Kecai 深圳市科彩印务有限公司

## 公司简介

深圳市科彩印务有限公司成立于2003年7月，坐落于坪山新区是一家专业从事烟草包装设计、研发、生产、销售于一体的高新技印刷企业。公司注册资金1.9472亿元人民币，总资产10个多亿，占面积8.6万平方米，建筑面积8.5万平方米，拥有中央空调厂房6万平米，办公及生活配套设施2.5万平方米，总动力配电2万千伏安。拥世界较先进的适合中高档包装产品生产的印前、印刷和后加工配套备350多台套，具备每年240多万大箱烟标生产能力；拥有中国合格定国家认可委员会认可的行业内“卷烟条与盒包装纸中挥发性有机合物（VOCs)含量”检测实验室；拥有投资2000多万元建成的科研心，致力于烟草包装设计新材料、新工艺等领域的开发研究。

在市场竞争环境日趋激烈的今天，公司将继续以创新的思维、进的企业运营机制和现代化的管理手段，着力提升核心竞争力，引包装印刷行业发展的新潮流，与广大客户友好合作，携手共进，实企业持续、快速、健康发展！

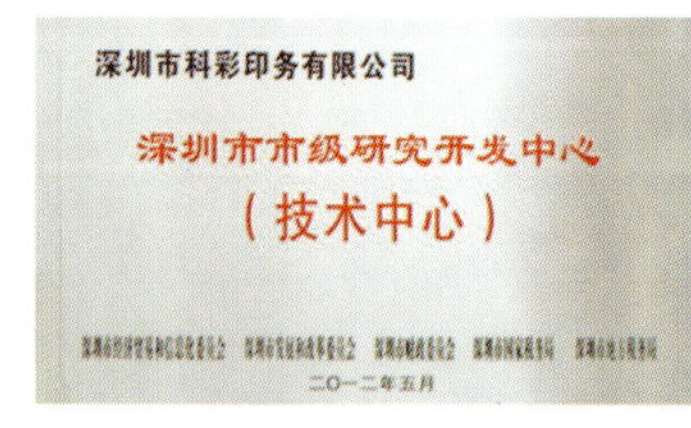

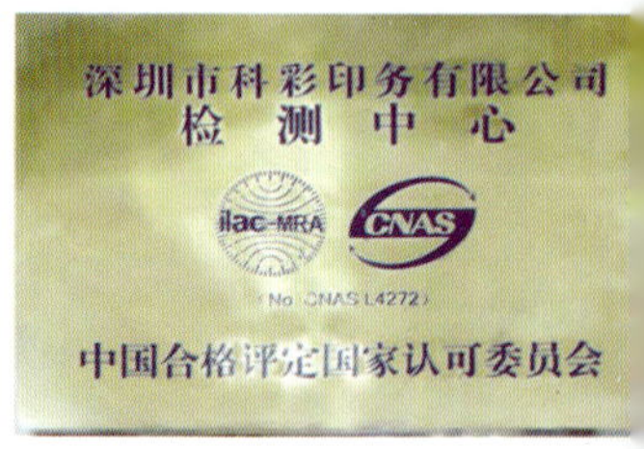

特邀协办理事单位

善用资源
生产优质产品
持续改进
赢取客户信赖

## 产品展示

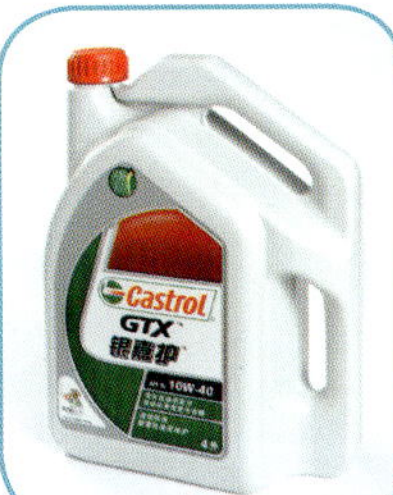

## 联系方式

网　址：http://www.hefa.com.cn

深圳市厂址：广东省深圳市南山区西丽镇塘朗工业区 B 区 41、42、45 栋

TEL: 0755-26713882　FAX: 0755-26715787

东莞市厂址：东莞市沙田镇穗丰年村

TEL: 0769-81563988　FAX: 0769-81563599

江苏前程工业包装有限公司（英文简称QCPAC），创建于1984年，总部位于“全国十大最具经济活力城市”之一的江苏无锡。在江苏无锡、苏州、宿迁，安徽广德、六安分别设有工厂和原材料基地，同时在上海、常州、杭州、北京、大连、长沙、武汉、福州和东莞等地设立有运营网络和循环包装管理中心。

公司是国内工业包装领域的龙头企业，专业提供木托盘、木箱、钢边箱、纸包装、特种包装、可循环包装等包装产品和包装辅材，更致力于为客户提供包装咨询评估、包装设计与打样、包装检测、仓储物流、现场包装和包装循环管理等“一站式”工业包装整体解决方案（CPS）服务。

前程公司倡导包装标准化、减量化。历年来，参与制、修订托盘和包装国家标准及行业标准二十余项，公司是其中多项标准的主要起草单位。公司积极引领产业升级，拥有多条欧洲进口托盘自动化生产线，欧标托盘生产量居全国之前，在仓储运输托盘及立体库托盘等产品方面拥有丰富的经验，技术水平、规模能力名列行业前茅。

前程公司提供的优质产品和专业服务持续赢得通用(GE)、西门子(SIEMENS)、卡特彼勒(CAT)、ABB等众多国际客户的肯定，不断为客户提高物流运输效率和降低物流成本，为实现绿色物流和建设资源节约型社会做出自己的贡献。

前程包装，与您共创金色前程！

Jiangsu Qiancheng Industrial Packaging Co., Ltd (Abbr. QCPAC), was founded in 1984 and headquartered in Wuxi, one of the “Top Ten Cities with most economic vitality in China”. It has established factories and raw materials bases in Wuxi, Suzhou and Suqian of Jiangsu Province, and in Guangde and Lu'an of An'hui Province. In addition, operation network and management centers of recycling packaging have been established in Shanghai, Changzhou, Hangzhou, Beijing, Dalian, Changsha, Wuhan, Fuzhou and Dongguan.

QCPAC, a leading enterprise in the field of industrial packaging in China, specializes in packaging products, which include pallet, wooden box, steel side box, carton, special packaging, recycling packaging, etc and auxiliary materials of packaging and it's also committed to providing with “one-stop” complete packaging solutions (CPS) of industrial packaging including packaging consultation and assessment, packaging design and sampling, packaging test, storage and logistics, on-site packaging and packaging recycling management, etc.

QCPAC advocates packaging standardization and reduction. Over the years, more than twenty items on participating in drawing up and revising pallet standards and national packaging standards and industry standards, the company is first drafting unit in a number of standard. The company actively leads the industrial upgrading, with several pallet automated production lines imported from Europe, and the EPAL production ranks first in the country. The company has rich experience in the storage and transportation, stereo-storage pallet and other products, technical level and scale capability among industry forefront.

High quality products and professional service provided by QCPAC have consistently won the affirmation including GE, SIEMENS, CAT, ABB, and many other international customers, and continuously improved the efficiency of logistics and reduced logistics cost for the customer, making own contribution to realizing green logistics and building resource-saving society.

QCPAC creates a golden future with you!

## 产品 PRODUCTS

中标托盘 Chinese standard pallets

欧标托盘 Euro-pallets

仓储托盘 Storage pallets

化工托盘 Chemical industry pallets

实木托盘 Solid wood pallets

免熏蒸托盘 Non-fumigation pallets

围板箱 Pallet collars

钢边箱 Steel-profile cases

江苏前程工业包装有限公司
JIANGSU QIANCHENG INDUSTRIAL PACKAGING CO., LTD.

特邀协办理事单位

## 市场分布

公司致力于以最诚挚的服务、最优质的产品为客户提供最完善的服务，与国内多家中烟工业公司保持良好的战略合作关系，是湖南、安徽、江苏、贵州、湖北、川渝、广东、红云红河、福建等烟草工业集团合格稳定的供应商。

### 主 打 产 品

公司地址：深圳市坪山新区大工业区金兰路3号

电　　话：0755-89938000　　邮　编：518118

传　　真：0755-89938999　　网　址：www.kecai.cn

# 公司简介 About Us

**合发油脂（深圳）有限公司**，成立于1990年，公司致力于PE、PET中空成型塑料包装制品市场。产品广泛适用于饮料、食用油、润滑油、洗涤剂、化妆品、糖果、调味品等领域的包装。

公司设有注塑车间、PE中空吹瓶车间及PET吹瓶车间，拥有先进的全自动多层共挤塑料吹瓶机、注塑机、PET吹瓶机等设备。洁净无尘的半封闭式生产车间，生产达食品级包装要求的食用油瓶、果汁饮料糖果系列瓶和配套盖、提环。拥有丝印、全自动6色胶印、自动贴套标、产品设计等支持性配套设施。专业精湛的生产工艺，精益求精的质量控制是为客户提供高质量产品的有力保证。

公司一贯遵循“善用资源，生产优质产品；持续改进，赢取客户信赖”的质量方针，积聚20多年生产经营实践经验，通过ISO9001:2008质量管理体系认证。获中国包装联合会2011年度中国塑料包装行业四十强。

在扩展业务的同时特别注重客户服务．本着服务至上的原则，以信誉第一，得到了广大客户的肯定。

# 中国环保包装名镇(桥头)

桥头镇位于东莞市东部，总面积56平方千米，下辖17个村（社区），常住人口20万人，其中本地户籍人口3.4万人，先后获得了“全国综合实力千强镇”“中国环保包装名镇”“中国荷花名镇”“国家卫生镇”“中国包装优秀产业基地”“广东省技术创新专业镇”“广东省中心镇”“广东省教育强镇”“广东省摄影之乡”等荣誉称号，是珠江三角洲腹地一个非常适宜创业发展和生活居住的城镇。2014年，全镇实现国内生产总值103.6亿元，同比增长5.2%；完成工业总产值269.8亿元；出口总值30.4亿美元；社会固定资产投资22.2亿元；社会消费品零售总额21.2亿元；各项税收收入14.4亿元；镇级财政收入6.7亿元，同比增长9.4%；农村集体经济总收入32557万元，同比增长4.4%，农村集体经济纯收入17631万元，同比增长6.4%，桥头镇综合实力不断增强。

桥头镇区位条件优越，配套设施完善。镇区东部有博深高速公路，北部有广惠高速公路、东部快速干线与广州、东莞市区相连，西南部有潮莞高速公路与莞深高速公路、广深高速公路和京珠高速公路互交，在约10分钟车程内有大京九、广梅汕、广深三线交汇的铁路运输站，约1小时车程内有香港、广州、深圳等机场和葵涌、盐田、黄埔等港口。桥头镇资讯发达，水、电供应充裕，是东江流经东莞境内的重镇，同时也是供水香港的东深供水工程源头所在地。同时，桥头临近谢岗粤海产业园项目，将受到交通、产业配套等方面的辐射带动作用。

桥头镇经济蓬勃发展，实力稳步增强。大力发展高质量经济，以招商引资为突破口，推动外源型经济持续快速发展；以扶持引导为着力点，促进民营经济不断做强做大；以统筹协调为抓手，推动镇村集体经济稳步发展，逐步形成了外源型经济、民营经济、集体经济三大经济同步协调发展的良好局面，经济发展方式不断转变。目前，全镇规划建设了东部工业园桥头园区、桥东工业园、牛埔现代农业示范

## 中标托盘——中国托盘标准化

Chinese standard pallet——Chinese pallet standardization

“现在全国物流企业有8亿多个托盘，绝大部分是非标准化的，多数没有实现循环共用，既浪费资源、增加成本，也影响效率。推进物流标准化建设时不我待。”

——国务院副总理　汪洋

Nowadays the national logistics enterprises have more than 800 million pallets. The majority of pallets are not standardized, and most don't realize the circulation share, not only a waste of resources, increasing the cost, also affecting effciency. The time will not wait for me to promote the standardization of logistics construction.

——Vice Premier of the State Council　Wang yang

### 采用自动化生产线生产
The production of automatic production line

采用自动化生产线批量化、规模化生产，保证托盘品质始终如一。

The use of automated production line in batches, in the scale of production, and ensure the quality of the pallet consistently.

### 严格的木材标准
Strict lumber standard

对托盘使用木材的种类和湿度有统一规范的标准要求，木材无霉菌，无蓝变，无虫孔。

There are requirements of unified standard for species and humidity of lumber used by pallet, no mildew, no blue, no worm hole.

### 托盘专用钉
Special nail of pallet

全部采用中标托盘专用钉；每一枚钉子都必须严格按照规定嵌入固定位置,保证托盘不变形。

Special nails of Chinese standard pallets are all adopted; each nail must be embedded in fixed position in strictly accordance with rules; the position of nail ensures no flexing of pallet.

### 可长期循环使用
Long Recycling

适用于货物仓储、运输和物流周转使用，可在国内长期循环使用，节约社会资源。

It can be applied to goods storage, transportation and logistics turnover, and also can recycle at home, and save social resources.

# 中国荷花名镇　中国包装优秀产业基地

特邀协办理事单位

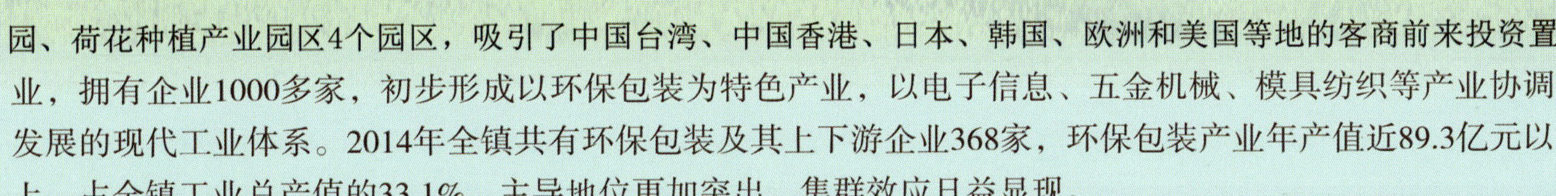

园、荷花种植产业园区4个园区，吸引了中国台湾、中国香港、日本、韩国、欧洲和美国等地的客商前来投资置业，拥有企业1000多家，初步形成以环保包装为特色产业，以电子信息、五金机械、模具纺织等产业协调发展的现代工业体系。2014年全镇共有环保包装及其上下游企业368家，环保包装产业年产值近89.3亿元以上，占全镇工业总产值的33.1%，主导地位更加突出，集群效应日益显现。

桥头镇环保包装产业发展态势良好，已经形成了以美盈森、力嘉(嘉颐)、汇林、凯成、汉维新材料、骏兴机械、睿泰、新望为代表的环保包装产业集群效应，产业经济规模较大，经济效益明显。这些龙头企业已经由传统的包装企业发展成为了能提供综合一体化包装解决方案服务的供应商。

桥头镇着力深化“广东省环保包装专业镇”和“中国环保包装名镇”建设，有效引导环保包装产业集聚快速发展。镇政府积极采取“政府引导、企业为主体、市场化运作”的模式，依托高校的技术、人才与信息优势，联合组建“环保包装产业协同创新中心”(包含以下10个子中心：环保包装材料应用研发中心；环保包装装备制造创新中心；环保包装创业文化设计中心；环保包装印刷技术研发中心；环保包装产品检测中心；环保包装技术成果转化与孵化中心；环保包装应用人才培训中心；环保包装产业电子商务服务中心；环保包装产品品牌创新与推广中心；环保包装产品展示与交易中心)，为企业创新提供多方面的服务和技术支持，不断提高我镇环保包装行业技术创新水平和技术创新能力。

招商单位：东莞市桥头镇投资服务中心

电话：0769-82362822　82363882

0769-81038322　81037222

地址：东莞市桥头镇桥光大道(桥头段)3C号7楼

传真：0769-83569823

邮箱：qtisc@126.com

网址：http://www.qiaotou.gov.cn

# 珠海市乐通化工股份有限公司

## 企业简介
Company Information

始建于 1996 年，是国内较早专注于中高档油墨涂料研发、生产和销售的高新技术企业。公司于 2009 年 12 月 11 日在深圳证券交易所中小企业板上市，股票简称乐通股份，股票代码为 002319。公司技术力量雄厚，技术中心先后被认定为“广东省省级企业技术中心”“广东省环保型油墨工程技术研发中心”“中国包装联合会包装印刷油墨研发中心”，“乐通”商标被评为“广东省著名商标”和“广东省名牌产品”。公司先后通过了国际权威认证机构的 ISO9001 质量管理体系、ISO14001 环境管理体系认证。

二十年来，乐通股份牢牢把握市场脉搏，不断优化产品结构和市场结构，依靠技术优势不断扩大生产规模，拓宽产品范围，延伸产业链条，逐步发展成为烟包油墨、UV 油墨、复合表印油墨、PVC 和铝箔油墨、水性油墨、防伪特种油墨和粉末涂料、汽车涂料、塑胶涂料的专业制造商和印刷喷涂解决方案提供商。目前，乐通股份旗下拥有珠海乐通新材料科技有限公司（珠海市斗门区）、湖州乐通新材料科技有限公司（湖州市吴兴区）、郑州乐通新材料科技有限公司（郑州经济技术开发区）、上海乐通包装材料有限公司（上海市松江区）、珠海市智通投资发展有限公司（珠海市横琴新区）、北京市乐通互联科技有限公司（北京市朝阳区）六家子公司，并依托覆盖全国的销售网点，建立起珠三角、长三角和环渤海地区三大业务中心。公司销售网络遍及广东、上海、江苏、浙江、北京、黑龙江、陕西、四川、云南、福建、湖南等全国二十多个省市，并远销海外。

乐通股份技术中心联合北京理工大学创建了联合研究开发中心，是广东省环保型油墨工程技术研究开发中心和广东省省级企业技术中心，拥有由多名国内名牌大学毕业的博士、硕士和高级工程师组成的近 100 人的科研队伍，专门从事产品开发和技术研究工作，引进欧美、日本等发达国家先进的生产和检测设备，选用优质原材料自行研发、生产和销售各类中高档印刷油墨、水性油墨产品的高新技术企业，全公司（含全国各生产基地）年生产能力超过 3 万吨，年销售额超过 5 亿元，销售网络覆盖中国大部分地区（含港澳地区），产品畅销东南亚、中亚等国家。作为行业龙头企业，乐通坚持把产品的研发、创新、品牌建设和质量监管放在首位，环环跟进，步步为赢，一年一个台阶，取得了可喜的成果。

咨询电话：0756-6887888　　传真：0756-6886699

特邀协办理事单位

企业荣誉

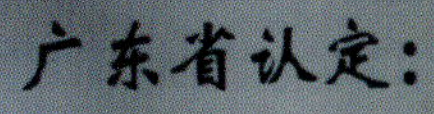
广东省认定：
企业技术中心
广东省经济贸易委员会
广东省财政厅
广东省国家税务局
广东省地方税务局
海关总署广东分署

广东省
工程技术研究开发中心
广东省科学技术厅
广东省发展和改革委员会
广东省经济贸易委员会

高新技术企业
证书

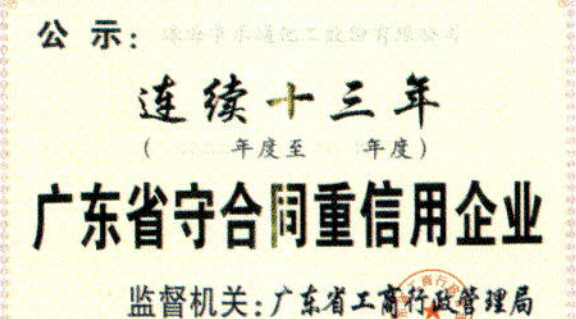
公示：
连续十三年
广东省守合同重信用企业
监督机关：广东省工商行政管理局
年 月 日

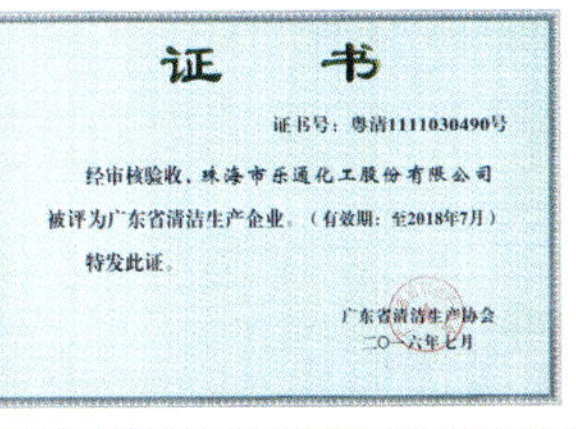
证 书
经审核验收，珠海市乐通化工股份有限公司
被评为广东省清洁生产企业。
特发此证。

广东省著名商标证书
珠海市乐通化工股份有限公司
广东省著名商标评审委员会
二〇一四年四月

广东省名牌产品

IECQ Certificate of Conformity
Hazardous Substance Process Management
SGS

中国环境标志产品认证证书

# 广东威孚包装材料有限公司

地址/Add：广东省普宁市占陇镇洋尾山工业区
邮编/Post：515321
电话/Tel：0663-2333758 0663-2349101
传真/Fax：0663-2333655 0663-2346460
E-mail：weifu@Pnweifu.com
Http://www.pnweifu.com

产软包装薄膜基材和塑料编织袋的中港合资企业。

产线、德国莱芬豪舍公司4.2米CPP流延膜生产线、德国莱宝光电公司2.1米和2.5米宽幅的高真空镀膜机两台，形成了一家专业生产双向拉伸

产能力达到2.5万吨，属中国大型塑料编织袋生产企业之一。

理体系认证，并获得广东省加工贸易转型升级示范企业及揭阳市优秀民营企业等荣誉称号。

镭射基膜、光膜、CPP复合膜、蒸煮膜、CPP镀铝膜、BOPP镀铝膜、PET镀铝膜、消光镀铝膜等，产品广泛用于食品包装、商标印刷、纸

超厚BOPP薄膜以及其他各种个性化薄膜。

广东威孚包装材料有限公司

# 中山火炬职业技术学院

ZHONGSHANHUOJUZHIYEJISHUXUEYUAN

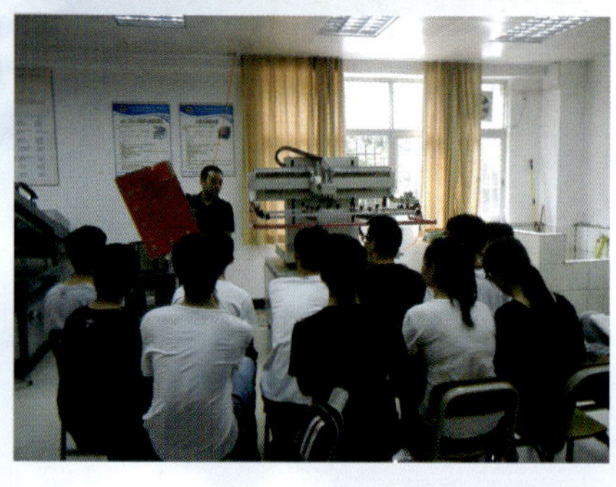

## 公司简介

中山火炬职业技术学院建立于 2004 年，是目前我国最年轻的国家骨干高职院校，脱胎于中山火炬高技术产业开发区（简称火炬区）的产业“母体”，是国家火炬计划在“珠三角火炬带”的实践成果，国家职业教育体制机制改革试点单位。学院不断创新“院园融合”的办学模式，坚持“高、新、特、精”特色立校，“政、产、学、研”一体发展，致力打造高职教育的“中山火炬模式”。

学院是中国包装先进教育单位、中国包装联合会包装教育委员会副主任单位、中国包装联合会培训委员会副主任单位、中国包装联合会规划委员会理事单位，承担了中国包装联合会《包装项目工程师职业培训标准》和《印刷机机长职业培训标准》的制定、包装行业职业教育专业目录修订以及包装行业教育教学指导委员会的筹建等工作，为包装专业发展开拓了一个更广阔的空间。

包装印刷系是学院最早成立的教学系之一，现有包装技术与设计、印刷技术、印刷图文信息处理、产品造型设计、广告设计与制作五个专业，其中包装技术与设计专业及专业群是中央财政重点建设专业，是国家骨干高职院校重点建设项目并顺利通过验收。该系实习实训资源丰富，其中包括中央财政支持的包装印刷实训基地，是中国高新区人才制定培养基地；中国包装联合会华南地区重点包装人才培养基地；现有包装印刷类设备价值 1000 多万元，实训场地超过 3000 平米，校企合作企

业60多家。另外，该系与咀香园（中山）食品有限公司合作，成立了食品包装研究中心；与中益油墨有限公司合作，成立了油墨应用研究中心；与松德包装机械有限公司共建松德凹印机长培训基地，以及中山市包装检测创新平台等，形成了“产、学、研、培”一体的生产培训研发基地，积极探索高职教育协同创新的校企深度合作发展模式。

人才培养方面，包印系在服务产业转型升级中不断创新人才培养模式，逐步形成了“四深四高”的“火炬样本”——一是通过开展订单培养，共建实训基地、共建师生工作室等，实现“深度融合，高水平合作育人”；二是通过对传统课程体系进行深层次解析、重构，进而带动全系不同专业的课程体系改革，实现“深层解构，高标准课程重建”；三是通过“深海探珠”计划，鼓励教师带着教改任务深入到企业生产一线（“深海”）去探取专业建设和课程重构的第一手材料（“珍珠”），让教材、课程及时反映产业升级和技术进步的最新成果，实现了“深海探珠，高质量教学改革”；四是教师团队常年深植教学一线、企业一线，用钉子般的韧劲影响着学生，鼓励他们从一线做起、一步一个脚印地提升自我的职业理念，成为企业“用得上，留得住，有发展”的人才，实现“深植一线，高技能人才锻造”。

## 公司荣誉

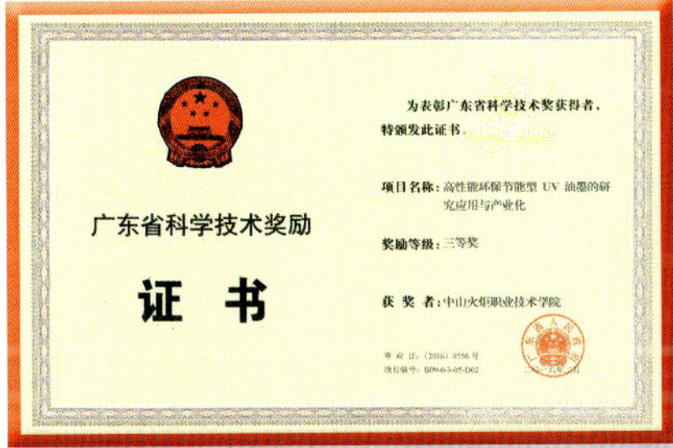


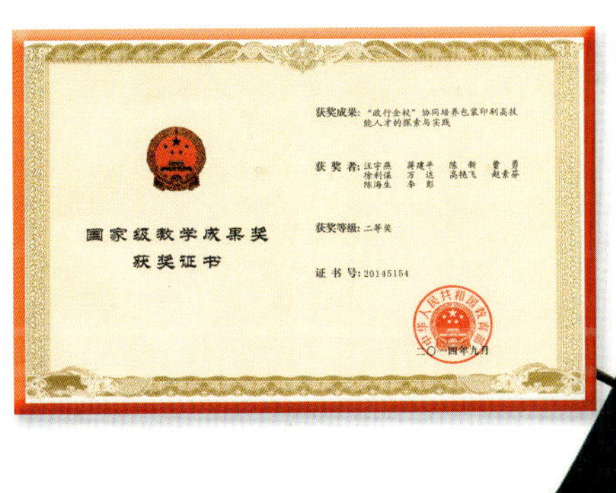

# 不擅长天马行空的构想，植根29年技术沉淀和

**广东金明精机股份有限公司**（股票代码：300281）成立于1987年，是一数具备实力提供全系列薄膜装备及方案的领导品牌，金明产品涵盖薄膜吹塑机组

金明致力于引领薄膜装备行业的发展方向，在设备设计研发、技术工艺等方高新技术企业。经过29年的发展，金明凭借领先的技术优势、丰富的经验和先进建筑以及特殊应用等领域拥有广泛的应用。

金明也积极寻求上下游产业链的合作，并陆续与埃克森美孚、陶氏化学、巴将持续为我们客户提供高附加值产品和服务，推动薄膜装备行业的发展。

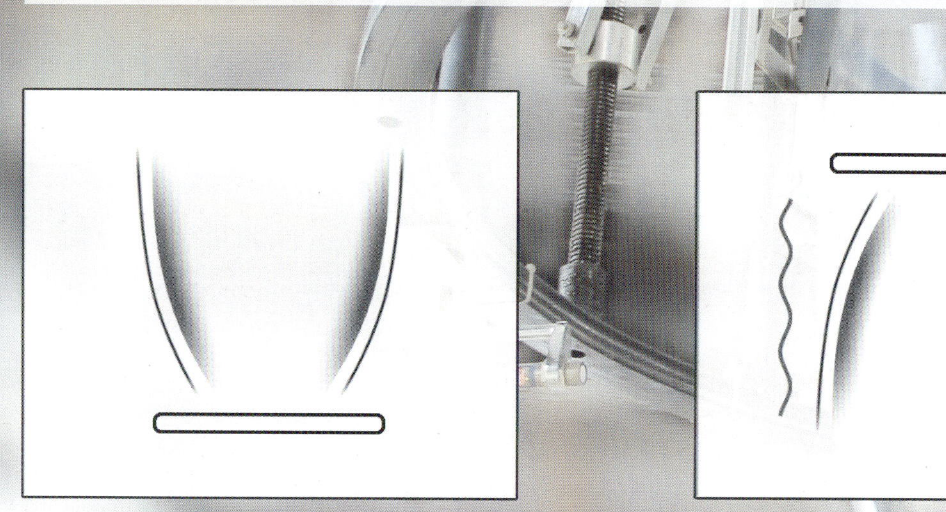

**上吹系列** **薄膜吹塑机组**　　**下吹系列** **薄膜吹塑机组**

# 持续创新，以品质和效率履行金明的使命

研发、设计、生产和销售于一体的全球知名的薄膜装备供应商，也是行业内少

膜流延机组和薄膜拉伸机组。

有多项核心技术，特别在多层共挤技术领域处于国内领先水平，并被评为国家

备在食品包装、日用品包装、农业薄膜、医疗包装、汽车薄膜、电子保护膜、

西门子等国际知名的企业开展深度合作。通过与合作伙伴的共同努力，金明

CPP/CPE 薄膜流延机组

BOPP/BOPET 薄膜拉伸机组

服务企业
服务行业
服务政府

# 雄县塑纸包装印刷协会

## 企业简介

近年来，雄县塑纸包装印刷协会坚持以经济建设为中心，本着“三服务”原则（服务企业、服务行业、服务政府），依托雄县及周边地区包装企业及包装工作者，促进了包装行业的持续、快速、健康、协调发展。

筹备塑博会打响雄县包装品牌。从 2002 年开始，雄县塑纸包装协会开始筹办每年一度的塑博会，在协办到主办的过程中，其扎实的工作作风、务实的工作态度，得到了参展商的一致认可。展会成为展示行业发展成就、引领行业发展转型、促进行业科学进步的服务平台，实现了“政府满意、行业受益、企业得利、群众实惠”的办展目标。2015 年，雄县 9·20 塑博会接待来自全国的 200 余家包装印刷设备企业参展，交易额达到 1.2 亿元。

大力培育发展龙头企业，围绕企业对建设用地、技术升级、人才培训和开拓市场等方面的要求，全面加强资源整合，促进企业在资金、技术、人才和项目领域的合作，完善企业投融资、人才技术引进、重点项目建设等方面的配套支持政策。到 2015 年，全县销售收入亿元以上的企业达 10 家以上，规模企业产值占产业总产值的 50% 以上。

全面加强与科研机构和高等院校的合作。借助外力，建设行业发展技术服务平台，提高技术和产品创新服务能力，加速包装科技成果转化。成立了塑纸包装产业技术创新战略联盟，紧跟国内塑料产业高端，向高附加值、高科技含量方向发展，向节能、高效、绿色方向发展，应用广度和深度不断拓展。

进一步加强协会组织管理。完善协会综合服务功能，发挥协会在促进企业联合协作、避免重复建设、抑制企业无序竞争等方面的作用，真正使协会成为为全县包装材料和产品加工提供信息、管理、技术、咨询服务和对外合作交流的平台。

目前，雄县塑料包装行业不仅成为雄县第一产业，也成为中国北方最大的塑料包装印刷基地。2004 年被河北省新闻出版局命名为“河北省包装装潢印刷基地”，2008 年被中国塑料加工工业协会命名为“中国塑料包装产业基地”，2009 年被河北省中小企业局确认为“河北省省级中小企业产业集群”，2010 年被河北省轻工行业协会和河北省中小企业局联合授予“河北省轻工（塑料包装）产业名县”，2013 年被中国包装联合会授予“中国软包装产业基地”等荣誉称号。

会长郭振兴

常务副会长吴志深

雄县包装协会
手机二维码

雄县包装协会
微信二维码

# 合作伙伴及联系方式

## 雄县龙达包装材料有限公司

Long Da

厂　　址：雄县保津高速公路引线中段包装城内
电话号码：0312-5863390　传真号码：0312-5863390
电子邮件：longda@longda-pack.com

## 河北志腾彩印有限公司

志腾彩印 ZHITENG COLOR PRINT

公司地址：河北省雄县城内旅游路东头路南
电　　话：0312-5869148　0312-5860648
传　　真：0312-5867649

## 河北泰达包装材料有限公司

TD

公司地址：河北省雄县包装城南路
联系电话：0312-5566886　5561166　5561986　828811
传　　真：0312-5566196　邮　箱：taida@hbtaida.com

## 河北领成包装材料科技有限公司

厂　　址：河北省雄县双俟大街西段路南
电话号码：0312-6387288
传真号码：0312-5566683
电子邮件：hbrunda@sina.com

## 河北省雄县孟氏制版有限公司

东华制版 DONGHUAPLATEMAKING

公司地址：河北省雄县雄州路685号(高速引线东侧)
电　　话：0312-5868001　0312-5868002
传　　真：0312-588508
QQ：123184635　819056499

## 雄县立亚包装材料有限公司

立亚 LIYA

公司地址：雄县塑料包装园区
电　　话：0312-5560599
网　　址：www.liyasy.com
电子邮箱：liya@liyasy.com

## 河北笃厚包装制品股份有限公司

笃厚 DUHOU

厂　　址：河北省保定市雄县雄州路移动公司东80米
电　　话：0312-6388323　6388353
传　　真：0312-6388173
邮　　箱：duhoubzgs@163.com

## 雄县华升彩印有限责任公司

华升彩印

公司地址：雄县高速引线开发区
电　　话：0312-5861507
传　　真：0312-5862507
电子邮箱：huashengcy@huashengcy.com

## 雄县利峰塑业有限公司

利峰塑业 LIFENGSUYE

厂　　址：河北省保定市雄县雄州镇一铺南工业区
QQ：347881222
电　　话：0312-5822398　传　真：0312-5819398
电子邮箱：lifengsuye00@163.com

## 雄县全利公司

QL 全利

公司地址：雄县雄州镇一甫南工业区
电　　话：0312-6386186
传　　真：0312-5822500

## 雄县京峰纸塑包装有限公司

京峰公司

所在地区：河北省保定市雄县一铺东经济开发区
电　　话：0312-5817998　5817348　5815998
传　　真：0312-5817998

## 雄县新联复合包装彩印厂

XinLian

地　　址：河北省保定市雄县雄州路一铺东工业区
电　　话：086-0312-582488　传　真：086-0312-5811592
手　　机：13931396333

## 雄县巨龙彩印包装有限公司

公司地址：河北省雄县旅游路城东1000米
电　　话：0312-5965188　5965008
　　　　　5965198　5965088
传　　真：0312-5869788　手　机：13703280583

## 雄县盛世佳公司

公司地址：雄县雄州镇一甫南工业区
电　　话：0312-5566991　0312-5566992
手　　机：0312-5566991　0312-5566992
email：0312-5566992 @hotmail.com

## 保定强大橡塑有限公司

QD 强大橡塑

公司地址：河北省保定市雄县西侯留工业园区
电　　话：03125861977　5862977
免费电话：400-1033-258

## 雄县天元塑料包装制品有限公司

天元包装 TIANYUAN PACKAGING

地　　址：河北省雄县一铺东经济开发区
电　　话：86-0312-5815676
传　　真：86-0312-5812506
手　　机：15903123268

## 雄县同兴彩印有限公司

興

所在地区：河北省保定市雄县一铺东经济开发区
电　　话：0312-5821567　5815128
手　　机：13284380700　13603220568
传　　真：0312-5821567　邮箱：txcy@tscy.com

## 河北京联塑料包装有限公司

河北京联 塑料包装有限公司

公司地址：河北雄县包装城2号路
电　　话：5813778　6382778
传　　真：0312-6388886
手　　机：13582822000

## 保定鑫意泽融资担保有限公司

鑫意泽

公司地址：雄县旅游路北
电　话：0312-5818866　传　真：0312-6382588

## 雄县长胜塑机有限公司

长胜机械 CHANGSHENG JIXIE

公司地址：河北省保定市雄县塑料包装展销大厅
电　　话：13903226926

## 雄县恒通工贸有限责任公司

公司地址：河北省保定市雄县省级开发区西区
联 系 人：高经理　13785268868

## 河北省雄县东升塑业有限公司

DS 东升塑业

公司地址：河北省保定市雄县雄州路668号
传　　真：0312-5868938
电　　话：0312-5566999
手　　机：13803262969　18931203999

## 雄县五星塑料机械销售处

WX

电　　话：0312-5568128
手　　机：13582219328
Q　　Q：522203951

## 雄县塑纸包装印刷协会

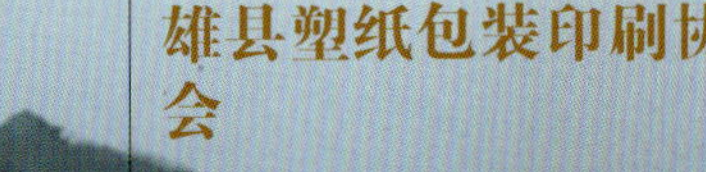

官　　网：http://www.xxszbzxh.com
地　　址：雄县包装城三楼
电　　话：0312-5560126　传　真：0312-5560125
邮　　箱：baoxie225@126.com

东莞市精丽制罐有限公司

Dongguan City Jingli Can Co.,Ltd.

## 公司简介

东莞精丽制罐有限公司是一家专业的制罐公司，出口主要面向欧洲、美国及亚洲等一些国家。东莞精丽制罐有限公司是专门从事马口铁制作的一家公司，工厂员工有2700多人，是中国规模较大的制罐生产商。目前公司已经通过了ISO 9001:2000、ISO 22000:2005(HACCP)等的认证。同时，我们也经过了Coca Cola、Mcdonald、Sedex、RQA、GSV的审核。所有的产品严格按照FDA, LFGB, EN71-1,2,3, REACH等标准生产。

我们的产品可以用于食品包装，既安全又保证质量。

我们公司有足够的能力为您提供优质的产品。2014年，公司的年产量为5.5亿，今年我们将继续保持并发展。我们与许多著名的大公司都有合作，且质量稳定。希望能有机会与您合作。

## 合作伙伴

食品领域：立顿、雀巢、箭牌口香糖、好时巧克力、瑞士莲、费列罗巧克力、不凡帝

酒品包装：芝华士、轩尼诗、茅台、五粮液、泸州老窖

香烟领域：英美烟草、湖北中烟、川渝中烟、上海烟草

化妆品领域：雅诗兰黛、欧莱雅、娇兰

医药领域：中美史克、拜耳、云南白药、同仁堂、广药集团

电子领域：微软、索尼

如果您有任何特殊的要求，请告知我们，我们将会尽最大的努力来满足您的需求。

## 公司产品

食物容器：薄荷糖盒、饼干盒、巧克力盒、茶叶罐、咖啡罐等

香烟包装盒：各种不同的香烟盒及烟草盒

DVD包装盒：不同形状和规格的CD及DVD盒

酒品包装盒：各种不同形状和大小的威士忌或葡萄酒的包装盒

游戏包装盒：扑克或者纸牌的特殊包装盒

礼品促销盒：午餐盒、锡盘tin trays、储钱罐、垫子coasters、冰桶、文具盒、蜡烛盒、铁指示牌、徽章等。

## 企业优势

1. 东莞精丽制罐有限公司是中国较大的一家马口铁罐制造商，我们保证将会按时按质量的交货。

2. 我们拥有等级 10000 的无尘车间，确保我们所有的产品符合 FDA 的标准。

3. 精丽马口铁罐的年销售量为 20000 吨，并长期持有 4000 吨的的库存，这样可确保我们的价格长期具有有竞争力且稳定性。

4. 精丽是一家富有社会责任感的的企业，我们先后通过了可口可乐、麦当劳 、Sedex、Target 等的验厂。

5. 我们所有的材料都有 MSDS 确保我们的产品能符合广大顾客的需求。

6. 我们的产品符合食品公司的标准，并通过了 ISO 22000:2005(HACCP )、RQA 等资格认证，提供明确的关于直接接触食品包装罐的生产操作流程。

## 生产规模

精丽人以为用户创造价值为宗旨，不断加大研发投入

为全球包装提供更有价值的解决方案等。

## 企业荣誉

# 深圳市通产集团有限公司
# SHENZHEN TONGCHAN GROUP CO.,LTD

深圳市通产集团有限公司（以下简称为集团）为深圳市投资控股有限公司全资企业，前身为深圳市通产实业有限公司，2004年10月正式运作。主营塑料包装和玻璃瓶制造，为化妆品行业和啤酒行业主要国际品牌首选包装供应商；同时持有上市公司股权进行股权投资和管理，以及产业园区的建设与运营。目前正在整合现有资源，推动战略转型升级为战略新兴产业，同时积极打造创新创业孵化园区。

集团凭借专业的团队优势，依靠自主创新，采取贴近国际品牌、投资国内产业基地、紧跟下游企业共同发展的策略，一手抓资产整合和资本运作，一手抓产业培植。其中化妆品塑料包装产品主要包括注塑、吹塑及软管等三大类，主要客户为宝洁、资生堂、雅芳、欧莱雅、联合利华、箭牌等；玻璃包装为啤酒玻璃瓶和调味品玻璃瓶，主要客户为嘉士伯、喜力、珠江、金威、青岛、海天等国内外著名厂商并出口东南亚市场。集团在这两大细分行业中处于龙头或领先地位，化妆品塑料包装业务新技术、新工艺、新材料的研发走在市场的最前沿，是一家处在国内化妆品高档塑料包装龙头地位的高新技术企业，形成一系列知识产权和国家认证资质，获“国家认定企业技术中心”称号。玻璃包装业务通过自主研发，在窑炉设计改造、设备改造、玻璃配方、碎玻璃自动化加工、循环经济技术等方面拥有自主的知识产权，具有强大的综合实力。集团目前积极开展战略新兴产业投资，介入新材料及战略新兴产业。同时依托位于南山高新北区的华晶园区的区位优势，通过园区环境提升自身平台资源，积极为入园项目及相关企业提供园区产业配套服务，全力打造以新材料与新能源、智能装备、生命信息技术与生命健康为三大主导产业的战略性新兴产业园区，形成“初创孵化—企业孵化器—企业加速器”的孵化体系，同时积极探索借助城市更新改造、引进重大产业项目、自身产业转型升级等多种渠道进行产业园区的协同开发，逐步形成战略新兴产业定位清晰、园区功能互补的综合布局进行产业园区建设与运营。在材料表面技术研发和分析检测方面，集团所属的深圳“八六三”计划材料表面技术研发中心是华南地区唯一一家集专业性、开放性和公益性于一体的材料检测公共技术服务机构，中心具备中国合格评定国家认可委员会CNAS和计量认证CMA资质，获得ILAC-MRA国际互认，是“广东省中小企业技术支持服务机构示范单位”和“深圳市公共技术服务平台”。

截至2015年12月底，集团账面资产总额49亿元，净资产33亿元，拥有员工5000多人，拥有深圳市通产丽星股份有限公司（SZ002243）、肇庆市通产玻璃技术有限公司、四川通产华晶玻璃有限公司、深圳华晶玻璃瓶有限公司、深圳“八六三”计划材料表面技术研发中心等多家全资或控股企业，并参股中国中海直总公司、深圳市国通电信股份有限公司、深圳市富临实业股份有限公司，持有深圳天马微电子股份有限公司（SZ000050）等上市公司股份。目前拥有生产基地5个，另外，在深圳还拥有4万余平方米物业。

按照集团的战略发展规划，“十三五”期间将通过产业并购、孵化器运营、产业基金等方式，深度介入新材料等战略新兴产业，成为深圳市投资控股有限公司旗下战略新兴产业的代表企业。

地址：深圳市南山区朗山路28号
邮编：518057

电话：0755-83836199
传真：0755-82909909
网址：www.sztcg.com

特邀协办理事单位

# 深圳市通产集团有限公司

SHENZHEN TONGCHAN GROUP CO.,LTD

玻璃产品　　生产线　　生产线

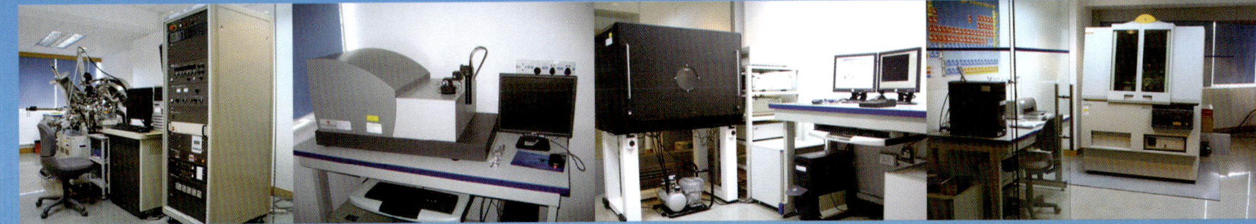

X射线光电子能谱仪　　二次离子质谱仪　　微纳米力学综合测试系统　　X射线衍射仪

生产线　　塑料产品

通产集团知识竞赛

集团经济运行分析会议

董事长王彦、总经理曹海成基地指导工作

产业园区　　产业园区　　产业园区

MF 铭丰
MingFeng Packaging

## 公司简介

### 产能优势助推快速增长

23 万平方米生产基地及顶尖全自动化设备，结合 26 年积累的大规模生产管理经验，共同营造了铭丰包装强大的综合产能。

### 客户优势筑起行业地位

坚持以客为尊，用心经营，凭借综合实力和信誉口碑赢得全球众多优势客户认可，助推铭丰包装的不断发展和持续提升。

### 品质优势凸显卓越价值

以品质为企业生存命脉，坚持质量第一，拥有先进的质量管理系统及完善的资质认证体系，产品畅销中外。

### 科技优势迸发创新激情

持续行业创新、提倡机器换人，以竹塑代替木材和塑料，使铭丰包装在设计、生产和环保材料开发应用等方面领先同行，优势显著。

### 文化优势凝聚精神力量

诚信经营二十七载，坚守“以心为本，客户至尊，结果导向，和谐共赢”这一企业核心价值观，打造世界包装行业标杆企业的伟大梦想，成就显赫。

铭丰包装公众号

**东莞铭丰包装股份有限公司**
**Dongguan MingFeng Packaging Corp.,Ltd**

中国广东省东莞市万江区严屋铭丰工业园
MingFeng Ind. Park, Yanwu, Wanjiang, Dongguan, Guangdong, China P.C.: 523049
T: (+86-769)2217 1188 F: 2218 1188
www.mingfengdg.com
info@mingfengdg.com

TRT
PARFUMS
LANCÔME
PARIS
瓷肌梦幻礼盒
泰迪限量版

# 吉林中粮

拉丝生产线 Wire drawing production line

成品生产线 Finished production line

吉林中粮生化包装有限公司创建于1995年年末，隶属于中粮集团生化能源事业部。厂址位于吉林省东丰县经济开发区，占地面积 10 万平方米，建筑面积 3.5 万平方米，现有员工 600 人。

公司拥有雄厚的技术力量，生产设备先进，检测手段完备。主要产品有塑料编织袋、塑料中空容器、集装袋等塑料包装制品及阀口纸袋等纸包装制品。年产纸塑包装物 1 万吨。2004 年通过 ISO9001 质量管理体系认证；2007 年 8 月，阀口纸袋产品获得两项国

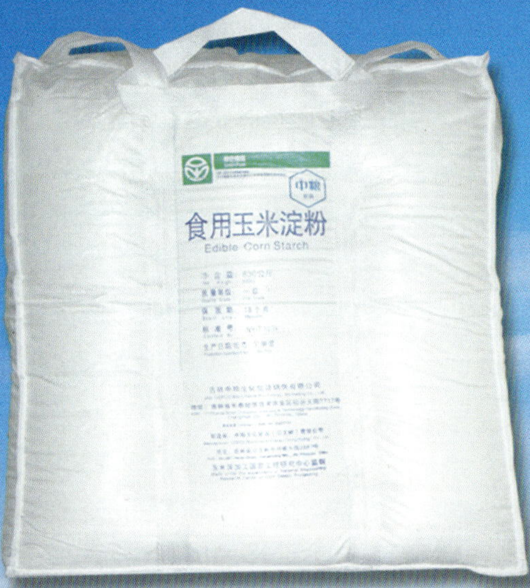

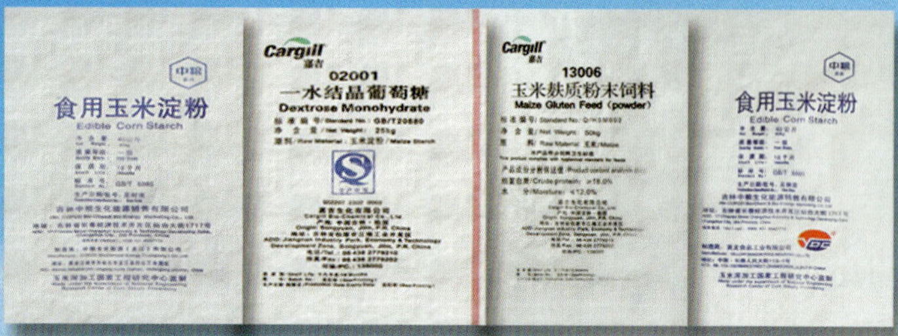

吹塑容器
kegs

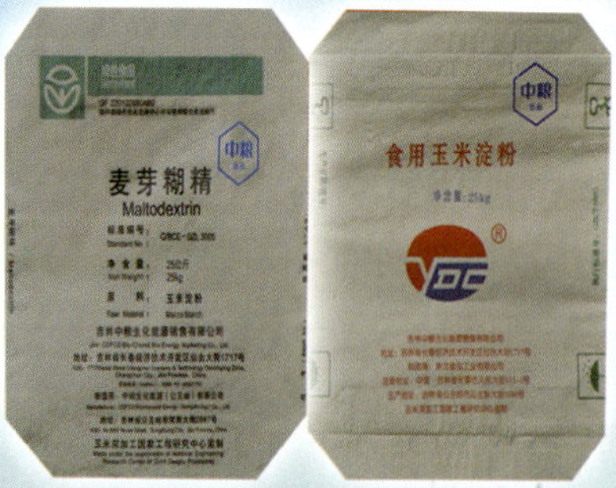

特邀协办理事单位

# 生化包装有限公司

家专利权；2008 年通过国家 QS 认证。2010 年公司实现销售收入 2 亿元，实现利税 2000 万元，成为东北地区规模较大的食品级包装骨干企业。

公司始终如一地贯彻“以人为本”的经营理念，秉承“诚信、团队、专业、创新”的中粮企业精神，坚持“奉献营养健康的食品，高品质的生活空间及生活服务，使客户、股东、员工价值最大化”的中粮使命，以实现双赢为目的，不断推陈出新，以上乘的品质、良好的信誉，为客户提供优质的服务。

编织生产线 Knitting production line

纸袋生产线一角 A corner of the production line for paper bag

集装箱液袋 Flexitank

电话：0437-6222639　网 址：www.cofco-mc.com　邮编：136300　地 址：吉林省东丰县经济开发区

国家重点高新技术企业

浙江名牌

# 浙江通业印刷机械有限公司

ZHEJIANG TONGYE PRINTING MACHINERY CO.,LTD

浙江通业集团下属浙江通业印刷机械有限公司、浙江通得数字印刷设备制造有限公司、上海通辉印刷设备有限公司等企业。集团总部座落于美丽的西施故里——浙江省诸暨市。是专业制造各种大型胶印机、检品机、喷码机和单张纸输纸机系列产品的国家重点高新技术企业，是中包联副会长单位，国家标准和行业标准负责起草单位。先后承担国家发改委高新产业项目、国家火炬计划项目、国家创新基金项目、浙江省重大专项等项目17项。拥有“输纸传动的变形椭圆齿轮变速机构”等核心发明专利7项，实用新型专利38项。

浙江通业印刷机械有限公司生产的“通业”牌输纸机产品为“浙江省名牌产品”，产品涵盖胶印、模切、凹印、上光、丝印和数码等七大系列，产品规格齐全，工艺精湛。

2013年，集团投资2.3亿元，在诸暨市高新企业园区新成立浙江通得数字印刷设备制造有限公司，引进大型日本东芝五面体五轴联动加工中心等世界先进生产设备，自主研发生产的高速超大幅面多色胶印机，主要用于包装印刷行业，为国内制造业的全新一代高速度高精度高自动化程度的大全张多色胶印机,代表国际胶印市场的主流发展方向，2013年被列入国家重点项目。与中钞科技联合研发的SZ950大纸张检品机，是公司又一潜心力作，是国内技术领先的造币、邮品、票据等印刷品的防伪检测设备。

集团下属的省级高新技术研究开发中心在承担多项“国家重点新产品计划”和“国家火炬计划”项目的同时，与北京印刷学院等高等学府科研院所建立紧密的技术合作关系，是北京印刷学院产学研协同创新基地，为企业持续创新发展提供技术保障。

通业人始终以打造“中国印包行业世界知名品牌”为战略目标，以市场为导向、科技为依托，自主创新、诚信经营，竭力为广大用户提供优质的产品和服务，引领中国印刷机械行业发展潮流，为推动我国印刷机械工业的创新发展做出贡献！

SZI040数字喷墨印刷机(电子监管

## 让中国印机赢在起跑线上

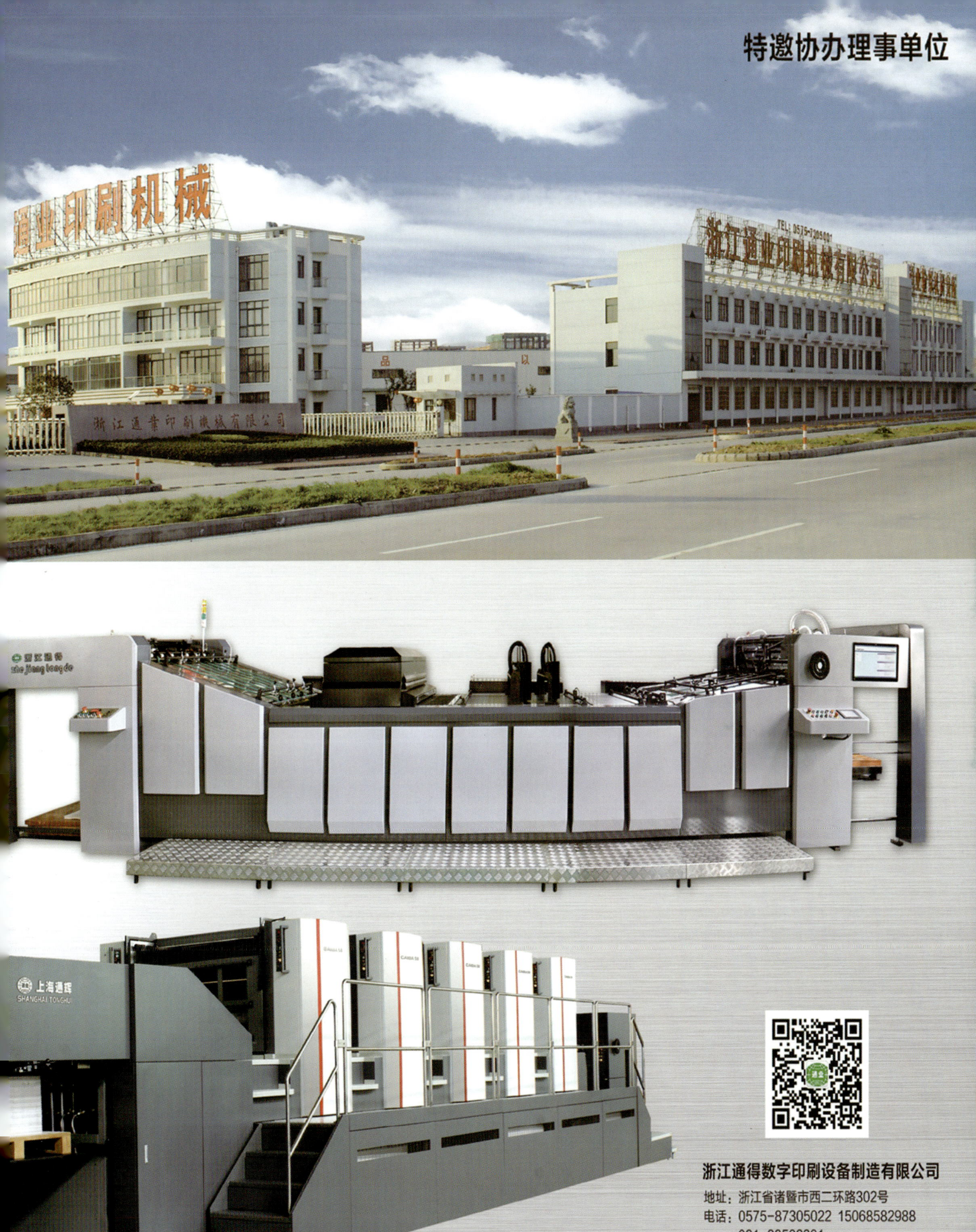


CAIBA 58 大幅面单张纸胶印机

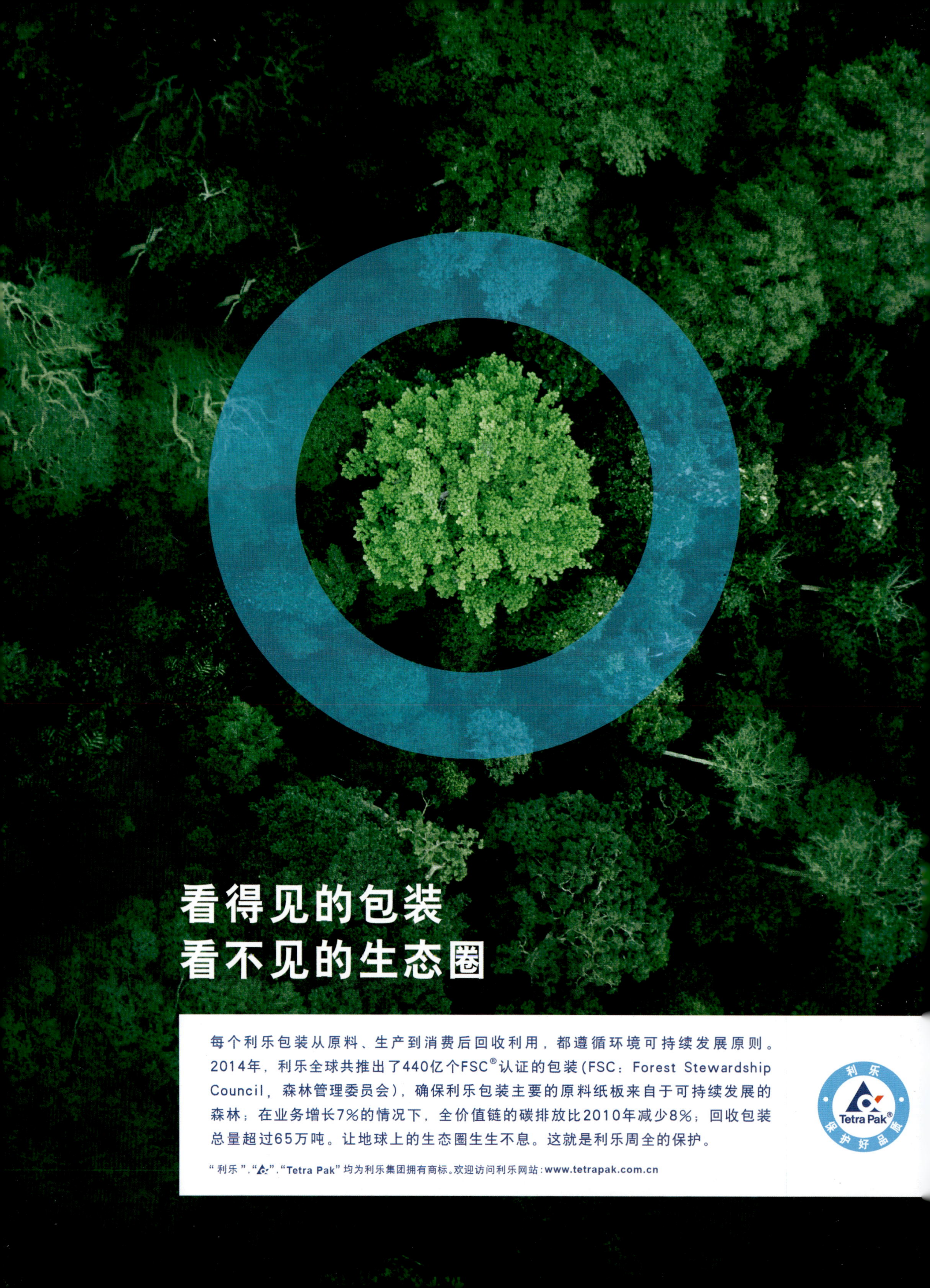
看得见的包装
看不见的生态圈
每个利乐包装从原料、生产到消费后回收利用，都遵循环境可持续发展原则。2014年，利乐全球共推出了440亿个FSC®认证的包装（FSC：Forest Stewardship Council，森林管理委员会），确保利乐包装主要的原料纸板来自于可持续发展的森林；在业务增长7%的情况下，全价值链的碳排放比2010年减少8%；回收包装总量超过65万吨。让地球上的生态圈生生不息。这就是利乐周全的保护。
“利乐”、“”、“Tetra Pak”均为利乐集团拥有商标。欢迎访问利乐网站：www.tetrapak.com.cn
利乐
Tetra Pak®
保护好品质

# 江苏中金玛泰医药包装有限公司

JIANGSU ZHONGJINMATAI MEDICINAL PACKAGING CO.,LTD

江苏中金玛泰医药包装有限公司始建于1987年，是国内较早从事药用包装材料开发和生产的专业公司。公司占地面积为9万平方米，总资产超过4亿元人民币，拥有现代化的药包材生产工厂，一个省级新型复合包装材料工程技术研究中心及博士后科研工作站，并于1998年、2003年分别通过了ISO9001质量体系认证和ISO14001环境体系认证。

公司主要生产设备均从日本、瑞士等国引进，生产环境严格按照GMP规范标准设计，年生产能力为10000余吨，为目前亚洲地区医药包装生产行业规模领先企业。凭借拥有国际先进水平的生产设备和持续的技术研发能力，可生产10大类30多个品种的包装产品，产品畅销全国近千家大中型制药、电子企业，并远销亚洲、美洲、欧洲等多个国家。

中金玛泰致力于高档包装材料的开发与研究，拥有技术专利20余项，由公司开发生产的SP易撕膜、纸铝塑复合膜、复合成型材料、电池膜等均为填补国内空白产品，PTP铝箔、复合易撕膜、PTP彩箔等产品还被评为国家级新产品。

凭借中金玛泰的技术领先性和良好的市场推广能力，“中金”商标连续多年被审定为江苏省著名商标，“中金”品牌被评为“中国包装优秀品牌”，企业也被认定为“国家级高新技术企业”。此外，公司在四川建有一分支机构——四川中金医药包装有限公司。该公司坐落在四川省都江堰市科技开发区内，立足于服务西南市场。

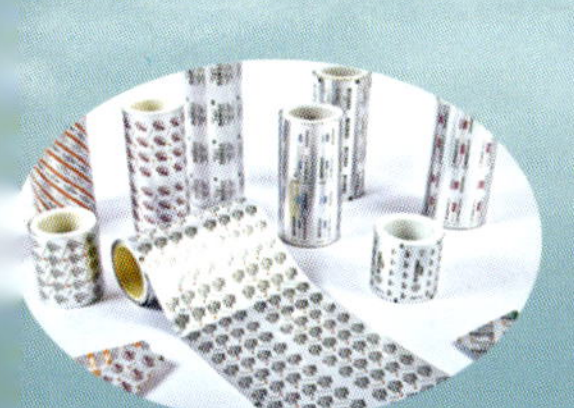
药品包装用铝箔

药品包装用复合膜袋

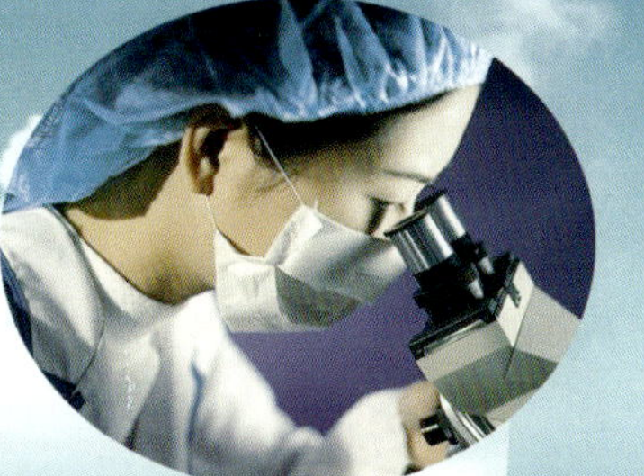
科研开发

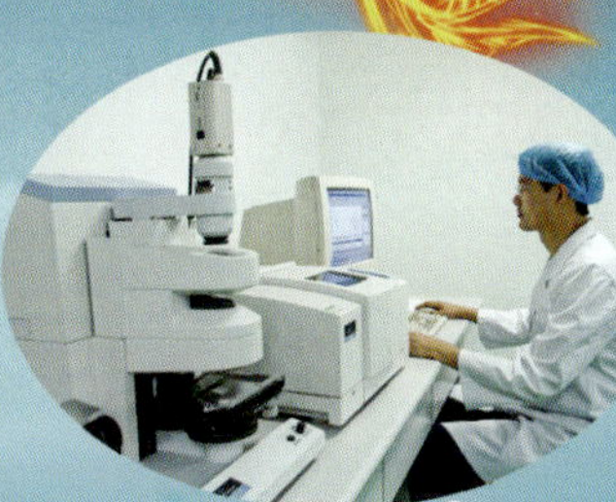
科研开发

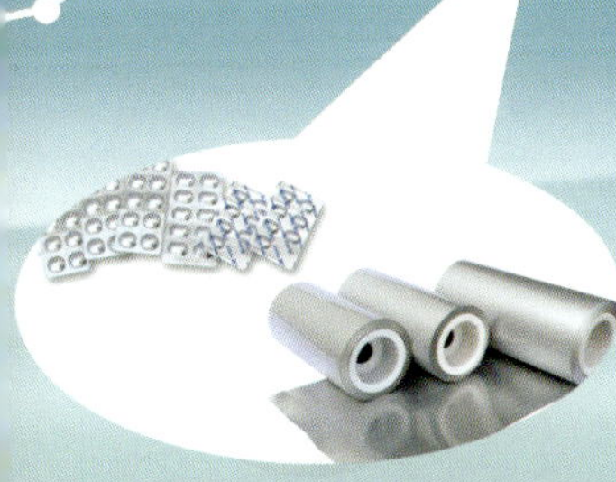
冷冲压成型复合硬片

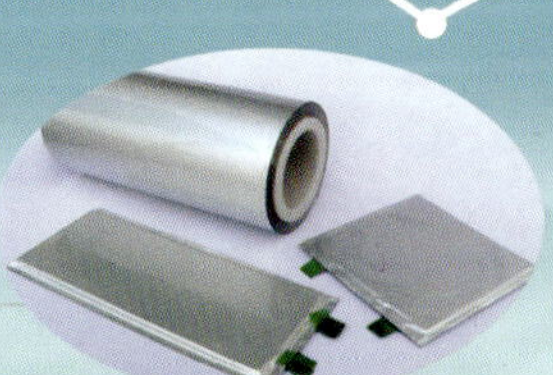
电子产品包装膜

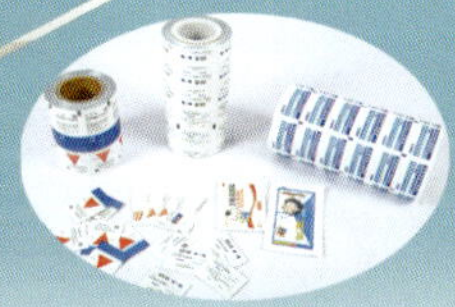
纸铝塑药用复合膜袋

日本住友重工
双头共挤复合机

意大利CERUTTI公司
八色凹版印刷机

**中金包装　包装精品**

安全：通过ISO9001和ISO14001认证
获得美国FDA Ⅲ型DMF登记号
符合GMP规范的生产工厂和先进的在线检测装置
保障有力的供应商管理体系

专业：致力于医药包装的开发与生产二十余年
具有国际先进的制造设备及工艺
拥有20余项国家专利
拥有新型复合包装材料工程技术中心和博士后科研工作站

地址：江苏连云港经济技术开发区
邮编：222047
电话：0518-82342854
传真：0518-82343777　82342777
E-mail:zjmt@zhong-jing.com
http://www.zhong-jin.com

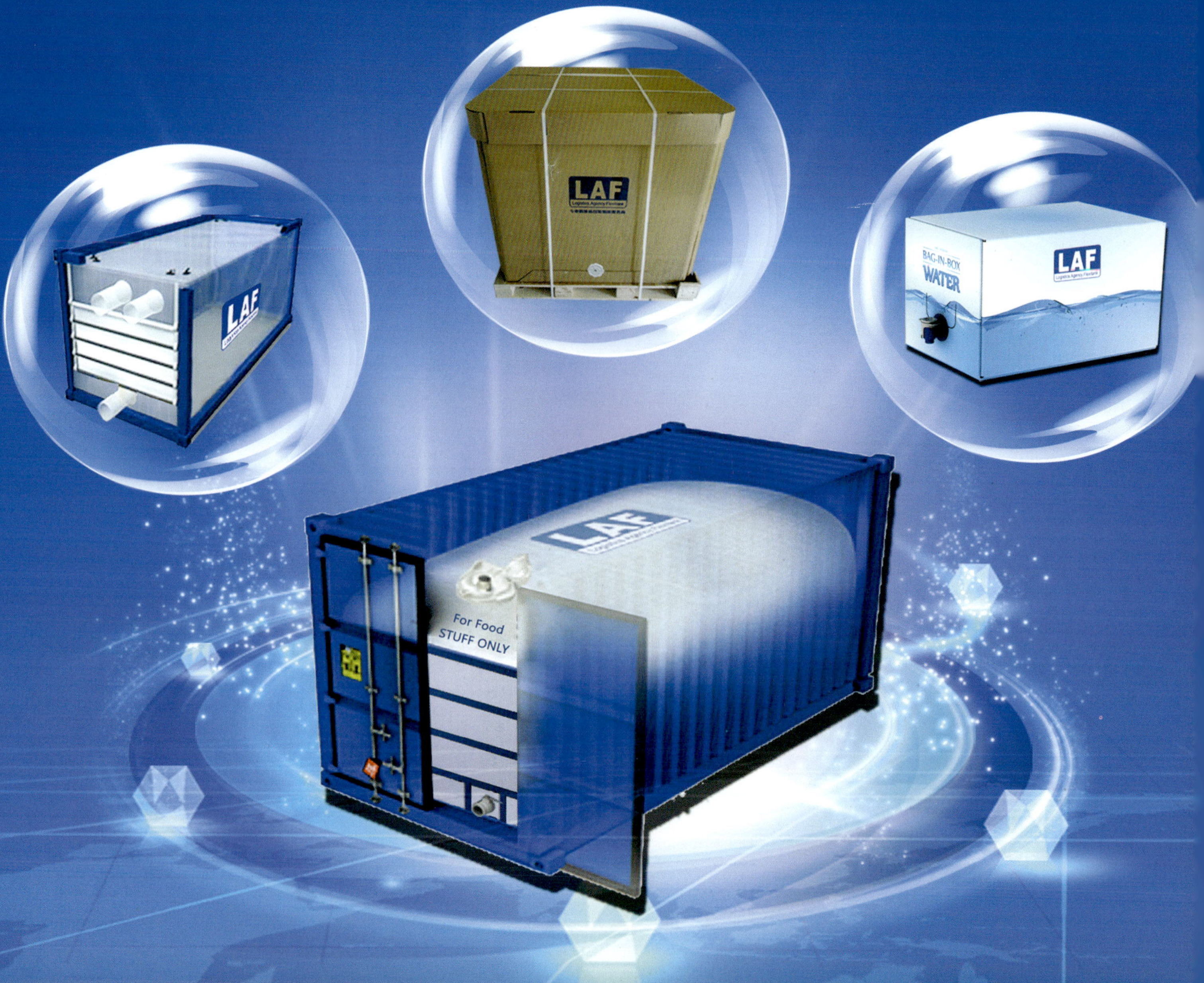
LAF
LAF
BAG-IN-BOX
WATER
LAF
LAF
For Food
STUFF ONLY

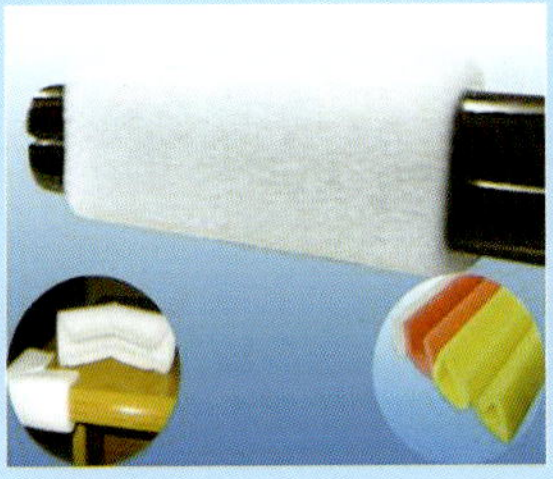

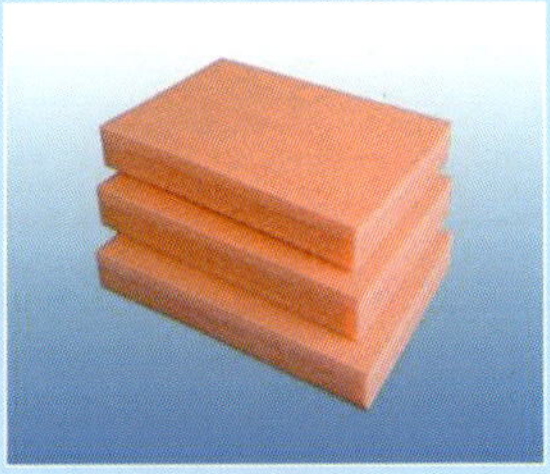

# 赛一流品质，以产业兴邦

## About us 关于我们

赛邦金属包装股份有限公司是一家专业的金属包装公司，总部位于广东广州市，是国内规模较大、设备先进的金属包装集团式民营企业，具有悠久的历史，产品畅销全球。

成立于 1997 年，总部位于广东省广州市增城区，员工 700 余人，在增城区南岗工业区和小楼镇、天津市武清区、浙江省衢州市、佛山市南海区等地均已投资建设工厂，主营业务为金属印刷、气雾罐、工艺罐、饮料罐等金属包装产品的定制加工服务，是国内金属包装行业知名企业，在金属印刷、气雾罐等细分市场位居国内前列。集团国际业务取得显著成效，设有赛邦香港公司和赛邦外贸公司，近年业绩一直保持 20% 增长率在稳步发展，客户遍布北美、欧洲、中东等 40 多个国家和地区。

为保持快速发展势头，公司先后引进先进设备，加快转型升级的步伐，调整和优化产能结构，已形成金属印刷、顶底盖冲压、制罐一条龙的、全产业链的整套生产服务体系，赛邦将自身定位为全套的综合包装服务商。目前拥有：

六色印刷机生产线 1 条，四色印刷机生产线 2 条，双色印刷机生产线 10 条，年产能 5.1 亿张。高速自动化气雾罐生产线 5 条，快速气雾罐生产线 3 条，年产能 7 亿只。工艺罐生产线 6 条，年产能 3000 万只。化工罐生产线 1 条，年产能 1000 万只。高速自动化饮料罐生产线 1 条，年产能 1.58 亿只。

公司十分重视技术研发和环保设施的投入，拥有国际先进的高速自动化生产设备和世界较先进的德国蓄热式热氧化环保治理设备，拥有一支年轻的、具有活力的技术研发团队。目前获得授权专利数十项，属于行业领先水平，被认定为高新技术企业（南海赛邦、广州赛邦获得认定）、广州市市级企业技术工程中心、广州市科技小巨人、广州市制造业转型升级示范企业。

为更专业高效开拓金属包装国际市场，赛邦旗下设有七大下属企业：

南海赛邦印铁制罐有限公司：成立于 2006 年，主营马口铁、铝片等印刷加工和气雾罐生产。每年印铁产能 2 亿张次，气雾罐制罐产能 3 亿只。

广州事业部：成立于 1997 年，主营马口铁、铝片等印刷加工和气雾罐、饮料罐生产。制罐年产能 3 亿只，印铁 2 亿张次。

广州赛兴金属制品有限公司：成立于 2010 年，主营马口铁、工艺罐，工艺包装盒生产加工。工艺罐生产线 6 条，年产能 3000 万只。化工罐生产线 1 条，年产能 1000 万只。

天津赛邦投资有限公司：成立于 2010 年，主营马口铁、铝片等印刷加工和气雾罐生产。每年印铁产能 1 亿张次。制罐 1.4 亿只。

广州赛邦进出口贸易有限公司：成立于 2011 年，主营马口铁、铝片等印刷品、气雾罐、杂罐、底面盖等对外贸易项目。2014 年营业额 1.6 亿，且近几年均保持 20% 的增长幅度，客户遍布北美、欧洲、中东等 40 多个国家和地区。

浙江赛邦印铁制罐有限公司：成立于 2013 年，主营马口铁、气雾罐生产。每年制罐产能已经达到 8000 万只。

赛邦国际集团（香港）有限公司：成立于 2014 年，主营马口铁、铝片等印刷品、气雾罐、杂罐、底面盖等对外贸易项目。

随着公司股改的完成，未来我们将借助资本的力量，持续扩大产能，调整和优化产品结构，不断开拓国际市场，秉承“赛一流品质，以产业兴邦”的企业经营理念，以为客户提供一条龙的、全产业链的、全套的综合包装服务为己任，与广大客户一道创造共赢的未来。

## Company Honor 公司荣誉

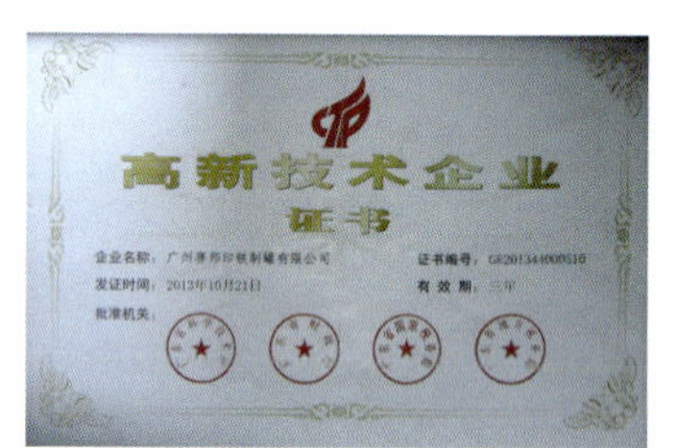


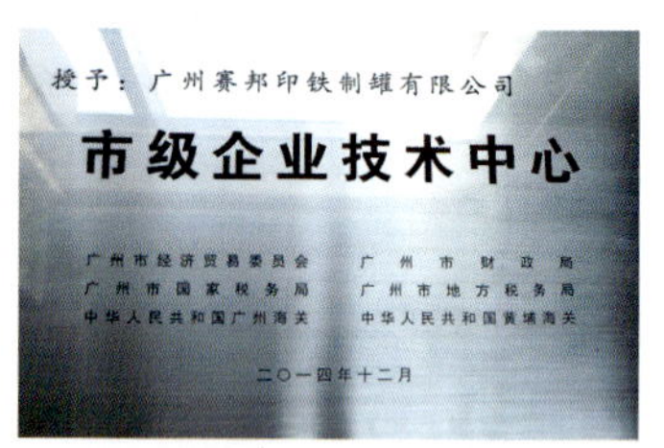


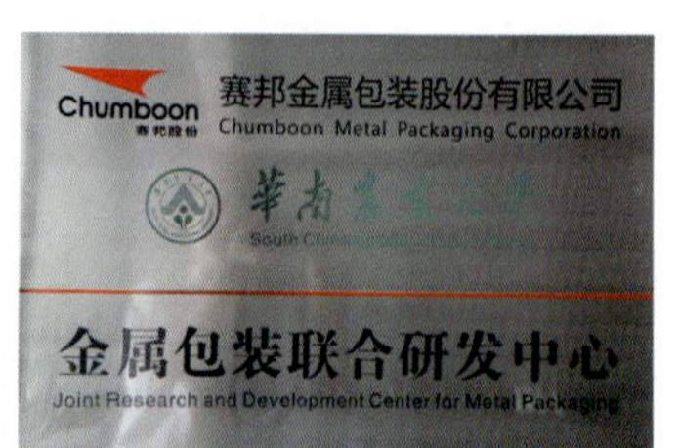

## 公司简介

金石包装系国内较大的包装生产企业之一，致力于研发、生产和销售软包装与容器包装等产品，下辖温州、嘉兴的五个工厂和销售总公司，拥有领先水平的吹膜、印刷、复合、涂布、分切、制袋等生产设备和符合 GMP 标准的十万级净化车间，通过 ISO9001、FSSC22000、ISO14001、OHSAS18001、中国环境标志产品认证、标准化体系、计量检测体系认证等；先后荣获“全国诚信印刷企业”“中国医药包装突出贡献企业”“浙江省包装印刷行业诚信企业”“浙江省包装技术行业楷模企业”“浙江省科技型企业”“温州市企业技术研究中心”“国家高新技术企业”“浙江省名牌产品”“中国软包装最具综合实力奖”“中国包装印刷 100 强企业”等称号和认定。

我们的产品定位是为食品、乳品、药品、日化、农化、金属制品等行业提供一流的软包装产品，同时为容器、卷烟包装等提供业务服务。

公司建立了完善的国内销售网络，以上海为销售总公司，在北京、上海、武汉、成都、哈尔滨、深圳、杭州设有代表处，并设有国外市场部。由于注重技术、注重品质、注重成本、注重诚信、注重服务，为我们赢得了广泛的市场和良好的信誉，拥有了一大批国内外著名合作客户。

金石包装以“为客户创造价值，服务社会”为己任，秉承“精诚所至，金石为开”的企业理念，携手国内外众多知名合作客户，朝着“立足国内，面向世界，创一流包装企业”的发展目标迈进！

## 产品展示

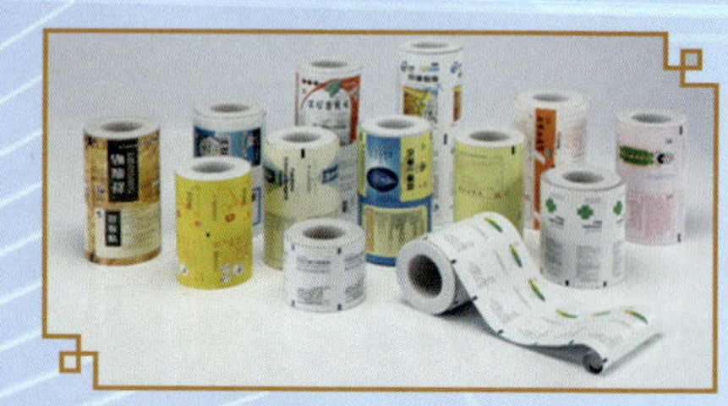

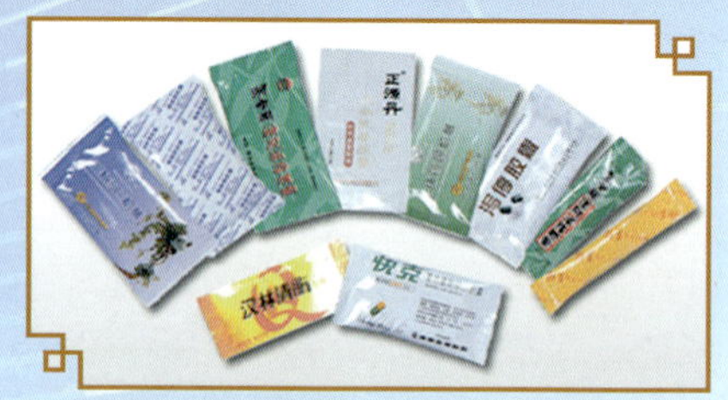

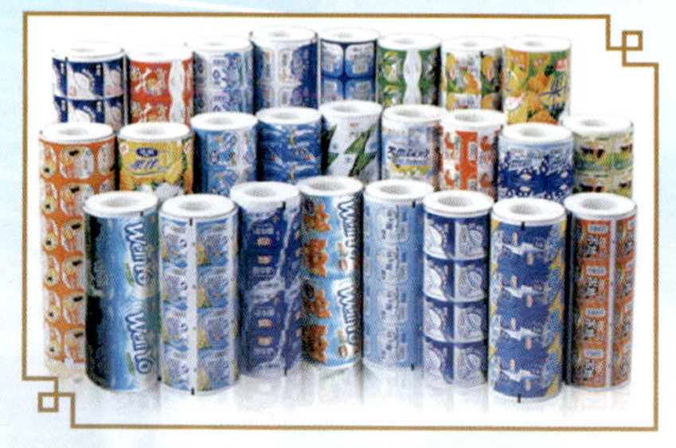

## 公司产品 PRODUCTS

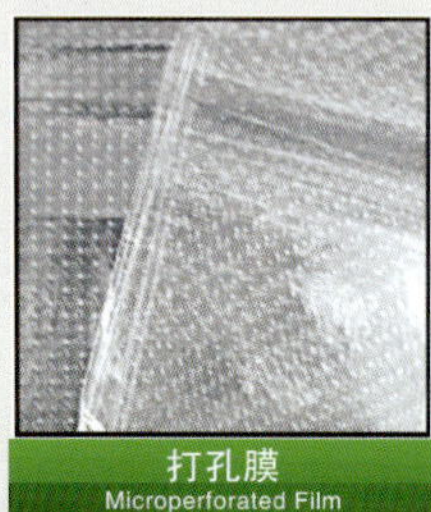
打孔膜 Microperforated Film

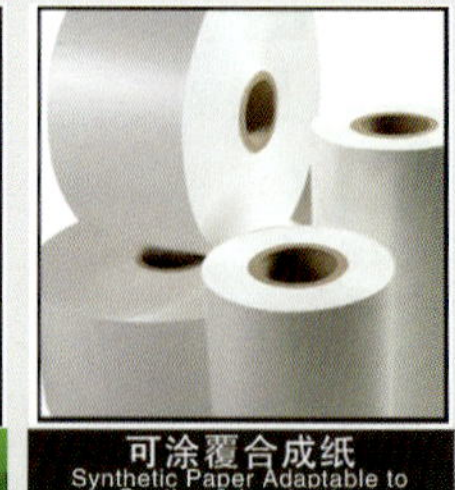
可涂覆合成纸 Synthetic Paper Adaptable to Coating & Lamination

热收缩薄膜 Heat Shrink Film

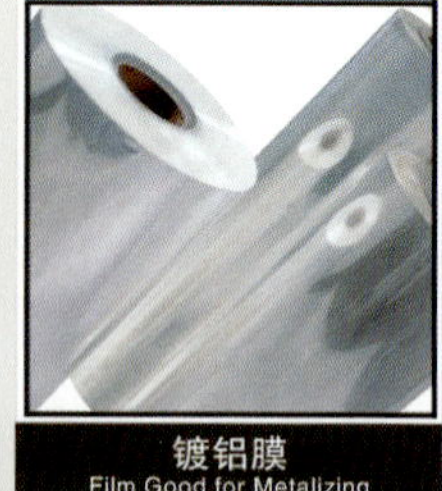
镀铝膜 Film Good for Metalizing

## 公司领导及荣誉

董事长陈友标

黄省长亲临厂区莅临指导

省高新技术企业证书

## 关于我们 ABOUT US

广东华业包装材料有限公司创建于1997年，注册资本1.9亿元，占地面积300多亩，资产总值13亿元。企业主要从事环保型包装材料研发、生产及销售，是中国目前少数能生产BOPS热收缩膜、BOPS扭结膜、BOPS窗口膜、PHA全生物降解薄膜的企业，同时也是国内少数能生产PET-G环保热收缩薄膜的企业之一。

华业公司连年来被评定为“高新技术企业”“中国优秀民营企业”“中国包装龙头企业”，2006年经广东省五部委批准，成立了“省级企业技术研发中心”和广东省目前一家“省级软包装材料工程技术研发中心”，承担并完成国家和省级多项科技任务，被教育部和省政府授予“广东省产、学、研示范基地”。目前拥有重大发明专利8项，主持修订国家标准3项，主持制定行业标准2项。企业研发的多个产品获省名牌、国家名牌称号，产品畅销国内外市场，在新老客户中树立了良好的市场形象和口碑。

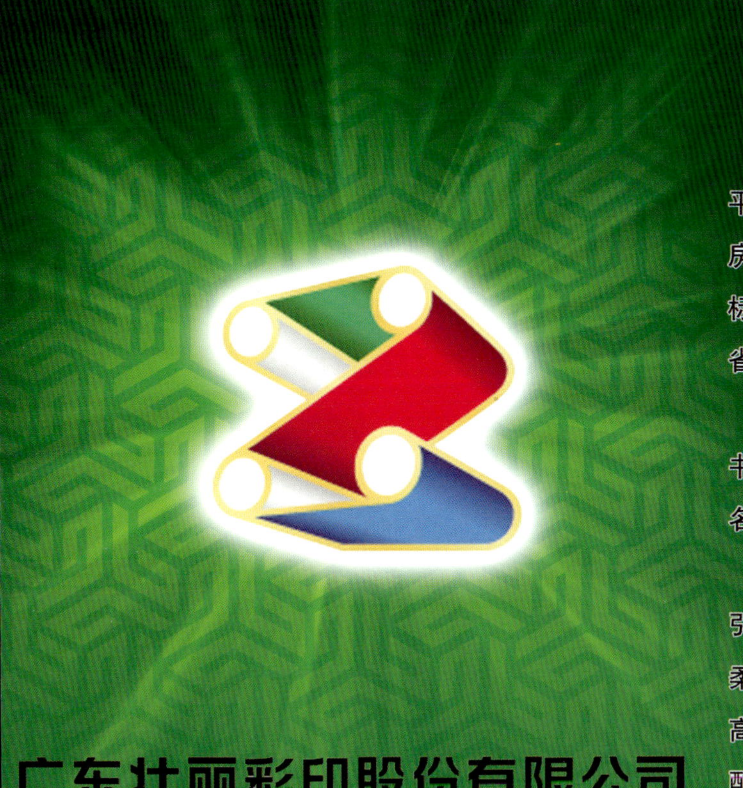

# 广东壮丽彩印股份有限公司

GUANGDONG ZHUANGLI COLOR PRINTING CO., LTD.

广东壮丽彩印股份有限公司创建于1992年，位于广东省汕头市金平区潮汕路湖头村东侧，企业注册资金1亿元人民币，拥有现代化厂房6万多平方米，员工400余名。公司于1998年获得ISO9001国际质量标准认证，系“高新技术企业”“省级企业技术中心”“2014年广东省企业500强”“2014年度广东省制造业百强企业”。

公司致力于烟标印刷及各类高档消费品包装，精装画册、杂志、书刊印刷等业务。已与国内外多家烟草工业公司以及加多宝集团等知名客户建立了合作关系。

为适应市场对高端环保材料及复合型特殊印刷工艺的需求，公司引进了德国产海德堡速霸系列胶印机、高宝八色凹版印刷机、加拿大柔性版八色印刷机、富士十色纸膜凹版高速印刷机等印刷设备，以及高真空卷绕式镀膜机、微电脑切片机、凹版印刷机、全自动烫金机等配套设备100多台套。

公司重视技术研发和产品开发，取得了多项工艺技术、材料项目的国家专利。曾获得“中国十大烟标金奖”等奖项，于2014年荣获“国家印刷示范企业”称号。

公司始终坚持“求新、求精、求强”的企业精神，凭借先进的印刷设备、突出的研发能力和优秀的设计团队，为客户提供环保、精美、最具竞争力的产品和最完善的服务。

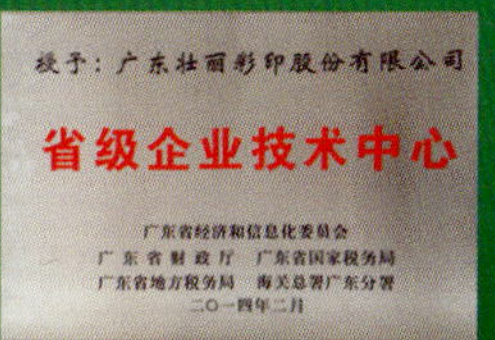

地　　址：广东省汕头市潮汕路湖头村东侧
联系电话：0754-82121723　82129080-8559
传　　真：0754-82122244

**传播工程学院**下设包装策划与设计、印刷媒体技术、数字图文信息技术和数字出版 4 个专业。学院致力于培养印刷、包装、出版、传媒产业所需要的懂创意策划、图文采编、信息处理、设计制作、编辑排版、印刷复制、加工生产、发行传播等高级技术、设计与管理人才。

学院现有在校生 1205 人，教职工 58 人，其中教授 4 人，副教授 18 人，专业教师中 80% 具有硕士及以上学位，90% 具备“双师型”资格。校内建有国际一流的印刷媒体技术中心，包含 10 个校企共建的技术研发培训中心和 16 个学生创新、创意、创业工作室，拥有仪器设备 794 台（套），价值 4300 万元，其中企业捐赠 1700 万元。在报社、出版社、传媒企业、大型印刷包装企业等机构建立了 120 余家校外实习基地。

学院建有国家级示范专业 1 个（印刷技术专业），国家级精品课程 1 门，校级精品课程 10 门，网络课程 17 门，专业信息资源库 1 个，开发高级职业资格证书 9 项。教学中注重学生的创新培养和能力训练，学生在各类大赛中取得了一系列成果，例如 2010 年全国印刷行业职业技能大赛（学生组）一等奖、2012 年全国印刷行业职业技能大赛（学生组）二等奖、2014 年广东省印刷职业技能大赛（学生组）三等奖、2009 年和 2010 年全国曼罗兰奖学金（高职高专组）一等奖、全国大学生包装设计创意大赛金奖、银奖，深港大学生创意设计大赛金奖等。毕业生广受行业和企业的欢迎，近年供需比平均为 1:4，毕业生 100% 可被推荐在深圳就业。

海德堡公司捐赠 D146 数字印刷机

学生荣获第二届全国印刷行业职业技能大赛一等奖

第七届大学生广告艺术大赛广东赛区颁奖现场

大会志愿者 -UXPA 中国用户体验大赛

学院地址：广东省深圳市南山区留仙大道 2190 号　　总机：0755-26731000

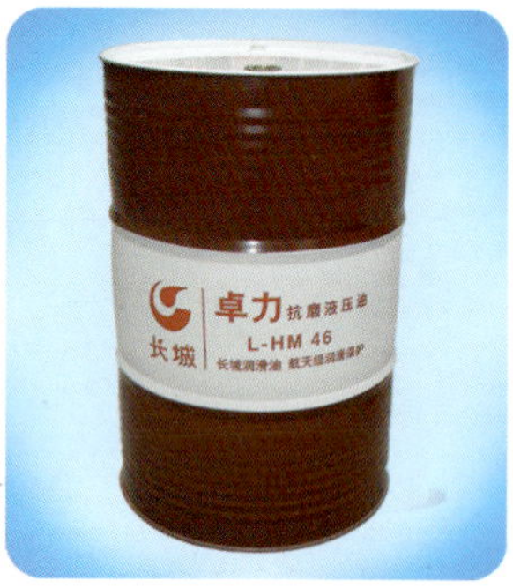

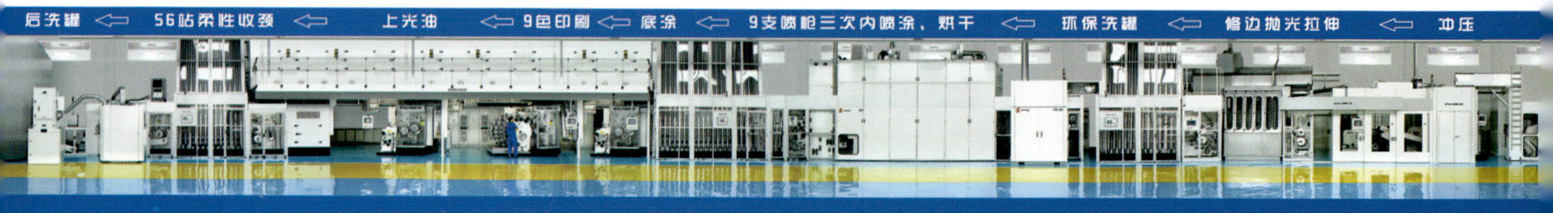

# 技术交流

# 无菌包装技术探讨

王文杰（曲阜师范大学工学院，山东　日照　276826）

**摘要**：食品或医药产品由于其特殊性，在生产、运输、销售过程中必须保证完全无菌。为了有效防止其受到各种常见的病原微生物和非病原微生物的污染而变质，企业常常不惜重金从国外引进技术发展无菌包装技术以延长食品有效期。因此，发展无菌包装技术在食品及医药包装工业中的应用具有重要意义。

**关键词**：无菌　包装技术

## 1 无菌包装技术应用简介

无菌包装技术的采用能够使食品或药品在不添加防腐剂的情况下大大延长保质期，并且不破坏食品、药品本身成分。所谓的无菌包装技术即是要求包装过程中的所有产品，包括包装材料、设备及其操作要在满足标准无菌水平的环境下进行填充和封装的一种技术。无菌包装技术主要用于食品工业中的普通食品、饮料，包括奶制品等的包装。对于医药中的热敏感产品的包装也广泛用到无菌包装技术。

相对于传统的包装技术，无菌包装技术具有以下几方面优势：①无菌包装技术通过短时超高温杀菌并装入无菌容器中，杀菌效果彻底。由于灭菌时间短，其在有效抑制微生物生长的同时，也保持了食品应有的口感和营养。传统的包装技术通常采用低温和巴氏消毒法，杀菌效果有限。②无菌包装技术不同于传统包装使用罐装或瓶装，而是使用纸塑材料、多层塑料复合材料和铝塑材料等，且杀菌过程无须冷藏，节省了存储运输空间和储存成本。③无菌包装材料可回收利用、易降解等，有益于生态环境保护。

现阶段，无菌包装技术也存在一些缺点。例如，无菌包装技术由于包装特点的限制很难用于包装流动性差的食品，且设备规格复杂、价格相对昂贵，初始成本较高，通常只适合大规模的生产应用等。

无菌包装技术在食品工业中发挥着不可替代的作用。随着现代科学技术的发展，无菌技术也逐渐发展成为一种集机电自动化、食品化学、物理学、微生物科学及计算机科学于一体的高新技术系统工程。

## 2 无菌包装的三个核心要素

无菌包装过程要求食品、包装材料、设备及其操作工序都要在标准无菌水平的环境下进行。无菌包装在食品杀菌方面主要有超高温杀菌和高温短时杀菌两种，都属于热力学杀菌范畴。无菌包装技术在包装材料的杀菌方面又分为物理杀菌和化学杀菌两大类方法。物理灭菌方法主要包括加热灭菌、紫外线灭菌、辐射灭菌、高频电场灭菌等；化学灭菌方法主要有环氧乙烯灭菌、氧化丙烯灭菌等。在实际生产过程中，两种方法通常需要综合运用以达到最优的灭菌效果。在食品机械设备的灭菌方面，通常采用传统的洗涤、高温蒸汽杀菌等。同时也要定期采用化学灭菌和物理辐射灭菌等对车间空气进行灭菌。下面分别对这三个主要方面进行探讨。

### 2.1 食品的灭菌

食品灭菌常用的杀菌技术一种是超高温瞬时灭菌技术（UHT），主要用于奶制品灭菌，如加味奶饮料、鲜奶、浓缩奶及奶油等食品；另一种是巴氏灭菌技术，主要用于酸性食品灭菌，如酸奶、水果饮料等食品的灭菌。

食品包装过程的灭菌方法通常包含包装前灭菌法、包装后灭菌法和包装前包装后结合灭菌三种方式。目前这三种灭菌方法在食品企业生产中都有广泛应用。其中，包装前灭菌简而言之即是食品在包装前阶段的灭菌处理，它是无菌包装的最初阶段和前提条件，在生产过程中需要给予重视。该种灭菌方式杀菌温度通常在 100℃以上，由于其灭菌时间短，能最大限度地保护产品色、香、味、营养等质量。但是，该类灭菌设备的投资相对较大，且生产过程中对包装材料和包装环境的要求也较高，主要适合规模较大的现代化企业使用。对于小型企业，由于资金链有限，通常难以迅速达到盈利效果。包装后灭菌简单来说就是指密封包装以后再进行杀菌的包装工艺，其杀菌温度在 100℃左右，主要适用于一些酸性食品。尽管灭菌温度相对低，但由于这种灭菌方法通常需要的时间长，因此对食品成分包括颜色、味道及营养等各种指标的破坏相对包装前灭菌法更大。但这种灭菌工艺对小型的生产企业来说具有投入小、设备维护方便等优势，非常适合中小型企业在食品灭菌中使用。在实际情况中，根据不同食品的生产工艺和技术要求，通常也采用了包装前和包装后两种灭菌结合的方法，以期达到最佳的灭菌效果。

2.2 包装材料的灭菌

常见的无菌包装材料需要对空气等有一定的阻隔性。在对被包装食品无菌包装前，必须对包装材料进行灭菌的处理，保证包装材料不带有任何微生物。对于包装材料常用的灭菌技术方法一般有药物灭菌、紫外线灭菌等及紫外线、乙醇或柠檬酸并用灭菌等，下面分别予以介绍。

（1）药物灭菌技术。由于食品或医药工业的特殊性，药物灭菌所用的杀菌剂必须满足以下几个条件：杀菌效果好，对设备腐蚀程度低，杀菌不生成有害物质，不易残留等。常用的杀菌剂如双氧水，常用浓度为 25%~30%，温度为 60~65℃。用双氧水对包装材料进行杀菌通常采取两种方式：一种是将材料在双氧水中浸渍；另一种是将双氧水喷射在包装材料上。双氧水杀菌后为了使残留在包装材料上的双氧水完全蒸发，通常要对它们进行热辐射将其分解成无害的水蒸气和氧。

（2）紫外线灭菌技术。紫外线杀菌主要是微生物细胞在紫外线照射下核酸被破坏，同时引起微生物新陈代谢紊乱，失去增殖能力。紫外线杀菌具有不残留药剂、安全性高、使用方法简便、成本较低等特点，因此通常是无菌包装较为有效的方法之一。最新试验显示，普通紫外灯在 20mm 高垂直照射包装材料，可将 0~10 个/$cm^2$ 的细菌数在 4.8s 内完全杀死。但同时紫外线灭菌也有一些缺点，如易受物体表面因素的影响，随菌种不同杀菌效果有较大差异等。因此，紫外线灭菌技术在实际应用中都与其他杀菌方法同时使用。

（3）紫外线、乙醇或柠檬酸并用灭菌法。通常情况下，乙醇、柠檬酸液单独使用时无杀菌效果，但只要将乙醇或柠檬酸任一种与紫外线并用，即可在 3~5s 内达到良好的杀菌效果。例如 106 个/$cm^2$ 的枯草杆菌孢子污染浓度下，紫外线与柠檬酸并用可在 3s 内使之达到无菌状态。

2.3 无菌包装系统和操作环境的杀菌

敞开式无菌包装系统和封闭式无菌包装系统作为无菌包装系统的两种方法在无菌包装中广泛应用。封闭式无菌包装系统相对于敞开式无菌包装系统多了无菌室。整个杀菌、成型、灌装过程，包装材料都要在无菌室内进行。同时，为了防止微生物的污染，无菌室一直通有无菌气体。无菌气体主要通过过滤法、层流法等物理方法除菌。通常使用粗滤—风机—中效—高效过滤串联模式。另外，保证工作室合适的气压，生产车间多采用平行流洁净室形式进行设计。

**3 无菌包装技术的发展趋势**

无菌概念和相关要求随着人类医学发展和生活水平的提高而不断发展。由于现代微生物学及其应用灭菌技术的飞速发展，人类已经对杀灭各种对食品卫生有害的微生物有了更新的认识，并不断完善。常见的病原微生物和非病原微生物指标作为食品安全性评价的重要依据已经被大众和相关食品行业所认同，同时向多个产业应用领域进一步延伸。生物技术产品市场消费量的扩大，无菌包装技术已经从药品向乳品、啤酒、果汁和软饮料等食品行业领域不断扩展延伸。无菌包装技术已经逐渐发展成为一种集机电自动化、食品化学、物理学、微生物科学及计算机科学于一体的高新技术系统工程。我国的无菌包装技术市场主要依靠引进欧美发达国家先进包装设备。国内生产企业为了构建新型的市场消费理念和销售热点，常常不惜重金从国外引进技术。无菌包装技术在食品（特别是液态食品）的包装上，其应用前景将十分广阔。无菌包装技术是一项高新技术，并且仍然在不断发展，国家和企业需要加强投入进行研发。

**参考文献**

[1]陈军.无菌包装技术在食品中的应用[J].轻工科技,2013(1):45-12.

[2]方卉.食品无菌包装技术的开发与应用[J].产业与科技论坛,2015(5):41-42.

[3]刘国信.无菌食品包装技术及其应用[J].食品安全导刊,2014(5):50-51.

# 我国食品包装材料的安全现状与管理

刘守琼（重庆市食品药品检验检测研究院，重庆　401123）

**摘要：**食品包装安全是食品安全的包装保障。本文阐述了我国食品包装安全现状，表明食品包装安全的重要性，并提出应对措施。

**关键词：**食品包装　安全　重要性　现状　对策

日常生活中，食品包装与食品的密切关系早已被千家万户所认知。无论是商店、超市，还是每个家庭，处处可见设计精美、实用方便的食品包装。食品包装就像食品的贴身衣物一样，是现代食品工业的最后一道工序，它不但起着保护、宣传食品的作用，而且便于食品的储藏、运输和销售。在很大程度上，食品包装已经成为食品不可分割的组成部分，对食品质量产生直接或间接的影响。然而，我国食品包装目前面临的形势却不容乐观。

## 1 我国食品包装安全现状

### 1.1 包装材料使用不当

包装材料的卫生级别分为工业级、食品级和药品级。用于食品包装的材料应达到食品级要求。但目前市场上销售和使用的食品包装制品，因其使用量大、流通快，所以很多不具备生产食品包装制品条件的小型企业或家庭作坊也在生产，不仅生产环境差，而且为了牟取私利，甚至使用工业环境级原料或有毒有害的再生废料进行生产。特别是塑料制品，利用垃圾站收拣的废旧塑料垃圾、农用薄膜、医院废弃物等进行加工，未经消毒处理，就作为食品包装原料再次用于食品包装的生产并投入市场。这些再生塑料虽然在加工过程中经高温加热，但其中的增塑剂、稳定剂和甲醛等种种有害物质却不能完全去除掉，用这种塑料制品包装直接入口的食品会对人体健康造成严重的危害，长期使用将引起慢性中毒甚至致癌。

### 1.2 违规添加禁用助剂

以一次性塑料快餐盒为例，很多不法厂家为了降低成本，在产品中大量添加工业级的碳酸钙、滑石粉、石蜡等禁止用于食品包装生产的添加剂。更有些黑心企业将主要原料的添加剂的比例对调，工业碳酸钙、石蜡等添加剂的使用量超过了50%，有的甚至高达80%。这种高填充的快餐盒按照国家标准要求进行乙酸蒸发残渣及正己烷蒸发残渣检测，指标超标严重，甚至超过国家标准上百倍（国家标准为 30μg/L）。食品温度较高或微波炉加热时，有害物质就会溶解在食物中，长期摄入会导致消化不良、肝系统病变等，甚至患上胆结石等疾病，对身体健康有着重大危害。

### 1.3 印刷中大量使用含苯油墨

食品包装发生卫生质量问题，印刷油墨是关键因素之一。油墨中苯类溶剂及重金属残留严重。由于我国目前大多数使用的油墨系统中油墨本身就是含苯的，所以工业上常用苯类溶剂加到油墨中以达到稀释的目的，且甲苯价格低廉，不少企业都把它作为调配混合溶剂的主要原料。苯的残留量如果超标，对人体危害极大。

同时，苯具有蓄积性，人一旦吸入很难排出，日积月累会引发癌症等疾病。现在，欧美国家已不允许在食品包装中使用含苯及重金属的原料，日本政府在几年前也规定食品包装材料中不得含有苯。我国也在推广环保的水性油墨，用于解决含苯油墨对包装及食品造成的危害。

## 2 食品包装市场准入制度及相关标准

2009 年，强制性国家标准《食品容器、包装材料用添加剂使用卫生标准（GB 9685—2008）》开始正式实施，标准中规定了食品容器、包装材料添加剂的使用原则、允许使用的添加剂品种、使用范围、最大使用量、特定迁移量或最大残留量及其他限制性要求，对食品接触用塑料、纸制品、橡胶等材料中用到的增塑剂、增韧剂、固化剂、引发剂、促进剂、防老剂、阻燃剂等都做了明确规定。

2013 年，国家广泛征求各方面标准在实施过程中遇到的意见，进一步开展标准的修订工作。国际食品包装协会发布“2013 中国食品包装安全消费警示”，涉及吸管、瓶盖瓶身、不锈钢制品、纸质餐饮具等 12 项内容。其中，烧烤时铝箔、锡箔使用不当会危害健康一条，尤为值得关注。目前，市场上用于食品容器、包装材料的添加剂种类繁多，即使新修订的《食品容器、包装材料用添加剂使用卫生标准》（GB 9685—2008）中的添加剂已增至 959 种，但与实际相比，仍显不足（国外允许使用的食品包装用添加剂有 2000 多种）。

一次性塑料餐饮具因市场需求量大，且一直没有相应的国家标准，造成生产混乱，质量参差不齐。自国家质检总局实施市场准入制度后，产品质量有了一定的提升。

2009 年 12 月 1 日实施的《塑料一次性餐饮具通用技术要求》（GB 18006.1—2009），首次以国家标准的形式承认了不可降解餐具的合法身份，结束了一次性塑料餐饮具没有国家标准可依的混乱状态，减少了每个企业必须制定企业标准的麻烦，明确界定了一次性塑料餐饮具的范围是指预期用餐或类似用途的器具，包括一次性使用的餐盒、盘、碟、刀、叉、勺、筷子、碗、杯、罐、壶、吸管等，也包括有外托的一次性内衬餐具，但不包括无预期用餐目的或类似用途的食品包装物，如生鲜托盘、酸奶杯、果冻杯及方便面碗等。

## 3 对策及建议

现代食品包装既要着眼于新的包装材料的开发、研究与应用，添加更高的科技含量，利用新材料的细腻、光滑、柔韧等特性为达到包装食品的最佳效果服务，又要不断推动包装工艺的发展，实现工艺流程自动化、系统化、电脑一体化，降低废品率，充分利用资源。

正式实施的《中华人民共和国循环经济促进法》更是提出，发展循环经济，在生产、流通和消费等过程中进行减量化、再利用、资源化，减少资源消耗和废物产生。食品包装行业健康持续发展，既要低碳排放，又要注意以下几点。

安全化：由于材料不同，使用环境不同，盛装的食品不同，食品包装中的有害物质可能会渗入到食品中。因此，生产企业在提高产品质量的同时，还要注重标识的必要性和重要性，正确指导消费者使用食品包装制品。

透明化：开发和生产无色透明或半透明制品，既可以展示所包装的食品，又便于回收利用，提高产品废弃后的价值。另外，企业应在产品上标注原料的名称和代号，便于回收利用。

减量化：通过对包装的设计改进，在达到同等要求的基础上，尽量减少包装制品的使用量。

资源化：对所有有较高价值的包装制品进行回收和利用；企业是第一责任人，必须延伸生产者责任；实现“资源—产品—再生资源—生产—消费—再循环”这一循环经济新理念。

无害化：对于确难回收的废弃物如塑料袋等进行无害化处理；鼓励使用更环保的可重复使用的布袋，减少浪费。

产业化：回收利用是各种食品包装生产企业、经营者及消费者共同的责任，只有把各种包装物纳入循环经济的链条中并进行产业化的回收利用，才能解决食品包装行业的持续发展问题。

我们在关注食品安全的同时，也要对食品的包装安全加以重视，树立“食品包装”的安全观念，为食品安全多加一把锁。

**参考文献**

[1]敖金霞,高学军,权东升,等.转基因水稻深加工产品两种荧光定量方法的比较研究[J].东北农业大学学报,2011,42(1):34-39.

[2]周霞.广东省转基因大豆和豆制品的监测[D].中山:中山大学,2006.

[3]李慧,杨冬燕,杨永存,等.深圳市场 4 种国产农产品转基因成分监测结果[J].现代预防医学,2006,33(7):1152-1153.

[4]肖唐华,周德翼.我国农业转基因生物监测中心现状及特点分析[J].农业科技管理,2010,29(5):72-75.

[5]郑海松,李刚,杨小娇,等.安徽省转基因大米情况普查评析[J].安徽农业科学,2011,39(26):16435-16436.

[6]芦春斌,金庆敏,杨冬宇,等.广州市农贸市场中转基因大豆的检测[J].大豆科学,2012,31(4):680-684.

# 防伪印刷技术的现状与应用

栗红亮（曲阜师范大学，山东　日照　276800）

**摘要**：随着现代社会网络化、信息化技术的不断进步，印刷技术中的安全防伪印刷逐步得到了人们的广泛关注，一系列拥有很高价值的物品、具有收藏价值的票券，或者是一些机密文件，都必须进行保密，防止出现被仿照或者伪造的情况，给当事者带来不必要的损失。本文针对在实际工作中的实践，从几个角度对于防伪印刷技术的现状和应用情况进行探讨，以期为今后的防伪技术提供借鉴。

**关键词**：防伪印刷　技术　应用　探究

最近几年来，我国在防伪印刷技术上有了长足的进步。不管是在研究开发上，还是在生产中，或者是在销售方面，防伪产品越来越多，从而引发出一个新型的防伪印刷技术产品的产业。在防伪技术方面也出现了不少新的技术。

## 1 纸张防伪技术

（1）纸张防伪。进行印刷的产品都是用纸来实现的，可以说，纸张是进行印刷的根本。因此，在纸张上进行防伪也是最基础的。目前，对于某些香烟、酒品及食品或者是女士的化妆品等物品，都已经将防伪纸张运用到实际生产当中了。这在一定程度上对出现的假冒产品有了一定的抑制。现在，随着激光技术的运用，使得防伪技术有了更大的发展。特别是水印纸张防伪技术的出现，这是目前最广泛使用的一种防伪技术。

（2）安全线防伪。通过安全线进行防伪的技术，一开始出现在纸张中，利用特别制作的金线作为防伪，由于金线造价高，随后用塑料代替，因此，出现了不同的形态，如直线形状、波浪形状及字母形状等。

## 2 印刷防伪技术

（1）平印、凹印和凸印技术结合使用。传统的纸类包装品都采取平印技术，有的是采取两种技术联合使用。设计一些高档产品的时候，通常是将不同的色块或者线条进行独特的设计，以体现出与别的产品的不同之处，从而减少被仿照的情况。

（2）激光全息虹膜印刷技术。采取激光全息虹膜印刷技术，能够很大限度地发挥出其他印刷技术无法比拟的优点，这种技术不需要使用油墨，并且运用特殊的技术手段可以将图像进行转移，运用冷压涂镀技术和热烫技术进行联合，能够使得图像不容易被模仿，具有较高的防伪性能。

## 3 油墨防伪技术

（1）紫外光油墨。通过在纸张内部加入一些具有荧光性能的材料，在紫外线的照射下，这些荧光材料就会发出光，有颜色的即为真实的，没有颜色的即为假的。

（2）日光变色防伪油墨。目前还有随着日光进行变色的油墨，在阳光的照射下，或者是在紫外线的照射下，会出现颜色的变化。一般来说，能够由透明的颜色转变成黄色、蓝色或者是紫色等其他色彩，这种材料具有广阔的发展前景。

（3）反应变色油墨。目前，还有的变色油墨技术是运用化学反应原理进行的，当两种不同的化学试剂相遇后，就会生成新的物质，此时会变色。采取这种方式，也可以运用到防伪油墨中，基于在不同的温度或者是湿度的情况下，将化学试剂加入到油墨中去，随着外界环境的变化，印刷品就会出现不同的图案，或者是不同的颜色变化，以此来实现防伪效果。

## 4 防伪印刷技术发展的方向

（1）传统防伪印刷技术的优缺点。现在我国发行的第五套人民币，采取的是传统的防伪技术，但是在传统的防伪技术中存在很多问题。

①油墨防伪技术。随着温度和光的不同进行变化的油墨技术在不断地前进和推广中，这些技术已经不再是秘密了。很多人都学会了这种技术，一旦被不法分子所利用，也就起不到防伪效果了。②防伪标记不易模仿，也不易鉴别。一些消费者针对这些防伪标识，对其鉴别能力依然有限，根本没有对这些设备或者技术真正掌握，有的从外包装上一看就是真的，其实是假的。这种情况下，设置防伪标识就成了摆设。

（2）数字防伪技术。利用数字进行防伪的技术，在一定程度上能够很好地解决这种传统的防伪技术的缺陷。不但能够收到很好的防伪效果，而且也能够让人民群众非常容易掌握这门防伪技术，给每种产品赋予一组特别的编码、数字，只要是在公司的内部数据库中可以查到的，都是正品系列。现在又出现了二维码这样的防伪技术，只要扫一扫，便可以出现物品的信息，以此来辨别真伪。

## 5 防伪技术的发展方向

随着科学技术的进步，防伪技术也有了很大的发展，利用计算机技术进行防伪将是未来社会发展的方向，化学防伪手段也将是未来发展的一大趋势，利用这些技术的联合技术也是一个不错的发展方向。综上所述，现代很多企业都在保护自己的产品不被别人模仿，确保自己在市场中所生产的产品是独一无二的，以保证自身的利益不受侵犯，因此，多掌握一些防伪技术是很必要的。

### 参考文献

[1]朱则刚.探秘印刷防伪油墨及其防伪技术[J].印刷质量与标准化,2015(3).

[2]代红丽.防伪印刷油墨在生活中的广泛应用[J].今日印刷,2014(5).

[3]张映霞,刘向新.防伪印刷技术在人民币中的应用[J].才智,2009(5).

# 高强度四层复合单瓦楞纸板

王悦　张惠忠（达成包装制品[苏州]有限公司）

**摘要**：为了提高瓦楞纸箱的抗压强度，采用复合瓦楞纸板是一种新方式，四层复合单瓦楞纸板是在三层单瓦楞纸板的基础上，将两张瓦楞纸经聚醋酸乙烯酯黏结复合，可有效提高瓦楞纸板的边压、耐破、戳穿等物理强度指标，适用于重型瓦楞纸箱的包装。

**关键词**：四层复合单瓦楞纸板　高强度

瓦楞纸箱具有质量轻、性价比高、结构性能好、耐戳穿、缓冲、防震、可折叠、印刷适应性强、环保可回收及适合自动化包装作业等优点，在与其他包装材料的激烈竞争中，瓦楞纸箱以其独特的性能，成为迄今为止常用不衰、发展迅猛的纸质包装容器，是现代包装中最重要的一种包装形式。

一般瓦楞纸箱只宜装载轻质物品，且不宜长久储存，所以化工、机械等产品的出口，大多采用木质包装箱和纸桶等，其缺点是：①成本高，不符合环保要求；②运输、储存时占用空间大，用后处理困难；③木箱出口需经熏蒸处理等。

近年来，国内外都在抓紧研制开发新结构的瓦楞纸箱，力图以纸代木，以纸代金属，降低资源消耗，节约生产成本。

国内的重载荷纸箱，一般都采用双瓦楞、三瓦楞结构，甚至更多层数的纸板。但在欧美等发达国家，则以单瓦楞、双瓦楞为主，国家权威包装机构曾有这样的统计对比数据（见表1）。

表1　对比数据

| 类别／国家 | 单瓦楞所占比例 | 双瓦楞所占比例 | 三瓦楞所占比例 |
|---|---|---|---|
| 中国 | 40.8% | 49.5% | 9.7% |
| 美国 | 89.4% | 9.1% | 1.5% |

由此可见，发达国家的瓦楞纸板用材省，占用资源少，成本低，占用空间小。因此，大力开发重载荷单瓦楞纸箱是我们今后一个阶段的发展方向。

近期，我们研制了一款新产品——高强度四层复合单瓦楞纸板。

为了使测试的数据具有可比性，我们以美国的ASTM 纸箱标准进行纸张的配材（注：德国DIN55468-1 纸箱标准与美标相仿），美标中，单瓦楞纸箱内装物的最大质量可达 55kg（注：中国标准GB/T 6543—2008 规定单瓦楞内装物极限重量为40kg），此时美标纸板面、里纸的定量都为 440g/m$^2$。

普通的单瓦楞纸板是由 3 张纸或纸板黏结而成的（见图 1）。

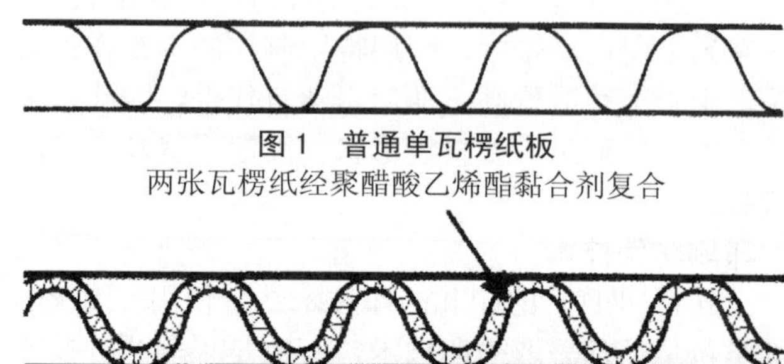


图1　普通单瓦楞纸板

图2　四层复合单瓦楞纸板

达成研制的四层复合单瓦楞纸板则由 4 张纸或纸板黏结而成（见图 2），包括面纸、里纸（均为440g/m$^2$）和瓦楞纸（100g/m$^2$+100g/m$^2$），瓦楞纸属于复合瓦楞纸，是由两张瓦楞纸经聚醋酸乙烯酯黏合剂复合而成，从外观看，两者没有明显区别。

但经国际 SGS 权威检测，我们的“四层复合单瓦楞纸板”，其关键指标已远超德国 A 标与美标规定的要求，达到世界先进水平，与国内某同类近似专利相比，更是有了质的飞跃。

表2　关键技术指标对比

| 关键指标 | SGS检测的达成四层复合瓦楞纸板 | 德国A标四层复合重型瓦楞纸板指标（DIN55468-1） | 美标ASTM中55kg档单瓦楞指标 | 中国SN/T0262出口箱单瓦楞最高标准 | GB 6544/T—2008双瓦楞纸板最强标准 | 国内某复合单瓦楞纸板专利所达指标 |
|---|---|---|---|---|---|---|
| 边压强度（N/m） | 14750 | 10000 | 9625 | 6860 | ≥9000 | 4807 |
| 戳穿强度（J） | 17.23 | 13 | — | 9.81 | — | 10.61 |
| 耐破强度（kPa） | 2833.97 | 2100 | 2413 | 1960 | ≥1900 | 2079 |

由表 2 可知，本公司生产的“四层复合单瓦楞纸板”，其物理技术指标已超欧美，边压强度是德国A 标的 1.48 倍，戳穿强度是德国 A 标的 1.33 倍，耐破强度是德国 A 标的 1.35 倍，而且所有指标全都超过美国标准，满足我国单瓦楞重磅纸箱出口运输的要求，同时，也超过了国标 GB 6544/T—2008 中规定的双瓦楞纸板标准，由此可见，四层复合重型单瓦楞纸板完全可以取代大部分双瓦楞纸板。

四层复合单瓦楞纸板，在恶劣温湿度环境下的边压强度指标，优于常规五层双瓦楞纸板，我们曾应国内某著名 IT 生产商的要求，做过如下一组试验：在常温条件下，两组对比样品的边压强度均为8000N/m，但在温度 35℃、相对湿度 95%时，各自的变化却很大，我们每隔 24 小时测一次，连测 7 天，结果令人惊讶（见图 3）。

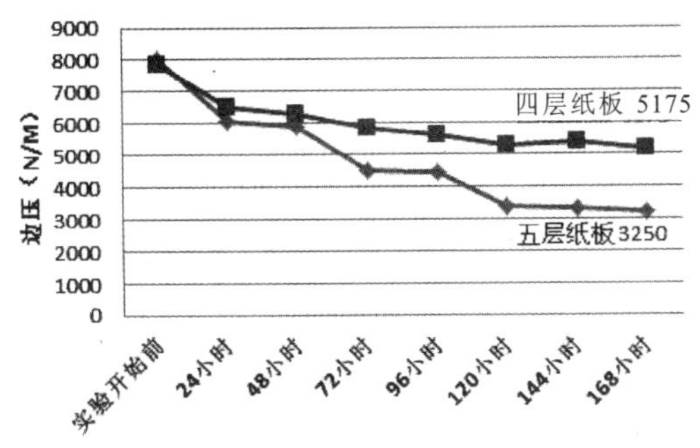


图 3 边压强度变化

由图 3 可知，四层复合单瓦楞纸板的边压强度只下降了 35%，而常规五层双瓦楞纸板却下降了60%，这是因为四层复合瓦楞纸板的黏结剂——聚醋酸乙烯酯，要比常用的五层瓦楞纸板的黏结剂——玉米淀粉浆的拒水性更优越。

我们曾做过另一个对比试验，将两张 $100g/m^2$ 的复合瓦楞纸改用一张 $200g/m^2$ 的瓦楞纸，在其他材质、加工条件完全相同的情况下，加工成常规三层单瓦楞纸板，测试结果显示：其边压强度仅为12393.4N/m，戳穿强度 14.04J，耐破强度 2200.0kPa，都明显低于四层复合单瓦楞纸板。得出结论：1+1>2。

由图 4 可知，两张瓦楞纸中间是一层经高温固化的聚醋酸乙烯酯黏合剂，用量约 $12g/m^2$。

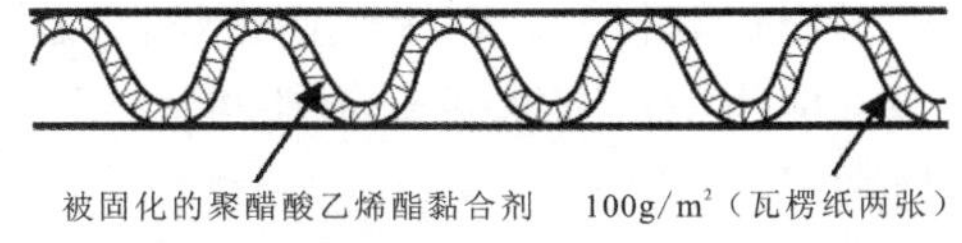


图 4 四层复合单瓦楞纸板结构示意

我们与国内某专利的最大区别是，后者是用浆糊作为黏结剂，且采用条状黏合，说明此浆糊只起黏结作用，而达成公司采用聚醋酸乙烯酯作为黏合剂，是整面上胶，不仅起到黏结作用，将两层瓦楞纸复合起来，更重要的是，固化后的聚醋酸乙烯酯黏合剂在两张瓦楞纸中间形成一个刚性骨架，起到强化作用，故四层复合单瓦楞纸板具有很高的物理强度指标。

由于该黏结剂具有良好的耐冲击、阻隔、防潮、防水性，所以复合后的瓦楞纸板具有较高的戳穿强度、耐破强度、阻隔性能等，同时，四层复合单瓦楞纸板属于绿色包装材料，两张瓦楞纸中间的黏结剂符合欧盟 RoHS 指令的规定，本身可以降解，在造纸厂再生时不会产生任何影响，安全环保可回收。

将四层复合单瓦楞纸板应用于重型瓦楞纸箱包装，具有很大的发展空间和经济效益，针对包装产品的某些特点，经特种涂布处理后，还可以具备某些特殊功能，如防水、防锈、防硫、防粘、防静电、抗油、抗划伤、抗磨损等。

2009 年 8 月 27 日，国务院七部委就“包装节材代木”工程，联合发出 416 号通知，将重型瓦楞纸板等新材料，列入今后一阶段包装行业的研发应用重点。借着国家政策导向的强劲东风，重型瓦楞纸箱的应用前景一片光明。

目前达成公司生产的四层复合单瓦楞纸板，其服务对象主要分布在化工、汽车零部件、机电、家用电器等领域，在出口欧美的产品中，只要内装物重量不超过 55kg，都可以大量、安全地使用这款新产品。

我国是松树害虫泛滥的国家，各进口国都对中国的木包装提出极为严格的熏蒸要求，给制造厂带来很大的麻烦和损失，本产品的投产使用可以解决一部分“以纸带木”包装的难题。

本技术项目已获国家专利正式授权。

## 快递包装循环再利用的难点在哪里

家住上海市虹口区复城国际小区的王女士是一个“网购达人”，每月平均有五六件包裹到货。虽然网购方便，却也带来了不少烦恼。她说，最大的烦恼就是收获一堆包装盒和包装袋，想留着吧，越积越多没地方放；扔掉吧，又觉得浪费，造成污染。

2014 年“双 11”（11 月 11 日）期间，网购快递包装量随成交额也创了新高。据 11 月 11 日当日物流行业信息系统监测数据显示，11 月 11—16 日，全行业快件量达 5.86 亿件，比上一年同期增长近70%；日最高处理量近 1 亿件，比上一年同期增长54%，是全年日常处理量（3309 万件/天）的 3 倍。

如果说平日快递包装的一扔了之已让人心烦，

那么“双 11”网购狂欢之后的物流高峰，带来惊人的包装浪费及随之而来的环境污染，这些问题该如何解决，值得人们深思。

## 1 快递包装一次性使用带来哪些问题

大量材料一次性使用，不但造成资源浪费，还会造成环境污染。

“双 11”过后，在上海一家事业单位工作的小李拿到快递邮包，撕开层层胶带，打开纸箱，割开被胶带缠紧包裹着的气泡垫，货品才出现。巴掌大小的一瓶化妆水，居然包了三四层。看着完好无损的玻璃瓶，小李不禁感叹卖家的细心。而她所在的办公室角落里，已堆满了大大小小各式快递包装物。

“我上周在网上买了一个网球拍，除了商品原有包装，卖家用纸箱、胶带把它保护得严严实实，拆开后泡沫塑料渣掉了一地，垃圾桶也塞不下，只好拿到外面清理掉。”上海市民孙女士表示，自己近一个月已经在网上购买了 10 件商品，外包装不知如何处理，只好扔掉。

随着大批电商的兴起，纸箱、塑料袋等外包装物被广为使用。但在其完成既定“使命”后，这些快递包装或被丢弃至垃圾堆，或被闲置在旮旯一角，堆积成山，很难处置。

快递包装中一般包括哪些材料呢?记者采访了天猫商城上一家汽车用品旗舰店的合伙人陈先生，他告诉记者，包装材料一般包括木条、泡沫棉、封包带、胶带、纸箱等，“每一件货物，首先要包上泡沫棉放进纸箱，用胶带和封包带封好，然后用木条钉木框加固，这样才能保证货物在运输途中万无一失。”

陈先生说，自己店铺经营的商品都是大件，从货物打包到快递收走，一般每件货物要用掉 3～4m 长的胶带，粗略算下来，每天使用的胶带差不多需要 120m。

这么多随手一丢的快递包装会产生多大的浪费呢?一位业内人士表示，通常一单快递会收取 3~8 元的包装费用，而去年全国快递总量为 90 亿件，“完成快递任务后，这些快递包装回收价格并不高，以包装纸箱为例，废品回收价格为 0.5 元/千克。如此低的回收费，甚至一些废品回收站工作人员都不愿意回收纸箱。”

快递包装的一次性使用还带来环境污染问题。据不完全统计，我国每年产生包装废弃物约 1600 万吨，城市固体废物中包装物的比例超过 3 成。而随着网购的发展，这个问题还会变得更严重。

更大的污染还来自那些回收站不会回收的包装物。比如，为了避免货品在快递过程中发生损坏，很多发件者会采取多层胶带包装及添加填充物等措施。对快递包装内填充的空气囊、塑料袋等材料与胶带，大部分回收站是不会回收的，人们对这些材料的处理办法通常是直接扔掉。

据了解，在快递包装中广泛使用的胶带等材料主要为聚氯乙烯(PVC)，此类产品不能被自然降解，现在的主流处理方法就是填埋或焚烧。此外，发快递至少要多一层外包装和若干胶带，有消息称，快递包装 1 年用的胶带能绕地球 200 多圈。

“我认为这确实是一个已经很突出的社会问题。如此大量的包装废弃物，如果没有规范的管理，会造成严重的环境污染；过度包装及回收再利用不当，也会造成巨大的资源浪费。”中国人民大学环境学院副教授靳敏表示。

## 2 网店商品为何要过度包装

一方面缺乏行业规范，另一方面为了确保商品在运输途中的安全，在不少人看来，网店、快递公司的过度包装，导致了包装废弃物的激增。

记者在采访中了解到，目前涉及包装的国家规范只有一个，即国家邮政局制定的《快递业务操作指导规范》，其中规定快件封装时应当使用符合国家标准和行业标准的快递封装用品、充分考虑安全因素等，但对于过度包装问题并无具体规定。

包装也是成本，网店为何还要过度包装?

对此，陈先生解释道：“快递公司搬运货物时如果动作粗暴，包裹在运输途中轻则包装变形，重则货物损坏，会造成很多不必要的损失，为了货物安全，只能多用包装材料。对于我们来说，成本是增加了很多，但为了货物能够安全到达客户手中，也只能这样做。”

在顺丰快递上海市闸北区一个营业点，记者看到快递员正在紧张地分拣、打包、搬运物件，几乎每一件包裹都被或多或少的胶带缠绕，有的货物尽管已用胶带封装完毕，但还套着塑料袋。

为什么要包裹这么多?一位快递员说，这样做的原因主要有两个：一是部分快递单背面没有双面胶，无法直接粘在快递盒上，只能加个塑料袋后再用胶带封装；二是塑料袋防水，可以更好地保障重要物品的安全。

“网店涉及的商品成千上万，材料也千差万别，机械地规定只能用什么东西包装，现实中根本没法操作。”中国包装联合会会长助理（现为中国包装联合会常务副会长）王跃中说。对废弃物的回收一般以生产者责任、消费者责任来区分，可对快递包装物来说，依此准则并不现实。

“比如，做电视机的企业负责回收处置自己的产品，但是回收包装，可能并不合适；而包装的生产者是依照客户要求生产的，让它来承担回收责任，也有失公平；让消费者承担包装物的回收再利用成本，似乎也不太合理。”王跃中说。

### 3 快递包装再利用为何难推行

包装纸箱没有统一标准；重复利用纸箱易破损；缺乏消费者配合。

记者了解到，全国邮政业标准化技术委员会在2014年3月审查并通过了《快递服务温室气体排放测量方法》行业标准，其中一项重要内容是，在快递企业试点包装再利用。随着这一行业标准的出台，作为包装材料的消耗大户，快递企业也正在探索快递包装的新出路。

全峰快递品牌总监戴长征认为，生活中其他商品包装循环利用比较难，但对于快递业来说，快递企业是包装使用大户，企业集中度很高，这些都是推进快递包装循环利用的有利条件。

“我们的快递员送完快递时都会问一下收件人‘您这个纸箱或信封还要吗’，快递盒和信封这些东西都是可以重复利用的，用户随意扔掉不仅存在信息安全问题，还会污染环境。与其这样，不如我们回收，再制造或者再利用。”戴长征坦承，这样的活动虽然初衷良好，但是需要消费者支持配合。为此，全峰还推出了奖励积分、抵扣券等活动，鼓励消费者参与。

“顺丰参与起草了《快递服务温室气体排放测量方法》行业标准。有了测算方法，可以让企业了解自己在排放上处于何种水平。我们认为，在节能减排上先行一步，既是在履行企业的社会责任，又可以提升工作效率、节省成本。”顺丰速递相关负责人在接受记者采访时表示。

这名负责人说，顺丰已经缩小了文件封的尺寸，“我们经过反复研究，找到了在满足客户需要基础上的最小尺寸。另外，我们还在研究给文件封加一个封条，以实现文件封的再次利用。”对快递企业长途运输过程中使用的编织袋，顺丰已在部分地区进行了回收。

圆通速递相关负责人透露，圆通已在部分地区试行用户上缴10件快递包装，免费为其寄1件快件。

不过，也有消费者持不同想法。

上海市民顾女士就有顾虑：“包装上还贴着快递单，上面都是个人信息，如果处理不细致，再利用的时候会不会泄露个人信息啊?”

还有人表示不喜欢残旧的快递包装。上海市民张女士说：“有时候会用快递给亲戚朋友寄礼品，如果快递包装是重复利用的，难免脏兮兮的。”

快递公司尝试的包装再利用在消费者面前遇到了阻碍。

而对于大大小小形状不一的纸箱，是否可以反复利用呢?申通快递上海分公司相关负责人说，他们并不支持纸箱反复使用，因为纸箱的张力是一定的，在运送过程中难免经过挤压摩擦，反复使用后，对内部货物的支撑保护力度就不如新的纸箱。而现在纸箱厂生产纸箱没有统一标准，大多按企业要求定制，有的纸箱质量不错，可以用三四次，有的用过一次就难以再成形。一旦用了这样的纸箱，运送中内部货物挤压坏了，需要快递公司来承担责任。

另外，使用用过的纸箱，出于运送安全考虑，快递公司一般会做二次加固，这其中使用的胶带和泡沫无论从成本上还是材料消耗上，都与使用崭新纸箱相差无几，这也是快递公司没有动力向用户力推纸箱再利用的原因之一。

如今，顺丰速递旗下电商品牌“顺丰优选”回收包装纸箱的工作已经逐渐停止。“回收纸箱不需要花多少钱，但人力投入太大。”一位业内人士认为，快递公司对包装纸箱、包装袋的重复使用率是非常低的，包装袋一撕即破，包装箱拆封后也很难保存完好。

全峰快递也曾计划过回收纸质信封。当客户凑够10个信封，全峰快递就会回收，并支付给客户一定费用或兑换礼物等。但信封上的运单较难清洁，企业客户考虑到隐私或公司机密，往往将信封粉碎当废纸卖。

在采访中，几家快递公司负责人表示，快递行业包装再次循环利用正是眼下行业节能减排亟须探讨解决的课题，有的公司已经在包装上打印上了明显的循环利用标志，但收效并不明显。一些快递公司认为，市场用户的观念转变也是快递包装再利用的关键一环。

快递行业的业内人士也表示，快递包装回收难也跟我国快递包装五花八门有关。目前包装纸箱没有统一标准，各快递公司的纸箱也都印着自家标识；重复利用的纸箱在运输过程中容易破损；回收需要消费者配合，这一环节进展相对较慢。快递包装回收举措还需要深入的调研、思考，形成更为细化的方案。

### 4 电商试水包装再利用进展如何

发起纸箱回收活动，并尝试采用新型环保包装材料，取得一定效果。

据了解，为了彰显自家商品比较高档，现在不少卖家更愿意用纸箱来打包商品，诸如“1号店”、凡客诚品、卓越、亚马逊等电商网站，更是以纸箱质量优越著称。“扔之可惜，留之无用”，因此成了不少买家头疼的问题。那么，除了卖给废品回收站，还有什么好办法呢?

对此，不少网友也呼吁，希望电商能开通“纸箱当面回收”的服务。

“扔掉了好几个网购送货的纸箱，因为每个都很新，所以很心疼。如果几家电商能开通回收服务，相信会有很多人配合，也能减少一点浪费。”有网友建议在回收纸箱的同时，也能给一些小鼓励，如回收纸箱送积分等。

一些电商也开始有所行动。总部设在上海的电商“1号店”在上海、北京、天津等国内近20个城市启动了“1起环保·纸箱回收”活动，每回收一个纸箱，可获赠“1号店”50积分，积分可用于换购商品、参与抽奖、换抵扣券等。

据记者了解，2014年1—9月，“1号店”总计回收纸箱246万余个，月均回收27万余个。从全面启动的7月开始，月均回收数量已超过34万个，环比上半年增长逾41.8%。而最新统计显示，9月收到纸箱40.8万个，单个订单的回收率超过20%，纸箱数量环比增长17.3%、回收率环比增长19.3%。

此外，也有电商采用新型环保包装材料等方式，尝试对包装耗材再利用。

大多数电商使用的填充物多为泡沫塑料或气泡袋，不仅成本高，而且极不环保。2014年6月，当当网新环保包装袋在福建省福州市仓库启用，这种包装袋是以玉米淀粉为主料的淀粉基塑料，在土壤中4个月后大部分即可自然降解，目前已应用于图书塑封和包装环节。

透明胶带是快递包装中不可或缺的，一个包装工人1天就可以用掉十几卷，但透明胶带也是全球公认的白色垃圾。淘宝网上一个在线零售商投入500万元，采购了一种全新的快递包装箱，这种纸箱上没有任何胶带缠绕，直接撕开纸箱表面的“拉链”，即可无障碍开箱取出商品。

中粮“我买网”营销总监尚炎介绍说，“我买网”一直使用可回收的纸箱作为配送包装，“我们去年消耗的纸箱超过了上千万个，早在2012年我们就开始了配送纸箱回收的活动，配送员在送货时会主动询问消费者需不需要纸箱回收。到现在为止，回收的纸箱已经达到了数百万个。”

尚炎说，为了让消费者养成良好的习惯，他们会在收回纸箱的同时给消费者一些小优惠，比如说小赠品或优惠券，消费者就会对环保纸箱回收工作非常配合和支持。

对于这样的措施，消费者也普遍表示欢迎，上海市民王先生说，以前买完货以后纸箱都当垃圾桶用，现在纸箱回收还能有积分，觉得挺好的。

### 5 如何从根本上解决快递包装污染问题

专家呼吁尽快出台快递业技术标准和规范，并建立回收再利用体系。

对于大量快递包装无法回收造成的资源浪费和环境污染，行业专家又如何看待呢?

环保专家董金狮认为，作为企业，应做到谁生产谁负责回收，如无法做到这一点，则应尽量使用便于回收拆解、易分解的包装材料，“比如胶带不能与纸一起处理，会增加纸回收利用的难度，使用时应尽量减少使用量。”

王跃中则认为，解决包装物的回收再利用问题，政府应该承担更多责任，但强化政府责任，并不是把所有的事都推给政府，行业协会应该有更积极的作为，“比如，强化包装设计师的简约理念、培训包装制造商、尽量使用单一材质，这样可以大大降低回收再利用成本。”

“我们还计划和大的电商平台合作，联合倡导简约包装的理念，让网络商家自觉行动；同时联合邮政部门，培训快递分拣人员，做到最简包装，安全到家。”王跃中说。

靳敏认为，货品包装无可厚非，但是作为一个已经形成极大规模的新兴行业，在行业标准建设上仍存在很大的空白地带。

“货物的包装和运输应该有行业指导规范，对快递业来说，这并不是十分困难的，比如什么样的东西需要什么样的包装应该规范。这样的规范一方面可以对包装做出明确规定，另一方面也可以推动文明的投运行为，有利于寄出方减少包装的使用。”靳敏说。

“以快递业为例，发达国家的邮递业因为有统一的技术规范和标准，根本看不到五花八门的快递包装，分类回收也十分严格。”靳敏强调，应当尽快建立我国的包装废弃物分类回收、循环利用和合理处置体系。

有关环保人士也表示，货物的包装和运输应该有具体的行业指导规范，只有明确规定，才能避免更多的资源浪费。

究竟怎样包装才合理?违规者将受到哪些惩处?回收利用的具体细则是什么?要解决这些问题，还需要深入地调研、思考，需要全社会的共同努力，相信绿色环保必将是快递行业发展的大趋势。

# 复合常见问题的原因判断和解决方法

对于干式复合的一些常见问题，诸多的业界专家在很多的刊物和技术交流会上都有详尽的讨论，业界同人都受益匪浅。以下是笔者在工作过程中遇到的、软包装企业咨询频率较高的一些问题，在这里分析一下其主要原因及如何预防这些问题发生，希望对软包装企业及操作者有所裨益。

## 1 袋子表面起皱

袋子表面起皱通常出现在油墨处，分为熟化后马上起皱、热封后起皱、热封后放置一段时间起皱、水煮蒸煮后起皱等。这里对诸多原因不再赘述，只提醒大家关注油墨对固化剂的消耗。由于无苯无酮油墨和一体化油墨的使用普及，此种问题在很多的软包装企业出现，究其原因是这类油墨的连接料通常是聚氨酯体系的，溶剂组合中也有醇类，容易消耗胶水的固化剂而导致胶水不干。如果胶水不干就会出现袋子表面起皱的问题，现象不同只是胶水不干的程度不同而已，其根本原因还是相同的。

解决方法：最好在印刷油墨中加入硬化剂，具体添加量可与油墨生产厂家沟通。如果印刷时不加硬化剂，也可以在配胶时多加一些固化剂，根据以往的经验添加量应该不少于 20%。但是在最近的工作中发现某些油墨的印刷膜在配胶时多加了 50% 的固化剂胶水仍未干透，故软包装企业在换用油墨或胶水时一定要通过试验来验证这两种材料的匹配性。

## 2 溶剂残留过高

溶剂残留问题在食品包装上已经得到足够的重视，其产生的原因也有很多，这里只讨论设备的因素。多数的溶剂残留问题是印刷机和复合机的烘道的干燥温度、风速及风压调整不当所致，温度高、风速低，以及烘道口的风向形成正压都会造成溶剂残留偏高。

解决方法：首先保证烘道内封嘴出口有足够大的风速，然后将烘道进口和出口都调整成负压的状态，也就是烘道进出口处的气流是向烘道内流动的。特别要注意的是，很多工厂的室内排风口和设备自带的排风口（如复合机涂胶单元上面的排风口和印刷机组之间的排风口）也连接到了主排风管道上，这就需要很大流量的排风机才能使烘道口的风向形成负压，调整时可以将这些排风口另外安装管道并单独配备排风机，或者也可以将这些排风口堵住。另外，印刷机的干燥温度和复合机第一段的温度都不宜太高，这样可以避免因假干而造成的溶剂残留过高问题。烘道的二次回风尽可能不要使用，尤其是复合机第一段的二次回风最好关闭。

## 3 开口性不好

开口性不好是经常遇到的问题，有时做好的袋子中似乎有水汽一样，即使撑开了也会再粘回去，这个现象除了热封膜本身的问题和熟化温度过高之外，主要原因应该是复合时收卷过紧所致，其原理尚不清楚，望业界同人指点。

解决方法：复合时收卷不要过紧，复合机如果是自动张力，可以将锥度张力设定得略大一些，手动张力每次调整的幅度稍大一点，这样收卷就会松松垮垮，熟化后开口性就不会很差。另外，复合辊的温度偏低一点对提高复合膜的开口性也有帮助。但在采取这两种手段时一定要保证复合膜有较高的初黏力，否则熟化后复合膜容易出现隧道现象。另外，熟化后的复合膜一定要充分冷却后再进行制袋加工。

## 4 复合强度偏低

复合强度偏低的原因非常多，但最常见的还是助剂析出造成的这种现象，这里只讨论热封膜的助剂析出所导致的复合强度偏低。复合膜剥开后如果热封膜的透明度变得很差，表面似有一层雾状的东西，擦掉后透明度又会变得很好，基本就可以认定是助剂析出所致。

解决方法：选用抗助剂的专用胶水，或者也可以将熟化温度提高 5～10℃。因为熟化时助剂析出和胶水反应就像赛跑一样，谁先到达终点谁就胜出，而胶水的反应速度是快过助剂析出的速度的。所以，在助剂到达复合界面之前让胶水完成反应，就可以得到较高的复合强度。同理，胶水完全干透了之后就要停止熟化，降低助剂继续析出的速度。

### 5 卷心出现活褶

复合膜熟化后经常在卷心附近出现活褶，一般在 100~200m 处。这种活褶即使用电熨斗也无法熨平，很是恼人。其原因主要是复合的初黏力太低，因为初黏力太低，膜卷尤其是膜根（卷心）无法收紧，熟化后由于复合膜收缩而造成卷心附近出现活褶。

解决方法是选择初黏力较高的胶水，另外，还可以将烘道的最后一段和复合辊的温度设定得高一些，这样就可以提高复合的初黏力，将膜根收紧，避免复合膜熟化后出现卷心活褶。

## 果蔬保鲜瓦楞纸箱发展潜力广阔

据统计，我国每年腐烂的果蔬超过 800 万吨，居全球首位，造成的经济损失达 750 亿元，占整个行业产值的 30%。如果能使我国果蔬损耗率降低 3%～5%，每年可减少果品损耗 200 多万吨、蔬菜 1000 多万吨。如果得到保鲜处理的果蔬占到总产量的 15%~20%，全国果蔬产值可增加 120 亿~160 亿元。保鲜包装作为果蔬保鲜的重要手段之一，成为果蔬产业链的重要环节。

由于瓦楞纸箱具有轻质、抗压、耐戳穿、抗撕裂和缓冲、防震、易加工成型等机械性能，良好的装潢印刷适性及能够循环再利用，对环境无污染等优点，因此被认为是果蔬运输包装的首选方式。鉴于人们在果蔬运输过程中对保鲜的要求越来越高，保鲜瓦楞纸箱应运而生。

### 1 果蔬保鲜瓦楞纸箱简介

保持果蔬新鲜的方法是减少失水、抑制生物呼吸和细菌生长，同时除去促使果蔬熟化、老化的乙烯气体。保鲜瓦楞纸箱正是从这些方面入手，通过在瓦楞纸箱内表面涂布或复合其他材料等手段，使瓦楞纸箱具有较高的阻气、防潮等性能，并能在一定程度上吸收内装果蔬释放的乙烯类气体，以达到保鲜目的。

目前，已经得到广泛应用的保鲜瓦楞纸箱主要有以下几种。

（1）具有隔热功能的保鲜瓦楞纸箱，其在传统瓦楞纸箱内表面复合薄膜或铝蒸镀膜，或利用发泡树脂代替瓦楞芯纸，具有优良的隔热性，能防止流通中果蔬自身温度的升高。例如，复合在瓦楞纸箱内表面的铝蒸镀膜能够反射辐射线，可防止瓦楞纸箱内温度上升，同时，它还能吸收乙烯气体，防止水分蒸发，具有良好的保鲜作用。

（2）具有控制气体功能的保鲜瓦楞纸箱，在瓦楞纸箱内表面复合一层特殊功能的保鲜膜，或在造纸阶段混入能吸附乙烯气体的多孔质粉末，可有效控制瓦楞纸箱内的气体含量，防止水分蒸发，保持果蔬新鲜。例如，美国一家公司发明了一种具有气调功能的新型瓦楞纸箱，其在瓦楞纸箱内表面复合了一层特制的薄膜，能够吸收氧分子，而让氮气通过。这样，在空气通过薄膜进入瓦楞纸箱后，氧气含量大大降低，而氮气含量可高达 98%以上，从而减缓果蔬的呼吸作用，达到较长时间保鲜的目的。

（3）通过在瓦楞纸板中渗入具有不同保鲜机理的液体成分或在瓦楞纸箱内表面进行不同的涂布处理，从而获得不同保鲜作用的瓦楞纸箱。不同种类的果蔬可以根据需要选择不同的渗入成分，从而达到不同的保鲜功能。涂布处理既可赋予瓦楞纸箱保鲜功能，还不会影响瓦楞纸箱的强度和原有性能，而且处理工艺十分简单。例如，在瓦楞原纸上涂布一层能发出波长 6~14μm 红外线的特种陶瓷粉末，这种粉末在常温下就能发射红外线，不仅能使果蔬中有关分子活化，提高果蔬抵抗微生物侵蚀的能力，而且还能使酶活化，提高果品甜度，广泛用于桃、葡萄、杨梅等果品的保鲜包装。

### 2 新型纳米技术在保鲜瓦楞纸箱中的应用

纳米技术是当前的热门技术，它与瓦楞纸箱生产相结合，可以赋予瓦楞纸箱许多新的功能。现有的保鲜瓦楞纸箱技术和工艺十分复杂，且保鲜包装效果并非十分出色，在包装操作和储运过程中成本相对较高。采用纳米技术后，这些问题都迎刃而解，有力地促进了保鲜瓦楞纸箱的发展。

例如，日本一家造纸公司生产了一种果蔬保鲜瓦楞纸箱，它在瓦楞纸箱的内表面复合了一层聚乙烯薄膜，然后再涂布一层含有微量纳米级果蔬消毒剂的防水蜡涂层，可防止果蔬水分蒸发，并抑制果蔬呼吸，达到保鲜目的。这种保鲜瓦楞纸箱可使果蔬在一个月内保持新鲜。美国新泽西州 Honey-well 公司也推出一系列尼龙纳米复合产品，有效增强了尼龙的氧化屏蔽能力和阻气能力。在尼龙中引入纳米微粒，由于纳米微粒与尼龙分子混合时能使尼龙分子在周围取向，从而改变尼龙的力学和流变性能，形成一种能够阻挡气体分子移动的屏障。其 Aegis NC 产品正是利用纳米微粒的这一特点，有效阻止了 $O_2$ 和 $CO_2$ 的渗透，与普通尼龙 6 相比，其阻隔能力提高了 6 倍。利用这种复合产品作为保鲜瓦楞纸箱的复合层，可使保鲜瓦楞纸箱的阻隔性能得到很大提升。

此外，纳米微粒还可作为吸附乙烯气体的多孔质粉末，如纳米 Ag、$Fe_3O_4$、$Fe_2O_3$、$CO_3O_4$、NiO，以及 Pt、Rh、Ag、Fd 等，都对乙烯氧化具有催化作用，因此，在保鲜瓦楞纸箱中加入这些纳米微粒，便可加速氧化果蔬食品释放出的乙烯气体，从而减少乙烯含量，达到良好的保鲜效果。

总之，发展果蔬保鲜技术可以很大程度上推动我国果蔬业的发展，直接降低农产品的损耗，保证农民的切身利益，并进一步推动中国农业和农村的发展。果蔬保鲜瓦楞纸箱具有广阔的发展潜力，其研究已经成为果蔬保鲜包装的主要方向之一。

# 薄膜印刷前不同方式预处理各有何作用

## 1 等离子体处理

通过放电装置将电离的等离子体中的电子或离子打到承印物表面，一方面，可以打开材料的长分子链，出现高能基团；另一方面，经打击使薄膜表面出现细小的针孔，同时还可使表面杂质离解、重解。电离时放出的臭氧有强氧化性，附着的杂质被氧化而除去，使承印物表面自由能提高，达到改善印刷性能的目的。

## 2 电晕处理

利用高频（中频）高压电源，在放电刀架和刀片的间隙产生一种电晕释放现象，用这种方法对塑料薄膜在印刷前进行表面处理，叫电晕处理，也称电子冲击或电火花处理。其处理作用为：通过放电，使两极之间的氧气电离，产生臭氧，臭氧是一种强氧化剂，可以立即氧化塑料薄膜的表面分子，使其由非极性转化为极性，表面张力得到提高。电子冲击后，使薄膜表面产生微凹密集孔穴，使塑料表面粗化，增大表面活性。

## 3 化学处理

印刷前利用氧化剂对 PP、PE 塑料薄膜的表面进行处理，使其表面生成羟基、羰基等极性集团，同时得到一定程度的粗化，以提高油墨与塑料薄膜的表面结合牢度。

化学处理法是应用较早的一种表面处理法，对于印刷，复合前薄膜的表面处理效果好，使用简便、经济，但需较长的处理时间，影响了生产效率。并且处理液一般都具有化学侵蚀性，造成环境污染及对人体的危害，目前较少采用这种工艺，一般只在不便使用其他处理方法的情况下才采用这种表面处理工艺。

## 4 光化学处理

一般是利用紫外线照射高聚物表面，使其引起化学变化，达到改善表面张力、提高润湿性和黏合性的目的。和电晕处理一样，紫外线照射也能使高聚物表面发生裂解、交联和氧化。

要想得到较好的光化学处理效果，必须选择适当波长的紫外线，例如用波长为 184mm 的紫外线照射聚乙烯表面，能使其表面发生交联，但如改用 2537A 的波长则难有相同的效果。

## 5 火焰处理

适用于小型塑料容器的表面处理，其目的在于用高温使表面去污，并溶化膜层表面，提高表面黏附油墨的性能。

聚烯烃经火焰处理后形成了极性基团，润湿性得以改善，而黏结性的改善则由于极性基团改善了润湿性及产生断链而相对改善。

火焰处理效果较好，无污染，成本低廉，但操作要求严格，如不小心会导致产品变形，使成品报废。目前主要应用于较厚的塑料制品的表面处理。

### 6 防静电处理

塑料薄膜印刷中的静电会给操作带来一系列难题，直接影响印品的产量和质量。例如，在印刷小包装塑料薄膜时，由于静电粘连，薄膜间处于缺氧状态，会阻碍塑料印墨层固化的过程，若遇高温高湿环境，更易形成墨层粘连，轻则使印刷墨色移染，增加印刷、分切、整理等工序的难度，重则薄膜互相粘连，撕不开，造成印品报废。另外，制袋后的储运、存放过程中也会不断放电，既影响热封又影响袋内实物与空间层次的透明度。在印刷大幅面薄膜时，因为生成的静电多，在机速高、树脂中未掺有抗静电剂的情况下，很可能引起火灾或爆炸事故。

塑料薄膜的静电形成是由于PE和PP具有优良的介电性能、电阻高、导电性差，薄膜在挤出收卷过程中因摩擦而产生静电，在印刷过程中使静电进一步产生和积累，并不易释放，使薄膜表面聚积大量的静电荷。印刷薄膜收卷后，薄膜与薄膜之间紧紧地卷在一起，使电荷不利于排斥而利于吸引，造成黏合。

## 包装机械跨入电商新阶段

近几年，随着食品和包装机械企业的不断努力，食品和包装机械行业进入了一个新的发展阶段。然而，随着新阶段的出现，相应的问题也将逐步显示出来。就目前而言，食品和包装机械需要突破的就是发展渠道过于单一和发展模式过于传统这两个问题，这两个问题将在电子商务的普遍应用中愈显严峻。

### 1 目前发展现状

食品和包装机械行业是为食品工业提供技术装备的重要产业，对食品工业的发展起着举足轻重的作用。食品和包装机械肩负着推进农产品增值、农民增收和食品工业产业升级的重要使命，其市场竞争将日趋激烈。随着中国食品工业的蓬勃发展，食品和包装机械的生产和销量也随着上升。

食品和包装机械主要包括饮料机械、面食机械、烘焙机械、干燥设备、灌装机械等几种类型，每种类型下有10余种，食品和包装机械种类繁多，能适应多种工作需求，这也是食品和包装机械迅速发展的首要条件。

据统计，中国食品加工机械企业多达45万家，目前国内从事包装机械生产研发的企业有7000多家，但是大多数企业都是一些竞争实力不强的中小型企业，这样的企业一般都是走传统的发展道路，很难赢得大的发展。

没有电子商务的利用，不仅加大了企业的运作成本，压缩了利润空间，并且十分不利于客户和企业之间的产品流通，从而限制了企业的发展速度。由此可见，在现代的电商环境下，包装机械想要赢得大的市场，有较好的发展空间，就应顺应电商时代的发展，积极地迎合电商，努力适应电商。

### 2 融入电商开拓市场

众所周知，每一个行业在不同发展阶段都有相应的问题存在，而目前包装机械行业的主要问题就是发展渠道和模式。传统的靠挖掘线下客户来发展的模式严重影响了行业的发展速度，不过随着电子商务时代的到来，很多传统企业在努力地适应电商、应用电商。包装机械的电商化即将到来。

电子商务的出现整合了传统及现在发展渠道的双重优势，不仅有助于包装机械企业降低生产成本，扩宽销售渠道，从而顺利地开辟出更加广阔的市场发展空间，还可以让企业和客户之间实现无地域性限制、时间限制的交易，从而繁荣该行业的发展。

中国的食品机械行业多为小型企业，品牌塑造意识不强，通过低价吸引买家的路子是行不通的，只有打造优质品牌，产品质量可靠，才能带给企业更大的经济利益。

网络的信息是海量的，通过中国食品机械设备网的电子商务模式做交易已经让越来越多的传统行业尝到了甜头。网上先简要了解厂家及产品的情况，分析比较后再进行详细了解，省却了买家很多时间和精力。越来越多的买家感叹，网上采购让交易更便捷。

### 3 未来电商化趋势更明显

未来，电子商务是更佳的商务方式，包装规格、投标、设计、合约签订、操作手册等都可以自动传输。互联网这一强大科技能给全球食品和包装机械市场带来巨大的商机。可以通过网络完成核心业务，改善售后服务，缩短周转周期，从有限的资源中获得更大的收益，从而达到销售商品的目的。

电子商务在包装机械营销中的作用主要表现在

有利于开拓国际市场，建立24小时服务，得到客户反馈信息。世界已进入信息时代，竞争呈现出高速度、高强度、全方位的态势，实施电子商务是中国也是其他国家食品和包装机械企业开拓国际市场的必然趋势。

如今，电子商务渠道作为食品和包装机械发展的新渠道，意味着行业正朝着信息化、网络化时代进步，这是未来社会的发展主题，也是一个必然趋势，迎合社会发展的主题，必将有一个美好的未来。

## 绿色包装风浪中扭结包装应用材料受关注

随着材料科学的不断发展及人们对食品包装安全、环境安全等认识的不断提高和重视，扭结包装从材料到外形等也得到了不断发展和提高，然而如何将其更好地应用并发挥其最大的作用，还需要我们更深入地去探讨研究。

扭结包装主要应用于糖果、巧克力、果脯、牛肉干等食品的包装，此类包装方式起始于19世纪初期的英国伦敦，当时伦敦的糖果店使用纸张包装糖果，后来糖果生产商逐渐使用带有剪裁边或者花边的包装纸将糖果扭结包装。至今扭结包装仍然保持了雅致和易于使用的优点，同时它还能保护糖果防潮湿、阻氧及防各种其他污染物。

最初用于扭结包装的材料是纸类，后来透明的赛璐玢玻璃纸出现后代替纸的扭结包装，再后来各种塑料基材的扭结膜相继被开发出来，如聚乙烯（HDPE）扭结膜、聚氯乙烯（PVC）扭结膜、流延聚丙烯（CPP）扭结膜、聚酯（PET）扭结膜等。

赛璐玢玻璃纸自从20世纪20年代被研制出来后，以其优异的扭结性、极好的透明性，被长期广泛地应用在扭结包装，但其防湿性差，易燃，污染较严重，到80年代硬质聚氯乙烯扭结膜出现后其应用受到极大影响，基本被硬质聚氯乙烯扭结膜取代。

硬质聚氯乙烯扭结膜具有优异的扭结性、透明性、防潮性及均衡的纵横向性能等，在初期得到广泛使用。

由于聚氯乙烯内含有一些有毒添加剂和增塑剂，可能渗出或气化；部分添加剂会干扰人体内分泌，部分可增加致癌风险；焚化聚氯乙烯垃圾会产生致癌的二噁英而污染大气等原因，目前在欧洲、美国、日本、韩国及中国台湾等地区聚氯乙烯扭结薄膜已被聚酯扭结薄膜取代。而在亚洲、非洲、南美洲等地区，聚氯乙烯薄膜对环境的影响被忽视了，现在仍然将其用于扭结包装。

## 药品包装用复合膜材料中的溶剂残留和检验规定

河北省医疗器械与药品包装材料检验研究院　杨光

药品包装材料是指用于制造包装容器、包装装潢、包装印刷、包装运输等满足药物产品包装要求所使用的材料，既包括金属、塑料、玻璃、陶瓷、纸、天然纤维、化学纤维、复合材料等主要包装材料，也包括涂料、黏合剂、捆扎带、装潢、印刷材料等辅助材料。药品包装材料分类目录由国家食品药品监督管理局制定、公布。《药品管理法》对直接接触药品的包装材料有明确规定。

我国《药品管理法》第五十二条规定：直接接触药品的包装材料和容器，必须符合药用要求，符合保障人体健康、安全的标准，并由药品监督管理部门在审批药品时一并审批。

Ⅰ类药包材指直接接触药品且直接使用的药品包装用材料、容器。

Ⅱ类药包材指直接接触药品，但便于清洗，在实际使用过程中，经清洗后需要并可以消毒灭菌的药品包装用材料、容器。

Ⅲ类药包材指Ⅰ、Ⅱ类以外其他可能直接影响药品质量的药品包装用材料、容器。

为了符合有些药品理化性质对包装和储存的特殊要求，有的包装材料需多种材料复合而成，分别承担避光、阻潮的作用，确保药品名称和使用标识的清晰。药品包装用复合膜生产过程中的油墨印刷、多层膜用黏合剂复合、涂布工序中使用了大量的有机溶剂，如苯甲苯、二甲苯、乙苯、乙酸乙酯、丁酮、乙酸丁酯、乙醇、异丙醇等。在用于包装的成品复合膜袋中，这些溶剂或多或少地残留在复合包装材料中，若含有较高残留溶剂的包装材料用来包装药品等，由于包装材料在存放过程中外表面与内表面直接接触，会造成材料中的残留溶剂等有害物质迁移到内表面，最终污染药品。这些主要来源于药品包装复合膜生产、印刷过程中使用的材料中残留溶剂如超出限量，将会影响药品质量，危害人们的身体健康。

我国对药品中溶剂残留进行了严格和详细的规定，要求药品生产商有责任确保终产品中的任何一种残留溶剂对人体无害。药品中的残留溶剂又称有机挥发性杂质，即可能在原料药物、辅料和药品生产过程中使用和产生的有机挥发性化学物质，药品还可被来自包装、运输、仓储中的有机溶剂污染。

药品的残留溶剂基本可分为四类：第一类溶剂应避免使用。该类溶剂是指人体致癌物、疑为人体致癌物或环境危害物的有机溶剂。因其具有不可接受的毒性或对环境造成公害，在原料药、辅料及制剂生产中应该避免使用。如果工艺中不可避免地使用了第一类溶剂，则需要严格控制残留量，包括苯、四氯化碳、二氯乙烷、三氯乙烷等。第二类溶剂是指有非遗传毒性致癌（动物实验），或可能导致其他不可逆毒性（如神经毒性或致畸性），或可能具有其他严重的但可逆毒性的有机溶剂。此类溶剂具有一定的毒性，但和第一类溶剂相比毒性较小，建议限制使用，以防止对病人有潜在的不良影响，包括氯仿、正已烷、氯苯、甲苯、二甲苯、甲醇等。第三类溶剂是 GMP 或其他质量要求限制使用，是指对人体低毒的溶剂。基因毒性研究结果呈阴性，但尚无这些溶剂的长期毒性或致癌性的数据，残留溶剂的量不高于 0.5%是可接受的，但高于此值则须证明其合理性。这类溶剂包括：乙醚、丙酮、苯甲醚、乙酸丁酯、乙酸异丙酯、乙酸乙酯、甲酸乙酯、乙酸异丁酯、乙酸甲酯、乙酸丙酯等。第四类溶剂是尚无足够毒性资料的溶剂，随着对这类溶剂毒理学等研究的逐步深入，将根据研究结果对其进行进一步的归类。由药品生产需控制的溶剂可见，许多都在生产复合膜包装材料中使用。

复合膜中溶剂残余量的大小与所使用的溶剂种类、含水量、所使用的薄膜基材的性质、黏合剂的性质、油墨的印刷面积，以及烘干的温度、风量、生产速度等都有关。目前，毒性较大的溶剂（如苯类）对人体危害很大，故目前印刷油墨和涂料有向无苯化、水性化及无溶剂化转化的趋势，而黏合剂又有由脂溶性（用脂类溶剂）黏合剂向醇溶性黏合剂、水溶性黏合剂和无溶剂黏合剂等过渡的趋势。所以，包括我国在内的世界上大部分国家对于在药品包装用复合膜印刷生产过程中使用了有机溶剂的复合膜，均检测其残留在复合膜中的苯类溶剂及其他溶剂总量含量。

欧美发达国家对包装材料中残留溶剂要求较高，一般要求复合膜溶剂总量小于 $2mg/m^2$。一些国家普遍要求总溶剂残留量低于 $5mg/m^2$ 并标明某种溶剂的残留量。

在 2002 年我国修订的《YBB00132002 药品包装用复合膜、袋通则（试行）》中首次提出苯类溶剂残留量必须小于 $3mg/m^2$，国内药品包装材料复合膜袋的生产和检验现在一般都参照此指标进行生产质量控制和注册及监督检验。虽然现在复合膜类药品包装材料产品注册的标准依然按此标准进行，但随着日益严格的有关健康关注的要求，最近有关部门又准备再次修订相关的标准，要求苯类溶剂不得检出，同时出具报告时必须标出最低检出限，但还未正式发布。不过有些地方已经按照此要求进行注册检验，这也是一个过渡，要求企业的生产要逐步降低含苯类溶剂的使用直到最后不使用。这就给相关生产此类产品的企业提出了更加严格的要求。

由于已有不成文的规定，并且也是此类产品严格要求的趋势，所以有企业为了尽快适应新规并赢得市场，已开始使用较少含苯类的溶剂或不含苯类的溶剂，这在日常注册检验或监督检验中可以看出来，按现有标准检测，有的企业使用的溶剂中苯类含量已明显减少，有的则检测不出。同时有企业为了提高竞争力，制定新的企业生产标准，自行提高有关溶剂残留量的要求，其标准高于现有的行业检测标准。不过在企业注册过程中也发现，有的企业由于自身问题，常常在自检后认为合格，在注册过程中却发现仍含有苯类溶剂，经调查和询问可知：一是购买溶剂时对方提供的对苯类检出限制定得低的原因；二是企业本身的检测用设备精密度不够或使用时检测条件不合理造成的。所以，企业不仅要提高标准要求，也应尽快提高自身的检测设备精度和检验能力，这样才会提高生产企业的综合水平，以适应越来越严格的标准和市场要求。

药品包装的目的是使药品保持卫生，防止直接污染。因此，随着更便捷的塑料包装在药品领域的使用，也应关注药品包装上的化学物质一旦发生迁移可能对消费者带来的健康威胁。如果出现这种情况，不仅会影响药品的理化性质，还可能降低效用，若摄入有关规定禁止的化学物质，甚至可能有损身体健康。这些问题都可能引起一系列后续反应，既对制药企业造成市场影响，也对患者身体健康造成本可避免的损害。只有确保所有药品包装符合行业监管要求，制药企业才能保证产品的安全性。

我国已在《医药工业十二五发展规划》中指出，要加强新型药用辅料、包装材料的开发和应用，提高药品质量，改善药品性能，保障用药安全；并且会逐步开展药用包装材料和药品的相容性研究及安全性评价，更新和提高药用包装材料的评价程序和方法，保证药用包装材料的安全和有效。

# 立式袋、可再封袋成为糖果包装的新趋势

在 PMMI（美国包装机械制造协会）的研究报告中，立式袋被认为是增长最快的包装类型之一。立式袋的频繁使用，对分量控制的需求、分享式包装的日益普及，推动了糖果和糕点类产品的发展。

## 1 可立式袋包装

现在有很多新的包装形式，其中立式包装袋随处可见。从便利店到药店，再到仓储式商店，对于零售糖果货架来说，这都是一个大的趋势。

由于立式袋包装的易用性，消费者对其非常喜爱。对于打开或拆开糖果而言，立式袋是家庭使用中的完美解决方案，可再封性消除了将糖果转移到另一容器的麻烦。

“零售商为立式袋提供了更多的空间”，Just Born Quality Confections 公司事务部副总裁 Matt Pye 说。今年早些时候 Just Born 推出了可再封立式袋装 Peeps Minis，该包装袋由金属复合材料制成。

Just Born 为其产品选择了一种立式袋，有助于将其定位于日常产品，而不是复活节、万圣节或其他以糖果为中心的假期的特定商品。

“Peeps Minis 是一种全新产品。它们采用立式袋包装，同所有小型流行一口装产品共同位于日常糖果过道上……在糖果行业中，立式袋和一口装小尺寸产品增长最快。”Pye 说。

## 2 可再封袋包装

分量控制、易于分享和外出食用零食都推动了可再封、多用途袋装糖果的普及。

可再封包装便于消费者“计数或控制他们食用的糖果数量”。Hershey 公司战略通信部的高级经理 Allison Kleinfelter 说，“你可以仅享用几块糖果，然后重新密封。”

早在一个世纪以前，Hershey 就以其“好时之吻”率先提出了尝鲜概念，其可再封袋是“完成分量控制欲望的一种现代方式，”Kleinfelter 说。

该公司为其多种“Minis”及“Pieces”产品提供了立式袋；最近推出的一款是 York Minis，装在一个 8 盎司的可再封袋中。Hershey 的可再封立式袋平面设计的标准元素之一是其包装正面与可再封拉锁相邻的“Pour’em.Pop’em.Seal’em.”标语。

Pye 说：“可再封袋还提供了共享性、小分量和可携带性。对于现在的消费者而言，这些都是大的流行趋势。”

为了鼓励共享，Ghirardelli 巧克力公司最近推出了独立包装的立式袋 Ghirardelli Minis，其在包装正上方印有“分享一块儿”的标语。与其他糖果的立式包装不同，Ghirardelli Squares 包装袋是不可再封的。

Hershey 已经观察到了糖果共享与所有尺寸的可再封包装在所有年龄段消费者之间的发展趋势。小包装可能仅供两位消费者共享，但一些“大包装却能让他们在聚会时、观看电影时共享，”Kleinfelter 说。

“消费者非常赞同食品和饮料方面的共享经历的概念。”她补充道，“因为在文化上，食物就是这样一个共享的经历，事实上，制造商如今提供的这些形式真正全面地在大家之间产生了共鸣。”

# 如何保证真空包装机良好的抽气效果

产品进行收缩包装时必须对包装膜内的空气进行抽空，使被包装产品内达到真空状态，这样有利于商品的长期保存。但有时真空包装机如果产生一些故障或者操作不当等也容易造成抽气效果不佳，值得引起重视。

真空包装机采用真空包装膜对产品进行真空包装，所以对于真空包装膜的质量控制尤为关键。首先，必须采用质量合格并且具有一定厚度的真空包装膜，在使用前的保存过程和使用中的包装过程中，都要保证真空包装膜不发生破损而造成漏气。其次，要保证食品真空包装机对产品进行包装时有充分的抽气时间，从而保证能将包装膜内的空气充分抽空，保证内部的真空度。封口控制时间未到不能过早进行封口，以避免包装膜内残留空气的存在。封口的质量要有保证，封口要充分密实封闭，以避免漏气现象的产生而影响真空包装膜内的真空度。真空包装机内部的核心部分是真空泵，工作时间一长，灰尘、脏物等就容易进入真空泵，使得被包装产品粘上灰尘、脏物，此时就必须将真空泵换油。经常更换油，能增强小型真空包装机的抽气效果。还要注意对真空包装机内部压力气囊的保护，防止其产生破裂，而不能达到良好的抽气效果。

# 四条瓦楞纸箱印刷技巧

目前，包装纸箱印刷蓬勃发展，客户对产品质量的要求也越来越高，如何提高纸箱的印刷质量，成了企业不断追求的目标。下面分享纸箱精美印刷工艺中的一些重要技巧。

## 1 低克度面纸的柔印技巧

用低克度原纸做瓦楞纸板面纸时，会出现瓦楞纸板表面露瓦楞痕迹的问题，容易引起显楞和在楞的低凹处印不出所需的图文内容。针对露楞造成的瓦楞纸板表面不平整，应选用回弹性较好的柔性树脂版做印版，来克服印刷不清晰和露底的缺陷。尤其是用低克度纸生产出来的A型瓦楞纸板，经印刷机印刷会使瓦楞纸板的平压强度受到较大损伤，另外，瓦楞纸板经过印刷辊和压印辊后，其边压强度也会有较大损伤。

如果瓦楞纸板的面里克度相差太大，还容易导致瓦楞纸板线生产出的瓦楞纸板出现翘曲。翘曲纸板对印刷会产生套印不准和印刷开槽走规现象，因此对翘曲纸板应采取压平后再印。如果强行印刷不平整的瓦楞纸板容易引起走规，也会引起瓦楞纸板的厚度下降。

## 2 纸箱同批印刷色差故障排除技巧

在一次生产中，四色机印刷过程中出现了印品单张套色准确，但整批印品规格不一致的问题，致使后加工无法进行。问题原因分析如下。

（1）前规高度定位不合适。在前规定位时，一般将3张所印纸张叠加在一起塞到前规底下，以抽动时有前规压纸的感觉，且纸张能抽动自如为准。前规高了或低了都会造成纸张定位不准确，印刷后产品的规格当然也就不一致。

（2）侧规定位不准确，包括侧规压纸板的高度和拉纸滚的拉力两个方面。如果压纸板的高度和拉纸滚的拉力不合适，拉纸时不是拉不到位，就是拉过了头，造成纸张侧规定位不准确。一般情况下，侧规压纸板的高度应为所印纸张厚度的3倍，侧规拉纸距离以5～8mm为宜。

## 3 纸箱印刷压力的调整技巧

印刷压力的调整以油墨均匀适中、墨迹清晰、瓦棱面无凹陷、平整不变形为宜。

压力一旦确定，不要随便调整。印刷着墨压力是网纹辊与印版之间的压力，它的主要功能就是将网纹辊的油墨均匀地传给印版。在实际操作中，印版着墨压力对印刷质量的影响是十分重要的，如果着墨压力过重，印版容易嵌墨，影响产品质量的同时也影响印版的耐印率；如果着墨压力过轻，印版不上墨，则无法印刷。因此在印刷过程中应注意调节，保证印刷能顺利进行。

## 4 不同平滑度的箱板纸的柔印技巧

在表面粗糙、结构疏松的原纸上印刷，其油墨的渗透性大，印刷墨迹干燥快，而在表面平滑度高、纤维质密坚韧的纸上印刷，其墨迹的干燥速度慢。因此在较粗糙的纸张上，应加大施墨量，在表面平滑的纸张上应减少施墨量。在没有施胶的纸上印刷墨迹干燥快，而在经过施胶的纸上印刷墨迹干燥慢，但印刷图案的再现性好。如涂布白板纸因吸墨性比箱板纸、茶板纸小，墨迹干燥慢，而平滑度又比箱板纸、挂面纸、茶板纸高，因此，在其上面印刷细小网点的分辨率也高，其图案的再现性也比挂面纸、箱板纸、茶板纸要好。

# 网购包装与传统包装的差异及存在的问题

河南科技大学　姜玉　吴艳叶　霍银磊

**摘要：**针对网络购物的流行，网购包装的出现，分析网购包装与传统包装存在的差异。方法：从包装设计、包装材料及流通过程中的装卸搬运、运输、储存环节分析了网购包装与传统包装的差异。通过分析网购模式下商品包装的变化，指出了目前网购包装所存在的问题及对策，为今后网购包装的研究及有序发展提供参考。

**关键词：**网购　商品包装　包装变化　流通环境

随着互联网的普及及人们消费方式的改变，网络购物已经成为现今商业消费的基本方式之一。网购包装是通过第三方物流即快递公司来实现的，不论是哪个快递公司，产品流通中的安全问题都要靠包装来完成。由于网购商品一般都是单件的货物进行运输，和传统的大宗货运方式下的销售包装和运输包装不同，网络购物包装强调对某个产品的保护性能和个性的同时还要能带给消费者贴心体验，因此在网购模式下，传统的商品包装就会发生一定的变化。本文针对目前网购快递包装的现状，从商品包装设计、包装材料和运输方式分析传统包装所发生的变化。

## 1 流通方式的变化

在网络市场中，传统的物流方式发生了较大的变化，因此也对包装的保护功能提出了新的要求，传统的销售方式中，由生产商到批发商再到零售商之间的物流过程较长，主要是同种类产品批量运输，生产商通过将大批量的产品进行堆码，然后增加外包装盒等方式加强包装的保护功能，零售商与客户往往在同一地区，由零售商到客户之间的距离不远，单件商品包装的保护功能比较容易实现。

但在网络销售中，零售商和客户之间的空间距离被拉长，单件商品的长途运输成为货物送达客户手中的重要方式，而这一功能的实现就由零售商选择的快递公司来完成。快递公司运输的大量不同种类的货物，一般都要经过多次的分拣、装卸过程，因此对包装的保护功能来说是一次严峻的考验，货物送达客户手中能否完好会影响客户对零售商提供的货物和服务的满意度甚至整个交易过程。

## 2 包装设计的变化

众所周知，包装是生产的最后一道工序，同时也是物流的起点，无论是购物形式、商品展示形态，还是顾客购买行为，网上购物与实体店购物都大相径庭，网购商品和实体店商品的包装设计也有很大不同。传统包装和网购包装的设计方向不同，并且两者的陈列展示设计也不相同。传统包装设计在保证保护性能的前提下，主要以包装的促销功能为方向。通常在商场、超市购物时，看到的都是货架上展示的具有包装形态的商品。消费者根据自己的喜好决定购买与否。在网购中，所售商品图片被卖家展示在店铺里，消费者通过详尽的文字以及细节全面的图片获知商品的相关信息，网购中消费者关注的是商品自身的实用功能，对其包装的要求只限于能够保证商品的安全到家。因此，网络商品的包装设计重点在于网上的商品展示设计，而对用于运输的外包装的设计则很少过问。

不一样的购物平台，有着不同的流通环境和流通方式，这也就意味着网购商品的包装要有新的革新。商场购物的时候对商品包装的可展示性会有一定的要求，而网购时消费者选中一个产品，通过卖家附上的相关信息来了解产品，不会关心商品的包装是否精美，但是更加关注产品到达手中是否完好，因此网购模式下，消费者更注重流通过程中的安全性。

## 3 包装材料的变化

网购的商品包装要能够保证商品经过长途跋涉后完好无损地抵达买家的手中，因此，网购包装中除了商品的原始包装外，会根据快件商品尺寸、重量和特性选择适宜的外包装及填充物。网购包装中所用填充物一般为废旧报纸、珍珠棉、气泡膜、充气袋等，以固定商品使其免受流通过程中冲击、振动等影响；根据产品的类型不同，快递外包装使用防水塑料袋、瓦楞纸盒（箱）居多。防水塑料袋所用的材料一般是聚乙烯，内表面为黑色，具有遮光效果，厚度基本在0.06~0.08mm，比国家实施的“限塑令”中厚度小于0.025mm的超薄塑料购物袋厚很多。这些价格低廉的塑料袋多数不能降解或者降解周期很长，并且目前还没有专门的机构来处理这些袋子。网购包装与传统包装相比增加了包装材料的使用量，从而会产生更多的包装垃圾，给环境带来压力。在2014年的“双11”，由于快递包装陡增，各个城市和小区的包装垃圾增加很多，而且这些包装垃圾大多数都是塑料制品，不能回收利用，所以快递的过度包装不仅给保洁人员增加很多工作量，也给环境带来很多危害。

## 4 网购包装存在的问题及对策

网络购物快速发展，在给人们生活带来便利的同时，也存在一些亟待解决的问题。

（1）网购商品过度包装现象严重。为了能够安全送达消费者手中，网购商品的包装里三层外三层裹得严严实实，就像被层层包裹的粽子，易碎商品更是如此。当顾客从快递员手中接到包装物时，总是刀子、剪子一起上，层层“剥皮”。当取出商品时，废弃的包装物堆成一大堆。这种状况并非只在中国，这是一个世界性的普遍现象。过度包装增加了产品的重量、体积，增加了运输压力，而包装材料消耗了大量的自然资源，危害了生态环境，同时，包装废弃物还是城市垃圾的重要组成部分，处理这些废弃物要花费大量人力、物力和财力。所以为了避免这种现象，商家要尽量用最小的体积、最少的材料、最方便的运输形式来对产品进行适度包装。

（2）网购商品包装保护性差。网购商品包装需要物流的支持才能完成整个过程。然而物流过程中，商品要经过多次分拣、装卸等操作，这期间可能会遇到快递工作人员的暴力分拣、踩踏、乱扔包装物等，因此货物丢失现象时有发生，某些商品因包装不足或包装不当也会使商品受到损坏。另外，快递包装对信息的保护不够严密。快递运单上面注有买卖双方的姓名、收货地址和联系方式等信息，而每天都有大量附有个人信息的物流包裹运送到全国各地，这无疑是个人信息泄露的隐患。一方面，很多买家在签收之后会直接拿出货物，然后随手将物流包装盒或袋丢弃，而贴着个人信息的包装盒在无形之中就造成了个人信息的泄露；另一方面，快递员在让买家签收快递单的同时，自己也会留有一份备用。某些素质低下的快递员会将留存的快递运单做买卖交易，供给淘宝商家刷信誉，这就严重侵犯了消费者的个人隐私。

（3）网购商品包装循环使用有待解决。网络购物如此盛行，但网购的包装循环使用却有待解决。通过调查发现，消费者收到快递的纸箱，大部分封口十分随意，采用PVC胶带缠绕一圈，然而这种封口的包装往往数量巨大。据网上数据显示，近几年我国收发快递总件数每年都在48亿件左右，如果按照每件快递使用1m长的胶带计算，我国快递业每年用掉的PVC胶带足够沿赤道绕地球120圈，它们埋在土里100年都不会降解。另外，所用外包装袋如常见的深灰色尼龙包装、外白内黑塑料袋多数不能降解，并且目前还没有专门的机构来处理这些袋子。因此，对环境造成极大的白色污染。同时，完整包装箱的低价回收、再利用很难迅速实现，且用回收的包装满足所有消费者的购买欲望也成问题。因此，在绿色环保观念渐入人心的今天，网购商品的包装需要所有人的积极参与，大力发展绿色包装。

在当今的信息化时代，网络购物已成为一种流行的消费方式，面对网络购物中各种商品的特殊性和消费者购买意图的个性化需求，网络购物中商品的包装形式正在提出更加合理和人性化的诉求。包装业有必要针对网络市场的特点和人们的心理需求对其进行改进，设计出适合网购的快递包装。同时，在当今全球环境日益恶化、资源日趋匮乏的背景下，网购商品的包装也必须要符合绿色环保的要求，大力发展绿色包装。

**参考文献**

[1]李查燕,王全权.基于网购产品生态包装研究[J].现代商贸工业,2012（14）:160-161.

[2]李征.网络经济中消费者心理需求与包装设计的新趋势[J].作家杂志,2010（3）:247-248.

[3]党春涛.从“限塑令”到发展绿色包装的思考[J].甘肃科技纵横，2010（2）:82-83.

[4]陈抗.网购快递业发展难题与对策[J].物流科技，2011（11）:121-123.

# 新型绿色蜂窝纸板与纸浆模塑技术及应用

当今世界，环保是人类生存与发展中的关键问题之一。而包装所带来的环境污染和资源浪费的问题已引起世界各国的高度重视。因此，绿色包装无疑成为国际包装的主流发展方向。目前，欧盟各国对木质托盘、木质包装箱、EPS 发泡塑料、黏合剂、印刷油墨、涂料等包装材料、辅料及其包装废弃物都有严格的限制和规定，这对我国的商品出口构成了直接障碍。因此，作为新型绿色纸包装的蜂窝纸板和纸浆模塑，既能满足节省资源、保护生态环境的要求，又符合国际包装发展趋势。

## 1 蜂窝纸板

（1）蜂窝纸板概述。

蜂窝纸板是根据自然界蜂巢的结构原理制作的。它采用再生纸黏合成许多均匀分布排列的六边形日染蜂窝状，然后再上下连绵黏合不同材料的再生纸，经过烘干、固化而成的一种新型环保材料。

蜂窝纸板的结构为上下 2 层面纸，中间为蜂窝状的芯纸，用胶黏剂黏合成 3 层结构。蜂窝纸板的厚度变化主要靠改变蜂窝芯纸的厚度来实现，其厚度一般在 5~90mm 变化，也可根据要求的强度，改变蜂窝纸芯的柱孔尺寸。

蜂窝纸板因其具有用途广泛、强度高、承重大、弹性好、节约原料、成本低、质量小、可回收等特点，能满足电子、电器等物品的包装需要，尤其适合较重的家电、机电产品、陶瓷制品等工业产品的缓冲包装。蜂窝纸板可制作成蜂窝托盘、包装箱及包装内衬等形式。同时，蜂窝纸板通过与其他材料复合后，形成新的蜂窝复合材料。蜂窝复合材料是一种新型材料，具有质量轻、强度大、刚度高的特点，并具有缓冲、隔震、保温、隔热和隔音等功能，被广泛应用于建筑业、家具制造、包装和运输业，替代木材、泥土砖和高发泡聚苯乙烯，具有较高的经济价值；同时可回收利用，节约大量的森林资源，保护和改善生态环境，是一种符合环保要求的新型绿色包装材料。

（2）蜂窝纸板在包装中的应用。

①蜂窝纸板包装箱。蜂窝纸板包装箱的蜂窝纸芯上下面分别黏合不同克重的面纸，制成各种形式、规格的包装箱。此种包装箱是易碎、易损、高档商品包装的理想容器，可替代瓦楞纸箱使用。

②蜂窝纸板内衬包装箱。这种包装箱采用在原瓦楞纸箱的内侧面上黏合缓冲性能较好的蜂窝纸板，可增强瓦楞纸箱的防震、抗压、抗戳穿能力，更适用于电子产品、玻璃器皿、仪器仪表、医疗器械等贵重物品的包装。

③蜂窝纸板托盘。这种托盘的铺板和铺梁均采用经固化后的蜂窝纸板，它价格低廉，易于回收，适用于仓储和一次性使用。

④蜂窝纸板复合托盘。蜂窝纸板复合托盘的铺板采用蜂窝纸芯同纤维板复合而成，铺梁采用木梁或固定后的复合芯条，边框用木条固定制作而成。此类托盘承重量大，可重复使用，在一定范围内可代替木托盘、钢制平托盘等，造价仅为钢制托盘的 1/3，采用后可节约资金，取得较好的经济效益。

（3）蜂窝复合板在家具上的应用。

在家具制造上，蜂窝复合材料多是以蜂窝复合板的形式被使用的。蜂窝复合板是由薄型人造板与蜂窝纸芯经施胶、加压黏合而成的复合板材。作为夹层材料，蜂窝纸芯材仅占实心材料的 1%~5%，使用 1t 蜂窝纸复合材料，可以替代使用 30~50$m^3$ 木材。

由于蜂窝复合材料在家具制造中替代木材，大幅度节约了木材的使用量，因此，在家具制造业中得到广泛的推广和使用，而且能有效改善人造板变形的缺陷。以 20mm 厚度的板材为例，如果使用 2.5mm 的中纤板为面板制成蜂窝复合板，材料的用量和重量仅为实心中纤板的 1/4 左右；而复合板的成本却只有实心板的 1/2 左右，并且复合板具有重量轻、不易变形、运输方便等优点。因而在欧洲，80%以上的内房门为蜂窝复合门，大多数 20mm 厚度以上的家具板材为蜂窝复合板。蜂窝复合板非常适合应用于板式家具。例如，可用于厚度大于 18mm 的面板、顶板、隔板、底板、门板及一些装饰件。越厚的板材更能显示出蜂窝材料的优越性；厚板还具有良好的抗弯特性，用于餐桌、茶几、电视柜等。甚至还有家具生产厂家将其用于制造家具的支撑腿，可见其应用的广泛性。

## 2 纸浆模塑

纸浆模塑是一种立体造纸技术，是指一定浓度湿纸浆加入适量化学助剂在成型机中通过真空或加压使纤维均匀分布在模具表面，从而制成湿纸模坯，再进一步脱水脱模，对制品干燥整形，制成纸浆模制品的生产技术。不同成分的废纸生产出来的制品具有不同的性能。因此，可以根据制品用途，选用不同的废纸或几种废纸搭配使用，以获得较好的经济效益和使用性能。纸浆模塑制品可以依据设计改善其结构，在制作时加入各种成分的材料或表面进行特殊处理以达到对某种物品或某种条件下所要求的性能和特性。另外，采用不同的加工方法得到的纸模的特性是不一样的，所以改变加工方法或工艺可提高纸模的性能。

**3 纸浆模塑生产工艺**

工业包装纸浆模塑生产设备、结构与纸浆模塑餐具大体相同，是用模具对纸浆经真空吸附成形、烘干，再经深加工制成较精细产品。生产线一般由成形设备和干燥设备两大部分组成，餐具类产品因其要求较高还要增加整型压光和消毒灭菌设备。纸模成形方式大体分为模外真空吸附成形和模内注浆挤压成形两种，干燥方式随成形方式的不同亦分为两种。模外真空吸附成形一般采用模外烘窖式干燥，模内注浆挤压成形大多在模具内直接加热干燥定型。

以现有的工艺技术水平，纸模制品的厚度大致在 l~60mm，一般产品的厚度大都保持在 2.5mm 左右；从目前纸模包装制品的质量和应用情况来看，其最大承载负荷可达 200kg，承担形状不太复杂，重量在 50kg 以内的产品内衬包装是最佳选择；纸模包装的缓冲效果主要是利用其纸壁在受到冲击时通过弹性形变，从而减缓抵消外力来实现的。纸模材料本身的弹性并不高，主要是依赖产品的支撑筋设计及其形成的缓冲行腔，支撑筋的设计对纸模包装制品的弹性形变即缓冲能力起着至关重要的作用，而支撑筋设计的基本依据是产品本身的形状和用途。

浆模塑制品与一次性发泡聚苯乙烯制品相比，纸浆模塑制品的原料来源丰富，生产与使用过程无公害，产品重量轻，抗压强度大，缓冲性能好并具有良好的可回收性，因此在包装中得到广泛应用。它的应用范围包括食品容器、饮料杯架、医疗器材、化妆品、水果托盘、机械零件、五金工具、家具饰品、手工艺品、电子制品、电器、通信器材及音响设备等包装。但是纸浆模塑制品受潮后容易变形，强度随之下降；制品如不经特殊处理，则外观档次较低。

体现“‘4R+1D’原则，即低消耗、可回收、再利用、再循环和可降解的绿色包装”能较好地实现包装与环境保护、资源再生之间的协调发展。蜂窝纸板和纸浆模塑作为两种新型的绿色包装技术，以其具有的各种优越的性能，在现今的包装行业中获得快速发展。同时，新型绿色纸包装在国际贸易中，符合发达国家对包装的环保性能的要求。因此，发展绿色包装符合世界包装发展潮流，有利于突破国际上的绿色贸易壁垒，也有利于包装在其功能和环保两方面取得和谐统一。

## 喷码机在食品行业发展迅速

随着食品安全问题的频繁曝光，食品喷码机也越来越受到人们的关注，食品喷码机的主要作用是在食品的包装上喷印食品的生产日期、生产场地及食品的保质期等，目的是让顾客更好地了解食品。

食品的安全问题成为人们生活中的重点话题之一，现在食品安全不仅受到政府的高度重视，更受到企业的高度重视。喷码机的出现，为食品的安全起到了保障作用，提供了不少的方便。喷码机是喷码机厂家运用先进的设备精心打造而成的，受到了市场的认可和人们的欢迎。

食品安全代表一个企业的信誉，食品质量的好与坏直接影响企业在社会上和市场上的发展和生存。食品喷码机不仅在食品安全上为企业赢得信誉，更在市场上赢得空间。

食品除要保持优良的产品质量外，还要让消费者知道产品的生产日期和保存日期，以免食用过期的产品，因此，喷码机在食品的生产线上起着举足轻重的作用。

**1 喷码机行业保证质量很关键**

随着食品产业的不断发展，包装机械行业的需求日益增加，喷码机作为包装行业的一种重要设备，在各种行业中的应用也愈加广泛。

在喷码机诞生之前，传统的标识印刷形式多样，往往采用丝网印刷机、移印机甚至更原始的机械式滚轮凸模来完成印刷，这些设备大部分采用预印的形式，或者使用不干胶粘贴的形式，这些印刷方式都无法实现在线生产与喷印的同步进行，因此，喷码机的应用越来越广泛。对制造企业来说，时间就是金钱，而喷码机无疑给企业生产带来了衍生价值的最大化。

很长一段时间以来，由于对药品、食品安全问题的不断认识，给喷码机行业带来了更广阔的发展空间。

喷码机是一种通过软件控制，在产品上进行标识的设备。喷码业是当前我国市场上发展势头比较迅猛的包装机械行业之一，而现在喷码机生产厂家为了有利于产品的识别及对产品质量的跟踪调查等，使喷码机在工业方面的应用越来越广泛，相应地，应用时的复杂性也逐渐增加。

**2 如何寻得喷码机市场的发展，适应本地新产品研发步伐加快**

喷码机主要集中在饮料、啤酒、矿泉水等行业，但也开始向电线电缆、副食品、香烟、电池等行业发展。喷码的功能除了可以清楚其生产日期，还可以进行潜在问题的跟踪，防止假冒等，可以说，食品行业是喷码机的最大市场。

当前喷码机可以分为墨水喷码机和激光喷码机两大类。墨水喷码机产品开发早，价格相对激光机便宜，仍占市场主导。墨水喷码机按原理分为连续性墨水喷射和指令喷射；按字体大小分小字体、大字体；按喷印速度分超高速、高速、标准速、慢速；按动力源分外部气源（来自外部的压缩空气）和内部气源（来自内置的齿轮泵）。

**3 升级产品，激光喷码机挤迫墨水喷码机市场**

据了解，2014 年激光喷码机成为市场销售新亮点。由于激光喷码机喷印的是一个无法擦掉的永久性标记，这一永久标识可以帮助识别特定的产品，伪造品看上去与真品极其相似，但由于没有激光喷码，极易被识别，因此，激光喷码机具有有效的防伪功能。

长期以来，我国喷码机技术含量较低、产品牢靠性较差，在国际市场上并不占优势，所以 80%以上靠进口。作为公有经济很多范畴的配套工业，喷码行业受益于其余行业的繁华，它的技巧提高跟配套服务也可能副作用于其余行业。我国喷码行业坚持每年 16%左右的增长，将来的发展方向主要有以下几个。

（1）技术成为企业竞争夺胜的要害因素。目前，世界进步喷码机的发展已呈现出集机、电、气、液、光、磁、生为一体的势头，生产的高效力化、产品节能可回收化、高新技术适用化、智能化已成趋势，这也应当是我国喷码机的主流发展方向。

（2）对产品变化的适应性更高。因为喷码机的性命周期远短于装备应用寿命，昂贵的喷码生产线规须容许在规定的尺寸范畴内包装物大小能够变化，以适应频繁变更的产品。

（3）以市场需求为导向部署生产。随着现代社会的发展，人们对喷码的需求要越来越高，也越来越个性化，喷码机企业必须抓住市场动向，生产用户满意的喷码产品。

# 烘焙包装走向纸时代

根据相关数据显示，中国大陆平均 15 万人消费一家烘焙店，同等条件下，该数据远远高于中国香港、韩国、日本等地区，烘焙业的潜力不容忽视。以纸和纸板为基材的纸型包装，具有低成本、节省资源、易于机械加工、更环保、无污染、便于回收、再生利用等优点。

随着造纸工艺的进步，纸材从传统单一向品种向多元化、功能专业化方面发展。包装设计师可以恰当地利用纸材的特性，完美地创造出令人惊叹的烘焙包装纸型。所以烘焙食品包装进入纸包装时代，纸质包装也为烘焙食品安全提供保障。烘焙包装更加创意、趣味、时尚、实用。色彩斑斓的烘焙包装是烘焙展上一道亮丽的风景线，是一个重要的时尚产品。

未来烘焙包装将与烘焙产品结合得更加紧密，以立体规格型发展，颜色和图案更加富有创意和新潮感，同时也会充分考虑产品展示、携带等多种需求，更加实用，以增加对顾客的吸引力。面对烘焙业的快速发展，品种多样的烘焙包装，厂商关注的包装材料及技术设备依旧是关键问题。

烘焙行业快速发展带动烘焙包装发展多样化。相关数据统计显示，2008 年至今，国内的烘焙食品行业销售收入年均增长都在 30%左右，速度惊人。从现实来看，烘焙食品在三四线城市及农村市场的渗透正在加剧，面包等烘焙食品逐渐成为我国居民的早餐主食之一。从年龄层来看，消费群体也在扩大，从小孩到老年人都有覆盖。据预测，2017 年我国烘焙食品行业销售收入预计达到 4658.29 亿元。

高端包装风光不再，中端及中高端市场持续扩大，低端市场相对萎缩。随着我国经济的不断发展，技术的不断更新，烘焙包装行业竞争力的不断提升，行业规模不断扩大，企业发展迅速，烘焙行业保持了规模效益的快速增长。得益于国内旺盛的市场需求，中国烘焙包装行业呈现出健康、快速、可持续发展的良好态势。但受国家政策影响，烘焙高端市场特别是月饼高端市场风光不再，以月饼为代表的高端过度包装市场萎缩，而中端及中高端市场受政策影响小，业务增长很快，烘焙包装新的竞争格局正在形成。

小包装增长较快，未来成长可期。随着健康意识的增强和个人口味的多样化，消费者多转向在面包店购买新鲜烤制的面包，小份额及单份小吃的烘焙小包装能够满足消费者对可控制分量的特别喜好及便携式小吃的需求，虽然小包装有着更高单位成本，但小份额包装的形式有着巨大的发展前景。

# 几种符合绿色印刷方向的免处理 CTP 技术

在整个印刷体系中，制版工艺是其中较为重要的一环，也是实施绿色印刷的一个重要途径。目前较为先进的制版工艺是 CTP 技术，它从根本上解决了 PS 版在使用中产生的显影液废液银盐污染问题。但是，普通 CTP 版必须经过显影处理，而在显影过程中会产生废弃显影液，其含有的各种化学成分，尤其是强碱性物质，会造成对环境的污染和资源的浪费。所以，开发减少甚至彻底杜绝显影液污染的环保版材就成为 CTP 技术的发展方向，此时，免处理 CTP 版出现了。

严格来说，免处理 CTP 技术是指版材在直接制版设备上成像以后，无须任何后续处理即可上机印刷，不会产生任何形式的液体或固体废料。版材经曝光成像后，需要经过一些低化学或非化学的处理工序才能够上机印刷。

## 1 低化学消耗 CTP

低化学消耗 CTP 版的显影过程虽然仍然要使用化学药品，但化学药品的消耗量极低。无水胶印 CTP 版可归属于低化学消耗 CTP 版，其显影过程包括预处理、显影、着色、烘干四道工序，其中只在预处理步骤用到了专用的化学药品，且该预处理药品在显影过程中基本不会被挥发消耗。随后，版材表面不需要的硅胶涂层会在显影步骤中被水及显影毛刷机械去除，再将掉下来的涂层材料用滤芯直接过滤掉。除此之外，无水胶印 CTP 版的环保性更体现在印刷过程中，由于不需要使用传统润版液进行润版，因而极大地减少了印刷药品的使用量，降低了 VOC 的排放。

## 2 低化学处理 CTP

低化学处理 CTP 版通常分为两种显影方式。一种是在曝光完成后或正式印刷前，将 CTP 版通过基本不含化学药品的水或水胶溶液进行显影处理，然后再用于印刷。由于需要水或水胶溶液进行显影，所以一些厂商干脆将显影步骤独立出来，作为单独的洁版单元。代表是爱克发的 Azura 版材，采用了热熔原理，将塑胶微粒与亲水材料均匀涂布在版基上，曝光前，这些独立的塑胶微粒紧密排列，曝光后，微粒发生热熔交联反应，形成图文，未曝光部分涂层材料经水胶清洗后露出版基。

此外，还可以采取在机显影，即 CTP 版完成曝光后，不需进行通常意义上的显影而是直接被装载到印刷机上。在开始印刷前，通过水和油墨的共同作用，溶解去除版材表面的非图文部分，然后再开始印刷。溶解掉的非图文部分材料一部分通过过版纸带走，另外一部分则溶解分散于润版液中。在机显影技术以柯达公司的 ThemalDirect 和富士胶片的 Brillia HD PRO-T 为代表。

## 3 免显影处理 CTP

免显影处理 CTP 技术指版材在完成曝光后，不用显影而直接用于印刷，且在整个印刷过程中，版材表面的涂层材料不会产生溶解或脱落。这种技术最早是通过热烧蚀原理实现的，版材一般采用双层涂布——底层亲墨，表层亲水，然后通过激光将表层烧蚀掉以露出亲墨层形成印刷的图文区域，曝光后可直接用于印刷。但由于其在成像过程中会产生粉尘，影响制版机光学部分的精度，对环境和人体健康造成一定危害，故并没有得到大规模的商业应用。

### 4 喷墨 CTP

喷墨 CTP 技术也可认为是免显影处理 CTP 技术的一种。其是通过打印机，将墨水喷涂到经过特殊处理的版基上，利用水墨平衡的原理——空白部分亲水，图文部分亲墨，从而最终在打印机上实现油墨从印版到承印物的转移过程。喷墨 CTP 技术在 20 世纪 70 年代开始出现，但由于彼时打印机的分辨率不高，故并未得到真正的商业化应用。后随着科技的进步，打印机及版材制作技术的提高，喷墨 CTP 技术也开始得到一些发展，目前该类技术的制版精度已经可以达到 180Lpi。喷墨印刷由于受制版精度、制版速度、制版幅面的限制，目前并未在印刷业得到大范围推广，但对于一些小型快速印刷企业，该技术不失为一种环保型的免处理解决方案。目前，成都新图正与国外公司合作，研究开发 FIT-Nano 喷墨型 CTP 版，制版精度可达 175Lpi，具有方便、高效、经济和环保的优势。

免处理 CTP 的优势在于：①绿色环保，很少或者无须使用化学药品，使版材对环境的有害影响降至最低，具有很大的环保优势；②简化工作流程，免显影处理 CTP 舍弃了传统的显影、冲洗等步骤，制版高效便捷，流程更容易控制，节约了人力资本，降低劳动强度；③降低生产成本，由于彻底摒弃化学药品的使用，从而免去了化学药品的购买和储存，也大大降低了三废处理的费用；④减少了显影设备的投入及其场地成本。目前，低化学消耗 CTP 和低化学处理 CTP 已经实现商业化应用，而免显影处理 CTP 因在技术上尚存在一些需要解决的问题，因而未得到正式的商业化应用。

2011 年 3 月 2 日颁布的《环境标志产品技术要求印刷　第 1 部分：平版印刷》规定了平版印刷要通过环境标志认证，并推荐使用免处理 CTP 版，这标志着绿色印刷已经进入具体实施阶段。相信免处理 CTP 将以其高效便捷的生产方式、低排放低消耗的特点，成为未来 CTP 技术发展的主流方向，为绿色印刷注入新的活力。

## UV 柔版油墨的使用

如今 UV 油墨的应用越来越多。UV 柔印油墨安全可靠，使用中无溶剂排放，不易燃，不污染环境，适于印刷食品、饮料、烟、酒、药品等卫生要求较高的商品包装。另外，其有效成分利用率高，可以近乎 100%地转化为墨膜，被认为是一种印刷过程中污染物排放几乎为零的环保型产品，普遍应用于各类纸张、铝箔、塑料等包装材料的印刷。

### 1 UV 油墨的主要特点

UV 油墨经紫外光照射后可迅速固化，而印刷机或印版上的 UV 油墨在未经紫外光照射前是不会固化的，即机上不干，印后即干。在柔印中，UV 印品之所以能印制出其他油墨无法印制出的印刷效果，就在于 UV 油墨可在紫外光照射下瞬间固化，因此印刷、烫印、模切及其他印后加工等都可以在一条生产线上联机完成，从而大大加快了生产速度，特别适用于机组式柔印机。

干燥装置简单、能耗低、生产效率高、干燥速度快，印后可立即进行后续加工。

（1）UV 油墨的固化过程是光化学反应过程，是由线形结构变为网状结构的过程，所以印刷墨层具有耐水、耐醇、耐磨、抗老化等许多优点，这是其他各类油墨所不及的。UV 油墨的耐划和耐化学腐蚀性，正是标签组合印刷的主要要求之一。UV 油墨的固化原理还决定了它非常适合印刷非吸收性承印材料。

（2）无溶剂挥发，印迹固体成分高，用墨量小，综合成本低。同一柔印产品，UV 油墨的用量不及水墨的 50%。但由于油墨浓度高，所以必须采用封闭型的墨槽，同时要增加调整油墨黏度的调温系统，为了防止承印物发生热收缩，还需要配备 UV 灯冷却系统。

（3）UV 油墨颗粒细，浓度高，印刷过程中不改变物性，无溶剂挥发，黏度稳定，所以印刷适性好，印刷质量高，不易糊版、堆版、可用较高的黏度印刷，而且墨层附着牢固，网点清晰度高，阶调再现性好，墨色鲜艳光亮而且均匀，某种颜色的 UV 油墨一旦调好，印刷前仅需要很少的调整和准备时间，特别适合专色及大面积实地印刷。

由于 UV 油墨使得印刷品的墨色一致性和质量一致性都有了很大程度的提高，所以以前在柔印中很难印刷的一些图案也能够很好地复制出来，比如在一块大面积的实地区域内印刷几个或者几行非常细小的阴文。

由于 UV 油墨对各种承印材料有良好的附着性

能，使得传统油墨难以印刷的一些塑料薄膜也可以印刷了，并且印刷故障大大减少了。

（4）UV 油墨虽然具有较好的稳定性，但在高温高湿环境下也会发生变化，应保存在 20℃以下的环境中。

（5）UV 油墨不能与一般油墨混合使用，稀释剂、清洗剂也必须使用专用的或兼用的。

（6）具体某一型号的 UV 油墨并非通用于所有承印材料，在印刷时要视不同的承印物及机型等，通过试验正确选用。

总之，UV 油墨无论从环保、印刷质量还是技术发展的角度来看，都比其他油墨更具有优势，发展前景广阔。UV 油墨的开发，还是使组合印刷工艺得到较大改进的主要因素之一，进而推动了社会对综合印刷需求的增长。

自从 20 年前 UV 油墨投入商业应用以来，其发展十分迅速。现在，UV 油墨的质量已达到了较高的水平，在其他印刷工艺中也得到广泛的应用。目前全球生产的新型柔性版印刷机中，差不多每 10 台就有 8 台配置了 UV 印刷装置。

## 2 UV 油墨与各种材料的配套问题

与其他油墨相比较，UV 油墨无论在印刷工艺还是印刷质量方面都具有较大的优势，能获得其他油墨无法获得的印刷效果。但在使用 UV 油墨时应注意与各种材料的配套问题。

（1）UV 灯管。固化装置中 UV 灯管的数量及辐射强度必须视印刷速度、墨膜厚度和油墨颜色的明暗而定。以 BASF 的 UV 油墨和 UV 光油为例。如果第一色（如青色）的标准墨膜厚度为 1.20~1.40g/m$^2$，印刷速度为 100m/min，则应使用 2 只 120W/cm 的中压水银灯；如果把色浓度高、较暗的油墨印在一两个叠色上，就会增加整体固化的难度。

标准四色 UV 油墨的固化难度从小到大依次为品红、黄、青、黑。因此，UV 多色印刷的色序应为黑、青、黄、品红。有些专色墨也很难固化，如绿色；不透明色也很难固化，因为它把 UV 光都反射回去了；金墨、银墨也有同样的问题。

UV 灯的寿命是有限的，已经老化的灯管无法 UV 油墨或 UV 光油固化。使用说明书上大多标示 UV 灯使用约 1000 小时后就必须更换，事实上，如果印刷中感觉在正常印刷速度下印品不能固化，就必须考虑更换 UV 灯，以免影响印刷整体作业。

（2）反射罩。如果不安装反射罩，大约 80% 的 UV 光会因散射而不能照射到承印物上，因此 UV 固化装置必须安装灯罩，以使 UV 光集中反射在承印物上。反射罩必须保持清洁，粉屑或灰尘附着于反射罩上，会影响反射效果。平常在不使用 UV 灯时，应将 UV 灯罩关上，以防止落上灰尘。

在目前柔印使用的 3 种类型的油墨中，水墨和 UV 墨都是公认的环保型印刷材料。近 10 年来，柔印在国内外包装印刷领域得到迅速发展，除了与柔印自身的特点和技术进步相关外，还有一个重要的原因就是这种印刷方式迎合了绿色包装发展的需要，可以广泛使用符合环保要求的水墨和 UV 墨。高精度柔印水墨的出现和发展，曾经促进了柔印的发展和进步。如今，柔印 UV 墨的推广应用，必将再次推动柔印产品质量的提高和柔印技术的发展。

# 细长型易拉罐为亚洲饮料市场提供新机遇

皇冠亚太控股有限公司总裁　Jozef Salaerts

商店货架上人们能购买到的饮料品牌不断增加，这样的变化加大了消费者区分各种产品的难度。事实上，2014 年亚太地区软饮市场成交量提升了 6.9%。由于如今消费者寻求新方式以表达自己的个性，使自己与众不同，他们对于日常商品如食品和饮料的购买决定，也成为表达个性的一种方式。为了更加吸引消费者注意力，包装已成为推动品牌忠诚度的主要工具，同时亦是当今营销活动中最重要的部分之一。由于包装具有视觉感染力且直接面向终端消费者，其在消费者日常生活中扮演了重要角色。因此，品牌商有必要认真对待新包装的设计，使包装对买家具有持续影响。

## 1 有区域差异

食品和饮料品牌面对的主要挑战其实也很简单——如何营销产品才能使自己在竞争中脱颖而出。随着东南亚地区快速城镇化及拥有较高可支配收入中产阶级的兴起，使得消费者的生活方式和需求也在不断发生改变，他们更愿意选择包装安全、可靠，并具有创新性的产品。

在成熟的亚洲市场，如日本和韩国，金属包装是目前零售货架上最常见的包装形式之一，安全、可携带且耐用。事实上，据富士经济2011年报告显示，日本软饮市场中大约35.5%的饮料都采用易拉罐包装。与此同时，东南亚地区气候炎热，易拉罐饮料备受青睐，因为易拉罐不仅冷冻速度快，而且冷冻保持时间也更长。

由于各种茶、果汁、啤酒及功能性饮料的盛行，东南亚仍是饮料包装的主要市场。特别是碳酸饮料和啤酒的需求量不断增加。2014年，据日经亚洲评论报告称，印度尼西亚、马来西亚、泰国、菲律宾、新加坡和越南软饮市场总价值87亿美元，比10年前高出50%。与碳酸饮料相比，即饮用茶（RTD）、果汁和功能性饮料的需求也呈相应比例的增长，在健康意识较强的城市消费者中大受欢迎。

仅区域市场的规模和竞争就要求品牌能更好地突出自己的产品。与此同时，随着该地区的快速城镇化且信息越来越透明，现如今亚洲消费者在购买时有更高的标准，费用不再是他们考虑的唯一因素，他们还追求产品和包装的便捷、安全及环保性。

在此背景下，近年来传统的330mL饮料大受欢迎，同时消费者对于易拉罐不同尺寸和样式的偏好也在不断增加，例如细长型包装。

## 2 尺寸问题

铝质罐包装受到人们追捧的原因很多，包括其质地轻且便于运输和存储。同时，易拉罐是真正可持续的包装方案，因为铝可以100%无限回收。在日本和韩国饮料市场上，体积更小更细的250mL易拉罐盛行了一段时间，有时候确实比传统的330mL易拉罐更受欢迎。如今，易拉罐有各种不同的尺寸大小，这也为东南亚市场的各品牌提供了一系列包装新选择和机遇。

人们开始更多地选择较细的易拉罐，其原因一部分是因为消费者越来越喜好包装独特且与众不同的优质包装产品。皇冠公司柔软感触漆或Pictoris™高品质印刷，均有助于彰显饮料易拉罐的优质形象。然而，较细的包装曾被认为是新奇的事物，如今成为了商店货架上吸引消费者眼球的新因素。新包装更符合人体工学，具备人性化的设计，抓握更加舒适和方便，消费者无论老幼，均能够更容易、更安全地抓握畅饮。而且易拉罐更便捷，更适合徒步、露营、音乐节或体育等项目，因此能为活跃型消费者创造全新的畅饮体验。

易拉罐尺寸和风格的范围很广，能有效帮助品牌商定位具有独特需求和偏好的新客户群。例如，对于有健康意识的消费者，细长型易拉罐是全尺寸饮料容器的更佳替代品——包装细长的外观不仅提供了更优质的形象，而且消费者可以毫无顾虑地享受自己喜爱的饮料。有了细长型和小型易拉罐，消费者现在可以选择自己所想要的产品容量，杜绝任何浪费。与此同时，也能满足他们对健康的偏爱。

## 3 细长型易拉罐面向新兴市场

东南亚市场存在一个特有的趋势：人们对更方便可回收饮料包装的需求不断增加，以前在街边货摊出售的饮料现在也采用了铝制易拉罐。这种现象在所有东南亚国家都能看到，这些国家街边售货摊上的饮料受到当地老少群众的欢迎。比如，现场酿制的大麦和甘蔗茶曾经只有在街边售货摊才能买到，如今人们在零售店就能轻松购买。消费者现在不仅可以在街边市场畅饮，还能在超市和便利店中购买他们喜欢的传统饮料，在家慢慢品尝或者携带随时享用。

作为传统易拉罐的扩展，细长型设计最近被引入东南亚市场。这些易拉罐是存储碳酸饮料和果汁的理想包装，同时能使品牌商使用引人注目的设计和真正新奇的方式进行品牌推广。为了满足亚洲市场对不断增长和不断变化的产品包装风格的需求，皇冠公司是该地区首个生产细长型易拉罐的生产商。其在泰国廊开设立的生产工厂于2013年6月开始了330mL细长型易拉罐的商业化生产。为了更好地支持饮料品牌，皇冠公司扩展了其生产范围，将南越的一条生产线和马来西亚的一条生产线转型生产细长型易拉罐。2015年9月，皇冠公司在廊开工厂投入第二条生产线，以进一步加强在该地区生产这一类型易拉罐的能力。

## 4 拓展机会

产品包装非常重要，因为消费者在购买商品时首先感受到的是包装。这就让品牌商有机会在第一时间将自己品牌的价值观通过形象和信息传递给消费者。在样式繁多的产品容器中，金属易拉罐还能帮助品牌商满足消费者对人性化包装的追求，同时也作为一种100%可回收和持续性方案，保持对产品的高度保护。

细长型易拉罐在亚洲受到不断追捧表明消费者可以接受，甚至期待独特而不同的包装。皇冠公司为满足亚洲市场不断增长的需求，开发出更多的饮料包装样式和更广泛的尺寸以供选择，为品牌商定位消费群、扩大区域性市场，并更好地满足消费者的需求提供了机会。

## 电子商务在包装印刷整体解决方案中的作用

中国包装联合会电子商务委员会常务副主任兼秘书长　龚经强

浙江弘仁元电子商务有限公司于 1999 年 9 月创办了中国第一家行业门户网站——中国包装网（www.pack.cn），开创了我国行业网站先河，同时引领了浙江省乃至全国行业电子商务的快速发展。2003—2011 年，中国包装网蝉联 8 届中国行业百强、商业百强、电子商务百强网站，2006—2009 年，连获“浙江电子商务十强网站”称号。2013 年 1 月，中国包装网入选浙江省首批重点电子商务第三方平台。中国包装网是以促进中国包装行业信息化、推进中国包装产业发展为己任的权威行业包装资讯信息平台。中国包装网目前拥有注册会员近 60 万家，先后为国内外近 5000 家包装企业提供了一流的网络解决方案。

基于以往取得的成绩，结合当下的实际情况，对于电子商务企业来说，重点首先应该是商业模式和盈利模式的创新，其次是平台模式、运营模式和资本模式等的创新。各行各业既有共性的一面，更应该强调的是其个性的一面，商业模式和盈利模式应该是有针对性的，根据行业的不同，有不同的商业模式和盈利模式，其他则是相通的，可以借鉴。

### 1 电子商务对包装印刷企业的影响

近年来，随着信息技术的飞速发展和互联网的迅速普及，电子商务已经是众多包装印刷企业耳熟能详的事物，而电子商务的作用并不单单表现在在线交易上。它的价值更多地体现在能为企业开源节流和提高效率，同时还包括了电子营销、电子物流等诸多方面，可以说是针对企业整体业务流程价值链的创新和改造。

由于电子商务的应运而生使得企业的生产成本越来越透明，很多传统型企业的发展模式都已向电子商务过渡，很多企业会在网上对比产品价格，并选择有价格优势的厂商进行合作，市场竞争会越来越激烈，这种局势是从 2007 年才开始的，也就是说，传统企业电商比纯电商晚了整整十年发展时间，传统企业电商所占的比例也非常小；在发达国家，传统企业电商在规模型电商企业中占到 80%，所以中国传统企业的电子商务还拥有巨大的发展空间。今天，越来越多的传统企业意识到以信息技术为主导的知识经济时代，以网络化、信息化、知识化、全球化为特征的新经济时代已经到来。

在中国对包装印刷企业而言，那些曾多次在竞争中胜出的佼佼者，在历史的轨迹中取得过辉煌业绩的企业，如今都面临新的环境和挑战，电子商务可以被看成是包装印刷未来发展的主要推动力。如果不正视电子商务对于行业发展的巨大作用，品牌影响和市场竞争力将呈现出阶梯下滑态势。因为由网络打造出的品牌正在快速崛起，它们在未来将占据越来越大的比重。作为国民经济重要组成部分的包装行业，面对愈加激烈的市场竞争，电子商务这种新型的运作模式将有助于提高我国包装行业的经济效益和效率，优化资源配置、提升企业的竞争力，必定是传统企业的转型趋向，做得越晚成本越高，竞争越激烈，成功的概率越小，风险也越高。包装印刷企业的竞争越来越激烈，而且同质化竞争越来越严重，行业利润越来越低，我们已经在考虑如何突破瓶颈，这就要求企业实现创新和改革。怎样让更多的包装印刷企业关注和使用电子商务平台呢？好的电子商务平台可以帮助企业，乃至服务整个行业，起到联系企业与客户的桥梁作用，选择电子商务是包装行业必须要走的创新之路，着力构建网络印刷新模式，以便迅速响应客户的需求。

正是因为进行了商务经营模式的创新，近年来对于我们来说是挑战，更是机遇。从营销创新开始，到数据化生产管理创新，一方面营销与生产成本降低了，另一方面产出效能提高了。然而如何以性价比高的产品吸引客户，将决定企业能否将洗牌危机转化成新的机遇。认为不需要电子商务的企业，将来一定会被电子商务淘汰。

### 2 选择适合企业的电子商务模式才是发展硬道理

随着我国包装印刷市场的进一步扩大,我国许多包装印刷企业也通过电子商务平台实现了业务市场的进一步扩大,包装印刷行业市场的电子商务化已经成为行业发展的一大趋势。在过去的几年中，电子商务市场日益成熟，导致数以万计的传统企业义无反顾地进入互联网开展电子商务。虽然有许多企业通过电子商务改变了自己的命运，但进入其中的传统企业并不是每个都能一举成功,有过挣扎者，更有过失败者，很显然，大部分中国传统企业还没有完全意识到电子商务所带来的机遇。对于更多的包装印刷企业而言，涉足电商虽然看上去很好，但做好做大却很难。

日前，我国包装印刷行业电子商务相关网站大致分为 3 种。①专业性包装网站，如中国包装网，包括包装交易中介型网站、综合性包装行业网站，这类网站是我国目前进行包装电子商务模式比较成功的，网站提供的一些服务功能已经显示出了包装电子商务的功能性、专业性和权威性；②包装企业自建网站，包装企业自行开展网上产品服务，但由于技术、经营等各方面原因，网站建设情况差强人意；③非专业性包装网站，虽然显示出包装信息的巨大生命力，但缺乏专业性和行业优势，不能全方位展现网上包装的优势。

我认为，对于包装印刷企业来说，以企业自身产品为一个平台的构成介质目前仍缺乏成熟条件，因为企业缺乏专业性的技术人才和行业内的信息资源，自建网站由于面向群体的局限性不能起到很好的品牌效应和营销效果，企业应该用更多的时间和精力提升产品质量和客户服务，要学会借力，善用第三方专业的包装网站来降低经营成本和提高企业知名度。要更好地帮助包装印刷企业做推广，首先要打响网站的知名度，功能要有突出的优势，信息量要大。同时，要使企业带来良好的效果。有一个实际案例：在一家 B2B 商贸搜索引擎平台上做了一个包装印刷业务的营销推广后，该企业的食品包装印刷业务得到了良好发展。目前，许多需要包装的食品加工厂（坊）都通过该平台找到该企业。公司业务增长率也维持在 30%左右，2015 年业绩比去年增加了 200 多万元。

中国包装网作为中国最早的行业门户网站，是包装行业分类最齐全、功能最强大、信息资源最丰富的第三方电子商务平台。在中国包装网上买卖双方可以了解到对方信息，根据双方认证、信息反馈、交易评价、信用级别等信息，增强企业间信任度。网站将企业、产品、展览、销售各环节与网站服务相对接，资源共享，更好地为企业提供形象宣传、产品推广与销售资讯等综合服务，包括网刊互动、在线服务、企业电子商务解决方案在内的一系列服务，是包装企业选择的最好的电子商务方式。举一个例子，有一个企业在中国包装网发布了需求，正好有其他企业关注到了他们的信息，后来达成了合作，既免去了寻找的麻烦，沟通又方便；既赚了钱又节省了交通等费用，实际是双方互利。而有很多企业不愿意尝试电子商务，对电子商务不理解或认识不够；在包装印刷行业里很多人传统思想根深蒂固，不知道网络推广是怎样带来了订单，固有的习惯和安于现状的态度，满足于现有客户，不能接受电子商务带来的价格透明和市场的激烈竞争是普遍存在的现象。越是不接受和拒绝电子商务，企业今后面临的竞争压力会更大。也就是说，今天不搞好电子商务明天就将无商可务。

### 3 中国包装电子商务委员会的成立是历史必然

随着中国商品经济的繁荣，中国包装印刷行业将出现持续性的增长，而包装印刷市场的电子商务化趋势也将进一步加强。电子商务与传统经营模式有所不同，不需要受地理位置限制，它的竞争力将由某一区域扩展到全国乃至全世界。这就意味着，企业做电子商务关注的焦点应该转到以下方面：在全国范围内，企业能否迅速积累用户，能否迅速扩大规模，能否汇集到全国最优秀的货源和人才。为了能够更好地解决传统企业的这些问题，在当前新经济形势下，电子商务是推动我国中小企业发展的契机，值得认真研究，探索出适合其电子商务发展的策略。弘仁元电子商务公司（中国包装网）已正式向中国包装联合会申请建立了中国包装联合会电子商务委员会。

中国包装联合会电子商务委员会依托中国包装网建立全国性的网上交易平台和咨询平台；组织、制订、完善、实施网络服务项目，网上采购、中介、分销系统，开展 B2B 电子商务。为中国包装联合会所有会员提供包括销售在内的一系列服务；通过网站、媒体、论文、会议、论坛、评选、培训、参观等多种渠道、形式、活动，推动我国包装知识普及和交流，推进包装电子商务进程，特别是提升我国包装企业的互联网应用水平。保护中国包装名牌产品的知识产权，为企业申报专利等；组织、制订、完善、实施网络服务项目、服务体系、质量标准、自律公约、发展规范，积极推动诚信体系建设。建立“中国包装企业电子商务应用推进中心”和“中国包装企业电子商务培训中心”，各省、市包装行业协会网站的战略联盟。加强和国家职能部门（如商务部、工信部、科技部）的沟通联系，建立中国包装行业诚信体系，通过互联网将企业的上游和下游连为一体，为上、中、下游企业包装问题提供解决方案，迈入制度约束的“信用”时代，建立全国包装行业人才库和企业数据库，网上指导全国包装行业科技研发中心的申报，研发资金的申请报告等。协作中国包装联合会开展电子商务应用、人才、培训、咨询、技术交流工作，推广和引导为包装及相关企业建立网站，为中国包装联合会的重要活动会议直播提供网络视频远程服务。

中国包装联合会电子商务委员会的成立预示着包装行业将走向历史新纪元，在中国包装联合会的引导下，结合电商委的各方面优势，完成包装行业传统企业向新型企业的完美蜕变。

我们认为，电子商务仅是一种发展渠道的创新，而非模式的革命。重点发展软件开发、电子商务、服务外包、研发设计和总部经济等主导行业，发展壮大电子商务产业，并带动传统产业经营销售模式的转型升级。电商委将尽快组织政府与有关企事业单位开展电子商务的交流与合作，承担有关部门电子商务业务和课题研讨，负责组织企业电子商务化及信息化的各项有关活动，并组织贯彻实施。为加快落实中国包装联合会的工作部署和切实推进行业信息化与工业化深度融合，以及进一步促进中国包装行业电子商务的推广与应用发挥重要作用。

总之，电子商务在包装印刷行业应用不是简单的网站维护或者网站推广，而是应该成为帮助企业品牌提升、销售拓展、服务改善等的重要工具。在电子商务环境下，企业要根据自身的特点，充分利用电子商务的特性，对现有的模式做出创新，使营销模式适应新市场环境，从而在激烈的市场竞争中获得优势。如何应对知识经济的挑战提供对策，如何适应电子商务被广泛应用的趋势，应该引起企业更高的重视。

# 五大因素推动我国软包装市场发展

十年来，我国包装工业总产值翻了两番多，从2002年的2500多亿元提高到2013年的14000多亿元，成为仅次于美国的世界第二包装大国。包装行业保持了稳定发展的态势，开拓了创新调整的新局面。日前，全球市场调研机构史密瑟斯·派诺公司发布了一份调查报告，对2015年软包装市场做出了五大驱动力的预测。

软包装是包装行业的一个重要组成部分，同时也肩负着技术创新的重任。目前软包装仍然是包装行业增长速度最快的一个领域。据史密瑟斯·派诺公司最新的统计数据显示，全球市场对软包装的消费量将在未来五年以每年3.5%的速度保持增长，并将在2018年达到2310亿美元（2037亿欧元）。技术创新是该领域保持高速增长的核心动力。

尽管软包装没有自己的形状，但随着其应用范围的不断扩大，它已成为包装大家庭中的一员，事实上它的形状是可以随着产品的变化而发生变化的。

软包装应用范围的扩大是由五大主要因素推动的，这五大因素也决定了软包装在多个市场未来的增长态势。它们分别是：生物包装、阻隔性薄膜、包装袋、印刷和设计、智能包装。

## 1 生物包装

近年来，降解塑料、生物材料的研发，极大地推动了全球包装材料业的发展，成为包装商颇为青睐的选择。然而，降解塑料在土壤中降解的速度较慢，不能被及时回收利用；不能被彻底地降解，会存在视觉上的污点等应用弊端，使其应用前景出现了局限。于是，天然生物包装材料凭借完全环保的优势，成为未来包装材料的首选。

在食品行业，包装袋也许是污染的最大根源。随着人们环保意识的增强及科学技术的进步，天然生物包装材料凭借完全环保的优势，成为了当下最具开发潜力的包装材料之一。未来，天然生物包装材料将在科学技术的支持下不断地改进与创新，在不成熟中渐渐完善，或将在包装行业内占有相当可观的市场份额。

## 2 阻隔性薄膜

一直以来，食品安全都是人们共同关注的话题，而在保证食品的品质方面，包装材料发挥着极其重要的作用。例如，采用高阻隔薄膜来包装食品，可延长冷藏食品，如肉类、奶酪、鱼，奶粉和坚果等非冰冻类食品的货架寿命。

据高阻隔薄膜行业市场调查报告显示，全球高阻隔性包装薄膜市场发展迅速，2014年销售量约为176万吨，销售额为159亿美元。预计未来5年，全球高阻隔性包装薄膜市场仍将继续保持稳步增长态势，年均复合增长率将保持在5.0%，2019年销售量有望达到224万吨，销售额将超过200亿美元。

高阻隔性包装薄膜主要应用于6大类软包装：塑料袋、自立袋（包括蒸煮和非蒸煮型）、盖材、成型基材、包裹膜、泡罩包装基材。其中，塑料袋是目前最主要的一类，占2014年全球高阻隔性包装薄膜销售量的50%以上；盖材和成型基材排在第2位。预计未来5年，自立袋将成为增长速度最快的一类，盖材和成型基材的增长速度也将超过市场的平均水平。

## 3 包装袋

包装袋是指用于包装各种用品的袋子，使货物在生产流通过程中方便运输，容易存储。随着经济的发展和人们生活水平的提高，对商品包装袋的需求日益增多，对商品包装袋的要求也越来越多，对包装袋使用价值的要求也在提高。目前包装行业产值的高速增长，彰显了包装行业巨大的发展前景。

我国是世界第一大果蔬生产和销售大国，然而有30%左右的水果在储存、运输、销售过程中损失，其中包装不当是重要的原因，在竞争激烈的市场条件下，包装的作用越来越重要。在市场高速扩张的中国及其他发展中国家，包装袋生产规模的扩大与市场需求的不断上升呈现相辅相成的趋势。报告显示，到2018年，亚太地区的市场预计收入是最高的。其中，食品包装（尤其是饮料包装）和药品包装将是两个主要增长极。

如今包装袋不再是简单的产品，企业和消费者对包装袋的品质、材料、质量款式要求都在提高。在北美和西欧塑料包装袋使用率已经很高，产品结构的变更将继续支持这些地区包装袋需求的持续增长。

## 4 印刷和设计

包装与印刷是分不开的，两者间是互相依存的关系，一个好的包装除了需要印刷还需要精心设计，设计是包装的灵魂，一个产品的包装设计成功与否，直接决定产品的档次。在众多的包装中，如何才能够从众多的品牌中凸显出本企业的产品和品牌，要从包装设计的独特性上着手。在独特设计上，可以运用独特的色彩，用区别于其他产品具有抢眼的与产品符合的颜色；在包装的形状上，现在不少包装设计都采用普遍的包装设计形式，包装的款式缺乏创新，不能够吸引到消费者。

包装设计看似只是产品的外包装，其实它也展示企业文化和品牌形象。包装的品质在消费者眼里很多时候就是体现了产品的品质，包装的创意也体现了品牌的创意。产品包装的作用其实很大，不仅展现品牌形象，还是产品销售的助推器。企业应该重视产品的包装设计，打造一个具有本公司文化特色、符合品牌形象、具有鲜明特色的包装。

## 5 智能包装

所谓智能包装，就是在现有包装技术上，添加更多的相关信息，并可以采用目前先进的智能手机、互联网、物联网予以读取，从而使包装具有更大的信息容量；使消费者在选购时可以通过产品的包装更多地了解该商品的信息，从而达到进一步便于消费者选购的目的。

例如，人们在超市选购小包装食品时，在包装上能显示的是食品名称、主要成分、出厂日期、保质期等必须公开的信息。但使用智能包装后，由于可以提供信息的容量倍增，生产者可以将主要原料的生产信息、食品加工过程中的信息、食品使用过程中的注意事项和友情提醒等以智能的方式储存在包装上或互联网上，并通过智能手机进行读取。

智能包装是一个广阔的定义，它包括了该商品多种内在信息，以上只在小包装食品上进行了一个举例。由于智能包装在包装上的信息容量得到成倍扩容，对消费者来说，获得了更透明的商品信息，增加了更大的挑选余地；对生产者来说，智能包装无疑提供了一个与消费者直接见面的大容量平台。同时，智能包装在商品防伪技术上也将获得质的突破。在快速发展的物联网和物流产业中，智能包装将大显身手。

面对不断增长的竞争压力，软包装生产企业必须要改进技术、流程及设计，以确保消费者能够在货架上区分出他们的产品。据史密瑟斯·皮尔研究所的调查，印刷包装企业需要对新印刷技术进行持续投资以提供更丰富的色彩与精良的印后工艺，才会更好地增强自身竞争力。在大市场大环境下，中国也会在印刷行业这条道路上不断提升和解放自己，为包装行业开辟出更为广阔的天地。

# 液态包装机械市场前景广阔，将呈现差异化

长期来看，我国饮料、酒类、食用油及调味品等液态食品行业仍有较大增长空间，尤其是农村地区消费能力的提升将大大拉动其对饮料等液态食品的消费。下游行业的快速发展及人们对生活品质的追求，必然要求企业投入相应的包装设备以满足生产的需要，同时也将对包装机械的高精度、智能化、高速化水平提出更高的要求，因此我国液态食品包装机械将呈现出较为广阔的市场前景。

## 1 液态包装机械市场竞争情况

目前，以饮料为主的液态食品包装机械水平较高的国家主要是德国、法国、日本、意大利和瑞典等，国际几大巨头如德国克朗斯集团、法国西得乐、KHS 公司仍占据着全球大部分市场份额。虽然我国液态食品包装机械制造业近年来发展较快，研发了一批具有自主知识产权的关键设备，不断缩短了与国外先进水平的差距，部分领域达到甚至超过国际先进水平，形成了一批不仅能满足国内市场，也能参与国际竞争、畅销国内外的拳头产品，但国内一些成套的高精度、高智能化、高效率的关键设备（如饮料及液体食品罐装设备）仍然依靠进口。不过，我国近三年的出口数量及金额都呈现出稳定增长的趋势，也说明了部分国产液态食品包装设备的技术已经相对成熟，在满足了一部分内需后，更是支持了其他国家和地区的设备需求。

## 2 未来我国饮料包装的发展方向

我国液态食品包装机械市场竞争状况表现为高、中、低端三个层次：低端市场主要是数量众多的中小企业，生产大量低水平、低档次、价格较低的产品，这些企业大量分布在浙江、江苏、广东和山东等地区；中端市场是有一定的经济实力及新产品开发能力的企业，但它们的产品仿制多、创新少、整体技术水平不高，且产品的自动化水平较低，无法进入高端市场；而高端市场中已经出现能够生产中、高端产品的企业，他们生产的部分产品已经达到国际先进水平，能够与大型跨国公司的同类产品在国内市场及部分海外市场进行正面竞争。总体来说，我国仍处于中低端市场的激烈竞争，高端市场进口仍然较多，随着国内新产品的不断研发、新技术的不断突破及国产设备显著的性价比优势，进口设备在我国液态食品包装机械市场的占有率将逐年降低，取而代之的是国产设备的出口能力增强。

## 3 业内人士对饮料包装行业未来发展信心十足

（1）饮料行业的发展推动包装行业的技术进步。未来的饮料包装市场中，耗用原料少、成本低、携带方便等独特的优点决定了饮料包装必须在技术上不断推陈出新，才能紧随饮料发展的步伐。惯用易拉罐或玻璃作为包装材质的啤酒、红酒、白酒、咖啡、蜂蜜及碳酸饮料等饮料，随着功能性薄膜的不断完善，塑料软包装替换瓶装容器而受到广泛使用是必然的趋势。包装材料和生产工艺的绿色化，标志着无溶剂复合和挤出复合的多层共挤功能性薄膜将在饮料包装上得到更多的应用。

（2）产品包装要求差异化。“更多样的产品，要求更有差异化的包装”已经成为饮料行业发展的趋势，饮料包装机械技术的发展将成为这一趋势最终的推动力量。未来 3~5 年的饮料市场在发展现有的果汁、茶类、瓶装饮用水、功能性饮料，以及碳酸饮料等产品的同时，将会向低糖或无糖饮料，以及纯天然、含乳类等健康性饮料方向发展。产品的发展趋势将进一步推动包装差异化的发展，例如 PET 无菌冷罐装包装、HDPE 奶类包装，以及无菌纸盒包装等。饮料产品开发的多样性将最终推动饮料包装材料和结构的创新。

(3)加强技术研发力度是饮料包装行业持续发展的基础。目前，国内设备供应商已经在这方面取得了巨大的进步，并在价格及售后服务上具备了很强的竞争实力。国内一些饮料设备生产厂商如新美星等，在提供低、中速的饮料包装线上凸显其潜力和优势。主要表现在非常有竞争力的整线价格、良好的本土技术支持和售后服务、相对较低的设备维护和备件价格等方面。

# 浅析金属包装废弃物的回收利用

广西真龙彩印包装有限公司　毛科林

**摘要**：金属类包装废弃物约占包装废弃物总量的10%左右，金属包装具有高资源高消耗和高环境污染的特点，其回收利用具有重要的经济和环境价值。在分析金属包装回收现状的基础上，提出了回收策略：①以便于回收利用为核心，优化金属材料成分和金属包装生产流程；②完善法规，加强宣传管理，建立住宅小区回收示范；③依靠科技创新、轻量化，提高回收利用水平。

**关键词**：金属包装　法规　回收示范　科技创新

## 1 引言

金属包装材料具有以下特点：①材料延展性好，可以通过冲压、轧制、拉伸、焊接加工制成各种形状大小的容器，如方形、圆形、椭圆形、梯形、马蹄形等；②力学强度优良，对光、气、水阻隔性好，具有较好的防潮性、保香性、耐热性、耐寒性、耐油性等，可有效保护内装物；③表面光滑光亮，具有良好的装潢性能，可以提高包装物体的美感和档次；④化学稳定性较差，不耐腐蚀，通常表面需要做防锈处理；⑤易于回收和再生利用，从回收利用角度来说，是一种绿色可回收利用包装材料。我国金属包装总产值约占包装工业总产值的10%。70%以上的企业分布在珠三角、长三角和渤海湾经济区。金属包装的最大用户是食品工业，其次是化工业，化妆品和药品也占一定的比例。我国金属包装市场具有很大发展潜力。我国人均年消费金属包装材料小于1.5kg，人均年消费小于1.5kg，低于欧洲人均50kg和日本人均23kg的水平，因此，金属包装具有巨大的市场前景，未来还有很大的增长空间。

据有关资料显示：铝制易拉罐回收率在90%以上，马口铁制品回收率在75%左右，钢桶回收利用率为80%。金属包装制品回收再利用比其他包装废弃物回收再生利用效果更好，符合国家发展循环经济，建设资源节约型、环境友好型社会的基本国策。但回收的金属包装物大多作为冶金原料使用，重复利用率低，总体技术水平低、规范程度差，急需提高金属包装材料回收水平。

## 2 金属包装的回收利用对策

对于金属包装废弃物的回收利用问题，不能简单地认为只是回收处理的问题，同时应该结合金属包装的特性，注重再利用。这其中涉及金属包装的加工生产流程、运输流通、消费、回收等各个环节，涉及生产者、销售者、消费者、废弃物处理组织、政府相关部门等方方面面。

### 2.1 以便于回收利用为核心优化生产流程

大多数金属包装的生命周期比较短，在市场中循环流通比较快，但是通过调查发现，金属包装的回收利用率往往不尽如人意。之所以回收率比较低，很多问题都来自生产源头。本文提出应该以便于回收为核心，对金属包装罐生产流程优化，采用新材料、新技术达到易于回收的目的。比如将金属表面防锈功能和表面印刷装饰功能结合，表面涂层用既有装饰功能，又有防锈防腐蚀功能的新材料、新技术。

金属罐具有良好的密封性，印刷装潢效果比较好，一般用于啤酒饮料包装，多为一次性包装，生命周期比较短，回收比较容易。金属罐回收后运到熔炼厂熔炼，可以比用金属矿石提炼大幅度减少能耗。再生利用的难点在于如何清除印刷的油墨和内腔的有机涂层。一是采用丙酮等有机溶剂将漆、油脂或者其他表面污染物清除；二是采用高温脱漆。上述两种方法明显会造成二次污染或者增加能耗。可以在金属包装生产流程过程中改变工艺，在金属包装表面贴合一层绿色复合材料，将装潢图文信息印刷到复合材料上，便于回收后金属表面的清理。依靠科技创新，处理内腔涂层，加快研发低表面能的涂层。

钢铁包装废弃物不能重复使用时，均可以作为废铁回收，送到钢铁厂重熔。有些金属包装罐采用镀锡板，有些钢铁包装容器中存在铅、锡、铝等低熔点的金属，这些元素易于熔化炉的耐火材料反应，造成炉壁损伤，并降低钢材质量，导致难以获得高质量回收产品。例如，钢材中含0.01%的锡，就会使钢锭开裂，热加工时易产生裂纹，同时会使材质硬化，造成冷轧困难。铅容易穿透炉底，造成漏钢事故。因此，马口铁在金属包装废弃物中的回收价值比较低，加上含锡、铅等焊剂，钢铁厂拒之门外，导致目前无人回收。因此露露、红牛、八宝粥等包装罐很少有人去回收，造成巨大的资源浪费。对于大型铁桶，如果锈蚀不算严重，可以考虑直接用瓦楞铁板，或改制成较小尺寸的铁桶。尽量多使用镀锌板，少用镀锡板。

2.2 立法立规，建立良好的回收社会环境，创建金属回收示范应用

美国至今已有37个州分别立法并各自确定包装废弃物的回收定额。只要达到一定的回收再利用水平即可申请免除包装废弃物的税收。德国环境部于1991年6月颁布《包装法》，成为世界上第一个规定由生产者和包装货物的厂商承担废弃物的收集分选和处理费用的法规。日本政府《能源保护和促进回收法》，1993年6月正式生效。该法强调须生产可回收的包装产品和有选择地收集可回收的包装废弃物。1983年，加拿大安大略省的一个市首先提出来，居民将收集来的马口铁罐、玻璃瓶、报纸、铝罐、塑料等分门别类放入蓝色塑料箱内或塑料袋内，平均每位居民收集46kg废弃物。这些发达国家的做法可以借鉴。在节约资源与保护环境的双重压力下，政府部门应不断完善包装废弃物回收的法律法规，从减免税收或金属包装企业负责回收方面立法。

良好的回收社会环境是解决金属包装再生利用的关键。在金属包装的生产中，不论大中小企业，均要严格按照国家标准来进行生产制造，不能私自增加在回收利用过程中难以分离的有害组分。加强宣传管理，进行全民教育。可以借鉴国外建立“金属罐再生利用展览馆”等活动，把金属罐从生产流通、消费、废弃、回收、再生利用的全过程，生动、形象、通俗、互动地展现给消费者。建设节约资源、回收是公民的社会责任、文明的体现等有益的社会文化。

细化金属包装废弃物的分类，利益驱动全民参与回收，建立示范应用。适当提高金属包装产品的价格和金属包装废弃物的回收价格，疏通从家庭到小区，到回收中心，再到回收工厂的高效渠道，让消费者在利益的驱动下积极参与到金属包装废弃物的回收中去。金属包装在特定位置印刷醒目分类标志，便于全民认识，可以让居民或回收小贩进行分类回收，方便企业再生利用。在居民区建立相应回收站，统一规范管理回收渠道。

2.3 增加科技创新

科技创新，提高回收利用水平，改善目前低回收率、低利用水平的现状。比如，目前油漆包装桶仍然依靠简单燃烧处理方式处理，这种原始的回收处理技术方法必须依靠科技创新来改变。在企业生产过程中，金属下脚料的资源浪费不可忽视。可以通过开发新产品充分利用下脚料，从源头进行改善，提高利用率。回收的金属罐铁、铝，有的含锡混杂在一起，一方面给高水平再生利用带来困难；另一方面，一般是小的钢铁企业进行回收利用废弃物，存在再生利用水平不高、带来二次污染的问题，而大的钢铁企业不愿意用回收废弃物进行再生利用。应当加大科技投入，针对钢铁中的杂质分离方法进行创新，降低成本，进行重熔再利用，以此提高金属废弃物的回收利用率。

为了减轻包装产品对生态环境的影响和更有效地利用自然资源，围绕包装新材料的开发和制造工艺的“减量化”“薄壁化”进行多角度、多学科的研究，结合结构设计，争取在这些领域取得突破性进展。在制桶方面，国外已普及超薄铁制罐、微卷封工艺和柔性化生产方案等。将制罐壁薄降至0.07～0.13mm，从而大大节省用材，降低资源消耗。我国大多还使用0.20mm以上的马口铁制罐。但是国内某公司已经研制成功薄壁三片罐，厚度与以往产品比减少了0.03～0.05mm，为我国创造“降低资源消耗，实现金属包装产业可持续发展”的自主研发之路，起到了模范作用。

## 3 结语

我国资源能源越来越紧张，废弃物积累量不断上升，迫使包装行业必须坚持“以回收利用为主导”的发展模式，建立完善金属包装回收再利用系统迫在眉睫。金属包装的回收利用在包装废弃物中最具回收价值，对于环境保护、合理利用资源、统一协调生态效益和经济效益具有重要意义。

**参考文献**

[1]周炳炎,金雅宁,李丽.我国金属包装废物产生和回收特性分析[J].再生资源与循环经济,2010,3(5):33-35.

[2]周云杰.中国金属包装存在的问题及其出路[J].包装学报,2010,2(3):6-8.

[3]梁燕君.发达国家包装回收利用形成产业体系[J].中国包装,2014(5):68-70.

[4]刘晓燕.低碳经济与金属包装产业升级转型战略研究[J].湖南工业大学学报(社会科学版),2013,18(3):7-11.

# 浅析消费类电子产品包装设计

广西真龙彩印包装有限公司　肖勇

**摘要**：目的——包装设计如何适应消费类电子产品轻薄化，网购，物流，包装新材料，新技术进展，提升产品整体市场竞争力。方法——分析讨论。结论——采用包装新材料和新技术、生态设计，有针对性地提高电子产品包装防护功能，并降低材料消耗和环境污染；简化外包装图文印刷；采用诸如射频识别标签（RFID）等智能标签适应网购物流需求；包装外观个性鲜明，突出品牌和产品主题。

**关键词**：消费类电子产品　包装设计　包装新材料　智能标签　外观简明

产品的包装设计是产品价值能否得到实现的重要途径。消费类电子产品（consumingelectronic product）主要界定为显示（平板电视、笔记本电脑）、影像（数码相机、打印机）、移动（手机、PDA、MP4播放器）三大类产品。融合了计算机、信息与通信、消费三大领域，也称为3C类产品。消费类电子产品的种类越来越多，更新换代速度越来越快。电子元器件集成度越来越高，各种采用新材料、新技术生产的新型电子产品不断涌现。电子零部件的尺寸越来越精细，电路板的走线越来越复杂，对静电、力学、防潮等包装防护提出了更高的要求。目前，电子产品的制程、网络购物、物流配送、环境保护要求、文化创意设计、包装新材料、消费者的审美和消费观念等围绕消费类电子产品的环境因素发生了巨大变化，电子产品的包装设计如何适应这些新变化，尤其重要。本文总结提出了电子产品包装设计应该注意的几个发展趋势。

## 1 采用包装新材料和新技术，有针对性地强化电子产品包装防护功能

电子元器件的加工精度越来越高，电路越来越细薄。有些电子产品如平板电视，整机越来越大，但产品厚度越来越薄。因此，需要有针对性地从包装设计、引入包装新材料和新技术来提高电子产品包装的防护功能。包括：①防震。通过包装箱结构设计和采用高性能缓冲包装材料，提高电子产品的防震功能。比如，采用天然原材料制备的可完全降解的轻质纸浆模塑材料取代泡沫塑料及瓦楞垫片，采用气垫薄膜减少包装材料消耗等。②防水防潮。电子产品零部件中各个元器件越来越小，相互之间的距离越来越近，在潮湿环境中容易出现毛细管结露，短路损毁电子产品。在产品内包装加一层塑料薄膜、铝箔纸、蜡纸等防水包装材料，以及在包装中置放干燥剂防止电子产品生锈或结露。近年来，高阻隔材料塑料膜、具有红外反射功能的铝箔纸，以及纳米改性的隔热高阻隔涂料等新型防水材料逐渐在电子产品包装中应用。有些电子产品采用遇水（潮）图文消失或图文显示或图文模糊等智能标签显示该电子产品是否经历过遇水（潮）过程。③防静电。随着电子元件集成度越来越高，电路中绝缘层的厚度越来越薄，承受静电电压能力越来越低，而且产生和积累静电的高分子材料大量使用，使得静电危害越来越严重。静电对电子产品的破坏主要表现在四个方面：静电吸附灰尘，降低元件绝缘电阻；静电放电直接破坏电路或元件；静电放电电场或电流产生的热使元件受损；静电放电产生幅度很大，频谱极宽（从几十兆到几千兆，达几百伏/米）的电磁场使电子产品受电磁干扰损坏。完全消除静电十分困难，电子产品在装卸、运输、储存过程中，震动、摩擦、碰撞、挤压过程中还会新产生静电积累。电子产品静电防护唯一可依赖的就是包装。国际电工委员会（IEC）根据产品的静电敏感度和性能要求的高低，将静电包装分为三个等级，静电屏蔽包装，要求包装材料的体电阻小于1000Ω；静电导电型包装，其体电阻10000Ω；静电逸散型包装，其体电阻介于104~1011Ω。静电敏感电子元器件通常采用多层防静电屏蔽袋包装，内层是不易产生静电或消散静电的材料，中层为导电材质提供静电屏蔽保护，最外层为静电屏蔽材料，降低外界电场对电子元器件的影响。新材料技术的进展提供了多种性价比不同的新型防静电材料。④防氧化。采用气调技术降低包装中的氧气和水蒸气含量，产品包装特别是一些军用印制板备件，应装在防静电铝箔薄袋内并充氮气封口，以防印制板面及元器件被氧化。四川国营长虹机器厂生产的军事电子装备采用了聚乙烯薄膜干燥空气密封封存技术，不仅延长了产品

储存期，而且节约了机器返修费；南京长江机器制造厂等，军工产品的包装，推广应用了气相防锈和除氧封存工艺技术，不仅提高工效3倍，还降低了包装成本30%左右，而且延长了产品封存期，保证了产品的稳定性和可靠性。

## 2 电子产品包装的生态设计、应用新型环保包装材料

生态设计是指在产品设计、选材、生产、包装、运输、使用到报废处理的整个生命周期，充分考虑产品的环境属性和资源属性，将可拆卸性、可回收性、可制造性等作为设计的目标，在产品设计时，选择与环境友好的材料、机械结构和制造工艺，在使用过程中能耗最低，不产生或少产生毒副作用，使产品及其制造过程、使用过程和报废处理后，对环境和资源消耗的总体影响减到最小。

首先全面了解产品的结构特点。包括产品结构强度设计（六面承受的允许强度）、产品底面结构状况、外表的耐磨性、内部结构件的布局及强度、导线的编扎固定牢度、元器件安装长短、各种支架的强度及机壳使用材料等。对于电子产品，一般采用全面缓冲设计方案，缓冲形式有左右套衬和上下天地盖两种。

大型电子产品常用的外包装是瓦楞纸箱，部分大而重的产品采用蜂窝纸板包装箱。衬垫结构一般以成型衬垫结构形式对电子产品进行局部缓冲包装，衬垫结构形式应有助于增强包装箱的抗压性能，有利于保护产品的凸出部分和脆弱部分。棱角边应有垫条、垫块、垫片等保护：在外包装箱内填充碎纸屑、碎泡沫等缓冲。包装箱要装满，不留空隙，减少晃动，可以提高防潮、防震效果。内包装的最主要功能是提供内装物的固定和缓冲，有多种内部包装材料及方法可供选择。①发泡塑料是传统的缓冲包装材料，有质量轻、保护性能好、适用范围广等特点。特别是发泡塑料可以根据产品形状预制成相关的缓冲模块。目前，电子产品内包装材料以聚苯乙烯（EPS）和聚乙烯（EPE，珍珠棉）为主，尽量选用价格低的可降解材料。EPE目前是国际上比较认可的环保材料，主要用于易碎品的包装，成本比较高。EPS可以模塑成型，成本低，但不可降解和回收，导致白色污染。②气垫缓冲膜是在两层塑料薄膜之间采用特殊的方法封入空气，使薄膜之间连续均匀地形成气泡。气泡有圆形、半圆形、钟罩形等形状。气泡薄膜对于轻型物品能提供很好的保护效果。作为软性缓冲材料，气泡薄膜可被剪成各种规格，可以包装几乎任何形状或大小的产品。气垫薄膜的缺点在于易受周围气温的影响而膨胀或收缩。膨胀将导致外包装箱和被包装物的损坏，收缩则导致包装内容物的移动，从而使包装失稳，最终引起产品的破损。而且其抗戳穿强度较差，不适于包装带有锐角的易碎品。小型电子产品常用包装纸盒进行包装。纸盒有单芯、双芯瓦楞纸板和硬纸板。

在保证电子产品包装防护功能的前提下，尽量减少包装物的使用量和选用轻质包装材料、其他工业的废料（纸张裁切后的边角料）。同时，包装材料的生产及废弃后可以进一步回收利用。目前纸蜂窝、纸浆模塑等环保材料已经在格力、长虹、海尔、海信、美的等知名家电企业得到了广泛的应用，取得了很好的成效。收缩与拉伸薄膜包装在海尔集团得到推广应用。

## 3 简化外包装图文印刷、采用智能标签适应网购物流需求

在互联网、物联网时代，网购电子产品所占比重越来越高，电子产品的包装设计必须适应网购产品销售模式和物流方式。消费者网络购物时主要关注产品的图片和性能，对包装外观图文无过多要求。因此，包装箱（盒）表面可以尽量少印刷图文，以降低印刷成本和减少印刷图文过程中的环境污染。

网购商品单件产品物流中间环节更多，储存运输过程中的温度湿度环境更加恶劣，除了包装的防护功能需要进一步提高外，还可以采用智能标签技术，如射频识别标签（RFID）、近场通信标签（NFC）实现电子产品包装全程跟踪监控、简化物流人工操作。对温度或湿度敏感的电子产品，还可以采用温度湿度指示记录标签或将温度湿度测试结果存入RFID或NFC芯片回传物流管理系统。

## 4 包装外观个性鲜明，突出品牌和产品主题

包装具有创意形象、示范引领、体现企业品牌意识的特点。新产品的产生，消费形态的改变，商业流通的发展，新材料的涌现，制作工艺、技术的改进，市场营销的发展等都会促进新的包装形态的出现。甚至人们的生活观念、审美情趣的改变也会对包装形态产生影响。

强调视觉设计方面的充实与舒适，设计创意更追求养眼的唯美效果，显得更“友好”更“亲切”。产品包装和创意设计融合，完全从用户的角度去考虑产品的包装设计。以iPhone系列手机的包装为例，非常简约的图形和颜色的重度识别，使数码电子产

品在包装上有极强的品牌效应。特别是在包装纸型方面，结构设计非常有讲究。在视觉设计方面，国外知名企业都有独特的公司标志图案和标志颜色，采用统一品牌、统一型号、统一包装装潢设计和统一包装结构设计，简洁、明快地树立产品生产者的形象。

**5 结语**

不同的电子产品有不同的静电、力学缓冲、湿度、温度等包装防护要求，绿色多功能包装新材料及 RFID 等物流新技术的应用使电子产品包装向安全化、绿色化、智能化和个性化方向发展，通过包装可以整体提升消费类电子产品的市场竞争力。

**参考文献**

[1]李科成,刘孝刚,陈明祥.用于三维封装的铜—铜低温键合技术进展[J].电子元件与材料,2015,34(1):9-14.

[2]郝戎.浅析智能标签技术[J].印刷质量与标准化,2009(1):24-27.

[3]叶芳俊.浅谈防静电包装材料[J].劳工安全卫生简讯,2014(91):12-14.

[4]陈萌,罗世永,许文才,等.防静电包装研究进展[J].包装工程,2008,29(10):52-53.

[5]马永耀,余昭杰,史典阳,等.电子产品生态设计实施要素分析[J],科技视界,2015(1):59-60.

[6]魏天飞.环保材料包装为家电企业节约成本超亿元[J].包装,2013(12):12-13.

[7]段成瑞.浅析电子产品包装未来发展[J].包装世界,2012(4):18-19.

# 详谈纳米技术在瓦楞包装中的应用

随着农产品包装、冷链包装等新型包装市场的形成，对中国的瓦楞包装提出了保鲜、防水、防潮、抗静电、耐摩擦等新的课题。

如今，随着纳米高新技术在包装印刷领域的应用，研制出有特殊功能的纳米纸、纳米油墨等高新技术产品，使这些问题得到很好地解决。本文介绍纳米科技在瓦楞包装印刷中的应用。

纳米材料广泛应用于纸张，可实现纸张的某些特殊性能。如实现和聚合物基体及无机填料在纳米尺度上的复合，使复合材料具有优异的力学性能和耐热性、阻隔性、耐候性等。纳米材料可达到分子水平相容，且尺度小于光波长，透明性好；可得超导、光致变色、电致变色材料，这在防伪用纸和包装用纸的制造上有重要意义。

纳米纸在瓦楞纸箱中的作用，主要是利用纳米纸抗菌保鲜及疏水等其他一些特殊性质，以增加瓦楞纸箱在包装中抗菌保鲜的功能和提高纸箱的印刷适性。

纳米纸张最大的特点是在纸成型之时就已经具备了相应的纳米功能，它是瓦楞纸箱包装技术中效果最好、成本最低的一种技术，应用前景非常广阔。例如，利用超疏水纳米结构、涂层技术，提高了纸张疏水性和表面强度。超疏水纳米结构涂层技术及其在纸产品的应用属国内首创。这种纳米纸除纸张原有的书写、复印等功能外，还具有普通纸所不具备的超级疏水和防潮性，以及提高印刷表面强度、降低伸缩率的特殊性能，倒上水会像在荷叶上一样自由滚动。且其增加的成本仅为普通纸成本的 10% 左右。在包装材料领域，纸张制品、纸箱、薄膜等也都获得奇异的超疏水、超疏油效果。

一些聚酰胺水溶性高分子材料，如日本住友 SumJrca636、美国的 Nopchell616 等产品，可广泛应用于各种涂布纸的涂料配方中，能有效地改善成纸的湿黏附强度、湿耐磨强度及油墨接受性，并可改善防起泡性能及提供优良的光泽和遮盖性能；印刷表面强度明显提高，特别适用于含缎白和轻质碳酸钙的高 pH 值涂布体系，使用效果是氨基树脂抗水剂的 2 倍。

黏合剂和密封胶是包装领域中的重要产品，使用范围很广，在瓦楞纸箱制造中也经常用到。将纳米材料（如钠米二氧化钛）作为添加剂添加到黏合剂和密封胶中，就可大大提高黏合剂的性能。其作用机理是，在纳米二氧化钛的表面包覆一层有机材料，使之具有亲水性，将其添加到密封胶中很快形成一种硅石结构，即纳米二氧化钛形成网络结构，提高黏结效果。另外，由于颗粒尺寸小，更增加了胶的密封性。在黏合剂的树脂中加入 50~70nm 的橡胶微粒而制成的纳米黏合剂，不仅大大提高了封合强度、剪切强度和耐热老化等物理化学指标，而且极大地拓展了它的应用领域，号称 21 世纪的万用黏合剂，是黏合技术的一大硕果。

此外，在瓦楞纸箱制造中，还可利用纳米材料的其他特性来改善瓦楞纸的性能。例如，应用纳米疏水的特点，将纳米拒水剂涂覆在瓦楞纸箱内层，使纸箱表面与水不粘连，具有环保、防湿、防潮等功能，这样，就可以在箱内放入冰块后用于包装啤酒等。

对于水果及一些食品来说，产品保鲜非常重要。但保鲜包装技术工艺复杂，包装操作和储运成本较高，但保鲜效果却不理想。如今采用纳米高新技术后推出的具有抗菌功能的纳米纸，就很好地解决了这个问题。许多有机抗菌剂都存在耐热性差、易挥发、易分解产生有害物质、安全性能差等缺点。

为此，人们积极开发研究无机抗菌剂，而利用超微细技术能够生产亚微米及纳米级的无机抗菌剂，可以很好地解决有机抗菌剂的缺点。纳米级无机抗菌剂系列包括元素、氧化物和多种化合物。将纳米无机抗菌剂混入造纸浆料及表面施胶液中，就可将纸张抗菌产业化，如物理抗菌复合纤维无纺布、医用食品包装纸、高级生活用纸等。无机抗菌剂主要包括银、铜、锌、硫、砷及其离子元素等。光催化抗剂有纳米级氧化钛、氧化锌、氧化硅等，它们能将细菌和残骸一起杀灭和消除，从而超过传统抗菌剂仅能杀灭细菌本身的性能。同时，还能将细菌分泌的毒素也分解掉，而传统的抗菌剂就无法消除细菌残骸和毒素。MOD 系列纳米高性能无机抗菌剂解决了无机抗菌剂在应用中变色的世界性难题，用0.5%～2%添加量的包装产品，其抗菌率可达 99.9%，目前开始应用于牛奶、饮料抗菌包装，以及功能性涂料及专用纸张、塑料包装制品等。抗菌保鲜瓦楞纸板是在纸板里衬纸的表面敷有一层纳米抗菌防腐剂，这种防腐剂对食品卫生没有影响。

保鲜瓦楞纸箱是一种特殊的包装，也是一种技术创新产品。它是借助于现代科学和技术与包装工程交叉结合的产物，体现了现代包装技术的发展方向。保鲜瓦楞纸箱的关键是对传统瓦楞纸板进行纳米改性和对传统瓦楞纸箱结构进行保鲜设计和创新。保持水果、蔬菜新鲜的方法是减少失水、抑制生物呼吸和细菌生长，同时除去促使它们老化、熟化的乙烯气体，保鲜瓦楞纸板正是从这些方面入手进行加工的。

在瓦楞纸箱内面纸制造过程中加入纳米级多孔型乙烯气体吸收粉剂，可防止催熟；也可在原纸上涂布能发出 6～14lxm 波长红外线的特种陶瓷粉末。这种粉末在常温下就能发射红外线，不仅能使果品中有关分子活化，提高抵抗微生物侵蚀的能力。而且还可使酶活化，提高果品甜度，用于桃、葡萄、杨梅等保鲜包装效果好。

将镀铝保鲜膜层合在瓦楞纸板的内表面制成的复合膜具有吸收乙烯气体功能，镀铝膜既可防止水分蒸发，又能反射辐射线，防止箱内温度上升，起到保鲜作用。二氧化硅混合衬纸瓦楞纸板与纸箱，保鲜性能良好，纸板的加工制作与普通的瓦楞纸板完全一样，无须在衬纸与瓦楞之间夹加任何材料。它的保鲜作用是由于纸板的里衬中含有能够吸收乙烯气体的纳米粉剂。纳米粉剂是用白硅石为原料制成的以二氧化硅为主要成分的多孔型粉剂，由于白硅石对于吸附乙烯气体的性能比活性炭、稀土锆及沸石都要好，所以用纳米白硅石粉剂的纸张作为瓦楞纸板的里衬纸具有更好的保鲜效果。

利用纳米微粒对紫外线有强吸收能力的特点，在塑料等包装材料表面涂上一层含有纳米微粒的透明涂层以吸收紫外线，就可防止塑料包装制品在紫外线照射下很容易老化变脆的缺点，增加塑料包装的用途（如外包装、大型设备的裹包及瓦楞纸箱打包薄膜等）和寿命。目前主要有二氧化钛纳米粒子的树脂膜（吸收 400nm 波长以内的紫外线）和三氧化二铁纳米微粒的含醇树脂膜（吸收 600nm 波长以内的紫外线）。利用纳米技术制作的这种光吸收材料将成为传统包装材料的替代产品，为包装材料的改性和功能保护创造了技术条件。

金属纳米微粒具有消除静电的特殊功能，将金属纳米粒子掺杂到化纤制品或纸张中，就可大大降低静电作用。利用纳米技术，将金属纳米微粒涂覆在包装与印刷材料的表面，就能消除在高速全自动包装机或印刷机上输送包装与印刷材料时所产生的静电，使得包装与印刷材料表面不再吸引灰尘，材料表面不会因灰尘增加摩擦而导致擦伤，从而大大提高包装与印刷速度，保证印刷质量。

此外，在多样化的工业用品包装中，特别是高精密仪表电器、电子元件、集成电路和电子引信等包装中，防止静电是非常重要的，目前推出的防静电瓦楞纸板，是在瓦楞纸板表面涂布纳米级炭粉、层合铝箔，在箱纸板生产过程中加入金属纤维或碳素纤维等制造而成的，能有效地防止静电对电子产品的影响。光洁度要求很高的不锈钢材料及各种合金材料的包装衬纸，不仅要求包装用纸具有防水、防油、防锈性能，而且要求具有强度高、耐磨擦、抗静电、抗老化的特点，而一般的纸张都很难同时具有这些特点。但如果将0.1%～0.3%的纳米二氧化钛、三氧化二铬、氧化锌、三氧化二铁、二氧化锡等粉体掺入造纸浆料中制作的有抗静电、耐磨功能的纳米纸，就可以具有优良的耐磨、抗水、耐腐蚀等作用，而且同时还会产生良好的静电屏蔽性能，大大降低其静电效应，从而可大幅度地提高包装产品的安全系数。还有利用纳米纸抗菌防腐等功能，制作出防臭、防滑等瓦楞纸板，非常适用于包装有关商品。

利用纳米微粒构成的海绵体状的轻烧结体，用于气体同位素、混合稀有气体及有机化合物等的分离和浓缩，用于化学成分探测器及作为高效率的热交换隔板材料等。

随着纳米科技的不断成熟和完善，使其在瓦楞纸箱中的应用将更加广泛，并使其在数量和成本方面与成熟技术形成良好的竞争优势。总之，纳米技术和纳米材料在瓦楞纸箱中的应用，将开辟出一个包装技术崭新的领域，其优异特性及功能，为瓦楞纸箱工业的发展提供了新的途径。

## 三大问题制约包装机械制造业快速发展

国内的包装机械行业水平还处于较低阶段，一些含量高的包装成套设备仍一度依靠国外进口来满足内需。

我国包装机械起步较晚，经过20多年的发展，我国包装机械已成为机械工业中十大行业之一，为我国包装工业快速发展提供了有效的保障，有些包装机械填补了国内空白，已能基本满足国内市场的需求，部分产品还有出口。但在目前，我国包装机械出口额还不足总产值的5%,进口额却与总产值大抵相当，与发达国家相去甚远。

这种过度依靠现象，已严重制约了我国包装工业的持续、稳定的发展，也使国内一些无竞争力的包装机械企业处于濒危境况。因此，有专家指出，包装机械的低水平发展将影响整个包装工业的快速发展，所以必须努力改变其落后状况。

我国包装机械制造业存在的主要问题是：①缺乏宏观统筹规划；②缺乏资金投入，企业用于研究和开发的投资占销售额平均水平不到1%；③缺乏专业技术人员。

与发达国家相比，我国包装机械行业的产品和技术差距主要表现在以下几个方面。

从产品结构看，我国包装机械品种只有1300多种，例如枕式包装机、茶叶包装机、颗粒包装机等型号，其配套数量少，缺少高精度和大型化产品，不能满足市场需求；产品质量差距表现在产品性能低、稳定性和可靠性差、外观造型不美观、表面处理粗糙，许多元器件质量差，寿命短、可靠性低，影响了整体产品的质量；从企业状况看，国内包装机械行业缺少龙头企业，生产规模大、产品档次高的企业不多；从产品开发看，我国还基本停留在测试仿制阶段，自行开发能力弱，缺少科研生产中试基地，科研经费仅占销售额的1%,而国外高达8%~10%。

我国包装机械的技术水平从整体看比发达国家的技术水平整体落后20年，在产品的开发、性能、质量、可靠性、服务等方面的竞争中处于劣势。

业内有关专家称，2005年我国包装机械产量增加到67万台（套），到2010年增至93万台（套）。但是，仅靠增加资金投入、扩生产规模的粗放式经营已不能满足形势发展的需要，我国的包装生产已进入调整产品结构、提高开发能力的新时期。技术升级、产品换代、经营管理是行业发展的重要课题。

在产品结构上，应以市场为导向，改变目前以低技术含量为主、低水平竞争的状况，淘汰一批低效高耗、低档次低附加值、劳动密集型的产品，努力开发生产高效低耗、产销对路的大型成套设备和高新技术产品。在包装功能上，工农业产品要趋向精致化与多元化，包装机械产品要朝着产品多功能与单一高速的两极化方向发展；对于糖果包装，需要枕式的、异型的、联体的，这样的产品则要求在一台包装机上完成系列产品包装。

## 环保之策：包装物强制回收实为明智之举

某地方政协会上一位委员提出建议，我国应建立以商家为主的包装回收体系，各大商场和超市应设立商品包装回收专柜。同时，将现在比较通行的啤酒瓶回收押金模式进行推广，形成更具约束力的“强制保证法”,使更多的产品包装加入强制回收行列。在全社会提倡节约、反对浪费的大背景下，这样的建议很有积极意义和启发意义。近些年，关于包装减量化的工作做了不少，但包装回收却多有忽视。只有做到既要管造，也要管收，包装浪费现象才能真正得到遏制。

要做好包装回收这项工作，首先要搞清包装是怎么回事。从经济学角度看，包装有其存在的合理性。包装不仅是商品生产过程中保持数量与质量完整性的不可或缺的工序，包装物以其具有保护产品、提高产品储运效率、便于使用等功能已经成为商品必不可少的基本构成要件，而且包装还具有识别、美化、宣传等附加功能，可以有效地促进商品销售，增加企业收入。因此，从某种程度上说，包装是商品的必需。不过，虽然商品离不开包装，甚至在一定程度上包装已经被视为商品本身的一部分，但是由于包装基本上与商品的使用功能隔离，或者说不提供使用价值，而且商品一旦进入使用过程，包装必然要与之分离，这意味着包装生命价值的终结。不管它曾经多么精美、多么豪华，这个时候它只能成为废物。从这个意义上说，包装倒是靠商品才实现其存在价值的，而这恰恰是包装的本质属性。

离开了商品，包装即成为废物，但这并不意味着它就此便失去了价值。废物，是相对于包装物作为商品包装的彼时情境而言的，而在与商品分离后的此时，商品蜕下它，它亦同时蜕下包装的角色，还原为它最初的身份——具有某种形状的纸、塑料、金属、木材、玻璃等。身份的回归，意味着价值的回归，同时也意味着一个新身份的开始。然而，在它的价值要得到重新呈现，进入一个新的身份之前，必须首先要解决的一个问题是，不再被视为包装，而且不能被视为废物。

也就是说，包装物回收是从重新确定包装物本身的价值开始的，而“回收”的价值也因此体现出来。按照“谁受益，谁埋单”的原则，第一个赋予回收新价值的，应该是制造包装物前生的企业。以前有些企业不重视这项工作，包装物回收这活爱干不干，现在可不行了。我国关于包装物回收利用的相关法律法规已经明确了企业对自己产品的包装物负有回收责任，并提出了具体的要求，如果企业的回收率达不到相应标准，将受到处罚。

政府以税收的形式从企业那里间接得到了（商品包装的）好处，而且部分包装物回收还带有环境治理的性质，因此，政府也要为回收埋单。一方面，政府既制定包装物回收有关政策法规及加强对企业的监管，也要与企业进行协调，达成某种默契和均衡，在个别领域或环节上应提供税收优惠、财政补贴或其他奖励；另一方面，还要出台相关政策和措施，积极搭建企业、政府、社会等多方沟通合作的平台，完善包装物回收利用的社会网络，加大相关科研投入及社会宣传力度，营造一个有利于资源高效利用和循环利用的社会氛围。

虽然消费者已经为商品包装埋了单，但在回收上，依然免不了责任，因为消费者不仅是这项工作的最终受益者，也是这项工作能否起到成效的关键。因此，消费者应增强自己的绿色消费和环境保护的观念，自觉抵制过度包装和资源浪费，加强对企业和政府行为的监督。只有政府、企业和消费者共同努力，全社会都行动起来，包装物回收工作才能更好地开展，也只有这样，我国循环经济的战略目标才能实现。

## 2016年顶级包装发展趋势——数字化和绿色化

市场研究提供商 Mintel 已揭晓 2016 年冲击全球包装市场的六大关键趋势。

### 1 数字技术的发展

数字印刷只通过利用地方、个人甚至是情感层面等方式提高品牌关注，进一步创造机会。2016 年对于数码包装印刷将是一个重要的转折点，比如品牌利用限量版、个性化及经济化快速等优势，快速将产品推向市场。

## 2 商品的完美展现

目前越来越多的包装竞争吸引消费者的关注，然而消费者真正想要购买的或者他们迫切需要的产品，商家并未提供良好的解决方案。消费者希望其购买的产品中多些实用性信息，可以帮助他们作出正确的购买决策。因此未来详细的标签信息和包装上清晰明了的产品设置将会是一个重要发展方向。

## 3 包装灵活性

软包装产品（尤其是小包装袋）不再考虑折中的方式，但是究竟在何时包装设计变得无新颖、无风格?真正创新的品牌都在寻求新一代具有强大货架存在性及环境效益特征的刚性/柔性混合的包装设计风格。

## 4 不能仅注重“绿色包装”

尽管品牌商做了最大的努力，包装回收带来的益处远远没有发挥其巨大潜力。展望未来，当产品价格等同于产品质量时，将会有越来越多的消费者转向购买具备生态和替代使用特征的产品。因此，品牌商在发展公司品牌定位和制定营销策略时不能忽略该问题。

## 5 包装规格

根据消费者在不同场合需要使用不同的包装产品，品牌商必须提供多样化的包装规格。品牌商必须提供不同规格的包装产品，这有助于消费者根据不同场合选择大小合适的产品，有助于减少消费者对品牌日益缺乏忠诚度现象的发生。

## 6 包装的追溯性

现如今，先进的科学技术被广泛应用于包装产品领域，比如近距离无线通信（NFC）及蓝牙低功耗（BLE）等技术。品牌商越来越趋向采用创新方式赢取消费者的心。

Mintel公司全球包装总监David Luttenberger先生表示:“品牌商在更努力吸引消费者和提供消费者所期望的包装产品这两方面是平行关系。”

数字印刷在创造“绝佳”个人体验、清晰标签信息、增强品牌透明度、建立购买者信心方面扮演着重要角色。而对生态负责的包装产品提高了社会环保意识，下一代混合包装产品不仅要提供强大的货架存在功能性和环境效益，同时也要满足消费者对于不同场合的变化需求，同时支持“移动追溯”的包装应用程序。

这些都是消费者希望看到的创新包装元素，品牌商和制造商在设计创新包装的同时也要保证在无形时代全球消费者的参与性和品牌的忠诚度，此外为消费者提供比以往任何时候更多的包装选择。

# 塑料材料才是包装工业可持续发展的选择

塑料材料的改进是当务之急。细分市场上的食品，可以用纸包装的尽量用纸，减少塑料的浪费和对环境的污染，这也是为子孙后代造福。我们的生活离不开形形色色的包装，尤其是食品行业。对于食品来说，包装不仅是容器，也起到保质的作用。食品行业包装材料应用比较广泛的有纸包装、塑料包装、金属包装和玻璃包装等。除去特殊的饮品需要瓶包装之外，大多数休闲食品不是纸包装就是塑料包装。但是塑料包装不易降解容易产生垃圾，从环保因素考虑，纸包装当属最佳。

## 1 食品纸包装优势明显

有资料显示：塑料用于食品包装的量占塑料总产量的1/4，可以这样说，用于食品包装的塑料一出现，就有垃圾产生。在超市及商场，很多食品包装均是塑料做的。膨化食品的塑料充气包装可防潮，防氧化，保香味，阻隔阳光照射，防止受挤压，但那么大的包装在资源上是极大的浪费；还有方便面的包装，塑料包装远远多于纸质碗（或桶）的包装，市场上碗或桶装方便面的销售价一般高于同质量袋装方便面销售价的1/3，但由于这种包装方式食用方便，尤其在外出旅游时，开盖后直接冲热水泡即可食用，不必带其他盛装容器，所以很受消费者欢迎。

随着环境保护要求的提高，消费者淘汰落后包装是必要的。

## 2 纸包装产业升级需创新

从国际市场来看，到2015年，全球瓦楞纸箱的需求量以每年3.4%的增长速度上升至2130亿平方米。而且其中有很大一部分增长来自中国，全球包装正在迎来一个“中国时代”。然而包装业也面临着诸多挑战，进行创新模式探索成为必然。降低包装对环境造成的影响、增加包装过程的灵活性、提高包装的自动化程度、改良包装的使用方便性、改善包装的一体化服务水平、包装向多功能与单一两极化方向发展，以上这些将成为瓦楞纸箱包装行业未来的重要发展方向。

（1）转型创新。当前企业都希望通过包装转型创新，转思维、转方法、转行动、转结果。在全面推进全行业的包装技术进步、引领我国包装的新潮流、实现价值链的最大化过程中，中国包装采用各种方式展现给世界。一是要找准行业的空白点，即包装废弃的回收、再利用，如托盘共用系统；二是要占领行业制高点，即低碳绿色环保包装材料的研发与制造，如发泡石头纸；三是要找准行业的统领点，即包装服务，如整合系统的设计、研发、检测、认证、培训等服务功能，打造包装高位服务平台；四是推进包装技术创新与家电行业的技术进步。瓦楞纸箱包装工业的转型途径有：由高排放、高能耗向低排放、低碳转型；包装的三个功能向国际化转型；包装服务向包装一体化解决方案转型。

（2）管理创新。包装质量管理创新方式应着重以实现顾客满意为主。尽快学习和实施先进的质量过程控制方法来管理生产过程，不断提高产品质量水平，提升企业竞争力。以顾客需求为中心，将顾客的需求转化为产品研制设计每一阶段的技术规范，用最低的成本，最大程度地实现顾客满意。一个包装质量问题一般都会导致数个质量成本因素的产生。质量成本分析要做的便是找出质量成本因素与包装质量问题之间的关系及相关的成本费用，再确定消除质量问题的顺序和具体应对措施。

毋庸置疑，合理包装的概念就是使包装的保护水平、产品的承受能力与物流环境相适合。实际上，绝大部分产品都不要求在运输过程中保证百分之百的完好率，考虑到保护性能和成本的关系，需要的是一个适度的破损率。把握这个适度是一个非常困难的工作。这个工作需要我们考虑两个问题：技术上如何实现，实现的费用是否合理。

（3）“绿色”创新。全球经济与产业体系正兴起以包装革命为先导的零度包装、简化包装、绿色包装的构想，并付诸实施，绿色商品和绿色包装将成为新热点。包装工业不仅要关心包装产品的质量、性能和成本，更要关心包装产品对环境的影响及资源的消耗。所以说，只有发展绿色包装才是包装工业可持续发展的唯一选择。

## 包装废弃物：可持续发展的 5 大机遇

与消费品密不可分的包装代表了一种特定的废弃物流，只要有更多的资金和购买力就能增长。显然，包装在许多产品领域都起到重要的作用：它保持其完整性，可以清晰地传达品牌所要传达的信息，并提高其寿命。但是在中国这样一个以过度包装闻名的国家，2025 年前将会有 3 亿多的消费者移居城市，他们的个人身价也会提升，废弃物流的增长是不可避免的。

那么中国到底该如何管理这种增长呢？

可以指望的一个领域是为处理废弃物提供基础设施的，由政府及地方当局建立的公共废物处理服务。不可否认的是，一个规模更大、效率更高的系统将有助于缓解与废弃物相关的负外部性。但现实中，虽然这是个权宜之计，但不断增长的废弃物流将不断考验其容量，无休止的补充并不能解决问题。相反，从该行业的其他领域着手，比如包装本身的可持续性，将会提供一个更长久的解决方案。

电子商务的崛起是包装增长经历的一个特殊领域；其在中国的增长在过去 10 年里是巨大的。不同于在实体店内的交易，所有的电子商务采购在运输阶段都需要额外的包装。这种增长从中国不断增加的快递服务中也能体现出来。

因此，消费者的消费水平变得更高，个人的生活垃圾也变得更多。管理不善会导致废弃物的外部性上升；而中国目前的废物处理系统并不足以应对生产。每年有大量的废弃塑料被投放到海洋，并造成环境退化；垃圾填埋的管理不当也可能对人类的健康造成影响。电子商务的发展带来消费渠道的改变，垃圾不再仅仅被粗略地处理或是回收进店，这意味着垃圾潜在的外部影响可能增大。

在实现可扩展性和可持续性时，创新不仅来自于公共部门的基础设施；私营企业必须了解创新包装可能带来的越来越多的机遇。它们可以超越现状，开发出对品牌和价值链上所有的参与者都有利的方式，同时解决相关的社会、经济和环境的可持续发展问题。

随着传统零售业的兴起，电子商务的崛起为材料的创新，以及品牌进一步与他们日益增长的消费群沟通提供了发展的契机。它可以成为品牌发展互动和忠诚度的一个额外方式。这需要所有供应链上下的所有合伙人的合作，将包装融入设计，设计融入包装。

我们描述 5 种实现机会的方式，同时保持可持续发展的核心。

1.设计并鼓励可延续和可替代的再利用

公司现在应该看到产品包装背后的价值。

不仅仅是产品，包装本身也应该被看作是与消费者互动的一个机会。包装的再利用或回收再利用能降低公司的废弃物排放量，同时增加包装的实用性。5Mimitos 是一家网上玩具零售店，通过设计并宣传其包装可用作储存容器来鼓励电子商务包装的再利用，在实现可持续发展的同时树立自己的品牌形象。

2.实施包装回收计划

比如在设计包装时应考虑到二次利用。

企业可以通过优惠来激励消费者返还包装，比如会员积分或优惠券，这能让消费者以后继续购买该企业的产品。这个计划的实施可以通过零售网站本身和其运输合作伙伴来实现。

3.采用复合材料——发展生态包装

在循环经济中，营养物质有两种类型：科技和生物。

纯生态包装采用的是后者，这意味着材料是天然来源的并且可被完全生物降解。对于包装生产商，努力找到一个经济上可行，并且能满足这些标准的材料将会大量减少废弃物，并为消费者和社会带来巨大的利益。Ecovatire Design 是美国的一家包装公司，已经通过发展一种单靠菌丝体和农业废弃物生长的、可完全分解的包装材料实现了这个目标。作为一种价格竞争激烈的材料，它通过其核心的可持续概念，在这个产业内发展出了非常具有竞争力的优势。

4.限制过多的材料使用

为消费者提供会产生包装废弃物的产品可能会带来风险。

实际上，人们并不想处理掉不必要的包装；环保意识的发展可能会导致对此类品牌的排斥。虽然在通常情况下，环境缓解不是消费者最看重的，但了解他们的购买决策所带来的积极影响只会增加实用性，并为此产品带来一个更乐观的前景。

5.与非政府组织合作发展教育

与那些致力于可持续性废物处理实践的组织合作将使品牌成为这种实践的代名词。

对个人进行思想教育，让其了解减少废弃物的益处；提供现实生活中的具体例子，将会让公民对这个问题进行更深入的思考。通过这一媒介，市民在做出购买决定时，会将更多的目光放在可持续的品牌上，而这也会把市场推向一个可持续发展的方向。

这些积极的行动是可以在这个不断发展的市场内灌输的理想，以减少进入物流的废弃物。将废弃物排放量最小化并没有一个快速的解决方案，但通过有效的设计和深思熟虑的销售，再加上强大的废弃物管理设施，积极正面的进展必然会发生。价值链上的所有参与者之间的合作对实现有效的设计是至关重要的，因为我们必须了解生产和处理的每个方面的复杂性。如果这能被实现，它将为向一个更加可持续的、循环的产业迈进提供积极向上的解决方案和机会。

## 推进绿色物流包装及回收利用

随着电子商务的迅猛发展，网购已成为人们的一种重要消费方式。大量快递包装一次性使用后就扔掉，既浪费资源又污染环境。应推进绿色物流包装，做好包装回收利用，减少电子商务环境下的环境污染。

现代电子商务环境下物流包装存在的环境污染问题主要为：一是在产品设计方面，包装被看作是生产的最后一道工序，包装的设计主要从生产的需要出发，因此常常不能满足现代物流的要求；二是物流商品包装缺乏统一的合理化包装标准，过度包装问题日益严重，尤其是一些化妆品、礼品、补品等存在过度包装；三是快递包装基本上是一次性使用，很少再回收利用，我国每年产生包装废弃物约 1600 万吨，城市固体废物中包装物的比例超过三成，而物流包装回收费低，导致废品回收站缺乏回收的积极性；四是物流包装中广泛使用的胶带、空气囊添加填充物等材料主要为聚氯乙烯（PVC），此类产品不能被自然降解，带来环境污染问题。随着电子商务的发展，这些问题将会变得越来越严重，为此，建议如下：

从产品包装设计入手做好顶层设计，满足现代物流需求。现代物流认为，包装是物流系统的重要组成部分，包装既是生产的终点，又是物流的起点。包装与运输、保管、搬运、流通加工有着十分密切的关系，对保护商品、方便流通、降低物流费用等起着重要作用。因此，建议改变传统产品包装设计理念，有关行业主管部门要加强业务指导，综合考虑产品销售流通环节对产品质量的要求，做好顶层设计，以满足现代物流的需求。

发挥行业协会作用，制定统一的合理化商品包装标准。商品包装的合理化是指适应和克服流通过程中的各种障碍，能够适应物流发展且不断优化，取得最佳经济社会效益，充分发挥包装实体有用功能的包装。从物流总体角度出发，包装合理化要朝着包装标准化、包装成本低廉化、包装技术多功能化、包装智能化、包装绿色化的方向发展。因此，建议发挥行业协会作用，制定统一的合理化商品包装标准，防止包装不足、包装过度和包装污染，以减少包装环节对资源的浪费和对环境的污染。

开展简约包装及包装回收活动，提高包装耗材再利用率。商家开展多渠道的简约包装及包装回收活动，既可节约包装成本，又可减少污染环境。某家知名网站早在 2012 年就开始开展配送纸箱回收活动，回收的纸箱已经达到数百万个。为此建议：一是政府相关部门要倡导并鼓励包装设计的简约理念，督促包装制造商尽量使用单一材质，降低回收再利用成本；二是鼓励物流企业与大的电商平台合作，共同倡导简约包装的理念，同时联合邮政、快递部门培训快递人员，做到最简包装，安全到家；三是在包装回收的同时给消费者一些小优惠，如赠送小物品或优惠券，以取得消费者对包装回收工作的支持；四是提高废品回收价格，以包装纸箱为例，目前回收价格较低，应适当提高回收费，让废品回收站有利可图。

鼓励采用新型环保包装材料，尽量减少对环境的污染。大多数电商使用的填充物多为泡沫塑料或气泡袋，不仅成本高，而且极不环保。2014 年 6 月，一家知名网站新环保包装袋在福州市仓库启用，这种包装袋是以玉米淀粉为主料的淀粉基塑料，在土壤中 4 个月后大部分即可自然降解，目前已应用于图书塑封和包装环节。为此建议：一是借鉴这种做法，制定优惠政策，鼓励电商采用新型环保包装材料，尝试对包装耗材再利用，减少包装材料对环境的污染；二是无论单位还是个人研制开发出有利于回收利用的包装新材料、新技术、新设计、新工艺、新产品，各级政府有关主管部门和相关行业管理组织应给予其相应的物质和精神奖励；三是在包装废弃物回收利用和最终处理过程中，无论单位还是个人，对于保护环境、消除污染、节约资源、有利于人体健康，以及推进经济可持续发展和“绿色包装工程”的实施而做出突出贡献者，有关部门应给予相应的税收优惠和资金扶持。

# 投资、新建、竣工项目信息

**【晨鸣纸业拟建60万吨液体包装纸板项目可兼产白卡纸】**

晨鸣纸业发布公告称，为充分发挥湛江晨鸣浆纸公司林浆纸一体化优势，充分利用现有制浆能力及成本优势，优化公司市场布局，公司董事会同意在湛江晨鸣利用集团原有白牛卡纸项目设备进行升级改造，建设年产60万吨液体包装纸板项目，同时考虑市场变化和项目的灵活性，通过工艺调整，该项目可兼产白卡纸。

公司预计，建设年产60万吨液体包装纸板项目总投资额约55.01亿元人民币，工程建设期18个月。

根据目前市场情况初步测算，项目建成达产后年可生产60万吨液体包装纸板，年可实现销售收入约40.37亿元人民币，其中利润3.4亿元。

**【东光县将建全国最大包装机械制造基地】**

位于河北沧州的东光县，地处华北平原冀东南部，素有“中国包装机械之乡”之称，目前，该县共有包装机械生产企业400多家，从业人员达3万多人，形成了瓦楞纸板生产线、纸箱成型及印刷设备、纸箱机械配件耗材3大产品系列、500多个品种、上千个规格的产业规模，产品国内市场占有率达80%，部分产品还销售到了俄罗斯、埃及、印度、约旦等20多个国家和地区。

2015年，东光县还被命名为“京津冀创新包装机械产业园”，开启了东光“打造环京津经济强县”的新征程。

“力争通过3~5年的努力，把东光包装机械产业区建成全国最大的包装机械制造基地、销售基地和研发基地。产业区内企业年主营业收入达150亿元、利税20亿元，名优产品覆盖率达到80%以上，实现包装机械产业的跨越式发展。”2015年7月，在北京参加完“全国知名品牌创建示范区”文审论证和陈述答辩的东光县包装机械产业区管委会书记马勇，对产业的发展充满了信心。

东光县包装机械产业起步于20世纪70年代初，经过近40年的发展，实现了从小到大、从弱到强、从低级到高级的发展，先后荣获“中国纸箱机械之乡”“中国纸箱机械基地”“中国包装名县”等称号。

近年来，东光县以打造北方最大的纸箱机械产业基地为目标，坚持要素向园区聚集、转型向科技靠拢、销售向市场发力，成为国内同行业群体规模最大、产品规格最全、产品性价比最优、市场覆盖面最广的纸箱机械产业基地。

（1）借机京津冀协同发展，抓住县域特色深挖自身“优势”。紧抓京津冀协同发展机遇，充分发挥纸箱机械、化工等特色产业优势，加快项目引进和战略扩张，组织开展了“北京招商周”“5·18廊坊洽谈会”等活动，成功签约中国造纸研究院年产3万吨转移纸、中煤集团竖井掘进机等重大项目9个。

（2）促创业抓创新，彰显项目建设“气势”。以工业项目为重点，不断优化产业结构，实施县级领导“保姆式”帮扶，今年已谋划启动总投资亿元以上项目71个，其中市重点项目10个。

（3）打造宜居乐业强县，扶贫攻坚提“弱势”。大力实施产业扶贫、“雨露计划”等，已争取上级财政扶贫资金2002万元，重点扶持30个贫困村，确保2300户贫困户9000名贫困人口稳定脱贫。

（4）招商引资加大省级园区建设，打造产业“锐势”。加大两大省级园区建设，提升聚集承载力，重点加快开发区装备制造区和包装机械产业提升区建设，目前占地1000余亩的装备制造园区控详规已通过审核，开发区入驻企业已达150余家，实现主营业务收入77亿元。

**【科莱恩公司在印度投资医疗包装厂】**

瑞士的特殊化学用品公司科莱恩宣布其将在印度的泰米尔纳德邦建造一个医疗包装制造厂，此次投资共计需花费100万瑞士法郎（约人民币640万元）。

科莱恩称该新工厂将生产除湿产品，主要针对印度逐步发展起来的医疗包装市场。该总部位于印度的工厂，初步将生产干燥剂罐和包装袋，使有效期内的药物保持其稳定性。

印度医疗包装销售主管Ketan Premani称，由于印度是全球最大的的非专利药制造地，因此成为科莱恩的主要干燥剂市场。我们要确保尽可能直接有效地服务客户。当新工厂建造完成，他们能够直接在印度采购科莱恩生产的全球标准化产品。

科莱恩公司表示该工厂将主要服务于在印度运营的全球制药公司和印度国内制药市场。

科莱恩医疗包装的副总裁 Matthias Brommer称，该工厂将支撑我们提供来自亚洲和世界各国多个工厂的产品。

科莱恩公司称2014年的销售额达61.2亿瑞士法郎（约人民币394亿元）。

**【美盈森募资 32.5 亿元人民币造“互联网+包装”生态圈】**

美盈森 11 月 25 日晚公告，拟向不超过 10 名的特定对象，募资不超过 32.5 亿元。其中，14 亿元投入三个包装印刷“工业 4.0”智慧型工厂项目，12 亿元投入互联网包装印刷产业云平台及生态系统建设项目，6.5 亿元投入智能包装物联网平台项目。

公司表示，募投项目主要是为解决行业生产效率低、供需不匹配、个性化需求难以满足等难题。公司将通过引进国际先进生产技术与设备建设智慧工厂，实现精益生产、智能生产，减少人工成本及资源浪费，大幅提高生产效率。公司将充分利用互联网技术，改造传统包装印刷行业，打造互联网包装印刷生态系统，实现各方主体的迅速对接，提高产业运营效率。公司将通过建设智能包装物联网平台，推动实现包装印刷产业由“中国制造”向“中国智造”的转型升级。

**【美盈森郑州新郑投建包装 4.0 项目　同步打造供应链平台】**

美盈森公告称，近日与新郑市人民政府签署了《项目投资协议书》，协议约定公司总投资约 5 亿元，于郑州市新郑新港产业集聚区投资建设战略性包装“工业 4.0”项目。美盈森公司表示，项目投产后将有利于分享郑州区域及周边中高端包装市场需求，亦将进一步巩固并提高行业地位。

该项目总投资约 5 亿元，第一期项目建设周期自甲方交付土地之日起 18 个月。预计项目达产后年销售收入 8 亿元，税收约为 3000 万元。

美盈森公司表示，经过前期市场调研和分析，认为华中及北方地区的郑州及周边区域存在广阔的环保包装市场需求，且制造产业内迁和转移给郑州区域带来的包装需求仍在持续增加，因此美盈森公司拟在郑州投资新建定位中高端的战略性包装“工业 4.0”项目，以分享华中及北方地区持续发展带来的旺盛包装需求。

**【天津荣彩拟出资 3000 万元　打造智能化环保包装印刷工厂】**

天津长荣印刷设备股份有限公司控股子公司天津荣彩科技有限公司拟与深圳贵联印刷有限公司签订合资协议，双方共同出资在天津设立“天津荣联汇智智能包装科技有限公司”，经营范围为智能化印刷设备的研发和设计、智能化印刷工厂系统的开发和设计、软件开发及销售等。注册资本人民币 3000 万元，其中，荣彩科技以现金方式出资人民币 1800 万元，占合资公司 60%的股权，贵联印刷以现金方式出资人民币 1200 万元，占合资公司 40%股权。

投资双方共同服务印刷包装行业，为印刷包装行业提供智能化工厂的整体解决方案。为加快实现印刷包装行业规模化生产模式的转变，引领行业发展方向，双方拟共同投资设立合资公司“天津荣联汇智智能包装科技有限公司”，主要目的是发挥长荣股份的自动化印刷设备和智能化控制方面的研发优势，同时利用好贵联印刷所拥有的印刷技术，共同投资设立智能化包装印刷研发平台，旨在通过对智能化、自动化技术的开发和应用，在包装印刷行业打造智能化工厂，提升包装印刷行业自动化、智能化水平。

**【用于啤酒瓶盖的我国首条可变二维码喷码生产线落户“上海紫泉”】**

我国首条用于啤酒瓶盖的可变二维码喷码生产线，正式落户位于闵行颛兴路上的上海紫泉包装有限公司。

上海紫泉包装有限公司成立于 1992 年 4 月，1999 年成功上市，投资总额达 10 亿元人民币，是国内目前最大的皇冠瓶盖专业生产企业。连续第 21 年蝉联“中国瓶盖大王”称号，从 2010 年起，紫泉皇冠瓶盖年销量已经越上 200 亿只的门槛，年产能力达 250 亿只。

**【裕同集团拟投资 10 亿元　鸡西市或将建设印刷包装项目】**

黑龙江鸡西市市长张常荣再次率队南下深圳，围绕石墨、印刷等产业，先后拜访了贝特瑞公司、裕同集团等企业高层，达成了一系列合作成果。考察了广东玖龙纸业集团、华为公司等多家企业，建立了初步合作关系。

在裕同集团，张常荣考察了印刷包装项目，与企业高层进行了深入交流。张常荣指出，鸡西市目前在包装产业方面仍是空白，裕同集团拥有雄厚的研发设计团队，国内一流的企业管理团队，双方合作空间极其广阔，发展前景极其可观。通过深入洽谈对接，双方达成了初步合作意向，裕同集团拟投资 10 亿元，在鸡西建设印刷包装项目，近期将到鸡西市就项目选址等前期工作进一步洽谈。

**【中科院纳米绿色制版技术项目落地廊坊】**

廊坊市与中科院北京分院重点推进的“绿色印

刷创新服务平台”院市合作项目成功落户三河并投产，标志着廊坊与中科院北京分院的合作进入实质阶段，开启了院市多领域、多层次长期合作的新征程。

“绿色印刷创新服务平台”主要应用纳米喷墨直接制版技术，该技术由中科院化学所宋延林研究员团队自主研发，基于亲油和亲水表面的差异，将图文部分以喷墨的方式直接成型在印版上，无须显影、定影等环节，从源头上杜绝了化学废液和废水的排放，避免了环境污染，实现了绿色制版，降低了印刷成本。该技术处于国际领先水平，已被纳入《中国印刷产业技术发展路线图》、“中国环境标志”认证体系，先后荣获第十九届全国发明展览会金奖、全国印刷行业百佳科技创新成果奖等多项荣誉。经过北京中科纳新印刷技术有限公司6年的孵化转化和不断完善，纳米材料绿色制版技术已经达到规模化应用的标准，与传统印刷制版相比，每年可为京津冀区域10000多家印刷企业减少污水排放100多万吨。

**【新东方油墨签约石墨烯项目】**

深圳市先进石墨烯研究院揭牌暨石墨烯重点项目签约。石墨烯作为一种新型碳纳米材料，被科学家们称为“改变21世纪的材料”，有望成为下一个万亿级的产业。目前，全球都在加大石墨烯的研发力度，石墨烯在电池、可穿戴设备、冷凝器等方面的应用频现突破。

新东方油墨一贯注重研发、创新，积极关注新材料的技术动态，此次与深圳先进石墨烯研究院的意向合作，将助力企业的蓬勃发展，为石墨烯在导电油墨上的应用奠定基础。

**【艾利丹尼森在昆山工厂投资新溶剂胶涂布生产线】**

艾利丹尼森材料部宣布在昆山工厂新增两条溶剂胶涂布线，进一步增强其在中国的产能，满足本地市场对压敏材料日益增长的需求，尤其是对耐用品和特殊材料的需求。

这两条新的生产线专门生产高性能材料，适用于特定的功能性领域，包括电子产品、汽车和户外广告领域，同时为客户提供更具灵活性的最低起订量和交付周期。

**【白水县3000万平方米包装生产线全面投产】**

陕西白水最大纸箱包装生产线投产，以满足该县苹果产业对纸箱包装材料日益增长的需求。

陕西渭北高原是世界上最适合苹果生长的地方，是全国最大的绿色食品苹果基地。而处在此地的白水县则是陕西省重要的苹果生产基地，也是国内外专家公认的苹果最佳优产区之一，以得天独厚的优势和清脆、甜爽、口感极佳的内在品质，享有“中国苹果之乡”的美誉。目前已种植苹果57万亩，占耕地面积的71%，人均2.3亩。挂果面积45万亩，年产量52.6万吨，年储藏、加工能力200万吨，年交易量200万吨。

该项目占地面积50亩，计划总投资1.2亿元，主要建设生产车间15000平方米，目前投资6000万元的一期工程已全面建设完成并开始投产。完全量产后日可生产包装8万套，年可生产各类包装物3000万平方米，实现工业总产值5亿元，实现利税4000万元，新增就业200多人次。

该项目的建成投产，必将进一步使白水苹果产业加快转型、扩大规模，产业全新升级，群众增收幅度更大，起到很好的推动作用。

**【阿克苏诺贝尔包装油墨生产厂在中国松江投产】**

阿克苏诺贝尔高性能涂料业务新的包装油墨生产厂在中国松江顺利投产。

新厂位于阿克苏诺贝尔全球最大的包装涂料生产基地内，旨在为饮料和罐头包装提供油墨。

阿克苏诺贝尔是全球领先的饮料和罐头包装涂料供应商之一。公司研发的两片罐油墨技术被中国饮料和罐头包装供应商广泛采用。

2013年，阿克苏诺贝尔将松江基地的产能扩大了一倍；该基地现有员工近300人，公司在中国最大的研发中心即坐落于此。

**【云南创新公司液态包装盒项目建设完毕】**

云南创新新材料股份有限公司投资2.8亿元、年产30亿个液体包装盒项目建设完毕，年销售收入将实现5亿元。

9月11日，云南创新新材料股份有限公司年产30亿个液体饮料包装盒项目抓紧安装调试新设备。该项目总投资2.8亿元，用地100亩，总建筑面积46082平方米。项目建设期1年，建成达产后年销售收入将实现5亿元。目前厂房和宿舍已建设完毕，一期厂房设备已在安装调试中。

云南创新新材料股份有限公司是一家专注于提供各类包装印刷产品、包装制品及服务的综合供应商。公司的主要产品可分为两类：①包装印刷产品，主要包括烟标印刷和无菌包装产品；②包装制品，主要包括特种包装纸和 BOPP 膜类产品，特种包装纸包括镭射转移防伪纸、直镀纸和涂布纸；BOPP 膜类产品包括烟膜和平膜。公司的主要客户为国内大型的卷烟生产企业、食品饮料生产企业、塑料包装企业和印刷企业等。

**【华宝公司 CTP 版生产线通过竣工验收】**

2015 年 12 月 21 日，乐凯华光印刷科技有限公司旗下的苏州华光宝利印刷版材有限公司（简称“华宝公司”）建设的 CTP 版材生产线通过了由中国乐凯集团有限公司组织的竣工验收。

华宝公司是由乐凯华光与江苏宝利印刷版材有限公司投资的股份合资企业，位于江苏省常熟市，2006 年 9 月建成了一条 PS 版生产线。

该公司于 2013 年 3 月动工建设 CTP 版生产线，2013 年 12 月开始化工联动试车。该生产线联动测试和试生产以来，已累计生产各类 CTP 版 880 多万平方米，具备了连续生产能力。与会专家在听取了生产线竣工验收报告、审查了文档资料、检查了生产现场后认为，该生产线已按项目批复建设，主要工艺设备和配套设施已安装完成，经联动试车或带负荷运转表明达到合格要求，新增工艺设备运转良好，形成了生产能力，经考察生产能力，能够正常生产出合格产品，达到建设目标。项目竣工财务决算符合验收条件，档案文件材料收集、整理、立卷、归档工作符合有关规定，环保、消防等已按照规定办理了相关手续，生产工艺人员培训、各项规章制度等各项生产准备工作能够适应投产需要。该项目符合竣工验收要求，验收工作组同意竣工验收。

**【乐凯华光环保型数码印刷版材生产线开工建设】**

2015 年 12 月 30 日，在乐凯华光印刷科技有限公司华光园区二期工程的建设用地上，一个只有 10 分钟的生产线开工仪式在这里举行，开工建设的生产线将生产环保型数码印刷版材。

乐凯华光为充分发挥已拥有的环保型数码印刷版材生产技术优势，并在已有生产线技术的基础上建设高水平的版材生产线，提高产品质量，生产绿色环保印刷版材，服务精品高档印刷，实施国产名牌经营战略，实现规模经营，迅速占领国内市场，开拓国际市场，抓住企业发展新机遇，将建设两条环保型数码印刷版材生产线，生产 TP-U 型 CTP 版和 TD-G 型免处理 CTP 版。

该公司根据年末岁尾生产经营更加繁忙的实际情况，提出举行一个既能体现生产线开工又减少烦琐程序的开工仪式，简化开工程序、缩短仪式时间。在开工仪式现场，没有彩旗飘扬，没有锣鼓喧天，也没有开工仪式横幅标语，只有华光园区二期工程和生产线的两幅平面图矗立在开工仪式现场。

据悉，该项目是乐凯华光“十三五”期间的重要项目之一，被列为河南省和南阳市重点建设项目，是中国航天科技集团公司主推主抓项目，该公司要求在 3 年内建成投产。

**【江西永修县杏林药用包装及 3D 打印项目建设红火】**

江西永修县杏林药用包装及 3D 打印项目由南昌杏林药用包装有限公司投资建设，2013 年 6 月签约落户城南工业园。项目总投资 10 亿元，其中固定资产投资 8.5 亿元，用地 120 亩，建设药用包装及 3D 打印项目。项目于 2014 年 2 月开工建设， 2015 年 12 月竣工投产。项目达产达标后，每年可实现主营业务收入 15 亿元，上交税收 8000 万元以上。据项目负责人介绍，目前，该项目办公楼、检测楼、6 号厂房外粉刷完成，3A、3B 号厂房三层封顶，5A、5B 号厂房地基完工，6 号钢构大厂房完工，7 号厂房车间基础已出正负零。

**【东方纸业数码相纸生产线搬迁重建项目完成】**

河北东方纸业对外宣布，公司 PM4 和 PM5 两条数码相纸生产线已完成搬迁并顺利开机。

两条数码相纸生产线原来位于河北保定市徐水县城区，因政府环保要求于 2014 年 9 月开始停产搬迁，目前新的厂址在徐水造纸厂的对面。整个搬迁工作按照既定的时间表完成，且总支出低于预算。

除数码相纸外，2015 年东方纸业还完成了生活用纸后加工项目的建设，公司已经由原来主要以废纸为原料生产包装纸转为多品种经营。

**【云南最大瓦楞箱生产基地落户易门】**

由云南全心包装印刷有限公司投资 1.89 亿元，在易门县浑水塘片区建设的 9000 万平方米瓦楞纸箱生产线竣工投产后，将有望使易门县跻身云南省最大的瓦楞纸箱生产基地之一。

瓦楞纸箱基地规划用地共 95 亩，总建筑面积共 61569 平方米，总投资 1.89 亿元，其中固定资产投资为 1.57 亿元。据投资方初步估算，瓦楞纸箱基地项目周期为三年，2015 年内完成 1 亿元投资。公司总经理严云珍介绍说，该项目建成投产后，实现年产瓦楞纸9000万平方米，年产值达到3.2亿元以上，利润达到2560万元左右，还可解决易门县320人的就业岗位。

**【昆明最大包装纸项目将投入生产】**

云南东晟纸业有限责任公司瓦楞原纸暨园区集中供热建设项目自2015年年初动工以来，首期项目现基本完工，预计在近期投入试生产。待该项目全部竣工后，其年产包装纸达30万吨，这是目前昆明最大生产规模的包装纸生产企业。

位于宜良县工业园区箱板纸包装片区的云南东晟纸业，项目占地面积200亩；整个项目由制浆车间、造纸车间、锅炉房、发电房、成品库、料场、污水处理站，以及配套的生活办公设施和供热主管网组成。项目总投资4.7亿元。

值得注意的是，东晟纸业公司生产所用原料均为废旧纸张，仅一期预计每年可以吸纳回收废旧纸12万吨；项目全部建成之后，预计每年可以吸纳废旧回收纸30万~35万吨。

**【湖北20万吨瓦楞纸扩建项目10月开工】**

2015年10月，在湖北枝江市由湖北炬垲纸业有限公司承建的20万吨A级高强瓦楞原纸扩建项目开工。据企业负责人透露，项目建设期为一年，预计2016年建成，届时企业高强瓦楞纸年产能将达到30万吨。

湖北长江流域因特殊的区位优势，已成为长三角、珠三角造纸产业向内地转移的据点，而炬垲纸业加码投资扩产相信也是作为本土造纸厂感受到巨大的竞争压力的应对之策。

炬垲纸业是一家专业生产A级高强瓦楞原纸和普通瓦楞原纸的原纸厂，现建有年产10万吨高强瓦楞原纸生产线一条。该公司于1996年创立，1997年投产，2003年4月转制为股份制民营企业，占地140亩，位于枝江经济开发区楚天化工园内，距长江深水码头3千米，具有得天独厚的地域条件。

**【辽宁喀左总投资10.3亿元包装纸箱项目正式投产】**

辽宁省朝阳市喀左县年产1.5亿件包装纸箱项目正式投产，该项目由辽宁帮达森包装装潢印刷制品有限公司投资建设。

该项目位于喀左县利州工业园区，是2015年以来全市开工建设的规模较大的工业项目，总投资10.3亿元，占地面积220亩，新建生产车间、办公楼及辅助设施等，总建筑面积53380平方米。新引进7层高速覆瓦机生产线两组，采用目前最先进环保型高速水性印刷机，拥有高达18座印刷机组，可承揽各种高中低档包装箱及高档礼品盒。

项目目前已经正式投产。项目年可实现销售收入16亿元，提供就业岗位1000个。项目市场前景广阔，已与金锣集团、旺旺集团、娃哈哈集团、华润雪花集团等国内知名厂家达成合作。该项目的投产对喀左县经济发展将起到巨大的推动作用。

**【北京正耀包装项目入驻陕西】**

陕西省渭南市富平高新技术产业开发区与北京正耀有限公司签订了项目入驻协议。北京正耀包装项目占地40余亩，总投资1亿元，投资强度达到246万元/亩，建设产品研发中心1座及年产1万吨食品、果蔬、餐饮、电子用包装制品生产线1条。该项目计划年内开工建设，2016年年底建成投产。

据悉，北京正耀集团有限公司是集环保包装产品的科技开发、规模生产和全球销售为一体的大型集团企业，公司位于北京市经济技术开发区南端，是国内外众多知名品牌企业的主要配套供应商，年均营业额5亿元，税收近3000万元，盈利额近5000万元。

**【广东仕诚4800毫米三层共挤CPP（流延膜）设备成功验收】**

广东仕诚塑料机械有限公司的4800毫米CPP设备成功验收。仕诚公司40多台宽幅为4000毫米以上正在运行的CPP生产线又将增加新的一员。

按客户要求，本次设备验收分为运行镀铝基材膜与空运转两部分，客户对薄膜品质及运行速度（空运转300米/分）等各方面数据都非常满意。

继开创流延膜设备国产化以来，在宽幅流延膜设备领域，广东仕诚公司一直引领业内发展，至今仕诚公司已有400多台流延设备在全球运行生产，其中CPE（流延模机）生产线近40台，如今又一台3600毫米CPE复合膜生产线成功验收。

广东仕诚公司多年来专注流延膜设备的发展与提升，作为标准制定的主导单位，在高端、宽幅、高速流延膜领域尤为重视，目前拥有近100项发明专利及其他专利，在双流道主冷辊等核心技术的发明专利等优势的基础上，仕诚不断对设备进行升级。

**【路易基邦德拉推出新型塑料挤出生产线】**

1947年创立的路易基邦德拉在50多个国家销售产品，年销售额达到8000万欧元。此次路易基邦德拉针对基质薄膜和薄片/薄板推出新型塑料挤出生产线，工业产量高达每小时数吨，针对农业应用的尺寸为22米，针对包装、纸制品、印刷、薄板的尺寸为3米，针对防水材料系统的尺寸为8.5米，多层结构（3~9层）。

该公司与剑桥石墨烯中心合作，以研究和实现如何通过挤出工艺来整合石墨烯和其他2D材料，以及多种聚合物、丸粒化新复合材料，并在标准产品中整合新结构以便增加更多功能，或开发全新的高级塑料产品。

路易基邦德拉机械产品应用的行业包括工业和食品包装、农业、建筑、土工膜、航空和汽车等。

路易基邦德拉在意大利布斯托阿齐兹奥总部设立了House of Extrusion（挤出之家）。这是欧洲针对包装和纸制品加工的最创新挤出中心，学术机构、研究中心和工业企业能够在这里将研究原型投入到工业量产。

新实验室建成后，该公司与剑桥石墨烯中心测试新的应用，从而创建新的原型。这些原型的属性一旦被证实具有创新性，最终将投入量产。

路易基邦德拉在建立光伏塑料太阳能板一体化挤出工艺方面还拥有国际专利。石墨烯的多面属性（导电性、透光性、障壁性、强度等）使其成为塑料多层产品的重要添加剂候选产品。

**【光明集团决定增资7亿元投建新项目】**

在临西县建设国内最大工厂化食用菌生产基地的光明集团近日决定，年内启动投资5亿元的食用菌生产基地二期项目和投资2亿元的华北包装中心项目，预计明年可投产。后期还将在光明产业园内建设饮用矿物质水、面粉深加工、现代农业示范园、农产品电子商务基地等一批关联项目，预期投资20亿元。

**【陕西最大食盐软包装材料生产线投产】**

经过两年多紧锣密鼓的筹建准备，陕西盐业包装材料有限公司正式迁址泾河工业园北区泾园七路，并举行盛大迁址及开工典礼，公司产能也将随新址规模的扩大提升一倍以上。

陕西盐包于1999年落户泾河工业园南区，经过16年的发展，目前公司总资产1.2亿元，累计生产各种食盐包装袋33亿只，产值7亿多元，多年被区委区政府评为“纳税大户”。2013年，公司响应政府城市规划战略决定整体搬迁。新址占地约200亩，分三期建成。目前投用的一期投资约5000万元，建筑面积1.7万余平方米，单体建筑包括生产车间、办公楼、综合楼、食堂、库房、仓库等；二期投资约3000万元，建筑面积8867平方米，包括四个大型仓库、大门绿化及配套工程，预计年底竣工；三期项目规划为物流中心、沿街商业及加气站等，预计投资6000万元，将于2017年竣工。

公司负责人田小鹏介绍，原址受仓储容积限制，很难做到最大产出。新址建成后，厂区、生产车间、存储库房面积大大增加，生产中转区域到位，产能也将随之提升一倍以上，预计年生产各类软包装袋10亿只以上，各类功能性薄膜2000余吨，产品将覆盖省内大部分市县。未来几年，公司还将逐渐新建、改建数条生产线，届时产能将进一步提升。另外，公司还积极拓展了包装彩印袋，果冻封盖袋、直立接链袋、高温蒸煮袋、热缩膜、日化洗涤品包装等各类软包装印刷业务，并与“青岛啤酒”“健力宝”等国内知名品牌和西安爱菊、西瑞粮油、冰峰汽水等数家知名企业建立了友好合作关系。

**【青岛过亿包装印刷项目启动总投资1.85亿元】**

据消息，青岛全市29个过亿元产业类项目开工，27个过亿元产业类项目竣工。新开工项目中，装备制造业项目6个，总投资10.6亿元；食品加工项目2个，总投资2.9亿元；包装印刷项目1个，总投资1.85亿元；饲料加工项目1个，总投资3.2亿元。

**【重庆市联发塑料科技将登陆新三板】**

在全国中小企业股份转让系统（新三板）的1372家在审企业中，重庆市联发塑料科技股份有限公司（联发塑料）名列其中，据悉，联发塑料为商场塑料包装袋全国最大生产企业。

联发塑料2014年营收7764万元，净利润388万元，2015年上半年营收3606万元，净利润131万元。联发塑料信息披露负责人周久华表示，申报登陆新三板意在做大主业。

# 国内外包装及相关行业
# 新技术、新产品、新设备、
# 新工艺信息

**【世界首款救灾应急食品的压缩包装在中国诞生】**

进入21世纪以来，全球重大自然灾害与地区冲突频发，因灾区交通救援道路的堵塞不畅造成食品物资严重短缺更是引发无数人道灾难。日前，一款专用于救灾应急食品的“手风琴压缩包装”面市，其设计发明者周岿透露：救灾时使用这款可预先折叠的压缩包装食品，每一个运输车次将比传统救灾方便面多运载50%的数量，可以用更少的运输车次装载更多的救灾食品、救助更多灾民，将使灾区救援食品的运输供应更高效迅捷、运输成本更低，同时，减少运输车次将有利于缓解灾区救援生命线道路的车流压力。这款创新设计的包装已获六项中国专利和一项美国发明专利授权，荣获八项国际国内知名设计大赛和发明金奖。据了解，压缩包装是世界上第一款应用于救灾应急食品的创新包装，这标志着中国在应急救援食品领域的科学利用、高效运输领先于发达国家。

据世界方便面协会（World Instant Noodles Association，WINA）总干事伊兹汉•穆罕默德介绍：“灾难发生后，方便面这种易于保存和烹饪、便于运输的优势得到充分发挥，成为一项不可缺少的赈灾紧急物资。”但桶装方便面有一个众所周知的问题，就是方便面纸桶容器内有超过一半的预留沸水冲泡空间，大体积包装的结构限制了运载数量、占据大量运输车次使得救援效率降低，无法满足运载更多食物、救助更多灾民的高效供应与科学救援需求。

由长沙随身煲科技公司和享窈窕生物科技公司创始人周岿设计发明的、专用于救灾应急食品的压缩包装（Accordion compression packaging）在中国推出，其结构原理是将包装加水冲泡的容积空间预先折叠压缩，消费者使用时再自行拉伸包装、满足沸水冲泡容积空间，通过预先压缩近50%的包装高度和容积，可直接减少一半的运输车次和仓储空间，节省50%的燃油消耗和尾气排放，包装采用食品级PP材料一次性挤吹成型、材料可回收处理，压缩包装抗压抗摔性优异、阻隔性好，有利于应急食品长期保质储存，其单车次的运输装载量达到传统包装食品的1.5倍，适用于冲泡型方便面、方便米饭、方便粥等食品的包装使用。

**【用于食品塑料托盘生产工艺的国产脱模剂研发成功】**

一款专门为吸塑工艺量身配置的脱模剂（学名聚二甲基硅氧烷乳液）年前在上海市质量技术监督局的大力支持下，由上海市荣信塑料有限公司组织试制完成，并于2014年年底通过由上海市质监局等单位组成的质量审核专家的审定，该产品的相关标准已经上海市质监局备案并申请了专利。

长期以来，吸塑工艺需要的这款材料相关规范缺少描述，国内更没有针对吸塑工艺的脱模剂生产厂商；进口材料价格昂贵，订货周期长，产品有效期较短，一般企业无法承受，贸易公司也不愿意进口；而且欧美相关机构对于同一种牌号的产品表述也是不同的；这些均造成吸塑行业无所适从，处于混乱的状态。该公司开发的专用于食品的塑料制品的脱膜剂，使长期困惑吸塑行业的脱膜剂问题得到了基本解决，填补了一项国内空白。

塑料是目前使用最为广泛的食品包装材料，其中，塑料食品托盘更是与百姓生活密切相关。这类形状各异、大大小小的塑料托盘绝大部分是采用吸塑工艺来完成的，食品级的脱模剂的研发成功有力地保障了相关食品在接触包装材料上的安全性，也对普及消费者的安全知识、提高消费者食品安全防范意识起到了明确的指引作用。

**【艾利丹尼森推出低温标签产品系列：在超低温环境下】**

辅助生殖、输血医学、器官移植和干细胞技术的发展进步，意味着如今每年有超过一百万份人体组织样本被采集。人体组织样本在处理、存储和运输过程中需要低温环境，这给贴标工作带来了巨大的挑战。现在，艾利丹尼森推出一套全新的低温和消毒应用贴标解决方案，可确保标签在多种冻融循环条件下仍具备出色的黏度和耐久性。

艾利丹尼森材料部南亚区医药市场负责人Rajesh Pantsachiv先生表示：“制药公司和实验室都需要最耐久可靠的标签，来保障重要的安全使用信息在经过长时间后依然完整易读。我们的低温标签产品系列能确保生物制剂的辨识信息在采集、存储、运输和交付医疗机构以及最终临床应用的整个过程中，始终清晰可见。”

新的艾利丹尼森解决方案适用于生物样本库、疫苗、针筒、干细胞容器和肿瘤药瓶等。应用范围既包括高达121°C的高温消毒，也包括低至月-196°C的液氮低温存储和深冻冷藏。对生物和制药领域尤为重要的是，该材料不但适用于小试管、药瓶和铝罐，也适用于聚丙烯、玻璃、PVC 和钢等具有挑战性的容器表面。

Pantsachiv 先生表示："标签使用的透明薄膜面材可让用户即使透过标签也能观察到样本；使用者能不受妨碍地查看容器内的内容。我们开发的低温产品系列符合实用需求，它可支持多种不同的印刷方式，如 UV 柔印、热转印和 UV 喷墨打印，同时也具有出众的贴合性和可塑性。我们的目标是在从制造商到研究人员或病患的整个供应链中，将标签的方便易用和终极的产品保护结合起来。"

**【中国第一台"伊藤"高端切纸机在上海诞生】**

中国第一台"伊藤"高精度切纸机，近日在位于青浦民兴工业园区的上海丝彩特印刷机械设备有限公司诞生。

这台在中国生产、装配成功的高端切纸机，完全按照日本伊藤株式会社母公司设计，主要零部件全部是日本原装，由中国工人按照日本图纸精心装配、调试而成。

**【湖北京山轻工机械股份有限公司 2015 年推出了捷福 920 印刷开槽模切制箱线】**

捷福 920 印刷开槽模切制箱线由印刷开槽模切机、全自动粘箱机、捆扎机组合而成，是一款能自动一次性完成纸板送入、印刷、压线、箱坯开槽或模切成型、折叠、黏合、计数堆码、捆扎的联动线。特制的清废部成功地攻克了模切后的边角料易被带入粘箱机和粘箱机进纸倾斜的行业难题。

该线印刷机是固定上印式结构，粘箱机是下折式结构，适合客户群体：主要面向印刷图案解析度 65LPI 以下、套印精度要求较高、订单量大、换单频繁、需一次性完成印刷开槽（模切）粘箱成型的纸箱产品。

**【帝斯曼推出全新食品软包装解决方案】**

塑料食品包装行业近年来发展迅速，为全球瞬息万变的食品包装需求提供了更好的解决方案，力求在满足食品安全的前提下大大减少食物和包装材料的损耗。而荷兰帝斯曼工程塑料（DSM）最新发布的两款新材料 AkulonPA6 和 Arnitel 热塑性聚酯正是近年来食品软包装行业发展中的主力军。

Akulon 材料用于制作食品包装膜可有效减少食品损耗，AkulonXS 结晶速度比传统 PA6 慢 6 倍，可以匹配其他材料层的结晶化速度，有效解决了传统 PA6 多层阻障膜的过度结晶问题。

**【曼罗兰推出 ProServ 360° 全方位高性能服务解决方案】**

曼罗兰开发了 ProServ 360° 全方位的高性能服务方案。此项解决方案是为全新一代 ROLAND 700EVOLUTION 印刷机客户开发的包含支持和服务的合作伙伴计划。ProServ Basic Plus 基本增强版、ProServ Comfon 舒适版和 ProServ Supreme 超级版，一直是曼罗兰致力于确保其客户从硬件投资中实现最大利润的重要组成部分。

ProServ 360° 全方位的高性能服务方案是经过精密细致的研究和客户对 ROLAND 700EVOLUTION 印刷机的使用反馈而进行开发的，是贯穿印刷机安装后两年之内运作的主动服务和支持综合方案。

ProServ 360° 全方位的高性能服务方案从印刷机调试完毕的那一刻起，在最短的时间内提供最大的整机稳定性，并保持最高的生产效率。有了 Proserv 服务计划合作伙伴方案，就能在印刷机的整个生命周期里实现成本的节约和客户忠诚度的最大化。其提供了 Telepresence 达利通远程遥控诊断系统的服务，其中远程连接的诊断操作和印刷机内置的维护管理软件能识别并修复故障，包括两个机器维护阶段、五个远程检查、四个生产力分析模块，全天候访问，以及根据需要调用故障排除程序进行故障诊断。

**【赫尔辛基包装创新中心揭幕】**

斯道拉恩索于 2015 年 11 月 27 日正式启用位于芬兰赫尔辛基集团总部大楼的包装创新中心。该中心将提供一个开展创新和研发的场所，让斯道拉恩索与客户及其他利益相关方一起开发创新且可持续的包装概念。创新中心设施齐备，还包括一个包装设计实验室及配备有先进触屏技术和虚拟零售实景技术的演示区。

创新中心的主要目标群体是客户，包括经销商、制造商、品牌商及零售商等，旨在通过能促进销售并降低环境影响、降低总成本的战略性包装，来为客户创造价值。

斯道拉恩索首席执行官宋思伦（Karl-Henrik Sundström）表示："在这个全新的创新中心，我们能够以独特的方式与客户保持联络，共同设计未来的包装解决方案。可持续发展是斯道拉恩索业务的基石，我们对可再生材料领域的专长，这些都将深刻影响我们在创新中心中与客户进行合作的方式。"

除了对设计和研发提供支持外，该中心还将作为展厅，展示与创新包装相关的新产品、原型和设计。此外，该中心还将是一个孵化器，推动我们与客户、初创企业及其他行业利益相关方的合作，从而实现新包装理念和设计趋势的商业化生产。

不一样的包装设计及体验，尽在斯道拉恩索创新中心。

**【大学生发明全自动袜子包装机　降低人工成本 80%】**

由浙江纺织服装职业技术学院机电与轨道交通学院 4 名大学生设计发明的“全自动袜子包装机”全面打开市场。据悉，用这台全自动生产设备可节约人工成本 80%，基本实现半自动化或个别环节的全自动化，填补了我国在纺织业类生产包装上的空缺。

据了解，完成一双袜子从取吊牌、缝纫，到插挂钩的完整包装，三位工人分工合作需要 12 秒，不但影响了生产效率，人力资源得不到优化，且工人反复操作一项工作难免出现肢体疲劳，影响产品合格率。

该团队指导老师崔海给记者算了一笔账：人工包装所需的成本是 0.2 元一双，机器包装所需的成本是 0.04 元一双，人工成本降低 80%。以年产量 10 亿双中小型企业为例，节约人力成本 1.65 亿元。

在日前举行的中国（宁波）创客创业大赛全国总决赛上，这个发明分获最具投资奖、最佳创业奖、最具潜力奖、最具实力奖、最佳团队奖、最具创意奖 6 大奖项。

**【宽幅间歇式卷筒纸胶印机在玉田亮相】**

由河北海贺胜利印刷机械集团有限公司研发的全球首台宽幅间歇式卷筒纸胶印机在玉田县公开亮相，来自全国各地 60 多家印刷包装企业参加了该产品发布会。

玉田县素有“中国印机之乡”的美誉，现有印刷包装机械企业 102 家，产品 60 余种，是北方最大的印刷机械制造基地。近年来，玉田县立足于科技促进印机行业发展，先后组织 10 余家印刷包装机械行业骨干企业，规划并建立与清华大学、北京大学、天津大学、北京印刷学院、华北理工大学等科研院校及国内业界领军科研人员联合建立研发中心（或技术实验室），不断研发出科技成果，形成明显的产品技术优势。截至目前，先后培育印机行业省级技术中心 4 家，市级技术中心 1 家，指导印刷包装机械企业申请专利 90 多项，研发新产品 20 余个。

据了解，此次海贺胜利公司研发的宽幅间歇式卷筒纸胶印机采用卷筒料到卷筒收集的工作方式，一次性完成从卷筒纸到印刷成品的全过程，产品质量更高、效率更高，损耗更少。

**【天秦装备用品包装技术填补国内空白】**

秦皇岛天秦装备制造股份有限公司的“可实现储运集装一体化大型密封塑料包装”项目进入设计定型阶段，此项目以塑料代替金属、玻璃、钢等材料用于防护大重量、长径比、超大尺寸的精密仪器生产，填补了国内该技术领域的空白。

储运集装一体化大型密封塑料包装由天秦装备自主研发，采用环保材料，通过热塑性材料挤出成型，塑料零件注塑成型生产出由包装筒、支撑架、捆绑器三部分组成的长约 1.5m 的特种部队军工用品整体外包装。项目突破了包装托盘式集装的常规技术，完成了箱体自身的自由组合，实现了对内装精密仪表、器材、智能产品的特殊防护、储存、集装、运输，具有良好的抗冲击、抗弯曲能力，大大提高了产品的密封性、阻燃性及防潮、防霉菌、防静电功能，获得实用新型专利。批量生产后，预期订单额将达 6000 万元左右。

**【亚太森博自主创新研发科技达到国际领先水平】**

2015 年 12 月 19 日，来自中国制浆造纸行业的权威专家，对亚太森博（山东）浆纸有限公司 2015 年自主创新研发的七项科技成果进行了鉴定。

亚太森博“漂白硫酸盐混合浆技术研究”“漂白硫酸盐纯相思木浆生产技术研究”两项成果属国际领先水平；“食品级高松厚涂布白卡纸（GC2）的开发”“浆厂不同木片原料对应的废水 Fenton 处理工艺研究”“浆厂碱回收锅炉低硫低氮运行技术研究”三项成果达到国际先进水平；“以真空盐为原料的一次盐水处理新工艺技术研究”“建立浆纸厂设备状态的振动总值评价标准”两项成果居国内领先水平。

**【太阳纸业 PM29 成功开发绿色环保型本白双胶纸】**

太阳纸业 PM29 自开机以来，已成功开发出绿色环保型系列本白双胶纸，它是继太阳纸业生活用纸开发出的无添加系列产品之后的又一绿色环保型产品。

第一，绿色环保。PM29 开发的本白双胶纸打破传统思维理念，不使用染料和颜料来调节色相，不使用增白剂来调节白度，仅通过使用不同的浆料来调节色相、白度、厚度和强度，仅通过浆料和灰分来调节不透明度，做到真正的无添加，避免了有致癌物质的增白剂和染料进入浆料系统，做到生产出来的产品真正绿色环保。

第二，人性化。PM29 开发的本白双胶纸打破传统的高白概念，逆道而行，变“越白越好”的理念为“对人肉眼越舒适越好”的理念，国家推行环保书刊纸，保护青少年的视力，要求白度在 85%（ISO 白度）以下。而新开发的本白系列双胶纸白度在 82% 左右，a 值在-0.65 左右，b 值在 7.00 左右，使纸张呈现微绿偏黄的颜色，非常人性化。

**【新型 Willett®小字符喷码机满足中国生产型企业的需求】**

由于中国政府实施对包装和标签要求更严格的法规，以防止假冒伪劣，改进跟踪和追溯并保护消费者的健康，使得对优质编码喷印的需求日益增长。但是，中小型企业可能无法配备昂贵的先进设备，以满足这些严格的喷码要求。为此，威利®为满足中国中小型生产型企业的需求而设计开发了 Willett®620 小字符喷码机（CIJ）。这些生产型企业的现有喷码机经常会出现意外的故障停机、频繁的喷头清洗、不一致的编码质量，并产生脏乱和浪费现象。Willett®620 小字符喷码机能够应对这些挑战，并以客户期许的价格提供出色的稳定性能和一致的高质量喷印。

# 国外包装工业动态

**【欧盟将执行食品接触塑料材料和制品新法】**

自2015年3月25日起，欧盟委员会公布实施的食品接触塑料材料和制品10/2011号法规正式实施。据悉，这是10/2011号法规自2011年取代欧盟塑料指令2002/72/EC实施以来的第二次修订。

该新法规主要修订内容包括：新增了两种可用于制造食品接触材料的单体；明确了双氰胺单体的特定迁移限量为60mg/kg；将原有物质1，3-苯基二甲胺的限制，由单独迁移限制改变为与新增物质间苯二甲基异氰酸酯共同限制，特定迁移总量为0.05mg/kg；对限制说明等进行了更新。

**【欧盟将禁“有毒包装”中国出口企业多加注意】**

有毒包装或被欧盟“清理出局”。近日，欧盟议会通过了有关对欧盟《包装与包装废弃物指令》（94/62/EC）的修订案，叫停毒包装可谓“箭在弦上”。

日前，WTO检验检疫信息网发布消息称，欧盟规定，指令正式实施之后的两年内，将淘汰所有含有超过0.01%的致癌、致畸、有生殖毒性和致内分泌紊乱的物质的“包装”。修订案要求欧盟各成员国，以2010年的数据为基准，在2017年前减少50%的轻便型塑料袋（厚度为10~49μm的塑料袋），在2019年前减少80%的轻便型塑料袋。此外，特别要求在2019年之前将用于包裹水果、蔬菜和糕点糖果等食品的塑料袋替换为纸袋或可降解的袋子。

**【2015年北美印刷包装行业将急速增长】**

美国国际纸业公司发布的2014年财务数据显示，2014年全年运营收入是13亿美元，2013年为14亿美元。2014年第四季度运营收入是2.27亿美元，而2013年同期则为3.59亿美元。

2014年度销售额为236亿美元，2013年则为235亿美元，2014年第四季度净销售额为59亿美元，2013年为58亿美元。

2014年度业务部分运营利润是28亿美元，而2013年度为26亿美元。业务部分第四季度运营利润2014年是6.94亿美元，而2013年为6.61亿美元。

“国际纸业通过运营获得了创纪录的现金交货记录，这得益于北美包装印刷工业的强劲表现。”国际纸业的首席执行官兼主席Mark Sutton说道，“随着进入2015年，强劲的北美经济增长可以助力我们面对一个仍然充满挑战的世界经济环境。同时，我们将更加关注执行力，国际纸业将期待另一个高速增长和强劲现金收益的财年。”

**【三国家对食品包装提出新的要求】**

近日，多个国家相关部门纷纷发出指示，表示要修改或调整食品包装的成分、标准甚至要求统一更换新包装。

1.美国将禁止食品包装中部分化学物质

据美国食品安全新闻网最新发布的消息称，美国自然资源保护组织、乳癌基金组织等九大组织联合向FDA发起请愿，要求禁止食品包装中有害健康的部分化学物质——高氯酸盐及长链全氟化碳类物质。高氯酸盐主要是添加在食品包装密封垫片中，以减少干燥食品包装中的静电；而长链全氟化碳类可防止油脂浸入食品包装的纸张与纸板，如披萨包装盒与三明治包装。九大组织的行动签署人表示，两类化学物质可危害胎儿发育、雄性生殖系统、婴儿出生前后的大脑发育，还可引起癌症。

2.韩国拟修订食品容器和包装标准规范

韩国近日向WTO秘书处发出通报，标题为：韩国拟修订食品器皿、容器和包装标准规范（G/SPS/N/KOR/481）。本法案修改内容涉及：阐明合成树脂涂层金属和木材的规定；迁移试验测试解决方案的加工温度60~70℃（一般使用温度超过70℃）；如食品兴奋剂成分为水或4%醋酸，则温度变化介于95~100℃；修改食品兴奋剂砷含量，将合成树脂、木材及淀粉水改为醋酸4%；取消用于所有食品使用器皿迁移试验的食品兴奋剂50%的乙醇（水、4%醋酸、5%乙醇及n-庚烷）；制定聚对苯二甲酸乙二酯（PET）乙醛（6mg/L）的规范和相关测试方法；对于无规范的疑似有害材料，制定新法规，使其有可能结合其他合成树脂规范使用；将术语“非挥发残留”替换成“整体迁移”，并重组玻璃、陶瓷、瓷釉及陶器规范表。

3.厄瓜多尔要求所有食品饮料必须使用新包装

厄瓜多尔《商报》2014年12月2日报道，厄国家卫生监管部门Arcsa要求市售食品饮料在11月29日前更换标有健康提示新包装。截至12月2日，仍有23%的商品尚未更换新包装。对此，厄食品饮料制造商联合会表示，部分商品未更换新包装是因为此类商品在规定下发前生产且目前尚未过期，希望不要被强制下架。厄瓜多尔工业部长称，针对此种情况，或将允许厂商在旧包装上粘贴健康标识以达到要求。

**【Faerch Plast推出可烘烤软膜包装】**

丹麦食品包装专家Faerch Plast发明了一种新型包装，可用于除鱼肉之外的所有其他肉制品半成品。采用这种可烘烤软膜包装的半成品，用户无须去除包装物，可以直接把半成品送入烤箱或微波炉中加热并食用。该公司认为，可烘烤软膜对增加公司在畜肉和家禽肉半成品市场所占份额非常有帮助。Faerch Plast 公司通过与 ABP 和 Bemis 软包装公司合作，研制成功了这种可烘烤 CPET 包装材料。

**【联合利华运用技术手段降低包装瓶中塑料含量】**

跨国消费品公司联合利华发布通知，他们将用发泡材料代替薄壁材料，这一行为有助于减少塑料用量达 15%。该材料由联合利华与其包装供应商 A1pla 和 MuCell 三方通力合作研发而成。这项技术原理是通过在瓶子中间层注入气体，产生气泡，达到降低瓶子密度和减少对塑料需求的目的。

**【斯里兰卡实施香烟包装新规　须印制警示图片】**

据斯里兰卡政府新闻网报道，斯里兰卡卫生部已经敦促所有烟草公司，从 2015 年 2 月 1 日起在香烟包装上须印制香烟有害健康的警示图片。

该项规定从 2015 年 1 月 1 日就已开始实施，但允许市场上没有警示图片的香烟限期销售一个月，所以从 2 月起必须严格执行该项规定。否则，将会受到法律的惩罚，惩罚标准从 2000 卢比和 1 年监禁改为 50000 卢比和 1 年监禁。

28 日举行的斯内阁会议批准了警示图片须占烟盒面积 80%的法规，而此前法院要求是占烟盒面积的 60%。

**【食品包装抢占土耳其瓦楞包装市场】**

土耳其瓦楞纸板需求在过去的三年里强势增长。

根据土耳其瓦楞纸板制造商协会（OMUD）的统计，2013 年土耳其瓦楞纸板的产量从上一年的 177 万吨提高到 187 万吨。尽管受到战争影响，出口的商品下降，但 2014 年上半年，占国内生产量 70%的 OMUD 成员的瓦楞产量增长势头依然强劲。“2014 年第一季度，瓦楞纸板产量增长了 8%，而同期国民生产总值仅增长 4.3%。” OMUD 秘书长 Deniz 表示。

食品包装在土耳其使用的瓦楞包装中占了最大的份额，约为总量的 35%，据 2013 年的统计数据显示，农业生产和新鲜食品包装占瓦楞包装总量的 6.8%，而饮料包装占 4.9%。在其他使用瓦楞产品的主要用户中，玻璃和陶瓷制品占 7.3%，家用电器占 4.4%，纺织、服装和皮革制品占 3.9%，橡胶制品占 2.8%，木制品和家具占 2.4%，纸与印刷品占 2.2%。

**【美国研发抗菌生物塑料新型配方　有望 100%杀菌】**

近日，美国《应用聚合物科学》杂志发布了一项最新研究成果，一位主要研究生物塑料抗菌性的博士生 AlexJones，研发成功抗菌生物塑料的新型配方，有望达到 100%杀菌率。

据 AlexJones 介绍：“细菌无法在这种塑料上存活。”这种生物塑料可用于医疗方面，例如缝线、药物、输送导管和愈合敷料等，也可用于食品包装。

研究人员测试了 3 种用于替代常规塑料的非传统的生物塑料材料——蛋白、乳清及大豆蛋白，发现可降低污染造成的风险。例如，当蛋白（蛋清中的蛋白质）与传统增塑剂混合时，可显示出很强的抗菌性。如果进一步成功进行研发改良，有望将抗菌生物塑料的新配方应用于食品防腐剂或药物当中，以期能杀死细菌或阻止其蔓延，达到 100%抗菌的效果。

此外，这种生物塑料可以完全降解。“如果你把它放在一个垃圾填埋场，这种纯蛋白质会发生分解。” AlexJones 介绍道，“如果你把它埋在土里，这些塑料将会在 1~2 个月消失。”

该研究接下来将深入分析这种以蛋白为基础的生物塑料在生物医学和食品包装领域的应用潜力。

**【法国议会通过关于能源过渡和绿色增长的法律】**

近日，法国议会通过了关于能源过渡和绿色增长的法律。新法律除了减少核能在法国能源结构中的比重之外，还包含与可再生能源和塑料包装有关的立法建议。

例如，到 2030 年可再生能源增长 40%及二氧化碳减排 40%；用于包装水果和蔬菜的轻量级包装袋于 2017 年 1 月 1 日开始必须以生物基材料制成。此外，用于商业邮件的塑料包装也将在同一时间以相同的标准执行。

作为全球范围内最具代表性的生物塑料行业贸易团体，欧洲生物塑料协会对法国近日率先出台的一系列以支持生物基塑料包装为主的新法律表示支持。

协会主席 Franoisde Bie 表示，法国已经率先迈出了第一步，以负责任的态度应对塑料原料的消费，并将废旧材料视作一种宝贵的资源。在未来的几年里，生物塑料必将对环境保护和经济增长做出卓越的贡献。

**【安姆科开发出可使用金属凸耳盖的热灌装PET瓶】**

安姆科硬质塑料公司已开发出可使用金属凸耳盖的热灌装PET瓶，该公司称此举在食品包装业首开先河。该技术可把金属凸耳盖添加到材质为塑料的24盎司热灌装容器上，消费者在打开轻巧耐碎的PET瓶上的金属盖子时可以听到清脆的“爆裂”声。目前，该产品正在申请专利。

这种储藏容器定位于热灌装食品应用，如果酱、果冻、沙沙酱、苹果酱和罗勒青酱等。该公司称，这种容器可根据现有的装盖和灌装设备灵活调整，无须投入额外的加工成本。

该公司的高级营销经理BunlimLy说：“这是一项重大开发成果，让PET热灌装容器在食品包装行业站稳脚跟。”“我们填补了那些青睐金属凸耳盖PET容器优点的消费者的重要需求，提供了与玻璃材质同等的质量和新鲜度，而且具备显著的性能、生产和可持续发展能力优势。”

**【包装内的干货选择　百事轻怡可乐换下阿斯巴甜】**

从2015年8月开始，百事可乐如期在美国市场换下了轻怡可乐（DietPepsi）中的阿斯巴甜，替换为另外两种甜味剂。此前，关于阿斯巴甜可能致癌和导致胎儿早产的潜在风险引发了消费者对低糖碳酸饮料的争议。这一点直接导致了该品类在美国的销量下滑。

品牌顾问及设计公司Landor的北美区董事长Allen Adamson对此的评论是：“在科技范畴，这是伟大的改变。但食品饮料的消费者永远是遵从习惯的一种生物，在‘改变’这件事上，这伙人更加情绪化，而非理性。”这意味着原本自暴自弃索性直接喝百事的顾客，没那么容易重新接受轻怡可乐。

尽管美国食品和药监局已多次表示阿斯巴甜的正常食用不会带来不良影响，但可口可乐公司的健怡可乐和百事轻怡一直都没能获得消费者青睐，市场份额两倍于轻怡的健怡可乐，面临的销售下滑甚至更加严重。

截至目前，百事可乐方面表示75%的顾客接受了新口味，但真正的市场反应如何依然有待观察。

**【Coveris公司开发出多层无底纸标签材料】**

Coveris公司日前推出了一种新型多层无底纸标签材料，这种名为Compac Linerless是世界上第一种集功能性和商业优势于一体，同时还符合新的食品信息法规的标签材料。这种材料表面积更大，可以印刷更多信息。在这方面，Coveris公司称其可以通过创新的多层设计使信息量显著提升，更加环保并且具有加工方面的优势。大的表面积可以容纳更多的信息并且连通到FIR、促销、烹饪步骤、食谱和其他内容，这就使得包装上的内容和货架展示的内容实现了最大化，同时，还可以强化品牌的完整性。这种标签有移除型和重复贴合型可选，还有智能打码和多次打开形式，亦可以做成打孔撕除型。

Compac Linerless的推出拓展了无底纸标签的应用范围，同时还可以通过两层甚至三层的设计，来传递更多的产品信息。Compac公司无底纸产品销售经理表示：“Compac系列革命性产品，为我们的客户带来了显著的优势。在信息传递、环保和操作性能上，Coveris的Compac Linerless的理念是市场上的第一个。”

**【科学家开发出新印刷技术可以隐藏图像】**

洛桑联邦理工学院科学家开发出一种新印刷技术，两个图像被打印在相同位置。在任何给定时间，一个图像是隐藏的，另一个是可查看的。要查看“隐藏”的对象，用户只需旋转照片，从而隐藏图像会显示成一张图。

专家指出，这样的效果只作用在印刷在金属板上的作品，因为金属板有镜子般的特性。而纸漫反射的光在多个方向上，因此消除了出现这种效果必需的阴影。除了金属片，人们只需一个标准的喷墨打印机和必要的软件来创建隐藏的图片。

洛桑联邦理工学院的实验室专家认为，该技术有朝一日将用于增强文档的安全性，使犯罪分子更难制造假币、信用卡、护照和其他证件。

**【2020年全球UV固化油墨市场有望达35亿美元】**

据美国联合市场研究机构报告预计，全球UV固化油墨市场将于2020年达到35亿美元，2015—2020年的复合年均增长率超过将15.7%。由于包装食品及饮料行业的增长带动了标签印刷需求的上升，成为UV油墨的主要增长领域。

在当前形势下，由于UV固化油墨适用于各种基材，因而成为溶剂及水性油墨技术的理想替代品。据报告介绍，未来出版和印刷行业有望成为UV油墨的主要消费行业。

但是，由于很多印刷品转向电子版，UV油墨在印刷行业的需求将会下降。2020年出版及印刷行业将占到整个市场销售份额的1/3。在报告年度中，消费品领域复合年均增长速度最快，主要得益于出色的附着力、快速固化能力和更好的耐久性，2014年，自由基UV油墨领域占到全球UV固化油墨市场份额的90%。

**【微软将首次在中国公布其最新3D打印技术】**

据经济之声《天下财经》报道，微软最近确认，将首次在中国公布其最新研发的3D打印技术和解决方案应用，具体包括：微软3D打印体感扫描，3D打印技术应用过程，以及微软的技术应用如何帮助3D打印供应商建立全新的商业模式等。

微软公司自2013年通过3DBuilder应用在Windows 8.1上“登陆”后，一直在加大力度研发开拓其在3D打印领域的技术和业务。

2014年，其开始明显加快开拓的脚步：4月底带头成立3MF联盟，与众多3D打印巨头力推统一的文件格式：.3MF，随后更新的Windows10集成Spark平台更是大力度优化关于3D打印的功能和体验。从“简化”入手，通过帮助公司和设计师能更加专注于创新而不是操作衔接的问题，低调而稳健地进入3D打印市场。

**【欧洲食品饮料包装趋于轻量化】**

欧洲零售行业包装普及率的上升与食品包装市场的持续复苏带动了食品饮料包装消费量的加速增长。据国际市场调查组织史密瑟斯·皮尔研究所调查，2014年欧洲零售行业的包装普及率由2010年的63%上升至66%，其中，新鲜蔬菜水果、冷冻食品、烘焙食品的包装普及成为关键增长点。数据显示，欧洲食品饮料包装消费量将以年均3%的速度增长，2020年将达到9530亿件。

在欧洲，冷冻方便餐、即食快餐、早餐饼等食品非常流行，大部分欧洲人倾向于在5分钟内吃完早餐。为节省消费者拆开包装的时间，近年来，轻量化包装成为食品饮料包装的转型方向，其中，罐装、瓶装饮料包装的轻量化趋势最为明显。这种包装方式既降低了材料成本，也有一定的环保效益。

**【2019年美国标签印刷需求量将达197亿美元】**

根据位于克利夫兰的市场调研机构Freedonia公司的调查报告显示：美国标签市场2019年需求量将增长3.8%，达到197亿美元。随着整体经济和人口增长及健康的消费前景，标签业务发展将更为广泛。热敏标签稳定的增长得益于多功能应用及增值产品领域的需求，如智能标签。由于标签技术的竞争，预计至2019年热收缩和膜内标签将进入快速增长期。

“由于热敏标签的冲击，胶粘标签将面临更大程度的下滑，即使是在葡萄酒及各类特色饮品等传统领域。”分析师Esther Palevsky表示。

邮寄所用标签及运输使用的标签将在2019年将进入快速增长期。随着网络购物的发展，包装运输业务也在不断增多，这将推动标签在邮寄及运输领域的发展。由于识别、定位等领域需求的不断增多，标签工业将会不断发展。

**【美国印刷颓势不减　数字印刷成为必然趋势】**

印刷行业作为传统工业，与国民经济总量增速的相关性较高，近几年在美国经济疲软及数字媒体的强烈冲击之下，美国印刷行业更是呈现出明显的衰退期特征，行业销售规模加速下滑，2008—2012年均降幅约为6.2%；量、价双降致使利润大幅缩水，行业平均净利率由4.7%下降至4.1%。

由于印刷行业具有下游客户零散、订单规模较小、批次较多、交货时间不稳定、地域文化差异较大等特征，很难形成类似包装行业全球性高度集中的竞争格局。美国前四大印刷企业仅占行业销售总额的17.6%，美国最大的印刷企业R.R.Donneey & Sons Company市场份额约为10%。目前美国印刷行业趋势表现为更低印量、更短交货时间，这为传统印刷企业提出更高挑战，模式变革已迫在眉睫。数字化相关领域及互联网对印刷行业的改造是未来必然发展趋势。

**【全球特种纸产量2020年将达3487万吨】**

全球第二大市场研究咨询公司Marketsandmarkets网站发布了题为《特种纸市场的全球趋势及2020年市场预测》报告。报告指出，全球特种纸产量在2020年将达到3487.91万吨，从2015年到2020年平均每年增长6.95%。

报告分析认为，2014年欧洲仍处于全球特种纸市场的领先地位，欧洲的特种纸产量占据全球产量的33%。由于亚太地区特种纸产品需求量的不断增加，预计亚太地区将是特种纸市场发展最快的地区。就特种纸的应用来讲，包装和标签用特种纸将成为2015—2020年特种纸最大的市场。美国仍然是占据全球特种纸产量和产值最大份额的国家。

**【印度正成为世界“标签大国”】**

全球战略发展董事Mike Fairley不久前在一份

展前报告中提到，目前全球标签行业的增长率为4%~6%，其中欧洲增长率为5.7%。西欧标签的增长速度正在挑战东欧，然而中国的发展速度有所放缓，印度正在成为世界“标签大国”。

另外，欧洲2014年一半的窄幅卷筒纸印刷机都改成了数字印刷机，在所有新安装的数字印刷设备中，喷墨设备占到35%。预计数字印刷在未来4~5年将成为主导印刷技术，其中混合印刷机将占数字印刷设备总装机量的5%左右。

**【南美洲离型纸市场年增长率预计为4%】**

AWA最新发布的《2015年度南美洲离型纸市场研究》显示，南美洲离型纸市场年增长率预计为4%，离型纸的应用依然以不干胶标签材料为主导，占有率达60%以上。薄玻璃纸/SCK纸为南美洲市场离型纸的主要基材，占比为50%以上。有机硅黏合剂依然是市场主导，更便宜的UV固化黏合剂虽然基数不大，但是发展速度最快，这主要是因为卫生市场的需求，以及在线涂布和印刷市场带来的发展机会。

**【数码印后加工受美国包装印刷用户青睐】**

克鲁格公司首席执行官Michael Aumann称，数码印后加工正受到越来越多人的关注，特别是在包装领域。这也给包装印刷行业带来了一些新的课题，比如数字印刷媒体带来的挑战，自动化的设备调整和新技术带来的机遇等。

**【俄罗斯软包装市场潜在容量极大】**

据俄罗斯媒体报道，2000年俄罗斯软包装市场规模估计为20万吨，15年间市场规模增长1.5倍。2014年俄罗斯软包装市场规模达51.5万吨，同比增长2%。而在2012—2013年该市场规模年均增长速度为4%~5%。

鉴于实施进口替代及鼓励发展国产政策，俄罗斯软包装市场的潜在容量估计高于市场实际规模15%，每年为60万吨左右。

软包装市场受到俄罗斯总体经济形势的影响，在经济不稳定、美元汇率上升的情况下，增长速度下降，但并不会进入负值。这是由于这样的事实，对诸如食品、饮料和药品的消费需求，其下降程度通常不会达到对非生活必需品的需求。

**【日本药品推“土豪金”包装刺激爆买】**

台湾东森新闻云日前援引日本《每日新闻》的报道称，2015年1—9月到日本观光的外国人比前年同期增加了48.8%，其中有1/4是中国大陆人，且每人平均消费额为28.7万日元（约合1.5万元人民币），因此出现“爆买”这样的新兴流行用语。

小林制药为了要增加人气，在大坂心斋桥推出“金色包装”的退热贴，并和普通蓝色包装一同贩卖，内容物和价格都相同，但是打出“限量贩售”的宣传标语，并另置专区进行“实验性”贩卖。据了解，小林退热贴被封为“赴日必买12种神药”之一，在日本买的价格只要中国大陆的1/4，因此相当热销。

**【三年后越南纸业产能将提高3倍】**

越南《经济时报》报道：越南纸业协会副主席兼秘书长武玉宝透露，由于许多年产几十万吨的外资大项目正在建设，三年后越南纸业年产能将达到数百万吨，是现在的3倍。国内纸业企业面临巨大的竞争压力。

目前越南共有500家小规模纸业企业，年产能约200万吨，设备落后，产品质量和劳动效率不高。近年来，产能30万吨以上的外资企业纷纷登陆越南。

包装纸世界龙头企业玖龙（中国）集团在越南的正阳公司，投资建设了年产45万吨的包装纸生产线，采用现代化生产工艺，设备完全自动化。香港理文纸业集团因故延迟建设的项目也将于2016年6月投产，年产纸浆35万吨、成纸28万吨。台湾成龙集团正投资10亿美元在巴地头顿建设包装纸生产线，2017年产能会达到45万吨。日本丸红株式会社将分两期在巴地头顿建设120万吨产能生产线，首期也计划于2017年投入运行。

**【2015年全球数字印刷占印刷包装产业总市值的13.9%】**

史密瑟斯·皮尔研究所最新报告数据显示，2015年全球数字印刷市值占印刷包装产业总市值的13.9%，占市场总规模的2.5%。而在2010年，这两个数值仅为9.4%与1.9%。报告显示，开拓数字印刷业务能为印刷企业提供新的市场机遇，其低成本、短运行、快速周转的优势推动数字印刷市场发展向好。据预计，2020年数字印刷市值占比将达到17.4%，市场规模占比达3.4%。

**【2016年软包装消费量有望达到2250万吨】**

近年来，包装行业不断发展，包装材料中的软包装因其用途广泛、成本低和具有创新潜力而逐渐受到品牌商的重视。据英国派诺国际发布的调查报告显示，到2016年软包装消费量有望达到2250万吨，产值将达到713亿美元（约合人民币4491亿元），并宣称随着金属罐、玻璃和塑料瓶等传统包装形式逐渐被市场所淘汰，软包装市场将迎来全新的增长机遇。

另外，根据德国市场调研集团 Ceresana 发布的报告显示，至2021年，欧洲软包装市场容量将达1920万吨左右。该公司强调了软包装如何满足消费者越来越高的要求，正因为如此，软包装在很多市场领域开始取代硬包装。

这些调查报告对国内的软包装企业有一定的借鉴意义。当然，中国的软包装行业发展趋势如何，行业人士有着不同的观点。

**【2020 年全球液体包装市场规模将达 13.8 亿美元】**

国际市场调查研究所史密瑟斯·皮尔近期发布的《全球液体包装纸板市场调查报告》显示，2014 年全球液体包装纸板市场消费总量不超过300万吨，市场规模达到 11.4 亿美元。预计至 2020 年，市场消费量将达到 360 万吨，按照 2014 年的价格换算，市场规模约为 13.8 亿美元。

全球液体包装市场正处在一个转折点，很快将显示出其在短、中期内的增长潜力。数据显示，2010 年，液体包装纸板需求略有下降，2011—2014 年，液体包装市场规模年均增长率超过 2%，预计 2015—2020 年，将以每年 3.5%的速度增长。

**【日本凸版印刷开发新型 IC 防伪标签】**

日媒报道，日本多家知名企业近日开发出一种利用 IC 标签防止销售假冒日本酒的系统。研发机构认为，如果能借此项技术杜绝假冒产品的出现，并推动品牌日本酒的出口，也将有利于该国“酷日本战略”的实施。

据悉，该 IC 标签由日本凸版印刷开发，里面有被称为“检测部位”的天线线路。该标签将被嵌入纸质封缄，并在日本酒出货时贴于瓶盖。

在流通过程中，如果瓶盖被打开，封缄将断裂，检测部位线路也会断开。在商品检品时，只要读取 IC 标签的“检测部位”就能判明是否存在异常，而商品是否被开封的信息也将被记录到日本开发商的云平台。

此外，其瓶身还贴有二维码，消费者可在日本以外国家的零售店和餐厅，利用智能手机查询云平台的信息，确认购买商品是否曾被开封。

**【阿联酋包装业市场规模达 23 亿美元】**

据迪拜《宣言报》日前报道，阿联酋包装业市场是中东北非地区增长最快的行业市场，目前市场规模已达到 23 亿美元。根据迪拜商会调研显示，食品及耐用消费品包装激发了包装材料产业的活力。迪拜作为食品饮料及其他产品通往非洲和亚洲的转口站更加支撑了包装业的前景。

2014 年阿联酋包装业增长 6.8%，其中软包装占市场份额的 31.4%，硬塑包装占比 32.6%，预计到 2019 年份额将达到 34%，纸质包装占比 14%，预计至 2019 年将保持每年 5%的增速，金属包装占比 12%，预计 2019 年前年增长率为 6%。

**【科威特发布预包装食品标签的法规草案】**

2015 年 7 月 10 日，科威特发布 G/TBT/N/KWT/277 通报，发布关于预包装食品标签的法规草案，涉及所有现行的预包装食品，该法规草案对预包装食品标签的总体要求、预包装食品标签的强制要求和现行的 4、5 和 7 条款中的强制标注信息要求，其他条款为自愿标注内容的有关规定。

**【英国塑料行业制定 2017 年塑料包装 57%回收目标】**

英国塑料行业推出了一项“塑料行业行动方案”计划，要求尽更大努力完成政府制定的 2017 年塑料包装回收率达到 57%的目标。

2013 年英国回收了 787050 吨塑料包装。如果政府认可了2013年投放市场的塑料包装总量为249万吨这一数字的话，英国2013年的回收率就是32%。

如果没有所有诸如中央政府、地方政府、废料管理机构等方面的全面参与，这一目标的实现将困难重重。

英国的回收组织 WRAP 和合作公司 Valpak 估计要等到2020年才能达到回收率57%的目标。

基于此情况，政府目前正在咨询相关机构，研究是否应该修改此责任目标，降低到原来计划的 42%，并且将完成的时间表延后。

同时，行业人士还呼吁从业者采取各种手段来提高塑料的回收率，包括清除政府设置的政策门槛，扩大可回收物品种范围，提高回收工厂的打包料品质。

这一计划是英国 WRAP 协会和“塑料 2020 组织”两个机构设计完成的。“塑料 2020 组织”是由欧洲塑料协会、英国塑料协会和塑料包装薄膜协会共同组成的一个专项小组。

**【美国第二、第三大包装巨头完成合并】**

2015 年 7 月 1 日，由美国排位分列第二、第三的两家大型龙头包装企业 Mead Westvaco 和 Rock-

Tenn合并组建的West Rock公司正式开始运转，两家公司的股票也完成了合并，合并后Mead Westvaco股东将拥有新公司50.1%的股权，Rock-Tenn股东将拥有剩余股权。

2015年1月26日，两家包装巨头宣布合并，创建一家规模仅次于国际纸业公司的市值达160亿美元的全球性包装公司，经过半年时间的重组，两家公司最终合二为一。

从该企业的官网获悉，合并后的West Rock规模非常宏大，将拥有42000名员工，在北美、南美、欧洲、亚太拥有275家生产基地和遍布全球的运营中心、实验室、销售网点，年产值达150亿美元；年销售1230万吨原纸，仅次于国际纸业；供应北美地区50%的披萨盒，生产60亿只饮料盒，2亿多只洗手液泡沫泵，在全球拥有2400个授权专利；每年回收700万吨废纸。

**【全球硬质塑料食品包装市场走势见好】**

知名市场研究机构BCC Research日前发表报告称，近年来全球硬质塑料食品包装市场走势见好，未来几年其发展前景十分可观。

报告指出，2013年全球硬质塑料食品包装市场需求约为300亿磅，2014年这一数值突破310亿磅。2014—2019年，其需求复合年增长率将达3.7%。至2019年，全球硬质塑料食品包装市场需求将增至372亿磅。该研究机构表示，未来5年内PET在硬质塑料食品包装中仍将占主导地位，其复合年增长率预计将达4.1%。

**【欧委会对食品包装企业垄断处以逾亿欧元罚金】**

近日，欧委会对包括法国Nespak等公司在内的八家食品包装生产商和英国Propack等两家包装分销商处以总额1.16亿欧元的罚金。这些企业在欧洲市场就泡沫聚苯乙烯和聚丙烯刚性盘的价格和销售地域达成垄断协议。两类产品主要用于超市售卖的芝士、肉类、鱼和蛋糕等食品包装。

欧委会竞争委员韦斯塔格指出：“垄断协议损害了欧盟市场无数消费者的权益。这些企业为自身利益瓜分市场、固定价格，使得产品价格不是由市场而是由竞争者协商确定。欧委会不会容忍此类严重影响经济发展，且降低了企业创新动力的行为存在。”

**【欧盟对产品包装使用作出更严格新规定】**

欧盟议会近日通过了《包装与包装废弃物指令》修订案，对产品包装使用作出了更为严格的规定。检验检疫部门提醒企业，该修订案要求欧盟各成员国以2010年的数据为基准，在2017年前减少使用50%的轻便型塑料袋，在2019年前减少使用80%的轻便型塑料袋，并特别要求在2019年之前将用于包裹水果、蔬菜和糕点糖果等食品的塑料袋替换为纸袋或可降解的袋子。

届时将对出口食品包装生产企业的生产和经营产生巨大的影响，相关企业应加强开发新的环保包装产品，在包装的回收利用和废弃管理方面，形成无污染、无公害的理念，提早着手，提早转型，提高应对风险的能力。

**【欧米特推出新款标签和包装印刷机】**

意大利印刷设备制造商欧米特公司，在2015年5月正式推出iFlex和Varyflex V2 Offset两款印刷机，这两款新设备针对的是标签和包装印刷市场。

iFlex印刷机的目标客户群是标签行业，而Varyflex V2 Offset的目标客户群是软包装行业。欧米特公司表示，这两款印刷机的推出，“释放了一个强烈的信号，就是不断寻求新的挑战”。

**【Conserva Cube公司推出称重25kg自立包装袋】**

Conserva Cube公司在包装博览会上展出了别具一格的重型方底自立袋—Conversa Cube和Flexi PAIL。这两款包装的独特之处主要在于增加了隐形拉链的设计，赋予了包装袋良好的便利性。在装满重物时它仍然可以站立于货架上，很容易引起消费者的注意。与托盘、硬质包装相比，这两款包装能节省企业的运输成本，具有可持续发展性。

该包装可提供6in至12in×13in×17.5in范围内的包装规格供客户选择，并适用于多种类型的产品，为企业降低成本，并节约高达90%的包装材料。

由于包装袋尺寸大，四面印制的包装信息得以高精度全方位展示，最大限度地将产品推向消费者眼前。内置提手和方便堆垛的特性，让二者几乎适用于所有零售商、连锁店。

Conversa Cube和Flexi PAIL采用的是聚乙烯薄膜，厚度在4~5mil，无论采用凹印，还是柔印，可印刷的色数在10种以上。密封时可以采用手动、半自动、全自动方式，完全取决于客户的需求。

**【2015年全球软包装市场需求将达到2100亿美元】**

根据Smithers Pira的最新市场调查报告显示，

2015 年全球软包装市场需求将达到 2100 亿美元。2015 年全球软包装消费市场价值估计值将达到 917 亿美元，预计 2015—2020 年每年将会以 4.4%的比例增长，达到 1140 亿美元。2015 年此领域市场吨位数达到 2620 万吨。预计 2015—2020 年将以 3.8%的比例增长，达到 3170 万吨。

有迹象表明，全球软包装消费市场需求在 2015 年将持续攀升甚至远超预估，尤其是发展中国家经济的不断扩张。中国是全球最大的软包装消费市场，市场吨位数达到 607 万吨。亚洲是全球最大的区域市场，占了全球市场份额的 40%，其次是欧洲和北美洲。亚洲预计或成为全球软包装消费领域增长速度最快的市场，年平均增长率将达到 6.6%。印度和中国是市场发展最快的国家，每年软包装消费比例分别达到 9.4%和 6.9%，超过了 2015-2020 年预期。

2015 年食品包装预计将占到全球软包装需求的 3/4。食品软包装在 2010—2015 年一直保持平均 4%的增长，是使用量增长速度最快的行业。

**【韩国开发新包装技术：小西红柿新鲜度可延长 2 倍】**

2015 年 7 月 27 日，韩国农振厅发表消息称开发了一项能使小西红柿的新鲜度延长 2 倍的新包装技术，该技术主要是通过用一定比例的混合气体来置换小西红柿包装容器内的空气实现的。据悉，这项技术的核心在于包装小西红柿时，充填能保持新鲜度的气体，所使用气体为氮气、氧气及二氧化碳的混合气体。

具体方法是容器内装入 750g 小西红柿，抽出空气形成真空状态之后充填氮、氧及二氧化碳的混合气体，混合气体比例为氮气 91%、氧气 6%、二氧化碳 3%。包装所使用塑料膜为 10~20℃的流通环境下气体浓度变化最小的塑料膜，其氧气透过率为 25000OTR（Oxygen Transmission Rate，cc/24hr • $m^2$）。

在 15℃流通环境下，该项技术与普通真空包装相比使小西红柿的呼吸速度降低 1/3，小西红柿保持新鲜状态的时间也由 3 天延长到 6 天。在该技术下，除了有使果实的呼吸速度降低的效果之外，还有保持果实表面颜色、果肉硬度和蒂部新鲜度的作用。

**【包装业巨头 RPC 计划收购全球密闭包装系统】**

全球包装业巨头 RPC GroupPlc 宣布，计划花费 6.5 亿欧元收购全球密闭系统来扩大其全球影响力。这笔交易将合并欧洲两个最大的注塑机企业，经过股东和监管部门的批准，在2016年3月底之前达成。

RPC 表示，此次收购将显著加强欧洲刚性塑料包装市场，每年还能节约约 1500 万欧元的净成本。

RPC 的总部位于英国卢斯登，在伦敦证券交易所上市，该公司主要生产注塑机，但也生产吹塑机和旋转机，在《欧洲塑料新闻》的行业排名中位列第八。

**【当纳利与一印刷媒体公司续签多年合约】**

当纳利公司日前宣布已与 Print Media LLC 续签了一份多年合约，双方将继续合作到 2020 年。

Print Media LLC 是一家打印、包装和销售 YP™ 真正的黄页®目录的公司。

“我们非常高兴能够通过长期的合作拓展彼此价值。”当纳利公司首席运营官 Dan Knotts 说，“我们有能力对客户理想的产品进行补充和整合，使我们在今天的多媒体环境下也能够支持客户。”

Print Media LLC 首席执行官 Jack Freker 则表示：“我们将与当纳利继续支持印刷媒体行业的战略，直接关注一流印刷广告应对措施，通过动态增强功能使我们在与印刷相关的媒介中对打印目录中产品的独特投资有更集中的策略。”

据了解，当纳利印刷了 Print Media LLC 及其前身超过 40 年的目录，而 PrintMedia LLC 及其前身已发布的打印目录已有超百年的历史。

**【Zipbox 专利创新包装降低货运成本 30%】**

Zipbox 这款专利创新包装，融合了纸盒的展示效果和软包装便利的可再封功能，巧妙地将纸盒与密封袋结合为一体，同时具有纸盒与密封袋的优点。

此产品用塑料薄膜加拉链代替了常见的纸盒顶端，实现了纸盒包装的可再封功能。纸盒底部采用折叠式密封，保障了整体密封性能。开启后可重复闭合，保持盒内产品新鲜。使用此包装，完全不需要再使用盒中袋，既减少了包材的堆叠，同时增加了使用功能。

该包装的长方体结构，能够四面进行印刷设计，给予设计师更多设计空间，展示更多商品信息，货架冲击力强；去掉盒中袋后，同样克重的产品，包装体积可以减小，在运输时节省体积空间，降低货运成本约 30%，消除商品破损风险；更带给消费者全新的功能性包装体验，无须更换其他容器，该包装可实现多次重复密封，保持产品新鲜，防止产品漏出，也让品牌商的商标可以更长时间地停留在消费者的视线中。

**【Lucideon 推出印刷业新颜色标准】**

Lucideon 是一家国际领先的材料供应商，近日，Lucideon 宣布推出最新的颜色标准产品，据悉，该产品专门应用于印刷行业——Lucideon 印刷标准。

它不像纸质的标准，不会随着时间的流逝而褪色，耐脏。标准的完成本身就是一系列的：光泽、哑光和半哑光。标准已被设计为能使光学仪器保持平面为相同标准，从而确保了每一次测量简单而准确。

Lucideon 颜色标准使用先进的技术制造，具有稳定、经久耐用、无荧光和易于使用等优点。该标准也是国际公认的领先的标准颜色的测量和标定，适用于 ISO 9000 质量控制程序，给任何色彩控制仪器以信心。

颜色标准业务经理 Sean Hillman 说："这些标准为这样一个色彩稳定值不高的环境提供了一个稳定的参考值，让用户更加放心。该标准也有助于印刷行业在负担得起的范围内更新其系统，变得更为有效率。"

**【国际纸业为中国及东南亚的18家纸箱厂找到潜在买家】**

十一假期过后，业内最火爆的消息莫过于美国国际纸业公司在中国乃至亚洲市场的两个大动作。2015 年 10 月 8 日美国国际纸业官网上发出一则公告指出，该公司已将持有的万国太阳合资公司 55%的股份全部出售，计划半年内彻底退出中国涂布纸市场。更让纸箱行业震惊的是，公告同时提及国际纸业已为中国及东南亚 18 家纸箱厂找到了一个中国的潜在买家，目前已签署不具法律效力的购买意向书。

公告指出，山东太阳控股集团有限公司已明确表示将购买国际纸业在万国太阳，合资公司中占有的全部合计 55%的股份。此次交易美国国际纸业将获得约 1.49 亿元（约 2300 万美元）的现金收入。与此同时，交易完成后美国国际纸业将从公司的资产负债表中将合资公司中当前未偿还的约 4 亿美元债务剥离。据悉，经过退出条件谈判及中国政府审批后该交易将在 6 个月内完成。

**【法国立法支持果蔬使用生物基塑料包装】**

随着人们的生活水平和环保意识的提高，生态可持续发展日益受到重视。近日，法国议会通过了关于能源过渡和绿色增长的法律。新法律除了减少核能在法国能源结构中的比重之外，还包含与可再生能源和塑料包装有关的立法建议。

例如，到 2030 年可再生能源增长 40%，以及到 2030 年二氧化碳减排 40%；用于包装水果和蔬菜的轻量级包装袋将于 2017 年 1 月 1 日开始必须用生物基材料制成。此外，用于商业邮件的塑料包装也将在同一时间以相同的标准执行。

作为全球范围内最具代表性的生物塑料行业贸易团体，欧洲生物塑料协会对法国近日率先出台的一系列以支持生物基塑料包装为主的新法律表示支持。协会主席 Francoisdebie 说："我们完全支持这份针对生物基和生物降解塑料的明确承诺。"

他补充道："法国已经率先迈出了第一步，以负责任的态度应对塑料原料的消费，并将废旧材料视作一种宝贵的资源。在未来的几年里，生物塑料必将对环境保护和经济增长做出卓越的贡献。

**【英国将实行香烟统一包装】**

据英国媒体报道，经英国上议院批准，英国 2016 年 5 月开始实施香烟包装统一的举措。

英国新规定要求所有香烟外包装除须有强制性健康警示语之外，统一使用暗棕色，香烟品牌字体也有固定的颜色和大小。

英国卫生部高官豪认为，这一举措对于"无烟一代"具有重要意义。调查发现，香烟包装统一化能够减少其对儿童和青少年人群的吸引力，从而有益于大众身体健康。他说："吸烟一直是一个重要的公共卫生问题。吸烟可成瘾，并且大部分是在童年和未成年时期养成的。"

爱尔兰近期在欧洲率先通过香烟统一"素颜"包装立法。澳大利亚 2012 年实行统一无标识香烟盒包装，香烟外包装上只能有健康警示语和图案。

**【欧洲软包装市场容量2021 年将达 1920 万吨】**

根据德国市场调研集团 Ceresana 发布的报告显示，至 2021 年，欧洲软包装市场容量将达 1920 万吨左右。软包装在很多市场领域开始取代硬包装。

这份报告研究了塑料包装、纸包装和铝材包装。

报告指出，自立袋是软包装的一个重要增长领域，因为轻量化复合薄膜的使用可以降低资源消耗量和运输成本。

Ceresana 指出，欧洲地区老年人口的增多将促进对单剂量包装药物的需求，进而成为软包装的一个重要市场增长领域。

消费者偏好便利性产品的趋势也将继续。人们忙碌于工作，很少有时间准备饭菜，这促进了一次性袋子的消费量。

尽管西欧地区 BOPP 薄膜市场表现疲软，但需求预计将会复苏。BOPET 包装的发展势头仍然强劲，尤其在东欧地区。

在预估药品包装的增长时，Ceresana 指出欧洲地区平均年龄的上升将加速这一市场的发展。

**【欧盟利用果汁饮料加工废弃物生产可降解塑料】**

欧盟第七研发框架计划（FP7）提供 300 万欧元，总研发投入 420 万欧元，由欧盟 5 个成员国西班牙（总协调）、荷兰、保加利亚、比利时和葡萄牙，以及拉美 4 个国家墨西哥、洪都拉斯、巴西和阿根廷科技人员组成欧洲PHBOTTLE研发团队。从2012年 3 月开始，致力于果汁饮料加工业废弃物与废水可用有机物萃取技术及生产工艺的研究开发。截至目前，已成功地利用果汁饮料加工业排放的大量废水，研制开发出廉价的、符合欧盟绿色标准的可降解塑料技术及生产工艺。创新型的可降解塑料可广泛应用于果汁饮料产品的自身包装。

PHBOTTLE 研发团队的科技人员相信，集生物聚合物廉价原材料资源、有效降低废水中有机污染物排放、减少能源与资源消耗、减缓温室气体效应和提高企业经济社会效益的“五合一”创新型技术及生产工艺，必将进一步推动欧盟乃至世界绿色经济的可持续发展。目前，研发团队正在进行新材料的其他潜在应用，主要集中于化妆品和汽车零部件的开发应用。

**【尼日利亚商品包装需求快速增长】**

近日，来自 26 个国家的 91 家企业参加了在拉格斯举办的包装工业展。参展的许多外国企业表示，愿与本地企业合作，推动尼日利亚食品包装业的创新发展。

过去五年，随着尼日利亚大中型零售市场数量的增加，商品包装需求随之快速增长。据业内人士分析，目前尼日利亚食品相关产业的产值已占尼日利亚 GDP（国内生产总值）的 4.6%，食品与饮料制造业已占尼日利亚整个制造业产值的 22%，是尼日利亚制造业中最大的子行业，塑料包装企业数量增加到近 3000 家。食品加工与包装机械进口额由2010年的1.98亿英镑增加到2013年的3.31亿英镑，其中包装机械进口额由 2010 年的 8600 万英镑增加到 2013 年的 1.82 亿英镑。尽管近年来尼日利亚食品包装业得到了迅速发展，但本地制造产品仍然只能满足尼日利亚市场需求的 66%。

**【2019 年全球食品包装市场将达 3059 亿美元】**

市场研究公司 Marketsand-Markets 发布了一份有关食品包装市场的报告，按材料、类型、应用，预测从现在到 2019 年的全球趋势。报告估计，全球食品包装市场将在 2019 年达到 3059 亿美元，而亚太市场预计在预测期内增速最高。

该公司指出，印度市场预计为增长第二快的地区。报告强调了食品包装市场的推动因素包括：消费者对特殊和加工食品的偏好，食品包装材料的演变，公司的营销策略，对食品包装材料产品的需求增长，以及发展中经济体的消费意识转变的趋势。

# 联合会主要活动与奖项

**【中国包装联合会成立 35 周年大会暨八届二次理事会】**

“中国包装联合会（CPF）（简称中国包联）成立 35 周年大会暨八届二次理事会”在北京天泰宾馆盛大召开，与会人员包括中国包联会长、副会长、常务理事、理事、各地方包协负责人、中国包联各专业委员会负责人及有关部委领导、特邀嘉宾等。会议议程包括中国包联成立 35 周年表彰及颁奖系列活动、八届二次理事会、高峰论坛演讲等。

会上中国包装联合会（CPF）会长徐斌总结了中国包联 2014 年做出的非凡成绩，自成立 35 年来达到的新高度，世界包装中心（GPC）所做努力起到助力作用，特别是其获得世界包装设计与技术大会的永久举办权，将进一步推动中国成为包装强国。

徐斌会长指出中国包装联合会创立于 1980 年，是中国工业第一个行业协会。中国包装联合会走到今天已进入一个全新的时代，包装工业产值在 2014 年达到 1.7 万亿元，为 110 万亿元国内商品提供配套服务。中国包装联合会 2014 年在人才培育、节能环保、科研创新等方面都取得较大进展，提高了国家行业标准。35 年来，中国包装联合会（CPF）抗风险能力不断提升，与世界上 20 多个国家和地区的包装组织建立了联系与合作关系，并代表中华人民共和国参加了世界包装组织、国际瓦楞纸箱协会、亚洲包装联合会、欧洲气雾剂联盟等国际包装组织，国际话语权不断提高。

徐斌会长肯定了世界包装中心（GPC）所做贡献。世界包装中心 2015 年上半年完成了中国包装联合会官网的建设工作，成为中国包装联合会官方信息发布中心，在搭建网络信息服务平台等方面，为中国包装联合会提供了助力。更为重要的是，世界包装组织（WPO）将世界包装设计与技术大会设立在中国，这将成为我国开放式的高层平台，未来世界包装设计与技术大会的召开，将推动中国包装行业与国际接轨，加速推进中国包装行业转型发展。

最后徐斌会长对党中央国务院的支持、行业企业的参与表示感谢。中国包装联合会将把握机遇，坚定信心，适应改革新常态，并会抓住设计源头，紧跟市场，提升产品附加价值。“十三五”大幕将启，新的增长动力正在形成，中国包装联合会将打造新引擎，进一步推动中国从包装大国向包装强国发展。

**【徐斌会长会见世界包装组织主席托马斯•施耐德一行】**

2015 年 11 月 16 日下午，中国包联会长徐斌在杭州会见世界包装组织主席托马斯 • 施耐德一行。

徐斌会长对托马斯 • 施耐德主席等人来华访问表示欢迎，并对世界包装组织长期以来对中国包联的大力支持表示感谢。徐斌会长向客人介绍了中国包装行业的情况。目前，全国包装企业已发展到 25 万家，大约 1000 万人从事包装行业工作，2014 年收入完成将近 1.7 万亿元人民币（2700 亿美元）。他还指出，中国包联将贯彻中国共产党十八届五中全会的精神，按照创新、协调、绿色、开放和共享发展的五大发展理念，制订包装行业自己的“十三五”规划。预计在未来 5 年总的发展速度在 6%~7%，争取到2020年中国包装行业年收入达到25000亿元人民币（4000 亿美元）。希望世界包装组织在人才培养、技术交流、信息共享等方面支持中国包装行业。徐斌会长强调，虽然面临困难和挑战，但是机遇大于挑战。中国包联有信心与各级地方包协一起实现中国包装的“十三五”规划目标。

徐斌会长表示，为了满足中国包装经济健康发展的需要，中国包联已在全力打造网络信息服务平台、科技创新服务平台、人才培养综合服务平台、面向政府服务平台及国际交流合作平台五大平台。通过五个平台为企业服务好，向政府反映企业的意愿和需求，帮助企业解决自身无力解决的问题。目前，行业协会正处在准备与政府机关脱钩的阶段。徐斌会长表示，这对于中国包联是少了靠山却能拥有更大的余地做更多的事。中国包联与世界包装组织之间的交流合作会更加便利、更加密切。中国包联需要世界包装组织，世界包装组织同样也需要中国包联和中国包装行业。

托马斯 • 施耐德主席表示，世界包装组织的宗旨是“提供更好的包装，为更多的人创造更好的生活”。世界包装组织最大的作用就是为世界各地包装行业的专家和人士提供一个很好的社交平台。让全世界更多的人了解包装知识是非常重要的，所以世界包装组织愿意与中国包联更加紧密地合作，共同实现这个目标。

世界包装组织秘书长基斯 • 皮尔森、副主席卡尔 • 奥斯麦茨出席会见。

中国包联常务副会长兼秘书长王跃中，浙江包协会长林华，中国包联副会长、世界包装中心董事长俞建虎，中国包联副会长、浙江通业印刷机械公司董事长孙文毅，中国包联秘书处副处长胡正阳，国际部张宇陪同会见。

**【徐斌会长出席 2015 中国包装创意设计大会暨世包·云设计平台上线仪式】**

2015 年 11 月 17 日，由中国包装联合会主办的 2015 中国包装创意设计大会暨世包·云设计平台上线仪式在杭州举行。中国包联会长徐斌为获奖者颁奖并按下象征“世包·云设计”平台上线的按钮。

世界包装组织主席托马斯·施耐德、浙江省人大副主任毛光烈、浙江省科技厅副厅长邱飞章、浙江省经信委副主任马锦跃、工信部信软司处长王建伟、杭州市滨江区副区长傅智超、世界包装中心董事长俞建虎共同参加平台启动仪式。

世界包装组织主席托马斯、秘书长皮尔森、副主席卡尔等客人分别为获奖者颁奖。

仪式上，徐斌会长将“中国包装创意设计中心”和“中国包装网络学院”两块牌匾授予中国包联副会长、世界包装中心董事长俞建虎，标志着中国包联在新领域的探索踏上新征程。“世包·云设计”和“世包·云教育”等网络平台是中国包联设在世界包装中心的“中国包装创意设计中心”开发的服务项目。平台集创意设计、培训教育、沟通交流、赛事评定等多种功能于一体，整合线下线上各种资源，服务行业、服务企业、服务个人，探索实现“互联网+包装”的创新发展模式，创造共赢发展。

**【中国包装联合会会长徐斌会见永发印务有限公司董事长徐国雄】**

2015 年 3 月 19 日下午，中国包装联合会会长徐斌在北京中国包装联合会会见了中国包装联合会副会长、永发印务有限公司董事长徐国雄一行，双方就包装行业发展、发挥企业资源优势、实现全行业共赢进行了交谈。

**【中国包装联合会会长徐斌会见河南省包装技术协会会长张大岭】**

“适应新常态，创新和转型。”2015 年 3 月 23 日上午，中国包装联合会会长徐斌在北京中国包装联合会会见河南省包装技术协会会长张大岭一行时，提出适应新常态的发展道路。

中国包联副会长、河南银金达彩印股份有限公司董事长闫银凤，河南省包装技术协会秘书长李武军，中国包联常务副会长兼秘书长王跃中、副秘书长吴红军出席会见。

**【中国包装联合会会长徐斌到深圳劲嘉等单位考察调研】**

2015 年 7 月 6—10 日，徐斌会长在相关人员陪同下，先后到深圳劲嘉彩印集团股份有限公司等十几个单位进行了考察调研。对于企业面临的问题，徐斌会长指出，企业发展一定要打好基础，面对行业无序竞争问题，中国包联下一步工作计划召集重点装备制造企业就如何解决现实难题，准入制度、标准制定、环保等方面展开讨论，探讨解决问题的方法，为包装行业做些实实在在的事。

**【中国包装联合会会长徐斌出席 2015 年全国包装行业经济运行形势分析会】**

2015 年 7 月 1 日晚，中国包装联合会在北京北方长城宾馆召开了 2015 年全国包装行业经济运行形势分析会。中国包装联合会会长徐斌，副会长王利、敖雯楠，常务副秘书长刘国靖，副秘书长朱婧、吴红军出席会议，中国包联部分企业副会长、常务理事、专业委员会及地方包协负责人参加了会议。会议由中国包联常务副会长兼秘书长王跃中主持。

参会代表一起讨论了全国包装行业目前经济运行情况，各行业、企业在发展过程中遇到的问题和解决方法，以及对包装行业“十三五”规划制订工作的看法。

**【中国包装联合会常务副会长王跃中参加信阳毛尖价格指数发布暨云龙杯茶包装设计大赛颁奖仪式】**

2015 年 10 月 21 日上午，信阳毛尖价格指数发布暨云龙杯茶包装设计大赛颁奖仪式在信阳市成功举行。中国包装联合会常务副会长兼秘书长王跃中出席会议并为特等奖获奖者颁奖。中国茶叶流通协会常务副会长王庆，河南省包装协会会长、原省经贸委副主任张大岭，信阳市人民政府副市长郑志强，福建省包协常务副会长兼秘书长林鹏腾，湖北省包协秘书长张继禾、广东省包协秘书长朱智伟、河南省包协秘书长李武军及信阳各县区茶叶办公室主任、企业及相关新闻媒体记者近 300 余人出席活动。

**【中国包装联合会副会长王利会见日本包装技术协会常务理事兼秘书长越野滋夫一行】**

2015 年 10 月 26 日上午，中国包装联合会副会长王利在中国包联会议室会见了来访的日本包装技术协会常务理事兼秘书长越野滋夫一行。

日本包装技术协会是世界包装组织和亚洲包装

联合会的理事成员之一，在20世纪80年代就与中国包联建立了良好的交流合作关系，成为行业合作伙伴。越野滋夫先生此行拜访中国包联新一届领导班子，是希望能继续保持双方友好交流与密切合作。他重点介绍了2016年东京国际包装展的情况，希望能够得到中国包联的支持。

**【中国包装联合会常务副会长王跃中走访中国轻工业联合会信息中心】**

2015年7月29日上午，中国包装联合会常务副会长兼秘书长王跃中带领有关部门负责人赴中国轻工业信息中心考察、调研，并与中国轻工业联合会副秘书长、中国轻工业信息中心主任才大颖进行工作会谈。双方围绕包装行业和轻工行业统计资源整合、统计数据使用、统计体系建立，以及共同开发中国包装指数项目等一系列问题进行了深入的沟通和交流。双方决定充分利用中国轻工业信息中心现有的优势条件，与中国包装行业大数据中心共同打造包装行业统计、中国包装行业指数平台，为行业发展服务。

中国包装联合会秘书处副处长胡正阳、统计工作部副部长孙玲、网络信息部副部长董威参加调研。

**【中国包装联合会常务副会长王跃中调研北大方正电子有限公司】**

2015年7月30日上午，中国包装联合会常务副会长兼秘书长王跃中一行在北京北大方正电子有限公司副总裁王剑的陪同下，参观考察了北京北大方正电子有限公司桀鹰印刷设备研发中心。王剑副总裁及其研发团队向王跃中常务副会长详细介绍了桀鹰印刷设备、相关服务软件研发及在包装行业领域应用的情况。

**【中国包装联合会常务副会长王跃中会见瑞典客人】**

2015年7月31日上午，中国包装联合会常务副会长兼秘书长王跃中在北京中国包联会见了来访的瑞典SODRA公司何礼德一行。

瑞典SODRA公司（南方林业集团）是瑞典最大的林浆纸一体化企业，年产纸浆200万吨，年产值25亿美元。SODRA公司把安全供应高质量原料和环境可持续性作为自己的理念，投资50亿瑞典克朗用于扩大生产能力、提高产品质量和加强环境保护。

**【王跃中常务副会长出席中国包装工业发展规划（2016—2020年）终审会暨《关于加快我国包装产业转型发展的指导意见》中期汇报会】**

2015年10月20日，《中国包装工业发展规划（2016—2020年）》（以下简称《规划》）终审会暨《关于加快我国包装产业转型发展的指导意见》中期汇报会在湖南工业大学举行。中国包联常务副会长兼秘书长王跃中，中国包联副会长、《规划》编写小组组长、湖南工业大学党委书记唐未兵，中国包联副秘书长吴红军，《规划》编写小组副组长、湖南工业大学校长谭益民，《规划》编写小组副组长、湖南工业大学副校长张昌凡，以及全国相关高校和企业的8位专家组成的专家组参加了此次会议。

**【中国包装联合会副会长王利出席2015温州包装装备产业高峰论坛】**

由温州市经济和信息化委员会、浙江省包装技术协会、温州市包装联合会倾情打造的包装行业盛会——2015温州包装装备产业高峰论坛于2015年11月5日在温州成功举办，中国包装联合会副会长王利出席论坛并讲话。

本次论坛以“创新驱动、智能制造、合作共赢”为主题，旨在建造包装一体化产业链，推进中小企业转型升级，实现与国际平稳接轨。这是首次以温州为核心的中国包装装备产业盛会，论坛力邀多位国内外优秀行业专家，国内外包装机械制造业及相关行业，业界精英300余人齐聚盛会，围绕包装行业热点话题，展开热烈的探讨。

**【全国包装标准化技术委员会组织召开标准工作培训会议】**

为普及标准化知识，加强标准化人才队伍建设，提高企业标准人员业务水平，提升标准制修订质量，全国包装标准化技术委员会在2015年1月21—22日召开的“全国包装标准化工作会议暨2014年度全国包装标准化技术委员会年会”期间特别举办了关于“国家标准制定程序”的标准化工作培训。邀请了原国家标准技术审查部主任姚晓静作为主讲嘉宾，会议由全国包装标准化技术委员会秘书长王利主持。

**【中国包装联合会包教委年会暨首届中国绿色包装与安全设计创意大赛颁奖礼举行】**

日前，中国包装联合会包装教育委员会年会暨首届中国绿色包装与安全设计创意大赛颁奖礼在东莞市桥头镇隆重举行。中国包装联合会常务副会长兼秘书长王跃中，中国包装联合会副会长、中国包装联合会包装教育委员会主任、湖南工业大学党委书记唐未兵，中国包装联合会包装教育委员会副主任委员（以下简称中国包联、包教委）及包教委会员出席，包教委秘书长姚齐水主持本次年会。

**【中国包装联合会包装工业“十三五”规划工作组到多家单位调研】**

2015 年 8 月 19 日，中国包装联合会在北京召开“中国包装工业‘十三五’发展规划暨《工信部关于加快我国包装工业转型发展的指导意见》总体框架讨论会”，会上经过研究，从行业里优选出代表包装行业不同规模和不同类别的 16 家包装企业，进行专家调研。8 月下旬，“十三五”规划专家企业调研分为三个组，第一组面向珠三角东南沿海经济区，第二组面向长三角黄河沿线经济区，第三组面向环渤海北方经济区，进行企业调研。

1.包装工业“十三五”规划工作组调研青岛中拓塑业有限公司

2015 年 8 月 22 日，中国包装联合会组织的中国包装工业“十三五”规划专家调研第三组一行 5 位专家来到青岛中拓塑业有限公司进行实地调研参观。

在青岛中拓塑业有限公司总经理綦振刚、副总经理綦家森、技术副总孙泽岳、销售副总张成玲和技术生产总监高宗宝等的陪同下，专家组对该企业进行了实地考察，对企业一流的生产设备、严格的质量管理和信息化建设水平等给予了一致好评。

中拓塑业是一家集科研开发、生产、国内外贸易于一体的软塑彩印包装企业。公司积极参与中国包装工业“十三五”规划编制工作，并对食品塑料包装企业的现状和面临的问题做了阐述和分析，指出目前该行业各种质量参差不齐的包装充斥市场，造成“包装过剩”；无序恶性竞争，打价格战，很多缺乏安全卫生保障溶残超标、挥发性有机物（VOC）排放超标的产品涌入市场。

企业迫切期待中国包联通过此次包装工业“十三五”规划编制工作，为中小企业争取来自政府的政策支持和市场有序竞争的引导，同时建议中国包联与国家质检总局合作推出符合食品安全包装的软包装企业名单，为下游食品企业选择供应商提供参考。

经过座谈会讨论，“十三五”规划专家与中拓塑业共同探讨了中国食品塑料包装企业发展的四条建议。

首先，设置食品塑料包装行业的入行门槛，遏制无序恶性竞争的局面，让符合国家要求的包装企业生存。

其次，鼓励软塑包装企业在安全卫生和绿色环保方面自主研发创新，解决安全卫生和 VOC 排放等问题。

再次，国内包装袋印刷颜色丰富，生产过程造成 VOC 大量排放，应引导消费观念，削减印刷色数和印刷面积以减少溶剂油墨使用量。

最后，根据国家质检总局抽检情况，编制一个具有公信力的软包装供应商名录，供客户参考。

中拓塑业希望在未来五年，中国塑料包装行业将“节能减排、绿色包装、可持续发展”作为发展理念，融入企业的生产发展中，推动塑料包装行业更好更快地发展。

2.包装工业“十三五”规划工作组调研南京华特新能源有限公司

2015 年 8 月 24 日，包装工业“十三五”规划工作第二组一行 5 位专家：湖南工业大学包装与材料工程学院郝喜海院长、曾克检副院长，国际学院姚其水院长和高教所所长刘善球教授，中国包联张艳妮来到南京华特新能源有限公司进行实地调研参观。

在江苏索特包装材料有限公司、南京华特新能源有限公司董事长王子洪先生及南京华特新能源有限公司总经理张琏先生的陪同下，专家组听取了华特的生产情况及发展规划的汇报，对华特所生产的太阳能、生物能烘干系统及生物质 VOCs 处理再利用系统在包装企业中的应用进行了实地考察，并给予高度评价，同时对该项目系统在包装企业中的推广和应用给予充分肯定。

华特企业作为中国绿色包装技术革新与节能减排关键领域的重要推动者，积极参与包装工业“十三五”规划工作。座谈会上，华特企业从中国软包装企业能源回收利用工艺对包装行业质量改造与扩大规模效益的现状和面临的问题上做出介绍。

经过讨论，“十三五”规划专家与华特共同探讨了中国软包装企业能源发展的四条建议，首先，企业期待印刷包装绿色生产的行业及国家监督标准体系出台；其次，建立包装印刷企业的行业生态发展模式，着重解决企业运行模式中的“高能耗、高污染”问题；再次，加强对包装企业绿色知识产权的保护，建立行业知识产权的培训机制与保护机制；最后，打造校企合作专家团队技术公关平台，解决包装企业绿色包装循环的关键技术项目立项研究。

华特公司希望在未来五年，中国的包装企业将

"节能减排、绿色包装、可持续发展"作为发展理念融入企业的生产发展中，这样才能为我国包装行业更好的生态发展与可持续发展奠定基础。

3.包装工业"十三五"规划工作组调研山东丽鹏股份有限公司

2015 年 8 月 24 日，中国包装联合会组织的中国包装"十三五"规划专家调研第三组来到山东丽鹏股份有限公司进行实地调研参观。

在山东丽鹏股份有限公司常务副总裁王国祝先生、董事邢路坤先生、山东丽鹏国际贸易有限公司总经理刘宗江先生等的陪同下，专家组对该企业进行了实地考察，对企业拥有的国际一流的生产设备、先进的研发制造能力、"一处工厂、一所学校、一座军营、一个家庭"的经营理念和企业文化等给予了一致的好评。

丽鹏公司是国内生产、销售各类防伪瓶盖及制作各种瓶盖冲压设备和模具的唯一专业厂家。丽鹏公司积极参与中国包装工业"十三五"规划编制工作，在随后举行的座谈会上，丽鹏公司对中国瓶盖生产的现状和面临的问题做了介绍并提出：公司具有全产业链优势，业务涵盖了防伪瓶盖制造领域的各个业务环节；在装备和新产品开发方面引领同行业先进水平和技术潮流。同时也提出了一些行业困境，如瓶盖制造属于小微行业，相关专业技术人才缺乏；酒水行业的发展状况决定着公司的命脉，各大酒厂通过招标压低价格，致使重新洗牌和恶性竞争现象严重。

经过座谈会讨论，"十三五"规划专家与企业共同探讨了中国瓶盖包装企业发展的四条建议。第一，瓶口标准过多，行业相关标准及国家标准需进一步优化和完善；第二，应大力推广减量化包装和绿色包装；第三，降低塑料盖的使用，大力推行铝盖，以大幅提高生产率；第四，推动传统制造业向"互联网+制造业"转型。

丽鹏公司希望，在未来五年，中国的包装企业将"包装标准化、绿色包装、互联网+"等发展理念融入企业的生产中，以推动中国包装行业更好更快地发展。

4.包装工业"十三五"规划工作组调研河南银金达集团

2015 年 8 月 25 日，包装工业"十三五"规划专家调研第二组来到河南银金达集团进行实地调研。

在集团总裁欧雪光等人的陪同下，专家调研组深入车间，参观了银金达彩印分公司先进的印刷机械、无溶剂复合机等生产线，参观了薄膜分公司生产车间年产 1.2 万吨的环保型热收缩膜生产线，了解 PETG 膜的生产规模、工艺流程、经营效益、市场优势等情况。

随后的座谈会中，银金达集团总工阮德谦向调研组详细介绍了企业发展历程、所取得成绩、行业水平及未来规划。针对"十三五"规划的信息收集，企业也提出了殷切的需求，介绍了中国软包装领域"十三五"期间以质取胜发展的新材料产品，如新能源大动力锂电池功能膜产品；功能复合材料 PPS 产品等。

银金达集团总裁欧雪光就薄膜分公司所生产的新型包装材料——PETG 热收缩膜的环保性能与行业地位做了详细阐述。同时，欧总就国家政策导向与环保型包装材料的应用前景问题与调研组专家进行了深入的探讨。欧总在软包装行业数十年，对软包装行业发展如数家珍，就"十三五"期间面临的重大困难，提出了如下建设性意见。

（1）国家及行业对发展环保产品、节能减排企业的相关技术标准与政策支持不足，包装企业多为民营企业，高投入风险投资抗压力弱。

（2）企业期待国家对包装材料及印刷产品的生产过程及市场投资的清洁安全，提供最基本的认证，引导市场有序竞争。

（3）PETG 膜包装材料代替 PVC 已是包装材料领域的趋势，PVC 污染重但投资低，PETG 形成产业化面临很大困难，企业期待"十三五"期间国家和社会对绿色发展有落到实处的支持。

在经济新常态的发展环境下，银金达集团将继续坚持自主创新，关注中国包装工业下一个五年规划，紧跟国家政策，加快两化融合，在软包装行业内起到很好的引领、示范作用。

调研组专家对银金达集团进行的产业结构转型升级给予了充分肯定。

5.包装工业"十三五"规划工作组调研营口东盛实业有限公司

2015 年 8 月 26 日，包装工业"十三五"规划专家调研第三组来到营口东盛实业有限公司进行实地调研。

在营口东盛实业有限公司董事长文起东、PEB 事业部总经理郝天禹、笑家族实业总经理文博、公共事业中心总经理李姝谊、PMC 部部长王伟东、董事长助理陈殿伟，以及辽宁省包装行业管理办公室主任郭禄等的陪同下，专家组听取了东盛的生产情况及发展规划的介绍，同时对该企业进行了实地考察，对企业具有国际视野和行业前瞻性的经营理念、严格的质量监控体系、先进的管理和技术创新成效等给予了一致的好评。

东盛公司一直致力于环保及循环经济的发展，不但制造用于垃圾分类的收集袋，而且还向低能耗、低污染、低排放的新型绿色功能性材料与制品研发及垃圾处理领域深入。

在座谈会上，就中国软包装企业的现状和面临的问题，东盛实业公司指出，本行业国内外市场潜力巨大，行业发展较快，为企业提供了较大的增长空间；公司品牌知名度逐步提升，产品质量优势明显；但原材料、能源、包装物、运输费用等的涨价造成成本压力；仿冒产品众多，分割市场份额，影响企业在消费者心中的形象；融资难，成本高，投融资体制有待改革。同时，东盛实业公司提出中国软包装企业发展的四条建议：首先，立足平台经济，打造行业间的产业联盟；其次，引进国际先进的包装人才培训体系，积极有效整合，使其本土化；再次，加强包装物资源的回收利用；最后，倡导社会文明，重塑中国人的价值观念。

东盛实业公司希望，在未来五年，中国的包装企业应将“节能减排、绿色包装、可持续发展”作为发展理念，融入企业的生产发展中，为我国包装行业更好的生态发展与可持续发展奠定基础。

6.包装工业“十三五”规划工作组在上海召开外企座谈会

为中国包装工业“十三五”规划编制与国际接轨，更加准确和完整地听取并收集包装工业产业链知名外企未来五年对中国包装工业发展的意见和建议，2015 年 8 月 27 日上午，包装工业“十三五”规划调研第二组在上海组织包装工业产业链外资企业及上海市包装技术协会举行座谈会。

上海包装协会庄英杰会长、宋文仙秘书长，汉高（中国）股份公司亚太区软包装与压敏胶黏合剂业务总监王川军，斯道拉恩索中国公司企业与市场传播总监章洁雯，强生公司亚太区包装总监沈宏，诺德美克集团区域销售经理黄卫东，欧姆龙自动化（中国）有限公司行业推进科俞晶，对外合作专员张月兰等外资跨国包装公司和包装辅料公司共同参与了座谈会。

会上，各位企业代表就中国包装工业“十三五”规划涉及的包装工业相关发展定位，行业外延拓展、核心技术产品与装备竞争力发展、产业链创造转型、行业同位化弊端纠偏调整、创新包装附加值、包装整体解决方案、食品包装安全、跨业融合发展、包装现代化可控目标实现等关键问题，进行了热烈讨论，为包装工业“十三五”规划的充实与落地提供了思维导图。

上海市包装技术协会庄英杰会长对包装工业“十三五”规划编制工作提出建议。庄会长强调，必须将包装对工业经济的贡献价值在规划里体现出来；针对不同经济发展地区，如长三角、珠三角、环渤海湾，要有包装“十三五”的详细规划；要明确某些特殊包装的重要性，比如物流包装的重要性，包装怎样从单一化走向产业链，怎么衍生物流产业链，怎么提升整体装备能力，包装废弃物的利用等；未来五年校企之间要深入产学研合作。

上海市包装技术协会宋文仙秘书长也积极支持包装工业“十三五”规划。宋秘书长表示，过去几十年，包装工业作为配套经济，缺少政府相关政策支持；包装企业多为民营企业，生存困难，期待此次包装工业“十三五”规划以数据说话，争取得到政府的深入引导。

汉高（中国）股份公司亚太区软包装与压敏胶黏合剂业务总监王川军建议，包装工业“十三五”规划关乎包装企业的发展，汉高作为重要包装辅料工业胶黏剂的供应商，积极推动食品包装标准的落地，也期待此次规划能为政府更好引导包装企业发展出台更具体的标准，比如，中国包联可以与国家质检总局合作，评选出符合国际食品包装安全标准的软包装企业；同时，在“十三五”规划中增加包装辅料的相关内容。

斯道拉恩索中国公司企业与市场传播总监章洁雯从纸包装工业角度指出，中国现有纸包装产业集中度低，企业发展非常分散；而传统劳动密集型正在向机械化转变，包装客户要求降低工人工作时间；包装企业迫切需要更完整的绿色认证和绿色产业链体系，支持包装废弃物和包装材料回收。章洁雯还分享了斯道拉恩索的理念，即在过去，包装行业定位为制造业，现在，包装行业应定位为制造行业+服务行业，增加附加值，退二进三，为品牌商提供一体化解决方案。

7.包装工业“十三五”规划工作组调研上海宝钢包装股份有限公司

2015年8月27日下午，包装工业“十三五”规划专家调研第二组在上海宝钢包装股份有限公司调研。

上海宝钢包装股份有限公司副总经理葛志荣，业务发展部副部长徐汝青，业务发展部何双春，研发部高级工程师郭文渊等数十位管理人员与部门负责人参加座谈会。

宝钢包装业务发展部徐汝青副部长详细介绍了宝钢包装的发展历程、取得成绩、行业水平及未来规划。

葛志荣副总经理在金属包装领域从业多年，谈起企业发展和未来五年行业规划，旁征博引、胸有成竹，不仅介绍了智能包装在包装领域的创新型地位，也期待中国包装联合会通过本次编制包装工业“十三五”规划，引导市场有序竞争，支持包装企业走出国门，走向世界，与国际包装制品企业同台竞争。

在业务发展部何双春等人的陪同下，专家调研组还深入车间，参观了上海宝翼制罐有限公司和上海宝印金属彩涂有限公司生产线，了解宝钢包装在制罐业务、印铁业务及制盖业务上的生产规模、工艺流程、经营效益、市场优势等情况。

8.包装工业“十三五”规划工作组调研江之源实业（苏州）有限公司

2015年8月28日，中国包装联合会组织的中国包装“十三五”规划专家调研第二组来到江之源实业（苏州）有限公司进行实地调研参观。

在江之源总经理苏源镇、副总经理饶思阳、财务总监许文等的陪同下，专家组听取了江之源的生产情况及发展规划的汇报，同时对该企业进行了实地考察。

本次调研以环保与创新材料为主题，吸引了强生全球创新中心包装总监沈弘，陶氏化学杨先其经理和苏州博世包装材料有限公司的何水根总经理的积极参与，大家从生命周期的角度为包装工业“十三五”规划编制提供建议。

江之源本着环保清洁、节能减排的绿色生产理念，致力于生物塑料的研发，已申请多项发明专利，并将生物塑料应用到吸塑包装中，减少了包装用材的种类，方便包装废弃物的分类回收。作为追求环保与创新的中小型包装企业代表，江之源积极参与中国包装工业“十三五”规划编制工作。

座谈会上，苏源镇总经理对中国吸塑包装的现状做了介绍，同时提出要将包装生产工序简单化，比如，在吸塑包装产品的生产制造过程中，由于产品上的商标和图案文字可与产品一次成型，不需要通过印刷等工序来表现，既减少了因传统印刷带来的能耗和污染，又降低了制造成本。

苏源镇总经理也提出了企业发展所面临的问题，期待此次包装工业“十三五”规划能为坚持高成本也保证环保与创新的中小型包装企业争取政府与社会的支持；同时提出了包装制品在环保方面需要完善的地方，比如，在环保理念的完整性上，建议人们不仅要判断材料的降解性能，也要考虑材料来源、生产工艺及废弃处理等全生命周期：材料是否需要砍伐森林、是否需要耗费石油资源，加工过程是否需要耗费和污染水资源，是否排放大量的污染物，废弃物的回收是否会对环境产生二次污染。

经过座谈会讨论，“十三五”规划专家与企业共同探讨了环保对包装企业发展的影响和意义，大家一致认为企业长青需要高度的社会责任，要尽全力还子孙一片绿色环境，把正确的环保理念传递给公众，维持包装生态更有序、健康地发展。与会人员也提出了吸塑包装领域的发展建议。

首先，“十三五”期间，企业期待生物塑料领域会有全新的突破和发展，企业也将积极发展生物塑料的吸塑包装产品生产。

江之源调研收集了各种包装原材料对环境影响的数据，也引用了陶氏化学在材料生物周期上的科学数据，呼吁社会各界关注材料的全生命周期，在一些领域，采用新的环保包装材料及工艺，改善环境恶化的局面。比如，通过不断试验及改良吸塑工艺和设计，吸塑盒表面的3D设计，既能凸显品牌形象又可以有效传递产品信息，在很多领域可以替代印刷及包装盒的黏合工艺，从而减少了对高投入、高污染、高能耗的印刷设备等的投资，避免社会资源大量浪费，同时减少油墨胶水的使用及废弃物的排放，操作工也可免受其挥发物的侵害。

其次，企业也期待包装工业领域会有国家支持的重大实施项目，通过此次包装工业“十三五”规划编制，政府和社会各界将更加了解包装工业发展现状和需要，建议中国包联与相关部门合作，共同推动建立绿色包装评价体系。

**【2015 年度中国包装联合会科学技术奖评审工作圆满结束】**

为了加速实现包装科学技术现代化，促进包装行业转型升级，调动包装行业科技工作者的积极性和创造性，提高包装行业的综合实力和水平，在科技部国家科技奖励工作办公室的指导和支持下，2015 年年初，中国包装联合会筹备设立了中国包装联合会科学技术奖。在全行业的积极参与和共同努力下，经过三个多月的紧张准备，奖励办公室共收到来自 22 个地方包装协会和 8 个专业委员会推荐，8 家高校科研院所和 2 家中央企业直接申报的项目共计 114 项。涉及“材料与制品、工艺与技术、机械与自动化和公益类”等类别，覆盖“纸包装、塑料包装、金属包装、包装机械、印刷和竹木包装”等包装专业领域。

评审委员会本着保证项目的质量与水平，体现项目的先进性与创新性，宁缺毋滥的原则，经过三天紧张有序的评审，提出了 2015 年度中国包装联合会科学技术奖建议授奖项目 50 项，占申报项目的 43.8%，其中，一等奖 6 项、二等奖 13 项、三等奖 31 项。

9 月 18 日在北京召开了中国包装联合会科学技术奖励管理委员会第二次工作会议，对建议授奖项目进行了审定。中国包装联合会会长徐斌、常务副会长兼秘书长王跃中、副会长王利参加会议。会上，副秘书长朱婧首先代表科学技术奖励办公室就今年项目的申报情况、项目评审情况及获奖情况向管委会作了全面汇报，评审委员会主任委员、北京印刷学院副校长许文才教授就评审情况和建议的一等奖项目做了重点介绍，管委会全体委员对拟授奖项目进行了认真评议，对奖励工作如何更好地开展提出了很好的建议，经过审议，管委会一致通过今年的授奖项目建议。

最后，中国包装联合会会长、中国包装联合会科学技术奖管理委员会主任徐斌做了重要讲话。他首先对今年科学技术奖励工作给予了肯定，指出：设立这个奖项的初衷是着眼于我国经济转型过程中，面临改革与创新，行业协会应该如何引领行业发展，起到示范作用。今年这项工作刚刚启动就已初见成效，对此，他代表中国包联对各地方包协、专业委、大专院校和申报企业所做的工作表示感谢，对专家委员会和管委会各位委员的认真严谨和辛勤付出表示感谢。他表示，中国包装联合会启动这项工作对推动行业技术进步起到了一定作用，希望在今后的工作中不断完善、不断充实，使之成为引领行业技术进步的手段。他要求，会后奖励办公室尽快将获奖项目向全行业进行公示，接受社会监督。对重点获奖项目应进行广泛的推广应用，对获奖单位和获奖人应进行广泛的宣传。此外，他强调，奖励办公室应积极将获奖项目向科技部奖励工作办公室大力推荐，争取得到科技部更多的支持。

至此，2015 年度中国包装联合会科学技术奖评审工作圆满落下了帷幕。奖励办公室将尽快将拟授奖项目通过媒体向全行业进行公示。

**【中国包装工业“十三五”发展规划暨《工信部关于加快我国包装工业转型发展的指导意见》总体框架讨论会在京召开】**

2015 年 8 月 19 日，中国包装联合会在北京召开“中国包装工业‘十三五’发展规划（简称‘十三五’规划）暨《工信部关于加快我国包装工业转型发展的指导意见》（简称《指导意见》）总体框架讨论会”。

会议特别请到了工信部消费品司副巡视员汪敏燕、消费品司轻工一处副调研员谢立安参加。中国包装联合会副会长敖雯楠、副秘书长吴红军，湖南工业大学党委书记唐未兵、副校长张昌凡，总体规划参与单位、各专业专项规划、地方规划牵头单位负责人，各参与企业、中国包装联合会各专委会、相关地方包协（包联、包装办）负责人等约 60 余人参加了会议。

**【2015 年中国包装联合会专业委员会秘书长座谈会在京召开】**

2015 年 4 月 21 日下午，2015 年中国包装联合会专业委员会秘书长座谈会在北京飞天大厦召开。中国包装联合会会长徐斌，常务副会长兼秘书长王跃中，副会长王利、敖雯楠，常务副秘书长刘国靖，副秘书长朱婧、吴红军，以及中国包联 21 家专业委员会负责人参加了座谈。常务副会长兼秘书长王跃中主持会议。

各专业委员会负责人对 2014 年工作进行了回顾，对 2015 年工作进行了展望，并对中国包联的调研、统计、“十三五”规划、会费收取、活动举办、培训等工作提出了很多好的意见和建议。

**【第一届中国包装联合会科学技术奖励管理委**

员会成立大会在京召开】

2015年4月22日，中国包装联合会在北京飞天大厦组织召开了“第一届中国包装联合会科学技术奖励管理委员会成立大会”。中国包装联合会会长徐斌、常务副会长兼秘书长王跃中、副会长王利出席会议。参加会议的有第一届中国包联科学技术奖励管理委员会全体委员、中国包联部分副会长、各地方协会、中国包联各专业委负责人，以及中国包联部分研发中心、产业基地和大专院校及企业代表共计80余人。

中国包装联合会副会长王利主持了会议。

**【“十三五”包装行业标准体系修订讨论会在中国包装联合会召开】**

为深入贯彻党的十八大、十八届二中、三中、四中全会和习近平总书记系列重要讲话精神，落实国务院《深化标准化工作改革方案》部署，按照“改革创新、协同推进、科学管理、服务发展”的基本要求，深化标准化工作改革，加强标准化体系建设，2015年6月2日，全国包装标准化技术委员会组织相关专家在中国包装联合会召开了“十三五”包装行业标准体系讨论会。

中国包装联合会、国家工程机械质检中心、中国包装研究院、铁道部标准计量研究所、中国包装科研测试中心、深圳职业技术学院共6家单位的7位全国包装标准化技术委员会委员参加了此次会议。

会议由中国包装联合会副会长、全国包装标准化技术委员会秘书长王利主持。中国包装联合会副秘书长、全国包装标准化技术委员会委员朱婧对本次体系修订的整体情况作了介绍。此次提出的“十三五”包装行业标准体系（草案），建立在“十二五”体系的扎实基础上，增补了一批行业急需的标准项目，删除了部分与包装关联性不强、与现有产业发展不同步的标准项目，同时对原有体系架构进行了适当调整。与会专家对草案进行了认真讨论，对标准体系框架和本次做出修改的各标准项目提出了许多建设性意见，并要求全国包标委秘书处结合会上意见尽快对草案进行修改，提交全体包标委全体委员再次商议。2015年是“十二五”包装行业标准体系建设的收官之年，在将近五年的使用过程中，“十二五”包装行业标准体系发挥了十分重要的顶层设计作用，体系对整个包装行业标准制修订起到了重要的引领作用。

包装行业“十三五”标准体系制定工作的启动，是对“中国制造2025”中提出的加强标准体系建设的积极呼应，同时加强了标准化规划与国务院《深化标准化工作改革方案》、国家规划的衔接配套，提升了规划的协调性、整体性和科学性，适应行业发展变化，更好地发挥对包装行业的引领和指导作用。

**【茶叶包装、热带水果包装标准讨论会在中国包装联合会召开】**

2015年6月2日，全国包装标准化技术委员会组织相关人员在中国包装联合会召开了《茶叶包装》（计划编号：2013-1539T-BB）和《热带水果包装》（计划编号：2013-1540T-BB）行业标准讨论会。

中国包装联合会、国家工程机械质检中心、中国包装研究院、铁道部标准计量研究所、中国包装科研测试中心、深圳职业技术学院、东莞金盛荣包装有限公司、深圳三上实业有限公司、武汉大学、深圳润和制罐有限公司共10家单位的代表参加了此次会议。会议由中国包装联合会副会长、全国包装标准化技术委员会秘书长王利主持。参会代表对两项标准的适用范围和相关技术内容进行了认真讨论，会议最终确定了《茶叶包装》和《热带水果包装》两项标准的整体架构和主要内容。会后，王利副会长要求起草工作组结合会上意见对文本进行认真修改，尽快提交全国包标委。

我国是茶叶、热带水果的产销大国，两项产品的包装也关系着民生，本次两项标准的制定将填补行业标准空白，起到规范产品的包装、为生产企业提供参考依据、指导并引领行业发展的重要作用。

**【《折叠式（PET）包装产品》行业标准讨论会在中国包装联合会召开】**

2015年5月28日，全国包装标准化技术委员会组织相关人员在中国包装联合会召开了《折叠式聚对苯二甲酸乙二醇酯（PET）包装产品》（计划编号：2014-0405T-BB）行业标准讨论会。

中国包装联合会、四川省宜宾普拉斯包装材料有限公司、新协力包装制品（深圳）有限公司3家单位的代表参加了此次会议。会议由中国包装联合会副秘书长、全国包装标准化技术委员会委员朱婧主持。参会代表对标准的范围、产品性能要求及各项指标进行了认真讨论，确定了将对PET包装产品的外观、尺寸偏差、材料、油墨及物理机械性能等方面做出规定。会后中国包联朱婧秘书长给各参会代表分配了标准任务内容，并要求起草单位尽快修改提交。

PET片材具有很好的光学透明性、耐候性、可加工性，优良的耐磨耗摩擦性和尺寸稳定性。PET产品具有强度大、透明性好、无毒、防渗透、质量轻、生产效率高等优点，多应用于酒类、茶叶及其他食品包装领域，也广泛应用于饮料产品、日化产品、电子产品等多个领域。本标准的制定可规范塑胶包装市场，促进PET包装材料在包装行业的发展，指导折叠式PET包装产品生产企业提高其产品质量，使其更好地发挥保护商品、便于商品流通、促进商品销售的功能。

**【"十三五"包装行业标准体系修订讨论会在京召开】**

2015年7月15日，全国包装标准化技术委员会组织部分在京标委会委员召开了"十三五"包装行业标准体系第二次讨论会。

会议由中国包装联合会副会长、全国包装标准化技术委员会秘书长王利主持。本次讨论会提出的草案，是在第一次标准体系讨论会专家达成的意见基础上进行的再次修改。参会委员对标准体系（第二版）进行了认真审核和探讨，重点对标准体系框架和新增领域标准项目进行了认真研究。最后达成共识，将包装标准体系分为"基础通用""包装材料、制品与容器""包装装潢、印刷""包装机械""产品包装""包装辅助物"及"相关标准"七大层次，各部分根据现有标准状况再进行细分。同时就习总书记倡导的军民融合如何实现标准化、绿色包装评价和如何在新形势下实现标准先行进行了深入探讨，决定将相关标准纳入标准体系中，在"十三五"期间开展一系列标准工作。

**【全国包装标准化技术委员会第三届金属容器分技术委员会成立大会在广州质检院召开】**

2015年6月26日，全国包装标准化技术委员会第三届金属容器分委会换届会议在广州质量监督检测研究院召开。全国包装标准化技术委员会、广东省质监局、广州市质监局领导在会上做了重要讲话。来自全国各地的包装生产企业、包装用户单位、质检机构、大专院校、科研院所等近30名委员及代表参加了本次会议。

全国包装标准化技术委员会秘书长王利宣读了分委会换届成立批文。第三届分委会秘书处设在国家包装产品质量监督检验中心（广州），共27名委员。暨南大学校长助理王志伟任主任委员，上海宝钢包装股份有限公司研发部部长张清、广州质量监督检测研究院党委书记兼副院长党华任副主任委员，广州质量监督检测研究院质保审查部部长朱丽萍任委员兼秘书长，杭州中粮包装有限公司技术中心副总经理冯慧任委员兼副秘书长。

会议对第二届分委会的工作情况进行了全面回顾和总结。近十年来，分委会在全国包装标准化技术委员会的指导下，共组织修订金属标准24项（其中国家标准15项），对规范和指导金属包装行业，促进行业发展、技术进步、质量监管起到了重要作用。此外，分委会还基本形成了食品金属容器包装和危险品金属包装的标准化体系，适应了当前技术发展的需要。

会议明确了第三届分委会"建体系，制标准，抓宣贯，促产业"的工作思路，并在此基础上提出了第三届分委会的工作计划。分委会在第三届任期内将重点开展金属包装容器标准体系建设，本专业领域的标准化项目研究和国际标准的转化及国际、行标制修订，开展标准化调研，组织新标准宣贯等工作。

会议同期还举办了金属包装论坛。上海宝钢包装股份有限公司、广东欧亚包装有限公司、无锡四方友信股份有限公司、波尔亚太有限公司代表分别就食品饮料用金属包装材料、气雾罐行业国内外发展动态、钢桶行业国内现状等内容做了行业技术和发展趋势报告。

会议在庄重热烈的氛围中圆满结束。

**【《包装用双向热收缩型聚酯薄膜》标准讨论会在卫辉市召开】**

2015年6月18日，全国包装标准化技术委员会在河南省卫辉市组织召开了《包装用双向热收缩型聚酯薄膜》（计划编号：2014-1725T-BB）行业标准讨论会暨工作组成立会议。

中国包装联合会副会长王利、副秘书长朱婧，河南省包装技术协会秘书长李武军，中国包装联合会塑料制品专业委员会副秘书长安毅，以及卫辉市银金达薄膜有限公司等生产企业的代表参加了会议。

王利副会长首先代表中国包装联合会和全国包标委对参会代表表示欢迎，对标准前期准备工作表示肯定，对生产企业重视和积极参与标准制修订工作表示赞赏，对银金达公司对本次会议的支持表示感谢。随后，河南省包装技术协会秘书长李武军代表河南省包协介绍了河南省包装行业的情况，并表示省包协会大力支持企业参与标准工作。

标准讨论会由朱婧副秘书长主持。与会代表对标准的名称及标准涉及的产品性能指标进行了认真讨论。为了标准具有前瞻性和先进性，与会企业建议将热收缩力的性能指标和试验方法纳入标准中。最后，朱婧副秘书长提出了标准的后续工作内容及时间安排，要求各与会企业对产品分别进行试验，核实标准涉及的物理机械性能指标是否适宜；同时提出热收缩力的试验方法，于8月底前将意见反馈到全国包标委秘书处。会议最后，银金达集团董事长闫银凤代表承办单位作了发言，表达了对于完成标准工作的坚定信心。

PETG 热收缩型聚酯薄膜是一种新型塑料包装材料，应用于高性能单项、多向收缩膜，有大于 70% 的最终收缩率，可广泛用于啤酒、饮料、医药、日化及各类工业品等复杂形状容器的集束包装，具有高可控收缩能力、高透明度、高光泽、低雾度、印刷性能好、抗拉伸强度大、存储时自然收缩率低的优点，更具有环保、安全、可再生的特点，是一种符合国际环保要求的新型绿色包装材料，该材料的废弃物可以回收再利用，能够减少白色污染，节约资源。本次《包装用双向热收缩型聚酯薄膜》与刚刚发布实施的《包装用单项热收缩型聚酯薄膜》相呼应，填补了我国关于 PETG 薄膜产品的标准空白，起到了引领产业发展的重要作用。

## 中国包装百强企业名单（2014 年度）

1.胜达集团有限公司
2.奥瑞金包装股份有限公司
3.中粮包装投资有限公司
4.深圳市裕同包装科技股份有限公司
5.深圳劲嘉彩印集团股份有限公司
6.四川省宜宾普拉斯包装材料有限公司
7.深圳市美盈森环保科技股份有限公司
8.厦门合兴包装印刷股份有限公司
9.上海紫江企业集团股份有限公司
10.上峰集团有限公司
11.山东省药用玻璃股份有限公司
12.黄山永新股份有限公司
13.湖北富思特材料科技集团有限公司
14.河南华丽纸业包装股份有限公司
15.上海烟草包装印刷有限公司
16.湖南省千山制药机械股份有限公司
17.上海界龙集团有限公司
18.珠海经济特区红塔仁恒纸业有限公司
19.厦门大自然纸业有限公司
20.达成包装（中国）集团
21.四川省宜宾丽彩集团有限公司
22.中荣印刷集团有限公司
23.广东金明精机股份有限公司
24.四川省宜宾普什集团 3D 有限公司
25.北人集团公司
26.山东丽鹏股份有限公司
27.江苏丽岛新材料股份有限公司
28.苏州华源包装股份有限公司
29.华侨城（亚洲）控股有限公司
30.宜宾恒旭投资集团有限公司
31.斯道拉恩索正元包装有限公司
32.广东壮丽彩印股份有限公司
33.昇兴集团股份有限公司
34.山东寿光健元春有限公司
35.南阳金牛彩印集团有限公司
36.山东华鹏玻璃股份有限公司
37.沈阳防锈包装材料有限责任公司
38.陕西北人印刷机械有限责任公司
39.义乌市易开盖实业公司
40.上海包装造纸（集团）有限公司
41.河南银金达彩印股份有限公司
42.浙江诚信包装材料有限公司
43.深圳华特容器股份有限公司
44.永发印务（东莞）有限公司
45.海南赛诺实业有限公司
46.新乡市成林纸品包装有限公司
47.广东华业包装材料有限公司
48.湖北京山轻工机械股份有限公司
49.武汉华丽生物股份有限公司
50.深圳九星印刷包装集团有限公司
51.青岛美光机械有限公司
52.四川蓝剑包装股份有限公司
53.华联机械集团
54.广东英联包装股份有限公司
55.合肥丹盛包装有限公司
56.东莞市铭丰包装品制造有限公司

57.烟台海普制盖有限公司
58.上海新通联包装股份有限公司
59.上海方信包装材料有限公司
60.营口东盛实业有限公司
61.正业包装（中山）有限公司
62.四川金泸投资有限责任公司
63.江阴中达软塑新材料有限公司
64.浙江爱迪尔包装集团有限公司
65.广东东方精工科技股份有限公司
66.高斯图文印刷系统（中国）有限公司
67.静宁县恒达有限责任公司
68.广州信联智通实业股份有限公司
69.石河子佳美包装工贸有限公司
70.松德智慧装备股份有限公司
71.大东集团有限公司
72.无锡市前程包装工程有限公司
73.龙利得包装印刷股份有限公司
74.四川康利包装股份有限公司
75.云南中云力奥包装印刷有限公司
76.合发油脂（深圳）有限公司
77.四川丰泰包装股份有限公司
78.金冠（龙海）塑料包装有限公司
79.潍坊恒联玻璃纸有限公司
80.新盟包装装潢有限公司
81.莆田市日晶玻璃制品有限公司
82.江苏华宇印涂设备集团有限公司
83.天津市华明永盛包装制品有限公司
84.鞍山发蓝股份公司
85.四川新升塑胶实业有限公司
86.重庆瑞丰包装股份有限公司
87.浙江金石包装有限公司
88.银川市富邦印刷包装有限公司
89.常州市永明机械制造有限公司
90.南通御丰塑钢包装有限公司
91.山东信川机械有限责任公司
92.安徽百世佳包装有限公司
93.天津市百得纸业有限公司
94.青岛佳友精密机械有限公司
95.浙江三浃包装有限公司
96.宜昌宏裕塑业有限责任公司
97.大连登喜来包装有限公司
98.美盛隆制罐（惠州）有限公司
99.深圳市柏星龙创意包装股份有限公司
100.朝阳佛瑞达科技有限公司

## 中国包装联合会科学技术奖获奖项目（2015年度）

| 序号 | 项目名称 | 主要完成单位 | 主要完成人 |
|---|---|---|---|
| 一等奖（6项） | | | |
| 1 | AZJ系列（FR300型）无轴传动机组式凹版印刷机 | 陕西北人印刷机械有限责任公司 | 薛志成　练大伟<br>何培苏　李彦锋<br>陈邦设　梁呈迅<br>李　玲　李永琦<br>李　征　薛志龙 |
| 2 | 复合软包装功能膜绿色制造技术开发与应用 | 黄山永新股份有限公司 | 江继忠　鲍祖本<br>潘　健　汪学文<br>胡鸿波　胡继超<br>张和平 |
| 3 | 药品包装的电子监管码印刷系统 | 北京大学<br>北京北大方正电子有限公司 | 刘志红　陈　峰<br>王　剑　杨　斌<br>董　瑛　卢卫东<br>俞健国　李真花<br>郭　涛　谢洪银<br>黄渭平　王　帅<br>孙兴欣　杜　威<br>方应龙 |

续 表

| 序号 | 项目名称 | 主要完成单位 | 主要完成人 |
| --- | --- | --- | --- |
| 4 | PET 瓶液态奶与植物蛋白饮料智能化无菌包装成套装备及产业化 | 江苏新美星包装机械股份有限公司<br>江南大学 | 诸兴安 张国宏<br>卢立新 董海龙<br>盛 强 王 军<br>栾慰林 陈中云<br>江彩苗 章 军<br>裔 敏 黄 伟<br>杨亚军 |
| 5 | 包装纸板轻量化关键技术及应用 | 山东世纪阳光纸业集团有限公司<br>昌乐新迈纸业有限公司 | 盛永忠 王东兴<br>慈晓雷 陈效隽<br>智伟欣 张增国<br>吕兆岗 王立新<br>张洪明 |
| 6 | 塑料容器吹瓶、灌装、封口一体机的研发与产业化 | 湖南千山药机机械股份有限公司 | 刘祥华 刘 燕<br>郑国胜 艾良圣<br>邓铁山 张 旭<br>高仲华 胡光华 |
| 二等奖（13 项） | | | |
| 1 | 一片式铝质气雾罐变壁技术成果应用 | 广东欧亚包装有限公司 | 连运增 章耀平<br>杜国生 朱靖宇<br>田玉珍 王大洲<br>连梓豪 |
| 2 | 自粘保护膜专用吹塑设备技术及其应用 | 广东金明精机股份有限公司 | 蒋中成 关文强<br>何二君 吴彦明<br>马镇鑫 孙伟龙<br>陈新辉 李 浩<br>李子平 黄 虹 |
| 3 | 无底胶涂布薄膜及其制造方法 | 海南赛诺实业有限公司 | 黎 坛 黄宏存<br>胡连芹 |
| 4 | 一种 PET-G 热收缩薄膜的制造方法 | 广东华业包装材料有限公司 | 洪之全 陈友标<br>陈文娜 陈耿峰<br>陈汉城 余 勇<br>谢逊邦 |
| 5 | 大幅面非接触平台式扫描系统 | 中国印刷科学技术研究院 | 庞也驰 李志杰<br>虞朝阳 穆 明<br>陈 彦 欧阳玉洁<br>欧阳芸 褚庭亮 |
| 6 | 精准化地图印刷出版全数字化流程的建立与关键技术研究 | 中国人民解放军信息工程大学 | 史瑞芝 邓术军<br>魏 斌 李少华<br>孙 冰 刘诗德<br>谢 耕 陈双军<br>王晓理 崔虎平 |
| 7 | 一种标识码防伪涂布白卡纸的研发与应用 | 珠海经济特区红塔仁恒纸业有限公司 | 吴义荣 颜凌燕<br>张东生 张春华<br>王翠艳 刘向前<br>徐海东 王小龙<br>杨 丽 刘丽图 |
| 8 | 适用于非金属罐的高密封性易拉盖关键技术及应用 | 广东英联包装股份有限公司 | 柯丽婉 邱锡辉<br>陈锐永 郭桂强<br>姚钟亮 黄志超<br>翁伟武 曾庆升 |

续 表

| 序号 | 项目名称 | 主要完成单位 | 主要完成人 |
| --- | --- | --- | --- |
| 9 | 高速智能泵盖全自动旋盖机组 | 常州汇拓科技有限公司<br>江南大学 | 胡家鑫 孙 昊<br>段学连 王利强<br>钱 怡 曹洪飞<br>刘小宙 陈凤丽 |
| 10 | 视觉定位灌装机器人系统 | 长春北方化工灌装设备有限公司 | 霍箭东 勾 阳<br>姜有锐 孙德春<br>蒋世财 王忠鹏<br>滕云启 李光远<br>曹井龙 王 鑫 |
| 11 | 高速三卡轮转式瓦楞机 | 河南远航包装机械有限公司 | 郭振奎 经福庆<br>常利军 王明富<br>李应保 郭应锦<br>李福林 王温心<br>陈建民 李红魁 |
| 12 | 全自动高速瓦楞纸板流水线干部设备 | 青岛佳友精密机械有限公司 | 宋佳琳 王苏革<br>赵明星 刘发勇<br>于守田 |
| 13 | 同质多层原纸实时复合起楞功能纸箱制备关键技术 | 浙江大胜达包装有限公司<br>浙江科技学院 | 张治国 胡力萌<br>孙俊军 石义伟<br>朱民强 黄煜琪<br>余灿平 宋 鲲 |
| 三等奖（31 项） | | | |
| 1 | 防伪瓶盖智能制造关键技术集成及创新 | 山东丽鹏股份有限公司 | 刘久平 王德泰<br>孔宪政 仇明亮<br>孙孝波 |
| 2 | 高强瓦楞蜂窝复合纸板研发及产业化 | 浙江中申板业有限公司 | 曹开化 温时宝<br>傅培鑫 曹立业 |
| 3 | 纳米高阻隔型气相防锈高强复合膜 | 沈阳防锈包装材料有限责任公司 | 刘洪文 白 芳<br>唐艳秋 刘 宏<br>李伟哲 |
| 4 | 超快固化节能型高性能 EVA 太阳能电池封装胶膜的新配方及工艺 | 宁波华丰包装有限公司<br>浙江大学 | 彭 懋 鲁 听<br>劳梦斌 邹佳沣<br>陈红央 |
| 5 | BOPP 涂布印刷增强膜 | 湖北富思特材料科技集团有限公司 | 褚峰林 杨永胜<br>朱红卫 江四华<br>李红培 |
| 6 | 智能化七色精密水性印刷机 | 湖北京山轻工机械股份有限公司 | 汪智强 彭卫清<br>苏 晨 林家奎<br>陈永波 |
| 7 | TDB 系列复合流道中空吹塑机 | 苏州同大机械有限公司 | 邱建成 何建领<br>李 明 |
| 8 | 纸质包装品卷筒凹版印刷高速高精度自动化生产关键技术及装置 | 常德金鹏印务有限公司<br>湖南省高端印刷与包装工程技术研究中心 | 孔繁辉 龙东平<br>徐 军 赵志敏<br>熊成林 |
| 9 | 15-20LT 型双加强筋钢提桶制罐关键技术与设备及其生产线 | 苏州华源包装股份有限公司<br>江南大学 | 黄小林 卢立新<br>沈俊杰 程立斌<br>华 岩 |
| 10 | 环保水墨智能化瓦楞包装印刷成型（成套）装备的研发与应用 | 株洲三新包装技术有限公司 | 刘为成 王 勇<br>刘志军 李 平<br>周耀龙 |

续 表

| 序号 | 项目名称 | 主要完成单位 | 主要完成人 |
| --- | --- | --- | --- |
| 11 | 纸基铝塑八层复合包装材料研发与运用 | 云南创新新材料股份有限公司 | 陈 涛 李子华<br>许 铭 李 明<br>穆 松 |
| 12 | HJ10 型高速节能变频全自动钢桶缝焊机生产线 | 营口北方制桶设备科技有限公司 | 慕 博 |
| 13 | 传统印刷向多色 UV 印刷技术转型升级的研发与应用 | 杭州中粮包装有限公司 | 程斌才 陈立丰<br>朱争礼 |
| 14 | 豆制品保鲜包装技术及自动包装生产线的研发 | 吉林省佳力包装有限责任公司 | 李 光 刘鸿雁<br>李嘉彬 |
| 15 | 4.5 米高产节能型 CPP 包装膜生产线 | 南通三信塑胶装备科技股份有限公司 | 陈 伟 徐有元<br>陈海中 孟宪法 |
| 16 | 刻线补涂机 | 苏州斯莱克精密设备股份有限公司 | 王炳生 熊 康<br>孔令光 魏征然<br>刘忠利 |
| 17 | 全自动水溶膜内外袋包装机 | 金坛市金旺包装科技有限公司 | 王海涛 司马铃<br>尹奋中 王 阳<br>戴川梅 |
| 18 | 连续生产型高速蜂窝纸芯机 | 上海绿顺包装机械有限公司 | 严伟明 彭智军<br>金晓杰 汤燕荣 |
| 19 | 精品包装印制工艺创新技术研发 | 永发印务（东莞）有限公司 | 肖 武 范 诵<br>陈俊忠 杨国光<br>葛纪者 |
| 20 | 包装印刷品金粉去除技术的研发 | 永发印务（东莞）有限公司 | 范 诵 肖 武<br>沈荣波 陈俊忠<br>葛纪者 |
| 21 | 中、低水平放射性核废料贮运容器自动化设备 | 西安市生产力促进中心<br>西安重友机电自动化工程有限公司 | 侯 斌 党继强<br>贾 凯 马润刚<br>王 赛 |
| 22 | 机器人码垛包（袋）生产线 | 上海星派自动化股份有限公司 | 俞永祥 李清泉<br>秦 波 廉和平<br>李双运 |
| 23 | 香水自动灌装轧盖联动机 | 浙江日高智能机械股份有限公司 | 官晓勇 马仟仲<br>朱振双 苏海棠<br>姚 室 |
| 24 | CML 螺杆进料式大包装机 | 武汉人天包装自动化技术股份有限公司 | 程 亮 孔晨曲<br>叶国威 |
| 25 | 低迁移、无污染型软塑复合绿色食品包装材料 | 大连大富塑料彩印有限公司 | 邢顺川 任文强<br>邱英华 孙德武<br>于连生 |
| 26 | 无毒透明聚氯乙烯硬质薄膜 | 宜兴市光辉包装材料有限公司 | 杨 涛 蒋平平<br>陈亚龙 周军锋<br>殷宇晨 |
| 27 | 数字化称重计时法多物料给物器 | 银川高新区日昌自动包装机制造有限公司 | 何 锋 |
| 28 | 单面瓦楞纸板生产线全自动干部设备的开发 | 青岛开拓数控设备有限公司 | 崔金宝 王建峰<br>李金宝 王 青<br>李 环 |

续 表

| 序号 | 项目名称 | 主要完成单位 | 主要完成人 |
|---|---|---|---|
| 29 | 竹塑复合材料注塑/模压成型高档包装盒技术 | 东莞市铭丰包装品制造有限公司 | 陈　华　曾广胜<br>江太君　赖建强<br>陈　磊 |
| 30 | 造纸污泥湿法改性加工高密度硬质模塑包装材料 | 静宁县恒达有限责任公司 | 杜　进 |
| 31 | HBB20 焊条包装生产线 | 天津市职业大学<br>天津元达工贸有限公司 | 仇久安　刘　建<br>孙文顺　曹　菲<br>柴三中 |

## 中国包装优秀品牌新评审和复审通过名单（2015 年度）

| 品牌名称 | 品牌所在企业 | 品牌名称 | 品牌所在企业 |
|---|---|---|---|
| 天帝 | 安徽天帝塑机有限公司 | 发蓝 | 鞍山发蓝股份公司 |
| 奥瑞金 | 奥瑞金包装股份有限公司 | 高盟 | 北京高盟新材料股份有限公司 |
| 永创通达 | 北京永创通达机械设备有限公司 | 聚武机械 | 常州聚武机械有限公司 |
| 永明 | 常州市永明机械制造有限公司 | 大富 | 大连大富塑料彩印有限公司 |
| 大亚 | 大亚科技股份有限公司 | 铭丰 | 东莞市铭丰包装制品制造有限公司 |
| 鑫田 | 东光县鑫田纸箱机械制造有限责任公司 | 东经 | 东经控股有限公司 |
| 锐利 | 方正国际软件（北京）有限公司 | HG | 佛山杜邦鸿基薄膜有限公司 |
| 德冠 | 广东德冠薄膜新材料股份有限公司 | DONGNAN | 广东东南薄膜科技股份有限公司 |
| 华兴 | 广东华兴玻璃有限公司 | 保赐利 | 广州保赐利化工有限公司 |
| 达意隆 | 广州达意隆包装机械股份有限公司 | CHIEN YEH | 贵州千叶药品包装股份有限公司 |
| 和鑫 | 哈尔滨和鑫实业（集团）有限公司 | 隆华 | 哈尔滨隆华艺达包装制品有限公司 |
| 上洋 | 哈尔滨上洋包装制品有限公司 | SN | 海南赛诺实业有限公司 |
| 冀星 | 河北冀星纸箱设备有限责任公司 | 永利 | 河北胜利纸箱设备制造有限公司 |
| 新机 | 河南新机股份有限公司 | 远航 | 河南远航包装机械有限公司 |
| 三王 | 湖北京山轻工机械股份有限公司 | 千山 | 湖南千山制药机械股份有限公司 |
| 永新股份 | 黄山永新股份有限公司 | 双良 | 江苏恒创包装材料有限公司 |
| 双星 | 江苏双星彩塑新材料股份有限公司 | 中金 | 江苏中金玛泰医药包装有限公司 |
| 科盛机械 | 江阴科盛机械有限公司 | 兰金安 | 兰州金安新包装机有限公司 |
| nanda | 南大（浙江）环保科技有限公司 | 扬子 | 南京扬子塑料化工有限责任公司 |
| 方圆 | 秦皇岛方圆玻璃有限公司 | MG | 青岛美光机械有限公司 |
| 博业 | 瑞安市博业激光应用技术有限公司 | 大自然 | 厦门大自然纸业有限公司 |
| 合兴 | 厦门合兴包装印刷股份有限公司 | 丽鹏 | 山东丽鹏股份有限公司 |
| 秦诺 | 陕西北人印刷机械有限责任公司 | 金钟 | 陕西科龙塑业有限公司 |
| SALFO 上峰 | 上峰集团有限公司 | 翼鹰 | 上海光华印刷机械有限公司 |
| 界龙 | 上海界龙集团有限公司 | SRS | 上海人民塑料印刷厂 |
| 狮印 | 上海亚华印刷机械有限公司 | 烟印 | 上海烟草包装印刷有限公司 |
| 紫东牌 | 上海紫东薄膜材料股份有限公司 | 美新隆 | 深圳美新隆制罐有限公司 |
| 金之彩 | 深圳市金之彩科技有限公司 | 美盈森 | 深圳市美盈森环保科技股份有限公司 |
| beautystar | 深圳市通产丽星股份有限公司 | 沈防 | 沈阳防锈包装材料有限责任公司 |
| 昇兴牌 | 昇兴（福建）集团有限公司 | 胜达 | 胜达集团有限公司 |
| 世包 | 世界包装中心集团有限公司 | 松德 | 松德智慧装备股份有限公司 |
| 华一 | 天津华一有限责任公司 | 华明集团 | 天津市津东华明纸箱厂 |
| 燕南福 | 天津市燕南包装股份合作公司 | 有恒 | 天津长荣印刷设备股份有限公司 |
| 昌氏牌制袋机 | 无锡鸿昌精密机械有限公司 | 前程 | 无锡市前程包装工程有限公司 |

续 表

| 品牌名称 | 品牌所在企业 | 品牌名称 | 品牌所在企业 |
|---|---|---|---|
| 百年人天 | 武汉人天包装技术有限公司 | 天虹 | 武汉市天虹纸塑彩印有限公司 |
| 天锥 | 西安航天华阳印刷包装设备有限公司 | 恒远中汇彩印包装 | 新疆恒远中汇彩印包装有限公司 |
| 领成 | 雄县领成包装材料科技有限公司 | 世界包装组织亚洲包装中心 | 亚洲包装中心有限公司 |
| 海普 | 烟台海普制盖有限公司 | 沙麦顿 | 银川市富邦印刷包装有限公司 |
| 东盛 | 营口东盛实业有限公司 | 春秋 | 张家港春秋科技有限公司 |
| 爱迪尔 | 浙江爱迪尔包装集团有限公司 | 大东南 | 浙江大东南集团有限公司 |
| 百草园 | 浙江富陵控股集团有限公司 | 金石 | 浙江金石包装有限公司 |
| 海牛牌 | 浙江长海包装集团有限公司 | 正业 | 正业包装（中山）有限公司 |
| 中粮包装 | 中粮包装控股有限公司 | 创美图 | 中山创美涂料有限公司 |
| 康和 | 中山市康和化工有限公司 | 中粤 | 中山中粤马口铁工业有限公司 |
| 乐通 | 珠海市乐通化工股份有限公司 | | |

## 2015 年新评审名单

| |
|---|
| 河南华丽纸业包装股份有限公司 |
| 河南银金达彩印股份有限公司 |
| 永发印务有限公司 |
| 珠海经济特区红塔仁恒纸业有限公司 |
| 广东壮丽彩印股份有限公司 |
| 深圳华特容器股份有限公司 |
| 深圳市裕同包装科技股份有限公司 |
| 深圳市柏星龙创意包装股份有限公司 |

## 中国包装优秀产业基地名单（2015 年度）

| 序号 | 产业基地名称 | 企业名称 |
|---|---|---|
| 1 | 中国包装印刷产业基地（西安） | 西安印刷包装产业基地（集团）发展有限公司 |
| 2 | 中国纸包装开发生产基地 | 胜达集团有限公司 |
| 3 | 中国包装印刷生产基地 | 中山市张家边企业集团有限公司 |
| 4 | 中国医药包装产业基地（长沙） | 湖南千山药机机械股份有限公司 |
| 5 | 中国铝罐（瓶）包装产业基地（中山） | 广东欧亚包装有限公司 |
| 6 | 中国纸包装及印刷高新技术基地 | 上峰集团有限公司 |
| 7 | 中国环保包装名镇（桥头） | 广东省东莞市桥头镇人民政府 |
| 8 | 中国纸箱机械产业基地（东光） | 东光县包装机械产业区管委会 |
| 9 | 中国包装印刷产业基地（嵩明） | 嵩明杨林经济技术开发区管理委员会 |
| 10 | 中国纸制品包装产业基地（静宁） | 静宁县人民政府 |

## 中国包装优秀研发中心名单（2015 年度）

| 序号 | 研发中心名称 | 企业名称 |
|---|---|---|
| 1 | 中国包装印刷防伪技术研发中心（东莞） | 永发印务（东莞）有限公司 |
| 2 | 中国医药包装研发中心 （深圳） | 深圳九星印刷包装集团有限公司 |
| 3 | 中国烟包装研发中心 （深圳） | 深圳市科彩印务有限公司 |

续 表

| 序号 | 研发中心名称 | 企业名称 |
|---|---|---|
| 4 | 中国塑胶酒包装技术研发中心（宜宾） | 四川省宜宾普拉斯包装材料有限公司 |
| 5 | 中国食品包装机械研发中心（杭州） | 杭州中亚机械股份有限公司 |
| 6 | 中国纸制品包装研发中心（杭州） | 浙江大胜达包装有限公司 |
| 7 | 中国镀铝环保包装材料研发中心（上海） | 上海绿新包装材料科技股份有限公司 |
| 8 | 中国一片式铝罐（瓶）包装技术研发中心（中山） | 广东欧亚包装有限公司 |
| 9 | 中国气雾包装安全环保技术研发中心（广州） | 广州保赐利化工有限公司 |
| 10 | 中国环保水墨印刷成套装备研发中心（株洲） | 株洲三新包装技术有限公司 |
| 11 | 中国包装印刷（文化创意）产业研发中心（深圳） | 力嘉包装（深圳）有限公司 |
| 12 | 中国包装联合会防伪瓶盖研发中心（烟台） | 山东丽鹏股份有限公司 |

# 2015年度（第12届）中国之星设计奖暨中国包装设计奖获奖作品名单

**金奖　2件**

豫州地高山野生核桃油　郑　晨

中华笔庄系列　艾得彼创意设计有限公司

**银奖　8件**

清静雅　厦门古新包装材料有限公司

联想电脑 Magician　殷　顺

龙徽龙葡萄酒　北京一品焦点包装设计有限公司

陶瓷环保创新包装　陈勇军　徐江华　刘小静

丈人坊道家米花酥　四川古格王朝品牌设计顾问有限公司

南宛有机古树茶　张　亮

黑糖包装盒—恋之甜蜜/魔力源泉　上海米酷礼品有限公司

张裕解百纳干红葡萄酒系列　孙韶昆　衣水山　衣津均

**铜奖　12件**

花草茶礼盒　北京沃奇文化创意有限公司

中国味月饼礼盒　上海金荣翔企业发展限公司

端午飘香粽子礼盒　上海金荣翔企业发展限公司

One is all 香水礼盒　李甫印

宁化府老醋　山西黑与白包装制品有限公司

凤凰茶馆　深圳市墨壹广告有限公司

良食草堂——坚果饴系列礼盒　艾得彼创意设计有限公司

云南丽江鲜花饼系列　杨弼睿

北京全聚德烤鸭系列　福建省华一设计有限公司

米兰世博会专供茶——坦洋工夫红茶系列　福建省华一设计有限公司

品令茶鉴　厦门尚品文化创意有限公司

全家粽动员　上海大吉礼品包装有限公司

**优秀奖　65件**

有机婴儿粥米　刘　哲　孟　媚

花生云南礼品装——风景系列　马永飞　雷　松

花生云南透明装——民俗文化系列　马永飞　雷　松

| | |
|---|---|
| 大道至简 | 厦门古新包装材料有限公司 |
| 归真 | 厦门古新包装材料有限公司 |
| 蓝月亮手洗专用洗衣液翻盖装 | 广州蓝月亮实业有限公司 |
| 维生素 C 系列 | 朵而（北京）女性生活用品有限公司 |
| 中信香礼 | 北京沃奇文化创意有限公司 |
| 儿童保健品 | 北京沃奇文化创意有限公司 |
| 花语月饼礼盒 | 上海金荣翔企业发展有限公司 |
| 长城沙狐葡萄酒 | 北京一品焦点包装设计有限公司 |
| 瓦楞纸红酒包装 | 成　勇 |
| 藏友阁 | 赵　澄 |
| 龙门石窟宾阳洞手工剪纸艺术工艺品 | 季云博　宗椿理 |
| 葫芦文化礼品 | 郭京文　李　江 |
| 苦荞口服醋 | 山西黑与白包装制品有限公司 |
| 五台山牌藜麦 | 山西黑与白包装制品有限公司 |
| 紫苏油 | 山西黑与白包装制品有限公司 |
| 我是你的蜜 | 深圳市嗨创意文化传播有限公司 |
| 健滋乐牌酵素 | 枯木设计（广州） |
| 盛鼎福糕点 | 徐州千帆标识系统工程有限公司 |
| 明德食品——自然风味系列 | 艾得彼创意设计有限公司 |
| 良品采集——冷泡茶系列 | 敦阜形象策略有限公司 |
| 硒虫草摄取物糖醇压片糖 | 恩施金睿达品牌创意研发有限公司 |
| 乳清蛋白铁/锌 | 赵富明 |
| 山楂酵母 | 赵富明 |
| EAT+ | 汕头市汉威泰合品牌设计顾问有限公司 |
| 试卷 | 汕头市汉威泰合品牌设计顾问有限公司 |
| 宽窄手作茶叶 | 成都磨石品牌投资管理有限公司 |
| 宽窄休闲食品（熊猫）系列 | 成都磨石品牌投资管理有限公司 |
| 宽窄锦江酥（糕） | 成都磨石品牌投资管理有限公司 |
| 宽巷子火锅底料 | 成都磨石品牌投资管理有限公司 |
| 宽窄盖碗茶叶 | 成都磨石品牌投资管理有限公司 |
| 宽巷子四菜一汤礼盒 | 成都磨石品牌投资管理有限公司 |
| 有蝉茶品-玫瑰茶系列 | 艾得彼创意设计有限公司 |
| 有蝉茶品-经典茶罐系列 | 艾得彼创意设计有限公司 |
| 同仁堂健康蜂蜜系列 | 卢水华 |
| 同仁堂玛咖乌龙茶 | 卢水华 |
| 苏派艺术酒 | 阮冬炎　胡小马 |
| 铜皮石斛 | 陈　卫 |
| 法云安缦中秋月饼 | 陈　卫 |
| 绿茶系列 | 珀莱雅化妆品有限公司/法尚（上海）创意设计有限公司 |
| 必品阁速冻饺子系列 | 希杰（青岛）食品有限公司北京分公司 |
| 希杰集团大喜大酱系列 | 希杰（青岛）食品有限公司北京分公司 |
| 白玉有机醇豆浆 | 希杰（青岛）食品有限公司北京分公司 |
| 大美传奇藏香系列 | 上海卓朴创意设计发展有限公司 |
| 梦之仙酒 | 深圳市乾元包装设计有限公司 |

| | |
|---|---|
| 茗曲 | 厦门艺倍包装制品有限公司 |
| 太平吉象 | 大贺投资控股集团有限公司 |
| 武当手信 | 赵晶磊 |
| 鹤立山珍礼盒 | 庄建民　王永清　韩文丽 |
| 商南双山系列茶 | 南阳飞龙印务有限公司 |
| 新金色年华 | 上海刘维亚原创设计策划有限公司 |
| 黄山（天都巨匠） | 安徽中烟工业有限责任公司 |
| 邦琪药业产品 | 深圳市获得创意企业管理有限公司 |
| 奇山珍酵素系列 | 广州圣雅包装制品有限公司 |
| 莱阳慈梨膏 | 衣水山　衣津均 |
| 有心人茶叶——春夏秋冬系列 | 福建省华一设计有限公司 |
| 润滋米粉 | 王小泺 |
| 爱之蓝米粉 | 王小泺 |
| 蜂舞人间系列 | 王小泺 |
| 千年客家土特产系列 | 李　萌　李　响 |
| 春生 | 厦门尚品文化创意有限公司 |
| 藏香 | 厦门尚品文化创意有限公司 |
| 豌豆盒 | 上海大吉礼品包装有限公司 |

**中国包装设计奖　9 件**

| | |
|---|---|
| 饮　料：同仁堂玛咖乌龙茶 | 卢水华 |
| 医　药：铜皮石斛 | 陈　卫 |
| 烟　酒：龙徽龙葡萄酒 | 北京一品焦点包装设计有限公司 |
| 茶　叶：南宛有机古树茶 | 张　亮 |
| 日　化：One is all 香水礼盒 | 李甫印 |
| 食　品：丈人坊道家米花酥 | 四川古格王朝品牌设计顾问有限公司 |
| 特　产：豫州地高山野生核桃油 | 郑　晨 |
| 工艺品：中华笔庄系列 | 艾得彼创意设计有限公司 |
| 其　他：联想电脑 Magician | 殷　顺 |

**中国包装设计奖——提名奖　12 件**

| | |
|---|---|
| 蓝月亮手洗专用洗衣液翻盖装 | 广州蓝月亮实业有限公司 |
| 维生素 C 系列 | 朵而（北京）女性生活用品有限公司 |
| 葫芦文化礼品 | 郭京文　李　江 |
| 健滋乐牌酵素 | 枯木设计（广州） |
| 宽巷子四菜一汤礼盒 | 成都磨石品牌投资管理有限公司 |
| 同仁堂健康蜂蜜系列 | 卢水华 |
| 苏派艺术酒 | 阮冬炎　胡小马 |
| 绿茶系列 | 珀莱雅化妆品有限公司/法尚（上海）创意设计有限公司 |
| 白玉有机醇豆浆 | 希杰（青岛）食品有限公司北京分公司 |
| 大美传奇藏香系列 | 上海卓朴创意设计发展有限公司 |
| 黄山（天都巨匠） | 安徽中烟工业有限责任公司 |
| 莱阳慈梨膏 | 衣水山　衣津均 |

# 专业委员会及地方协会

# 简讯

**【中国包装联合会包装规划委员会召开“中国包装工业‘十三五’发展规划暨《工信部关于加快我国包装工业转型发展的指导意见》总体框架讨论会”】**

2015 年 8 月 19 日，中国包联包装规划委在北京召开“中国包装工业‘十三五’发展规划（简称“十三五”规划）暨《工信部关于加快我国包装工业转型发展的指导意见》（简称《指导意见》）总体框架讨论会”。

工信部消费品司副巡视员汪敏燕、消费品司轻工一处副调研员谢立安，中国包装联合会副会长敖雯楠、副秘书长吴红军，总体规划编写单位湖南工业大学书记唐未兵、副校长张昌凡，总体规划参与单位、各专业规划、专项规划、地方规划牵头单位负责人或规划工作负责人，各参与企业，中国包联各专业委、相关地方包协（包联、包装办）负责人等 60 余人参加了会议。

汪敏燕代表工信部在讲话中指出，“十三五”规划的制订，一是要围绕《中国制造 2025》总体规划，确定行业发展规划的主要目标、重点任务和重大工程；二是要把握“十三五”时期的时代特征和行业特色，准确定位，聚焦重点；三是要把握“十三五”行业发展趋势和主要问题，坚持问题导向，强化由大变强方针指引，提出行业战略性调整的路径方向和保障措施；四是要严格按照工信厅规〔2015〕24 号文件对编制工作总体进度要求，增加工作紧迫感，确保 10 月底前完成各行业“十三五”发展规划起草编制工作。

中国包联高度重视“十三五”规划及《指导意见》的制定，分管此项工作的敖雯楠副会长在会上强调并阐述了包装“十三五”规划和《指导意见》编制工作的意义及重要性，对开展这两项工作提出了具体要求，希望各专业委员会、各地方包协、包装企业及各包装院校科研单位都积极投入到此项工作中，群策群力，为中国包装产业的未来五年实现更良性的发展奠定基础。

张昌凡副校长介绍了“十三五”规划和《指导意见》总体框架和草稿撰写情况。

本次会议仅仅是做好“十三五”规划和《指导意见》的开端，今后还将组织一系列的工作会议，深化规划设计，为我国包装产业今后五年发展描绘一份科学清晰、切实可行的路线图。

**【2014 中国包装产业战略发展年会、第六届中国包装产业基地高峰会议、教育部全国包装职业教育教学指导委员会筹备会议等在京举行】**

2014 年 10 月 27—29 日，由中国包装联合会包装规划委员会（简称包规委）主办的“2014 中国包装产业战略发展年会”在北京大学光华管理学院举行。期间，包规委还召开了二届三次会议、第六届中国包装产业基地高峰会议、第三届包装产业金融高峰会议、中国包装联合会与北京大学光华管理学院战略合作签约仪式、教育部全国包装职业教育教学指导委员会筹备会议等活动，包规委委员、教育部全国包装职业教育教学指导委员会筹备组成员等机构及包装企业负责人约 250 人出席了会议。

本届年会上，教育内容成为一大亮点。10 月 28 日上午，包规委二届三次会议上，中山火炬职业技术学院常务副院长王春旭介绍了教育部全国包装职业教育教学指导委员会筹备情况；举行了包规委与北京大学光华管理学院战略合作签约仪式，北京大学光华管理学院党委书记冒大卫致辞，中国包装联合会副秘书长、包规委常务副主任兼秘书长敖雯楠与北京大学光华管理学院副院长、高层管理教育（ExEd）中心主任，北京大学战略研究所所长刘学教授分别代表双方在合作协议上签字。双方将在 MBA、EMBA 学位项目和 EXED 非学位项目、为包装企业高管定制培训课程、共同开发包装企业管理案例、举办高级别交流活动等方面开展长期合作。

10 月 29 日下午，教育部全国包装职业教育教学指导委员会筹备会议举行，教育部全国包装职业教育教学指导委员会筹备组成员参加了会议，在天津职业大学副校长孙诚的主持下，与会者讨论了《章程（草案）》、工作计划、设立专指委方案。

会议期间，北京理工大学国际教育学院院长梅文博教授介绍了“职业教育与人力资源开发—包装产业职教方向”项目，这是基于包装产业职教方向的中德合作硕士项目，由教育部全国包装职业教育教学指导委员会、北京理工大学和德国德累斯顿工业大学共同合作完成。该项目旨在培养学生根据不同国家和包装行业的具体情况，运用科学的方法，将现有的知识、经验和技能整合到包装职业教育项目管理、职业培训和继续教育项目开发、职业教育和人力资源开发领域中的能力。

为强化行业在现代职业教育体系建设和职业教育改革发展中的指导作用，推进中等和高等职业教育协调发展，教育部在相关行业设立了“行业职业教育教学指导委员会”。“包装职业教育教学指导委员会”（简称包装行指委）是受教育部委托，由中国包装联合会负责牵头组建和管理，对包装行业职业教育教学工作进行研究、咨询、指导和服务的专家组织，同时也是指导包装行业职业教育与培训工作的专家组织。

在中国包联和教育部领导的关心、支持下，成立包装行指委的各项工作在有条不紊地进行，将于近期正式成立。

**【中国包装联合会科学技术委员会二届三次会议在苏州召开】**

中国包装联合会科学技术委员会（中国包联科技委）在苏州在水一方大酒店召开二届三次会议。会议由科技委副主任孙诚教授主持，科技委秘书长张新昌教授做了关于中国包联科技委专家委员会、增补科技委委员及副主任委员的说明，并进行了中国包联科技委 2015 年度工作总结，对下一年度的主要工作进行了说明。

会议一致同意聘请中国工程院院士陈学庚任科技委专家委员会名誉主任，同时一致通过了关于增补刘祥华等七位专家担任科技委委员，增补刘祥华、范诵两位专家任科技委副主任委员的动议。会上，中国工程院院士、科技委专家委员会名誉主任陈学庚发表讲话，他以实例就专用机械装备制造业的创新发展提出了高屋建瓴式的指导性意见；中国包联副会长、科技委副主任、湖南千山药机董事长刘祥华做了关于以科技创新驱动企业快速发展的专题报告，指出正是因为重视科技、重视知识产权保护、重视人才、重视行业发展方向，才得以实现千山药机近几年的飞速发展。当选副主任、永发印务（香港）有限公司范诵总经理也在会上发言，他指出，创新方法十分重要，它决定了企业科技创新的系统性和延续性，值得好好研究。

本次会议还向委员们介绍了中国包联科技委官网的架构及管理模式，并宣布官网正式上线；通报了关于在 2016 年上半年内进行全国重点包装行业科技发展现状与趋势的调研活动安排。

**【中国包装联合会运输包装委员会：2015 中日韩三国运输包装技术论坛召开】**

中国包装联合会运输包装委员会（TCCPF）与日本运输包装联合会（JPA）和韩国工业包装协会（KAIP）在滨海新区中国包装科研测试中心举行中日韩三国运输包装技术交流会。来自日本运输包装联合会和韩国工业包装协会的 10 余名国外包装专家和企业家代表，与国内 60 多家运输包装企业的代表进行了交流，标志着中日韩运输包装领域民间交往正式开启。

会上，中外包装企业家着重就建立多边互认和共同遵守的技术标准——《中日韩运输包装技术指南》进行磋商。《指南》旨在提供防止和预防运输包装货物损失的事项，为安全运输提供先进的新技术和信息。

据了解，此次交流会结束后，中国包装联合会运输包装委员会将根据会上达成的三方共识，联合展开运输包装技术与标准化工作。运输包装委员会将积极促进中日韩运输包装技术的交流和推广，希望国内优秀的运输包装企业能够秉持开放的态度积极参与进来，作为国内运输包装行业的代表企业，反馈企业需求，与日韩和中国协会形成良性互动，共同为中国运输包装的整体提升做出贡献。

**【温州市包装联合会召开六届四次理事扩大会议暨 2016 迎新联谊会】**

为认真回顾总结 2015 年工作，研究确定 2016 年工作意见，满怀激情迎接 2016 新年的到来，日前，温州市包装联合会在温州万和豪生大酒店召开温包联六届四次理事扩大会议暨 2016 迎新联谊会。参加会议的有温州市包装联合会会长、执行会长、副会长，温包联各专委会主任、理事、秘书长、副秘书长和各县、市、区包装印刷、包装机械、塑料包装行业协会会长、秘书长，以及温包联顾问、温包联专家委员会在温的专家等 60 多人。会议由温包联会长蒋德福主持。

这次会议认真传达贯彻了中国包装联合会成立 35 周年大会暨八届二次理事会议精神；认真总结了温州市包装联合会 2015 年工作；审议了温州市包装联合会 2016 年工作意见及《温州包装行业“十三五”发展规划》。会议讨论增补了温州市包装联合会执行会长、副会长、理事及通过吸收新会员名单。会议通过了恢复建立温包联包装印刷委员会的建议，以温州包装印刷业集聚地苍南县为依托，温包联执行会长、苍南县印刷包装行业协会会长、新雅投资集团有限公司总裁吴作榜为温包联包装印刷委员会主任，温包联副秘书长、苍南县印刷包装行业协会秘书长陈后强为温包联包装印刷委员会秘书长。会上还举行了授牌仪式。

**【温州市包装联合会召开包装印刷行业协会秘书长联谊会暨专委会主任会议】**

温州市包装联合会在瓯昌饭店召开各县市区包装印刷行业协会秘书长联谊会暨温包联专委会主任会议。苍南、平阳、瑞安、瓯海、鹿城、龙湾、永嘉、乐清等县市区印刷包装行业协会秘书长及温包联纸制品包装专业委员会、包装机械专业委员会主任参加了会议。会议由市包装联合会秘书长林淑玲主持。

会上重点对温州市包装行业"十三五"发展规划初稿进行了讨论。各县市区秘书长充分发表了意见和建议，大家一致认为，温州市包装行业"十三五"发展规划结构严谨、观点鲜明；条理清楚、层次分明；用词恰当、表述简明；同时，大家结合本地区的印刷包装业发展情况对温州市包装行业"十三五"发展规划提出补充建议，认为要减少理论性内容，对主要政策和保障措施要详写，使温州市包装行业"十三五"发展规划更加接地气，具有前瞻性、系统性和可操作性。

市包装联合会会长蒋德福做了重要讲话，他首先对各县市区印刷包装行业协会秘书长为温州市包装行业"十三五"发展规划编写提供宝贵的材料，对温州市包装行业"十三五"发展规划编写组专家的认真编写表示感谢；对温州市包装行业"十三五"发展规划初稿中的有关问题和数字作了讲解，他希望通过制订温州市包装行业"十三五"发展规划，提振行业发展信心，倡导企业转变心态，淘汰落后产能，实现机器换人，为行业发展注入新的活力。

**【广东省包装技术协会七届五次理事会议召开】**

广东省包装技术协会七届五次理事会议在广州保利世贸博览馆召开。

会议首先由朱智伟秘书长做 2015 年协会工作总结及 2016 年工作计划报告，并做关于调整理事会成员的提案说明，增选副会长、常务理事会和理事单位，并为新当选的副会长和常务理事会颁发牌匾，广东省包装技术协会会长黄启洪发表讲话，随后在会议上举行国际职业资格水平认证"包装设计师"职业技能鉴定揭牌仪式，最后分别由广州市国科禾路信息科技有限公司董事总经理刘清做《企业创新竞争力培育与政策体系向导》的发言，力嘉东莞环保包装印刷产业园招商总经理张涛做《东莞环保包装产业园推介》讲话。

广东省包装技术协会近年来致力于发展广东省包装行业企业的业务往来合作，振兴广东地区的包装业发展，学习国际上先进的科技力量，吸取国内外先进的管理经验。当天下午议会人员参观了中国（广州）国际印刷包装纸业展。

**【深圳市包装行业协会第九届八次常务理事扩大会暨 2015 年年会召开】**

2015 年 1 月 7 日，深圳市包装行业协会第九届八次常务理事扩大会暨 2015 年年会在全国人大深圳培训基地——人民大厦召开。会议由协会副会长深圳职业技术学院媒体与传播学院王利婕院长主持，会长欧阳宣、名誉会长马伟武、副会长兼秘书长罗少敏等领导在会上作重要讲话。

2015 年，协会主要工作成就是积极做好政府部门、会员企业委托交办的政策调整、信息咨询，项目评估、成果审查、行业发展战略研究；加强行业交流，带领会员企业"走出去"，积极参观国内、国际各种展会；确定了以沙龙活动贯穿 2015 年全年活动的工作思路，包括沙龙系列活动走进企业版块、技术交流版块；根据行业发展需要，组织举办针对性的培训，邀请相关科研院所专家传授知识与技能；持续做好"深圳之星"平面包装设计大奖赛；组织企业申报中国包装行业优秀奖系列评选活动；及时传达政府扶持政策，引导企业获取资金补贴；加大宣传力度，抓好协会网站、会刊等传媒平台的完善、升级，着力打造行业信息共享平台；培养输送行业技工人才，开展行业普查工作，研究行业发展规律、发展趋势，引导行业持续发展。

2016 年是机遇年，也是充满挑战的一年。"互联网+包装"的发展模式将推进产业转型升级，为传统行业的发展带来新的机遇。包装领域众多企业通过"智能包装+物联网+互联网"的模式，实现包装业务的转型升级，已取得明显成效。希望更多的企业打破传统经营模式，成功实现转型升级。

**【福建省包装联合会第六次会员代表大会在厦门举行】**

福建省包装联合会第六次会员代表大会日前在厦门艾美酒店举行，同期，还举办了《创新与发展论坛》。来自全省各地 100 多家包装企业的代表参加会议。中国包装联合会常务副会长兼秘书长王跃中应邀出席了大会，出席会议的还有广东、湖北、湖南、陕西、成都、重庆等兄弟省市包协、包装联合会秘书长、副会长及理事企业。

王跃中副会长在《创新与发展论坛》上为到会代表作了《新形势下行业协会如何为会员提供更好服务》的演讲，互联网专家段羡春作了《互联网与企业管理变革》的专题介绍。

换届大会由省包联五届理事会秘书长林鹏腾和六届理事会新任秘书长林海分别主持。会上，中国包联、省经信委、厦门市经信局、省经社联的领导发表讲话，五届理事会会长郑礼阔就五届工作做了总结报告。

会议选举产生了福建省包装联合会第六届理事会理事、会长、副会长、秘书长及第一届监事会监事、监事长，新任会长厦门合兴包装印刷股份有限公司董事长许晓光作任职讲话，就六届近、中期工作提出 10 个工作方向。

会议最后，向新一任会长、副会长颁发当选证书、桌牌，并公布了《2014—2015 年度福建省包装龙头企业》名单，举行授牌仪式。

**【宁波市包装技术协会八届三次会长会议召开】**

宁波市包装技术协会八届三次会长会议在鄞州区南部商务区召开。协会会长、常务副会长、副会长出席了本次会议。会长会议研究确定了 2015 年市包协“五大项”工作任务，其中包括：以“服务企业，推动发展”为目的，主办“第二届中国（宁波）包装印刷工业博览会”，组织参观“中国国际瓦楞展”和“国际瓦楞包装和彩盒印刷展”；组建“宁波包装企业标准联盟”和“包装产品成本评估组”两个组织，规范相关工作；进一步发挥“专家（顾问）服务队”“企业商务服务站”“电子商务平台”“三大服务平台”作用；坚持“四个服务”，展开“四项活动”；树立协会就是“企业之家”的理念，努力从“五个方面”搞好自身建设。会长会议还讨论通过了《宁波市包装技术协会 2015 年度秘书处工作人员职责分工和绩效考核规定》。

**【广东省包装技术协会特种纸印刷包装专业委员会成立大会召开】**

广东省包装技术协会特种纸印刷包装专业委员会在广州南丰国际会展中心举行成立大会，众行业的代表出席并共同见证了此次盛会。

特种纸委员会是广东省包装技术协会的第七个下属专业委员会，是由全国从事生产、经营特种纸包装制品、特种纸印刷、特种纸原材料等相关单位及个人自愿组成的非营利性社会团体。代表特种纸行业的整体利益，维护行业秩序，开展国内外交流，承担政府职能，为会员提供全方位服务。

会议首先由广东省包装技术协会秘书长朱智伟先生宣布委员会的成立，并在会上播放委员会的介绍视频，其后宣读了委员会章程。会上邀请到了广州轻工工贸集团总经理胡守斌先生，以及华南农业大学食品学院张钦发教授作为嘉宾，向委员会的成立致辞。

大会同时选举产生了第一届会长单位及常务副会长单位；佛山市三水壹晨纸塑有限公司董事长范德胜先生当选成为第一届会长，朱智伟先生兼任委员会秘书长。常务副会长单位分别为：广州包装印刷集团有限责任公司、广州市永信纸业有限公司、广州市嘉盈轩纸业有限公司、TPG 上海天鹏纸业股份有限公司、广州市美航纸业有限公司、厦门市金鸿峰特种纸业有限公司、浙江天天虹纸业有限公司、广东佳景科技有限公司、广州市三国水性油墨有限公司（排名不分先后）。

范德胜会长在成立大会上致辞，就委员会的成立发表了就职演说，并详细介绍了大会组建的过程及委员会接下来的工作重点。

特种纸行业在发展的过程中，难免会出现用工问题、企业生存问题、无序竞争、拖欠货款、互筑壁垒、行业标准不一等问题。特种纸委员会的成立，对解决上述问题、引导规范经营、推动特种纸行业发展、加强国内外交流具有积极的现实意义，标志着特种纸行业的发展进入了新的阶段。

**【深圳市包装行业协会组织会员单位参观 2015 中国（广州）国际包装制品展览会】**

2015 年 3 月 9 日，深圳市包装行业协会组织会员企业代表的领导、专家、学者、技术员 220 多人到广州琶州参观 2015 中国（广州）国际包装制品展览会，为行业拓展渠道、交流技术、贸易采购提供一个广阔平台。

本次展览会于 3 月 9-11 日在中国进出口商品交易会展馆（A 区）盛大举行，总面积超过 40000m$^2$，参展商超过 600 多家。展会将包装设备及制品、液态包装及物流、终端包装应用三大包装环节结合起来，融合整个包装及上游终端行业的产业链，为包装用户提供全面的包装定向服务。

**【深圳市包装行业协会会员部工作人员参加知识产权相关培训】**

为拓宽服务渠道、提高服务质量，日前，深圳市包装行业协会会员部工作人员前往中兴达知识产权运营有限公司（下称“中兴达”）进行有关知识产权的培训学习。

中兴达廖庆文董事长介绍，中兴达成立于2005年，是集知识产权规划、知识产权保护与维权、知识管理、评估与交易、知识产权孵化与转化、战略研究与知识资本运营等多功能于一体的综合性的知识产权服务机构。

廖庆文董事长就商标注册、专利申请、无形资产评估、高新技术企业认定、双软认定、版权登记、海关备案等项目做了重点介绍和详细讲解，并就工作人员提出的关于会员企业在知识产权维权、申请高新技术企业认定等方面遇到的问题做了专业细致的回答。经过交流，会员部工作人员对知识产权相关知识的了解和掌握得到了巩固提升，今后能更好地服务于行业企业。廖庆文董事长也表示很愿意为深圳市包装行业企业提供知识产权方面的专业服务，帮助行业企业提升商业竞争力。

**【云南省包装行业协会：第三届烟包油墨及绿色印刷探讨沙龙落幕】**

为期三天的第三届烟包油墨及绿色印刷探讨沙龙日前在昆明落下帷幕，在国联资源网的精心筹办和云南省包装行业协会、油墨产业网、《油墨资讯》传媒事业部的协助下，此次针对烟包油墨及绿色印刷的探讨沙龙取得圆满成功。参加会议的有烟包油墨上下游的各企业家和技术专家，针对烟包油墨发展机遇与趋势、烟包油墨的新技术创新、印刷上下游主辅对接等问题进行研究和讨论。

**【烟台市印刷包装协会组织召开“新常态下印刷包装企业发展探讨”座谈会】**

烟台市文化广电新闻出版局、市印刷包装协会共同组织召开了“新常态下印刷包装企业发展探讨”座谈会，深入了解和分析新形势下印刷行业遇到的困难和挑战，加强行业组织及企业之间的交流合作，共同探讨应对措施。座谈会在烟台报捷文化创意产业园召开，42家重点骨干印刷包装企业、省印刷物资公司的代表参加了座谈。

代表们认真分析了烟台市印刷包装企业面临的重大发展机遇，烟台市正在深入推进文化大市强市建设，在突出抓好社会主义核心价值体系建设，全面繁荣公共文化事业的同时，要突破性发展文化产业，做大做强现代传媒、动漫创意、印刷发行等主导产业，抓好文化产业园区和文化产业基地建设，努力实现“文化富民”。特别是中韩产业园的建设和开发，为吸引韩国投资和印刷技术，推动印刷包装业的跨越发展带来了良好的机遇，将有力地推动烟台市印刷包装行业健康稳定发展。

**【2015年江西省包装工作会议暨省包装技术协会第六次会员代表大会召开】**

江西省包装工作会议暨省包协第六次会员代表大会在南昌召开。出席本次会议的领导有省工信委副主任谢光华，省包装技术协会会长蒋国宾，各设区市工信委、全省包装企业代表共100余人参加了本次会议。谢光华副主任在大会上作了重要讲话，蒋国宾会长作了省包协五届理事工作报告。

**【宁波市包装技术协会召开“创新驱动与宁波包装”沙龙暨八届六次常务理事会】**

宁波市包装技术协会第八届常务理事会第六次会议，在浙江万里学院召开。协会会长、常务副会长、副会长及常务理事出席本次会议，万里学院闫国庆副校长莅临会场并致辞欢迎。市经信委轻工行业办、市科协学会部领导到会讲话。

本次常务理事会主要议程有：协会第2季度工作通报，行业近期情况沟通，讨论决定第3季度内的参观考察活动及“包装企业防火知识”。

何祥福会长在会议总结发言时要求，宁波市包装企业在当前严峻的经济形势下，要做到“四化”：一要精细化管理，向管理要效益；二要智能化生产，实现机器换人；三要良性化竞争，杜绝破坏市场行为；四要规范化服务，增强行业凝聚力。

**【温州市包装联合会召开六届三次理事会议】**

2015年7月30日下午，温州市包装联合会六届三次理事会在温州云天楼·米兰国际大酒店隆重召开。温州市包装联合会部分理事、各县市、区包装印刷行业秘书长及温包联顾问、专家委员会等40多人参加了会议。会议由温州市包装联合会会长蒋德福主持。

**【吉林省包装技术协会举行第七次会员代表大会暨省包装协会成立35周年纪念大会】**

吉林省包装技术协会第七次会员代表大会暨省包装协会成立35周年纪念大会在西关宾馆会议中心举行，来自全省的96家理事单位负责人参加了会议。

会上，对吉林省包装事业作出贡献的8人授予了“终身成就奖”，另有10人被授予“创新成就奖”。

此次大会，还对吉林省包装协会第七届理事会会长、副会长、常务理事、秘书长及理事进行了换届选举。大会选举并通过了吉林化纤东昊工贸股份有限公司董事长崔德臣为会长，吉林省包装技术协会范继成为秘书长。另外有19人被选举为副会长，大会还选举并通过了41人为常务理事。

**【《包装用拉伸缠绕膜》标准讨论会在京召开】**

2015年8月6日，全国包装标准化技术委员会组织相关人员在北京市召开《包装用拉伸缠绕膜》（计划编号：2012-1079T-BB）行业标准讨论会暨工作组成立会议。

中国包装联合会、中国包装科研测试中心、厦门聚富塑胶制品有限公司、宝瑞泰（沧州）包装有限公司等单位的代表参加了此次会议。

**【中国包装联合会钢桶委二届五次常委会在烟台召开】**

中国包装联合会钢桶专业委员会第二届五次常委会会议于2015年7月17日在烟台中心大酒店召开。到会人员共24人。本次会议的召开，得到了烟台统一包装有限公司的大力支持和帮助，使会议顺利圆满完成。

会议由委员会秘书长张洪勋主持。

在会上，秘书长张洪勋首先做了《2015年上半年秘书处工作简要汇报》。对上半年已完成的11项工作进行了逐一说明，对委员会上半年的主要工作及参加的各项活动情况进行了简要的总结。接着，张秘书长做了《2015年下半年工作计划》的报告，确定了下半年走访企业、组织参加“2015中国（上海）国际钢桶行业新技术新产品展览会”、申报2015年中国包联科学技术奖、跟踪调查水性漆的应用情况等主要工作项目。

**【辽宁省包装工作会议暨辽宁省包装联合会第六届二次理事会召开】**

2015年8月5日下午，辽宁省包装工作会议暨辽宁省包装联合会第六届二次理事会在沈阳沈北新区召开。省包协副会长及理事单位、各市经信委主管包装的同志出席会议，辽宁省包装行业管理办公室主任郭禄主持会议。中国包联常务副会长兼秘书长王跃中出席会议。

会议表决通过辽宁省包装联合会第六届理事会秘书长调整名单，选举李建华同志担任辽宁省包装联合会秘书长职务；表决产生了辽宁省包装联合会监事会人员名单；颁发了“辽宁省包装设计大赛组织奖”及“辽宁省包装行业科技进步奖”。

中国包装联合会副会长、辽宁省包装联合会会长王洪珂通报了辽宁省包装行业发展情况及联合会2015年工作重点。

辽宁省包装行业管理办公室主任郭禄作了《做大做强辽宁包装产业，为全省经济发展服务》的工作报告。2014年辽宁省包装行业规模以上企业676家，相比去年减少40家，工业总产值1201.19亿元，同比下降8.36%，全省包装行业处于下滑趋势。报告指出，目前辽宁省包装行业发展技术水平偏低、高端产品少、企业整体竞争力不强，为改变这种状况，全省包装企业应“解放思想、引领潮流”，共同努力做大做强辽宁省包装行业。

王跃中代表中国包装联合会徐斌会长向辽宁省包装工作会议的召开表示祝贺，并向会议代表介绍了中国包联目前开展的各项工作。对于辽宁省包装行业发展，王跃中提出企业要适应“新常态”，要加强标准体系建设，要积极参与包装行业“十三五”规划编制工作；要重点推进两化融合工作，要关注行业统计信息避免走弯路，要控制产能避免盲目扩张；要紧跟“互联网+”加强个性化服务，要加大研发力度做强企业。王跃中表示，目前中国包联正在不断完善各项基础工作，争取为行业发展做出更大的贡献。

**【温州市包装联合会包机委常委扩大会议召开】**

温州市包装联合会包机委常委扩大会议于2015年4月27日上午在温州经济技术开发区、温州市布莱特机械有限公司（博大机械）一楼会议室隆重召开，温包联包机委近30家包装机械企业负责人参加，温包联会长蒋德福、秘书长林淑玲、副秘书长兼包机委秘书长陈人柱等出席会议。

**【宁波市包装技术协会召开八届五次常务理事会议】**

宁波市包装技术协会召开了八届五次常务理事会议。出席这次会议的会长、副会长、常务理事共有25名。副会长单位上海鼎龙机械和常务理事单位江苏辰光机械的领导特意从上海、江苏赶来参加会议。会长何祥福出席会议并作了重要讲话。

**【河南省包装技术协会纸制品委员会2015年第二次主任工作会议召开】**

河南省包装技术协会纸制品委员会2015年第二次主任工作会议在洛阳宜阳县金海丽湾酒店召开。本次会议由洛阳市中仑包装有限公司承办。纸制品委员会的主任、副主任等20余人参加了会议，河南省包装技术协会秘书长李武军、副秘书长王如峰应邀出席了此次会议。会议由河南省包装技术协会纸制品委员会副主任委员、河南成林纸业包装股份有限公司张文新董事长主持。

本次会议的主题是：新常态下的纸包装企业创新发展研讨。

**【中国包装联合会电商委与浙江科贸职业技术学院战略签约仪式举行】**

中国包联电商委举行了与浙江科贸职业技术学院的校委战略合作签约仪式。电商委常务副主任兼秘书长龚经强、金华市电子商务协会会长郑继清、科贸学院党委书记金振林、继续教育学院院长郭舟林、继教院培训部主任何利华等主要领导出席了仪式会议。此次签约为电商委开展人才培训工作翻开了新篇章。

**【深圳市包装行业协会第九届三次常务理事扩大会召开】**

深圳市包装行业协会第九届三次常务理事扩大会暨 2014 年年会在全国人大深圳培训基地——人民大厦召开。中国包装联合会常务副会长兼秘书长王跃中亲临大会指导，会长欧阳宣、名誉会长胡军民、常务副会长荣智毅、副会长兼秘书长罗少敏等领导在会上作重要讲话。

大会主要内容有 2014 年工作总结和 2015 年工作计划报告、行业发展现状报告、2014 年财务收支专项报告、2014 年行业第一次普查工作通报、《2015 深圳包装黄页》编辑情况汇报、协会章程修改说明等。

**【上海市包装技术协会包机委召开工作总结会】**

上海市包装技术协会包装机械专业委员会（以下简称包机委）2014 年工作总结会议在上海科学会堂召开。会议由包机委副主任、上海德拉根印刷机械有限公司董事长滕向群主持。上海市包协会长庄英杰、秘书长宋文仙及包机委会员代表等参加了会议。

会议就“开拓创新，服务企业”这一主题对 2014 年包机委工作做了深入的总结。自 2014 年 4 月底包机委重新启动工作以来，积极开展了各项工作为包装行业服务；加强行业交流、开阔思路，提升包装设备的能级；扩大包装机械企业家的思想交流；用好政府科技政策，提高企业创新能力；组织参观国际展，考察境外包装企业；组织国际、国内交流，促进产销对接；走访包装设备企业，了解包装行业的发展趋势。

**【天津市包装技术协会举行第三届会员代表大会】**

天津市包装行业工作会暨天津市包装技术协会第三届会员代表大会在天津职业大学汇报厅隆重举行。中国高科技产业化研究会科技成果转化协作工作委员会副主任渠东升、天津包装技术协会副会长兼秘书长马树新、中央民族大学经济学院副院长张建平、中国印刷科学技术研究院营销总监杜秋英、北京科印传媒文化股份有限公司行业服务部主管贾佳、天津职业大学副校长孙诚、中荣印刷（天津）有限公司总经理杨建明等嘉宾，以及天津地区 400 余家印刷包装企业及媒体的朋友出席了本次会议，会议由天津包装技术协会副秘书长唐贺增主持。

**【温州市包装联合会召开六届二次理事扩大会】**

温州市包装联合会六届二次理事扩大会暨 2015 新年联谊会举行。温州市包装联合会会长、荣誉会长、执行会长、各县（市、区）包装印刷（塑料包装）行业协会会长、温包联各专委会主任、副会长、理事、秘书长、副秘书长、各县（市、区）包装印刷（塑料包装）行业协会秘书长、各专委会秘书长及温包联顾问、专家委员会在温的专家等 90 多人参加了本次会议。温州市经信委副主任徐竹良、市文广新闻出版局副局长陈朴忠，中国包联副会长蒋孟有，市经信委行业处副处长林晓雷、董红梅等出席会议。会议由温州市包装联合会会长蒋德福主持。

**【宁波市包装技术协会第八届会员代表大会第二次会议召开】**

宁波市包装技术第八届会员代表大会第二次会议暨八届二次理事（扩大）会议，在宁波饭店隆重召开。共有 130 余名会员代表、理事及有关嘉宾出席了会议，协会主管（业务指导）部门领导到会指导。

宁波市包协会长何祥福代表理事会作《市包协 2014 年度工作报告》。报告从“热心周到服务企业”“认真发挥桥梁作用”“健全法人治理机制”三个方面简要地对 2014 年协会工作做了回顾，并总结了“抓住首要任务，增强发展信心”“深入贴近企业，创新转型升级”“增强服务功能，凝聚组织力量”三个基本体会和经验。报告提出了新的一年工作思路，要求围绕全面完成宁波包装“十二五”规划任务，进一步强化服务，认真做好 10 项工作：主办一个展会，建立两类组织，完善“三大平台”，开展“四项活动”。何祥福会长作的工作报告，得到了与会代表的鼓掌赞同。

**【海宁包装印刷协会召开 2014 年年会暨联盟标准宣贯会】**

2014 年海宁包装印刷协会年会暨联盟标准宣贯会在海宁海州大饭店内召开。海宁印包协会会长唐德林，副会长叶建明、林祥松，海宁环保局相关领导，以及海宁包装印刷协会下属 120 多家会员企事业单位参与年会。年会由海宁印包协会秘书长尤建汉主持。作为海宁印包协会的合作协会，中国包装联合会电子商务委员会相关领导也组团参与了此次年会，并向参会嘉宾介绍了中国包联电商委帮助传统企业转型，提出的电商战略、电商培训、电商运营、电商交易和移动互联网五位一体的电子商务整体解决方案战略，进一步探讨了双方的合作模式。

**【2014 年度河南省包装行业评优评先评审工作会议召开】**

2014 年度河南省包装行业评优评先评审工作会议在河南省邮电印刷厂会议室召开。河南省包装技术协会会长张大岭、副会长李剑、塑料包装委员会常务副主任闫银凤、玻璃包装委员会主任张丙寅、金属包装委员会主任刘秋珍、包装印刷委员会主任张歌伟、纸制品委员会副主任尹德强及协会秘书长李武军、副秘书长王如峰和王鹏业等作为评委参加了会议。评审工作会议由河南省包装技术协会会长张大岭主持。

**【河南省包装技术协会纸制品委员会 2015 年第一次主任工作会议召开】**

河南省包装技术协会纸制品委员会2015年第一次主任工作会议日前在三门峡市召开。本次会议由三门峡市蓝雪包装有限公司承办。纸制品委员会主任、副主任及有关领导 20 余人参加了会议，河南省包装技术协会秘书长李武军、副秘书长王如峰应邀出席了此次会议。会议由河南省包装技术协会副会长、纸制品委员会主任委员、河南华丽纸业包装股份有限公司代建设董事长主持。

本次会议的主题是：抱团取暖、创新发展。

**【中国包装联合会电商委举办“中国包装行业 2014 年度十大评选活动”】**

在互联网电商行业快速发展的背景下，为了推动中国包装印刷行业整体电商水平的快速发展，充分发挥行业在模式创新、人才培养、品牌建设等方面的示范作用，打造行业知名品牌，彰显行业影响力。中国包装联合会电子商务委员会决定自 2015 年 3 月起举办“中国包装行业 2014 年度十大评选活动”。

评选活动根据专业性 B2B①电商模式的风格，细分了多个奖项，将品牌、企业、网站、人物、微信号等列为 10 个评选类别，全面彰显包装印刷行业的影响力，并将专业性 B2B 电商引入关注焦点，引领行业未来发展。

**【中国包装联合会运包委积极推动《运输包装指南》标准审批和《危险货物运输规则技术指南》推广工作】**

中国包装联合会运输包装委员会积极推动《运输包装指南》标准审批和《危险货物运输规则技术指南》的推广工作。

《运输包装指南》预计在 2017 年完成，并转化为国家标准。该标准旨在提供防止和预防运输包装货物损失的指南，是提供给运输包装业界和运输业界的，其主要内容反映了这些业界的从业人员所必须了解的事项，提示了使运输包装货物损失最小化的指南，以达成恰当的包装和安全运输的目标。主要内容包括：物流过程中的各种危害、产品在包装前的准备工作和各种包装方法，以及防护方法、包装用的辅助材料、包装件在运输器具中的装载和紧固、包装标志和运输文件等。

《危险货物运输规则技术指南》是根据当前国务院、交通部等国家部门、部委提出的我国交通联运发展规划制定的，目的在于规划危险货物在水路、公路、航空和铁路等运输环境下安全等级及保障我国生产安全。

**【上海市包装技术协会召开“经济新常态包装产业发展研讨会”】**

上海市包装技术协会在奉贤组织召开了“经济新常态包装产业发展研讨会”，特邀包装行业部分企业家及上海市包协相关专业委员会秘书长共同研讨上海包装产业发展的新思路。

研讨会上，与会代表围绕“新常态”话题，结合各自企业发展的实际情况，展开了热烈的交流，并纷纷表示：“新常态”将是我国未来经济发展相当

①B2B：Business to Business，指企业与企业之间通过网络进行数据信息的交换、传递，开展交易活动的商业模式。

长时期的基本环境，包装产业推进和实现产业转型是未来发展的必然选择。包装从业者必须用发展的眼光，充分认识到在经济发展新常态下，包装业未来的改革与发展；积极将国家经济发展“新常态”和当前行业发展实际结合起来，以加快转机制、调结构、促创新来破解发展中的瓶颈问题；研究包装业如何融入“新常态”、适应“新常态”的问题。

**【温州市包装联合会建立重点企业联络员队伍】**

为了切实做好政府职能转移社会组织工作，更好地开展为政府、为行业、为企业服务，做到上下互动，密切联系，圆满完成各项工作任务，经温州市包装联合会研究，决定建立重点企业联络员队伍。

**【无锡市包装协会二届三次理事会在江南大学召开】**

无锡市包装协会在江南大学长广溪宾馆召开了二届三次理事会。江南大学君远书院院长、协会老领导徐君平同志和协会秘书处工作人员，以及来自全市各包装专业领域的20余位理事参加了会议。

会议由市包协陈伟会长主持。副会长兼秘书长张新昌教授作了《无锡市包装协会二届三次理事会工作报告》；副会长王天佑总经理传达了中国包装联合会第八次全国代表大会及徐斌会长重要讲话精神；张新昌教授还就市包协二届理事会成员及相关机构调整问题、2015年市包协重大活动的策划草案进行了说明。与会理事就2015年协会工作的思路、贯彻落实中国包联八大和徐会长重要讲话精神、企业适应经济发展新常态的具体做法等进行了热烈的讨论。

**【广东省包装技术协会官方微信平台正式上线】**

为帮助广大会员单位了解最新的市场动态、行业新闻、展会信息及协会各项通知，广东省包装技术协会官方微信平台正式投入使用，旨在为广大会员单位、企业提供更优质的信息服务。协会将紧跟媒体发展新趋势，占领新媒体的舆论阵地。同时，也为印刷包装行业建造一个良好的交流平台，加强行内各单位企业的紧密联系，促进行业共同发展。

**【深圳市包装行业协会领导考察包装产业园拟选地址】**

深圳市包装行业协会会长欧阳宣、副会长兼秘书长罗少敏到龙华新区观澜街道、大浪街道相关工业园察看协会规划组建包装产业园拟选地址，为产业园最终选定地址作了现场论证和科学预判。

为提升包装产业在市场的整体竞争力，促进资源共享和互利共赢，协会2014年年会提出了组建包装产业联盟重大战略构想，其形式与做法是以包装行业企业为主体，充分发挥业内龙头企业的引领带动作用，联合包装产业上中下游企业和相关科研院所，在技术研发、生产制造、示范应用、市场开拓等方面谋求合作，在原材料制备、关联产品供应、关键装备研制、终端产品制造、产品售后服务等价值链环节加强协调，通过产业链垂直整合和创新资源优化组合，做强做大产业链，促使包装产业增量、产值增高。

**【河南省包装技术协会包装印刷委员会2015年第一次主任办公例会召开】**

河南省包装技术协会包装印刷委员会2015年第一次主任办公例会在河南易邦科贸有限公司会议室召开。特邀嘉宾河南省包装技术协会张大岭会长、李武军秘书长、王鹏业副秘书长，河南新华物资集团有限公司贾奎雨董事长及河南省包装印刷委员会主任、副主任、秘书长、副秘书长云集一堂，在省包装印刷委员会主任张歌伟的主持下，畅言包装印刷行业、本企业2014年发展情况，谋划2015年发展思路和目标。

**【河南省包装、印刷协会联合主办“印点通”印刷电子商务研讨会】**

“印点通”印刷电子商务研讨会在郑州市高新区光华大酒店举行，会议由河南省包装技术协会、郑州市印刷行业协会联合主办，由河南印点通电子商务有限公司承办。郑州华美彩印纸品有限公司、郑州金泰制罐有限公司、新乡市成林纸品包装有限公司、河南新斗彩印刷有限公司、河南领航印务有限公司、郑州迪思彩色印刷有限公司、河南华仁印务有限公司、河南天泰数码彩色印务有限公司、郑州飞龙彩印有限公司、河南八方印刷有限公司、河南博雅彩色印务有限公司、河南博隆印务有限公司、郑州市超凡印务有限公司、郑州大家印包装有限公司、郑州大正印刷有限公司、郑州恒丰印刷有限公司、郑州金成印刷有限公司、郑州金利民印务有限公司、河南凯乐印务有限公司、郑州力天制卡厂、郑州瑞祥彩印有限公司、郑州三一彩印包装有限公司、郑州文青印务有限公司、郑州市万荣纸制品有限公司、郑州霞光标签制作有限公司、河南新豫都包装印刷有限公司、郑州誉扬彩印有限公司等企业负责人应邀出席会议。

**【云南省民政厅对省包装协会实地评估会议召开】**

云南省民政厅对省包装协会申评的实地评估会议召开。

云南省民政厅社会组织评估小组组长和丽琨就此次评估目的、性质和程序作了简要说明。指出，为了加强社会团体在服务政府、服务行业、服务企业的过程中发挥更大的作用，规范协会工作、提升社会影响力，需要对协会各方面的工作进行详细考察和评估。

**【江西省包装办赴赣州进行调研】**

江西省包装办负责人带队赴赣州进行实地调研，先后参观了赣州绿野包装有限公司等重点包装企业，并与南康包装行业协会会员代表进行了深入座谈。

参观中赣州绿野包装有限公司负责人介绍了该公司目前生产设备、生产能力及技术改造等基本情况，并反映目前包装行业存在的融资难及恶性竞争所带来的不良影响等问题。

**【《包装容器　复合式中型散装容器》国家标准审查会在京召开】**

2015年4月28日，全国包装标准化技术委员会在北京蟹岛度假村组织召开了《包装容器　复合式中型散装容器》（计划编号：20131569-T-469）国家标准审查会。

中国包装联合会、中国包装联合会塑料制品包装委员会、国家工程机械质检中心、中包包装研究院、中国包装科研测试中心、铁道部标准计量研究所、交通运输部科学研究院、中国出口商品包装研究所、中化化工标准化研究所、上海出入境检验检疫局、舒驰容器（上海）有限公司、淄博洁林塑料制管有限公司、上海山海包装容器有限公司、格瑞夫（上海）投资管理有限公司、镇江市润州金山包装厂、陕西科龙塑业有限公司和北京易通安达包装技术有限公司17家单位，共24人参加了此次会议。

会议由全国包装标准化技术委员会副主任委员、国家工程机械质检中心党委书记黄雪主持，舒驰容器（上海）有限公司陆文正代表标准工作组介绍了标准的修订过程。与会专家对《包装容器　复合式中型散装容器》国家标准送审稿及编制说明逐章、逐条进行了认真讨论，对文本提出了大量建设性修改意见。

《包装容器　复合式中型散装容器》（GB/T 19161—2008）自2009年实施以来，对规范企业生产、引领行业进步起到了积极的推动作用，同时，在化工、医药、食品、酿造、涂料等行业得到广泛认可和使用。但近年来，随着市场需求的扩大与发展，复合式中型散装容器在和市场磨合的过程中，技术与工艺得到了不断的改进，结合实际生产和目前的工艺技术水平，全国包标委组织了标准的修订工作。

会议最后，中国包装联合会副秘书长朱婧要求标准起草工作组按照会议内容尽快对标准文本进行修改、报批。

**【中国包装联合会钢桶专业委员会第五期制桶技术培训班举办】**

中国包装联合会钢桶专业委员会主办的第五期制桶技术培训、研讨班于2105年4月7—9日在山东平原成功举办。开幕式由钢桶委员会副秘书长、专家组长杨文亮主持会议。此次培训班参会学员110人，是例届培训班中人数最多的一次。此次培训班得到了天津东海制桶有限公司、平原泰达包装容器有限公司及平原县林业局的大力支持。

**【中国包装印刷质量评比大会暨首届中国包装印刷成就奖颁奖大会召开】**

由中国包装联合会包装印刷委员会主办的中国包装印刷质量评比大会暨首届中国包装印刷成就奖颁奖大会于4月23日上午在厦门市湖里颐豪酒店隆重召开。

会议由中国包装联合会副会长、包装印刷委员会副主任费钧德致欢迎词。会上，福建省印协、包协等领导介绍了福建省包装业和印刷业情况；中国包装联合会包装印刷委员会秘书长陈麒祥详细交流了当今行业的信息；博斯特（上海）有限公司市场经理刘铮作了《胶印裱贴质量标准》为主题的发言；永恒力叉车（上海）有限公司产品经理周齐作了《高效物流解决方案》的发言；上海牡丹油墨有限公司产品经理宋丽作了《绿色印刷全植物油基胶印油墨的应用》的发言；上海出版印刷高等专科学校校党委副书记顾凯作了《特别办学　校企合作　求实笃行》的发言。

大会颁发了首届包装印刷成就奖，有38名行业精英获此殊荣。大会还颁布了第十二届中国包装印刷评比质量奖，中国包装联合会包装印刷委员会秘书长陈麒祥点评了其印刷评比及获奖情况。

**【中国功能性聚酯热收缩膜研发中心（新乡）**

**通过专家评审】**

2015年6月18日，卫辉市银金达薄膜有限公司（以下简称“申报单位”）申报的“中国功能性聚酯热收缩膜研发中心（新乡）”专家评审会在河南省新乡市举行。会议由中国包装联合会副会长王利主持，中国包装联合会副秘书长朱婧、河南省包装技术协会、武汉大学、湖南工业大学、郑州轻工业学院、华南农业大学等有关负责同志和专家参加了评审。

专家组对申报单位的生产现场及研发中心实际运行状况进行了考察与综合评审。申报单位向专家组汇报了研发中心的建设和规划情况，与会专家结合实际申报材料和汇报情况，对申报单位提出质询，并对研发中心未来规划和建设提供了很好的建议。

专家组一致认为，申报单位提出的建设研发中心项目符合中国包装联合会“关于包装行业研发中心的管理办法（试行）”资格认定条件，建议中国包装联合会予以批准。同时，专家组希望申报单位能够根据市场需求研发相应产品，推动产业发展，发挥主动研发精神，进一步加强研发中心的组织机构及制度建设，按中国包装联合会的有关管理办法积极开展工作。

**【江西唯一的国家级印刷包装产业基地年产值将跃至200亿元】**

近年来，赣州市印刷包装行业的广大中小企业，不断加快产业转型升级，先后投入技改资金数十亿元，生产能力和技术水平得到了进一步的提升。据有关资料表明：赣州市是全国6个国家级印刷产业园区之一，也是江西唯一的国家级印刷包装产业基地。2013年赣州市印刷总产值突破110余亿元。2014年全市印刷总产值又跃升到140余亿元，与上年同比增长超过30亿元，增幅达30%，增幅位居全省第一。印刷包装业已经成为赣州重要的经济增长点。赣州当地300余家中小印刷包装企业在纵深推进苏区振兴发展中，抢抓机遇，实现印刷包装企业的转型升级，正朝着年产值200亿元的目标迈进。

**【2015第四届中国印刷与包装学术会议在浙江杭州举行】**

2015年10月23—24日，由杭州电子科技大学和中国印刷科学技术研究院、北京印刷学院、中国印刷技术协会共同主办，国内22家印刷包装高等院校及科研机构联办的“2015第四届中国印刷与包装学术会议暨新环境下印刷包装教育变革与发展论坛”，在杭州电子科技大学举行。

来自北京印刷学院、浙江大学、天津科技大学、西安理工大学、武汉大学、华南理工大学、哈尔滨商业大学、湖南工业大学等国内外50多个知名印刷包装相关院校、机构、企业的200余位代表，参加了23日举行的学术会议。

**【2015电子工业产品包装高峰论坛隆重召开】**

2015年12月1日，由中国包装联合会电子工业包装技术委员会、上海华凝文化传媒有限公司和蜂窝产业与应用联盟共同主办，荣丰供应链股份有限公司和深圳王子新材料股份有限公司协办的“2015电子工业产品包装高峰论坛”在深圳世纪皇廷酒店举行。

**【2015运输包装技术组织年会暨ISTA中国十周年】**

2015运输包装技术组织年会暨ISTA中国十周年庆典于2015年10月21—23日在中国厦门市举办。本届年会继续由ISTA中国和中国包装联合会运输包装委员会联合主办，由中国包装科研测试中心、中包包装研究院、厦门市产品质量监督检验院共同承办，年会全程将围绕国际运输包装技术进行探讨，来自世界运输包装研究机构和商界的22位优秀演讲嘉宾将会对国际最前沿的运输包装相关技术加以介绍与阐述。

本届年会得到中国诚通控股集团、中国包装总公司、国家质量监督检验检疫总局和厦门市政府的重视与支持。本届年会系首次与地方质监机构合作，更得到了地方政府、各行业协会、相关企业、高校以及媒体的大力支持。

**【2015纸包装全能论坛在上海隆重举行】**

2015年11月24日，以“创意•效率•成本”为主题的2015年纸包装全能论坛在上海松江开元名都大酒店正式拉开帷幕。本次论坛由中德集团旗下上海天岑（华威）机械制造有限公司、浙江华岳包装机械有限公司、浙江劲豹机械有限公司、温州正润机械有限公司携手温州正博印刷机械有限公司联合发起，由中国印刷科学技术研究院主办，科印传媒、印刷家承办。

**【2015年中国包装创意设计大赛获奖作品揭晓包装行业顶级领导颁奖】**

作为中国包装行业、包装工程教育界、视觉平面设计教育界备受瞩目的重要专业竞赛，2015年中国包装创意设计大赛颁奖典礼在杭州白马湖畔隆重召开。

2015年中国包装创意设计大赛颁奖典礼是2015

中国包装创意设计大会暨世包·云设计平台上线仪式上的重要环节。本届大会以“设计改变生活”为主题，共收到参赛作品3621件，来自全国32个省市自治区，既有专业设计机构，又有大专院校及包装企业，具有广泛性和代表性。

12位全国知名院校的学科代表人、包装行业内的专家和权威人士历时评审20天，进行了奖项的最终评审确定。此次大奖分为个人奖项与团体奖项。包装组织主席托马斯·施奈德、副主席卡尔·奥斯迈茨、中国包装联合会会长徐斌、原香港设计师协会主席吴秋全等行业领导与设计大师为获奖代表颁奖。

2015年中国包装创意设计大赛中涌现了众多设计界的新星，他们年轻而富有创意，对设计有自己独特的看法与品位，而他们作为包装设计领域的人才代表，也将推动中国包装设计创新发展。

附：获奖代表名单

专科学生组获奖代表：方妙、陈娉娉、蓝凯妮、鲁妙丽、黄成成、王凯菲、董瑶瑶、沈佳、何琴琴、张程予。

本科以上学生组获奖代表：李丰邑、张量、梁莹、卢倩颖、吴安妮、胡杨、杜洁霞、郑泓、傅艺璇、苏祥静。

专业组获奖代表：高品、王忠、林曦、汪哲皞、高德荣、吴昉、何文丽、霍楷、肖伟、叶丹。

大赛评审单位代表：浙江农林大学艺术设计学院、攀枝花学院艺术学院、上海第二工业大学、天津科技大学、南京林业大学材料科学与工程学院、南京林业大学家具与工业设计学院、南京林业大学艺术与设计学院、广州科技职业技术学院、江南大学艺术设计学院、东北大学、西安工程大学服装与艺术设计学院、杭州电子科技大学数字媒体与艺术设计学院、西安工业大学包装与工业设计系、天津职业大学印刷系及艺术工程学院、上海出版印刷高等专科学校。

**【桃园包装正式挂牌上市】**

在上海股权托管交易中心挂牌仪式上，郑州桃园包装有限公司正式挂牌上市，简称桃园包装，标志着郑州桃园包装有限公司与资本市场成功对接。

作为印刷包装行业专业手提袋制作的领导品牌——郑州桃园包装有限公司，起步于2004年，是一家以实业为背景，专门从事产品包装、整体设计策划与印刷和加工的企业，目前已与双汇集团、蒙牛乳业、梦祥银珠宝、达利园食品、好彩头等多家大型企业建立了长期合作关系。

**【2015第八届中国·东光纸箱机械国际博览会】**

由中国包装联合会、河北省贸促会、京津冀包装产业联盟主办，东光县人民政府、沧州市贸促会承办的2015第八届中国·东光纸箱机械国际博览会，于2015年4月28—30日，在中国·东光包装机械会展中心隆重举行。本届展会参展面积25000m$^2$，参展企业达到400余家，专业观众预计突破5000人。

本届展会以“创新、合作、共赢”为主题，云集全国数百家专业瓦楞机械制造商同台亮相，品种全、设备新、性价比优，并与业界同人共同交流、共同提高、共同发展。

**【湖南省包装联合会纸包装行业工作会议在长沙召开】**

8月18日，2015年美印纸包装行业（长沙）联谊会、株洲三新新产品新战略发布会暨15周年庆在星沙碧桂园举行，湖南省包装联合会纸包装行业工作会议同期召开。

会议由朱小卫常务副会长主持。孔繁辉副会长代表省包联向大会报告了湖南省纸包装行业的情况，从行业发展态势来看，受经济下滑影响，行业景气度下降，纸包装行业当前乃至未来一段时期将呈现出挑战与机遇并存，运营风险增大与行业内生增长冲动不减并存，全产业链、集团化与小而全、小而精并存的总体发展趋势。湖南“两型社会”建设进展顺利，已在全国产生了重大而深远的示范样板意义。“两型”社会建设示范是包装产业转型升级的良好机遇。湖南纸包装行业中已不乏顺应“两型社会”建设大势、着力产业升级转型的个案。近两年是我省纸包装行业发展的关键年，结合我省实际，本着服务企业、服务行业、服务政府的“三服务”原则，省包联要在搭建科技创新平台和搭建面向政府的服务平台这两点上下功夫。为此，孔副会长给纸包装印刷企业提出了几点建议：①把握“互联网+”的新趋势；②用精益管理支撑企业发展；③用网络采购推动企业发展；④提高法律风险防范能力。

**【《包装用聚酯捆扎带》国家标准讨论会在京召开】**

2015年8月18日，全国包装标准化技术委员会组织相关人员在北京市召开了《包装用聚酯捆扎带》（计划编号：20131570-T-469）国家标准讨论会暨工作组成立会议。

中国包装联合会、常州远东塑料机械有限公司、南通御丰塑钢包装有限公司、上海自立塑料制品有限公司等单位的代表参加了此次会议。

标准讨论会由中国包装联合会副秘书长、全国包装标准化技术委员会委员朱婧主持。参会代表对标准的名称及标准涉及的产品性能指标进行了认真讨论。根据《标准化工作导则　第1部分：标准的结构和编写》（GB/T 1.1—2009）以及《非金属捆扎带和连接方法规范》（ASTM D3950—2012），并结合我国聚酯捆扎带行业目前的最新发展情况和趋势，此次讨论会对标准的范围和产品的物理机械性能进行了修改，并增加了检验规则章节。最后，朱婧副秘书长为各位参会代表分配了标准任务，并安排了标准工作进度。

**【《包装容器站立袋》行业标准讨论会在汕头召开】**

2015年8月21日，全国包装标准化技术委员会组织相关人员在汕头市召开了《包装容器站立袋》（计划编号：2012-2168T-BB）行业标准讨论会。

中国包装联合会、广东省薄膜纸类印制行业协会、广东省汕头市质量技术监督局、汕头市虹桥包装实业有限公司、广东中明机械有限公司等单位的代表参加了此次会议。

**【2015河南省包装印刷及纸制品行业工作会议在郑州召开】**

2015年5月14日河南省包装技术协会在郑州逸泉国际酒店组织召开了2015河南省包装印刷及纸制品行业工作会议。与兄弟包协及省内外200多家企业代表共同研究当前形势，分析国家和河南省有关政策和发展机遇，解决企业转型升级创新发展中的问题，推动全省包装印刷和纸制品行业健康发展。

**【云南省包装行业协会食品包装分会正式成立】**

云南省包装行业协会食品包装分会成立大会在玉溪江川县召开。出席本次会议的有：云南省包装行业协会原会长钱智光，常务副会长薛荣昆，现任云南省包装行业协会会长朱跃昆，常务副会长兼秘书长熊天启，云南省食品协会会长郭福生，以及云南省包装行业协会部分副会长单位代表。参加会议的企业共计44家分会会员单位，其中7家为分会副会长单位。

根据《云南省包装行业协会章程》规定，省包协朱跃昆会长提名，会议一致通过由云南省包装行业协会常务副会长熊天启兼任分会会长。熊天启表示，食品包装分会将贯彻落实朱会长提到的“增强企业竞争力，扩大企业创新思维，说贴心话、做贴心事、引导企业发展”的服务内容。熊天启表示，食品包装分会成立，符合云南省包装行业协会《章程》及《社会团体、分支机构、代表机构登记办法》，将充分发挥桥梁和纽带作用，推动企业不断提高产品质量和从业人员整体素质，促进行业的交流及合作，维护企业的合法权益，引导行业健康有序发展。

**【浙江2016年起开征印刷包装行业挥发性有机物排污费】**

VOCs（挥发性有机物）的治理迫在眉睫，绍兴的企业已经行动起来了。绍兴市举行挥发性有机物污染治理技术交流对接会，来自全国各地的23家专业治理VOCs的环保技术企业来到绍兴介绍治理技术，绍兴上百家企业主动报名参会，与这些“专家”进行沟通交流。会后，不少企业表达了采用新技术治理VOCs的意愿。

挥发性有机物是臭氧的前体物，和氮氧化物在光照条件下反应生成臭氧，要想控制住臭氧，必须先控制好挥发性有机物。

据绍兴市环保部门前期调查，全市挥发性有机物污染企业有近700家，污染治理任务重，改善环境空气质量刻不容缓。2016年1月1日开始要对石化和印刷包装两个行业征收挥发性有机物排污费，这使得绍兴众多的企业有了较强的紧迫感。

**【印刷设备器材行业发展趋势向好　数字印刷值得关注】**

2015年11月19日，中国印刷及设备器材工业协会第七次全国会员代表大会在北京隆重召开。

会上，中国印刷及设备器材工业协会第六届理事会副理事长兼秘书长陆长安进行了工作报告，就印刷设备器材整体进出口形势进行了分析。印刷设备器材行业发展趋势向好，2011—2015年7月印刷设备器材进出口总额达到231.74亿美元。其中进口额为129.98亿美元，出口额为101.76亿美元。“十二五”末较“十一五”进出口总额的197.27亿美元增长28.2%；进口额、出口额分别增长7.6%、69.5%。

2011年进出口贸易逆差为12.45亿美元，2015年1—7月进出口贸易逆差缩小为0.83亿美元。出口增幅明显高于进口增幅。除印刷机整体进口大于出口外，印前制版设备和印后加工装订设备出口大于进口；印刷器材出口金额是进口金额的1.5倍多，但主要是版材占据了该项出口金额的80%。印刷器材进口主要是油墨，占据了器材进口金额的87.1%。

值得关注是，胶印机进口金额下滑，2011—2014年平均以10%的速度下滑。2015年1—7月同比下降28.3%。虽然目前胶版印刷占据绝对优势，但趋势是在下降；同样，数字印刷机进出口量值得关注，近年来一直保持增长势头，进口量增速5%，出口量增速13%，数字印刷机进出口金额比重越来越高。

**【1—10月中国塑料制品产量同比微增】**

据中国国家统计局最新统计，2015年1—10月，中国塑料制品总产量为6119.1万吨，同比增长0.6%。其中10月产量为677万吨，同比微增0.1%。

统计显示，1—10月中国塑料薄膜产量为1071.7万吨，同比增长3.9%；日用塑料制品产量为477.3万吨，同比增长0.9%；泡沫塑料产量为197.9万吨，同比增长13.6%。

1—10月初级形态的塑料总产量为6340.1万吨，同比增长10.2%。10月当月产量为681.7万吨，同比增长14.8%。

出口方面：1—10月中国出口塑料制品800万吨，与去年同期相比增长2.2%；出口金额达1900.3亿元，同比增长2.0%。10月当月出口塑料制品79万吨，环比下降3.6%；出口金额为198.2亿元，环比下降5.7%。

1—10月中国橡胶和塑料制品业出口额为3007亿元，同比下降6.3%。10月当月出口额为300.1亿元，同比下降8.8%。

进口方面：1—10月中国进口初级形状的塑料2170万吨，同比增长2.5%，进口金额为2337亿元，同比下降12.1%。10月当月进口量为210万吨，环比增长6.2%；进口金额为215.7亿元，环比下降11.2%。

**【上海包协专业委员会秘书长工作交流会日前召开，凝聚上海包装战斗力!】**

2016年1月26日，时至羊年岁末，上海市包装技术协会组织召开了每年一次的上海市包协专业委员会年度工作考评会。会议主要交流并考评上海市包协下属各专业委员会2015年度工作情况；评选出上海市包装行业十大新闻和上海市包装技术协会十大活动；部署2016年协会重点工作安排。上海市包协会长费钧德、名誉会长庄英杰，上海市包协各专业委员会秘书长，集团（副会长）联络员，《上海包装》编辑部、协会办公室代表等参加了会议。会议由宋文仙秘书长主持。

会上，围绕“2015年度上海市包协各专业委员会工作考评表”，与会的纸制品、木包装、塑料包装、包装印刷、金属包装、包装机械、包装设计、绿色包装和快速消费品等各专业委员会秘书长分别汇报了2015年度所开展的各项工作及服务内容，交流了心得体会，并分享了成功经验。与会代表重点针对组织工作、工作创新、专业活动、行业服务四个方面的18个项目内容对各专业委员会进行了量化考评。通过本次工作会议的交流，全面回顾了上海市包协各专委会2015年的工作情况，展现了上海市包协有声有色、充满活力的组织能力。各专业委员会在过去的2015年中积极服务企业、服务行业，更好地推动了上海包装行业可持续健康发展。

听取了各位秘书长的工作汇报后，庄英杰名誉会长在发言中首先高度肯定了各专业委员会的重要作用及取得的成绩，他说，“专业委员会是协会的基础。2015年在大家的努力下，开展了有个性、扎实的工作。新的一年，专业委员会的工作要更接地气，更具体。”

面对经济下行带来的包装行业发展困境，庄会长认为，协会更要依靠自身力量实现可持续发展。对此，庄会长对各专业委员会的工作提出三点建议：

（1）紧抓行业热点、重点，探索转型发展；

（2）积极发展会员，夯实专业委员会基础；

（3）按照市场需求搭建服务平台。

庄会长强调，专业委员会要通过开展各项富有成效的活动来增加凝聚力、号召力和影响力。

同时，庄会长还指出，2016年各专业委员会要重点做好：“十三五”规划的编制工作；携手上海食品协会、旅游协会共同推进上海特色旅游产品包装的发展；推动包装创意产业；提升服务转型，延伸产业链；加强协会自身建设等工作。

会议最后，费钧德会长做了总结发言。费会长表示这是他第一次参加此类会议，很受启发。他说：“成立协会是为了让我们自己管好自己。协会就是行业的大家庭，要有家规、家风、家训，因此，协会要做好监督、教育、管理的工作。在管理中服务，通过服务抓管理。”

上海市包协每年对各专业委员会进行回顾总结，并进行考评已经成为协会工作的一个惯例，也成为推动上海市包协服务工作发展的重要力量之一和促进上海市包协各专业委员会不断提升的重要力量。同时，通过与各专业委员会秘书长、各大集团联络员的交流，加强了行业协会与企业、集团间的联络，为共同推进上海包装行业的可持续发展再添助力。

# 最新包装国家标准选登

ICS 55.140
A 82

# 中华人民共和国包装行业标准

BB/T 0067—2014

# 包装容器 钢塑复合桶

## Packaging container－Steel and plastic composite drum

2014-07-09 发布 2014-11-01 实施

中华人民共和国工业和信息化部 发布

2014-07-09 发布　2014-11-01 实施　　BB/T 0067—2014

# 目　　次

BB/T 0067—2014

# 前　言

本标准按 GB/T 1.1—2009《标准化工作导则　第1部分:标准的结构和编写》给出的规则起草。

本标准由中国包装联合会提出。

本标准由全国包装标准化技术委员会(SAC/TC 49)归口。

本标准起草单位:国家包装产品质量监督检验中心(广州)、无锡四方友信股份有限公司、广州市质量监督检测研究院、江苏省产品质量监督检验研究院、常州塑料厂有限公司。

本标准主要起草人:卢明、鞠春明、朱丽萍、何渊井、高妹芬、张爱雷、唐复胜、许文杰、王晓茹、刘美姣、朱义华。

BB/T 0067—2014

# 包装容器　钢塑复合桶

## 1　范围

本标准规定了钢塑复合桶(以下简称复合桶)的分类、材料、结构、要求、试验方法、检验规则,以及标志、包装、运输、储存及使用等。

本标准适用于由钢桶外壳和塑料内胆组合而成的复合桶的制造、流通、使用和监督检验。

## 2　规范性引用文件

下列文件对于本标准的应用是必不可少的。凡是注日期的引用文件,仅所注日期的版本适用于本标准。凡是不注日期的引用文件,其最新版本(包括所有的修改单)适用于本标准。

GB/T 325.1　包装容器　钢桶　第1部分:通用技术要求

GB/T 2828.1　计数抽样检验程序　第1部分:按接收质量限(AQL)检索的逐批检验抽样计划

GB/T 4122.4　包装术语　第4部分:材料与容器

GB/T 4857.5　包装　运输包装件　跌落试验方法

GB/T 4956　磁性基体上非磁性覆盖层　覆盖层厚度测量　磁性法

GB/T 5009.60　食品包装用聚乙烯、聚苯乙烯、聚丙烯成型品卫生标准的分析方法

GB/T 9286　色漆和清漆　漆膜的划格试验

GB 9685　食品容器、包装材料用添加剂使用卫生标准

GB 9687　食品包装用聚乙烯成型品卫生标准

GB 9691　食品包装用聚乙烯树脂卫生标准

GB 12463　危险货物运输包装通用技术条件

GB/T 13251　包装　钢桶　嵌入式法兰封闭器

GB 19270—2009　水运运输危险货物包装检验安全规范　性能检验

## 3　术语和定义

GB/T 4122.4　界定的术语和定义适用于本标准。

## 4　分类

### 4.1　按性能要求分类

复合桶依据 GB 12463,按性能要求分为Ⅰ级桶、Ⅱ级桶、Ⅲ级桶。

**4.1.1**　Ⅰ级桶适用于盛装危险性较大的货物。

**4.1.2**　Ⅱ级桶适用于盛装危险性中等的货物。

**4.1.3**　Ⅲ级桶适用于盛装危险性较小的货物和非危险货物。

### 4.2　按开口形式分类

复合桶按开口形式分为闭口式复合桶、开口式复合桶，见图1。

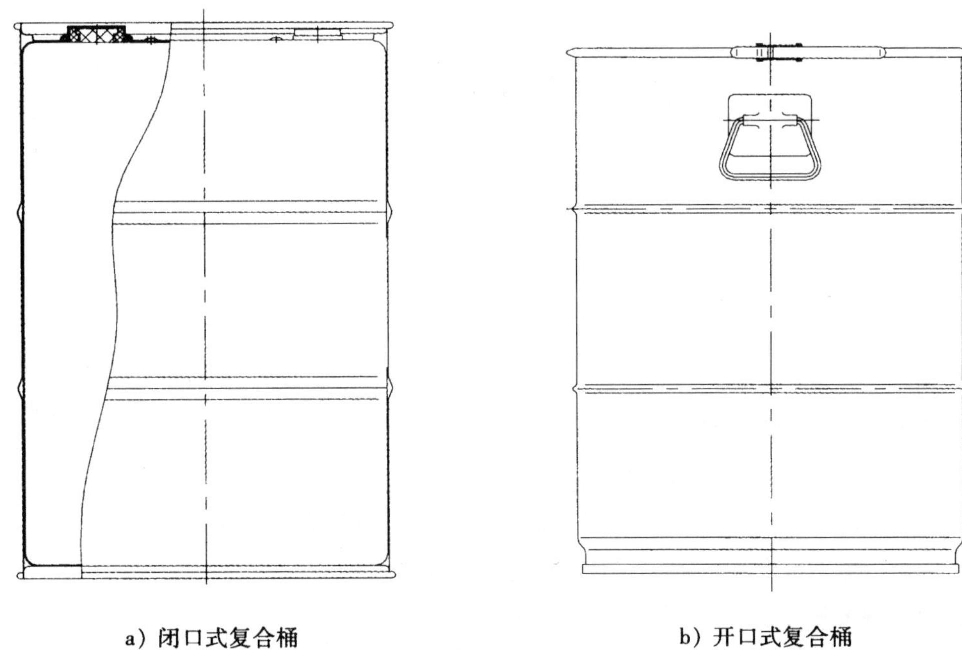

a）闭口式复合桶　　b）开口式复合桶

**图1　复合桶示意图**

## 5　材料

### 5.1　原料

制造钢桶的原料应符合GB/T 325.1的规定。

### 5.2　原料卫生要求

制造内胆的原料应以高密度聚乙烯为主要原料，直接接触食品、食品添加剂时，原料卫生要求应符合GB 9691和GB 9685的规定。

## 6　结构

### 6.1　闭口式复合桶钢桶尺寸及允许偏差

闭口式复合桶钢桶尺寸及允许偏差见表1，结构见图2。

**表1　闭口式复合桶钢桶尺寸及允许偏差**　　mm

| 公称容量 | $D$ | $H$ | $L$ | $A$ | $S_1$ | $S_2$ |
|---|---|---|---|---|---|---|
| 200L | 567±2 | 885±3 | 280±3 | 7±1 | 167.5±2 | 176±2 |
| 80L | 430±2 | 630±3 | 210±3 | 5±1 | 98±2 | — |
| 60L | 370±2 | 630±3 | — | — | 100±2 | — |
| 50L | 370±2 | 570±3 | — | — | 100±2 | — |
| 30L | 282±2 | 565±3 | 175±3 | 5±1 | 70±2 | — |
| 25L | 315±2 | 400±3 | — | — | 80±2 | — |
| 20L | 282±2 | 387±3 | — | — | 77±2 | 96±2 |

注：其他结构及尺寸可由供需双方商定。

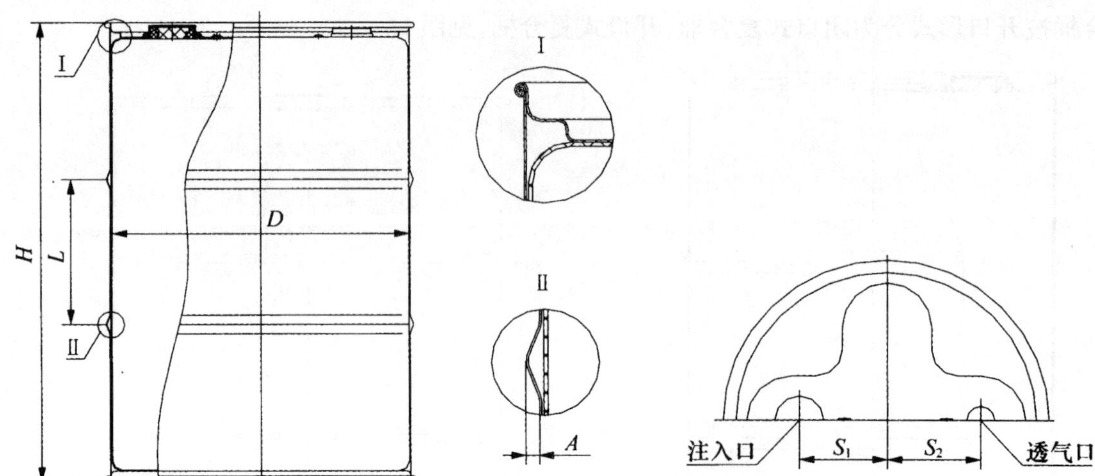


$D$—钢桶内径;$H$—钢桶全高;$L$—环筋间距;$A$—环筋高度;

$S_1$—注入口中心至桶中心的距离;$S_2$—透气口中心至桶中心的距离

**图2　闭口式复合桶钢桶结构**

## 6.2　开口式复合桶钢桶尺寸及允许偏差

开口式复合桶钢桶尺寸及允许偏差见表2,结构见图3。

**表2　开口式复合桶钢桶尺寸及允许偏差**　　mm

| 公称容量 | $D$ | $H$ | $L$ | $A$ |
|---|---|---|---|---|
| 60L | 370 ± 2 | 640 ± 3 | 205 ± 3 | 5 ± 1 |
| 30L | 315 ± 2 | 445 ± 3 | — | 5 ± 1 |

注:其他结构及尺寸可由供需双方商定。

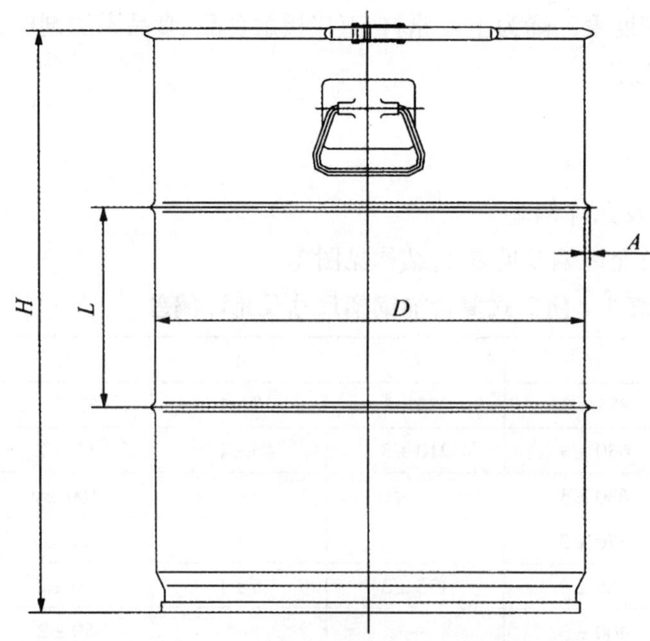


$D$—钢桶内径;$H$—钢桶全高(去盖高度);$L$—环筋间距;$A$—环筋高度

**图3　开口式复合桶钢桶结构**

## 6.3 复合桶塑料内胆尺寸、允许偏差和结构

复合桶塑料内胆尺寸、允许偏差和结构见表3,结构见图4。注入口内径为(60.5 ±2)mm,透气口内径为(25.8 ±2)mm。

**表3 复合桶塑料内胆尺寸及允许偏差**

mm

| 公称容量 | $D$ | $L$ | $L_1$ | $S_1$ | $S_2$ |
|---|---|---|---|---|---|
| 200L | 564 ±2 | 848 ±2 | 872 ±2 | 167.5 ±2 | 176 ±2 |
| 80L | 416 ±2 | 600 ±2 | 626 ±2 | 98 ±2 | — |
| 60L | 366 ±2 | 590 ±2 | 618 ±2 | 100 ±2 | — |
| 50L | 364 ±2 | 530 ±2 | 556 ±2 | 100 ±2 | — |
| 30L | 278 ±2 | 520 ±2 | 540 ±2 | 70 ±2 | — |
| 25L | 300 ±2 | 356 ±2 | 382 ±2 | 80 ±2 | — |
| 20L | 280 ±2 | 350 ±2 | 385 ±2 | 77 ±2 | 96 ±2 |

注:其他结构及尺寸可由供需双方商定。

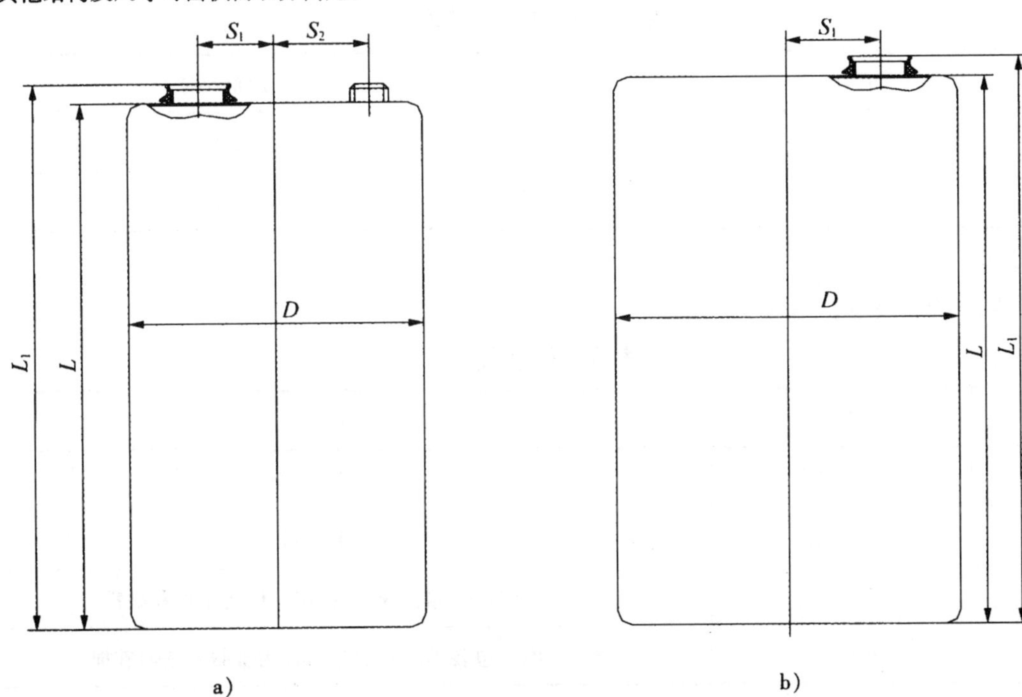


$D$—外径;$L$—内胆高度;$L_1$—内胆全高;$S_1$—注入口到中心的距离;$S_2$—透气口到中心的距离

**图4 复合桶塑料内胆结构**

# 7 要求

## 7.1 基本要求

**7.1.1** 钢桶的基本要求、外观质量应符合GB/T 325.1的规定。

**7.1.2** 内胆表面光滑,桶口平整,花纹字迹清晰,口盖配合适宜,无塑化不良、砂眼,其他外观质量要求见表4。

表4　内胆外观质量要求

| 序号 | 项目 | 要　求 |
|---|---|---|
| 1 | 气泡 | 螺纹、胆体薄弱处不允许有气泡，其他部位无明显气泡。 |
| 2 | 色差 | 色泽均匀 |
| 3 | 油污 | 无 |
| 4 | 擦痕 | 少于表面积的5% |

7.2　规格尺寸

7.2.1　钢桶。

钢桶尺寸及偏差应符合表1和表2的规定。

7.2.2　内胆。

7.2.2.1　内胆尺寸及偏差应符合表3的规定。

7.2.2.2　内胆最小壁厚见表5。

表5　内胆最小壁厚

mm

| 内胆规格 | 内胆最小壁厚 |
|---|---|
| ≥100L | ≥0.8 |
| <100L | ≥0.6 |

7.3　性能要求

性能要求应符合表6的规定。

表6　性能要求

| 序号 | 项目 | 要　求 |
|---|---|---|
| 1 | 气密试验 | 不漏气 |
| 2 | 液压试验 | 不渗漏 |
| 3 | 堆码试验 | 不应有引起堆码不稳定的任何变形和破损 |
| 4 | 跌落试验 | 内外包装不应有引起内容物撒漏的任何破损 |

7.4　封闭器装配质量

符合GB/T 325.1的规定。

7.5　表面保护层质量

符合GB/T 325.1的规定。

7.6　相容性试验

对首次使用的拟装液体危险化学品的钢塑复合桶，应按照GB 19270—2009中7.1.2.4的规定进行6个月以上的相容性试验。

7.7　卫生安全要求

直接接触食品、食品添加剂时,内胆应符合 GB 9687 的规定。

## 8 试验方法

### 8.1 外观和尺寸

尺寸采用通用或专用量具检测,外观质量在自然光线下目测。

### 8.2 气密试验

所有拟盛装液体的复合桶,均应做气密试验。气密试验按照 GB 19270—2009 中 7.2.2 的规定进行。保持压力 5min,气密试验压力见表 7。

**表 7 气密试验压力**

| 级别 | Ⅰ级 | Ⅱ级 | Ⅲ级 |
|---|---|---|---|
| 压力,kPa | 30 | 20 | 20 |

### 8.3 液压试验

所有拟盛装液体的复合桶,均应做液压试验。液压试验按照 GB 19270 - 2009 中 7.2.3 的规定进行。保持压力 30min,液压试验压力见表 8。

**表 8 液压试验压力**

| 级别 | Ⅰ级 | Ⅱ级 | Ⅲ级 |
|---|---|---|---|
| 压力,kPa | 250 | 100 | 100 |

### 8.4 堆码试验

堆码试验按照 GB 19270—2009 中 7.2.4 的规定进行。包括试验样品在内的最小堆码高度应是 3m。当拟装物为液体危险货物时,应在不低于 40℃ 的温度下经受 28d 的堆码试验;当拟装物为固体或非危险货物时,应在常温下堆码 24h。

### 8.5 跌落试验

#### 8.5.1 试验样品数量。

6 个试验样品,每个样品跌 1 次。

#### 8.5.2 试验设备。

按 GB/T 4857.5 的要求。

#### 8.5.3 试验方法和条件。

将测试样品内分别注入 98% 满口容量的清水,在常温下,按表 9 规定的高度进行跌落,跌落部位分别为与桶身焊缝成斜角的底凸边、桶体纵向焊缝,每个部位跌 3 个样品。

**表 9 跌落高度**

m

| 级别 | Ⅰ级 | Ⅱ级 | Ⅲ级 |
|---|---|---|---|
| 拟装物密度 $\rho \leq 1.2g/cm^3$ | 1.8 | 1.2 | 0.8 |
| 拟装物密度 $\rho > 1.2g/cm^3$ | $\rho \times 1.5$ | $\rho \times 1.0$ | $\rho \times 0.67$ |

### 8.6 封闭器装配质量

参照 GB/T 13251 的规定进行。

8.7 表面保护层质量

8.7.1 涂膜附着力按 GB/T 9286 的规定进行。

8.7.2 锌层厚度按 GB/T 4956 的规定进行。

8.8 相容性试验

按 GB 19270—2009 的规定进行。

8.9 卫生安全检测

按 GB/T 5009.60 的规定进行。

## 9 检验规则

### 9.1 出厂检验

9.1.1 产品交货应按批检验,同一规格、同批原料的每一交货批为一批。

9.1.2 出厂检验项目为 7.1、7.2、7.3 中气密试验、7.4。采用 GB/T 2828.1 正常检查一次抽样方案,其检验水平为特殊检验水平 S-2,接收质量水平(AQL)为 4.0,抽样数和合格判定数见表 10。

表 10 出厂检验抽样数和合格判定数

| 批量 | 正常一次抽样,检验水平为 S-2,接收质量水平(AQL)为 4.0 | | |
|---|---|---|---|
| | 样本数 | 合格判定数 | 不合格判定数 |
| 1200 及以下 | 3 | 0 | 1 |
| 1201 及以上 | 13 | 1 | 2 |

### 9.2 型式检验

9.2.1 本标准第 7 章全部内容为型式检验项目。检验项目及样本数、合格判定数见表 11。

表 11 型式检验抽样数和合格判定数

| 序号 | 检验项目 | 样本数 | 合格判定数 | 不合格判定数 |
|---|---|---|---|---|
| 1 | 外观(7.1) | 3 | 0 | 1 |
| 2 | 尺寸(7.2) | 3 | 0 | 1 |
| 3 | 气密试验(7.3) | 3 | 0 | 1 |
| 4 | 液压试验(7.3) | 3 | 0 | 1 |
| 5 | 堆码试验(7.3) | 3 | 0 | 1 |
| 6 | 跌落试验(7.3) | 6 | 0 | 1 |
| 7 | 封闭器装配质量(7.4) | 3 | 0 | 1 |
| 8 | 涂膜附着力(7.5) | 3 | 0 | 1 |
| 9 | 锌层厚度(7.5) | 3 | 0 | 1 |
| 10 | 相容性试验(7.6) | 首次使用时,按 GB 19270—2009 | 0 | 1 |
| 11 | 内胆卫生安全要求(7.7) | 接触食品等时,按 GB/T 5009.60 | 0 | 1 |

9.2.2 复合桶有下列情况之一时，应进行型式检验：

a) 新产品投产或老产品转产的试制定型鉴定；

b) 当结构、材料、工艺有较大改变，可能影响产品性能时；

c) 正常生产时，每半年进行一次检验；

d) 产品长期停产后，恢复生产时；

e) 出厂检验结果与上次型式检验结果有较大差异时；

f) 国家质量监督机构提出进行型式检验的要求时。

### 9.3 判定原则

9.3.1 出厂检验的判定原则：对出厂检验项目逐项进行检验，其中一项不合格，则判定该样品不合格。当不合格数大于或等于表10规定的不合格数时，则判定该批产品不合格。

9.3.2 型式检验的判定规则：按表11逐项进行检验，当不合格数大于或等于表11规定的不合格数时，则判定该项不合格。如一项不合格，则判定该批产品不合格。

9.3.3 不合格批中的复合桶经剔除后，再次提交检验，其严格程度不变。仍不合格时，判定为不合格品。

## 10 标志、包装、运输、储存及使用

### 10.1 标志

钢桶上应压印标志，内容包括：制造商的名称或代号、生产日期、钢板厚度。其中钢板厚度也可喷印。根据供需双方商定也可不设标志。

### 10.2 包装

包装采用集装、托盘或用户商定的方法。

### 10.3 运输

在运输和装卸中应避免摔跌、碰撞。

### 10.4 储存及使用

不宜在潮湿、有腐蚀气体环境下及露天堆放，堆码时底层应放置垫层，储存温度40℃以下。灌装温度60℃以下。

---

ICS 55.040
A 82

# 中华人民共和国包装行业标准

BB/T 0069—2014

# 包装容器　铝箔易撕盖

**Packaging containers－Aluminum peel-off end**

2014-10-14 发布　　2015-04-01 实施

中华人民共和国工业和信息化部　发布

2014-10-14 发布　2015-04-01 实施　BB/T 0069—2014

# 目　　次

# 前　言

本标准按 GB/T 1.1—2009《标准化工作导则　第 1 部分:标准的结构和编写》给出的规则起草。

请注意本标准的某些内容可能涉及专利。本标准的发布机构不承担识别这些专利的责任。

本标准由中国包装联合会提出。

本标准由全国包装标准化技术委员会(SAC/TC 49)归口。

本标准起草单位：浙江金石包装有限公司、深圳市大满制罐有限公司、东莞市满贯包装有限公司。

本标准主要起草人：孙国锦、曾文明、周斌、黎泽棉。

BB/T 0069—2014

# 包装容器 铝箔易撕盖

## 1 范围

本标准规定了铝箔易撕盖的术语、定义、缩略语、分类、材料、要求、试验方法、检验规则、标志、包装、运输和储存。

本标准适用于以镀锡(或铬)薄钢板或铝合金板为基材,经冲压成型的盖圈与封口膜封合而成的,开启时不需要借助其他工具;直接用手撕拉即可开启的盖体(以下简称易撕盖)。用于直接盛装奶粉、咖啡粉、巧克力粉及其他干货的包装容器顶盖的包装。其他类似产品可以参照执行。

## 2 规范性引用文件

下列文件对于本标准的应用是必不可少的。凡是注日期的引用文件,仅注日期的版本适用于本标准。凡是不注日期的引用文件,其最新版本(包括所有的修改单)适用于本标准。

GB/T 191 包装储运图示标志

GB/T 2520 冷轧电镀锡钢板及钢带

GB/T 2828.1 计数抽样检验程序 第1部分:按接收质量限(AQL)检索的逐批检验抽样计划

GB/T 2918 塑料试样状态调节和试验的标准环境

GB/T 3198 铝及铝合金箔

GB/T 7707 凹版装潢印刷品

GB/T 28118 食品包装用塑料与铝箔复合膜、袋

## 3 术语和定义

下列术语和定义适用于本标准。

3.1

**铝箔易撕盖 aluminum peel-off end**

由金属盖圈与铝箔或铝箔复合封口膜封合而成,具有易开启功能的盖。

## 4 缩略语

OPV——光油

Al——铝箔

PE——聚乙烯薄膜

CPP——流延聚丙烯薄膜

BOPET——双向拉伸聚酯薄膜

HSL——热封胶

## 5 分类

5.1 产品按盖圈内冲孔形状可分为D型易撕盖、O型易撕盖等,示意见图1。

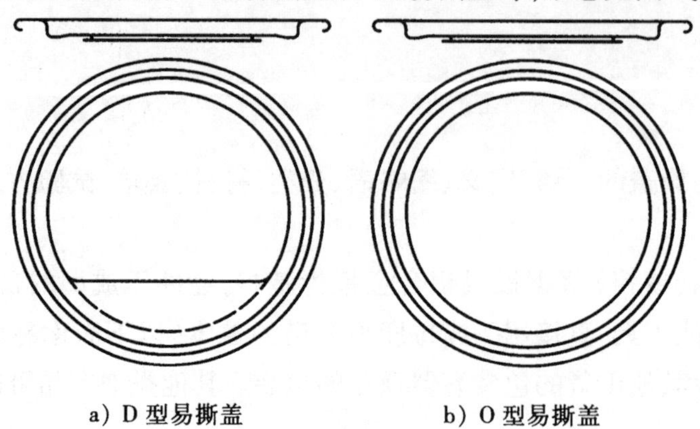

a) D型易撕盖　　b) O型易撕盖

**图1 盖圈示意图**

5.2 产品按封口膜拉柄形状及铆合情况分:普通式易撕盖、铆钉式易撕盖、拉环式易撕盖,示意见图2。

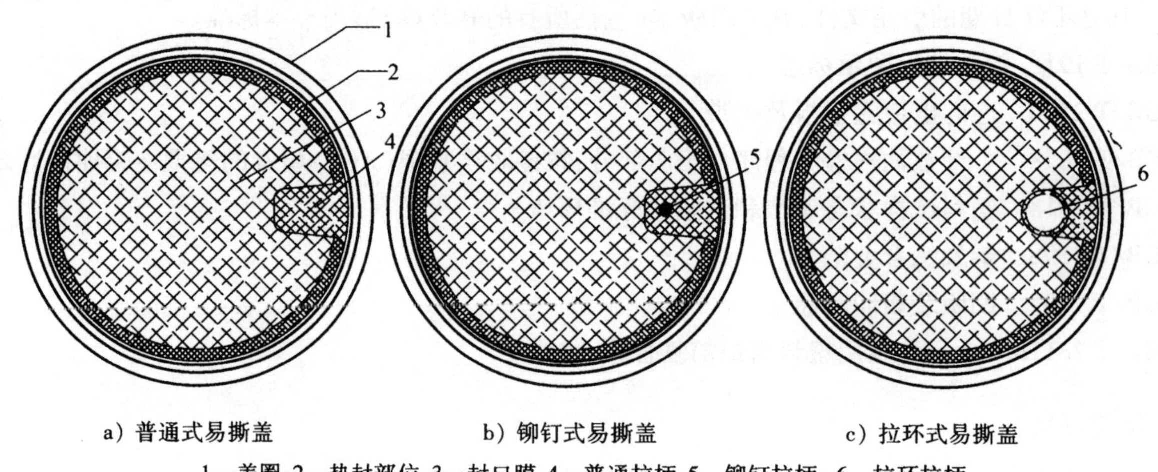


a) 普通式易撕盖　　b) 铆钉式易撕盖　　c) 拉环式易撕盖

1—盖圈;2—热封部位;3—封口膜;4—普通拉柄;5—铆钉拉柄; 6—拉环拉柄

**图2 易撕盖示意图**

5.3 产品按盖径规格可分为:300易撕盖、307易撕盖、401易撕盖、502易撕盖、603易撕盖等。

## 6 材料

6.1 马口铁盖圈应符合GB/T 2520的规定。

6.2 铝合金盖圈和铝箔封口膜应符合GB/T 3198的规定。

6.3 铝箔复合材料应符合GB/T 28118的规定。

6.4 封口膜结构:

a) OPV/Al/PE或CPP;

b) BOPET/Al/PE或CPP;

c) OPV/Al/HSL;

d) BOPET/Al/HSL。

## 7 要求

7.1 外观。

7.1.1 结构应完整无缺,无异物及油污,钩边不得有缺口、凹陷、明显皱折及变形。

7.1.2 盖圈应清洁,光滑平整,色泽一致,涂膜完整。

7.1.3 密封胶完整、均匀。

7.1.4 封口膜无明显伤痕、无破裂,花纹清晰完整,拉柄完整,压制良好不上翘。

7.1.5 封口膜的印刷质量应符合 GB/T 7707 的规定。

7.2 尺寸偏差。

7.2.1 盖圈主要尺寸偏差,见图 3 和表 1。

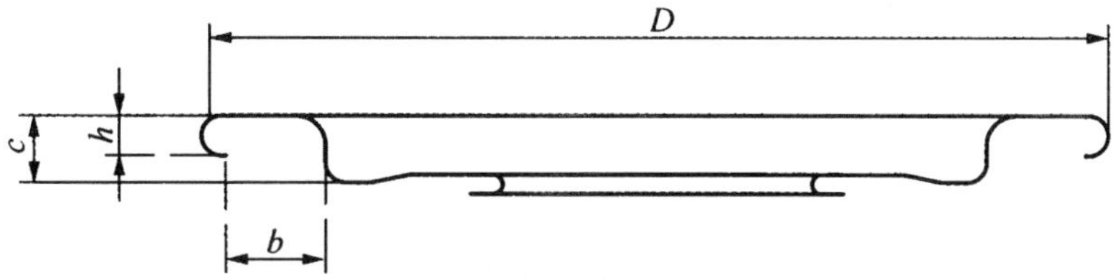


**图 3 盖圈主要尺寸示意图**

**表 1 盖圈的主要尺寸偏差**

mm

| 规格 | 项目 | | | |
|---|---|---|---|---|
| | 钩边外径 *D* | 钩边开度 *b* | 埋头深度 *c* | 钩边高度 *h* |
| 300 | 82.60 ±0.15 | ≥3.80 | 3.00 ±0.10 | 1.98 ±0.15 |
| 307 | 92.80 ±0.15 | ≥3.80 | 3.00 ±0.10 | 2.00 ±0.15 |
| 401 | 108.80 ±0.15 | ≥3.80 | 2.95 ±0.10 | 2.05 ±0.20 |
| 502 | 136.60 ±0.20 | ≥3.90 | 3.00 ±0.10 | 2.05 ±0.20 |
| 603 | 163.50 ±0.20 | ≥4.60 | 3.20 ±0.10 | 2.05 ±0.20 |

注:其他规格、尺寸及偏差可由供需双方商定。

7.3 易撕盖的物理机械性能应符合表 2 的规定。

**表 2 易撕盖物理机械性能**

| 项 目 | 要 求 |
|---|---|
| 启破力 | ≤25N |
| 全开力 | ≤25N |
| 开启可靠性 | 开启过程中,封口膜无破裂,拉柄完整 |
| 密封性 | 不泄漏 |

7.4 密封胶干膜质量应符合表 3 的规定。

**BB/T 0069—2014**

表3　盖圈密封胶干膜质量

mg

| 规 格 | 要 求 |
|---|---|
| 300 | 66 ±7 |
| 307 | 70 ±7 |
| 401 | 85 ±9 |
| 502 | 130 ±13 |
| 603 | 155 ±16 |

注：密封胶干胶密度为 1.3mg/$mm^3$。

7.5　溶剂残留量、封口膜的卫生性能及微生物指标应符合国家法律法规及相关卫生标准规定。

## 8　试验方法

8.1　试样的状态调节和试验环境按 GB/T 2918 的规定进行。

8.2　外观质量检验在自然光下目测，应符合 7.1 的规定。

8.3　规格尺寸用专用或通用量具测量，量具最小读数值不大于 0.02mm。

8.4　物理机械性能。

8.4.1　启破力和全开力的测定。

a）仪器和设备：开启力测试仪的精度不大于 1N。

b）试验步骤：将易撕盖固定在圆形夹具中、调节夹具到 45°，另一夹具夹住封口膜的拉柄。选定热封强度试验项，试验速度设定为(300 ±20)mm/min，开启拉力机，读取样盖启破瞬间和全开时的拉力值，即为启破力和全开力。

8.4.2　开启可靠性。用手撕开封口膜，开启时封口膜无破裂，拉柄完整。

8.4.3　密封性的测定。将易撕盖放入试验仪器内(见图4)，夹紧，密闭。易撕盖上装入少量水。接

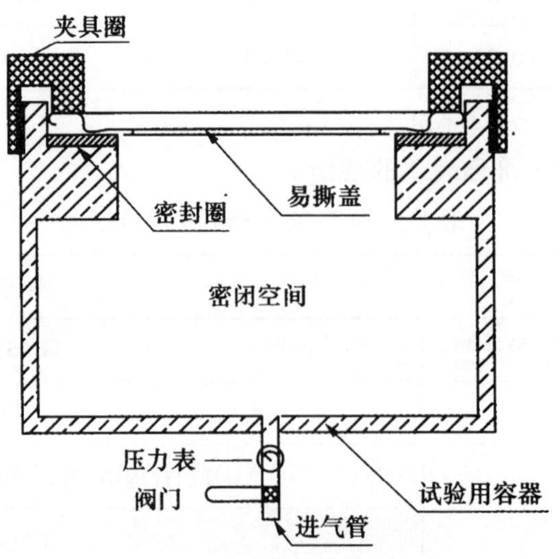


图4　密封性试验示意图

入进气管，开启阀门，调节压力表缓慢升压至98kPa并恒压1min，观察样盖泄漏情况。

8.5　密封胶干膜质量的检测。使用精度为0.001g的天平，对已注胶并烘干的样盖称重为$W_1$，除去密封胶干膜后样盖，称重为$W_2$，密封胶干膜质量$W = W_1 - W_2$。

8.6　溶剂残留量的测定、封口膜的卫生指标的测定及微生物检测按国家法律法规及相关卫生标准规定执行。

## 9　检验规则

9.1　组或批。

检验应按货批或货组进行，按一次交货的同一规格的产品为一个货批。同一个货批，经双方协商，可分为若干货组，货组应为整数倍的包装件。

9.2　检验分类。

产品的检验分出厂检验和型式检验。

9.2.1　出厂检验。

产品交货时应进行出厂检验。出厂检验项目包括产品的外观、尺寸偏差、物理机械性能、密封胶干膜质量（可根据供需双方（或产品）需要协商选定或另外增减）。

9.2.2　型式检验。

型式检验为本标准要求中规定的全部项目，有下列情况之一者应进行型式检验：

a)　新产品试制定型鉴定时；

b)　原材料及工艺有较大改变，可能影响产品性能时；

c)　出厂检验结果与上次型式检验有较大差异时；

d)　国家质量监督机构提出进行型式检验的要求时；

e)　长期停产后，恢复生产时；

f)　正常生产时，每半年进行一次检验。

9.2.3　产品外观不合格分类见表4。

**表4　产品外不合格分类**

| 项目 | 缺陷内容 |
|---|---|
| A类不合格 | 无拉柄，未涂密封胶，涂膜严重脱落，钩边严重皱折，盖内明显污染。封口膜破损，封合不良等 |
| B类不合格 | 钩边明显变形，堆胶或断胶、有明显气泡，表面锈蚀等 |
| C类不合格 | 涂膜划痕、擦伤但金属不暴露，钩边轻度皱折和变形等 |

9.3　抽样方案。

采取随机抽样方法。在每批中抽取足够试验用的样本。出厂检验项目和型式检验项目按GB/T 2828.1中正常检验二次抽样方案进行检验，见表5和表6。

BB/T 0069—2014

**表5　检查水平和接收质量限**

| 检验项目 | 检验水平 | 不合格分类 | 接收质量限 AQL |
|---|---|---|---|
| 外观 | S-4 | A类不合格 | 0.65 |
| | | B类不合格 | 2.5 |
| 外观 | S-4 | C类不合格 | 4.0 |
| 尺寸 | S-3 | C类不合格 | 4.0 |
| 启破力 | S-1 | B类不合格 | 2.5 |
| 全开力 | S-1 | B类不合格 | 2.5 |
| 开启可靠性 | S-1 | A类不合格 | 1.0 |
| 密封性 | S-1 | A类不合格 | 1.0 |
| 密封胶干膜质量 | S-1 | B类不合格 | 2.5 |
| 溶剂残留量 | S-1 | A类不合格 | 1.0 |
| 卫生指标 | S-1 | A类不合格 | 1.0 |
| 微生物 | S-1 | A类不合格 | 1.0 |

**表6　正常检验二次抽样方案**

| 检查水平 | 批量范围 | 接收质量限 AQL | 样本数 | 判定数组 *Ac* | 判定数组 *Re* |
|---|---|---|---|---|---|
| S-1 | ≥35000 | 1.0 | 13 | 0 | 1 |
| | | 2.5 | 5 | 0 | 1 |
| S-3 | 35001～500000 | 4.0 | 20<br>20 | 1<br>4 | 3<br>5 |
| | ≥500001 | 4.0 | 32<br>32 | 1<br>6 | 5<br>7 |
| S-4 | 35001～500000 | 0.65 | 50<br>50 | 0<br>1 | 2<br>2 |
| | | 2.5 | 50<br>50 | 2<br>6 | 5<br>7 |
| | | 4.0 | 50<br>50 | 3<br>9 | 6<br>10 |
| | ≥500001 | 0.65 | 80<br>80 | 0<br>3 | 3<br>4 |
| | | 2.5 | 80<br>80 | 3<br>9 | 6<br>10 |
| | | 4.0 | 80<br>80 | 5<br>12 | 9<br>13 |

9.4 判定规则。

9.4.1 出厂检验判定规则。

出厂检验项目全部符合本标准,判定该批为合格。出厂检验如有一项不符合标准,可以再次抽样复检,复检后仍不符合本标准,判定该批为不合格。

9.4.2 型式检验判定规则。

型式检验项目全部符合本标准,判定型式检验合格。型式检验项目有两项不符合本标准,可以再次抽样复检,复检后仍有一项不符合本标准,判为型式检验不合格。

## 10 标志、包装、运输、储存

10.1 标志。

标志应符合 GB/T 191 的规定。出厂产品应有产品合格证,合格证上应标明生产企业名称、产品名称、产品规格、生产编号、生产日期、数量等。

10.2 包装。

产品包装上应附有产品合格证和有关标签,产品内包装应用清洁、干燥、无毒、无异味、符合食品卫生的热收缩袋包装。如客户有特殊要求时,双方协商确定。外包装应采用纸箱或托盘包装,用纸箱包装的要封闭箱口,用托盘包装的,需要塑料薄膜包裹,外加捆扎带。

10.3 运输。

采用集装箱方式运输,运输工具应清洁、干净、干燥,不允许有异味、污染。用其他方式运输应避免重压、雨淋、受潮、污染及损伤等。

10.4 储存。

产品应储存在干燥、通风、清洁的库房内,应防尘、防潮、防污染、防重压。在正常储存情况下(相对湿度≤70% ),产品自生产之日起,储存期为一年。

ICS 55.080
A 82

# 中华人民共和国包装行业标准

BB/T 0068—2014

# 邮寄包装用瓦楞纸袋

## Postal packaging corrugated board paper bag

2014-07-09 发布 2014-11-01 实施

中华人民共和国工业和信息化部 发布

2014-07-09 发布　2014-11-01 实施

BB/T 0068—2014

# 目　　次

# 前　言

本标准按照 GB/T 1.1—2009《标准化工作导则　第1部分:标准的结构和编写》给出的规则起草。

本标准附录 A 为资料性附录。

本标准由中国包装联合会提出。

本标准由全国包装标准化技术委员会(SAC/TC 49)归口。

本标准起草单位:中国包装科研测试中心、广东省东莞市质量监督检测中心。

本标准主要起草人:付振喜、张荷兰、王玉峰、崔洁、石葆莹、刘卉。

BB/T 0068—2014

# 邮寄包装用瓦楞纸袋

## 1 范围

本标准规定了邮寄包装用瓦楞纸袋的要求、试验方法、检验规则、标志、包装、运输和储存。

本标准适用于内装物不超过5kg的邮寄包装用瓦楞纸袋(以下简称瓦楞纸袋)的生产与检验,纸板包装袋可参考使用。

## 2 规范性引用文件

下列文件对于本标准的应用是必不可少的。凡是注日期的引用文件,仅所注日期的版本适用于本标准。凡是不注日期的引用文件,其最新版本(包括所有的修改单)适用于本标准。

GB/T 191 包装储运图示标志

GB/T 450 纸和纸板试样的采取及试样纵横向、正反面的规定

GB/T 2679.7 纸板 戳穿强度的测定

GB/T 2828.1 记数抽样检验程序 第1部分:按接受质量限(AQL)检索的逐批检验抽样计划

GB/T 4857.5 包装 运输包装件 跌落试验方法

GB/T 6544—2008 瓦楞纸板

GB/T 6545 瓦楞纸板耐破度的测定法

GB/T 6546 瓦楞纸板边压强度的测定法

GB/T 10739 纸、纸板和纸浆试样处理和试验的标准大气条件

GB/T 22657.1 邮件封面书写规范 第1部分:国内

GB/T 22657.2 邮件封面书写规范 第2部分:国际

QB/T 2358 塑料薄膜包装袋热合强度试验方法

## 3 要求

### 3.1 外观

3.1.1 外观整洁,无破裂,无脏物;模切刀口除正常连刀外,刀口应光洁无毛刺。

3.1.2 印线清晰,各压痕线无裂痕;黏合位置准确,无开胶。

### 3.2 材质与结构

采用GB/T 6544—2008规定的E型或F型单瓦楞纸板。楞型结构见表1。

表1 楞型结构

| 楞型 | 楞高,mm | 楞宽,mm | 楞数,个/300mm |
|---|---|---|---|
| E楞 | 1.1~2.0 | 3.0~3.5 | 93±6 |
| F楞 | 0.6~0.9 | 1.9~2.6 | 136±20 |

3.3 成型尺寸

3.3.1 规格尺寸。

长度尺寸偏差为 ±2.5mm,宽度尺寸偏差为 ±2.0mm,起墙尺寸偏差为 ±0.5mm。瓦楞纸袋规格尺寸参照表2,或者由供需双方协商决定。

**表2 瓦楞纸袋规格尺寸**

mm

| 型号 | 外型尺寸(袋平压) | 最大起墙高度 |
|---|---|---|
| 1号 | 长:550.0 宽:340.0 | 80.0 |
| 2号 | 长:415.0 宽:270.0 | 70.0 |
| 3号 | 长:335.0 宽:210.0 | 60.0 |

3.3.2 封口要求。

a) 封口黏接处宽度不小于25mm。

b) 沿封舌外边缘应贴有宽度不小于20mm的胶带,黏合长度不小于封舌长度的98%,黏合面积大于80%。

c) 封装内容物后,示意图见附录A中图A.2。

3.4 印刷

3.4.1 邮政使用的瓦楞纸袋应符合 GB/T 22657.1 和 GB/T 22657.2,其他按照供需双方协商决定。

3.4.2 瓦楞纸袋上应印有印制单位、数量、型号、生产日期,印刷字体应附着牢固,遇油类、水湿等应不退色、掉色或无法辨认。

3.5 物理性能

瓦楞纸袋物理性能应符合表3的规定。

**表3 瓦楞纸袋物理性能**

| 项目 | 耐破度,kPa | 边压强度,kN/m | 戳穿强度,J | 跌落强度 | 剥离强度,N/15mm |
|---|---|---|---|---|---|
| 指标 | ≥600 | ≥2.5 | ≥2.0 | 无破裂 | ≥4.0 |

注:剥离强度是指顶部封口处双面胶的剥离强度。

## 4 试验方法

4.1 外观

在自然光下目测。

4.2 材质与结构

按 GB/T 6544—2008 的规定进行。

4.3 成型尺寸

用最小分度值为1mm的钢直尺测量。在所需测量部位测量两次,以平均值作为测试结果。

4.4 印刷

按 GB/T 22657.1 和 GB/T 22657.2 的规定进行。

4.5 物理性能

4.5.1 试样的采取和检验前的处理按 GB/T 450 和 GB/T 10739 的规定进行。

4.5.2 耐破强度试验按 GB/T 6545 的规定进行。

4.5.3 边压强度试验按 GB/T 6546 的规定进行。

4.5.4 戳穿强度试验按 GB/T 2679.7 的规定进行。

4.5.5 跌落试验按 GB/T 4857.5 的规定进行。

4.5.6 剥离强度

a) 设备与量具按照 QB/T 2358 的规定。

b) 取样。将带有双面胶黏带的部分,裁剪为宽度为 15mm ± 1mm,长度约 100mm 的试样。

c) 试验步骤。按照 QB/T 2358 的规定。撕去双面胶上的隔离纸,贴上与试样同样大小的顶部封口处纸板。

d) 计算。试验结果取 3 个试样的算术平均值为双面胶黏合面的剥离强度,单位为 N/15mm。

## 5 检验规则

5.1 组批

产品以批为单位进行验收,同一规格、同一工艺、同一原料连续生产的产品为一批,最大批量不超过 1 万个。

5.2 检验分类

5.2.1 出厂检验。

出厂检验项目为:外观、成型尺寸、印刷。

5.2.2 型式检验。

型式检验的周期为一年,项目为要求中规定的全部项目。有下列情况之一时,需进行型式检验:

a) 新产品试制鉴定时;

b) 原料、配方、工艺有较大改变,可能影响产品性能时;

c) 产品停产半年后,恢复生产时;

d) 出厂检验结果与上次型式检验有较大差异时;

e) 国家质量监督机构提出进行型式检验的要求时。

5.3 抽样方案

5.3.1 外观、材质与结构、成型尺寸、印刷。

外观、材质与结构、成型尺寸、印刷按 GB/T 2828.1 规定的二次正常抽样方案,采用一般检查水平Ⅱ,接收质量限(AQL)为 6.5。

5.3.2 物理性能。

从抽取的样本中随机取 5 个样品进行。

5.4 判定规则

5.4.1 外观、材质与结构、成型尺寸、印刷。

外观、材质与结构、成型尺寸和印刷分别按照 4.1、4.2、4.3 和 4.4 的规定进行检验。检验结果若符合 5.3.1 的规定,则判外观、材质与结构、成型尺寸、印刷项合格,否则判不合格。

**BB/T 0068—2014**

5.4.2　物理性能。

物理性能指标若有不合格项时,应在原批中抽取双倍样品分别对不合格项进行复检,复检结果全部合格则判该项合格,否则判该项不合格。

5.4.3　批判定。

产品全部符合5.4.1与5.4.2的规定,判该批产品合格,否则判该批产品不合格。

## 6　标志、包装、运输和储存

### 6.1　标志

运输标志按照GB/T 191进行。每批包装袋内应附有合格证。产品包装上应注明:产品名称、生产单位、规格、数量、生产日期、监制证号等。

### 6.2　包装

a)　不同规格的产品分别包装,要求数量准确。

b)　外包装不得受潮、发霉、破损和被污染。

### 6.3　运输和储存

a)　运输应使用洁净的运输工具。

b)　装卸不得将包装产品从高处跌落。

c)　运输过程中要有防雨雪等保护产品安全措施。

d)　储存码放在平台上,离地15cm。

e)　仓储中要妥善保管,做到防潮、防鼠、防尘、防火等。

f)　避免因碰撞造成包装破损、暴露,污染包装袋。

g)　保存期不超过一年。

# 附 录 A
## （资料性附录）
## 邮寄包装袋结构示意图

A.1 邮寄包装袋平面展开结构示意图见图 A.1。

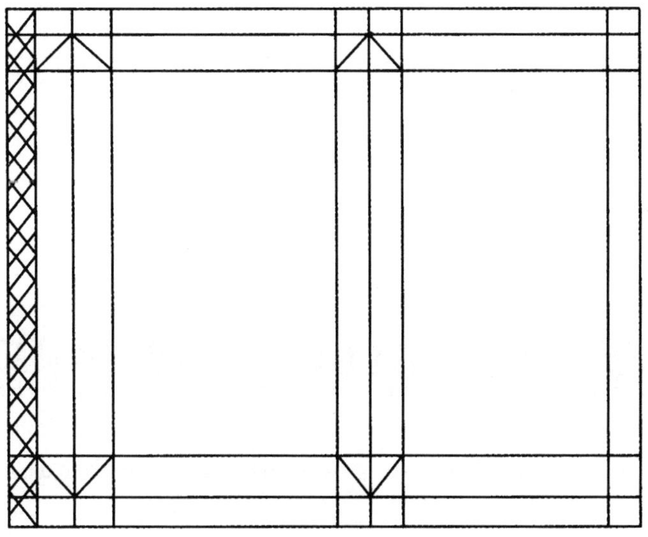

图 A.1 平面展开结构示意图

A.2 邮寄包装袋封装内容物后立体结构示意图见图 A.2。

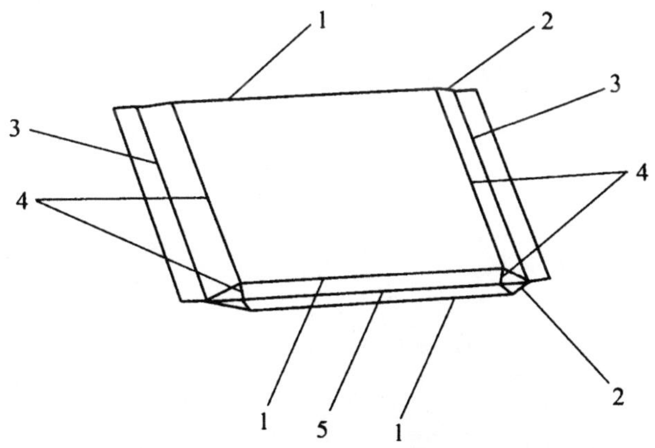


1—副纵压痕线；2—对角压痕线；3—封口压痕线；4—环形内侧压痕线；5—主纵压痕线

图 A.2 封装内容物后立体结构示意图

ICS 55.040
A 82

# 中华人民共和国包装行业标准

BB/T 0070—2014

# 包装用单向热收缩型聚酯薄膜

## Uniaxial tension heat-shrinkable polyethylene terephthalate for package

2014-12-24 发布 2015-06-01 实施

中华人民共和国工业和信息化部 发布

2014-12-24 发布　2015-06-01 实施

BB/T 0070—2014

# 目　次

# 前　言

本标准按 GB/T 1.1—2009《标准化工作导则　第1部分:标准的结构和编写》给出的规则起草。

请注意本标准的某些内容可能涉及专利。本标准的发布机构不承担识别这些专利的责任。

本标准由中国包装联合会提出。

本标准由全国包装标准化技术委员会(SAC/TC 49)归口。

本标准起草单位：广东华业包装材料有限公司、卫辉市银金达薄膜有限公司、富维薄膜(山东)有限公司、江苏景宏新材料科技有限公司、江苏双星彩塑新材料股份有限公司、宜兴市光辉包装材料有限公司、山东圣和塑胶发展有限公司、科佩(苏州)特种材料有限公司、中国包装联合会塑料制品包装委员会。

本标准主要起草人:李学华、张启纲、陈耿峰、王国明、符朝贵、周军锋、董兴广、吴培服、李彬、杨涛。

BB/T 0070—2014

# 包装用单向热收缩型聚酯薄膜

## 1 范围

本标准规定了包装用单向热收缩型聚酯薄膜(以下简称“薄膜”)的定义、分类、要求、试验方法、检验规则、标志、包装、运输和储存。

本标准适用于以改性聚对苯二甲酸乙二醇酯树脂(以下简称“改性聚酯树脂”)为主要原料,经单向拉伸工艺而制得,可单独使用或同其他薄膜复合使用的薄膜材料。

## 2 规范性引用文件

下列文件对于本标准的应用是必不可少的。凡是注日期的引用文件,仅注日期的版本适用于本标准。凡是不注日期的引用文件,其最新版本(包括所有的修改单)适用于本标准。

GB/T 191 包装储运图示标志

GB/T 1040.3—2006 塑料拉伸性能的测定 薄膜和薄片的试验条件

GB/T 2035 塑料术语及其定义

GB/T 2410 透明塑料雾度和透光率试验方法

GB/T 2828.1 计数抽样检验程序 第1部分:按接收质量限(AQL)检索的逐批检验抽样计划

GB/T 2918 塑料试样状态调节和试验的标准环境

GB/T 6672 塑料薄膜和薄片厚度测定机械测定法

GB/T 6673 塑料薄膜与薄片长度和宽度的测定

GB/T 10006 塑料薄膜和薄片摩擦系数试验方法

GB/T 14216 塑料膜和片润湿张力试验方法

## 3 术语和定义

GB/T 2035 中界定的以及下列术语和定义适用于本标准。

3.1

**单向热收缩型聚酯薄膜** uniaxial tension heat-shrinkable polyethylene terephthalate for package

采用改性聚酯树脂为主要原料,经熔融挤出铸片,然后在一定的工艺条件下经过纵向或横向的拉伸、取向、定型及冷却等处理而制得的具有收缩性能的透明塑料薄膜。

## 4 分类

4.1 产品按拉伸方向分为纵单向薄膜和横单向薄膜。

4.2 产品按收缩率分为中收缩薄膜和高收缩薄膜。

BB/T 0070—2014

## 5 要求

5.1 外观。

5.1.1 薄膜应无明显裂纹、松弛、褶皱、瑕疵、杂质及任何影响使用性能的缺陷。

5.1.2 膜卷不允许有皱筋、松紧不一、翘边、划伤，跑边小于等于2mm，每卷暴点小于等于3个。

5.1.3 同卷薄膜里的接头应有明显标记，能从膜卷的侧面判断接头位置。供需双方应就标记接头的方法达成一致。

5.2 尺寸及规格。

5.2.1 长度、宽度偏差要求见表1。

**表1 长度、宽度偏差**

| 项目 | 要求 |
|---|---|
| 长度，% | 0～1 |
| 宽度，mm | 0～5 |

5.2.2 厚度偏差要求见表2。

**表2 厚度偏差**

| 平均厚度偏差，% | 厚度偏差，% |
|---|---|
| ±3 | ±5 |

5.2.3 接头处应有明显标记，每卷接头数和每段长度要求见表3。

**表3 每卷接头数和每段长度**

| 公称厚度，μm | 接头数，个 | 每段长度，m |
|---|---|---|
| <40 | ≤1 | ≥500 |
| ≥40 | | ≥300 |

5.3 物理机械性能。

物理机械性能要求见表4。

**表4 物理机械性能**

| 项目 | | 要求 | | | |
|---|---|---|---|---|---|
| | | 横单向 | | 纵单向 | |
| | | 中收缩 | 高收缩 | 中收缩 | 高收缩 |
| 拉伸强度，MPa | 纵向 | ≥40 | ≥35 | ≥100 | ≥120 |
| | 横向 | ≥100 | ≥120 | ≥40 | ≥40 |
| 断裂伸长率，% | 纵向 | ≥250 | ≥250 | ≥40 | ≥35 |
| | 横向 | ≥30 | ≥30 | ≥300 | ≥200 |

BB/T 0070—2014

表 4(完)

| 项目 | | 要求 | | | |
|---|---|---|---|---|---|
| | | 横单向 | | 纵单向 | |
| | | 中收缩 | 高收缩 | 中收缩 | 高收缩 |
| 热收缩率,% | 纵向 | ≤10 | ≤6 | ≥10 | ≥40 |
| | 横向 | 50~70 | ≥70 | ≤3 | ≤6 |
| 雾度,% | | ≤7 | | | |
| 摩擦系数(内面对外面) | 静 | ≤0.6 | | | |
| | 动 | ≤0.55 | | | |
| 润湿张力,mN/m | | ≥38 | | | |

注:纵向同挤出方向,即机向;横向垂直于挤出方向。

5.4 卫生性能。

直接接触食品的薄膜应符合国家法律法规和相关卫生标准规定。

## 6 试验方法

6.1 样品状态调节和试验的标准环境。

样品状态调节和试验的标准环境按 GB/T 2918 的规定进行。试验环境条件温度为 23℃ ±2℃,相对湿度为 50% ±10%,并在此条件下样品预处理 8h 以上。

6.2 取样方法。

先去掉被测膜卷外表面的 3~5 层薄膜,然后按照检验项目的要求取样及制样。

6.3 外观。

在自然光线或 40W 日光灯下目测,取样面积不小于 $1\text{m}^2$。

6.4 尺寸及规格。

6.4.1 厚度按 GB/T 6672 的规定进行。仪器测量精度小于 1μm。

平均厚度偏差应按式(1)计算:

$$W_a = \frac{\delta_1 - \delta_0}{\delta_0} \times 100 \quad \cdots\cdots (1)$$

式中:

$W_a$—— 平均厚度偏差,%;

$\delta_1$—— 平均厚度,μm;

$\delta_0$—— 公称厚度,μm。

厚度偏差应按式(2)计算:

$$W_u = \frac{\delta_2 - \delta_0}{\delta_0} \times 100 \quad \cdots\cdots (2)$$

**BB/T 0070—2014**

式中：

$W_u$——厚度偏差，%；

$\delta_2$—— 最大（最小）厚度，μm；

$\delta_0$—— 公称厚度，μm。

6.4.2 长度、宽度偏差按 GB/T 6673 的规定进行。

6.5 物理机械性能。

6.5.1 拉伸强度及断裂伸长率按 GB/T 1040.3—2006 的规定进行。试样采用 2 型式样，长 150mm，宽（15 ±0.1）mm 的长条形，夹具间距为 100mm，拉伸速度为（100 ± 10）mm/min，分别测试纵向、横向试样各 5 条，各取其平均值。

6.5.2 雾度按 GB/T 2410 的规定进行。

6.5.3 摩擦系数按 GB/T 10006 的规定进行，摩擦面为内面对外面。

6.5.4 润湿张力按 GB/T 14216 的规定进行。

6.5.5 热收缩率。

6.5.5.1 试验仪器。

a） 恒温浴槽，温度精度为 ±0.5℃；

b） 钢直尺，分度为 0.5mm；

c） 秒表。

6.5.5.2 试样。取长、宽各为 100 mm 的试样 5 片，在纵、横向各画一条标线，注明纵、横向。

6.5.5.3 试验步骤。调节水浴温度，恒温至 90℃，迅速放入试样并开始计时，10s 后将试样取出，冷却至试验环境温度之后，分别测试纵向和横向长度，计算试样的热收缩率，取算数平均值为测量结果，精确至小数点后一位。

6.5.5.4 热收缩率计算公式见式（3）。

$$S = \frac{L_0 - L_1}{L_0} \times 100 \qquad (3)$$

式中：

$S$——热收缩率，%；

$L_0$——加热前长度，mm；

$L_1$——加热后长度，mm。

6.6 卫生性能按国家法律法规及相关卫生标准规定进行。

## 7 检验规则

7.1 检验分类。

产品的检验分出厂检验和型式检验。

7.1.1 出厂检验包括外观（5.1）和尺寸规格（5.2）。

7.1.2 型式检验项目为第 5 章中规定的全部项目，当有下列情况之一时，应进行型式检验：

a） 新产品试制定型鉴定时；

b） 原材料及工艺有较大改变，可能影响产品性能时；

c) 出厂检验结果与上次型式检验有较大差异时；

d) 国家质量监督机构提出进行型式检验的要求时；

e) 长期停产后，恢复生产时；

f) 正常生产每一年进行一次检验。

7.2 抽样。

7.2.1 组批。

产品以批次为单位进行验收。相同材料、相同工艺、相同结构生产的为一检验批，最大批量不超过50t。

7.2.2 抽样方案。

7.2.2.1 外观和尺寸规格按GB/T 2828.1的规定进行，采用特殊检查水平S－3，接收质量限AQL为6.5，正常检查一次抽样方案。见表5。

**表5 抽样数和合格判定数**

| 批量范围 | 样本数 | 接收数 Ac | 拒收数 Re |
|---|---|---|---|
| 1～50 | 2 | 0 | 1 |
| 51～500 | 8 | 1 | 2 |
| 501～3200 | 13 | 2 | 3 |

7.2.2.2 物理机械性能、卫生性能应在合格品中随机抽取一卷，按5.3、5.4中的规定进行检验。

7.3 判定。

7.3.1 外观和尺寸规格检验结果按5.1、5.2中的规定进行单项判定，若有不合格项，则判定该卷不合格。

7.3.2 物理机械性能检验结果按5.3中项目的要求进行单项判定，若有一项不合格，应在原批中对不合格项目进行加倍抽样复检，复检结果仍不合格，则该批为不合格。

7.3.3 卫生性能检验按5.4中项目的要求进行判定，若有一项不合格，则该批为不合格。

## 8 标志、包装、运输和储存

8.1 标志。

产品标志应符合GB/T 191的规定。电晕薄膜应标注电晕面，薄膜卷应有产品合格证，包装物外应有制造商名称、地址、执行标准编号、商标、产品名称、规格型号、批号、生产日期等内容。

8.2 包装。

每卷薄膜用塑料薄膜包装好，两端用夹板支撑保护，用塑料塞头塞紧，纸箱包装。特殊包装由供需双方商定。

8.3 运输。

薄膜运输时应小心轻放，防止机械碰撞和日晒雨淋。薄膜运输过程中，温度不得高于30℃。

8.4 储存。

薄膜应保存在整洁、干燥、通风的库房中，妥善堆放，距离热源2 m以上，不能强光直射。储存环境温度不得高于30℃。储存期限从生产之日起，一般不应超过半年。超过储存期时，可按照本标准进行检验，如果质量符合要求，产品仍可使用。

ICS 83.180
G 39

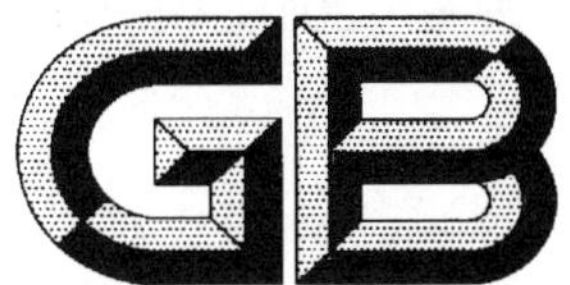

# 中华人民共和国国家标准

GB/T 31818—2015

# 粉状纸制品淀粉胶黏剂

**Powdery starch adhesive for paper products**

2015-07-03 发布　　2016-05-01 实施

中华人民共和国国家质量监督检验检疫总局
中国国家标准化管理委员会　发布

2015-07-03 发布　2016-05-01 实施

GB/T 31818—2015

# 前　言

本标准按照 GB/T 1.1—2009 给出的规则起草。

本标准由中国石油和化学工业联合会提出。

本标准由全国胶粘剂标准化技术委员会(SAC/TC 185)归口。

本标准起草单位:合肥雪公胶粘剂科技有限责任公司、上海橡胶制品研究所、同济大学。

本标准主要起草人:薛章礼、薛敬哲、崔树花。

GB/T 31818—2015

# 粉状纸制品淀粉胶黏剂

## 1 范围

本标准规定了纸制品用粉状淀粉胶黏剂的要求、试验方法、检验规则、标志、包装、运输和贮存。

本标准适用于以植物类淀粉为主要原料，经过变性处理制成变性淀粉，再配以填料及助剂制成的粉状淀粉胶黏剂(以下简称“胶粉”)。

## 2 规范性引用文件

下列文件对于本文件的应用是必不可少的。凡是注日期的引用文件，仅注日期的版本适用于本文件。凡是不注日期的引用文件，其最新版本(包括所有的修改单)适用于本文件。

GB/T 191 包装储运图示标志

GB/T 2793 胶黏剂不挥发物含量的测定

GB/T 2943 胶黏剂术语

GB/T 6682 分析实验室用水规格和试验方法

GB/T 8325 聚合物和共聚物水分散体 pH 值测定方法

GB/T 10739 纸、纸板和纸浆试样处理和试验的标准大气条件

GB/T 13024 箱纸板

GB/T 20316.1—2009 普通磨料 堆积密度的测定 第1部分:粗磨粒

HG/T 4065—2008 胶黏剂气味评价方法

## 3 术语和定义

GB/T 2943 界定的术语和定义适用于本文件。

## 4 要求

### 4.1 胶粉要求

胶粉要求应符合表1规定。

**表 1 胶粉技术要求**

| 项目 | 指标 |
|---|---|
| 外观 | 白色或微黄色粉末 |
| 气味/级 | ≤3 |
| 堆积密度/(g/L) | 500±50 |
| 细度(过80目筛)/% | ≥85 |
| 含水率 $w$/% | ≤14 |

GB/T 31818—2015

表 1（续）

| 项 目 | 指 标 |
|---|---|
| pH 值 | 7～9 |
| 水溶物 $w$/% | ≤20 |
| 粘接强度/kPa | ≥90 |

## 5 试验方法

### 5.1 取样

先从整批产品中随机抽出 3 个包装单位，然后再以每个包装袋为单位，取 500 g 供检测用，另取 500 g 封存备查。

### 5.2 外观

取适量样品置于清洁、干燥的白瓷盘中，在自然光线下目测。

### 5.3 气味

取样品 20 g，放入 100 mL 磨口瓶中，加入 50 mL 35 ℃温水，加盖，振摇 1 min，打开瓶盖，嗅其气味，按照 HG/T 4065—2008 测定。

### 5.4 堆积密度

按照 GB/T 20316.1—2009 进行测定。单位以 g/L 计。

### 5.5 细度

#### 5.5.1 操作步骤

精确称取样品 50 g（精确至 0.2 g），置于 180 μm（80 目）分样筛中，加盖，剧烈振摇筛分，小心倒出筛余物，称量。

#### 5.5.2 结果计算

样品的细度 $w_1$（%）按式（1）进行计算。

$$w_1=\frac{m_0-m_1}{m_0}\times 100\% \quad \cdots\cdots(1)$$

式中：

$m_0$——样品的质量，单位为克（g）；

$m_1$——筛余物的质量，单位为克（g）。

### 5.6 含水率

#### 5.6.1 仪器

5.6.1.1 玻璃称量瓶。

5.6.1.2 电热恒温干燥箱。

5.6.1.3　干燥器。

### 5.6.2　操作步骤

分别称取两份 10 g(精确至 0.2 g)样品，放入已恒量的称量瓶中。将含有样品的称量瓶放入干燥箱中，瓶盖斜放在瓶口上，加热至(130±2)℃，恒温烘干 1.5 h 后，取出，放入干燥器内冷却 20 min，称量。

### 5.6.3　结果计算

样品的含水率 $w_2$(%)按式(2)计算。

$$w_2 = \frac{m_1 - m_2}{m_0} \times 100\% \qquad \cdots\cdots(2)$$

式中：

$m_0$——样品的质量，单位为克(g)；

$m_1$——烘干前称量瓶和试样的总质量，单位为克(g)；

$m_2$——烘干后称量瓶和试样的总质量，单位为克(g)。

## 5.7　pH 值

取 3 个试样，每个试样称取 10 g 溶于 40 mL 蒸馏水中形成水分散体。本标准所使用的水，在没有其他说明时，均符合 GB/T 6682 的三级水要求，其他按照 GB/T 8325 的规定进行。

## 5.8　水溶物

### 5.8.1　仪器

5.8.1.1　玻璃器皿：带塞磨口玻璃量筒、移液管和蒸发皿。

5.8.1.2　电热恒温干燥箱。

5.8.1.3　干燥器。

### 5.8.2　操作步骤

分别称取 2 份 20 g(精确至 0.1 g)样品，轻轻倒入带塞的磨口量筒中，准确加入 100.0 mL 蒸馏水，充分振摇 5 min，静止放置 12 h。吸取上层清液 25.00 mL，放入已烘干称量后的蒸发皿中，放在电热板上蒸发水分。近干时，取下，移入烘箱中，升温继续蒸发完剩余水分后，温度升至(130±3)℃时，恒温烘干 1.5 h。取出，放入干燥器中，冷却至室温，恒量后称量水溶物质量。

### 5.8.3　结果计算

样品的水溶物含量 $w_3$(%)按式(3)计算。

$$w_3 = \frac{(m_2 - m_1) \times 4}{m_0} \times 100\% \qquad \cdots\cdots(3)$$

式中：

$m_0$——样品的质量，单位为克(g)；

$m_1$——蒸发皿的质量，单位为克(g)；

$m_2$——蒸发皿和水溶性物质的质量，单位为克(g)；

4 ——结果计算换算系数。

## 5.9　粘接强度

按照附录 A 进行测定。

## 6 检验规则

### 6.1 组批与抽样

产品以同一批原料、同一配方工艺条件下生产的为一批次。每批数量不超过 20 t。

### 6.2 出厂检验

出厂检验项目为：外观、气味、含水率和 pH 值。

### 6.3 型式试验

型式检验的项目为本标准表 1 中要求的全部项目。

型式检验在遇下列情况之一时进行：

a） 原料产地、批号、配方、工艺改变，可能影响产品质量时；

b） 停产半年以上恢复生产时；

c） 正常生产每年至少进行一次；

d） 国家质量监督机构或用户提出要求时。

### 6.4 判定规则

检验结果有一项不符合本标准要求时，可从该批产品中加倍抽样复检，复检结果仍不符合要求时，则判定该批产品为不合格产品。

## 7 包装、标志、运输和贮存

### 7.1 包装

产品包装袋应袋质结实，袋口密封，能保证在装卸、运输和贮存过程中无破漏现象。

### 7.2 标志

产品包装上应标明产品名称、净重、执行标准代号、厂名、厂址、生产日期（批次）、贮存条件。包装图示标志应符合 GB/T 191 的规定。

### 7.3 运输

运输过程中，应防雨、防潮、防破损，应干燥、洁净。

### 7.4 贮存

应贮存在通风、干燥处，产品包装袋应堆码在防潮层或垫板上。严防曝晒、雨淋。

## A.5 粘接强度的测定

### A.5.1 裁纸、制样

裁剪出两张长 30 cm、宽 11 cm 的同样箱板纸，如图 A.1 所示，在箱板纸的光面，沿与长边垂直方向，用铅笔画出分格线，将箱板纸划分为 15 个长 2 cm、宽 11 cm 的长方形部分，在背面距箱板纸中线各 0.5 cm 处分别画 a 线、b 线，然后将其中一个箱板纸沿 a 线折叠后再沿 b 线折叠，折出涂胶面，如图 A.2 所示，a、b 线之间为涂胶面，宽 1 cm，涂胶面背面为光面。

另外 1 个未折叠的箱板纸，以其 a、b 线之间区域作为被粘接面，不需要涂胶。

### A.5.2 涂胶、粘接

取折叠过的箱板纸(如图 A.2 所示)，用排笔或毛刷在涂胶面上均匀涂满成品胶水。涂胶量不宜过多，以施压后基本无溢胶为宜。涂胶后，立即将涂胶面与被粘接面准确对接，使施胶面与被粘接面完全重叠，用手按压、初步固定(如图 A.3 所示)。

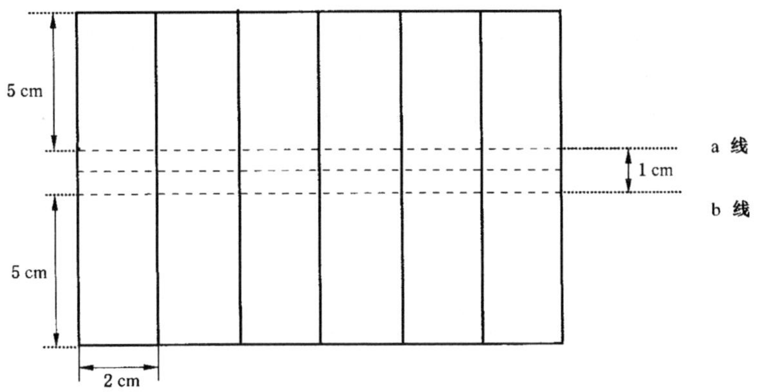


**图 A.1 划线示意图**

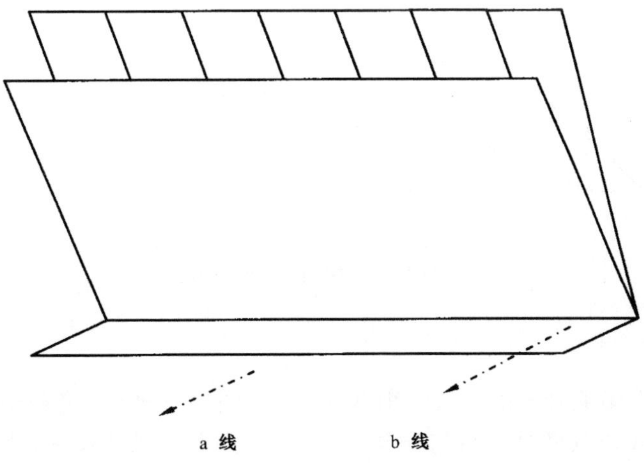


**图 A.2 折叠示意图**

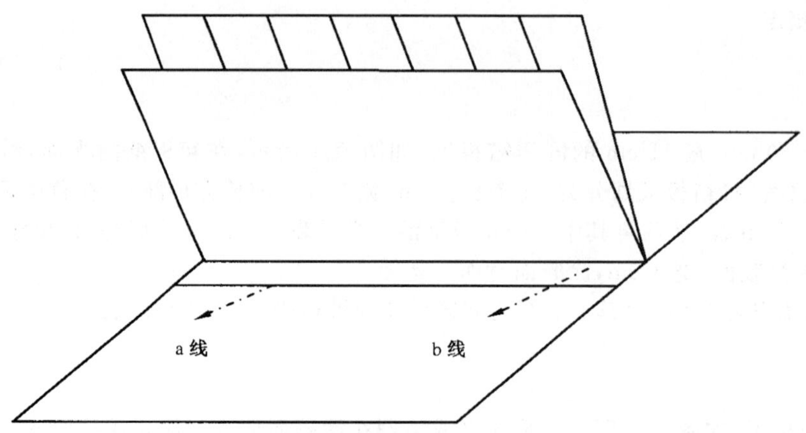


图 A.3　涂胶粘接示意图

取半张与实验所用相同的箱板纸，然后沿 a 线对齐平放在被粘纸上(如图 A.4 所示粗线框部分)，按图 A.4 中实线箭头所指方向，将涂胶的箱板纸沿 b 线折压成一平面，在其上用平整的重物均匀压牢。恒压 30 min 后，撤去重物，取出试样，在温度为(23±2)℃、湿度为(50±10)%的环境条件下，静置 24 h，使其干燥，备用。

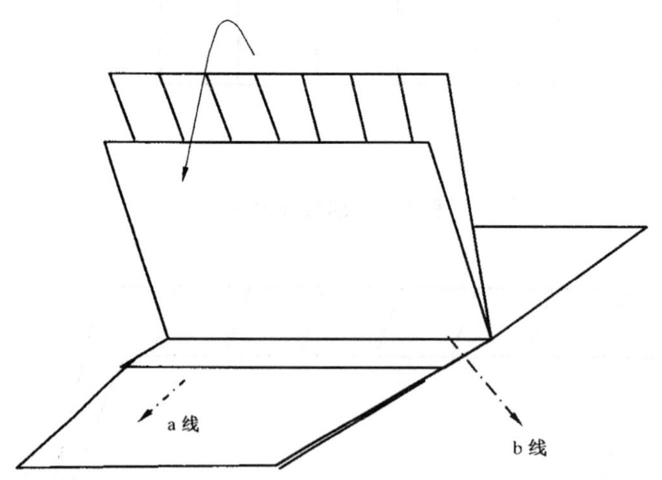


图 A.4　粘接压合示意图

### A.5.3　粘接强度测定

将上述制备的样品，沿铅笔画出的实线裁剪成 15 个相同的试样，并将每个试样沿粘接面边线反折成如图 A.5 所示样式，制成待测样品。将待测样品放入电子拉力测试仪中，注意确保箱板纸条两端分别对齐，启动电子拉力测试仪，使两条粘合的箱板纸分开，记录拉力仪所用的最大拉力。15 个样品依次测定后，应剔除不合理数据。有效数据不得少于 13 个，计算平均值，作为粘接强度。

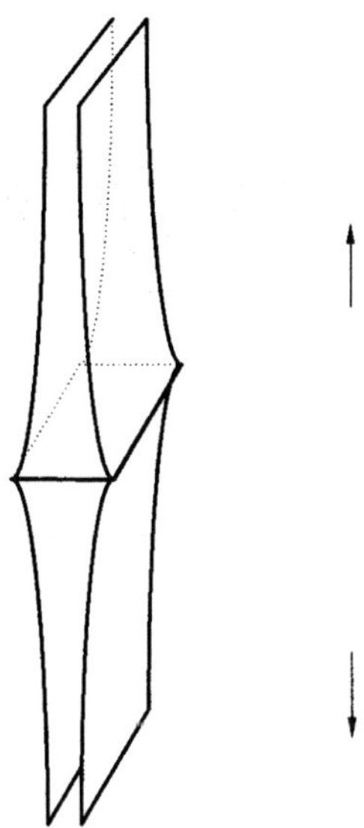

**图 A.5　拉伸粘接强度检测示意图**

ICS 37.100.10
J 87
备案号：47572—2014

# 中华人民共和国机械行业标准

JB/T 11954—2014

# 印刷机械　产品包装通用技术条件

**Printing machinery—General technical conditions for packing products**

2014-07-09 发布　　2014-11-01 实施

中华人民共和国工业和信息化部 发布

2014-07-09 发布　2014-11-01 实施　　JB/T 11954—2014

# 目　次

# 前　言

本标准按照GB/T 1.1—2009给出的规则起草。

本标准由中国机械工业联合会提出。

本标准由全国印刷机械标准化技术委员会（SAC/TC192）归口。

本标准负责起草单位：陕西北人印刷机械有限责任公司、高斯图文印刷系统（中国）有限公司、浙江劲豹机械有限公司、江苏华宇印涂设备集团有限公司、北京印刷机械研究所、瑞安市计量测试检定所。

本标准参加起草单位：深圳市精密达机械有限公司、上海亚华印刷机械有限公司、松德机械股份有限公司、宁波欣达印刷机器有限公司、好利旺机械（上海）有限公司、安徽华印机电股份有限公司、平湖英厚机械有限公司、天津长荣印刷设备股份有限公司、长春印刷机械有限责任公司、安徽力宇电脑设备制造有限责任公司、浙江鹤翔印刷机械有限公司、瑞安市恒跃印刷机械有限公司、瑞安市精华机械有限公司、瑞安市旭腾机械有限公司、瑞安市江南机械有限公司、瑞安市东方机械制造有限公司、瑞安市金达包装机械制造有限公司、瑞安市国大印刷机械有限公司、瑞安市方正计量校准有限公司、温州临港包装有限公司、瑞安市正东包装机械有限公司、瑞安市德信机械厂、瑞安市亚联包装机械有限公司、瑞安市景南机械有限公司、温州小蒋机械科技有限公司、浙江超伟机械有限公司、瑞安市永泰机械制造厂、瑞安市顺风包装机械有限公司、瑞安市佳诚机械厂、浙江邦泰机械有限公司、温州欧诺机械有限公司、浙江飞云科技有限公司、瑞安市东洲机械有限公司。

本标准主要起草人：平瑶、吴宏、陈培明、丁健、张翔、胡玉兵、陈忠兵、王晓智、刘建昉、潘健康、孙弘、张爱云、张嘉、张幸彬、张俊峰、刘吉军、王春宏、官小平、谢士根、王玉信、金玉文、张昱、林锁鹤、岑淑、林建火、林铭超、戴文蔚、方纯洁、王礼权、姜海威、吴学军、潘金巧、刘凯波、缪建忠、陈建、陈连云、王贯、包志业、张锋、姜银楷、谢州、姜江涛、甘顺亮、何国林、詹丰富、丁善玉、方建华、方顺风、叶守格、郑锡云、吴云、欧阳锡聪、叶大进、陈浩。

本标准为首次发布。

**JB/T 11954—2014**

# 印刷机械　产品包装通用技术条件

## 1　范围

本标准规定了印刷机械产品通用包装的技术要求、试验方法、包装标志与随机文件。

本标准适用于印刷机械产品及其附件的包装。

## 2　规范性引用文件

下列文件对于本文件的应用是必不可少的。凡是注日期的引用文件，仅注日期的版本适用于本文件。凡是不注日期的引用文件，其最新版本（包括所有的修改单）适用于本文件。

GB/T 191　包装储运图示标志

GB/T 4768　防霉包装

GB/T 4857　（所有部分）包装　运输包装件基本试验

GB/T 4879　防锈包装

GB/T 4892　硬质直方体运输包装尺寸系列

GB/T 5048　防潮包装

GB/T 5398　大型运输包装件试验方法

GB/T 6388　运输包装收发货标志

GB/T 7350　防水包装

GB/T 8166　缓冲包装设计

GB/T 10819　木制底盘

GB/T 13384—2008　机电产品包装通用技术条件

GB/T 16470　托盘单元货载

## 3　技术要求

### 3.1　一般要求

3.1.1　进行包装的产品应同时满足以下条件：

a）已经检验为合格品；

b）根据产品特点做好防护处理；

c）随机文件齐全。

3.1.2　产品包装应能适应长途运输、装卸，并应经济、安全、牢固、美观。

3.1.3　产品在储运、装卸过程中，双方协议期内不应出现由包装造成的以下问题，如：锈蚀、表面碰伤、变形、长霉、降低精度、残损和散失等。

3.1.4　包装设计应根据产品或零部件的特点，做到包装紧凑，防护合理，安全可靠。

3.1.5　包装箱的外部尺寸、结构型式及质量应符合国内外运输方面有关超重、超限的规定。硬质直方体运输包装件的尺寸应符合 GB/T 4892 的规定。

3.1.6　产品包装环境应清洁、干燥，应避免脏物沾污产品而影响产品表面质量。

JB/T 11954—2014

### 3.2 包装方式与防护包装方法

包装方式与防护包装方法应符合 GB/T 13384—2008 中第 4 章的规定。

### 3.3 包装材料要求

包装箱所用各种材料的材质应符合 GB/T 13384—2008 中 5.1 的规定。

### 3.4 制箱要求

制箱要求应符合 GB/T 13384—2008 中 5.2.1 的规定。

### 3.5 包装要求

#### 3.5.1 箱装

3.5.1.1 产品装箱应符合 GB/T 13384—2008 中 5.2.2 的规定。

3.5.1.2 装箱前，外露加工表面的防锈处理等级应符合 GB/T 4879 的规定。

3.5.1.3 包装箱底盘的材质为木材时，应符合 GB/T 10819 的规定；底盘为其他材质时，应根据其材质的特点和强度，参照 GB/T 10819 的规定进行设计、制作和包装。产品应固定在底盘上，防止运输过程中发生移动。

3.5.1.4 产品可进行整机包装或分解包装。

3.5.1.5 所有包装底盘接地面是钢件（如槽钢）时，应将毛刺、尖角倒钝或者在钢件下面加木条，木条应高出钢件不少于 10 mm。

3.5.1.6 产品上拆下的分解单元应固定于底盘或枕木上。对于放置于同一个底盘上的两个或两个以上的单元，各单元之间应用连接材料（如角钢、撑挡）连为一体，以防运输过程中相互碰撞。

3.5.1.7 在运输过程中容易倾倒的元器件（如电动机），应在重心以上位置用方木支撑。

3.5.1.8 柜体类包装要求如下：

a）各种柜体应先用防护材料包裹后，再用打包带捆扎牢靠；

b）出口包装箱没有外包装的，所有柜体应先用防护材料包裹，用胶带粘好后，再用打包带捆扎；

c）电气柜内的元器件应先固定于箱内，再进行外包装；

d）柜体应固定于底盘上，柜体之间及其他与柜体接触处应用防护材料隔开，以防止运输过程中损坏。

3.5.1.9 打包带与油漆面接触处应用防护材料隔开，防止划伤油漆面。

3.5.1.10 主机上没有拆下的活动零部件应与主机固定。

3.5.1.11 拆下的辊体类零件包装时，不应造成相互挤压、磕碰划伤。

3.5.1.12 易磕碰划伤的散件，应用防护材料包好后放入包装箱，空当处应用填充物（如废纸屑、泡沫块）塞实、垫牢，层与层之间应用防护材料隔开。

3.5.1.13 包装装饰板时应先用防护材料包好（出口包装应用草绳），装饰板之间应用防护材料隔开，根据装饰板的数量打包成捆，固定于包装箱内。

3.5.1.14 踏板应用防护材料包裹，根据数量打包成捆，固定于包装箱内，不应造成磕碰划伤。

3.5.1.15 机器护栏、安全杠、梯子等应用防护材料包好，不应造成磕碰划伤。

3.5.1.16 拆下的罩壳等其他散件，应用防护材料包裹后，再放入包装箱内。落于底盘上的散件有油漆面接触的，应用防护材料隔开。固定散件时，有油漆面接触的，应用防护材料隔开。

3.5.1.17 随机工具应随原包装一起放入包装箱内。

3.5.1.18 真空包装时，产品入箱前，应利用产品与包装箱底板固定的紧固件将铺在底板上的铝箔复合薄膜与包装箱底板固定好，并应用塑料垫圈密封，铺上一层气泡塑料薄膜以防止漏气。

3.5.1.19 产品装入包装箱后，应根据产品外形尺寸、重量等先将干燥剂袋分别悬挂在包装箱内，方可抽真空和热封装。

### 3.5.2 敞开包装

产品应紧固在底盘上，防止运输过程中发生位移。底盘的材质为木材时，应符合 GB/T 10819 的规定；底盘为其他材质时，应参照 GB/T 10819 的规定进行设计、制作和包装。

### 3.5.3 捆扎包装

捆扎包装应符合 GB/T 13384—2008 中 5.4 的规定。

### 3.5.4 托盘包装

托盘包装应符合 GB/T 16470 的规定。

### 3.5.5 防护包装

3.5.5.1 防水包装应符合 GB/T 7350 的规定。
3.5.5.2 防潮包装应符合 GB/T 5048 的规定。
3.5.5.3 防锈包装应符合 GB/T 4879 的规定。
3.5.5.4 防霉包装应符合 GB/T 4768 的规定。
3.5.5.5 缓冲包装的设计方法宜符合 GB/T 8166 的规定。缓冲材料应紧固于被包装物和外包装箱内壁之间。
3.5.5.6 防尘包装应符合 GB/T 13384—2008 中 5.6.6 的规定。

## 4 试验方法

应根据实际流通环境条件和包装件本身的特点和要求，适当选做 GB/T 4857（所有部分）规定的有关项目的试验，以及 GB/T 5048、GB/T 4879 和 GB/T 5398 规定的有关项目的试验。

## 5 包装标志与随机文件

5.1 包装储运图示标志应根据产品特点按照 GB/T 191 的规定正确选用。重心明显偏离中心的包装件，应标注“由此起吊”和“重心”的标志。
5.2 防雨、防倾倒标志应标注在包装箱外侧规定的位置。
5.3 运输包装收发货标志应标注在包装箱外侧适当的位置，并应符合 GB/T 6388 的规定。
5.4 产品分多箱包装时，箱号应采用分数表示，分子为箱号，分母为总箱数。主机箱应为 1 号箱。
5.5 随机文件应装入塑料袋中，并应放在主机箱内，分装箱单应放在相应的包装箱内。
5.5.1 每台产品出厂时应附有下列随机文件：

a）产品合格证；

b）使用说明书；

c）装箱单（含总装箱单和分装箱单）。

5.5.2 有关包装开箱注意事项等文件宜装入塑料袋粘贴在包装箱上。

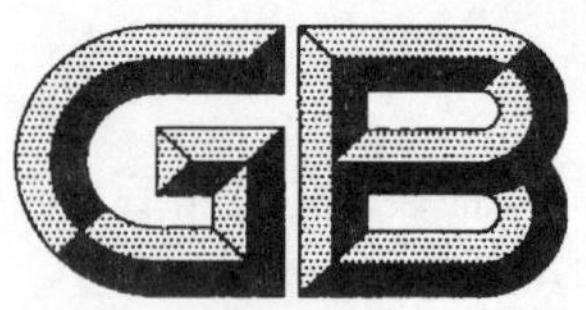

# 中华人民共和国国家标准

GB 19298—2014

# 食品安全国家标准
# 包装饮用水

2014-12-24 发布　　　　2015-05-24 实施

中华人民共和国
国家卫生和计划生育委员会　发布

2014-12-24 发布　2015-05-24 实施　GB 19298—2014

# 前　言

本标准代替 GB 19298—2003《瓶(桶)装饮用水卫生标准》及第 1 号和第 2 号修改单、GB 17324—2003《瓶(桶)装饮用纯净水卫生标准》,GB 17323—1998《瓶装饮用纯净水》涉及本标准指标的以本标准为准。

本标准与 GB 19298—2003、GB 17324—2003 相比,主要变化如下:

——标准名称修改为"食品安全国家标准　包装饮用水";

——修改了范围;

——修改了定义;

——修改了原料要求;

——修改了感官要求;

——修改了理化指标;

——修改了微生物限量;

——修改了检验方法;

——增加了标签标识的规定。

本标准 4.1～4.2 于 2016 年 1 月 1 日起实施。

GB 19298—2014

# 食品安全国家标准
# 包装饮用水

## 1 范围

本标准适用于直接饮用的包装饮用水。
本标准不适用于饮用天然矿泉水。

## 2 术语和定义

### 2.1 包装饮用水

密封于符合食品安全标准和相关规定的包装容器中，可供直接饮用的水。

#### 2.1.1 饮用纯净水

以符合3.1原料要求的水为生产用源水，采用蒸馏法、电渗析法、离子交换法、反渗透法或其他适当的水净化工艺，加工制成的包装饮用水。

#### 2.1.2 其他饮用水

**2.1.2.1** 以符合3.1.2、3.1.3原料要求的水为生产用源水，仅允许通过脱气、曝气、倾析、过滤、臭氧化作用或紫外线消毒杀菌过程等有限的处理方法，不改变水的基本物理化学特征的自然来源饮用水。

**2.1.2.2** 以符合3.1原料要求的水为生产用源水，经适当的加工处理，可适量添加食品添加剂，但不得添加糖、甜味剂、香精香料或者其他食品配料加工制成的包装饮用水。

## 3 技术要求

### 3.1 原料要求

**3.1.1** 以来自公共供水系统的水为生产用源水，其水质应符合GB 5749的规定。

**3.1.2** 以来自非公共供水系统的地表水或地下水为生产用源水，其水质应符合GB 5749对生活饮用水水源的卫生要求。源水经处理后，食品加工用水水质应符合GB 5749的规定。

**3.1.3** 水源卫生防护：在易污染的范围内应采取防护措施，以避免对水源的化学、微生物和物理品质造成任何污染或外部影响。

### 3.2 感官要求

感官要求应符合表1的规定。

GB 19298—2014

表 1 感官要求

| 项 目 | 要 求 | | 检验方法 |
|---|---|---|---|
| | 饮用纯净水 | 其他饮用水 | |
| 色度/度 ⩽ | 5 | 10 | GB/T 5750 |
| 浑浊度/NTU ⩽ | 1 | 1 | |
| 状态 | 无正常视力可见外来异物 | 允许有极少量的矿物质沉淀，无正常视力可见外来异物 | |
| 滋味、气味 | 无异味、无异嗅 | | |

## 3.3 理化指标

理化指标应符合表 2 的规定。

表 2 理化指标

| 项 目 | 指 标 | 检验方法 |
|---|---|---|
| 余氯(游离氯)/(mg/L) ⩽ | 0.05 | GB/T 5750 |
| 四氯化碳/(mg/L) ⩽ | 0.002 | |
| 三氯甲烷/(mg/L) ⩽ | 0.02 | |
| 耗氧量(以 $O_2$ 计)/(mg/L) ⩽ | 2.0 | |
| 溴酸盐/(mg/L) ⩽ | 0.01 | |
| 挥发性酚[a](以苯酚计)/(mg/L) ⩽ | 0.002 | |
| 氰化物(以 $CN^-$ 计)[b]/(mg/L) ⩽ | 0.05 | |
| 阴离子合成洗涤剂[c]/(mg/L) ⩽ | 0.3 | |
| 总 α 放射性[c]/(Bq/L) ⩽ | 0.5 | |
| 总 β 放射性[c]/(Bq/L) ⩽ | 1 | |

[a] 仅限于蒸馏法加工的饮用纯净水、其他饮用水。

[b] 仅限于蒸馏法加工的饮用纯净水。

[c] 仅限于以地表水或地下水为生产用源水加工的包装饮用水。

## 3.4 污染物限量

污染物限量应符合 GB 2762 的规定。

## 3.5 微生物限量

微生物限量应符合表 3 的规定。

表3 微生物限量

| 项 目 | 采样方案[a]及限量 | | | 检验方法 |
|---|---|---|---|---|
| | n | c | m | |
| 大肠菌群/(CFU/mL) | 5 | 0 | 0 | GB 4789.3 平板计数法 |
| 铜绿假单胞菌/(CFU/250 mL) | 5 | 0 | 0 | GB/T 8538 |
| [a] 样品的采样及处理按 GB 4789.1 执行。 | | | | |

### 3.6 食品添加剂

食品添加剂的使用应符合 GB 2760 的规定。

## 4 其他

4.1 当包装饮用水中添加食品添加剂时,应在产品名称的邻近位置标示“添加食品添加剂用于调节口味”等类似字样。

4.2 包装饮用水名称应当真实、科学,不得以水以外的一种或若干种成分来命名包装饮用水。

ICS 83.180
G 39

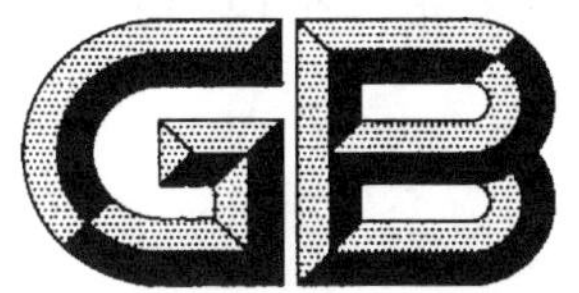

# 中华人民共和国国家标准

GB/T 30775—2014

# 聚乙烯(PE)保护膜压敏胶粘带

## Pressure sensitive adhesive tapes of PE protective film

2014-07-08 发布　　2014-12-01 实施

中华人民共和国国家质量监督检验检疫总局
中国国家标准化管理委员会　发布

2014-07-08 发布　2014-12-01 实施　　GB/T 30775—2014

# 前　言

本标准按照 GB/T 1.1—2009 给出的规则起草。

本标准由中国石油和化学工业联合会提出。

本标准由全国胶粘剂标准化技术委员会(SAC/TC 185)归口。

本标准起草单位:广东达美新材料有限公司、潍坊胜达科技股份有限公司、上海橡胶制品研究所、中国胶粘剂工业协会、暨南大学。

本标准主要起草人:柯跃虎、陈伯华、辛胜芝、娄领要。

GB/T 30775—2014

# 聚乙烯(PE)保护膜压敏胶粘带

## 1 范围

本标准规定了聚乙烯(PE)保护膜压敏胶粘带系列的分类、技术要求、试验方法、检验规则、标志、包装、运输及储存的要求。

本标准适用于以聚乙烯(PE)为基材,在基材的一面均匀涂布压敏胶粘剂的卷状表面保护膜,该产品主要用于建材行业、家电行业、电子行业、交通运输行业等工业产品在加工、组装、运输、储存过程中表面保护。

## 2 规范性引用文件

下列文件对于本文件的应用是必不可少的。凡是注日期的引用文件,仅注日期的版本适用于本文件。凡是不注日期的引用文件,其最新版本(包括所有的修改单)适用于本文件。

GB/T 191 包装储运图示标志

GB/T 1040.1—2006 塑料 拉伸性能的测定 第1部分:总则

GB/T 1040.3 塑料 拉伸性能的测定 第3部分:薄膜和薄片的试验条件

GB/T 2792 压敏胶粘带180°剥离强度试验方法

GB/T 2828.1 计数抽样检验程序 第1部分:按接收质量限(AQL)检索的逐批检验抽样计划

GB/T 2829 周期检验计数抽样程序及表(适用于对过程稳定性的检验)

GB/T 2918 塑料试样状态调节和试验的标准环境

GB/T 6673 塑料薄膜和薄片长度和宽度的测定

GB/T 7125 压敏胶粘带和胶粘剂带厚度试验方法

GB/T 22396 压敏胶粘制品术语

SN/T 2003.3 电子电气产品中铅、汞、镉、铬和溴的测定 第3部分:X射线荧光光谱定量筛选法

## 3 术语

GB/T 22396界定的以及下列术语和定义适用于本文件。

3.1

**电子保护胶粘带 electronic protective adhesive tape**

用于电子行业的PE保护膜胶粘带。

3.2

**通用保护胶粘带 general protective adhesive tape**

用于除电子行业外的其他行业的PE保护膜胶粘带

## 4 分类

产品按用途不同,分为电子保护胶粘带、通用保护胶粘带两类。

GB/T 30775—2014

## 5 外观及技术要求

### 5.1 成品外观要求

成品外观应符合表1要求。

表1 成品外观要求

| 项目 | | | 指标 | |
|---|---|---|---|---|
| | | | 电子保护胶粘带 | 通用保护胶粘带 |
| 针眼 | | | 0 | 商定 |
| 气泡 | 个/$m^2$ | $\Phi>3$ mm | 0 | ≤30 |
| | | 1 mm<$\Phi\leqslant 3$ mm | 0 | ≤40 |
| | | 0.5 mm<$\Phi\leqslant 1$ mm | ≤10 | 商定 |
| | 分散度,个/(100 mm×100 mm) | | ≤3 | — |
| 杂质点 | 个/$m^2$ | $\Phi>3$ mm | 0 | ≤5 |
| | | 1 mm<$\Phi\leqslant 3$ mm | ≤5 | ≤15 |
| | | 0.5 mm<$\Phi\leqslant 1$ mm | ≤8 | ≤30 |
| | 分散度,个/(100 mm×100 mm) | | ≤3 | ≤5 |
| 鱼眼 | 个/$m^2$ | $\Phi>2$ mm | 0 | ≤30 |
| | | 1 mm<$\Phi\leqslant 2$ mm | ≤5 | ≤40 |
| | | $\Phi\leqslant 1$ mm | ≤15 | 商定 |
| | 分散度,个/(100 mm×100 mm) | | ≤4 | — |
| 膜卷弧面外观[a] | | | 平整 | 平整 |
| 膜卷端面不齐程度/mm | | | ≤5 | ≤15 |
| 接头数[b]/个 | | | ≤1 | ≤3 |
| 注:$\Phi$ 代表每个气泡、杂质点或鱼眼的最大长度。 | | | | |
| [a] 主要指皱折、起鼓等现象。<br>[b] 接头处应有明显标记。 | | | | |

### 5.2 尺寸

#### 5.2.1 宽度

产品宽度偏差应符合表2要求。

表 2 宽度偏差

| 规格/mm | 宽度允许偏差 | |
|---|---|---|
| | 电子保护胶粘带/mm | 通用保护胶粘带/mm |
| 20～100 | ±2 | ±3 |
| 101～400 | ±3 | ±4 |
| 401～700 | ±4 | ±5 |
| 701～1 000 | ±5 | ±6 |
| 1 001～1 700 | ±6 | ±7 |
| 注：特殊规格由供需双方协商确定其偏差，可参照表 2。 | | |

### 5.2.2 长度和厚度

产品长度和厚度偏差应符合表 3 要求。

表 3 长度和厚度偏差

| 类　别 | 长度允许偏差/% | 厚度允许偏差/% |
|---|---|---|
| 电子保护胶粘带 | 订单长度以上 | ±8 |
| 通用保护胶粘带 | 订单长度以上 | ±10 |
| 注：特殊规格由供需双方协商确定其偏差，可参照表 3。 | | |

## 5.3 物理力学性能

### 5.3.1 180°剥离强度

180°剥离强度相对偏差应符合表 4 要求。

表 4 180°剥离强度相对偏差

| 180°剥离强度/(N/10 mm) | 相对偏差/% | |
|---|---|---|
| | 电子保护胶粘带 | 通用保护胶粘带 |
| $0<\sigma\leqslant0.08$ | ±50 | ±55 |
| $0.08<\sigma\leqslant0.16$ | ±40 | ±45 |
| $0.16<\sigma\leqslant0.40$ | ±30 | ±35 |
| $0.40<\sigma\leqslant0.80$ | ±25 | ±30 |
| $0.80<\sigma\leqslant1.60$ | ±20 | ±25 |
| $1.60<\sigma\leqslant2.40$ | ±20 | ±25 |
| $2.40<\sigma\leqslant2.40$ | ±30 | ±35 |
| $3.20<\sigma\leqslant4.80$ | ±30 | ±35 |
| $\sigma>4.80$ | ±30 | ±35 |
| 注：$\sigma$ 代表 180°剥离强度。 | | |

GB/T 30775—2014

### 5.3.2 其他物理性能

其他物理性能应符合表5要求。

表5 其他物理性能

| 项目 | | 指标 |
|---|---|---|
| 拉伸强度/MPa | 纵向 | ≥12 |
| | 横向 | ≥10 |
| 断裂伸长率/% | 纵向 | ≥180 |
| | 横向 | ≥300 |
| 胶迁移与可剥离性(70 ℃,12 h) | | 能正常剥离,剥离后,被贴表面目测无残留物 |

### 5.4 有害物质限量

应用于有害物质有规定的场合,重金属含量应符合表6要求。

表6 有害物质限量

| 项目 | 指标/(mg/kg) |
|---|---|
| 4种有毒元素:铅+汞+镉+铬(六价)($Pb+Hg+Cd+Cr^{6+}$)总含量 | ≤100 |
| PBB(多溴联苯) | ≤1 000 |
| PBDE(多溴联苯醚) | ≤1 000 |

## 6 试验方法

### 6.1 试验条件

除另有规定外,各项检验均应按GB/T 2918规定的条件进行。

### 6.2 外观的检测

从抽样中先目测接头数,将外侧3~5层揭去,在自然光线下目测膜卷弧面外观是否平整。

气泡、杂质点和鱼眼等缺陷的大小用带标尺的10倍放大镜进行检查,以每个缺陷的最大长度进行统计;分散度用100 mm×100 mm框板检查,观察框内不同类型缺陷的个数。

膜卷端面不齐程度用精度为0.02 mm的游标卡尺测深部测量膜层最大错位处。

### 6.3 尺寸检测

#### 6.3.1 宽度的测定

按GB/T 6673规定进行。

#### 6.3.2 长度的测定

采用精度为1.0 mm的钢卷尺,在平面上将胶粘带解卷后测量;或将胶粘带平整贴于1.0 m以上的玻璃板或其他光洁平板上，用精度为1.0 mm的钢卷尺逐段测量后累加所得数值。

#### 6.3.3 厚度的测定

用精度为0.001 mm的测厚仪按GB/T 7125规定进行。

### 6.4 物理力学性能

#### 6.4.1 180°剥离强度测定

按GB/T 2792规定进行。试样宽度为25 mm±1 mm。

#### 6.4.2 拉伸强度及断裂伸长率测定

试样形状、尺寸及试样制备按GB/T 1040.3规定进行；试样测定按GB/T 1040.1—2006的第9章规定进行，试验速度(空载)为300 mm/min。

### 6.5 胶迁移与可剥离性测定

将试样贴在实际应用的板材表面，在70 ℃条件下恒温12 h，取出降温至室温，再放置30 min，用手匀速撕下，目测是否有残留。

### 6.6 有毒物质含量检测

按照SN/T 2003.3规定进行。

## 7 检验规则

### 7.1 检验分类

产品检验分出厂检验和型式检验两类。

### 7.2 出厂检验

7.2.1 出厂检验项目如下：

a) 外观；

b) 尺寸；

c) 180°剥离强度；

d) 可再剥离性。

7.2.2 出厂检验组批

同一规格每班产量为一个检查批，以卷为单位。

7.2.3 出厂检验按GB/T 2828.1的规定进行，采用特殊检查水平S-3，正常检查一次抽样方案：合格质量水平(AQL)6.5。

### 7.3 型式检验

有下列情况之一时，应进行型式检验：

a) 新产品投产或产品定型鉴定时；

b) 正常生产时，每年进行一次；

c) 原材料配比、工艺等发生较大变化，可能影响产品质量时；

d) 出厂检验结果与上次型式检验结果有较大差异时；

e) 产品停产6个月后恢复生产时；

f) 国家质量监督机构或客户提出要求时。

7.3.1 型式检验项目

全项目检验。

7.3.2 型式检验按GB/T 2829的规定进行，采用判别水平Ⅱ的二次抽样方案，样本大小$n_1=n_2=5$。

## 8 标志、包装、运输、贮存

### 8.1 标志

产品包装上应包括如下标志：产品名称、产品型号、商标、规格、净含量、生产厂名、厂址、生产日期(批号)、保质期、执行标准号、合格证及符合GB/T 191规定的“怕晒”、“怕雨”、“堆码层数极限”、“向上”等包装储运图示标志。

### 8.2 包装

产品可采用纸箱包装，具体包装形式和包装要求按供货合同办理。

### 8.3 运输

产品在运输过程中应防止日晒、雨淋、挤压，不得与挥发性溶剂和腐蚀性物品混运。

### 8.4 贮存

8.4.1 产品应贮存在温度不超过45 ℃，相对湿度不超过85%，且无挥发性溶剂存在的库房内。

8.4.2 不允许堆放在潮湿的地面上，箱底不允许变形。

8.4.3 在符合上述包装、运输、贮存的条件下，自生产之日起，产品的保质期为6个月。超过保质期的产品经检验合格仍可使用。

ICS 55.020
A 80

# 中华人民共和国国家标准

GB/T 31268—2014

# 限制商品过度包装　通则

Restricting excessive packaging for commodity—General rule

2014-12-05 发布　　2015-05-01 实施

中华人民共和国国家质量监督检验检疫总局
中国国家标准化管理委员会　发布

2014-12-05 发布　2015-05-01 实施　　GB/T 31268—2014

# 前　言

本标准按照 GB/T 1.1—2009 给出的规则起草。

请注意本文件的某些内容可能涉及专利。本文件的发布机构不承担识别这些专利的责任。

本标准由中国包装联合会提出。

本标准由全国包装标准化技术委员会(SAC/TC 49)归口。

本标准起草单位:中国包装联合会、福建省闽旋科技股份有限公司、四川省宜宾普拉斯包装材料有限公司、苏州美盈森环保科技有限公司、东莞市铭丰包装品制造有限公司、机械科学研究总院。

本标准主要起草人:王利、黄雪、邹耀邦、陈利科、朱斌、陈华、朱婧、周琳。

GB/T 31268—2014

# 限制商品过度包装　通则

## 1　范围

本标准规定了限制商品过度包装的总则、包装设计、包装材质和包装成本等通用要求。

本标准适用于所有商品的包装。

## 2　规范性引用文件

下列文件对于本文件的应用是必不可少的。凡是注日期的引用文件，仅注日期的版本适用于本文件。凡是不注日期的引用文件，其最新版本(包括所有的修改单)适用于本文件。

GB/T 4122.1—2008　包装术语　第1部分：基础

GB/T 4892　硬质直方体运输包装尺寸系列

GB/T 8166　缓冲包装设计

GB/T 12123　包装设计通用要求

GB/T 13201　圆柱体运输包装尺寸系列

GB/T 13757　袋类运输包装尺寸系列

GB/T 16716(所有部分)　包装与包装废弃物

GB/T 17448　集装袋运输包装尺寸系列

## 3　术语和定义

GB/T 4122.1—2008 界定的以及下列术语和定义适用于本文件。为了便于使用，以下重复列出了 GB/T 4122.1—2008 中的某些术语和定义。

3.1

**内装物　contents**

包装件内所装的产品或物品。

[GB/T 4122.1—2008，定义 2.9]

3.2

**过度包装　excessive package**

超出正常的包装功能需求，其包装层数(3.3)、包装空隙率(3.4)、包装成本超过必要程度的包装。

[GB/T 4122.1—2008，定义 2.25]

3.3

**包装层数　package layers**

完全包裹商品的可物理拆分的包装的层数。

注：完全包裹商品指的是使商品不致散出的包装方式。

3.4

**包装空隙率　package interspace ratio**

包装内去除内装物占有的空间容积与包装总容积的比率。

## 4 总则

4.1 包装应符合有关法律法规及有关国家、行业标准的规定，同时应考虑回收处理的可能性及对健康和环境的影响。

4.2 在不损害商品包装作用的基本原则下，应使包装轻质化，采用简易包装。

4.3 在满足包装主要功能的前提下，其辅助功能应简单、实用(如封合功能、开启功能、携带功能、装饰功能等)。

4.4 包装尺寸大小与形状应适当，尽可能简化结构、减少包装层数和包装空隙率。

4.5 鼓励采用可复用、可回收和再循环使用的包装，并应符合 GB/T 16716 所有部分的规定。

4.6 能不用包装时，可以不进行包装。鼓励包装容器的重复使用及供应零售商品时客户自己携带原包装容器盛装商品。

## 5 包装设计

5.1 应做到包装紧凑，科学合理，符合 GB/T 12123 的要求。

5.2 应遵循保护功能得当、使用材料适宜、体积容量适量、费用成本合理的原则。在满足正常的包装功能需求的前提下，包装设计应与内装物的质量和规格相适应，有效利用资源，减少包装材料的用量。

5.3 合理简化包装结构及功能，不宜采用繁琐的形式或复杂的结构，尽量避免包装层数过多、空隙率过大。必要时，可按具体流通环境条件进行分等级设计包装。

5.4 可重复使用的包装，应考虑其包装的结构和强度对重复使用次数的影响及其经济性。

5.5 对于一次性包装，在满足流通环境条件要求、方便消费者使用的前提下，应尽可能简单实用。

5.6 在商品的使用过程中起到保护商品、便于携带和方便使用等作用的包装，应与产品的整个生命周期一同考虑，尤其是强度、便携性和使用性能等。

5.7 对于只有依附包装才能使用的商品，如液态、气态、粉状产品等，应考虑商品的属性及使用特点和生命周期，适当确定包装材料和包装结构类型。

5.8 对于包装功能完成后还可作为其他功能的包装，应分清主要功能和次要功能，充分考虑其经济性与实用性，避免为了追求其他的次要功能而过多增加包装成本和浪费包装材料。

5.9 集装单元运输的包装容器规格尺寸应根据不同的包装装载形式采用 GB/T 4892、GB/T 13201、GB/T 13757 和 GB/T 17448 尺寸系列标准的规定。非集装单元运输的包装容器规格尺寸参照有关标准规定，并符合运输工具装载尺寸的要求。鼓励集装或托盘包装。

5.10 内装物与包装容器内壁的间隙以受到正常情况下的冲击或压力时，不造成因包装变形使内装物损坏为准，不宜过大。

5.11 需要缓冲的包装设计，其内装物与包装容器内壁的间隙以容下缓冲材料为准，缓冲材料的材质选用与厚度应按 GB/T 8166 等有关标准进行设计计算。

5.12 根据采用容器的型式，对可拆卸或可分解的内装物，以及多件内装物时，可通过拆卸、分解、组合等方法和合理的内部保护(缓冲、固定等)达到稳定和体积紧凑。

5.13 有标准容器类型可供选择时，应选用标准容器类型。无标准容器类型可供选择时，应先确定容器类型，然后进行容器设计。应按有关标准对包装容器进行设计。

5.14 设计容器结构时应考虑容器便于加工制造、便于装配、便于储运、便于机械装卸和易于集装或托盘包装。

5.15 系列产品包装的容器造型及结构应具有整体协调性，多用途包装的容器造型及结构应具有再利用的价值。

## 6 包装材质

6.1 包装材料的选取，应本着节约、节俭的原则，尽可能使用常用的、经济的包装材料，应优先选用环保型包装材料。部分常用包装材料参见附录 A。

6.2 采用的包装材料应注意包装废弃物对环境的影响，应使用无毒、无害包装材料，包装废弃物要利于回收、降解及处理。鼓励使用可循环再生、回收利用的包装材料。

6.3 包装宜采用单一材质，或采用便于材质分离的包装材料。需要多种材料的包装其结构形式宜设计成可拆卸式结构，拆卸和分解后利于分类回收。

6.4 应按包装技术要求，合理的选择包装材料。有现行标准时，应采用有关标准；无现行标准时，应规定使用的包装材料的品种、规格及各种性能指标，并在货源、规格、性能、价格等方面综合考虑。

## 7 包装成本

7.1 应考虑包装全生命周期成本。包装费用包括材料费用、制作费用、封装费用、运输搬运费用、储存保管费用、回收处理费用等。这些费用基本上都与包装方式、包装的尺寸及复杂程度有关。包装的材料选取、结构形式应考虑上述费用构成。

7.2 采取有效措施，控制包装直接成本，考虑包装回收再利用和废弃处理时对环境的影响及产生的相关成本。可重复使用的包装，除了制造成本外，应考虑回收与管理成本。

7.3 应尽量减少附加到商品价格上的包装成本，使其运输与贮存费用最少。

7.4 对于不同性质的商品，选择适当的包装材料，采取合适的包装结构和尺寸控制包装成本。

# 附 录 A
（资料性附录）
部分常用包装材料及制品

## A.1 塑料

部分常用塑料包装材料及制品见表 A.1。

**表 A.1 部分常用塑料包装材料及制品**

| 序号 | 材料或产品名称 | 回收利用特性 |
|---|---|---|
| 1 | 聚乙烯中空容器 | 可重复使用,可回收利用 |
| 2 | 聚乙烯周转箱 | 可重复使用,可回收利用 |
| 3 | 有机玻璃 | 可重复使用,可回收利用 |
| 4 | 聚丙烯塑料编织袋 | 可重复使用,可回收利用 |
| 5 | 聚丙烯周转箱 | 可重复使用,可回收利用 |
| 6 | 聚丙烯中空容器 | 可重复使用,可回收利用 |
| 7 | PC 中空容器 | 可重复使用,可回收利用 |
| 8 | 高抗冲击性聚苯乙烯周转箱 | 可重复使用,可回收利用 |
| 9 | 聚酰胺塑料周转箱 | 可重复使用,可回收利用 |
| 10 | 塑料托盘 | 可重复使用,可回收利用 |
| 11 | 聚乙烯塑料打包带 | 可回收利用 |
| 12 | 聚丙烯薄膜 | 可回收利用 |
| 13 | PET 吸塑泡罩 | 可回收利用 |
| 14 | PET 片材盒体 | 可回收利用 |
| 15 | 聚乙烯薄膜 | 一般一次性使用,可回收利用 |
| 16 | 聚丙烯塑料打包带 | 一次性使用,可回收利用 |
| 17 | 聚苯乙烯薄膜、片材 | 一次性使用,可回收利用 |
| 18 | PET 瓶 | 一次性使用,可回收利用 |
| 19 | 双向拉伸聚酯薄膜 | 一次性使用,可回收利用 |
| 20 | PET 热收缩聚酯薄膜 | 一次性使用,可回收利用 |
| 21 | 聚乙烯泡沫塑料 | 一次性使用,交联聚乙烯泡沫塑料废弃物回收利用较困难,珍珠棉废弃物可回收利用 |
| 22 | 聚丙烯泡沫塑料 | 一次性使用,未交联聚丙烯泡沫塑料可熔融再利用或回收造粒,交联产品熔融回收利用困难 |
| 23 | 聚苯乙烯泡沫材料 | 一次性使用,可回收利用,但回收成本较高、一般燃烧处理 |
| 24 | 聚苯乙烯发泡片材 | 一次性使用,可回收利用,但回收成本较高、一般燃烧处理 |
| 25 | 软质聚氯乙烯压延薄膜、片材 | 一次性使用,可回收利用,废弃物填埋、焚烧会污染环境 |

表 A.1（续）

| 序号 | 材料或产品名称 | 回收利用特性 |
|---|---|---|
| 26 | 硬质聚氯乙烯薄膜片 | 一次性使用,可回收利用,废弃物填埋、焚烧会污染环境 |
| 27 | 软质聚氯乙烯吹塑薄膜 | 一次性使用,可回收利用,废弃物填埋、焚烧会污染环境 |
| 28 | 硬质聚氯乙烯吹塑薄膜 | 一次性使用,可回收利用,废弃物填埋、焚烧会污染环境 |
| 29 | PVC 热收缩膜 | 一次性使用,可回收利用,废弃物填埋、焚烧会污染环境 |
| 30 | 聚乙烯拉伸膜(自粘膜、缠绕膜) | 一次性使用,可回收利用,废弃物填埋、焚烧会污染环境 |
| 31 | 聚氯乙烯泡沫塑料 | 一次性使用,可回收利用,废弃物填埋、焚烧会污染环境 |
| 32 | 聚氯乙烯塑料瓶 | 一次性使用,可回收利用,废弃物填埋、焚烧会污染环境 |
| 33 | 可降解塑料膜 | 一次性使用,可降解,不易回收利用 |
| 34 | PVDC 热收缩膜、肠衣膜 | 一次性使用,一般不可回收利用,废弃物填埋、焚烧会污染环境 |
| 35 | 塑塑复合 | 一次性使用,一般都为不可回收 |

## A.2 金属

常用金属包装材料及制品见表 A.2。

表 A.2 常用金属包装材料及制品

| 序号 | 材料或产品名称 | 回收利用特性 |
|---|---|---|
| 1 | 金属桶 | 可重复循环使用,可回收利用 |
| 2 | 金属三片罐 | 不能重复循环使用,可回收利用 |
| 3 | 金属二片罐 | 不能重复循环使用,可回收利用 |
| 4 | 金属封闭器、瓶盖 | 可回收利用,但有一定的难度 |
| 5 | 金属气雾罐 | 一次性使用,可回收利用 |
| 6 | 金属软管 | 一次性使用,可回收利用 |
| 7 | 铝塑复合材料 | 一次性使用,可回收利用。在塑料和金属的解离方面还存在技术问题 |

## A.3 纸

常用纸质包装材料及制品见表 A.3。

表 A.3 常用纸质包装材料及制品

| 序号 | 材料或产品名称 | 回收利用特性 |
|---|---|---|
| 1 | 包装用纸 | 多数包装用纸不可以重复使用,食品用纸为一次性使用。可回收利用,可完全降解 |
| 2 | 瓦楞纸箱 | 可有限重复使用,可回收利用,可完全降解 |

GB/T 31268—2014

表 A.3（续）

| 序号 | 材料或产品名称 | 回收利用特性 |
|---|---|---|
| 3 | 蜂窝纸板 | 可有限重复使用;可回收利用,可完全降解 |
| 4 | 纸盒 | 可有限重复使用,用于食品包装为一次性使用;可回收利用,可完全降解 |
| 5 | 纸袋 | 可重复使用或做其他用途,可回收利用,可完全降解 |
| 6 | 纸桶 | 可重复使用,用于化工、医药运输包装时,应避免交叉污染;可回收利用,可完全降解 |
| 7 | 纸浆模塑 | 可有限重复使用,可回收利用,可完全降解;纸浆模塑餐具为一次性使用 |
| 8 | 包装用纸板 | 一次性使用,可回收利用,可完全降解 |
| 9 | 食品纸容器 | 一次性使用,可回收利用,可完全降解 |
| 10 | 纸塑复合 | 一次性使用后废弃,可自然老化降解;也可回收纸和塑料 |
| 11 | 纸铝塑复合 | 一次性使用,废弃物可回收利用;分离工艺复杂,增加了能源的消耗能源的消耗 |

## A.4 竹、木材

常用竹、木材包装材料及制品见表 A.4。

表 A.4 常用竹、木材包装材料及制品

| 序号 | 材料或产品名称 | 回收利用特性 |
|---|---|---|
| 1 | 普通木箱 | 可重复循环使用、可回收利用 |
| 2 | 滑木箱 | 可重复循环使用、可回收利用 |
| 3 | 框架木箱 | 可重复循环使用、可回收利用 |
| 4 | 木质底盘 | 可重复循环使用、可回收利用 |
| 5 | 木质托盘 | 可重复循环使用、可回收利用 |
| 6 | 钢丝捆扎箱 | 可重复循环使用、可回收利用 |
| 7 | 琵琶形木桶 | 可重复循环使用、可回收利用 |
| 8 | 竹胶合板箱 | 可重复循环使用、可回收利用 |
| 9 | 竹托盘 | 可重复循环使用、可回收利用 |
| 10 | 拼装式胶合板箱 | 可重复循环使用、可回收利用 |
| 11 | 塑木托盘 | 可重复循环使用、可回收利用 |
| 12 | 刨花板模压托盘 | 可重复循环使用、可回收利用 |
| 13 | 胶合板托盘 | 可重复循环使用、可回收利用 |

## A.5 玻璃陶瓷

常用玻璃陶瓷包装材料及制品见表 A.5。

**表 A.5 常用玻璃陶瓷包装材料及制品**

| 序号 | 材料或产品名称 | 回收利用特性 |
|---|---|---|
| 1 | 包装玻璃瓶罐 | 部分食品用玻璃容器可重复循环使用;化学品玻璃容器不可重复循环使用。玻璃可回收利用 |
| 2 | 医用包装安瓿和管制药瓶 | 药品(医用)瓶不重复循环使用,不可回收利用 |
| 3 | 陶瓷包装制品 | 部分重复循环使用,一般可回收 |

ICS 71.100.30
A 88

# 中华人民共和国国家标准

GB 31368—2015

# 烟花爆竹　包装

**Packing for fireworks**

2015-02-04 发布　　2016-04-01 实施

中华人民共和国国家质量监督检验检疫总局
中国国家标准化管理委员会　发布

2015-02-04 发布　2016-04-01 实施

GB 31368—2015

# 前　　言

**本标准的全部技术内容为强制性。**

本标准按照 GB/T 1.1—2009 给出的规则起草。

GB 10631《烟花爆竹　安全与质量》是烟花爆竹产品的通用要求,适用于本标准。

本标准由中国轻工业联合会提出。

本标准由全国烟花爆竹标准化技术委员会(SAC/TC 149)归口。

本标准起草单位:湖南烟花爆竹产品安全质量监督检测中心、山东省淄博市鞭炮烟花日杂公司、浏阳市荷花山枣出口花炮厂、浏阳市东方红烟花制造艺术燃放有限公司、浏阳市金刚金利烟花制造有限公司。

本标准主要起草人:朱玉平、黄茶香、方钊、王贤震、曾小军、闫金亮。

GB 31368—2015

# 烟花爆竹　包装

## 1　范围

本标准规定了烟花爆竹包装的术语和定义、基本要求、检验方法、检验规则。

本标准适用于烟花爆竹产品的包装，不适用于黑火药、烟火药、引火线的包装。

## 2　规范性引用文件

下列文件对于本文件的应用是必不可少的。凡是注日期的引用文件，仅注日期的版本适用于本文件。凡是不注日期的引用文件，其最新版本（包括所有的修改单）适用于本文件。

GB/T 191　包装储运图示标志

GB/T 462　纸、纸板和纸浆　分析试样水分的测定

GB/T 2679.7　纸板　戳穿强度的测定

GB/T 4857.4　包装　运输包装件基本试验　第4部分：采用压力试验机进行的抗压和堆码试验方法

GB/T 4857.7　包装　运输包装件基本试验　第7部分：正弦定频振动试验方法

GB 10631　烟花爆竹　安全与质量

GB 12463　危险货物运输包装通用技术条件

GB 19270　水路运输危险货物包装检验安全规范

GB 19359　铁路运输危险货物包装检验安全规范

GB 19433　空运危险货物包装检验安全规范

GB 24426　烟花爆竹　标志

## 3　术语和定义

下列术语和定义适用于本文件。

3.1

**同类包装　single pack**

同类烟花爆竹产品进行充装的包装方式。

3.2

**混合包装　mixed pack**

两种或两种以上不同类烟花爆竹产品进行混合充装的包装方式。

3.3

**填充材料　filling material**

防止包装内产品产生相对运动的缓冲材料。

3.4

**瓦楞纸箱　corrugated box**

由瓦楞纸板经模切、压痕、钉箱或粘箱制成的包装箱。

3.5

**彩色包装纸　color package paper**

表面印刷或粘贴有彩色图案、文字等产品信息的纸张。

3.6

**彩箱　color box**

瓦楞纸箱的一种，其面纸为彩色包装纸。

## 4　要求

### 4.1　总则

4.1.1　烟花爆竹产品应有运输包装和销售包装。

4.1.2　烟花爆竹包装宜采用瓦楞纸箱包装，在满足质量安全的条件下，可使用其他材质包装箱。

4.1.3　运输包装应具有透气、防潮、抗震、抗压等性能，每件毛重不超过 30 kg。

4.1.4　烟花爆竹产品运输包装和销售包装容器体积应符合包装内产品品种规格的设计要求。

4.1.5　应严格区分专业燃放类和个人燃放类烟花爆竹产品的包装，专业燃放类产品包装(包括运输包装和销售包装)应使用单一色彩(瓦楞纸原色、灰色、草黄)的包装，不应使用其他彩色包装；个人燃放类产品包装可使用对比度鲜明的彩色包装。

4.1.6　运输包装和销售包装应封装牢固、封口严密。

4.1.7　成箱产品的跌落试验应符合 GB 10631 的要求。

4.1.8　烟花爆竹产品采用内卡、填充材料包装后，应保证在正常装卸、运输条件下包装内物品不移动、不露出。

4.1.9　包装内物品产生相对运动的距离应小于等于 5 mm。

4.1.10　运输包装和销售包装的包装箱箱体、包角压痕应深浅一致，压痕线宽应≤15 mm，折线居中，无裂破、断线、重线等缺陷，不应有多余的压痕线。

4.1.11　运输包装和销售包装的包装箱采用粘合方式搭接时，搭舌宽度应≥30 mm，且粘合剂应涂布均匀、充分、无溢出，粘合面剥离时面纸不分离。

4.1.12　运输包装和销售包装的包装箱采用钉合方式搭接时，搭舌宽度应≥35 mm，箱钉应使用带镀层的低碳钢扁丝，不应有锈斑、剥层、龟裂或其他使用上的缺陷，且箱钉应沿搭舌中线钉合，排列整齐，间隔均匀，钉距应≤50 mm，钉合接缝处应钉牢、钉透，不得有叠钉、翘钉、不转脚钉等缺陷。

4.1.13　摩擦类产品的运输包装和销售包装应符合 GB 10631 的要求。

### 4.2　产品包装

#### 4.2.1　运输包装

4.2.1.1　A 级、B 级烟花爆竹产品的运输包装应采用五层以上的瓦楞纸箱，C 级、D 级烟花爆竹产品的运输包装应采用三层以上的瓦楞纸箱(含彩箱)，且符合 GB 12463 和 GB 10631 的要求。满足运输安全要求条件下可采用其他材质的包装箱。

4.2.1.2　礼花弹类产品的运输包装应采用五层以上瓦楞纸箱加五层内衬，且包装内产品应使用瓦楞纸盒或内卡进行固定。

4.2.1.3　水路、铁路和空运的运输包装应分别符合 GB 19270、GB 19359、GB 19433 的技术要求。

4.2.1.4　烟花爆竹产品运输包装的其他包装要求见表 1。

**表 1　烟花爆竹产品包装要求**

<table>
<tr><th>序号</th><th>产品类别</th><th>小类</th><th>运输包装要求</th><th>销售包装要求</th><th>包装方式</th></tr>
<tr><td rowspan="2">1</td><td rowspan="2">爆竹类</td><td>黑药炮</td><td rowspan="2">应采用瓦楞纸箱、彩箱等,包装箱内产品应堆放整齐,封装牢固</td><td rowspan="2">单挂或单盘的结鞭爆竹应采用油蜡纸、玻璃纸包装,较大规格或为满足客户需求的结鞭爆竹可辅以纸盒进行包装</td><td rowspan="2">同类包装或混合包装</td></tr>
<tr><td>白药炮</td></tr>
<tr><td rowspan="8">2</td><td rowspan="3">喷花类</td><td>地面(水上)喷花</td><td rowspan="8">应采用瓦楞纸箱、彩箱等,包装箱内产品应采用纸盒、塑封等方式对产品进行固定,堆放整齐</td><td rowspan="8">单个产品应采用包装纸包装;多个同规格产品应辅以纸盒、塑封等方式进行包装</td><td rowspan="8">同类包装或混合包装</td></tr>
<tr><td>手持喷花</td></tr>
<tr><td>插入式喷花</td></tr>
<tr><td rowspan="3">升空类</td><td>火箭类</td></tr>
<tr><td>双响</td></tr>
<tr><td>旋转升空烟花</td></tr>
<tr><td rowspan="2">吐珠类</td><td>药粒型吐珠</td></tr>
<tr><td>内筒型吐珠</td></tr>
<tr><td rowspan="4">3</td><td rowspan="2">旋转类</td><td>有轴旋转烟花</td><td rowspan="4">应采用瓦楞纸箱、彩箱等,包装内产品应采取隔栅或加塞填充材料等方式对包装内产品进行固定</td><td rowspan="4">不宜单个产品进行销售包装,多个产品应用纸盒或塑封等形式进行包装,包装内物品应采用填充材料或捆扎方式固定</td><td rowspan="4">同类包装或混合包装</td></tr>
<tr><td>无轴旋转烟花</td></tr>
<tr><td rowspan="2">玩具类</td><td>造型玩具类</td></tr>
<tr><td>电光花</td></tr>
<tr><td>4</td><td>架子烟花类</td><td>—</td><td>同序号 3 运输包装要求,焰火燃放包装产品每件毛重不超过 30 kg</td><td>同序号 3 运输包装要求</td><td>同类包装</td></tr>
<tr><td rowspan="2">5</td><td rowspan="2">礼花类</td><td>小礼花</td><td>同序号 2 运输包装要求</td><td>同序号 2 运输包装要求</td><td rowspan="2">同类包装</td></tr>
<tr><td>礼花弹</td><td>应采用五层以上瓦楞纸箱加五层内衬包装,其中 12 号礼花弹产品应采取一箱一弹的方式包装,12 号以下礼花弹产品可一箱多弹,但箱内礼花弹应根据其规格型号采用瓦楞纸盒、内卡等进行固定</td><td>同礼花弹运输包装</td></tr>
<tr><td>6</td><td>组合烟花类</td><td>—</td><td>应采用瓦楞纸箱、彩箱等,包装箱内产品应堆放整齐,封装牢固,不同规格产品不应充装于同一包装箱内</td><td>单个产品应采用包装纸、瓦楞纸箱或彩箱包装,多个产品应采用瓦楞纸箱、彩箱包装</td><td>同类包装</td></tr>
</table>

### 4.2.2　销售包装

**4.2.2.1**　烟花爆竹产品的销售包装应封闭包装,无漏药、浮药,多个或多发包装的产品应排列整齐、不松动。

4.2.2.2 销售包装与运输包装等同时，应同时符合销售包装与运输包装要求。

4.2.2.3 烟花爆竹产品销售包装的其他包装要求见表 1。

### 4.3 印刷标志

4.3.1 包装箱箱体表面印刷图案、文字应清晰正确，无涂改，位置准确。

4.3.2 标志应符合 GB/T 191、GB 10631 和 GB 24426 的要求。

### 4.4 包装箱(运输包装)规格尺寸

4.4.1 烟花爆竹产品用包装箱纸板厚度应符合下列要求：

——A 级、B 级烟花爆竹产品包装箱纸板厚度应≥4.0 mm；

——C 级烟花爆竹产品包装箱(含彩箱)纸板厚度应≥3.0 mm；

——D 级烟花爆竹产品包装箱(含彩箱)纸板厚度应≥2.0 mm；

——礼花弹类产品包装箱纸板(含内衬)厚度应≥7.0 mm。

4.4.2 包装箱综合尺寸(长＋宽＋高)应≤1 800 mm。

### 4.5 包装物要求

#### 4.5.1 一般要求

4.5.1.1 烟花爆竹产品包装用瓦楞纸箱(含彩箱)应采用竖楞纸箱。

4.5.1.2 瓦楞纸箱(彩箱)箱体方正，纸箱各折叠部位互成直角，单面箱面纸板不应拼接。

4.5.1.3 瓦楞纸箱(彩箱)箱体表面清洁、平整，无裂纹、起泡、破损等缺陷，裁切刀口无明显毛刺。

4.5.1.4 销售包装材料应具有防潮性，且不应与烟火药起化学反应。

4.5.1.5 填充材料宜采用软质填充材料，且应具有一定弹性，防潮，防静电，易于分割(切割)以满足不同包装空隙的填充需要。

4.5.1.6 包装箱需要安装提手时，提手安装位置适当，安装牢固，充装产品后至少 2 h 自由悬挂后提手不松动、脱落。

4.5.1.7 烟花爆竹产品用包装物在正常运输和储存条件下应保证其质量满足本标准规定的其他要求。

4.5.1.8 采用其他材质的包装箱应符合 GB 10631 和本标准规定的要求。

#### 4.5.2 性能要求

##### 4.5.2.1 含水率

瓦楞纸箱含水率应为(12±3)%。

##### 4.5.2.2 箱盖

包装箱箱盖应牢固、封口严实，箱盖对口不重叠，不错位，经先合后开 270°往复 5 次，其面层不得有裂缝，里层裂缝长总和不大于 50 mm。

##### 4.5.2.3 堆码试验

经 5.5.2.3 试验后，包装箱不应有引起堆码不稳定的任何变形和破损。

##### 4.5.2.4 抗压力试验

包装箱抗压力试验实测值应大于或等于抗压力值 $P$，抗压力值 $P$ 按式(1)计算。

$$P = K \cdot G(H/h - 1) \times 9.8 \qquad (1)$$

式中：

$P$ ——抗压力值，单位为牛(N)；

$K$ ——劣变系数(强度系数)，见表 2；

$G$ ——单件包装毛重，单位为千克(kg)；

$H$ ——堆码高度，单位为米(m)；

$h$ ——包装箱高度，单位为米(m)；

$H/h$——取整数部分。

表 2 劣变系数(强度系数)

| 贮存期 | 小于 30 天 | 30 天～100 天 | 100 天以上 |
|---|---|---|---|
| 劣变系数 $K$ | 1.6 | 1.65 | 2 |

#### 4.5.2.5 振动试验

经 5.5.2.5 试验后，包装箱不应出现偏倒、变形等现象。

#### 4.5.2.6 戳穿强度

三层瓦楞纸箱(含彩箱)戳穿强度应大于等于 6.3 J，五层以上瓦楞纸箱(含彩箱)戳穿强度应大于等于 10.3 J，其他材质包装箱戳穿强度应大于等于 10.3 J。

## 5 检验方法

### 5.1 总则

目测和使用符合计量要求的器具进行检验。

### 5.2 产品包装

用目测方法进行检验。

### 5.3 印刷标志

用目测方法进行检验。

### 5.4 包装箱(运输包装)规格尺寸

5.4.1 包装箱纸板厚度用精度为 0.1 mm 的游标卡尺等计量器具进行测量。

5.4.2 箱体尺寸用精度为 1 mm 的符合计量要求的器具进行测量。

### 5.5 包装物要求

#### 5.5.1 一般要求

用目测方法进行检验。

#### 5.5.2 性能要求

#### 5.5.2.1 含水率

按 GB/T 462 检测。

#### 5.5.2.2 箱盖

用目测方法进行检验。

#### 5.5.2.3 堆码试验

按 GB 12463 检测，堆码高度为 2.5 m，持续时间 24 h。

#### 5.5.2.4 抗压力试验

按 GB/T 4857.4 进行，堆码高度 3 m。

#### 5.5.2.5 振动试验

按 GB/T 4857.7 检测。

#### 5.5.2.6 戳穿强度

按 GB/T 2679.7 进行，包装箱纸板通过裁剪经预处理(温度 23 ℃±2 ℃、相对湿度 50%±5%环境中预处理 24 h)后的包装箱获得，并在相同条件下进行试验。每个箱体应保留 1 个上(下)底面或 1 个侧面，底面与侧面数量之比为 1∶1，裁取的纸板大小和数量应满足检测标准的要求。

## 6 检验规则

### 6.1 检验分类

烟花爆竹包装的检验分为出厂检验和型式检验。

### 6.2 出厂检验

按 4.1～4.4、4.5.1、4.5.2.1 和 4.5.2.6 的要求进行确认和检验。

### 6.3 型式检验

型式检验项目为 4.1～4.5 规定的全部项目。在下列情况之一时，进行型式试验：

——新产品试制定型或老产品转厂生产时；

——结构、材料、工艺有较大改变，可能影响产品性能时；

——连续停产六个月恢复生产时；

——正常生产每满三年时；

——国家质量监督机构或客户提出要求时。

### 6.4 抽样

6.4.1 以相同材料、相同工艺制作，同一规格、同时交付的产品为一检验批，最大批量数 5 000。

6.4.2 烟花爆竹包装抽样与合格判定方案见表 3。

表 3 烟花爆竹包装抽样与合格判定方案

| 批量范围 $N$ | 运输包装(瓦楞纸箱) | | | 销售包装(含彩箱) | | |
|---|---|---|---|---|---|---|
| | 抽样数<br>件 | 接收数<br>件 | 拒收数<br>件 | 抽样数<br>件 | 接收数<br>件 | 拒收数<br>件 |
| ≤100 | 5 | 0 | 1 | 5 | 0 | 1 |
| 101～500 | 8 | 1 | 2 | $5+N\times1\ \%$ | 0 | 1 |
| 501～1 000 | 20 | 2 | 3 | $10+N\times0.5\ \%$ | 1 | 2 |
| ≥1 001 | 32 | 3 | 4 | $15+N\times0.1\ \%$ | 2 | 3 |

## 6.5 检验

### 6.5.1 缺陷及项目

6.5.1.1 轻缺陷:每件毛重、包装箱色彩、压痕线、刀口、箱钉、搭舌宽度、印刷标志、箱盖、提手。

6.5.1.2 重缺陷:包装要求(封装封口、填充材料、包装方式等)、包装箱规格尺寸、含水率、堆码性能、跌落性能、振动性能、戳穿强度。

### 6.5.2 判定规则

6.5.2.1 重缺陷只要有一项不合格,则该件包装不合格,轻缺陷有两项不合格,则该件包装不合格。

6.5.2.2 礼花弹产品包装重缺陷和轻缺陷均只要有一项不合格,则该件包装不合格。

6.5.2.3 每批产品的不合格数小于等于接收数时,则该批产品合格;大于等于拒收数时,则该批产品不合格。

ICS 55.020
A 80

# 中华人民共和国国家标准

GB/T 32568—2016

# 重复使用包装箱通用技术条件

**General technical requirements of reusable boxes**

2016-02-24 发布　　2016-04-10 实施

中华人民共和国国家质量监督检验检疫总局
中国国家标准化管理委员会　发布

2016-02-24 发布　2016-04-10 实施　　GB/T 32568—2016

# 前　言

本标准按照 GB/ T 1.1—2009 给出的规则起草。

本标准由全国包装标准化技术委员会(SAC/TC 49)提出并归口。

本标准起草单位:中国出口商品包装研究所、广东志高空调有限公司、山东美泉环保科技有限公司、赛闻(天津)工业有限公司、江苏前程工业包装有限公司、国家食品软包装产品及设备质量监督检验中心(广东)、东莞市科技咨询服务中心、山东省产品质量检验研究院、青岛永昌塑业有限公司、长春市净月包装有限公司。

本标准主要起草人:郭振梅、徐银华、罗建成、郭伟初、侯君、徐颖、杨芸、李毅、王君、周洋、王波、邢文彬、吴海娇、刘天航、陈伟。

GB/T 32568—2016

# 重复使用包装箱通用技术条件

## 1 范围

本标准规定了重复使用包装箱的分类、要求和标志。

本标准适用于采用纸、塑料、木材、金属和生物质材等为主要原料生产的重复使用包装箱。

## 2 规范性引用文件

下列文件对于本文件的应用是必不可少的。凡是注日期的引用文件，仅注日期的版本适用于本文件。凡是不注日期的引用文件，其最新版本(包括所有的修改单)适用于本文件。

GB/T 191 包装储运图示标志

GB/T 4892 硬质直方体运输包装尺寸系列

GB/T 16716.1 包装与包装废弃物 第1部分：处理和利用通则

GB/T 16716.4 包装与包装废弃物 第4部分：重复使用

GB/T 16716.5 包装与包装废弃物 第5部分：材料循环再生

GB/T 16716.6 包装与包装废弃物 第6部分：能量回收利用

GB/T 16716.7 包装与包装废弃物 第7部分：生物降解和堆肥

GB/T 23156 包装 包装与环境 术语

BB/T 0043 塑料物流周转箱

## 3 术语和定义

GB/T 16716.4 和 GB/T 23156 界定的以及下列术语和定义适用于本文件。

3.1

**重复使用包装箱 reusable box**

在重复使用系统中，按预期的目的重复使用有限次数的包装箱。

## 4 分类

**4.1** 重复使用包装箱可分为刚性箱、嵌套箱、折叠箱和拆装箱。重复使用包装箱的四类箱型的特点见表1。

**表1 重复使用包装箱的箱型特点**

| 箱型 | 特点 |
|---|---|
| 刚性箱 | 不可变形、嵌套、折叠和拆装的包装箱 |
| 嵌套箱 | 不可变形，内空时可以嵌套以减少体积的包装箱 |
| 折叠箱 | 可变形，内空时可以折叠以减少体积的包装箱 |
| 拆装箱 | 可重复进行拆卸和组装，内空时可以拆卸以减少体积的包装箱 |

4.2 常用木质重复使用包装箱结构型式和连接件参见附录A。

## 5 要求

### 5.1 总则

5.1.1 重复使用包装箱应符合科学、经济、牢固、美观和适销的要求。

5.1.2 重复使用包装箱的设计应根据内装物的特点、流通环境条件，做到防护合理、安全可靠。

5.1.3 重复使用包装箱应开启方便，易于清洗与维护。

5.1.4 重复使用包装箱宜方便拆装或折叠，便于空箱周转。

5.1.5 重复使用包装箱的尺寸应参照GB/T 4892推荐的尺寸，便于包装的单元化和自动化。

5.1.6 重复使用包装箱的构件应通用化、标准化，便于维修更换。

### 5.2 重复使用

5.2.1 重复使用包装箱适用于重复使用系统中，重复使用系统的类型按GB/T 16716.4的规定，分为闭环系统、开放系统和混合系统。

5.2.2 新投放重复使用系统的重复使用包装箱的性能应不低于该类产品的标准要求。如塑料周转箱的性能应不低于BB/T 0043的要求。

5.2.3 回收的重复使用包装箱，应进行分拣、清洗和维护。

5.2.4 再次进入重复使用系统的重复使用包装箱，允许存在不影响功能和使用的破损，其性能应不低于该类产品的标准要求。

5.2.5 重复使用包装箱应具有可识别系统。

### 5.3 退出与处置

5.3.1 重复使用包装箱有下列情形之一时，退出重复使用系统：

——出现不能维修的影响功能和使用的损坏；

——性能低于该类产品的标准要求；

——系统无法识别。

5.3.2 退出重复使用系统的包装箱应依情形处置。适合材料循环再生的按GB/T 16716.5的规定处置，适合能量回收利用的按GB/T 16716.6的规定处置，适合生物降解和堆肥的按GB/T 16716.7的规定处置。

### 5.4 环保

5.4.1 重复使用包装箱的材料选择应符合国家环境保护政策和相关规定要求，不得使用对环境和人体有危害的或国家已明令禁止使用的包装材料。

5.4.2 重复使用包装箱中的重金属总含量应符合GB/T 16716.1的规定。在无可替代的情况下，使用有危险性的化学品应在可预见的条件下操作，其用量应控制在适当的程度，从而降低包装废弃物的回收利用或最终处置时对环境产生的不利影响。

## 6 标志

6.1 重复使用包装箱的储运图示标志按GB/T 191的有关规定。

6.2 重复使用包装箱应在箱面显著位置标示重复使用标志，应在可预见的有效使用期内保持清晰牢固。重复使用标志图形见图1。

图 1 包装的重复使用标志图形

# 附　录　A
## （资料性附录）
## 常用木质重复使用包装箱的结构型式和连接件

### A.1　插片箱

以金属插片作为连接件，将顶板、底板及四个侧板组合成一个包装箱。插片箱及金属插片连接件示意图见图 A.1。

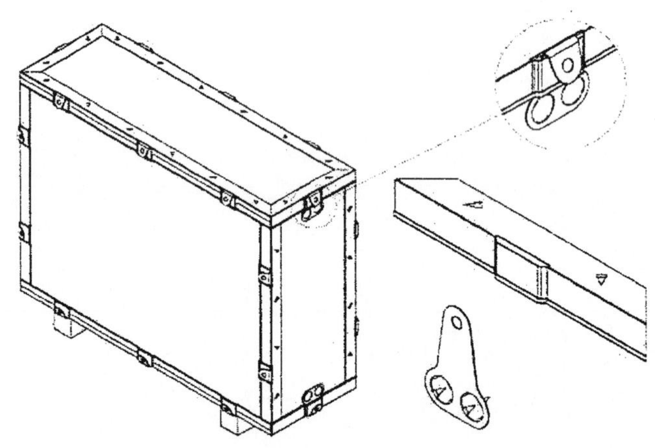

图 A.1　插片箱及金属插片连接件示意图

### A.2　围板箱

由围板、盖板和托盘组成，围板采用 L 型铰链联结固定。围板箱及金属插片连接件示意图见图 A.2。

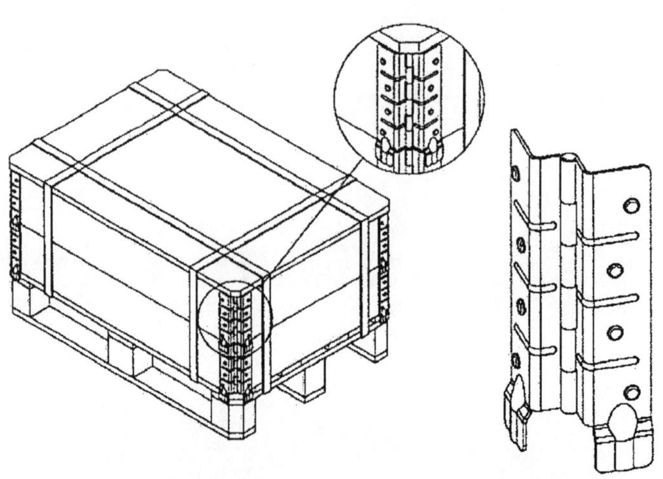

图 A.2　围板箱及金属插片连接件示意图

## A.3 搭扣箱

由顶板、底板和侧板三部分组成的拼装结构箱，侧板与顶板和底板之间采用搭扣连接。搭扣箱及金属插片连接件示意图见图 A.3。

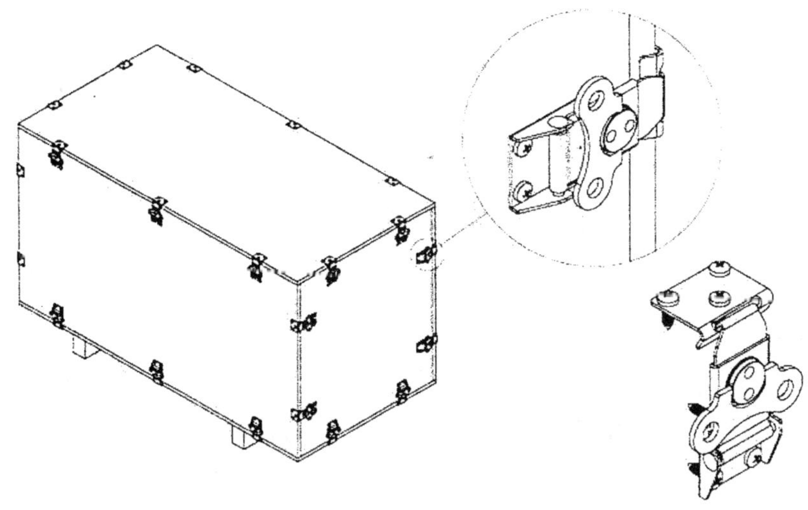

**图 A.3 搭扣箱及金属插片连接件示意图**

## A.4 螺栓箱

由顶板、底板及四片独立侧板组成的六片式结构箱，以螺栓、护角等作为连接件，将顶板、底板及四面侧板组合成一个包装箱。螺栓箱及螺栓连接件示意图见图 A.4。

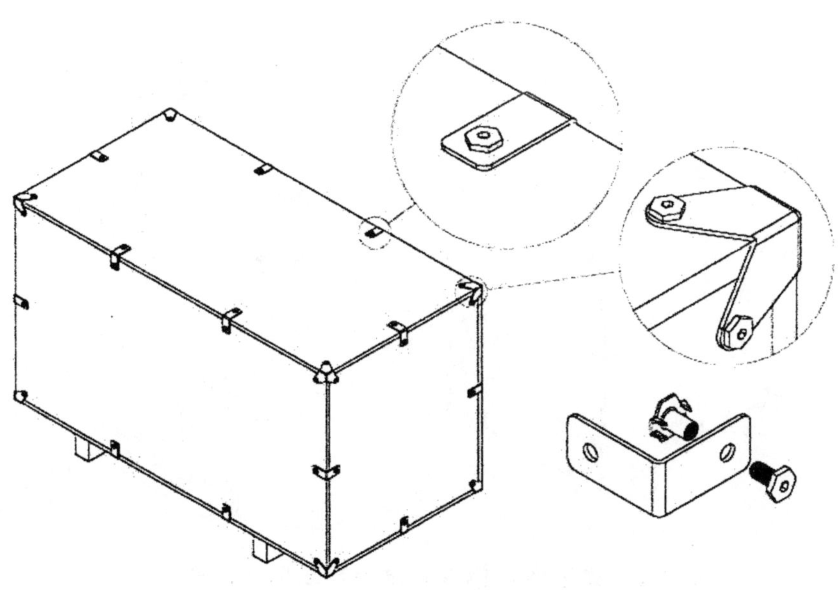

**图 A.4 螺栓箱及螺栓连接件示意图**

### A.5 膨胀扣箱

由顶板、底板及四片独立侧板组成的六片式结构箱，以塑料膨胀扣作为连接件，将顶板、底板及四面侧板组合成一个包装箱。膨胀扣箱及塑料膨胀扣连接件示意图见图 A.5。

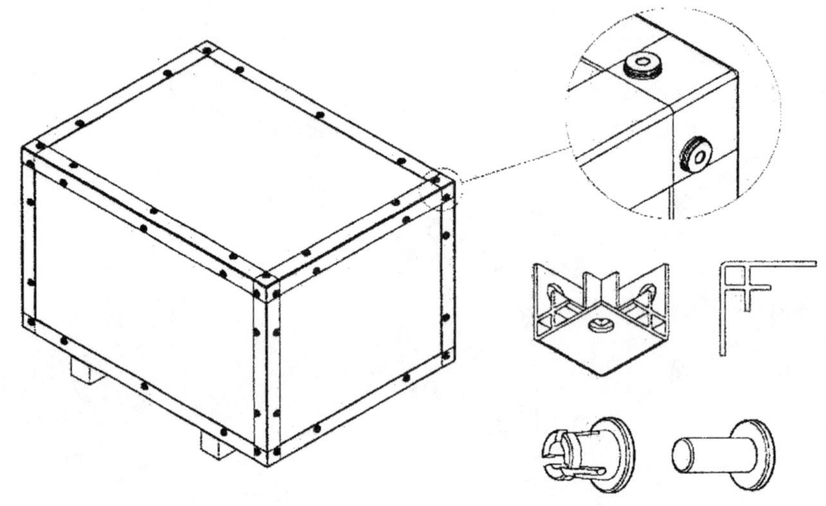

图 A.5 膨胀扣箱及塑料膨胀扣连接件示意图

### A.6 钢板卡扣箱

以钢板卡扣作为连接件，将顶板、底板及四面侧板组合成一个包装箱。钢板卡扣箱及钢板卡扣连接件示意图见图 A.6。

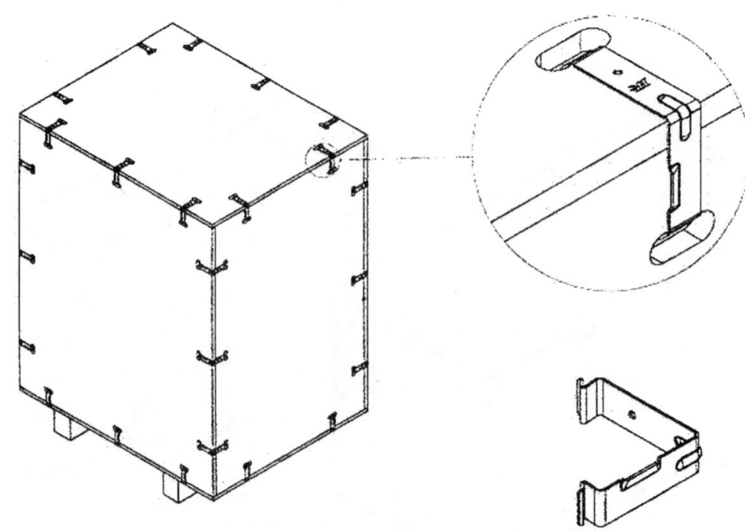

图 A.6 钢板卡扣箱及钢板卡扣连接件示意图

## A.7 钢丝卡扣箱

以钢丝卡扣作为连接件，将顶板、底板及四面侧板组合成一个包装箱。钢丝卡扣箱及钢丝卡扣连接件示意图见图 A.7。

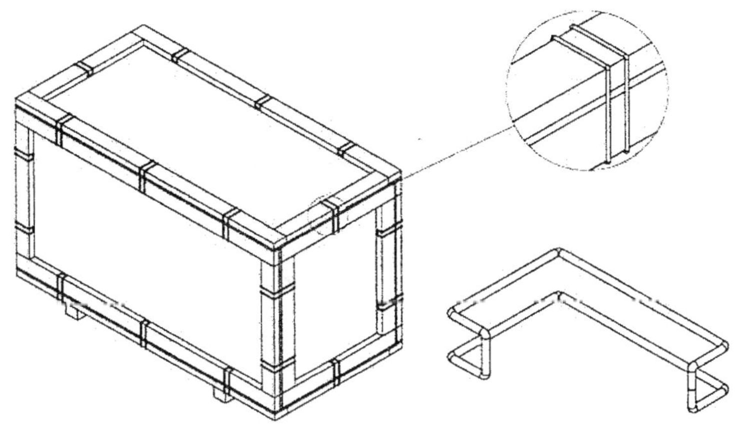

图 A.7 钢丝卡扣箱及钢丝卡扣连接件示意图

## A.8 金属框架箱

以金属铰链为连接件，主体为金属框架，将顶板、底板及四面侧板组合成一个包装箱。金属框架箱及金属铰链连接件示意图见图 A.8。

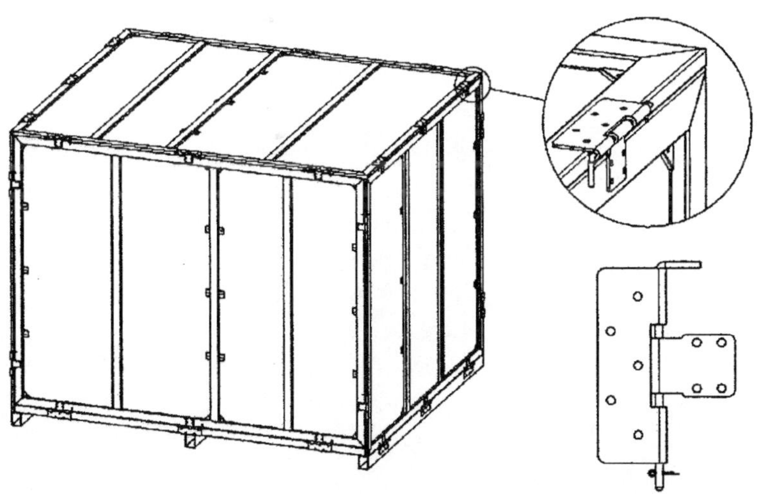

图 A.8 金属框架箱及金属铰链连接件示意图

ICS 71.120;75.180.20
G 92
备案号：48612—2015

HG

# 中华人民共和国化工行业标准

HG/T 3130—2014
代替 HG/T 3130—1998

# 电子自动定量包装机

## Electronic automatic weighing machine

2014-12-31 发布　　2015-06-01 实施

中华人民共和国工业和信息化部　发布

2014-12-31 发布　2015-06-01 实施



# 目　　次

# 前　言

本标准按照 GB/T 1.1—2009 给出的规则起草。

本标准代替 HG/T 3130—1998《电子自动定量包装机》，与 HG/T 3130—1998 相比，除编辑性修改外主要技术变化如下：

——修改了标准英文名称（见封面）；

——修改了范围的内容（见 1，1998 年版的 1）；

——增加了规范性引用文件，增加了引导语和引用标准（见 2）；

——增加了术语和定义的内容（见 3，1998 年版的 3）；

——修改了型号内容（见 4.1.2，1998 年版的 4.1.2）；

——修改了基本参数内容（见 4.2.1 中表 1，1998 年版的 4.2.1 中表 4）；

——增加了一般要求内容（见 5.1）；

——修改了准确度等级与对应的最大允差（见 5.2.2 中表 2、表 3，1998 年版的 5.1.2 中表 2）；

——增加了包装机静态试验最大允差的要求（见 5.2.4）；

——修改了包装物料颗粒度的要求（见 5.3.1.1，1998 年版的 5.2.1.1）；

——修改了包装机电控要求（见 5.3.2，1998 年版的 5.2.2）；

——增加了包装机电控接地要求（见 5.5.7）；

——修改了包装机电控系统的预热时间的要求（见 6.2.1.1，1998 年版的 6.2.1.1）。

本标准由中国石油和化学工业联合会提出。

本标准由全国化工机械与设备标准化技术委员会（SAC/TC429）归口。

本标准起草单位：无锡力马化工机械有限公司、天华化工机械及自动化研究设计院、上海交通大学。

本标准主要起草人：邹敏杰、王志新、姚方红。

本标准所代替标准的历次版本发布情况为：

——HG/T 3130—1998。

HG/T 3130—2014

# 电子自动定量包装机

## 1 范围

本标准规定了电子自动定量包装机的型号与基本参数，要求，试验方法，检验规则，标志、包装、运输和贮存。

本标准适用于颗粒物料（如聚烯烃类树脂、尿素等）、粉料（如 PVC 粉料、纯碱等）、片状料（如片碱、脂肪醇等）的电子自动定量包装机（以下简称包装机）。

## 2 规范性引用文件

下列文件对于本文件的应用是必不可少的。凡是注日期的引用文件，仅注日期的版本适用于本文件。凡是不注日期的引用文件，其最新版本（包括所有的修改单）适用于本文件。

GB/T 191 包装储运图示标志

GB/T 3797—2005 电气控制设备

GB/T 4122.1 包装术语 第1部分：基础

GB/T 4122.2 包装术语 第2部分：机械

GB/T 6388 运输包装收发货标志

GB/T 7311 包装机械分类与型号编制方法

GB/T 7551 称重传感器

GB/T 7724 电子称重仪表

GB/T 13306 标牌

GB/T 13384 机电产品包装 通用技术条件

HG 20203 化工机器安装工程施工及验收通用规范

JJG 564—2002 重力式自动装料衡器（定量自动衡器）检定规程

## 3 术语和定义

GB/T 4122.1、GB/T 4122.2、JJG 564—2002 中界定的以及下列术语和定义适用于本文件。

### 3.1

**给料装置 feeding device**

由给料气缸（电机）、给料阀门、给料箱体组成的装置。

### 3.2

**称重器 weighing device**

由称重传感器和悬挂或置于称重传感器上的机械部件（如料桶等）组成的器具。

### 3.3

**自动置零 auto zero setting**

在称量过程中电子称重仪表根据设定的装料循环次数将显示数值条件自动地调至零点的功能。

### 3.4

**自动补偿修正 automatic free fall compensation correction**

在称量过程中电子称重仪表能够自动调节最后给料的空中落料，使装料值与预设值趋近的功能。

3.5

**分度值（*d*） scale interval**

电子称重仪表数字指示中相邻的两个示值的差值。

## 4 型号与基本参数

### 4.1 型号

4.1.1 型号的命名按 GB/T 7311 的规定。

4.1.2 型号表示方法如下：

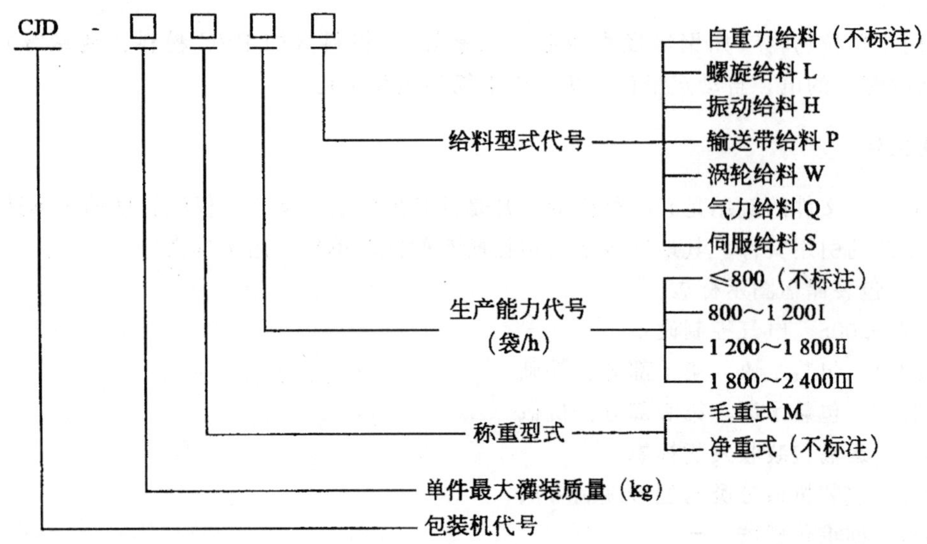


4.1.3 **标记示例**

单件最大称重灌装质量 50 kg，净重称量，生产能力 800 袋/h～1 200 袋/h，给料型式为自重力给料的包装机，标记为：CJD-50Ⅰ。

### 4.2 基本参数

包装机的基本参数应符合表 1 的规定。

**表 1 基本参数**

| 项目 | | 基本参数 | | | |
|---|---|---|---|---|---|
| 单件称重质量范围 *M*/kg | | 15≤*M*≤50 | 15≤*M*≤50 | 50≤*M*≤1000 | 50≤*M*≤1000 |
| 称重型式 | | 净重式 | 毛重式 | 净重式 | 毛重式 |
| 生产能力/(袋/h) | | 300～2 400 | 60～300 | 10～300 | 10～300 |
| 称重准确度 | | 详见表 2 | 详见表 2 | 详见表 2 | 详见表 2 |
| 适用包装物料 | | 流动性好的粉、粒状物料 | 流动性较差的粉、粒状物料 | 流动性较差的粉、粒状物料 | 流动性较差的粉、粒状物料 |
| 气源 | 压力/MPa | 0.5～0.6 | 0.5～0.6 | 0.5～0.6 | 0.5～0.6 |
| | 耗气量/($Nm^3$/min) | 0.3 | 0.2 | 0.2 | 0.2 |
| 电源 | 电压/V | AC 380±38 或 AC 220+22,33 | AC 380±38 或 AC 220+22,33 | AC 380±38 或 AC 220+22,33 | AC 380±38 或 AC 220+22,33 |
| | 频率/Hz | 50±1 | 50±1 | 50±1 | 50±1 |
| | 功率/kW | ≤10 | ≤5 | ≤10 | ≤10 |

## 5 要求

### 5.1 一般要求

包装机应符合本标准的规定，并按经规定程序批准的图样及技术文件制造。

### 5.2 设计

5.2.1 包装机的性能参数的设计应符合表 1 的规定。

5.2.2 包装机的称量准确度等级和所对应的最大允差应符合表 2 的规定。

表 2 准确度等级与对应的最大允差

| 准确度等级 | 装料质量/g | 首次检定,后续检定 | | 使用中检验 | |
|---|---|---|---|---|---|
| | | 最大允许偏差 | 最大允许预设值误差 | 最大允许偏差 | 最大允许预设值误差 |
| 0.1 | 15 000<$M$ | 0.07 % | 0.03 % | 0.10 % | 0.03 % |
| 0.2 | 15 000<$M$ | 0.14 % | 0.05 % | 0.20 % | 0.05 % |
| 0.5 | 15 000<$M$ | 0.35 % | 0.13 % | 0.50 % | 0.13 % |
| 1.0 | 15 000<$M$ | 0.7 % | 0.25 % | 1.00 % | 0.25 % |
| 2.0 | 15 000<$M$ | 1.4 % | 0.50 % | 2.00 % | 0.50 % |
| 计算装料的平均值所需的装料次数按表 3 的规定。<br>**注 1**：最大允许偏差是指每次装料与装料平均值的最大允许偏差。<br>**注 2**：最大允许预设值误差是指包装机预设值与装料平均值之间的最大差值。 | | | | | |

表 3 装料次数

| 装料预设值 | 装料次数 |
|---|---|
| $M$≤10 kg | 60 次 |
| 10 kg<$M$≤25 kg | 32 次 |
| 25 kg<$M$≤100 kg | 20 次 |
| 100 kg<$M$ | 10 次 |

5.2.3 材料与外购件

5.2.3.1 凡与物料接触的零部件必须采用不带磁性的不锈钢、无毒及化学性能稳定的材料制造。

5.2.3.2 可编程控制器的开关电路、接触器及继电器的使用寿命不小于 $10^6$ 次。

5.2.3.3 当称量具有强腐蚀性、静电、黏附性能包装物料时，与物料接触的材料应具有抗腐蚀性能；或采取相应措施（如材料表面涂层等），以达到防腐蚀、防静电和防黏附的功能。

5.2.4 包装机静态试验时载荷质量相当于装料质量，静态试验的最大允许误差应是表 2 中使用中检验最大允许偏差的 0.25 倍（对应于相应的准确度等级）。

5.2.5 包装机承受的最大称量值为额定称量值的 125 %，此称量值应有过载显示；在卸下超负荷的负载时，回检额定称量值及零位，允许误差应符合 5.2.4 的规定。

5.2.6 称重控制器除应符合 GB/T 7724 的规定外，还应具有下列调节功能：

a) 自动置零；

b) 自动补偿修正；

c) 称量值显示、计数；

d) 超差报警；

e) 自诊断功能；

f) 断电保护。

**5.2.7** 称重传感器应符合 GB/T 7551 的规定。

**5.2.8** 可用度应不小于 80 %。

**5.2.9** 包装机应运转平稳，各执行元件动作灵活、可靠，无卡阻现象，并有联锁保护。

**5.2.10** 秤体的零部件及传感器应能承受本标准 5.2.5 规定的最大负荷。

**5.2.11** 净重式包装机的称量桶体底门开启、关闭灵活。

**5.2.12** 给料装置、称重器和袋夹装置应能保证整机正常工作。

**5.2.13** 电气控制应安全可靠，电控设备中带电回路与地之间（该回路不直接接地）的绝缘电阻应不小于 1 MΩ。

**5.2.14** 包装机应采取相应措施，尽量避免强烈振动冲击和强磁场的干扰。

**5.2.15** 主电路母线类别标志和主电路相序应符合 GB/T 3797—2005 中 4.12.4.2 和 4.12.4.3 的规定。

**5.2.16** 对有防爆要求的场合和对电气元件的外壳防护等级有要求时，包装机的设计应符合相应的要求，并在合同中注明。

**5.2.17** 其他特殊要求亦应在合同中注明（例如电子称重仪表是否需要通信接口、验收用物料等）。

**5.2.18** 包装机运行时的噪声应小于或等于 85 dB（A）。

**5.3 包装机工作或计量条件**

**5.3.1 包装物料**

**5.3.1.1** 包装物料按表 1 的规定，并应符合下列要求。

a) 水分含量：≤5 %；

b) 堆积密度：≥300 kg/m³；

c) 温度：≤90 ℃；

d) 颗粒度：74 μm～20 mm。

**5.3.1.2** 若包装物料的特性超出上述范围，应考虑对包装机的结构进行特殊设计。

**5.3.2** 包装机电气控制柜尽可能与包装机现场隔离，环境应保持干燥，无明显尘埃和腐蚀性粉尘及气体。若不能达到上述要求时，则应对电控柜进行特殊设计（在合同中注明）。

**5.3.3** 包装机气源应是干燥、洁净的仪表用气。

**5.3.4** 环境：

a) 环境温度为－10 ℃～40 ℃，温度变化率≤5 ℃/h；

b) 相对湿度≤90 %（25 ℃时）。

**5.4 制造**

**5.4.1** 包装机的制造除应符合本标准规定的要求外，还应符合经规定程序批准的产品图样及技术文件的要求。

**5.4.2** 同一型号包装机各部位的零部件应能互换。

**5.4.3** 制造包装机所用的各种材料均应符合相应材料的国家标准或行业标准的规定，并应有材料质量合格证明文件。

**5.4.4** 所有配套件、外购件均应符合相应产品标准的要求，并应有产品合格证。

**5.4.5** 凡与物料表面接触的零部件内壁表面应抛光，焊缝须修磨与母材齐平。其余焊缝外观应美观，不得有咬边等缺陷。

**5.4.6** 称量桶底门在闭合时与称量桶的结合周边应无泄漏现象。

**5.4.7** 电子称重仪表的制造应符合 GB/T 7724 的要求，并应符合本标准 5.2.5、5.2.6 的规定。

**5.4.8** 电气控制箱或控制柜的制造应符合 GB/T 3797—2005 中 4.12.1 的规定。

**5.4.9** 未注明防腐要求零部件（不锈钢件除外）的外表面，应涂防锈底漆和面漆。

5.4.10 所有零部件经检验合格，去除毛刺，清理干净后方可组装。

5.5 安装

5.5.1 包装机的安装尺寸应与图样和技术文件一致。

5.5.2 包装机在用户现场的安装施工及安装验收应符合 HG 20203 的规定。

5.5.3 包装机电气控制装置外部不得有裸露的带电部分。

5.5.4 包装机电控系统的保护接地和信号接地电阻应小于 4 Ω。

5.5.5 包装机控制柜安装后的垂直度不得超过控制柜高的 0.5 %。

5.5.6 包装机控制柜正面应留有 1 m 以上的通道。

5.5.7 包装机电气控制柜、接线盒、电机的金属外壳应可靠接地。

## 6 试验方法

### 6.1 零部件试验

6.1.1 目视检查焊缝外观质量，应符合本标准 5.4.5 的规定。

6.1.2 按本标准 5.2.10 的规定，称重传感器应做承受超载试验，并符合本标准 5.2.5 的规定。

6.1.3 按本标准 5.2.13 的规定，应检验绝缘电阻，并应符合 GB/T 3797—2005 中 4.8.1 的规定。

6.1.4 介电试验和要求应分别符合 GB/T 3797—2005 中 5.2.5 的规定。

### 6.2 整机试验

6.2.1 包装机安装完毕，应进行空运转试验。

6.2.1.1 包装机电控系统的预热时间为 30 min。

6.2.1.2 包装机的试验应按预先编制的程序完成人工套袋、自动称量、自动放料、自动落袋等包装工艺过程的连续动作。各部件动作应准确，无异常噪声。

**6.2.2 静态试验**

**6.2.2.1 空秤检测**

6.2.2.1.1 空秤变动性：静止观测 20 min，示值变化符合本标准 5.2.4 的规定。

6.2.2.1.2 空秤稳定性：前后左右适当推拉称量桶各一次，示值变化符合本标准 5.2.4 的规定。

6.2.2.1.3 空秤灵敏度：将 1.4 倍显示分度值的砝码放置在称量桶上，显示器示值应有变化。

**6.2.2.2 静态称量试验**

6.2.2.2.1 从空秤零点、最小称量点、关键载荷点到最大称量点顺序递增砝码，示值误差应符合本标准 5.2.4 的规定。

6.2.2.2.2 从最大称量点、关键载荷点、最小称量点到空秤零点顺序递减砝码，示值误差应符合本标准 5.2.4 的规定。

**6.2.3 过载检测**

将 1.25 倍最大定量值的砝码加在称量桶上，应有过载指示并报警；静压 20 min 后，卸至最大定量值、最小定量值、空秤零点，示值误差应符合本标准 5.2.4 的规定。

**6.2.4 负荷试验（包含计量试验）**

6.2.4.1 包装机负荷试验的工作条件应符合本标准 5.3 的规定。

6.2.4.2 正常运行 30 min 后，按表 3 规定的连续装料次数连续装料为一组，共做 3 组，测出每组连续装料所用时间。各组称量数据处理与判定按 JJG 564—2002 第 5 章要求，计量精度应符合本标准 5.2.2 的规定。根据测出每组连续装料所用时间计算生产能力，应符合表 1 的规定。

**6.2.5 噪声的测定**

用 A 级声级计离设备 1 m、高 1.5 m 处，分别测 6 点，取平均值。

### 6.3 可靠性试验

包装机工作可靠性试验在用户使用过程中进行，可工作时间与维修时间之和应不小于 8 000 h，

HG/T 3130—2014

可用度值应符合本标准 5.2.8 的规定。按公式（1）计算可用度值：

$$A=\frac{T_a}{T_a+T_b}\times 100 \quad \cdots\cdots (1)$$

式中：

$A$——可用度值，以%表示；

$T_a$——可工作时间的数值，单位为小时（h）；

$T_b$——维修时间的数值，单位为小时（h）。

## 7 检验规则

**7.1** 包装机由取得相应检定资格的检验人员检验合格后，出具合格证。

**7.2** 包装机产品检验分出厂检验和型式检验。

**7.2.1 出厂检验**

包装机应逐台进行出厂检验，经检验合格并附上产品合格证。

**7.2.2 型式检验**

遇到下列情况之一时应进行型式检验：

a）新产品试制、定型、鉴定时；

b）正常生产达 24 个月时；

c）国家质量监督机构提出进行型式检验要求时；

d）产品停产 12 个月后恢复生产时；

e）出厂检验结果与上次型式检验有较大差异时。

**7.2.3** 包装机的各类检验应符合表 4 的规定。

**表 4 检验项目表**

| 检验项目 | 技术要求条款 | 试验方法条款 | 检验类别 | |
|---|---|---|---|---|
| | | | 出厂检验 | 型式检验 |
| 材料与外购件 | 5.2.3 | 查证书或报告 | △ | △ |
| 主要零部件、装配 | 5.4 | 6.1 | △ | △ |
| 静态试验 | 5.2.4 | 6.2.2.1、6.2.2.2 | △ | △ |
| 过载试验 | 5.2.5、5.2.10 | 6.2.3 | △ | △ |
| 空运转试验 | 5.2.9、5.2.11 | 6.2.1 | △ | △ |
| 负荷试验 | 5.3 | 6.2.4 | ○ | △ |
| 可靠性试验 | 5.2.8 | 6.3 | ○ | △ |
| 噪声 | 5.2.18 | 6.2.5 | ○ | △ |
| 注：△表示应进行检验；○表示按需要进行检验。 | | | | |

## 8 标志、包装、运输和贮存

**8.1 标志**

每台包装机应在明显的平坦部位固定耐久性的标牌，标牌尺寸应符合 GB/T 13306 的规定。标牌上应标明下列内容：

a）包装机的型号和名称；

b）主要技术参数，如称量范围、准确度等级、电源电压、频率、生产能力等；

c) 产品编号；

d) 制造日期；

e) 制造厂名称及商标。

**8.2 包装**

**8.2.1** 包装前，所有零部件（不锈钢件除外）的外露表面刷涂防锈油脂。

**8.2.2** 包装采用塑料薄膜和木箱，包装质量应符合 GB/T 13384 的规定。

**8.2.3** 包装机包装贮运图示标志应符合 GB/T 191 的规定，收发货标记应符合 GB/T 6388 的规定。

**8.2.4** 包装机允许按零部件分组包装，各组零部件应套入塑料薄膜袋，再固定在木箱内。

**8.2.5** 安装在主机上的电气元件应套入塑料薄膜袋装入纸箱后再用木箱包装，木箱内配挂适量的干燥剂。

**8.2.6 随机文件**

**8.2.6.1** 包装机出厂时应随机附带下列文件：

a) 装箱单；

b) 产品合格证、检定证书、测试报告；

c) 安装使用说明书；

d) 系统安装图、电气原理图和外部接线图。

**8.2.6.2** 检定证书应包括下列内容：

a) 计量器具名称；

b) 产品型号；

c) 出厂编号；

d) 称量范围；

e) 准确度等级；

f) 分度值；

g) 检定结论。

**8.3 运输和贮存**

**8.3.1** 包装机在运输和贮存过程中应防止碰撞、损伤。

**8.3.2** 包装机应贮存在相对湿度不大于 90 %，环境温度－25 ℃～40 ℃，没有腐蚀介质的有遮蔽的场所。装箱后储运不得超过两层堆放。

---